GENTE

Segunda edición

María José de la Fuente
Ernesto Martín Peris
Neus Sans Baulenas

PEARSON
Prentice Hall

Upper Saddle River, NJ 07458

CIP data on file

Executive Editor: Bob Hemmer
Editorial Assistant: Debbie King
Executive Director of Market Development: Kristine Suárez
Director of Editorial Development: Julia Caballero
Development Editor: Manel Lacorte
Development Editor for Assessment: Melissa Marolla Brown
Production Supervisor: Nancy Stevenson
Project Manager: Angelique Amig, GGS Book Services
Assistant Director of Production: Mary Rottino
Supplements Editor: Meriel Martínez Moctezuma
Media Editor: Samantha Alducin
Media Production Manager: Roberto Fernandez
Prepress and Manufacturing Buyer: Brian Mackey

Prepress and Manufacturing Manager: Nick Sklitsis
Interior and Cover Design: Wanda España/Wee Design Group
Art Manager: Mirella Signoretto
Illustrator: Andy Levine
Director, Image Resource Center: Melinda Reo
Manager, Rights & Permissions IRC: Zina Arabia
Manager, Visual Research: Beth Boyd Brenzel
Image Permissions Coordinator: Richard Rodrigues
Photo Researcher: Francelle Carapetyan
Senior Marketing Manager: Jacquelyn Zautner
Marketing Coordinator: William J. Bliss
Publishing Coordinator: Claudia Fernandes
Publisher: Phil Miller

This book was set in 10/11.75 Stone Sans Semibold by GGS Book Services and was printed and bound by Quebecor World–Taunton. The cover was printed by Phoenix Color.

©2007, 2003 by Pearson Education, Inc.
Upper Saddle River, New Jersey 07458

Printed in the United States of America
10 9 8 7 6 5

Student text: 0-13-194413-4
Annotated Instructor's Edition: 0-13-194414-2

Pearson Education LTD., London
Pearson Education Australia PTY, Limited, Sydney
Pearson Education Singapore, Pte. Ltd
Pearson Education North Asia Ltd, Hong Kong
Pearson Education Canada, Ltd., Toronto
Pearson Educación de México, S.A. de C.V.
Pearson Education — Japan, Tokyo
Pearson Education Malaysia, Pte. Ltd
Pearson Education, Upper Saddle River, New Jersey

Brief Contents

Scope and Sequence

VOCABULARY	GRAMMAR/FUNCTIONS	STRATEGIES
■ Spanish-speaking countries ■ Numbers (1–20) ■ Names and last names ■ Personal interests ■ Geographical names	■ Present tense of verbs **ser** and **llamarse** ■ Gender and number; articles (**el, la, los, las**) ■ The alphabet ■ Pronunciation ■ Personal identification ■ Subject pronouns (form and use) ■ Demonstrative adjectives and pronouns (**esto, este/a/os/as**)	**Oral communication** ■ Useful expressions for the class **Reading** ■ Predicting content and recognizing cognates **Writing** ■ Writing as a process ■ Basic sentence connectors
■ Nationalities ■ Studies and professions ■ Hobbies ■ Personality traits ■ Family relationships	■ Adjectives (gender and number) ■ **Ser** + adjective ■ Adverbs of quantity (**muy, bastante, un poco, nada** + adjective) ■ The present tense: **-ar**, **-er**, and **-ir** verbs ■ Present indicative of **llamarse** ■ Possessive adjectives ■ Talking about age, marital status, professions, and place of origin ■ Numbers (20–100)	**Oral communication** ■ Negotiating meaning **Reading** ■ Predicting content: title and subtitles **Writing** ■ Reviewing your composition for language use (grammar) ■ Basic connectors to organize information
■ Transportation ■ Places of interest ■ Tourism, vacation, lodging ■ Months and seasons ■ Cities: places and services	■ **Hay, estar**, and **tener** ■ **Y, no … ni, también, tampoco** ■ **Querer** and **preferir** ■ Talking about likes and interests (verb **gustar**) ■ **Sí, no, también, tampoco** ■ **Pues**	**Oral communication** ■ Expressing agreement and disagreement during a conversation **Reading** ■ Guessing the meaning of words using the context **Writing** ■ Reviewing your composition for vocabulary use ■ Basic connectors to express cause and consequence
■ Shopping ■ Housewares and appliances ■ Clothes ■ Colors ■ Holidays and celebrations	■ **Tener** ■ Numbers (100–1000) ■ Talking about obligations (**tener que** + infinitive) ■ Talking about needs (**necesitar**) ■ Ask for and stating the price ■ Indefinite articles: **un/uno, una, unos, unas** ■ Third-person direct and indirect object pronouns	**Oral communication** ■ Formulating direct questions (I) **Reading** ■ Identifying and using topic sentences **Writing** ■ Editing your composition for content and organization (I) ■ Lending cohesion to your writing: use of referent words

VOCABULARY	GRAMMAR/FUNCTIONS	STRATEGIES
■ Body parts ■ Physical activities; sports ■ Physical traits ■ Days of the week ■ Health and nutrition	■ Present indicative (regular and irregular verbs) ■ Reflexive verbs (and pronoun placement) ■ Expressing frequency ■ Quantifying: **muy, mucho, demasiado** ■ Making recommendations and giving advice ■ Gender and number of nouns ■ **Ser** and **estar** with adjectives	**Oral communication** ■ Intervening during a conversation and confirming that others are following you **Reading** ■ Using a bilingual dictionary (I) **Writing** ■ Editing your composition for content and organization (II) ■ Basic connectors to introduce examples and clarify information
■ The house (parts, characteristics) ■ Types of housing ■ Furniture	■ Commands (and pronoun placement) ■ Command forms + pronoun ■ **Estar** + gerund ■ Introductions ■ Saying hello and goodbye ■ Talking on the telephone ■ Offering something to a guest ■ Giving your regards ■ Compliments ■ Extending an invitation	**Oral communication** ■ Interacting in social contexts: verbal courtesy (I) **Reading** ■ Using a bilingual dictionary (II) **Writing** ■ The goal of your composition (context, purpose, reader, and register) ■ Connectors for adding and sequencing ideas
■ Trips, routes, itineraries ■ Transportation ■ Lodging	■ Spatial references ■ Indicating dates and months ■ Indicating periods of time ■ Indicating parts of the day ■ Talking about time (la hora) ■ Talking about the future (**ir a** + infinitive ■ **Estar a punto de…, acabar de…** ■ Requesting information (indirect questions)	**Oral communication** ■ Beyond **sí** and **no**: emphasizing affirmative or negative answers **Reading** ■ Skimming and scanning texts **Writing** ■ Using a bilingual dictionary when writing in Spanish ■ Using spatial references when writing descriptions
■ Grocery shopping ■ Restaurant and menus ■ Foods, beverages ■ Cooking	■ In a restaurant ■ Impersonal **se** ■ Quantifying: **poco/un poco de, suficiente(s), bastante, mucho, demasiado, ninguno (ningún) /nada** ■ Talking about weights and measures ■ Prepositions **con** and **sin**	**Oral communication** ■ Formulating direct questions (II): questions with prepositions **Reading** ■ Guessing the meaning of words by examining word formation and affixes **Writing** ■ Writing topic sentences and paragraphs ■ Connectors for organizing information in a time sequence

VOCABULARY	GRAMMAR/FUNCTIONS	STRATEGIES
■ The city ■ The weather ■ The environment	■ Comparatives ■ Superlatives ■ Comparisons of equality ■ Relative pronouns ■ Expressing likes and wishes ■ Expressing and contrasting opinions ■ Talking about the weather	**Oral communication** ■ Collaboration in conversation (I) **Reading** ■ Applying knowledge about word order in Spanish **Writing** ■ Adding details to a paragraph ■ Connecting information using relative pronouns
■ Biographies ■ Historical and socio-political events	■ The preterit tense ■ Use of the preterit ■ Talking about dates ■ Sequencing past events	**Oral communication** ■ Using approximation and circumlocution **Reading** ■ Following a chronology **Writing** ■ Writing a narrative: past actions and events ■ Use of connectors in narratives
■ Historical and socio-political events	■ The imperfect tense ■ Uses of the imperfect ■ Contrasting the use of past tenses ■ Relating past events: cause and consequence	**Oral communication** ■ Collaboration in conversation (II) **Reading** ■ Summarizing a text by answering the five questions (who, what, when, where, and why) **Writing** ■ Writing a narrative including circumstances that surround events ■ Discourse markers related to the use of imperfect and preterit in narration
■ Professions ■ The workplace ■ Professional profiles and characteristics ■ Economy	■ The present perfect ■ The past participle ■ Talking about abilities ■ **Ya/todavía/aún (no)** (+ present perfect)	**Oral communication** ■ Interacting in social contexts: verbal courtesy (II) **Reading** ■ Review of vocabulary strategies (I): semantic maps; cognates and false cognates; guessing meaning from context **Writing** ■ Review of pre-writing strategies ■ Writing at the discourse (not sentence) level: review of basic concepts

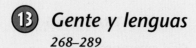

⑬ Gente y lenguas
268–289

TASKS

Develop a personal portfolio about our knowledge of foreign languages and cultures.

OBJECTIVES

Communicative
- Talking about learning experiences
- Expressing opinions and value judgments
- Talking about sensations, feelings, difficulties
- Giving advice and recommendations

Cultural
- Paraguay

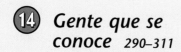

⑭ Gente que se conoce *290–311*

Develop a questionnaire and conduct an interview with an interesting person from our university or community.

Communicative
- Talking about likes and dislikes
- Talking about feelings
- Describing and comparing people (personality traits)

Cultural
- Honduras

⑮ Gente que lo pasa bien
312–333

Plan a weekend in a city.

Communicative
- Talking about entertainment and cultural products
- Planning and agreeing on activities
- Extending, accepting, or rejecting invitations and proposals

Cultural
- Spain

VOCABULARY	GRAMMAR/FUNCTIONS	STRATEGIES
■ Languages ■ Teaching and learning	■ Expressing sensations, feelings, and difficulties ■ Evaluating activities ■ Giving advice and solutions ■ Present perfect vs. preterit ■ Uses of the gerund ■ Perfect vs. preterit of **estar** + gerund	**Oral communication** ■ Expressing agreement during conversation (expansion) **Reading** ■ Review of vocabulary strategies (II): using a bilingual dictionary **Writing** ■ Review of process writing strategies (I): topic sentences and paragraphs ■ Coherent and cohesive writing (I): repetition of key words and use of referent words
■ Personality ■ Personal interests, hobbies, and habits	■ Expressing feelings, likes, and sensations ■ Word order ■ The conditional (form and uses) ■ Feminine nouns (**-dad, -eza, -ura, -ía, -ez**) ■ Direct questions ■ Indirect questions	**Oral communication** ■ Expressing disagreement during conversation (expansion) **Reading** ■ Review of vocabulary strategies (III): word formation and Spanish affixes **Writing** ■ Review of process writing strategies (II): using a bilingual dictionary when writing ■ Coherent and cohesive writing (II): using connectors to achieve textual coherence
■ Leisure activities ■ Movies and television ■ Arts and entertainment	■ Talking about arts and entertainment ■ Planning and agreeing on activities ■ Other uses of the conditional ■ Other verbs like **gustar** ■ Events: time and place ■ Superlatives ■ The verb **quedar** ■ Indicating frequency and habit	**Oral communication** ■ Interacting in social contexts: verbal courtesy (III) **Reading** ■ Review of textual strategies (I): predicting content using world knowledge, titles and subtitles, visuals, text structure, and topic sentences **Writing** ■ Review of process writing strategies (III): editing your composition for content and organization ■ Editing your composition for cohesion and coherence

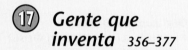
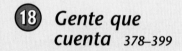

VOCABULARY	GRAMMAR/FUNCTIONS	STRATEGIES
■ Wellness and illness ■ Accidents ■ Medicine ■ Body parts (review)	■ Physical health ■ Impersonal **tú** ■ The imperative (commands) ■ Recommendations, advice, and warnings ■ Connecting ideas (contrast and causality) ■ Adverbs endings in **-mente**	**Oral communication** ■ Some common expressions used in conversation (I) **Reading** ■ Review of textual strategies (II): skimming and scanning texts **Writing** ■ Review of process writing strategies (IV): revising your composition for language forms and uses. ■ Expository writing (I): connectors for adding ideas, sequencing ideas, summarizing, and concluding
■ Shapes and materials ■ Science and technology ■ Musical instruments ■ Objects of daily use	■ Describing objects ■ Impersonal **se** ■ Direct object pronouns (reduplication) ■ The present subjunctive ■ Relative clauses: subjunctive vs. indicative ■ Relative clauses with prepositions	**Oral communication** ■ Some common expressions used in conversation (II) **Reading** ■ The description **Writing** ■ Review of process writing strategies (V): revising your composition for vocabulary forms and uses. ■ Expository writing (II): connectors for giving examples, restating ideas, generalizing, and specifying
■ Literature ■ Narrative, short story ■ Emotional states	■ Review: the imperfect ■ Preterit vs. imperfect ■ The pluperfect ■ **Estar** + gerund (imperfect / preterit) ■ Highlighting a detail (**ser** ... relative pronoun) ■ Establishing the time of a story ■ **No ... pero / no ... sino**	**Oral communication** ■ Some common expressions used in conversation (III) **Reading** ■ The narration **Writing** ■ Writing a narrative (review and expansion) ■ Narrative writing: connectors of time used in narratives

VOCABULARY	GRAMMAR/FUNCTIONS	STRATEGIES
<ul><li>Business world, products and services</li><li>Economy</li></ul>	<ul><li>The future tense</li><li>Other ways of talking about the future</li><li>**Cualquier** + noun</li><li>**Todo/a/os/as**</li><li>Relative pronouns + subjunctive</li><li>Direct and indirect object pronouns (**se** + **lo/las/los/las**)</li><li>Review: quantifying</li><li>Review: impersonal expressions</li></ul>	**Oral communication** <ul><li>Some idiomatic expressions in colloquial Spanish (I)</li></ul>**Reading** <ul><li>The essay</li></ul>**Writing** <ul><li>The essay: thesis and development</li><li>Writing an essay: use of connectors and referent words</li></ul>
<ul><li>People; social groups</li><li>Technology</li><li>Environment</li><li>Current affairs</li></ul>	<ul><li>Expressing opinions and doubt (noun clauses + indicative/subjunctive)</li><li>**Cuando** + subjunctive (talking about the future)</li><li>Expressing continuity or interruption (**continuar/seguir** + gerund; **seguir sin** + infinitive; **dejar de** + infinitive; **ya no** + verb)</li></ul>	**Oral communication** <ul><li>Resources for debating</li></ul>**Reading** <ul><li>Reading argumentative texts (I)</li></ul>**Writing** <ul><li>Writing argumentative texts (I)</li><li>Connectors for argumentative texts</li></ul>
<ul><li>Personality</li><li>Feelings and emotions</li><li>Personal relationships</li></ul>	<ul><li>Expressing feelings and emotions (noun clauses + indicative/subjunctive)</li><li>Expressing advice and value judgments (noun clauses + indicative/subjunctive)</li><li>Changes in people (**ponerse**, **hacerse**, **volverse** + adjective)</li><li>**Ser** + adjective (personality)</li><li>**Estar** + adjective (emotional state, condition)</li></ul>	**Oral communication** <ul><li>Some idiomatic expressions in colloquial Spanish (II)</li></ul>**Reading** <ul><li>Reading argumentative texts (II): cause and effect</li></ul>**Writing** <ul><li>Writing argumentative texts (II): cause and effect</li><li>Connectors for persuasive writing: cause and effect</li></ul>
<ul><li>Correspondence and messages</li><li>Everyday-use tools</li></ul>	<ul><li>Indirect speech (indicative / subjunctive)</li><li>Possessives (adjectives and pronouns)</li><li>Asking for and giving things</li><li>Asking someone to do something</li><li>Asking for and granting permission</li><li>**Es que** …</li></ul>	**Oral communication** <ul><li>Indirect discourse: relaying other people's words during conversation</li></ul>**Reading** <ul><li>Reading argumentative texts (III): comparison and contrast</li></ul>**Writing** <ul><li>Writing argumentative texts (III): comparison and contrast</li><li>Connectors for persuasive writing: comparison and contrast</li></ul>

Preface

Gente is a task-based and content-based Spanish learning program for students in first-year Spanish courses at colleges and universities in North America. With *Gente,* students learn Spanish in the classroom through interaction and collaborative work; they develop an ability to express themselves in real contexts and solve communicative problems. Students also reflect upon how the Spanish language works and upon their own language learning process. To a degree unmatched by other textbook programs available in North America, *Gente* encourages integration of the four skills and development of cultural awareness by providing a rich context in which students learn by doing.

Learning by Doing— The Task-Based Approach

Gente is defined by its unique task-based approach. In second language pedagogy, a task is defined as a communicative activity in which the primary focus is on meaning, and learners comprehend, manipulate, produce, and interact in the target language to achieve an objective. While a given pedagogical task naturally leads students to use linguistic contents from the lesson, it does not restrict focus to a single grammatical structure or set of specific words. Instead, students use a variety of linguistic resources to complete the task. By solving problems through interaction (i.e., searching for specific information, using that information for some purpose, establishing and maintaining relationships, and discussing topics with peers), students employ all their linguistic resources to reach a goal. They work collaboratively on a range of activities—like planning a party, organizing a trip, or designing a business—that are geared to build language resources in order to complete the task and produce an outcome. This outcome generally takes the form of an oral or written text that reflects the decisions, actions, and learning of the group. Tasks also have an integrative approach to language, which reflects the fact that real-world communication normally involves multiple skills.

The benefits of a task-based approach to language learning are numerous. Current research in Second Language Acquisition indicates that frequent exposure to and use of the target language through interaction and meaning negotiation are necessary conditions to learn a foreign language. It acknowledges the important role that focus on form (grammar instruction) plays in the rate of development toward the ultimate level of attainment in a foreign language. In order to maintain a better balance between exposure and use, we must provide ample opportunities for interaction in the classroom and involve students in activities where they can process form and meaning. Task-based instruction is an excellent way to promote these productive language learning conditions.

A task-based class creates a genuine need and desire to use Spanish to communicate for a purpose. It exposes students to rich spoken and written Spanish in use, an environment that aids natural acquisition of the language. Tasks encourage students to think and analyze, not simply to repeat, manipulate, and apply. Students advance from fluency to accuracy, from language experience to language analysis. With task-based language learning students become active users of the language who participate in the learning process. Students who have experience with task-based learning report that they gain confidence in speaking and interacting soon after beginning a task-based course; they can cope with natural spontaneous speech quite easily and tackle tough reading texts in an appropriate way. Most importantly, students become independent learners.

Features of the Program

Consistent learning sequence In the second edition of *Gente,* the learning sequence—which progresses from contextualized input, to guided output, to free output, to the integrative task—is consistent throughout all of the chapters. The classroom textbook has been designed around a single overarching goal: to provide resources for language use in a dynamic communicatively and culturally oriented language classroom. *Gente* is a learner-centered manual, built entirely around a series of activities and pedagogical tasks that require student collaboration, interaction, and meaning negotiation. Its unique structure of 22 short chapters (each of them task-based) serves to motivate students by giving them a sense of accomplishment.

Chapter Structure

Layout	Section	Description
2-page spread	*Acercamientos*	introduces a global task as a final goal and provides an initial approach to the chapter through a few input-based activities geared to activate learners' previous knowledge and explore the content of the chapter.
	Vocabulario en contexto	introduces contextualized active vocabulary and extensive practice so students develop effective vocabulary learning.
	Gramática en contexto	presents the target structures in context in order to exemplify their meanings and uses. All activities and tasks in the section encourage form-meaning connections and effective use of the grammar forms.
	Interacciones	contains contextualized, student-centered, and content-rich oral tasks. This section targets learners' development of important oral interaction skills by engaging them in collaborative pair- and group-work activities. The tasks here give students the opportunity to further internalize the functions of each form and provide further communication-oriented, meaning-focused oral practice to better carry out the subsequent global task.
	Tarea	is the central element of each chapter in which students use the linguistic contents of the lesson to complete a global task.
6-page spread	*Nuestra gente*	centers on one specific Spanish-speaking country and targets the development of students' cultural awareness.
	—*Exploraciones*	emphasizes the development of strategic reading (*Gente que lee*) and writing (*Gente que escribe*).
	—*Comparaciones*	encourages students to explore the Spanish-speaking cultures, develop their cultural consciousness, and establish cross-cultural comparisons.
2-page spread	*Vocabulario*	contains the active vocabulary—that is, the words that students need to understand and use in order to successfully complete each chapter's learning sequence.
2-, 4-, or 6-page spread	*Consultorio gramatical*	serves as a useful resource for independent study and promotes deeper understanding of the Spanish grammar forms, meanings, and uses.

Connection of form, meaning, and use *Gente*'s approach to grammar recognizes that knowing when to *use* a structure is as important as knowing how to *form* it and what its *meaning* is. This gives students a true understanding of the Spanish language. *Gente* allows students to learn essential structures while ensuring that valuable class time is devoted to meaningful, communicative use of the target language. For this reason, all activities in the student textbook are designed to practice and internalize vocabulary and linguistic structures by focusing students' attention on meaning as well as form. The activities progress from more form-focused to more meaning/use-focused activities. In-text boxes serve as quick in-class references while students do activities and tasks.

In addition, there are two other points of grammar support in the *Gente* program that intend to maximize independent learning opportunities. The *Consultorio gramatical* is a tutorial resource that offers special support on key grammar points of the Spanish language with more traditional, explicit focus on forms. This *Consultorio gramatical* is located on tinted pages at the end of each chapter. The *Gente* program also offers *Gramática viva,* a video-based tutorial resource that allows students to watch an instructor giving explicit grammar instruction, practice the forms, and receive immediate feedback on their work. The tutorials are available both online and on CD-ROM.

Emphasis on interaction and negotiation For *Gente,* interaction is more than an opportunity to practice the language; it is the way that language is learned. To this end, it incorporates extensive opportunities for students to engage in meaningful interaction. Frequent speaking and listening activities develop communication skills with practical applications in authentic situations. All focused listening tasks expose the students to naturally spoken Spanish and include practice in top-down and bottom-up listening skills. In addition to the many activities that require speaking, the *Interacciones* and *Tarea* sections contain activities that encourage cooperative learning in pairs and groups to further promote classroom-negotiated interaction. Students learn strategies for effective interaction, such as how to focus on specific information, how to interact in given contexts, and how to ask for clarification. *Gente* also emphasizes the development of discourse abilities, so students practice integrating structures in extended discourse throughout their language-learning process.

Development of culture-based, strategic reading and writing The *Gente que lee* section helps students develop reading skills through an exploration of the Spanish-speaking cultures. It incorporates interesting readings based upon a variety of authentic sources that cover a wide range of topics, countries, and genres. The reading tasks encourage students to make personal connections with the material. *Gente que lee* provides

extensive strategic reading instruction designed to build a core set of reading skills. Focused pre- and post-reading activities develop a range of reading comprehension skills, such as predicting content, understanding the main idea, and identifying topic sentences. As a result, students begin to read purposefully and effectively.

The parallel section to *Gente que lee* is *Gente que escribe*. It assigns real-life writing tasks that promote an interactive, discourse-based approach to writing and encourages students to be aware of their audience and its culture. Students learn to write as a process of creating, sharing, and revising ideas and sentences. Each writing task requires brainstorming, drafting, revising, proofreading, and editing. A wide range of writing topics inspires students' self-expression.

Raising cultural consciousness and awareness *Gente* recognizes the intrinsic role that culture plays in foreign language development and the need for students to augment their understanding of the cultures of Spanish-speaking countries. The program intends to raise students' cultural awareness by incorporating a content-based approach to all learning tasks and activities. The use of authentic and authentic-based materials supports language in context and helps learners develop the necessary range of communicative/sociocultural competencies. Every chapter is content-based and culturally oriented, because it revolves around a specific Spanish-speaking country. The *Nuestra gente* section encourages students to reflect upon and make comparisons between the Hispanic world and their own context, and to develop an increased cultural awareness.

New to this edition

✦ **Interacciones**   This new section is designed to develop oral interaction strategies and skills by engaging students in collaborative pair- and group-work activities. The interactive activities in this section provide communication-oriented, meaning-focused oral practice so students can better carry out the subsequent global task and internalize the functions of each form. *Interacciones* functions as a smooth transition from the *Gramática en contexto* section to the following section, *Tarea*.

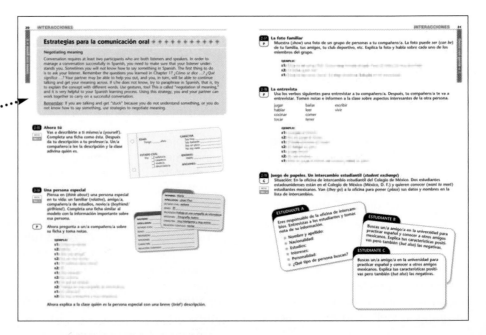

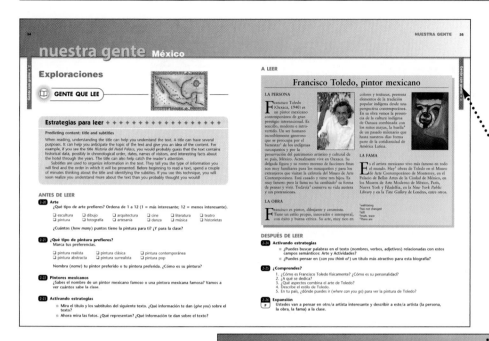

✦ **Nuestra gente** This section becomes an important content-based component of each chapter. It is divided in two parts: *Exploraciones* and *Comparaciones*. *Exploraciones* develops reading and writing skills by using a strategic, process-oriented approach. The systematic recycling of reading and writing strategies throughout the text gives students the opportunity to practice them in a variety of contexts.

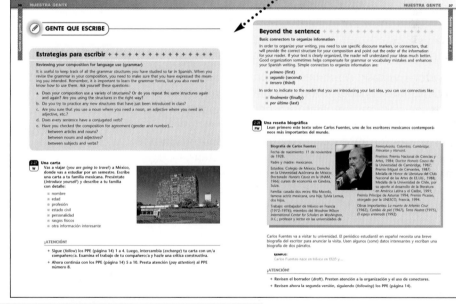

Comparaciones (previously *Contactos*) has been substantially improved to incorporate new authentic cultural material and activities designed to promote cultural comparisons and awareness.

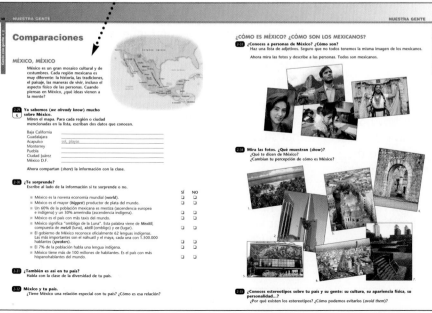

The carefully selected readings and writing tasks, new maps, and extensive photographic material from the featured cultures encourage students to make connections with the particular country and its culture.

✦ **Consultorio gramatical** This functional and discourse-oriented grammar reference has been translated into English and placed in the main textbook at the end of each chapter, in order to serve as a more useful resource for independent study and promote deeper understanding of the Spanish grammar forms, meanings, and uses.

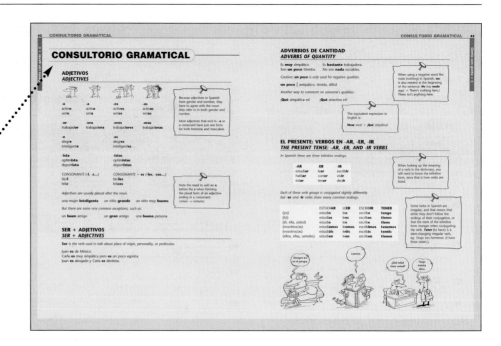

✦ **The task** Each lesson now culminates in a well-developed, integrative, pedagogically sound, and collaborative task. A pre-task section organizes students into groups, introduces oral and/or written input, and assigns preparatory work for the task. During the task, students work collaboratively to achieve the specified goal(s) by planning and making decisions, producing and formalizing a written product, and finally sharing their results with the class. At the end of the task, there is an optional linguistic focus stage that serves to clarify and review key structures, meanings, and functions, so that students have the opportunity to reflect upon the contents of the lesson and their overall language learning.

✦ **Active vocabulary** The vocabulary lists have been extensively reviewed in order to reflect only active vocabulary—that is, the words students need in order to understand and produce the language so they can successfully complete each chapter's learning sequence.

✦ **Gramática en contexto** This section includes a revised selection and sequencing of meaningful focus on form (grammar) activities and tasks. Yellow boxes, which act as reference points for each lesson, redirect the student from the specific linguistic points to the *Consultorio gramatical* (grammar reference) for further information and practice.

✦ **Cultural content and materials** Relevant and authentic cultural input (both visual and verbal) permeates all sections of the lesson, from *Acercamientos* to *Tarea* to reinforce form/meaning and language/culture connections.

Program Components

FOR THE STUDENT

In-Text Audio: The In-Text Audio component consists of the recordings that accompany activities in the student text. This audio material is available both on CD and on the *Gente* Companion Website.

Student Activities Manual, Practice: By completing communication-based, contextualized activities, students can continue to practice the concepts developed in the textbook in ways that reflect *Gente*'s task-based approach.

Student Activities Manual Audio Program: The Student Activities Manual Audio Program contains recordings needed to complete the listening comprehension activities in the Student Activities Manual, Practice. A variety of comprehension-check and information-processing activities follow each listening passage. This audio material is available both on CD and on the *Gente* Companion Website.

Student Activities Manual Answer Key: A separate Answer Key to the activities manual is available so that students may check their own work.

Student Activities Manual, Preparation Activities: As a complementary workbook, this manual contains activities with an explicit focus on forms that help students practice Spanish vocabulary and grammar. The activities are designed specifically to introduce students to the main concepts in a chapter prior to classroom instruction or to reinforce grammar points after classroom instruction.

Gente en acción **Video:** The new video to accompany *Gente* features re-enactments of tasks similar to the ones featured at the end of each chapter in the program. Each unit shows how a group of five native speakers from various Spanish-speaking countries would complete each one. In addition, each unit reflects the vocabulary, grammar and functional uses of the language featured in the textbook. The video is available in DVD formats; a VHS version is also available for instructors. Pre-, during, and post-viewing video activities are available for download on the Online Instructor's Resource Center.

Gramática viva: This interactive CD-ROM (one CD) is designed for students to learn and practice grammar autonomously outside of the classroom, so they are prepared for a highly interactive, communicative classroom experience. An instructional video on the CD-ROM delivers detailed grammar explanations and examples for 60 grammatical structures. The instruction is immediately followed by:

- Oral drill practice with voice recording capability, allowing students to learn and practice their pronunciation.
- Written activities with immediate feedback to practice the grammar forms in context.
- An oral activity, in which students will be able to develop and practice their oral skills.
- A guided, open-ended writing activity to enable students to use the grammatical structures in context.

FOR THE INSTRUCTOR

Annotated Instructor's Edition: In the second edition of *Gente*'s Annotated Instructor's Edition, notations appear at the end of the book. The teachers' notes provide the answers for textbook activities, offer a variety of pedagogical suggestions to expand upon classroom activities, and help instructors approach theory and practice from a variety of perspectives. Moreover, notations include relevant cultural information that will prove to be valuable to both instructor and student alike.

Instructor's Resource Manual with Testing Program: As the go-to guide for instructors, this manual contains sample course syllabi, suggested lesson plans, recommendations for supplement assignments, and guidance on how to integrate the Web site into the course. Further sections include information on all audio and video resources for the instructor. In addition, the Testing Program contained within the manual consists of one short test per chapter, plus two midterms and two final examinations, all based on a two-semester sequence. Each test employs a variety of techniques and formats to evaluate students' progress and learning of chapter contents.

Teaching with Tasks (La enseñanza por tareas): This booklet describes the benefits of task-based teaching for language learning and gives practical advice on teaching with task-based materials.

How to Teach with Gente **Video:** The new pedagogical video on VHS to accompany *Gente* demonstrates how an instructor can structure and teach a highly interactive class using the program. Divided into fifteen-minute segments, the video features an instructor and students modeling a lesson plan for each of the principal sections of the text.

Image Resource CD-ROM: This CD-ROM contains all of the art (minus the photos) from the second edition of *Gente,* organized by chapter and page number. It gives instructors maximum flexibility to create transparencies, PowerPoint slides, and assessment tools.

Transparencies: A set of beautiful, full-color transparencies of maps, illustrations, and realia offer instructors flexibility in presenting new vocabulary, creating activities, and reviewing chapter content.

Vistas culturales **Videos:** These videos, consisting of footage from every Spanish-speaking country, provide students with a rich and dynamic way to expand, enhance, and contextualize the cultural materials that they study throughout the book. Each 10-minute country vignette is written and narrated by authors of the countries themselves and employs vocabulary and grammar specifically designed for the first year language learner. The pedagogical support materials to accompany the series consist of pre-, during, and post-viewing activities.

ONLINE RESOURCES

OneKey with Quia: The *Gente* OneKey 2.0 Powered by Quia is a unique online resource that provides access to a rich array of course resources for both instructors and students, conveniently organized to match the course syllabus. These resources include:

- The **Student Activities Manual: Preparation Activities** powered by Quia
- Grammar tutorials
- Self-correcting practice exercises
- The video program with comprehension activities
- Audio resources and interactive flashcards, games, and cultural activities

OneKey is available in the following Course Management platforms: Blackboard, WebCT, and the nationally hosted CourseCompass.

Companion Website: The *Gente* Companion Website (www.prenhall.com/gente) contains a wealth of practice and expansion exercises for the student. Each chapter offers self-grading vocabulary and grammar practice activities, *Gente en la red* web-based cultural exercises, the complete audio program, and interactive flashcards and games.

Acknowledgments

I am indebted to all those colleagues whose ideas, suggestions, and criticisms have helped shape this textbook. I am especially grateful to Manel Lacorte for his careful and detailed work as Development Editor and for his infinite patience. He gave pedagogical cohesion to each of the chapters and ensured a high level of quality for the project as a whole. I thank Melissa Simmermeyer for her outstanding work with the English grammar sections of the book, a reflection of her extensive knowledge of the Spanish language, and for her friendship. I also want to thank Heraldo Falconí for his advice and insights into the cultural contents of the text, for his careful editing work, and for his friendship.

I also would like to acknowledge and thank:

Maria J. Anastasio, *Hofstra University*

Elizabeth Calvera, *Virginia Tech*

Mónica Cantero-Exojo, *Drew University*

Carmen Chávez, *Florida Atlantic University*

Maria Pilar Damron, *Northwest Vista College*

Sarah Delassus, *Vanderbilt University*

Miguel Domínguez, *California State University—Dominguez Hills*

Kimberly A. Eherenman, *University of San Diego*

Martha García, *University of Central Florida*

Carina Fernanda González, *University of Maryland*

Susan Griffin, *Boston University*

Kevin G. Guerrieri, *University of San Diego*

Michael J. Horswell, *Florida Atlantic University*

Jerzy O. Jura, *Lawrence University*

Ronald P. Leow, *Georgetown University*

Gerardo Augusto Lorenzino, *Temple University*

Erin McCabe, *George Mason University*

Alejandro Meter, *University of San Diego*

Suzanne Moore, *West Carolina University*

Alberto Moreno, *Elizabethtown Community College*

Rebeca Moreno-Orama, *University of Maryland*

Markus Muller, *California State University—Long Beach*

Ana María Muñoz Ojeda, *George Washington University*

Maria Veronica Muñoz, *University of Maryland*

Liliana Paredes, *Duke University*

Patricia Anne Porter, *Ohio University*

Laura Redruello, *Manhattan College*

Marcie Denise Rinka, *University of San Diego*

Francisco Sáez, *Vanderbilt University*

María Inés Spear, *George Washington University*

Laura Vidler, *United States Military Academy*

Nicole Williams, *Boston University*

Moreover, I'd like to thank all of the supplements authors whose contributions enhanced the main textbook and elevated *Gente* to a complete and comprehensive educational package: Mediatheque Publishers Services for the Student Activities Manual, Preparation; Laura Redruello of Manhattan College for the *How to Teach with Gente* Video; Cristina Capella and María Victoria Sanchez-Samblas of Vanderbilt University for the *Gente en acción* Video to accompany the main text; Patricia Figueroa of Pima Community College for the Companion Website; and Nancy Cushing-Daniels of Gettysburg College for the Instructor's Resource Manual.

I am indebted to Bob Hemmer, Executive Editor, and Phil Miller, Publisher, for believing in this project and believing in me to carry it out. Their support and commitment to the success of the text has made this second edition possible. A very special thanks to Julia Caballero, Director of Editorial Development, for her insights, ideas, efforts, and especially her publishing and pedagogical experience. I know that she is the motor behind the *Gente* project.

I would like to thank the many other people at Prentice Hall who contributed their ideas, efforts, and publishing experience to *Gente:* Melissa Marolla Brown, Development Editor for Assessment, for her impressive coordination of the main text and Student Activities Manuals; Meriel Martínez Moctezuma, Supplements Editor, for efficiently managing the preparation of the ancillary program; Samantha Alducin, Media Editor, for her dedication and hard work on the online materials and videos; and Roberto Fernandez, Media Production Manager, for his patience and diligence while preparing the Web site and CD-ROM projects. For their tireless efforts to promote and sell *Gente,* I'd like to thank Kristine Suárez, Executive Director of Market Development; Jacquelyn Zautner, Senior Marketing Manager; Claudia Fernandes, Publishing Coordinator; Bill Bliss, Marketing Coordinator; and the Sales Directors: Craig Gill, Denise Miller, Jessica Garcia, and Yesha Brill. Furthermore, I would like to sincerely thank Mary Rottino, Assistant Director of Production, for her professionalism and support, and Debbie King, Editorial Assistant, for her efficiency at all levels of the process and her assistance with photo and text permissions. Special thanks are due to Claudia Dukeshire and

Nancy Stevenson, Production Editors, for their dedication and attention to detail while managing the making of this book. In addition, thank you to Wanda España, for designing the fabulous new cover; Francelle Carapeytan for her diligent photo research; Brian Mackey, Manufacturing Buyer, for his advice and assistance; Kevin Bradley, Manager, and Angelique Amig, Production Editor, at GGS Book Services for their excellent job composing the pages; and Christine Marra (proofreader), Kristine Zaballos (copy editor), and Jorge Domínguez (native speaker) for their attention to detail.

Of course I owe a profound debt of gratitude to Ernesto Martín Peris and Neus Sans Baulenas, authors of the original *Gente,* for their deep and broad knowledge of language learning and skillful execution of these outstanding pedagogical materials.

Last, but not least, I thank my husband, John, my daughter, Noelle, and my son, Nicholas, for their patience, encouragement, and unconditional love. I dedicate this work to them.

María José de la Fuente
Adapting author
George Washington University

Gente que estudia español

TAREA ◆ Elegir (*choose*) el país hispanohablante más interesante para la clase y elaborar una estadística.

NUESTRA GENTE ◆ El mundo hispanohablante
◆ Los hispanos en Estados Unidos

1-1
A

El primer (*first*) día de clase

Esto es una clase de español en Miami. Laura, la profesora, está pasando lista (*taking attendance*). Escucha (*listen*) y lee (*read*) los nombres de los estudiantes. Marca los estudiantes que están en clase.

NOMBRE	APELLIDOS
01 Ana	REDONDO CORTÉS
02 Luis	RODRIGO SALAZAR
03 Eva	TOMÁS ALONSO
04 José Antonio	VALLÉS PÉREZ
05 Raúl	OLANO ARTIGAS
06 Mari Paz	RODRÍGUEZ PRADO
07 Francisco	LEGUINECHE ZUBIZARRETA
08 Cecilia	CASTRO OMEDES
09 Alberto	VIZCAÍNO MORCILLO
10 Silvia	JIMÉNEZ LUQUE
11 Nieves	HERRERO GARCÍA
12 Paz	GUILLÉN COBOS

Ahora tu profesor/a va a pasar lista. Escucha el nombre y apellido (*last name*) de los estudiantes de tu clase. Después de (*after*) escuchar tu nombre, preséntate (*introduce yourself*) a la clase.

EJEMPLO:
Me llamo John Smith.

1-2

¿Dónde (*where*) se habla español?

Di (*say*) nombres de países donde se habla español. Tu profesor/a te va a ayudar (*is going to help you*) con la pronunciación. El/la profesor/a los va a escribir (*write*) en la pizarra (*blackboard*).

Ahora mira el mapa. Identifica más países donde se habla español.

EJEMPLO:
En Argentina.

1-3 **El español y tú**

Observa estas imágenes del mundo hispanohablante (*Spanish-speaking world*). Lee la lista de temas (*topics*). Relaciona los temas con todas las fotos posibles.

a. la playa
b. los monumentos
c. la gente
d. el arte
e. la comida

f. la política
g. las tradiciones
h. la ciudad
i. las fiestas populares
j. la naturaleza

4 (cuatro)

7 (siete)

1 (uno)

5 (cinco)

2 (dos)

8 (ocho)

Su Voto es Su Voz

3 (tres)

6 (seis)

9 (nueve)

Ahora, di otras palabras en español que estas fotos te sugieren (*suggest*).

EJEMPLO:

La nueve, diversión.

¿Y tú?

Tú, ¿qué quieres conocer (*what do you want to know*) del mundo hispanohablante?

EJEMPLO:

Yo, las playas y la comida.

 El español en el mundo

La televisión transmite ahora el "Festival (*contest*) de la Canción Hispana". Participan todos los países hispanohablantes. Son muchos porque se habla español en cuatro continentes.

En este momento vota Argentina.

¿Cuántos puntos da Argentina a cada (*each*) país? Escribe la información en la pantalla (*screen*).

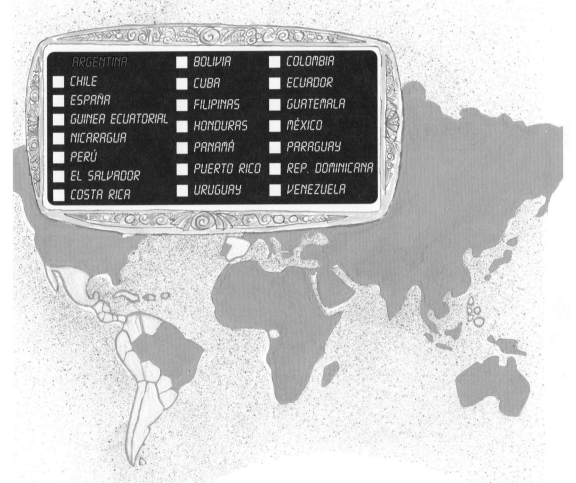

ARGENTINA
- BOLIVIA
- COLOMBIA
- CHILE
- CUBA
- ECUADOR
- ESPAÑA
- FILIPINAS
- GUATEMALA
- GUINEA ECUATORIAL
- HONDURAS
- MÉXICO
- NICARAGUA
- PANAMÁ
- PARAGUAY
- PERÚ
- PUERTO RICO
- REP. DOMINICANA
- EL SALVADOR
- URUGUAY
- VENEZUELA
- COSTA RICA

Cierra (*close*) el libro y di (*say*) el nombre de cinco países de la lista.

 Uno, dos, tres, cuatro, cinco...

Lee un número de teléfono.
Tu compañero/a (*classmate*) tiene que adivinar (*has to guess*) de quién es.

EJEMPLO:

E1: Tres, seis, cinco, cero, cero, ocho.
E2: Pérez Pérez, V.

Pérez Fernández, C. - Pl. de las Gardenias, 7	36 5501
Pérez Medina, M.E. - Río Tajo, 9	38 7925
Pérez Montes, J.L. - García Lorca, 5	31 3346
Pérez Moreno, F. - Fernán González, 16	39 4321
Pérez Nieto, R. - Pl. Santa Teresa, 12-14	30 3698
Pérez Ordóñez, A. - Pl. Independencia, 2	37 4512
Pérez Pérez, S. - Puente de Toledo, 4	34 4329
Pérez Pérez, V. - Galileo, 4	36 5008
Pérez Pescador, J. - Av. del Pino, 3-7	33 0963
Pérez Pico, L. - Av. Soria, 11	35 7590

1-7 ¿Qué ciudad es?

Un estudiante elige una etiqueta (*tag*) y la deletrea (*spells it*). Los estudiantes de la clase tienen que adivinar el nombre de la ciudad y el país.

EJEMPLO:

E1: Be, ce, ene.
E2: ¡Barcelona!

1-8 Las fotos

A

Una chica enseña (*shows*) las fotos de un viaje a un amigo. Identifica las fotos. Presta atención a los pronombres **éste, ésta, éstos, éstas.**

| 1 | 2 | 3 | 4 |

1-9 Un poco de geografía

P

¿Pueden localizar en el mapa estos países?

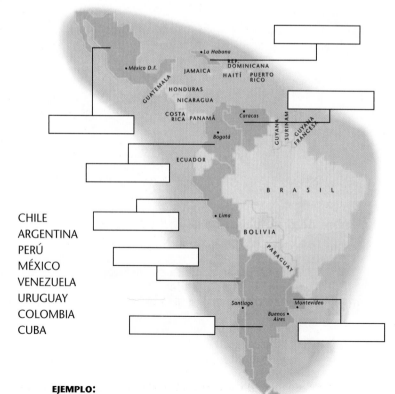

La Habana
México D.F.   JAMAICA   REP. DOMINICANA   HAITÍ   PUERTO RICO
GUATEMALA   HONDURAS   NICARAGUA
COSTA RICA   PANAMÁ   *Caracas*   GUYANA   SURINAM   GUYANA FRANCESA
Bogotá
ECUADOR
B R A S I L
Lima
BOLIVIA
PARAGUAY
Santiago   *Montevideo*
Buenos Aires

CHILE
ARGENTINA
PERÚ
MÉXICO
VENEZUELA
URUGUAY
COLOMBIA
CUBA

EJEMPLO:

E1: Esto es Perú.
E2: ¿Perú? No, **esto es** Colombia.

EL NOMBRE

¿Cómo te llamas?   Antonio.

LLAMARSE

Me	llamo	Nos	llamamos
Te	llamas	Os	llamáis
Se	llama	Se	llaman

VERBO SER: EL PRESENTE

(yo)	soy
(tú)	eres
(él, ella, usted)	es
(nosotros, nosotras)	somos
(vosotros, vosotras)	sois
(ellos, ellas, ustedes)	son

EL GÉNERO Y EL NÚMERO

	masculino	femenino
singular	**el/este**	**la/esta**
	el país	**la** ciudad
	este país	**esta** ciudad
plural	**los/estos**	**las/estas**
	los países	**las** ciudades
	estos países	**estas** ciudades

esto
Esto es Chile.

SÍ, NO

sí, no, sí, no, sí , no, Síiiiiiiii....

Yo soy la a.

Yo soy la zeta.

[1]"Be" es el nombre para la letra "b" en España. En otros países se llama "be grande" o "be larga".
[2]"Uve" es el nombre para la letra "v" en España. En otros países se llama "ve (be) chica" o "ve (be) corta".
[3]En España "uve doble". En Latinoamérica "ve doble".

▶ **Consultorio gramatical, páginas 20 a 23.**

1-10 P   **¿Qué aspectos son interesantes o no para ustedes (*for you*)?**

PAÍS	SÍ	NO
España	**la** música **el** deporte	**las** ciudad**es**/**los** monumento**s**
México		
Costa Rica		
Argentina		
Cuba		

EJEMPLO:

E1: España ... la música y **los** monumento**s**.
E2: Y el vino y **la** comida.
E1: La comida sí, el vino no.

Ahora compartan (*share*) la información con la clase.

1-11 P   **Famosos**

Éstos son actores y cantantes (*singers*) famosos en los Estados Unidos (EE.UU.). ¿Quiénes son?

Enrique Iglesias   Shakira   Ricky Martin
Juanes   Alejandro Sanz   Penélope Cruz

EJEMPLO:

E1: ¿Quién es éste?
E2: Éste es Enrique Iglesias, ¿no?

¿Conoces tú (*do you know*) a otros hispanohablantes famosos?

Estrategias para la comunicación oral ✦ ✦ ✦ ✦ ✦ ✦ ✦ ✦ ✦ ✦ ✦

Useful expressions for the class

In this class you will develop several communication strategies in Spanish. The first one is to be able to deal with classroom events and activities. There are several expressions you need to learn to communicate more effectively with your teacher and your classmates. You should learn these expressions as 'chunks' of language rather than trying to break them down. This is also an excellent way to increase your oral communication abilities.

¿Cómo se dice "nature" en español?	How do you say "nature" in Spanish?
¿Qué significa "etiqueta"?	What does *etiqueta* mean?
¿Cómo se escribe "gracias"?	How do you spell *gracias*?
¿"Hola" se escribe con h?	Do you write *hola* with an h?
Tengo una pregunta.	I have a question.
¿Puede repetir, por favor?	Can you repeat that, please?
Más despacio, por favor.	Slower, please.
No entiendo/comprendo.	I don't understand.
Gracias.	Thanks/thank you.

1-12 **Preguntas (*questions*) en clase**

Piensa en palabras de tu lengua que no sabes decir o escribir en español. Pregunta a tu profesor/a sobre (*about*) la pronunciación y ortografía (*spelling*).

EJEMPLO:
E1: *¿Cómo se dice "@" en español?*
E2: *Se dice "arroba".*

1-13 **Para conocer a la clase**

Entrevista (*interview*) a un/a compañero/a de clase y toma nota (*write down*) del nombre, apellido, número de teléfono y correo electrónico.

LES SERÁ ÚTIL

- ● ¿Cuál es tu número de teléfono?
- ○ (Es el) 916 3445624, y el móvil, 606 5463329
- ● ¿Tienes correo electrónico?
- ○ Sí, mi dirección es luigi3@melo.net.

EJEMPLO:
E1: *¿Cuál es tu apellido?*
E2: *Benson.*

Ahora presenta a tu compañero/a a la clase.

1-14 P

Adivina, adivinanza (*guessing game*)

Piensa en un personaje hispanohablante famoso. Tu compañero/a te va a hacer preguntas para adivinar quién es. Tú sólo (*only*) puedes responder sí o no.

NOTAS
TN01-16

> **EJEMPLO:** ¿Es mexicano?
> ¿Es cantante?
> ¿Se llama Enrique?

1-15 P

Las fotos de mi viaje

Muestra (*show*) las fotos de un viaje a tu compañero/a. Después él/ella te va a mostrar fotos también (*too*).

NOTAS
TN01-17

> **EJEMPLO:**
> **E1:** Esto es Chile, y ésta soy yo.
> **E2:** ¿Y éste?
> **E1:** Este es mi amigo, Horacio.

1-16 G

Juego de papeles (*role-play*). En el extranjero (*abroad*)

Situación: Dos estudiantes internacionales llegan (*arrive*) a Salamanca (España) para estudiar español. Están en la oficina de matrícula (*registration office*) de la universidad. Dan (*they give*) sus datos personales a la secretaria.

NOTAS
TN01-18

ESTUDIANTE A

Eres la secretaria de la oficina. Tienes que obtener la información de los estudiantes.

Nombre
Apellido
Ciudad y país
Teléfono
Correo electrónico

ESTUDIANTE B

Terry Aki, estudiante, de Cheesequake, New Jersey. Responde (*answer*) a las preguntas de la secretaria.

ESTUDIANTE C

Crystal Chanda-Leir de Penetanguishine, Canadá. Responde (*answer*) a las preguntas de la secretaria.

Gente que estudia español ◆ 1

◆ Elegir el país más interesante para nuestra clase y hacer una estadística.

NOTAS
TN01-19

◆ **PREPARACIÓN** ◆

Cada grupo elige un/a portavoz (*representative*).

ARGENTINA

BOLIVIA   FILIPINAS   PARAGUAY

COLOMBIA   GUATEMALA   PERÚ

COSTA RICA   GUINEA ECUATORIAL PUERTO RICO

CUBA   HONDURAS   REPÚBLICA DOMINICANA

CHILE   MÉXICO   EL SALVADOR

ECUADOR   NICARAGUA   URUGUAY

ESPAÑA   PANAMÁ   VENEZUELA

LES SERÁ ÚTIL
11 once
12 doce
13 trece
14 catorce
15 quince
16 dieciséis
17 diecisiete
18 dieciocho
19 diecinueve
20 veinte

Identifiquen en el mapa todos los países donde se habla español.

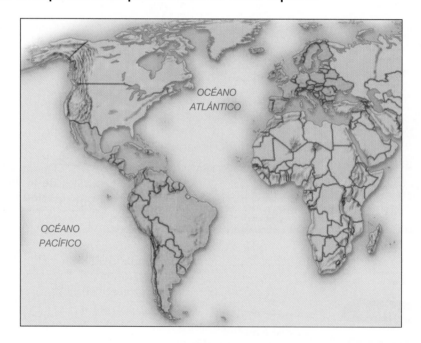

Paso 1: Cada (*each*) miembro del grupo elige los tres países más interesantes según (*according to*) su opinión.

País	Conozco... (*I know*)	Quiero conocer... (*I want to know*)
Escribe tu elección: 3 puntos: _____		
2 puntos: _____		
1 punto: _____		

Paso 2: Sumen (*add*) los puntos de cada país y decidan los dos países más interesantes para el grupo.

PAÍS 1: _____
PAÍS 2: _____

(W) **Paso 3:** Ahora escriban un informe (*report*) usando el vocabulario de la lección.

El país más interesante es _____, capital _____, porque nosotros ya (*already*) conocemos un poco _____
pero queremos conocer _____.

El segundo (*second*) país es ...

Paso 4: El/la portavoz presenta el informe a la clase con la ayuda (*with the help*) del mapa.

Paso 5: Los grupos y el/la profesor/a comparan sus resultados. Con la ayuda del/de la profesor/a, la clase elabora una estadística en la pizarra y decide qué país es el más interesante.

◆ **FOCO LINGÜÍSTICO** ◆

Identifica los aspectos del español más difíciles para completar esta tarea.

Gramática					
Vocabulario					
Pronunciación					
Lectura					
Comprensión					
Escritura					
Cultura					

Ahora toda la clase revisa estos aspectos con la ayuda de su profesor/a.

nuestra gente

El mundo del español.
Los hispanos en
Estados Unidos

Exploraciones

 GENTE QUE LEE

Estrategias para leer ◆ ◆ ◆ ◆ ◆ ◆ ◆ ◆ ◆ ◆ ◆ ◆ ◆ ◆ ◆ ◆ ◆ ◆ ◆

✦ **Predicting content**

You can read more Spanish than you think! Visual elements can help you understand more about a text. For example, maps, numbers, symbols, and charts can provide clues about the topic, type of text, purpose, or audience. Likewise, by observing the overall format of a text, including the layout, titles and subtitles, and any accompanying photographs, graphics, tables or charts, you can generally derive information about the general topic, or the audience of a text. Finally, your knowledge of the world allows you to form hypotheses and make predictions about what you are going to read.

✦ **Recognizing cognates**

When you read something in a foreign language, you will probably not know all the words. You need to know some of them; others you can ignore. Many Spanish words resemble words that you know in English. Words that sound similar and have the same or similar meanings in two languages are called **cognates**. When you are reading or listening to Spanish, the more cognates you can recognize, the easier it will be for you to get the meaning. For example, what does the word *problema* mean in English? How about *texto*? And *situación*? Recognizing cognates is one of the most important strategies you will use every time you read in Spanish.

¡OJO! In English and Spanish there are words with similar forms but different meanings. These are **false cognates**. For example, *library* in English is *biblioteca* in Spanish, not *librería*. *Librería* in Spanish is *bookstore* in English. Always double-check by asking yourself if the meaning you guess makes sense in the context.

ANTES DE LEER

1-17 **Los hispanos en los Estados Unidos**
Verdad (*true*) (V) o falso (F)?

V	F	NO SÉ	
_____	_____	_____	La mitad del total de los hispanos de Estados Unidos vive en dos estados: California y Texas.
_____	_____	_____	El porcentaje más alto de población hispana se encuentra en el sur.
_____	_____	_____	El número de hispanos en el estado de Nueva York es de casi un 20%.
_____	_____	_____	Washington es el estado con menos porcentaje de hispanos.
_____	_____	_____	El estado de Texas tiene el segundo porcentaje más alto de población hispana.

Ahora mira el gráfico del ejercicio 1–23 y comprueba (*check*) tus respuestas (*answers*).

1-18 **Activando estrategias**

■ Mira el título del texto. ¿Qué información te da (*give you*) sobre el texto?
■ Ahora observa el mapa. ¿Qué nueva información te da?

A LEER

NOTAS
TN01-23

Los hispanos: Primera minoría de EE.UU.

Los hispanos son ya la primera minoría de Estados Unidos. El censo confirma lo que los demógrafos ya habían anticipado hace años, y se basa en los cálculos de población realizados a 1 de julio de 2001. Las nuevas cifras muestran[1] que en el último[2] año la población latina ha crecido[3] un 4,7%; en contraste, la población blanca no hispana sólo ha crecido un 0,3% en ese período. En total, desde 1990, la población hispana ha crecido un 38%, pero la población total de EE.UU. solamente un 4%. Hay actualmente[4] 37 millones de hispanos en EE.UU.

CAUSAS

El crecimiento de la población hispana se debe a sus mayores tasas de natalidad[5] y a la gran ola[6] de inmigración de los últimos diez años; sin embargo[7], hay que destacar que una cuarta parte de los latinos que viven en Estados Unidos no son residentes legales.

ZONAS GEOGRÁFICAS

Más del 50% de la población latina está concentrada en Texas, California y Nueva York, pero se ha producido una gran emigración de hispanos a ciudades del sur, el medio oeste y las llanuras[8] centrales.

EXPECTATIVAS

Los investigadores esperan que el crecimiento se desacelere[9] en poco más de una generación, cuando la estabilidad económica baje las tasas de natalidad y los hispanos se casen con[10] personas de otros grupos étnicos.

[1]show	[6]wave
[2]last	[7]however
[3]has grown	[8]plains
[4]presently	[9]slow down
[5]birthrates	[10]marry

DESPUÉS DE LEER

1-19 **Activando estrategias**

¿Puedes identificar diez cognados en el texto? Hay un falso cognado. ¿Cuál es?

1-20 **¿Comprendes?**

NOTAS
TN01-24

1. ¿Qué diferencia hay entre la tasa de crecimiento de la población hispana y la población total de EE.UU.?
   a. 4,4%
   b. 34%
   c. 4%
2. ¿Cuáles son las dos causas de que la población hispana sea la primera minoría?
3. De los 37 millones de hispanos, ¿cuántos son legales?
4. ¿Qué relación hay entre la economía y la tasa de natalidad?

1-21 **¿Y en tu ciudad?**

Describe para la clase la presencia de problación hispana en tu ciudad o estado.

GENTE QUE ESCRIBE

Estrategias para escribir ◆ ◆ ◆ ◆ ◆ ◆ ◆ ◆ ◆ ◆ ◆ ◆ ◆ ◆ ◆ ◆ ◆ ◆

Writing as a process

Writing a text in Spanish can be easier than you may think. Here are the main steps, the *Pasos Para Escribir* (PPE) that you should follow to make the writing process more manageable. We will examine them more closely in lessons to come.

1. Brainstorm to generate ideas related to your main topic and write them down. Don't worry about the order at this point.
2. Consider the purpose of your composition and your intended audience, and select related information accordingly. The information must be directly related to the purpose and relevant for your audience.
3. Write an outline to decide the order in which you will present your information.
4. Write your first draft using the outline.
5. Edit your content. Make sure your text is relevant to the topic and well developed.
6. Edit the organization. Make sure it is well organized, has logical sequencing, and it is coherent (see **Beyond the sentence** on page 15).
7. Write the second draft.
8. Revise the grammar. Make sure you have used structures studied in the current lesson or in previous ones. Correct common grammatical errors, such as subject-verb agreement, noun-adjective agreement, verb conjugations and tenses, and pronouns.
9. Revise the vocabulary. Make sure the words you use express the meanings you intend. Use words studied during the current lesson or in previous ones.
10. Revise mechanics. Look for errors in spelling, punctuation, capitalization, and accents.

¡OJO! Think of writing as a process, not just as a product.

1-22
W

NOTAS
TN01-25

Un anuncio personal (*personal ad*)
En tu universidad hay un periódico estudiantil (*students' newspaper*) en español. Quieres conocer (*you want to meet*) a un/a estudiante de origen hispano para practicar el idioma, hablar de su cultura e intercambiar (*exchange*) ideas. Escribe un anuncio para esta sección del periódico.

- Escribe tu información personal (nombre, apellido, ciudad, correo electrónico, teléfono de contacto).
- Escribe tus intereses (*hobbies*).
- Explica por qué quieres este intercambio.

¡ATENCIÓN!

◆ Sigue (*follow*) los Pasos Para Escribir (PPE) 1 a 4. Luego, intercambia tu anuncio con un/a compañero/a. Revisa el trabajo de tu compañero/a y dale (*give him/her*) sugerencias.

◆ Ahora continúa con los PPE 5 a 10.

Beyond the sentence ◆ ◆ ◆ ◆ ◆ ◆ ◆ ◆ ◆ ◆ ◆ ◆ ◆ ◆ ◆ ◆ ◆ ◆ ◆

Basic sentence connectors

It is important to remember that whenever you write in Spanish, as in your own language, you want your readers to find the text coherent. A random collection of sentences rarely constitutes a text, or even a paragraph. In order to make your paragraphs, and ultimately your texts, more coherent, you need mechanisms to give cohesion to your text. You can start by practicing joining sentences with **y**, **pero**, **porque**, and **también**.

■ **y** (and)   joins related information.
                                    Enrique Iglesias es de España **y** *Ricky Martin es de Puerto Rico.*

■ **pero** (but)   provides information that offers an alternative.
                                    La población hispana ha crecido mucho **pero** *la anglosajona ha crecido menos.*

■ **porque** (because)   gives a reason or justification.
                                    La población hispana aumenta **porque** *su tasa de natalidad es alta.*

■ **también** (also)   adds information.
                                    Los hispanos se concentran en Nueva York y Texas; **también** *en Florida hay una población hispana importante.*

Una noticia

El periódico en español de la universidad necesita un artículo. Hay dos titulares (*headlines*) posibles y un gráfico. Seleccionen un titular y preparen un artículo con dos párrafos. Reflejen su conocimiento (*knowledge*) y perspectiva del tema. Usen la información de esta lección.

> **La mitad de todos los niños nacidos en California son latinos**
>
> Los tres estados estadounidenses con mayor porcentaje de hispanos son California, Texas y Florida

Censo 2000: Los 10 estados con mayor porcentaje de hispanos

31.1	☐ California
18.9	■ Texas
8.1	■ Nueva York
7.6	☐ Florida
4.3	■ Illinois
3.7	■ Arizona
3.2	☐ Nueva Jersey
2.2	■ Nuevo México
2.1	☐ Colorado
1.3	■ Washington

Porcentaje de hispanos

US CENSUS BUREAU

¡ATENCIÓN!

✦ Revisen el borrador (*draft*) de su artículo siguiendo (*following*) los PPE 1 a 6 (página 14). Escriban otro borrador. Presten atención (*pay attention*) a la organización del texto y el uso de conectores.

✦ Revisen ahora el segundo borrador siguiendo los PPE 8 a 10 (página 14).

Comparaciones

EL MUNDO DEL ESPAÑOL

Todos sabemos algo de los países en los que se habla español: de sus ciudades, de sus tradiciones, de sus paisajes, de sus monumentos, de su arte y de su cultura, de su gente.

Pero muchas veces nuestra información de un país no es completa; conocemos sólo una parte del país: sus ciudades más famosas, sus paisajes más conocidos, sus tradiciones más folclóricas.

El mundo hispanohablante tiene muchas caras, y cada país tiene aspectos muy diferentes.

1-24
P

¿De qué país (*from which country*) son estas fotos?
Mira las ocho fotos. ¿Qué te sugieren? ¿Qué lugares te parecen (*seem to you*) más interesantes para visitar? ¿Por qué? ¿Qué fotos te sorprenden más? ¿Qué diferencias o contrastes hay en las fotos de cada país? ¿Hay elementos comunes a todos los países?

EJEMPLO:
E1: La dos es España.
E2: No, no es España. Es Latinoamérica, Argentina o Chile, creo.

1.

2.

3.

4.

5.

6.

7.

8.

ACENTOS

1–25

A

NOTAS
TN01-27

El español también suena (*sounds*) de formas diferentes. Escucha estas cinco versiones de una conversación. Ahora, comenta con la clase las diferencias que notas (*you notice*).

Conversación	
1	
2	
3	
4	
5	

VOCABULARIO

Los números

uno (el)	one
dos (el)	two
tres (el)	three
cuatro (el)	four
cinco (el)	five
seis (el)	six
siete (el)	seven
ocho (el)	eight
nueve (el)	nine
diez (el)	ten
once (el)	eleven
doce (el)	twelve
trece (el)	thirteen
catorce (el)	fourteen
quince (el)	fifteen
dieciséis (el)	sixteen
diecisiete (el)	seventeen
dieciocho (el)	eighteen
diecinueve (el)	nineteen
veinte (el)	twenty

Los intereses personales

arte (el)	art
cine (el)	movies; movie theater
comida (la)	food
cultura (la)	culture
deporte (el)	sport
fiesta (la)	festivity
fotografía (la)	picture
gente (la)	people
idioma (el)	language
monumento (el)	monument
música (la)	music
naturaleza (la)	nature
negocios (los)	business
noticias (las)	news
periódico (el)	newspaper
política (la)	politics
red (la)	web/internet
televisión (la)	television
tradición (la)	tradition
tema (el)	topic
viaje (el)	trip

La geografía

ciudad (la)	city
estado (el)	state
este (el)	east
geografía (la)	geography
habitante (el)	inhabitant
montaña (la)	mountain
mundo (el)	world
norte (el)	north
oeste (el)	west
país (el)	country
paisaje (el)	landscape
playa (la)	beach
población (la)	population
sur (el)	south

Adjetivos

aburrido/a	boring
bonito/a	beautiful
difícil	difficult
divertido/a	fun
fácil	easy
falso/a	false
grande	big
interesante	interesting
pequeño/a	small
popular	popular
verdadero/a	true

Palabras útiles para la clase

apellido (el)	last name
compañero/a de clase (el/la)	classmate
conversación (la)	conversation
cosa (la)	thing
grupo (el)	group
información (la)	information
informe (el)	report
miembro (el)	member
nombre (el)	first name
pareja (la)	pair
pregunta (la)	question
respuesta (la)	answer
resultado (el)	result
tarea (la)	task/homework
trabajo (el)	work
verdad (la)	truth

Verbos

abrir	*to open*	estudiar	*to study*
adivinar	*to guess*	hablar	*to speak*
aprender	*to learn*	imaginar	*to imagine*
ayudar	*to help*	leer	*to read*
buscar	*to look for*	mirar	*to look*
cerrar (ie)	*to close*	participar	*to participate*
comprender	*to understand*	querer (ie)	*to want*
conocer (zc)	*to know; to be familiar*	saber (*irreg.*)	*to know (a fact)*
	with	ser (*irreg.*)	*to be*
decir (*irreg.*)	*to say*	tener (ie)	*to have*
elegir (i)	*to choose*	trabajar	*to work*
escribir	*to write*	ver	*to see*
escuchar	*to listen*	vivir	*to live*

CONSULTORIO GRAMATICAL

LOS VERBOS SER Y LLAMARSE: PRESENTE
PRESENT TENSE OF THE VERBS SER AND LLAMARSE

	SER	*LLAMARSE*
(yo)	**soy**	**me llamo**
(tú)	**eres**	**te llamas**
(él, ella, usted)	**es**	**se llama**
(nosotros/as)	**somos**	**nos llamamos**
(vosotros/as)	**sois**	**os llamáis**
(ellos, ellas, ustedes)	**son**	**se llaman**

Me llamo Mario Arozamen.

In Spanish, verb endings reveal important information, such as who is speaking or the subject of the sentence, often without the need for a subject pronoun.

GÉNERO Y NÚMERO/ARTÍCULOS
GENDER AND NUMBER/ARTICLES

The word **nombre** means both "name" (**Elena, Andrés, Felipe**, etc.) and "noun", a grammatical part of speech, such as the words **casa, niño, lengua**. Nouns are also called **sustantivos** in Spanish.

All nouns in Spanish have gender, either masculine or feminine. The article indicates the gender.

MASCULINE	**el** arte, **el** país	*FEMININE*	**la** mesa, **la** política
	los libros		**las** casas

When a feminine noun begins with a stressed "a", the singular masculine article **el** is used: **el agua, el arma, el alma.**

Generally (but not always), the gender of the noun can be determined from the ending.

MASCULINE	FEMININE
-o	**-a**
-aje	**-ción, -sión**
-or	**-dad**

Unlike English, Spanish has grammatical gender, which means that all nouns are either masculine or feminine. However, the grammatical gender is not necessarily related to the biological gender of the noun, and in inanimate objects does not follow any particular logic.

All nouns have a singular and a plural form.

NOUNS THAT END IN A VOWEL	**-s**
libro	libro**s**
casa	casa**s**

NOUNS THAT END IN A CONSONANT	**-es**
país	paí**ses**
ciudad	ciudad**es**

The gender and number of nouns have an impact on the gender and number of other words: adjectives, articles, demonstratives, verbs...

Est**os** libro**s** **son** muy interesante**s**. Est**a** ciu**dad es** muy interesant**e**.

EL ALFABETO
THE ALPHABET

A a	H hache	Ñ eñe	U u
B be	I i	O o	V uve
C ce	J jota	P pe	W uve doble
D de	K ka	Q cu	X equis
E e	L ele	R ere/erre	Y i griega
F efe	M eme	S ese	Z zeta
G ge	N ene	T te	

In Latin America the letters b, v, and w are also called **be larga** *(b),* **ve corta** *(v) and* **ve doble** *(w).*

Letters are feminine in Spanish: **la ele, la zeta, la hache...**

> Unlike English, words in Spanish are usually written in a manner that is very consistent with their pronunciation. Once you learn the system, when you see a word written in Spanish you will not need a dictionary to know how it is pronounced.

PRONUNCIACIÓN
PRONUNCIATION

The /x/ sound (as in **ge**nte*) can be spelled:* **ja, je, ji, jo, ju, ge, gi.**
The /g/ sound (as in **Go**nzález*):* **ga, go, gu, güe, güi** (**Ga**rcía, **Gó**mez, Para**gu**ay, **Gu**tiérrez, Si**gü**enza, lin**gü**ista), **gue, gui** (**Gu**erra, **Gu**inea).

The /θ/ sound[1] (as in **Z**aragoza*):* **za, zo, zu, ce, ci.**
The /k/ sound (as in **C**olombia*):* **ca, co, cu, que, qui, ka, ke, ki, ko, ku.**

The /b/ sound (as in **B**olivia, **V**enezuela*):* **ba, be, bi, bo, bu, va, ve, vi, vo, vu.**

The letter w is pronounced as in English: **w**hisky, **w**eb.

The letter h is always silent in Spanish: **h**ablar, **h**acer.

IDENTIFICACIÓN PERSONAL
PERSONAL IDENTIFICATION

● **¿Cómo te llamas?/¿Cómo se llama usted?**
○ **Me llamo** Gerardo, y soy español, de Madrid.

In administrative contexts other constructions can be used.

¿Cuál es tu/su nombre? **¿Cuál es tu/su** apellido?

> In Spanish the second-person form of the verb changes to indicate whether a situation is formal or informal, while in English the verb that accompanies "you" remains the same in formal and informal contexts.

[1]Only in peninsular Spanish.

LOS PRONOMBRES PERSONALES: YO, TÚ, USTED...
SUBJECT PRONOUNS

1st person	**yo**	**nosotros, nosotras**
2nd person	**tú**	**vosotros, vosotras**
	usted	**ustedes**
3rd person	**él, ella**	**ellos, ellas**

*In Latin America, the **vosotros/as** form is not used; the **ustedes** form is used for both the formal and informal plural.*

Note that in Spanish five different subject pronouns correspond to the English "you:" the informal singular *tú*, the formal singular *usted*, the informal masculine plural *vosotros*, the informal feminine plural *vosotras*, and the formal plural *ustedes*.

In English we use the pronoun "it" to refer to animals, things, or inanimate objects, but in Spanish there is no single subject pronoun that corresponds to this word.

USO DE LOS PRONOMBRES PERSONALES
USE OF SUBJECT PRONOUNS

Personal subject pronouns are not usually necessary in Spanish. They are used, however, when the speaker:

wants others to respond (the pronoun appears only before the first verb in the series):

Yo soy colombiano, me llamo Ramiro y estudio español.
Yo, peruana, me llamo Daniela y estudio español.

Unlike English, subject pronouns are generally omitted in Spanish, since the form of the verb indicates the subject of the sentence. However, they are used when clarification or emphasis is needed.

refers to more than one person:

Ella es española y **yo,** cubano.
Yo me llamo Javier y **él,** Alberto.

responds to questions about a name. Observe the position of the pronoun:

¿La señora Gutiérrez?
Soy yo.

¿Es usted Gracia Enríquez?
No, yo soy Ester Enríquez. Gracia **es ella.**

To talk about things, Spanish has no equivalent for the subject pronoun "it" in English.

Mira este mapa de Perú. Es muy útil.

LOS DEMOSTRATIVOS: ESTO; ÉSTE, ÉSTA, ÉSTOS, ÉSTAS
DEMONSTRATIVE ADJECTIVES AND PRONOUNS

With a noun, use:

NEXT TO THE NOUN	SEPARATED FROM THE NOUN
este país, **esta** ciudad	**Éste** es mi teléfono.
estos países, **estas** ciudades	**Ésta** es mi ciudad.

Éste es
mi
teléfono.

With the name of a person:

Éste es Julio. **Ésta** es Ana.

Éstos son Julio e Iván. **Éstos** son Ana e Iván. **Éstas** son Ana y Laura.

With the name of a country or a city:

Esto es Panamá.

To say what something is:

Esto es una foto de mi casa.

Note that the question **What is this?** in Spanish is *¿Qué es esto?*, regardless of gender, since the question sets out to define something as yet undefined.

Esto is used to refer to unspecified objects or things, or to point out an idea or a concept. *Esto* can never be used to refer to people.

2 Gente con gente

TAREA ✦ Conocer (*meet*) a un grupo de estudiantes internacionales y organizarlos para una cena de bienvenida (*welcome dinner*).

NUESTRA GENTE ✦ México

Marianne

Mario Molina   AP/Wide World Photos

Carlos Fuentes

Jorge Ramos

Thalía Sodi

Fátima Leyva

2-1 **¿Quiénes son?**

Tú no conoces a estas personas pero tu profesor/a sí. Describe las fotos de la página 24 con datos de las listas.

es profesor/a de química   (no) es mexicano/a   tiene 15 (quince) años
es jugador/a de fútbol   tiene 33 (treinta y tres) años
es estudiante   tiene 25 (veinticinco) años
es periodista   tiene 47 (cuarenta y siete) años
es actriz y cantante   tiene 77 (setenta y siete) años
es escritor/a   tiene 62 (sesenta y dos) años

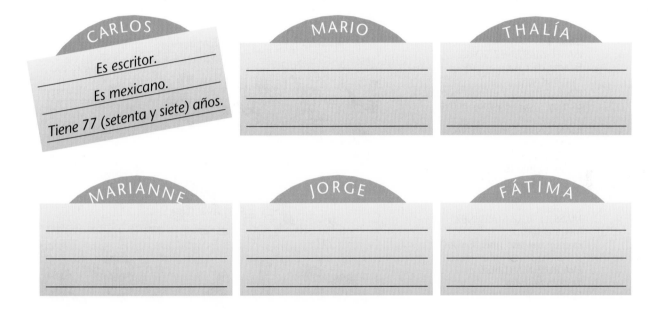

CARLOS
Es escritor.
Es mexicano.
Tiene 77 (setenta y siete) años.

MARIO

THALÍA

MARIANNE

JORGE

FÁTIMA

G Compara tus datos con los de dos compañeros/as. Luego, pregunten a su profesor/a si (*if*) son correctos.

EJEMPLO:
E1: Yo **creo que** Jorge es profesor de ciencias.
E2: Yo también **creo que** es profesor.
E3: Yo **creo que no** es profesor … **Creo que** es periodista.

2-2 **¿De quién (*about whom*) hablan?**

A

1.
● ¡Qué simpático es!
○ Sí, es una persona **muy** agradable.
● Y **muy** trabajador.
○ Sí, es cierto. Y no es **nada** egoísta…
● No, para nada… Al contrario…

¿Hablan de Mario, de Carlos, de Fátima…?

2.
● Es una mujer **bastante** inteligente.
○ Sí, pero es pedante, antipática…
● Sí, eso sí… Y **un poco** antipática…
○ ¡**Muy** antipática…!

2-3 **Atención a las formas**

Subraya (*underline*) los adjetivos de las conversaciones en 2–2. Clasifica los adjetivos en masculinos o femeninos.

Ahora observa las expresiones en negrita (*bold*). ¿Qué son? ¿Qué función tienen?

Gente con gente ◆ 2

2-4 **La gente de la calle Delicias, en México D. F.**
Observa la ilustración y lee los textos. Toda esta gente vive en la calle Delicias. Busca (*look for*) gente con estas características y escribe su nombre.

un niño: _____
un hombre soltero: _____
una persona que hace deporte: _____
una chica que estudia: _____
una mujer soltera: _____
una persona que no trabaja: _____
una persona que trabaja en una aerolínea: _____

Casa 1
ISABEL MARTÍNEZ SORIA
Es ama de casa.
Es mexicana.
Hace gimnasia y estudia historia.
Es muy sociable y muy activa.

JUAN GABRIEL RUIZ PEÑA
Trabaja en un banco.
Es mexicano.
Corre y toma fotografías.
Es muy buena persona pero un
poco serio.

MANUEL RUIZ MARTÍNEZ
Juega al fútbol.
Es muy travieso (*mischievous*).

EVA RUIZ MARTÍNEZ
Toca la guitarra.
Es muy inteligente.

Casa 2
BEATRIZ SALAS GALLARDO
Es periodista.
Es mexicana.
Juega al tenis y estudia inglés.
Es muy trabajadora.

JORGE ROSENBERG
Es fotógrafo.
Es argentino.
Colecciona estampillas.
Es muy amable.

DAVID ROSENBERG SALAS
Come mucho y duerme poco.

Casa 3
RAQUEL MORA VILAR
Estudia economía.
Es soltera.
Juega al squash.
Es un poco pedante.

SARA MORA VILAR
Estudia derecho.
Es soltera.
Toca el piano.
Es muy alegre.

Casa 4
JORGE LUIS BAEZA PUENTE
Es ingeniero.
Está divorciado.
Toca la batería.
Es muy callado.

UWE SCHERLING
Es profesor de alemán.

Es soltero.
Toca el saxofón.
Es muy simpático.

Casa 5
LORENZO BIGAS TOMÁS
Trabaja en *Mexicana*.
Está divorciado.
Es muy tímido.

SILVIA BIGAS PÉREZ
Es mexicana.
Es estudiante doctoral.
Baila flamenco.

2-5 **Las familias de la calle Delicias**
Observen la información sobre las Casas 1, 2 y 3. Adivinen (*guess*) qué significan las palabras en negrita.

Casa 1: La familia Ruiz. Manuel y Eva son **hijos** de Juan Gabriel.
Isabel es la **madre** de Manuel y Eva.
Casa 2: Jorge Rosenberg es el **padre** de David.
Casa 3: Raquel y Sara son **hermanas**.

2-6 **A** **Escucha a dos vecinas (*neighbors*).**
¿De quién hablan? ¿Qué dicen?

HABLAN DE...

1. _____
   _____
2. _____
   _____
3. _____
   _____
4. _____
   _____
5. _____
   _____

DICEN QUE   ES/SON...

1. _____
   _____
2. _____
   _____
3. _____
   _____
4. _____
   _____
5. _____
   _____

2-7 **Campos semánticos**
Con la ayuda de su profesor/a, dibujen
(*draw*) cinco campos semánticos.

1. PROFESIÓN
2. NACIONALIDADES
3. CARÁCTER
4. AFICIONES (*interests*)
5. ESTADO CIVIL

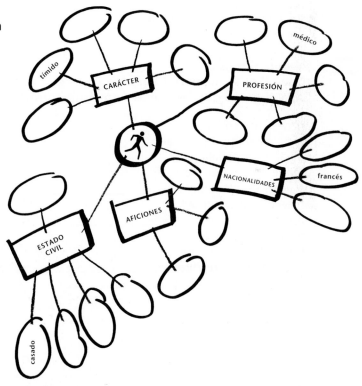

2-8 **P** **¿Y tu familia?**
Escribe las profesiones de algunos miembros de tu familia.

Mi papá es _____   Mi _____ es _____
Mi mamá es _____   Mi _____ es _____
                                        Mi _____ es _____

Ahora comparte la información con un/a compañero/a.

EJEMPLO:
E1: Mi papá es abogado. ¿Y tu papá?
E2: Mi papá es maestro, y mi mamá también es maestra.

2-9
P

Mexicano, mexicana...
Relacionen los países con las nacionalidades. Después (*after that*) presten atención a las terminaciones (*endings*) y clasifiquen los adjetivos en grupos.

México   Nicaragua
España   Venezuela
Costa Rica   Ecuador
Honduras   Estados Unidos
Panamá   Cuba

venezolano hondureño estadounidense panameño
venezolana hondureña estadounidense panameña

ecuatoriano mexicano costarricense cubano
ecuatoriana mexicana costarricense cubana

español nicaragüense
española nicaragüense

2-10
G

Hispanos famosos
¿Qué tal es su memoria? Vamos a completar esta lista. Gana el grupo que tiene más respuestas correctas.

un cantante colombiano _____
un grupo musical mexicano _____
una actriz española _____
una película mexicana _____
un actor estadounidense _____
un escritor mexicano _____
un pintor mexicano _____
un escritor colombiano _____
un compositor español _____
un cantante puertorriqueño _____
un deportista dominicano _____
un político cubano _____

EJEMPLO:
E1: Una actriz mexicana...
E2: Penélope Cruz.
E1: ¿Es mexicana?
E3: No, es española.

 2-11

¿Son mexicanos?
Vamos a ver (*let's see*) quién tiene más respuestas correctas.

Pedro Almodóvar Salvador Dalí
Frida Kahlo Carlos Santana
Salma Hayek John Leguizamo
Vicente Fox Sammy Sosa

ADJETIVOS

	MASCULINO	FEMENINO
-o/a	simpático	simpática
-or/ora	trabajador	trabajadora
-e		inteligente
-a		belga
-ista		pesimista
consonante		difícil, feliz

	SINGULAR	PLURAL
vocal	simpático	simpáticos
	inteligente	inteligentes
	trabajadora	trabajadoras
consonante	difícil	difíciles
	trabajador	trabajadores

ADVERBIOS DE CANTIDAD

Es **muy** amable.
Es **bastante** inteligente.
Es **un poco** antipática.
No es **nada** sociable.

EL PRESENTE:
VERBOS EN -AR -ER -IR

	TRABAJAR
(yo)	trabajo
(tú)	trabajas
(él, ella, usted)	trabaja
(nosotros, nosotras)	trabajamos
(vosotros, vosotras)	trabajáis
(ellos, ellas, ustedes)	trabajan

	LEER	ESCRIBIR
(yo)	leo	escribo
(tú)	lees	escribes
(él, ella, usted)	lee	escribe
(nosotros, nosotras)	leemos	escribimos
(vosotros, vosotras)	leéis	escribís
(ellos, ellas, ustedes)	leen	escriben

EL NOMBRE

	LLAMARSE
(yo)	me llamo
(tú)	te llamas
(él, ella, usted)	se llama
(nosotros, nosotras)	nos llamamos
(vosotros, vosotras)	os llamáis
(ellos, ellas)	se llaman

LA NACIONALIDAD

● ¿De dónde es?
○ Es mexicano.
  Es de México.

**Consultorio gramatical,
páginas 42 a 47.**

POSESIVOS: RELACIONES FAMILIARES

mi padre
mi madre   **mis** padres

tu hermano
tu hermana   **tus** hermanos

su hijo
su hija   **sus** hijos

nuestro padre
nuestra madre   **nuestros** padres

vuestro hermano
vuestra hermana   **vuestros** hermanos

su hermano
su hermana   **sus** hermanos

> En muchos países
> latinoamericanos se dice:
>
> **mi mamá, mi papá** y **mis papás.**

LA EDAD

● ¿Cuántos años tiene (usted)?
  ¿Cuántos años tienes (tú)?
○ Treinta.
  Tengo treinta años.

EL ESTADO CIVIL

Soy ⎰ soltero/a.
Estoy ⎱ casado/a.
      ⎰ viudo/a.
      ⎱ divorciado/a.

LA PROFESIÓN

● ¿A qué se dedica usted?
  ¿A qué te dedicas?
○ **Trabajo** en un banco.
  Estudio en la universidad.
  Soy camarero.

 2–12
A

El árbol (*tree*) genealógico de Paula
Paula habla de su familia. Escucha y completa su árbol genealógico.

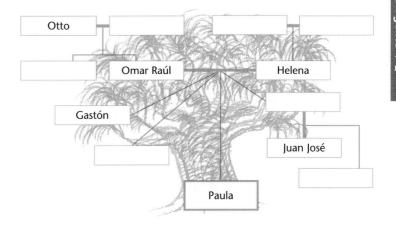

P

Compara tus respuestas con las de tu compañero/a. Después habla con tu compañero/a para hacer (*to do*) su árbol.

EJEMPLO:
E1: ¿Tienes hermanos?   **E1:** ¿Cómo se llama?
E2: Sí, una hermana.   **E2:** Mi hermana se llama Laura.

2–13

Los verbos en español: -ar, -er, -ir
¿Haces (*can you do*) estas cosas? Escribe verbos en los espacios en blanco.

-AR ⎰ juego   -ER ⎰ leo   -IR ⎰ escribo
    ⎱ hablo   ⎱ soy   ⎱ vivo
      cocino   como   recibo
      toco   tengo
      bailo

EJEMPLO: Pinto cuadros.

_____ un animal en casa   _____ al tenis
_____ la guitarra   _____ simpático
_____ poesía   _____ mucho
_____ periódicos   _____ solo
_____ correos electrónicos   _____ platos mexicanos
_____ al fútbol   _____ (otros)

P

Ahora pregunta a tu compañero/a. Después informa a la clase sobre las aficiones de tu compañero/a.

EJEMPLO: **EJEMPLO:**
E1: ¿Juegas al fútbol?   **E1:** Eva juega al fútbol y nada.
E2: Sí, y nado.

2–14
P

La personalidad de tu compañero/a.
Prepara seis preguntas para tu compañero/a. Él/ella debe (*has to*) usar **muy, bastante, un poco** o **nada** y un adjetivo.

EJEMPLO:
E1: ¿Eres tímido?
E2: No, no soy nada tímido.

Gente con gente ◆ 2

Estrategias para la comunicación oral ◆ ◆ ◆ ◆ ◆ ◆ ◆ ◆ ◆ ◆

Negotiating meaning

Conversation requires at least two participants who are both listeners and speakers. In order to manage a conversation successfully in Spanish, you need to make sure that your listener understands you. Sometimes you will not know how to say something in Spanish. The first thing to do is to ask your listener. Remember the questions you learned in Chapter 1? *¿Cómo se dice ...? ¿Qué significa ...?* Your partner may be able to help you out, and you, in turn, will be able to continue talking and get your meaning across. If s/he does not know, try to paraphrase in Spanish, that is, try to explain the concept with different words. Use gestures, too! This is called "negotiation of meaning," and it is very helpful to your Spanish learning process. Using this strategy, you and your partner can work together to carry on a successful conversation.

<u>Remember</u>: If you are talking and get "stuck" because you do not understand something, or you do not know how to say something, use strategies to negotiate meaning.

2–15 **Ahora tú**

Vas a describirte a ti mismo/a (*yourself*). Completa una ficha como ésta. Después da tu descripción a tu profesor/a. Un/a compañero/a lee la descripción y la clase adivina quién es.

> **EDAD:**
> Tengo _____ años.
>
> **ESTADO CIVIL:**
> Soy ☐ soltero/a.
> ☐ casado/a.
> ☐ viudo/a.
> ☐ divorciado/a.
>
> **CARÁCTER:**
> Soy muy _____.
> Soy bastante _____.
> Soy un poco _____.
> No soy nada _____.
>
> **IDIOMAS:**
> Hablo _____
>
> **AFICIONES:** _____

2–16 **Una persona especial**

Piensa en (*think about*) una persona especial en tu vida: un familiar (*relative*), amigo/a, compañero/a de estudios, novio/a (*boyfriend/girlfriend*). Completa una ficha similar al modelo con la información importante sobre esa persona.

> **NOMBRE:** *María*
> **APELLIDOS:** *Jover Pino*
> ESTADO CIVIL: *soltera*
> EDAD: *31*
> PROFESIÓN: *trabaja en una compañía de informática*
> AFICIONES: *fotografía, teatro*
> CARÁCTER: *muy inteligente y muy activa*
> RELACIÓN CONTIGO: *vecina*

> **NOMBRE:** _____
> **APELLIDOS:** _____
> ESTADO CIVIL: _____
> EDAD: _____
> PROFESIÓN: _____
> AFICIONES: _____
> CARÁCTER: _____
> RELACIÓN CONTIGO: _____

P Ahora pregunta a un/a compañero/a sobre su ficha y toma notas.

> **EJEMPLO:**
> **E1:** ¿Cómo se llama?
> **E2:** María.
> **E1:** ¿Es una amiga?
> **E2:** No, es una vecina.
> **E1:** ¿Y cuántos años tiene?
> **E2:** 31.
> **E1:** ¿Es casada?
> **E2:** No, soltera.
> **E1:** ¿A qué se dedica?
> **E2:** Trabaja en una compañía de informática.
> **E1:** ¿Y cómo es?
> **E2:** Es muy inteligente y muy simpática.

Ahora explica a la clase quién es la persona especial con una breve (*brief*) descripción.

Gente con gente ◆ 2

 La foto familiar

Muestra (*show*) una foto de un grupo de personas a tu compañero/a. La foto puede ser (*can be*) de tu familia, tus amigos, tu club deportivo, etc. Explica la foto y habla sobre cada uno de los miembros del grupo.

EJEMPLO:

E1: Éste es mi amigo Bob. Somos **muy** buen**os** amig**os**. Tiene 22 años. Es muy divertid**o**.

E2: ¿Y ésta, quién es?

E1: Ésta es **su** novia, Sarah. Es **muy** simpática. **Estudia** en mi universidad.

 La entrevista

Usa los verbos siguientes para entrevistar a tu compañero/a. Después, tu compañero/a te va a entrevistar. Tomen notas e informen a la clase sobre aspectos interesantes de la otra persona.

jugar   bailar   escribir
hablar   leer   vivir
cocinar   comer
tocar   tener

EJEMPLO:

E1: ¿Juegas al fútbol?

E2: No, no juego al fútbol.

E1: ¿Tienes animales en casa?

E2: Sí, tengo un gato.

E1: ¿Lees libros?

E2: Sí, leo novelas.

E1: Mike no juega al fútbol, lee novelas y tiene un gato.

Juego de papeles. Un intercambio estudiantil (*student exchange*)

Situación: En la oficina de intercambio estudiantil del Colegio de México. Dos estudiantes estadounidenses están en el Colegio de México (México, D. F.) y quieren conocer (*want to meet*) estudiantes mexicanos. Van (*they go*) a la oficina para poner (*place*) sus datos y nombres en la lista de intercambios.

ESTUDIANTE A

Eres responsable de la oficina de intercambios. Entrevistas a los estudiantes y tomas nota de su información.

- Nombre y apellido:
- Nacionalidad:
- Estudios:
- Intereses:
- Personalidad:
- ¿Qué tipo de persona buscan?

ESTUDIANTE B

Buscas un/a amigo/a en la universidad para practicar español y conocer a otros amigos mexicanos. Explica tus características positivas pero también (*but also*) las negativas.

ESTUDIANTE C

Buscas un/a amigo/a en la universidad para practicar español y conocer a otros amigos mexicanos. Explica tus características positivas pero también (*but also*) las negativas.

◆ Conocer (*meet*) a un grupo de estudiantes internacionales y organizarlos para una cena de bienvenida (*welcome dinner*).

◆ **PREPARACIÓN** ◆

La clase se divide en grupos. Ustedes están (*you are*) en un curso de verano (*summer*) en la "Escuela de Español Golfo de México". Estos estudiantes también están en la escuela. Son estudiantes de todo el mundo. ¿Conocen a sus compañeros/as de escuela? Completen estas descripciones con las palabras que faltan (*are missing*).

© 2006 Dwight Cendrowski

1. SANDRA MOGAMBE
ES _____ DE BIOLOGÍA.
TIENE 17 _____.
HABLA ESPAÑOL.
ES _____ GUINEA ECUATORIAL.
COLECCIONA MARIPOSAS.

2. MARK SELLIGSON
ES _____ DE ARTE.
_____ 45 AÑOS.
_____ ESPAÑOL Y ALEMÁN.
MUY _____ AL FÚTBOL.

3. SILVIA OLIVEIRA
_____ 23 AÑOS.
_____ PROFESORA DE PORTUGUÉS.
_____ PORTUGUÉS E INGLÉS.
ES SOLTERA.

4. ANDREW SMITH
PROFESOR _____ GIMNASIA.
_____ 50 AÑOS.
_____ SEPARADO.
HABLA ESPAÑOL E INGLÉS.
_____ MARIPOSAS.

5. KEIKO TANAKA
_____ 20 AÑOS.
_____ JAPONÉS Y UN POCO
DE ESPAÑOL.
_____ CASADA.

6. AKIRA TANAKA
_____ PINTOR.
TIENE 22 _____.
HABLA JAPONÉS Y UN _____
DE ESPAÑOL.

7. SAMUEL SOHAMY
_____ ISRAELÍ.
_____ ESTUDIANTE.
TIENE 18 AÑOS.
_____ HEBREO Y UN _____
DE INGLÉS.

8. LANA SOHAMY
_____ ISRAELÍ.
_____ ESTUDIANTE.
TIENE 20 AÑOS.
_____ HEBREO, INGLÉS Y UN POCO
DE JAPONÉS.
MUY _____ AL FÚTBOL.

9. JENNY DONALDSON
ES _____ ESTADOS UNIDOS.
_____ PIANISTA.
TIENE 20 AÑOS.
_____ SOLTERA.
_____ INGLÉS.

10. NICOLE TOMBA
_____ ESTADOUNIDENSE.
_____ INFORMÁTICA.
TIENE 26 _____.
_____ SOLTERA.
HABLA INGLÉS Y ESPAÑOL.

11. MISHA GÁLVEZ
_____ FUNCIONARIA.
_____ 33 AÑOS.
_____ CASADA.
SÓLO _____ TAGALO Y UN POCO
DE ESPAÑOL.
MUY AFICIONADA AL FÚTBOL.

12. ALI AL-HALEB
EXPERTO EN COMPUTADORAS.
_____ SOLTERO.
TIENE 30 AÑOS.
_____ ÁRABE, INGLÉS Y ESPAÑOL.

13. MARK DORFMAN
_____ ARQUITECTO.
_____ SOLTERO.
TIENE 47 AÑOS.
_____ ALEMÁN E INGLÉS.
_____ AFICIONADO A LA
_____ CLÁSICA Y AL PIANO.

Paso 1: La distribución de los estudiantes en la cena de bienvenida.
Organicen a los estudiantes en las tres mesas para cenar. Es importante tener en cuenta (*keep in mind*) la información que ustedes saben (*you know*) sobre estas personas.

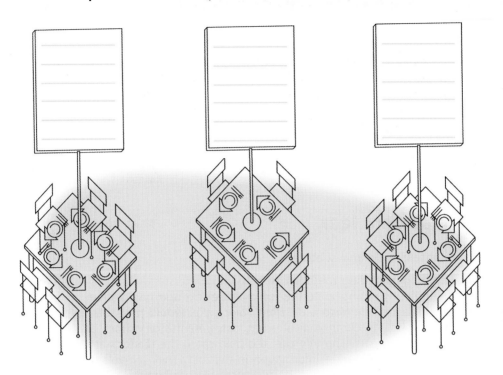

LES SERÁ ÚTIL

En la mesa 1: Manuel, Celia...

Manuel **al lado de** Celia **porque**...

Manuel y
Celia **tienen** { la misma edad.
el mismo hobby.
los mismos intereses.

Los dos estudian español.

Manuel habla francés y Celia **también**.

(A) **Paso 2:** Escuchen (*listen to*) ahora a estos profesores de español. Hablan de los nuevos estudiantes y ofrecen mucha información nueva. ¿Necesitan cambiar (*do you need to change*) las mesas?

EDAD:
Tengo _____ años.

CARÁCTER:
Soy muy _____.
Soy bastante _____.
Soy un poco _____.
No soy nada _____.

ESTADO CIVIL:
Soy ☐ soltero/a.
☐ casado/a.
☐ viudo/a.
☐ divorciado/a.

IDIOMAS:
Hablo _____.

AFICIONES: _____
_____

Paso 3: Un/a estudiante de su grupo también asiste (*attends*) a la cena de bienvenida. ¿Dónde va a sentarse? Elijan (*choose*) al/a la estudiante, completen la ficha con sus datos y seleccionen la mesa.

(W) **Paso 4:** Ahora van a revisar su distribución y escribir un pequeño informe (*report*).

Paso 5: Un/a representante del grupo presenta a la clase el informe y justifica las decisiones del grupo.

Paso 6: Los grupos y el/la profesor/a comparan sus resultados.

nuestra gente México

Exploraciones

 GENTE QUE LEE

Estrategias para leer ◆ ◆ ◆ ◆ ◆ ◆ ◆ ◆ ◆ ◆ ◆ ◆ ◆ ◆ ◆ ◆ ◆ ◆ ◆

Predicting content: title and subtitles

When reading, understanding the title can help you understand the text. A title can have several purposes. It can help you anticipate the topic of the text and give you an idea of the content. For example, if you see the title *Historia del Hotel Palace*, you would probably guess that the text contains historical data, possibly in chronological order, dates, names of visitors, and interesting facts about the hotel through the years. The title can also help catch the reader's attention.

Subtitles are used to organize information in the text. They tell you the type of information you will find and the order in which it will be presented. Before beginning to read a text, spend a couple of minutes thinking about the title and identifying the subtitles. If you use this technique, you will soon realize you understand more about the text than you probably thought you would!

ANTES DE LEER

2–20 Arte

¿Qué tipo de arte prefieres? Ordena de 1 a 12 (1 = más interesante; 12 = menos interesante).

❏ escultura ❏ dibujo ❏ arquitectura ❏ cine ❏ literatura ❏ teatro
❏ pintura ❏ fotografía ❏ artesanía ❏ danza ❏ música ❏ historietas

¿Cuántos (*how many*) puntos tiene la pintura para ti? ¿Y para la clase?

2–21 ¿Qué tipo de pintura prefieres?
Marca tus preferencias.

❏ pintura realista ❏ pintura clásica ❏ pintura contemporánea
❏ pintura abstracta ❏ pintura surrealista ❏ pintura pop

Nombra (*name*) tu pintor preferido o tu pintora preferida. ¿Cómo es su pintura?

2–22 Pintores mexicanos
¿Sabes el nombre de un pintor mexicano famoso o una pintora mexicana famosa? Vamos a ver cuántos sabe la clase.

2–23 Activando estrategias

■ Mira el título y los subtítulos del siguiente texto. ¿Qué información te dan (*give you*) sobre el texto?
■ Ahora mira las fotos. ¿Qué representan? ¿Qué información te dan sobre el texto?

A LEER

Francisco Toledo, pintor mexicano

LA PERSONA

Francisco Toledo (Oaxaca, 1940) es un pintor mexicano contemporáneo de gran prestigio internacional. Es sencillo, modesto e introvertido. Un ser humano increíblemente generoso que se preocupa por el bienestar[1] de los indígenas oaxaqueños y por la preservación del patrimonio artístico y cultural de su país, México. Actualmente vive en Oaxaca. Su delgada figura y su rostro moreno de facciones finas son muy familiares para los oaxaqueños y para los extranjeros que visitan la cafetería del Museo de Arte Contemporáneo. Está casado y tiene tres hijos. Es muy famoso pero la fama no ha cambiado[2] su forma de pensar y vivir. Todavía[3] conserva su vida austera y sin pretensiones.

LA OBRA

Francisco es pintor, dibujante y ceramista. Tiene un estilo propio, innovador e intemporal, con éxito y buena crítica. Su arte, muy rico en colores y texturas, presenta elementos de la tradición popular indígena desde una perspectiva contemporánea. En su obra vemos la presencia de la cultura indígena de Oaxaca combinada con los mitos mayas, la huella[4] de un pasado milenario que hasta nuestros días forma parte de la cotidianidad de América Latina.

LA FAMA

Es el artista mexicano vivo más famoso en todo el mundo. Hay[5] obras de Toledo en el Museo de Arte Contemporáneo de Monterrey, en el Palacio de Bellas Artes de la Ciudad de México, en los Museos de Arte Moderno de México, París, Nueva York y Filadelfia, en la *New York Public Library* y en la *Tate Gallery* de Londres, entre otros.

[1]well-being
[2]has not changed
[3]still
[4]mark, trace
[5]There are

DESPUÉS DE LEER

2-24 **Activando estrategias**

■ ¿Puedes buscar palabras en el texto (nombres, verbos, adjetivos) relacionadas con estos campos semánticos: Arte y Actividades?

■ ¿Puedes pensar en (*can you think of*) un título más atractivo para esta biografía?

2-25 **¿Comprendes?**

1. ¿Cómo es Francisco Toledo físicamente? ¿Cómo es su personalidad?
2. ¿A qué se dedica?
3. ¿Qué aspectos combina el arte de Toledo?
4. Describe el estilo de Toledo.
5. En tu país, ¿dónde puedes ir (*where can you go*) para ver la pintura de Toledo?

2-26 **Expansión**
P
Ustedes van a pensar en otro/a artista interesante y describir a este/a artista (la persona, la obra, la fama) a la clase.

Gente con gente ◆ 2

GENTE QUE ESCRIBE

Estrategias para escribir ◆ ◆ ◆ ◆ ◆ ◆ ◆ ◆ ◆ ◆ ◆ ◆ ◆ ◆ ◆ ◆ ◆ ◆

Reviewing your composition for language use (grammar)

It is useful to keep track of all the grammar structures you have studied so far in Spanish. When you revise the grammar in your composition, you need to make sure that you have expressed the meaning you intended. Remember, it is important to learn the grammar forms, but you also need to know how to use them. Ask yourself these questions:

a. Does your composition use a variety of structures? Or do you repeat the same structures again and again? Are you using the structures in the right way?

b. Do you try to practice any new structures that have just been introduced in class?

c. Are you sure that you use a noun where you need a noun, an adjective where you need an adjective, etc.?

d. Does every sentence have a conjugated verb?

e. Have you checked the composition for agreement (gender and number)...

  between articles and nouns?

  between nouns and adjectives?

  between subjects and verbs?

2-27
W

Una carta

Vas a viajar (*you are going to travel*) a México, donde vas a estudiar por un semestre. Escribe una carta a tu familia mexicana. Preséntate (*introduce yourself*) y describe a tu familia con detalle:

■ nombre
■ edad
■ profesión
■ estado civil
■ personalidad
■ rasgos físicos
■ otra información interesante

¡ATENCIÓN!

NOTAS
TN02-21

◆ Sigue (*follow*) los PPE (página 14) 1 a 4. Luego, intercambia (*exchange*) tu carta con un/a compañero/a. Examina el trabajo de tu compañero/a y hazle una crítica constructiva.

◆ Ahora continúa con los PPE (página 14) 5 a 10. Presta atención (*pay attention*) al PPE número 8.

Beyond the sentence ◆ ◆ ◆ ◆ ◆ ◆ ◆ ◆ ◆ ◆ ◆ ◆ ◆ ◆ ◆ ◆ ◆

Basic connectors to organize information

In order to organize your writing, you need to use specific discourse markers, or connectors, that will provide the correct structure for your composition and point out the order of the information for your reader. If your text is clearly organized, the reader will understand your ideas much better. Good organization sometimes helps compensate for grammar or vocabulary mistakes and enhances your Spanish writing. Simple connectors to organize information are:

- *primero* (first)
- *segundo* (second)
- *tercero* (third)

In order to indicate to the reader that you are introducing your last idea, you can use connectors like:

- *finalmente* (finally)
- *por último* (last)

2-28
PW

NOTAS
TN02-22

Una reseña biográfica

Lean primero este texto sobre Carlos Fuentes, uno de los escritores mexicanos contemporáneos más importantes del mundo.

Biografía de Carlos Fuentes

Fecha de nacimiento: 11 de noviembre de 1928.

Padre y madre: mexicanos.

Estudios: Colegio de México; Derecho en la Universidad Autónoma de México; Doctorado *Honoris Causa* en la UNAM, 1966; cursos de economía en Ginebra, Suiza.

Familia: casado dos veces: Rita Macedo, famosa actriz mexicana, una hija; Sylvia Lemus, dos hijos.

Trabajo: embajador de México en Francia (1972–1976); miembro del *Woodrow Wilson International Center for Scholars* en Washington, D.C.; profesor y lector en las universidades de

Pennsylvania, Columbia, Cambridge, Princeton y Harvard.

Premios: Premio Nacional de Ciencias y Artes, 1984; Doctor *Honoris Causa* de la Universidad de Cambridge, 1987; Premio Miguel de Cervantes, 1987; Medalla de Honor de Literatura del Club Nacional de las Artes de EE.UU., 1988; Medalla de la Universidad de Chile, por su aporte al desarrollo de la literatura en América Latina y el Caribe, 1991; Premio Príncipe de Asturias 1994; Premio Picasso, otorgado por la UNESCO, Francia, 1994.

Obras importantes: *La muerte de Artemio Cruz* (1962), *Cambio de piel* (1967), *Terra Nostra* (1975), *El espejo enterrado* (1992).

Carlos Fuentes va a visitar tu universidad. El periódico estudiantil en español necesita una breve biografía del escritor para anunciar la visita. Usen algunos (*some*) datos interesantes y escriban una biografía de dos párrafos.

EJEMPLO:
Carlos Fuentes nace en México en 1928 y...

¡ATENCIÓN!

✦ **Revisen el borrador (*draft*). Presten atención a la organización y el uso de conectores.**

✦ **Revisen ahora la segunda versión, siguiendo (*following*) los PPE (página 14).**

Gente con gente ◆ 2

Comparaciones

MÉXICO, MÉXICO

México es un gran mosaico cultural y de costumbres. Cada región mexicana es muy diferente: la historia, las tradiciones, el paisaje, las maneras de vivir, incluso el aspecto físico de las personas. Cuando piensas en México, ¿qué ideas vienen a la mente?

2-29
G

Ya sabemos (*we already know*) mucho sobre México.
Miren el mapa. Para cada región o ciudad mencionadas en la lista, escriban dos datos que conocen.

Baja California _____
Guadalajara _____
Acapulco _____sol, playas_____
Monterrey _____
Puebla _____
Ciudad Juárez _____
México D.F. _____

Ahora compartan (*share*) la información con la clase.

2-30 **¿Te sorprende?**
Escribe al lado de la información si te sorprende o no.

	SÍ	NO
▨ México es la novena economía mundial (*world*).	❏	❏
▨ México es el mayor (*biggest*) productor de plata del mundo.	❏	❏
▨ Un 60% de la población mexicana es mestiza (ascendencia europea e indígena) y un 30% amerindia (ascendencia indígena).	❏	❏
▨ México es el país con más taxis del mundo.	❏	❏
▨ México significa "ombligo de la Luna". Esta palabra viene de *Mexitli*, compuesta de *metzli* (luna), *xictli* (ombligo) y *co* (lugar).	❏	❏
▨ El gobierno de México reconoce oficialmente 62 lenguas indígenas. Las más importantes son el náhuatl y el maya, cada una con 1.500.000 hablantes (*speakers*).	❏	❏
▨ El 7% de la población habla una lengua indígena.	❏	❏
▨ México tiene más de 100 millones de habitantes. Es el país con más hispanohablantes del mundo.	❏	❏

2-31 **¿También es así en tu país?**
Habla con la clase de la diversidad de tu país.

2-32 **México y tu país.**
¿Tiene México una relación especial con tu país? ¿Cómo es esa relación?

¿CÓMO ES MÉXICO? ¿CÓMO SON LOS MEXICANOS?

2-33 **¿Conoces a personas de México? ¿Cómo son?**

Haz una lista de adjetivos. Seguro que no todos tenemos la misma imagen de los mexicanos.

Ahora mira las fotos y describe a las personas. Todos son mexicanos.

2-34 **Mira las fotos. ¿Qué muestran (show)?**
¿Qué te dicen de México?
¿Cambian tu percepción de cómo es México?

1.

2.

3.

4.

5.

6.

7.

2-35 **¿Conoces estereotipos sobre tu país y su gente: su cultura, su apariencia física, su personalidad...?**
¿Por qué existen los estereotipos? ¿Cómo podemos evitarlos (avoid them)?

VOCABULARIO

Las nacionalidades

argentino/a (el/la)	*Argentinian*
boliviano/a (el/la)	*Bolivian*
chileno/a (el/la)	*Chilean*
colombiano/a (el/la)	*Colombian*
costarricense (el/la)	*Costa Rican*
cubano/a (el/la)	*Cuban*
dominicano/a (el/la)	*Dominican*
ecuatoriano/a (el/la)	*Ecuatorian*
español/a (el/la)	*Spaniard*
estadounidense (el/la)	*U.S. Citizen*
europeo/a (el/la)	*European*
guatemalteco/a (el/la)	*Guatemalan*
hondureño/a (el/la)	*Honduran*
mexicano/a (el/la)	*Mexican*
nicaragüense (el/la)	*Nicaraguan*
panameño/a (el/la)	*Panamanian*
paraguayo/a (el/la)	*Paraguayan*
peruano/a (el/la)	*Peruvian*
puertorriqueño (el/la)	*Puerto Rican*
salvadoreño/a (el/la)	*Salvadorean*
uruguayo/a (el/la)	*Uruguayan*
venezolano/a (el/la)	*Venezuelan*

Los estudios

arte (el)	*art*
ciencias (las)	*sciences*
contabilidad (la)	*accounting*
derecho (el)	*law*
economía (la)	*economics*
especialidad (la)	*major*
estudiante (el/la)	*student*
fotografía (la)	*photography*
historia (la)	*history*
informática (la)	*computer science*
ingeniería (la)	*engineering*
maestro/a (el/la)	*teacher*
matemáticas (las)	*mathematics*
medicina (la)	*medicine*
música (la)	*music*
negocios (los)	*business*
periodismo (el)	*journalism*
química (la)	*chemistry*
teatro (el)	*theater*
universidad (la)	*college, university*

Las profesiones

abogado/a (el/la)	*lawyer*
actor (el)	*actor*
actriz (la)	*actress*
artista (el/la)	*artist*
ama de casa (el)	*homemaker*
camarero/a, mesero/a (el/la)	*server*
cantante (el/la)	*singer*
cocinero/a (el/la)	*cook*
dentista (el/la)	*dentist*
deportista (el/la)	*sportsman/ sportswoman*
escritor/a (el/la)	*writer*
fotógrafo/a (el/la)	*photographer*
ingeniero/a (el/la)	*engineer*
jugador/a (el/la)	*player*
maestro/a (el/la)	*teacher*
médico/a (el/la)	*doctor*
músico (el/la)	*musician*
periodista (el/la)	*journalist*
pianista (el/la)	*pianist*
pintor/a (el/la)	*painter*
policía (el/la)	*police officer*
profesor/a (el/la)	*professor*

Familia, relaciones, estado civil

abuelo/a (el/la)	*grandfather/mother*
amigo/a (el/la)	*friend*
compañero/a (el/la)	*partner, classmate*
esposo/a (el/la)	*spouse, husband/wife*
hermano/a (el/la)	*brother/sister*
hijo/a (el/la)	*son/daughter*
hombre (el)	*man*
madre (la)	*mother*
matrimonio (el)	*marriage*
nieto/a (el/la)	*grandson/ grandaughter*
niño/a (el/la)	*child*
novio/a (el/la)	*boyfriend/girlfriend*
padre (el)	*father*
padres (los)	*parents*
papá/mamá (el/la)	*dad/mom*
primo/a (el/la)	*cousin*
sobrino/a (el/la)	*nephew/niece*
tío/a (el/la)	*uncle/aunt*

Adjetivos

agradable	*pleasant, nice*
alegre	*happy*
amable	*kind*
antipático/a	*unpleasant, unfriendly*
bueno/a	*good*
callado/a	*quiet*
casado/a	*married*
divorciado/a	*divorced*
educado/a	*polite*
egoísta	*selfish*
extrovertido/a	*outgoing*
guapo/a	*good-looking*
inteligente	*intelligent*
malo/a	*bad*
pedante	*pedantic*
perezoso/a	*lazy*
serio/a	*serious*
simpático/a	*nice*
soltero/a	*single*
tímido/a	*shy*
trabajador/a	*hardworking*
viudo/a	*widower, widow*

Verbos: las aficiones

bailar	*to dance*
cocinar	*to cook*
coleccionar	*to collect*
escuchar música	*to listen to music*
ir a la playa	*to go to the beach*
al teatro	*to go to the theater*
al cine	*to go to the movies*
jugar al fútbol	*to play soccer/football*
al tenis	*to play tennis*
leer cómics	*to read comic books*
novelas	*to read novels*
periódicos	*to read newspapers*
poesía	*to read poetry*
pintar	*to paint*
tocar (instrumentos)	*to play (musical instruments)*
ver películas	*to watch movies*

Otros verbos

comer	*to eat*
conocer (cz)	*to meet for the first time; to be familiar with*
correr	*to run*
dormir (ue)	*to sleep*
escribir	*to write*
estudiar	*to study*
hacer (*irreg.*)	*to do; to make*
practicar	*to practice*
saber (*irreg.*)	*to know*
trabajar	*to work*
viajar	*to travel*

CONSULTORIO GRAMATICAL

ADJETIVOS
ADJECTIVES

-o	-a	-os	-as
activ**o**	activ**a**	activ**os**	activ**as**
seri**o**	seri**a**	seri**os**	seri**as**

-or	-ora	-ores	-oras
trabajad**or**	trabajad**ora**	trabajad**ores**	trabajad**oras**

-e	-es
alegr**e**	alegr**es**
inteligent**e**	inteligent**es**

-ista	-istas
optim**ista**	optim**istas**
deport**ista**	deport**istas**

CONSONANTE (-**l**, -**z**...)	*CONSONANTE* + **es** (-**les**, -**ces**...)
fáci**l**	fáci**les**
feli**z**	feli**ces**

> Because adjectives in Spanish have gender and number, they have to agree with the noun they refer to in both gender and number.
>
> Most adjectives that end in –**e** or a consonant have just one form for both feminine and masculine.

Adjectives are usually placed after the noun.

una mujer **inteligente**   un niño **grande**   un niño muy **bueno**

But there are some very common exceptions, such as:

un **buen** amigo   un **gran** amigo   una **buena** persona

> Note the need to add an **e** before the **s** when forming the plural form of an adjective ending in a consonant:
> *común → comunes*

SER + ADJETIVOS
SER + ADJECTIVES

Ser *is the verb used to talk about place of origin, personality, or profession.*

Juan **es** de México
Carla **es** muy simpática pero **es** un poco egoísta.
Juan **es** abogado y Carla **es** dentista.

ADVERBIOS DE CANTIDAD
ADVERBS OF QUANTITY

Es **muy** simpático.   Es **bastante** trabajadora.
Son **un poco** tímidos.   No son **nada** sociables.

*Caution: **un poco** is only used for negative qualities.*

un poco { antipático, tímida, difícil

Another way to comment on someone's qualities:

¡**Qué** simpática es!   ¡**Qué** atractiva es!

> When using a negative word like
> *nada* (nothing) in Spanish, **no**
> is also needed at the beginning
> of the sentence: ***No** hay **nada**
> aquí.* = There's nothing here./
> There isn't anything here.

> The equivalent expression in
> English is:
>
> **How** nice! = ¡**Qué** *simpática!*

EL PRESENTE: VERBOS EN -AR, -ER, -IR
THE PRESENT TENSE: -AR, -ER, AND -IR VERBS

In Spanish there are three infinitive endings.

-AR	**-ER**	**-IR**
estudi**ar**	le**er**	escrib**ir**
habl**ar**	corr**er**	viv**ir**
est**ar**	ten**er**	dec**ir**

> When looking up the meaning
> of a verb in the dictionary, you
> will need to know the infinitive
> form, since that is how verbs are
> listed.

*Each of these verb groups is conjugated slightly differently
but **-er** and **-ir** verbs share many common endings.*

	ESTUDI**AR**	LE**ER**	ESCRIB**IR**	**TENER**
(yo)	estudi**o**	le**o**	escrib**o**	**tengo**
(tú)	estudi**as**	le**es**	escrib**es**	**tienes**
(él, ella, usted)	estudi**a**	le**e**	escrib**e**	**tiene**
(nosotros/as)	estudi**amos**	le**emos**	escrib**imos**	**tenemos**
(vosotros/as)	estudi**áis**	le**éis**	escrib**ís**	**tenéis**
(ellos, ellas, ustedes)	estudi**an**	le**en**	escrib**en**	**tienen**

> Some verbs in Spanish are
> irregular, and that means that
> either they don't follow the
> endings of their conjugation, or
> that the stem of the infinitive
> form changes when conjugating
> the verb. ***Tener*** (to have) is a
> stem-changing irregular verb,
> eg: *Tengo tres hermanas.* (I have
> three sisters.)

EL NOMBRE
PRESENT INDICATIVE OF LLAMARSE

	LLAMARSE
(yo)	**me llamo**
(tú)	**te llamas**
(él, ella, usted)	**se llama**
(nosotros/as)	**nos llamamos**
(vosotros/as)	**os llamáis**
(ellos, ellas, ustedes)	**se llaman**

Me llamo Mario Arozamen.

ADJETIVOS POSESIVOS
POSSESIVE ADJECTIVES

- ● ¿Quién es?
- ○ **Mi** hermano mayor.
  Mi cuñada Rosa.

- ● ¿Quién es?
- ○ Un amigo **mío**.
  Una amiga **mía**.

mi padre/mi madre	→	mis **padres**
mi hermano/mi hermana	→	mis **hermanos**
mi hijo/mi hija	→	mis **hijos**

In English there are no unique plural forms for when more than one thing is possessed, but Spanish requires plural possessive forms: *mis, tus, sus...*

mis/tus/sus sueños = *my/your/his/her dreams*

In English there is gender agreement in the third person (his/her) between the possessive form and the possessor (**He** sold **his** pianos.). In Spanish, however, there is number agreement between the possessive form and what is possessed (*El vendió su**s** piano**s***.) and gender and number agreement in the first and second plural forms: ***nuestro/nuestra/nuestros/nuestras*** (our) and ***vuestro/vuestra/vuestros/vuestras*** (your).

Nuestr**a** cas**a**/nuestr**as** cas**as** (**our** house/**our** houses)

ADJECTIVE	**mi/mis**	**tu/tus**	**su/sus**
PERSON WHO POSSESSES	yo	tú	él/ella/usted, ellos/ellas/ustedes

LA EDAD
TALKING ABOUT SOMEONE'S AGE

- ● **¿Qué edad tiene usted?/¿Qué edad tienes?**
  ¿Cuántos años tiene/tienes?
- ○ Treinta años.
  Tengo treinta años.

una mujer **de** cuarenta años   un bebé **de** tres meses

To say someone's approximate age:

Tiene **unos** cuarenta años.

Es { un/a niño/a; un/a chico/a joven; un/a señor/a mayor.

In English the verb **to be** is used to express someone's age, while in Spanish the verb *tener* is used:

*Creo que **tiene** unos cuarenta años.* = I think he**'s** in his 40s.

EL ESTADO CIVIL
MARITAL STATUS

Soy, Estoy { **soltero/a; casado/a; viudo/a; divorciado/a; separado/a.**

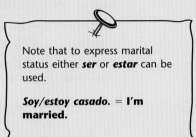

> Note that to express marital status either *ser* or *estar* can be used.
>
> *Soy/estoy casado.* = **I'm married.**

LA PROFESIÓN
TALKING ABOUT PROFESSIONS

● **¿A qué se dedica usted?/¿A qué te dedicas?**

○ **Trabajo en** una empresa de informática.
Estudio en la universidad.
Soy arquitecto.
Estoy jubilado (*retired*).

> Note that the literal translation of **What do you do?** into Spanish (*¿Qué haces?*) can be understood as **What are you doing?**, unless the context makes it very clear that the question refers to work.

Gente con gente ◆ 2

Some professions have two forms and others just one.

MASCULINE		FEMININE	
un	profesor	una	profesor**a**
	vendedor		vendedor**a**

	INVARIABLE FORM
un/una	period**ista**, art**ista**, pian**ista**
un/una	cantant**e**

Other masculine/feminine forms for titles and professionals:

MASCULINE FORMS	FEMININE FORMS
un juez	un**a** juez**a**
un médico	un**a** médic**a**
un arquitecto	un**a** arquitect**a**
un abogado	un**a** abogad**a**
un presidente	un**a** president**a**

Unlike English, in Spanish there is no article preceding the name of the profession

Es profesora. = She's **a** professor.

unless the profession is further qualified:

*Es **una** profesora muy buena. Es **una** profesora de mi escuela.*

LA NACIONALIDAD Y LA PROCEDENCIA
TALKING ABOUT PLACE OF ORIGIN

COUNTRY
- **¿De dónde eres?**
- ○ Soy chileno.
  Soy **de** Chile.
  De Chile.

CITY OR TOWN
- **¿De dónde es usted?**
- ○ **De** Santiago de Chile.

MASCULINE ENDING IN	FEMININE ENDING IN
-o: peruan**o**, bolivian**o**, cuban**o**, hondureñ**o**...	**-a:** peruan**a**, bolivian**a**, cuban**a**, hondureñ**a**...

ENDING IN A CONSONANT	ADD AN
alemá**n**, francé**s**, portugué**s**, inglé**s**...	**-a:** aleman**a**, frances**a**, portugues**a**, ingles**a**...

INVARIABLE FORMS ENDING IN
-í: iran**í**, marroqu**í**...
-ense: nicaragü**ense**, costarric**ense**, canadi**ense**...
-a: belg**a**, croat**a**

DEL 20 AL 100
NUMBERS FROM 20 TO 100

20 **veinte**	30 **treinta**	100 **cien**
21 **veinti**uno	40 **cuarenta**	101 **ciento** uno
22 **veinti**dós	50 **cincuenta**	102 **ciento** dos
23 **veinti**trés	60 **sesenta**	
24 **veinti**cuatro	70 **setenta**	
25 **veinti**cinco	80 **ochenta**	
26 **veinti**séis	90 **noventa**	
27 **veinti**siete		
28 **veinti**ocho		
29 **veinti**nueve		

Note that **cien** is only used for 100. Compound numbers from 101 onwards use the word **ciento uno** etc.

3 Gente de vacaciones

TAREA ◆ Planificar unas vacaciones en Puerto Rico.
NUESTRA GENTE ◆ Puerto Rico

Fuerte San Felipe del Morro, San Juan

El Capitolio, San Juan

Catedral de Nuestra Señora de Guadalupe, Ponce

Plaza de Colón, viejo San Juan

OCÉANO ATLÁNTICO

Isabela

Isla Desecheo

San Juan

PUERTO RICO

Isla de Culebra

Mayagüez

Parque Nacional El Yunque

Isla Mona

Ponce

Isla de Vieques

Mar Caribe

Parque de Bombas, Ponce

3-1
P

Un viaje a Puerto Rico: ¿San Juan o Ponce?
Mira el mapa de la página anterior y la lista de lugares (*places*) en dos ciudades de Puerto Rico: San Juan y Ponce. ¿Dónde está San Juan? ¿Dónde está Ponce? Ahora identifica las fotos con tu compañero/a.

Plaza de Colón, viejo San Juan
Catedral de Nuestra Señora de Guadalupe, Ponce
El Capitolio, San Juan

Parque de Bombas, Ponce
Fuerte San Felipe del Morro, San Juan

EJEMPLO:
E1: Esto es la catedral de San Juan.
E2: Sí, y esto es el carnaval de Ponce.

Lee las excursiones que ofrece la agencia de viajes Caribe en Puerto Rico.

VIAJES CARIBE

Querido cliente:

¡Felicitaciones[1]! ¡Ha ganado usted un viaje!

SAN JUAN

Paseo por la ciudad en guagua[2]

Visita al Fuerte de San Felipe del Morro

Entrada al Capitolio

Excursión[3] al viejo San Juan

PONCE

Paseo por la ciudad en guagua

Visita a la Catedral de Ponce

Visita al Parque de Bombas

Tiempo libre[4] para ver el carnaval

[1]congratulations!
[2]bus. En el Caribe se prefiere la palabra **guagua.** En otros países se llama **autobús.**

[3]field trip
[4]free time

¿Qué prefieres?   ❑ Ir a San Juan
                  ❑ Ir a Ponce

3-2   **Tus intereses**
Elige (*choose*) tu ciudad favorita y escribe los nombres de dos lugares o actividades que te interesan.

En primer lugar, me interesa _____ y en segundo lugar, _____

G   Habla de (*about*) tus preferencias con tus compañeros. Usa estas expresiones:

EJEMPLO:
E1: Yo quiero visitar _____. Me interesa especialmente _____ y _____.
E2: Pues yo _____.

Gente de vacaciones ◆ 3

3-3 **Un test sobre tus vacaciones**
¿Qué haces normalmente en vacaciones? Completa esta encuesta (*poll*) con tus gustos y preferencias. Usa las fotos para adivinar (*guess*) el significado de las palabras nuevas.

P Ahora habla con tu compañero/a y comparen sus gustos.

EJEMPLO:

E1: Me gusta viajar con mi familia en verano, y me gusta la playa. ¿Y tú?

E2: Yo prefiero viajar con mis amigos, y me gusta el tren.

¿CON QUIÉN TE GUSTA VIAJAR?	¿CUÁNDO TE GUSTA IR DE VACACIONES?	TUS INTERESES	¿EN TREN, EN AVIÓN...?
❏ Prefiero viajar solo.	❏ En primavera.	❏ Me interesan las grandes ciudades y el arte.	❏ Me gusta ver el paisaje. Prefiero la bicicleta.
❏ Me gusta viajar con mi pareja.	❏ En verano.	❏ Me interesan las culturas diferentes.	❏ Me gusta viajar en avión: es más rápido.
❏ Prefiero viajar con mi familia.	❏ En otoño.	❏ Me gusta la aventura.	❏ No me gustan los aviones. Prefiero el tren.
❏ Me gusta viajar con mis amigos.	❏ En invierno.	❏ Me gusta la playa.	❏ Me gusta viajar en coche.

3-4 **Las vacaciones de David, Eduardo y Manuel**
Mira las fotos de David, Eduardo y Manuel. Relaciona a estas personas con estas preferencias.

David

Edu

Manuel

Viajes a países lejanos: _____

Vacaciones tranquilas con la familia: _____

Contacto con la naturaleza: _____

A Ahora escucha a David, Eduardo y Manuel. Hablan sobre sus vacaciones. ¿Qué dicen? Completa el cuadro.

	estación del año	país/países	actividades	transporte
DAVID				
EDUARDO (EDU)				
MANUEL				

3-5
P

Busco compañero/a de viaje

Lean estos tres anuncios: son de tres viajes muy diferentes. ¿Les interesa alguno?

¿Eres aventurero?

*Te interesan los parques nacionales?
Tenemos dos plazas disponibles⁵
para un viaje al
Parque Nacional El Yunque.
Avión + Jeep
Interesados, llamar al 4631098.*

⁵available seats

la historia, la cultura, las costumbres de otros pueblos? Plaza libre en viaje organizado a Mayagüez. Avión ida y vuelta a San Juan. Viaje en guagua a Cabo Rojo. Visitas con guía a todos los monumentos. Muy barato. Llamar al 4867600.

SOL, MAR Y TRANQUILIDAD

Apartamento muy barato en Playa Isla Verde, San Juan.
1-15 de agosto.
Para 5 personas.
Muy cerca de la playa.
Viajes Solimar.
Tlf. 4197654

Ahora hablen sobre sus preferencias. Usen estas expresiones.

PREFERENCIAS:
A mí me interesa...
- el viaje al Parque Nacional.
- el apartamento en la playa.
- otros _____

RAZONES:
Me gusta...
- la aventura.
- conocer otras culturas.
- otras _____

Me gustan...
- los viajes organizados.
- las vacaciones tranquilas.
- otras _____

Quiero...
- visitar El Yunque.
- conocer Mayagüez.
- otros _____

EJEMPLO:
E1: A mí me interesa el apartamento en Isla Verde. Me gustan las vacaciones tranquilas.
E2: Pues a mí me interesa el viaje al Parque Nacional, porque me gusta la aventura.

Gente de vacaciones ◆ 3

3-6 | P | Una ciudad puertorriqueña: el viejo San Juan

Miren el mapa y lean el texto. Identifiquen en el mapa los lugares (*places*) mencionados en el texto. ¿Qué número corresponde a cada lugar?

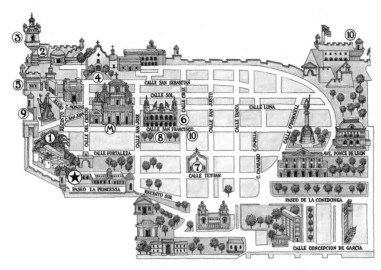

San Juan, Capital de Puerto Rico, conocida como "La Ciudad Amurallada",[6] es la ciudad más antigua de Estados Unidos. Diseñado por el conquistador Juan Ponce de León, el viejo San Juan es defendido por dos fortalezas: El Morro y el Fuerte San Cristóbal. Muchos de los lugares del área de la vieja ciudad, construidos en el siglo XVI, son lugares históricos.

Usted puede visitar 500 años de historia en un día. El área cubre 7 bloques cuadrados de calles estrechas con antiguas casas coloniales con sus balcones y patios. Hay casas, iglesias (San José o Santa Ana) y plazas antiguas (Plaza de Armas) que representan la arquitectura más apreciada del Caribe. En la ciudad amurallada hay cafés, galerías de arte, museos y casas restauradas. Otros lugares de interés son: el faro de El Morro, el Palacio de Santa Catalina (La Fortaleza), donde reside el gobernador, la Casa Alcaldía o ayuntamiento, la Catedral de San Juan, la Casa Blanca (y antigua residencia de Juan Ponce de León), o la puerta de San Juan.

[6]walled

EJEMPLO:

E1: Esto **es** la catedral, ¿no?
E2: Sí, y esto **es** El Morro. Es el número 2.

3-7 | P | En San Juan

Escriban un texto sobre San Juan, usando la información anterior.

En el viejo San Juan **hay** _____,
_____ y _____. También **hay**
_____ y _____.
_____ **está** en _____.
_____ **está** cerca de _____,
y de _____ pero **está** lejos de _____.

3-8 | A | Gente joven de vacaciones

Dos amigos hablan de sus preferencias para las vacaciones. Escucha y completa las frases.

A Marta **le gusta(n)** _____ y **prefiere**
_____. **No le gusta(n)** _____.
Francisco **prefiere** _____ y _____.
A Francisco tampoco **le interesa(n)** _____.

QUÉ HAY Y DÓNDE ESTÁ

En el pueblo **hay** un supermercado.

El supermercado **está** en la Calle Mayor.

La iglesia y el ayuntamiento **están** en el centro.

	ESTAR
(yo)	**estoy**
(tú)	**estás**
(él, ella, usted)	**está**
(nosotros, nosotras)	**estamos**
(vosotros, vosotras)	**estáis**
(ellos, ellas, ustedes)	**están**

¿Dónde está la oficina de turismo?
En el ayuntamiento.

¿Hay una farmacia por aquí?
Sí, en la Plaza Mayor.

QUÉ TIENE

El hotel **tiene** piscina, sauna y gimnasio.

HAY

Singular

Hay una farmacia.
No hay escuela.

Plural

Hay dos farmacias.
Hay varias farmacias.

Y, NI, TAMBIÉN, TAMPOCO

En el pueblo hay un hotel y dos bares. **También** hay un casino.

En el pueblo **no** hay cine **ni** teatro. **Tampoco** hay farmacia.

YO/A MÍ: DOS CLASES DE VERBOS

	QUERER
(yo)	quiero
(tú)	quieres
(él, ella, usted)	quiere
(nosotros, nosotras)	queremos
(vosotros, vosotras)	queréis
(ellos, ellas, ustedes)	quieren

	GUSTAR
(a mí)	me gusta
(a ti)	te gusta
(a él, ella, usted)	le gusta
(a nosotros, nosotras)	nos gusta
(a vosotros, vosotras)	os gusta
(a ellos, ellas, ustedes)	les gusta

Me gusta { viajar en tren. / este pueblo.

Me gustan los pueblos pequeños.

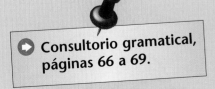

➡ **Consultorio gramatical, páginas 66 a 69.**

3-9 G Dos cámpings

¿Qué lugar para acampar te gusta? ¿Por qué? Habla con dos compañeros/as.

Cámping Caleta

Cámping Delfín

Peluquería — Playa
Bar — Sauna
Minigolf — Discoteca
Tenis — Restaurante
Piscina — Gimnasio
Farmacia — Guardería
Lavandería — Cajero automático

EJEMPLO:
E1: El camping Caleta **me gusta** porque tiene discoteca.
E2: A mí me gusta el Delfín porque **hay** una sauna.
E3: A mí tambien.

3-10 Tus gustos

Describe ahora tus gustos respecto a estos temas. Usa las expresiones *me interesa/n, no me interesa/n, me encanta/n, me gusta/n mucho, no me gusta/n nada,* etc. Explica por qué.

viajar en moto — la historia — los restaurantes chinos
el jazz — las playas desiertas — la música clásica
leer poesía — aprender idiomas — la televisión
la política — el cine extranjero — jugar al tenis
las discotecas — trabajar — otros _____

EJEMPLO:
A mí **me interesa** mucho la música, especialmente la música clásica.
Me encanta. No **me gustan** nada las discotecas **ni** los cines.

3-11 G ¿Qué es y dónde está?

Di (*say*) nombres del mapa y pregunta a dos compañeros/as dónde están. El estudiante con más respuestas correctas gana (*wins*). Ofrece pistas (*clues*) como...

es { un río/lago / una montaña/isla   está { al norte/sur/este/oeste / cerca de.../lejos de...

EJEMPLO:
E1: ¿Dónde **está** Maracaibo?
E2: Está en Venezuela, cerca de Colombia.
E3: Es una ciudad.

Estrategias para la comunicación oral ◆ ◆ ◆ ◆ ◆ ◆ ◆ ◆ ◆ ◆ ◆ ◆

Expressing agreement and disagreement during a conversation

In this chapter you have learned expressions to show agreement and disagreement regarding actions (*yo sí, yo también, a mí también, a mí tampoco...*). It will be useful during conversations to be able to express agreement and disagreement with ideas or opinions as well. Some of the expressions commonly used in Spanish to express agreement are:

Tiene(s) razón.	You are right.
(Estoy) de acuerdo.	I agree.
Por supuesto.	Of course.
Estoy contigo (con usted).	I'm with you.

Common expressions to show disagreement are:

No tienes razón.	You are wrong.
No estoy de acuerdo.	I disagree.
De ninguna manera.	No way.

Remember that these are expressions that you should try to learn as "chunks" of language. They will help you keep conversations going, add fluency to your speech, and focus your energy on the accuracy of other parts of your speech.

3-12 | **Tu lugar ideal de vacaciones**

NOTAS
TN03-12

Piensa en (*think of*) tu lugar favorito de vacaciones. Tu compañero/a te va a hacer preguntas sobre las cosas y servicios que hay en este lugar.

> **EJEMPLO:**
> **E1:** ¿Hay pistas de tenis?
> **E2:** No, no hay pistas de tenis pero hay un campo de fútbol.

3-13 | **Tus preferencias para viajar**

G

NOTAS
TN03-13

Entrevista a dos compañeros/as sobre sus preferencias para viajar y las razones (*reasons*) de estas preferencias. Expresa acuerdo o desacuerdo con sus preferencias y opiniones. En particular, quieres saber...

- ¿Cómo les gusta viajar? (medio de transporte) ¿Por qué?
- ¿Cuándo les gusta viajar? (estación del año y mes) ¿Por qué?
- ¿A dónde les gusta viajar? (lugar) ¿Por qué?
- ¿Con quién les gusta viajar? ¿Por qué?

> **EJEMPLO:**
> **E1:** ¿A dónde te gusta viajar?
> **E2:** A Europa porque hay muchas ciudades interesantes.
> **E1:** Sí, **estoy de acuerdo**: hay ciudades muy interesantes.
> **E3:** A mí me gusta la montaña porque es más tranquila.
> **E1:** A mí no.

¿De acuerdo?

Completen el cuadro individualmente con estos datos.

| gastar dinero | limpiar el cuarto | viajar en tren | aprender español | andar en bicicleta |
| madrugar | dormir | nadar | ir al cine | ver museos |

ENCANTAR		NO GUSTAR		PREFERIR	
A mí	A mi compañero/a	A mí	A mi compañero/a	Yo	Mi compañero/a

Ahora comparen sus gustos. Identifiquen dos cosas en las que están de acuerdo y dos cosas en las que no están de acuerdo. Luego un/a portavoz de cada pareja presenta sus conclusiones a la clase.

EJEMPLO:

A Mark le gusta gastar dinero y **a mí también**. No le gusta madrugar y **a mí tampoco**. Él prefiere dormir hasta el mediodía pero **yo no**.

Juego de papeles. Los servicios del Hotel Miramar

Situación: En la recepción del hotel. Un estudiante estadounidense está de vacaciones en Puerto Rico. Llega (*arrives*) a San Juan y necesita pasar tres noches en un hotel. Entra en el Hotel Miramar y pregunta al/a la recepcionista sobre los servicios del hotel.

El Hotel Miramar es un íntimo, moderno y acogedor hotel de 50 habitaciones, localizado en Miramar, un tranquilo sector residencial de San Juan. El hotel tiene vista al mar. Está a solo pasos de teatros, restaurantes, tiendas, las playas de Condado, El Club Náutico, y del encantador viejo San Juan. Tiene habitaciones con aire acondicionado, cocina, cable TV, televisión, servicio de lavandería y caja fuerte.

Dirección   606 Avenida Ponce de León

Atractivos   Cable TV   Aire Acondicionado
                 Estacionamiento   Gimnasio
                 Servicio de lavandería   Restaurante
                 Acceso al internet   Bar
                 Servicio de habitación   Distancia al aeropuerto: 6 millas

ESTUDIANTE A

Eres el/la recepcionista del hotel. Lee la información sobre el hotel. Después responde a las preguntas del turista. Sólo hay habitaciones sin (*without*) vistas al mar.

ESTUDIANTE B

Necesitas un hotel cerca de (*near*) la playa pero tranquilo. Además quieres lavandería, internet, cancha de tenis, piscina y vistas al mar. Quieres restaurantes y tiendas cerca del hotel. Necesitas volar (*fly*) a los Estados Unidos en tres días.

◆ Planificar unas vacaciones en Puerto Rico.

NOTAS
TN03-16

✦ PREPARACIÓN ✦

Marca tus preferencias.

Viaje: ❏ en coche particular   Alojamiento: ❏ hotel
❏ en tren   ❏ cámping
❏ en avión   ❏ hostería
❏ en autobús   ❏ albergue de juventud

Lugar: ❏ playa   Intereses: ❏ naturaleza
❏ montaña   ❏ deportes
❏ campo   ❏ monumentos
❏ ciudad   ❏ museos y cultura

Explica tus preferencias a la clase.

EJEMPLO:

A mí me interesan los museos y la cultura. Por eso quiero ir a visitar una ciudad.
Quiero ir en carro particular y alojarme en un hotel.

Escucha lo que dicen tus compañeros/as. Identifica compañeros/as con preferencias similares y formen grupos.

Paso 1: Ustedes tienen que planificar unas vacaciones en grupo en un lugar de Puerto Rico. Para sus vacaciones, pueden elegir entre (*between*) dos opciones: Isla Culebra o Quebradillas. Lean los anuncios.

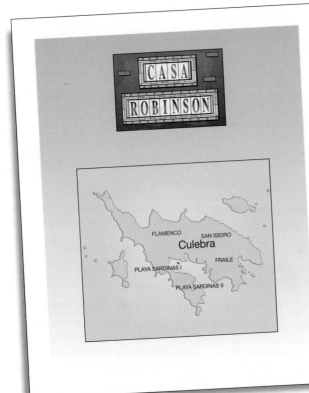

CASA ROBINSON

La Casa Robinson está situada sobre una colina con un fabuloso panorama de la Isla de Culebra. Todas las habitaciones tienen ventanas con una vista fabulosa de la Bahía Ensenada Honda en Culebra. Además, tienen aire acondicionado, agua caliente y televisión por satélite con más de 100 canales.

Los huéspedes de Casa Robinson pueden disfrutar de las terrazas para tomar el sol, o de la parrilla para asar carnes y pescado. Casa Robinson está situada a 5 minutos en auto de Playa Flamenco y a 15 minutos de Playa Zoni. Para ir al pueblo son también unos 5 minutos.

Acá usted puede disfrutar de playas desiertas, mirar pájaros, ver tortugas y muchas otras cosas. No hay una vida nocturna muy activa, pero se puede ir a San Juan y después venir a Culebra para relajarse.

Hotel El Guajataca

El hotel está en la ciudad de Quebradillas, al noroeste de la isla, cerca de Arecibo y Aguadilla. Algunas de las atracciones turísticas son: el Centro Cultural Juan LLoveras Terrón, el Teatro Liberty, las Ruinas Puerto Hermina, el Túnel Negro de Guajataca (el más largo de P.R.), el Lago Guajataca.

El area noroeste goza de cálidas playas durante todo el año. Algunas de sus principales playas son: playa del Guajataca, Wildernes, Rincón, Nollis Point y otras muchas.

A 30 minutos en coche está el parque las Cavernas Río Camuy, una de las principales atracciones del área noroeste para los amantes del ecoturismo. Hay modernas facilidades de tour en trolley, videos educacionales, visita a las cavernas y tour al segundo río subterráneo más grande del mundo.

Otros lugares de interés:
El Observatorio de Arecibo (a 40 minutos del hotel), actualmente un campus de la Universidad de Cornell.
Campo de Golf El Borinquen (a 15 minutos del hotel).

LES SERÁ ÚTIL

- Yo prefiero ir en junio, porque tengo mis vacaciones en verano.
- Yo, en diciembre.
- A mí me gusta más ir a un camping.
- Yo prefiero un hotel.

- Yo quiero { practicar deportes de montaña.
alquilar un carro y hacer una excursión.

	PREFERIR
(yo)	prefiero
(tú)	prefieres
(él, ella, usted)	prefiere
(nosotros, nosotras)	preferimos
(vosotros, vosotras)	preferís
(ellos, ellas, ustedes)	prefieren

Preferir y **querer** son irregulares: *e/ie*.

Paso 4: El/la portavoz del grupo presenta a la clase el plan.

Paso 5: Los grupos y el/la profesor/a comentan los resultados.

Paso 2: En grupo, hablen de sus preferencias y justifiquen sus opiniones.

EJEMPLO:
E1: Yo prefiero el viaje a Culebra porque me interesan mucho los deportes marítimos.
E2: A mí no. Yo prefiero ir a Quebradillas porque hay un lago.
E3: Yo estoy contigo. También prefiero Quebradillas.
E2: No estoy de acuerdo. Culebra es más interesante porque hay playas.

Deben ponerse de acuerdo sobre:

- las fechas
- el alojamiento
- las actividades

(W) **Paso 3: Escriban un plan con la opción elegida (*chosen*) y las razones de su elección. Usen esta guía como modelo.**

Nuestro plan es	ir a _____
	salir el día _____ y regresar el día _____
Queremos	ir a _____ porque _____
Queremos	alojarnos en _____
	pasar un día en _____y un día en _____
Preferimos ... porque	visitar / estar en _____
	{ a _____ le gusta/interesa mucho _____
	nos gusta/interesa _____

nuestra gente Puerto Rico

Exploraciones

 GENTE QUE LEE

Estrategias para leer ✦ ✦ ✦ ✦ ✦ ✦ ✦ ✦ ✦ ✦ ✦ ✦ ✦ ✦ ✦ ✦ ✦ ✦ ✦

Guessing the meaning of words using the context

While learning Spanish you will come across many unfamiliar words. Many times using the dictionary is not the best option. A good strategy is trying to guess what the word means using the context in which it was said or written. When you see an unfamiliar word whose meaning you are unsure of, look at the surrounding words for contextual clues.

1. Look for definitions, synonyms, or explanations. These generally appear very close to the unfamiliar word and sometimes are very explicit.

2. Search for contrasting phrases and words of opposite meaning. These might also be found very close to the unfamiliar word.

3. Study the overall meaning of the sentence and try to replace the word with other words or expressions you know.

4. Test the meaning you have guessed based on the context. Does it make sense?

For example, in the sentence *Puerto Rico ofrece magníficas playas con bellas palmeras y con grandes olas para los amantes del surf,* you probably do not know the meaning of the word *olas.* However, if you look at the surrounding words to search for cognates or other words, you will find: *playas, grandes, surf.* Because these words mean "beaches," "big," "surf," you may have guessed (correctly) that *olas* means "waves."

Now read this text: *Concretamente la zona está entre San Juan y Bayamón, en unos apartamentos que están un poco alejados y son tranquilos. Puedes ver el mar desde la terraza, puedes coger la bicicleta y te puedes ir a cualquier lugar porque es una zona bastante llana.*

What do you think the word *terraza* is referring to: "balcony," "city" or "beach"?

You probably guessed "balcony." None of the other options would make sense in the context, right? If you use this technique, you will soon realize you understand more about the text than you probably thought you did!

ANTES DE LEER

3-16 **Nuestro vecino: Puerto Rico**
   Identifica la información verdadera (V) y falsa (F).

 NOTAS
TN03-17

1. _____ Puerto Rico es un estado de los Estados Unidos.
2. _____ La única lengua oficial de Puerto Rico es el español.
3. _____ La capital de Puerto Rico es San Juan.
4. _____ En Puerto Rico viven más de 6 millones de personas.
5. _____ En la isla hay muchos bosques tropicales.
6. _____ La isla también tiene el nombre de Borinquen.

3-17 **Activando estrategias**

Mira el título y los subtítulos de la lectura. ¿Qué tipo de texto crees que vas a leer?

A LEER

¿QUIERE CONOCER EL ENCANTO?

**VENGA A PUERTO RICO,
CONOZCA PUERTO RICO,
SIENTA PUERTO RICO
SÓLO... EN PUERTO RICO**

Cuando Cristóbal Colón llega a Puerto Rico en 1493 escribe en su cuaderno de viaje "Todas las islas son muy hermosas... pero ésta supera a las otras en belleza". *La belleza* de Puerto Rico y su posición estratégica hacen que la isla sea un atractivo hoy después de muchos siglos.

La antigua Borinquen no es muy conocida porque todos los visitantes se quedan en San Juan, la capital, y en las playas cercanas. Sin embargo, en la isla hay encantos para todas las personas y para todos los gustos. Si le gustan los *conventos*, las catedrales, los fuertes, los museos, las playas, la naturaleza, los deportes, la música y la gastronomía, todo esto está en Puerto Rico.

Sus costas están divididas entre el Atlántico y el Caribe y ofrecen magníficas playas con bellas *palmeras* que invitan al descanso y con grandes olas para los amantes del surf. Si prefiere la montaña, la parte interior de la isla le ofrece bosques tropicales y caminos para hacer senderismo.

¡Anímese, Puerto Rico tiene de todo! Entre sus opciones usted puede elegir entre un Puerto Rico histórico y cultural, o un Puerto Rico natural... pero además puede descubrir un país moderno y cosmopolita, con folclore, excelente gastronomía, intensa vida nocturna y mucho más. ¡Venga!

**PUERTO RICO ESTÁ...
¡A LA VUELTA DE LA ESQUINA!**

DESPUÉS DE LEER

3-18 **Activando estrategias**

■ ¿Qué significan las palabras "belleza," "convento" y "palmeras"? ¿Cómo lo sabes?

■ ¿Qué crees que significa la expresión "a la vuelta de la esquina"? Pista: "esquina" significa *corner*.

3-19 **¿Comprendes?**

Contesta las preguntas según (*according to*) el texto que acabas de leer.

1. ¿En que año llega Cristóbal Colón a Puerto Rico? En _____
2. ¿Qué piensa Colón sobre esta isla? Piensa que _____
3. La parte antigua no es muy conocida porque _____
4. En la isla hay playas con _____ y con_____
5. ¿Dónde puedes hacer senderismo? En _____
6. Di dos tipos de turismo que puedes hacer. Turismo _____ y _____

3-20 **Expansión**

■ ¿Qué mensaje quiere transmitir el autor de este texto a los lectores (*readers*)?

■ ¿Has estado (*have you been*) en Puerto Rico? ¿Describe el texto fielmente (*accurately*) la realidad?

Gente de vacaciones ◆ 3

GENTE QUE ESCRIBE

Estrategias para escribir ◆ ◆ ◆ ◆ ◆ ◆ ◆ ◆ ◆ ◆ ◆ ◆ ◆ ◆ ◆ ◆ ◆

Reviewing your composition for vocabulary use

You should keep a list of the areas of knowledge in which you have acquired vocabulary, including idiomatic expressions. When you revise your writing for vocabulary use, you should ask yourself the following questions:

1. Is your composition somewhat representative of how much vocabulary you know?
2. Have you used any false cognates?
3. Have you tried to incorporate new vocabulary and expressions?
4. Have you tried to "translate" complex ideas from English to Spanish? Remember that simplification is often the best solution.
5. Read over your composition and circle any words that are repeated. Is it possible to avoid repetition by using a synonym or by paraphrasing?

Finally, if you are not sure about a word that you just wrote, or cannot find a word that is really important for your composition, use the dictionary, but only as a last resort.

3-21 **Una carta**

W

Un/a amigo/a de Puerto Rico va a visitarte en tu ciudad durante las vacaciones de diciembre. Escribe una carta a tu amigo/a. Explica

- qué hay en tu ciudad
- dónde está situada
- los diferentes medios de transporte para llegar allí
- los deportes y actividades que puedes practicar en este lugar
- qué te gusta hacer durante las vacaciones
- algunos datos curiosos e interesantes sobre este lugar
- otras razones para visitar tu ciudad

¡ATENCIÓN!

◆ Revisa el borrador (*draft*) de tu carta. Sigue los PPE (página 14) con atención especial al PPE 9 (revisión del vocabulario).

◆ Revisa la segunda versión, y presta atención a la organización y conexión entre (*between*) las ideas (uso de conectores, página 37).

Beyond the sentence ✦✦✦✦✦✦✦✦✦✦✦✦✦✦✦✦✦✦

Basic connectors to express cause and consequence

You already know that the basic connector to justify preferences, likes, dislikes, actions, or opinions is *porque*. However, you can vary the connectors you use to express cause so that your writing does not sound repetitive. Some of them are *ya que* (since) and *debido a que* (due to). They have the same basic meaning as *porque* but are more formal, so they are used more frequently in writing.

Sometimes we do not want to express the cause of something, but rather the consequence. Note that cause and consequence maintain a very close relationship. Read the following examples:

> *La antigua Borinquen no es muy conocida **porque** todos los visitantes se quedan en San Juan.*
>
> *Todos los visitantes se quedan en San Juan; **por eso** la antigua Borinquen no es muy conocida.*

Note that we express one or another according to the order of the information in the sentence. Other connectors that express consequence are *por lo tanto* (therefore) and *así que* (so).

Read these sentences. The first one is the cause, and the second is the consequence. Can you join them together in two different ways?

> *Puerto Rico tiene docenas de playas bellísimas.*
>
> *Mucha gente de todo el mundo visita Puerto Rico.*

3-22 PW Un anuncio turístico

La sección de viajes del periódico en español necesita presentar información sobre un lugar turístico ideal para las vacaciones de primavera (*spring break*). Primero, piensen en varios lugares y preparen una lista. Elijan (*choose*) uno y preparen un anuncio de unas 100 palabras con esta información:

- dónde está situado este lugar
- los diferentes medios de transporte para llegar allí
- los deportes y actividades que se pueden hacer en este lugar
- dos **razones** por las que (*why*) la gente viaja a este lugar
- algún dato curioso e interesante sobre este lugar
- dos **consecuencias** de todo lo anterior (*all of the above*)

¡ATENCIÓN!

✦ Revisen el borrador de su anuncio. Sigan los PPE (página 14), y presten atención especial a la revisión del vocabulario (PPE 9).

✦ Ahora revisen la organización y el uso de conectores, especialmente los conectores de causa y consecuencia.

Comparaciones

Conoce más de Puerto Rico

Puerto Rico es un país en un archipiélago situado en la parte este del mar Caribe, en asociación voluntaria con Estados Unidos pero con autonomía política propia. Puerto Rico es un Estado Libre Asociado (ELA) de Estados Unidos, o "Commonwealth of Puerto Rico", el nombre oficial en inglés. Según la actual definición del ELA, los puertorriqueños son ciudadanos de Estados Unidos con los mismos derechos que el resto, excepto que no pueden participar como votantes en las elecciones presidenciales.

La población de Puerto Rico es una mezcla de europeos, africanos y amerindios, con una pequeña presencia de asiáticos. Comúnmente, se dice que Puerto Rico está compuesto mayoritariamente por criollos (descendientes de españoles y otros europeos), una población amerindia ya extinguida, negros africanos y una pequeña minoría asiática. Sin embargo, las investigaciones recientes demuestran que la mayoría de los puertorriqueños son en realidad mulatos con vestigios amerindios taínos en grados variables.

Se ha comprobado que estos mismos blancos o criollos llevan en sí, aunque también en distintos grados, un poco del linaje amerindio taíno que existió en la isla. Seguidos muy de cerca están los descendientes de los negros africanos traídos a la isla como esclavos durante la conquista. También existe una minoría asiática (alrededor del 1% de la población) que proviene de la China y el Japón. Recientemente se ha notado también una inmigración cubana y dominicana hacia Puerto Rico.

3-23 **¿De qué trata?**

Marca qué tipo de información ofrece el texto.

NOTAS
TN03-23

❑ histórica   ❑ lingüística   ❑ económica
❑ geográfica   ❑ étnica   ❑ social
❑ política   ❑ artística   ❑ deportiva

3-24 **Puerto Rico y tu país**

Los puertorriqueños son ciudadanos de los EE.UU. pero no pueden votar en las elecciones presidenciales. ¿Qué otros datos conoce la clase sobre la situación política de Puerto Rico? ¿Tienen representantes en el Congreso y Senado? Comparen la situación de un ciudadano estadounidense con la de un puertorriqueño.

NOTAS
TN03-24

3-25 **Definiciones**

Fíjate en las siguientes palabras: *amerindio, criollo, mulato, taíno.* Lee las definiciones y relaciona cada definición con la palabra correspondiente.

NOTAS
TN03-25

1. Persona nacida en la América Latina colonial, que desciende exclusivamente de inmigrantes llegados de Europa _____
2. Miembro de una cultura amerindia prehispánica _____
3. Persona de cualquiera (*any*) de los pueblos nativos de América _____
4. Persona cuyo origen está compuesto de la raza negra y blanca _____

TURISMO CULTURAL EN PUERTO RICO

El Parque Ceremonial de Tibes

En 1975 un huracán causa inundaciones masivas en el área de Tibes en Ponce. Cuando las aguas bajan de nivel, aparecen los restos de una cultura indígena de cientos de años. Un grupo de arqueólogos determina que se trata de un centro ceremonial usado por los indios más de mil años antes del nacimiento de Cristo. Esta gran joya arqueológica está abierta al público general.

Más de 80.000 visitantes llegan cada año al Parque Ceremonial Tibes para ver los bateyes—canchas—una de las cuales[1] tiene 118 pies de longitud. Rocas que asemejan lápidas rodean las canchas. Hay caminos y senderos de piedras planas y lisas, conocidas por los indios como *tibes*. Nueve de las doce estructuras de piedra están abiertas al público. Cerca del parque hay un museo que tiene una exposición[2] educativa permanente, que ayuda a entender la arqueología y etnología del parque, además de una pequeña cafetería y una tienda de regalos. Hay también una recreación de una villa indígena que permite aproximarse a la vida cotidiana de los taínos.

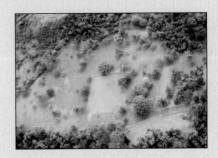

CÓMO LLEGAR

El parque está cerca de Ponce, en la carretera 503, km. 2.2. Desde San Juan, tome la autopista 52 sur en dirección a Ponce.

[1] one of which
[2] exhibition

3–26 Tibes
Respondan a estas preguntas después de leer el texto.

- ¿Qué es Tibes y dónde está?
- ¿Por qué tiene este nombre?
- ¿Qué hay en Tibes?
- ¿Qué hay cerca del parque Tibes?
  _____, _____ y _____ .

3–27 El turismo cultural

¿Conoces (*do you know*) algún ejemplo de turismo cultural en otros países hispanohablantes? Y en Estados Unidos, ¿qué tipos de turismo cultural se pueden hacer? Piensa con tus compañeros/as en unas vacaciones culturales por EE.UU.

3–28 Otros tipos de turismo
Compara este tipo de turismo con otros (de aventura, deportivo, familiar, ecológico, natural, etc.). ¿Cuál te interesa más? ¿Por qué?

VOCABULARIO

Los medios de transporte

autobús/bus/ómnibus (el)	*bus*
avión (el)	*plane*
barco (el)	*boat*
bicicleta (la)	*bicycle*
coche/carro/auto (el)	*car*
metro (el)	*subway*
moto (la)	*motorcycle*
pie (a)	*to go on foot, to walk*
tren (el)	*train*

La ciudad

aeropuerto (el)	*airport*
avenida (la)	*avenue*
ayuntamiento (el)	*city hall*
banco (el)	*bank*
barrio (el)	*neighborhood*
calle (la)	*street*
carretera (la)	*road*
casa (la)	*house*
centro (el)	*city center, downtown*
edificio (el)	*building*
escuela (la)	*school*
esquina (la)	*corner*
estación de tren (la)	*train station*
iglesia (la)	*church*
jardín (el)	*garden*
oficina de correos (la)	*post office*
oficina de turismo (la)	*visitor center*
parque (el)	*park*
piscina (la)	*swimming pool*
plaza (la)	*square*

Turismo y vacaciones

aventura (la)	*adventure*
bosque (el)	*forest*
campo (el)	*countryside*
compañero/a de viaje (el, la)	*fellow traveler*
isla (la)	*island*
lago (el)	*lake*
mar (el)	*sea*
montaña (la)	*mountain*
parque nacional (el)	*national park*
playa (la)	*beach*
pueblo (el)	*town*
río (el)	*river*
turismo (el)	*tourism*
turista (el, la)	*tourist*
viaje (el)	*trip*
viajero/a (el, la)	*traveler*

Alojamientos y servicios

aire acondicionado (el)	*air conditioning*
alojamiento (el)	*lodging*
apartamento (el)	*apartment*
facilidades (las)	*facilities*
gimnasio (el)	*gym*
hotel (el)	*hotel*
peluquería (la)	*hair salon*
instalaciones (las)	*facilities*
pista/cancha de tenis (la)	*tennis court*
servicio (el)	*service*

Las estaciones

primavera (la)	*spring*
verano (el)	*summer*
otoño (el)	*fall*
invierno (el)	*winter*

Los meses del año

enero	*January*
febrero	*February*
marzo	*March*
abril	*April*
mayo	*May*
junio	*June*
julio	*July*
agosto	*August*
septiembre	*September*
octubre	*October*
noviembre	*November*
diciembre	*December*

Adjetivos

acogedor/a	*cozy*
antiguo/a	*old*
artístico/a	*artistic*
aventurero/a	*adventurous*
bello/a	*beautiful*
divertido/a	*fun*
exótico/a	*exotic*
fabuloso/a	*fabulous*
húmedo/a	*humid*
impresionante	*outstanding*
increíble	*incredible*
lejano/a	*far*
maravilloso/a	*marvellous*
peligroso/a	*dangerous*
ruidoso/a	*noisy*
seco/a	*dry*
solitario/a	*lonely*
solo/a	*alone*
tranquilo/a	*calm*

Actividades en las vacaciones

alquilar un coche	*to rent a car*
dar un paseo	*to take a walk*
hacer autostop	*to hitchhike*
hacer camping	*to go camping*
hacer surf	*to go surfing*
hacer un viaje	*to travel*
hacer una excursión	*to go on a trip; to take a tour*
ir a conciertos	*to go to concerts*
navegar	*to go sailing*
tomar el sol	*to sunbathe*

Verbos

alojarse (en)	*to lodge*
alquilar	*to rent*
descansar	*to rest*
disfrutar	*to enjoy*
elegir (i)	*to choose*
encontrar (ue)	*to find*
ganar	*to win*
llamar	*to call*
pasear	*to walk*
querer (ie)	*to want*
reservar	*to reserve*
salir (*irreg.*)	*to go out*
utilizar	*to use*
venir (*irreg.*)	*to come*
viajar	*to travel*
visitar	*to visit*

Otras palabras y expresiones útiles

¡Enhorabuena!	*Congratulations!*
actualmente	*presently; at present*
cerca (de)	*close; next to*
en realidad	*actually*
generalmente	*generally*
ida (la)	*one-way trip*
ida y vuelta (la)	*round trip*
lejos (de)	*far (from)*

CONSULTORIO GRAMATICAL

HAY, ESTAR Y TENER
WHAT THERE IS, WHERE IT IS, AND WHAT IT HAS

Use **hay** *or* **tiene** *to talk about the existence of things, places, and services.*
Use **está** *and* **están** *to indicate where things are located.*

> *Hay* is the only form in Spanish for the English **there is** and **there are,** and like in English, *hay* is used to talk about the existence or presence of a person, object, place or service that has not been introduced in conversation before.
>
> In order not to make mistakes, here are some tips that may be useful to you: *estar* usually takes *el/la/los/las* + noun; *hay* usually precedes *un/una/unos/unas* + noun, or a noun with no article.

¿Tiene peluquería el hotel?

If we wish to know whether or not a place offers a particular service, to ask we can use **hay** *or* **tiene** *and the noun without the article. If it seems logical to expect that there is only one in existence, use a singular noun.*

- ¿**Hay** piscina en el cámping?
- No, no **hay** piscina.

- ¿El cámping **tiene** piscina?
- No, no **tiene**.

Use a plural noun when you expect there to be more than one.

- ¿**Hay** lavanderías en este barrio?
- No, en este barrio no **hay**.

- ¿San Juan **tiene** buenos hospitales?
- Sí, varios.

¿Hay una peluquería por aquí cerca?

If you are trying to locate a service, use the indefinite article (**un/una**).

¿**Hay una** farmacia cerca de aquí? (= necesito una)

 ¡ATENCIÓN!

En el pueblo **hay**	un bar.	SINGULAR
	una farmacia.	
	dos/tres... bares.	PLURAL
	muchas/varias... farmacias.	

Está *is singular and* **están** *is plural.*

| SINGULAR | El restaurante **está** en la calle Mayor. |
| | La farmacia **está** en la plaza. |

| PLURAL | Los museos **están** en la Avenida de la Constitución. |
| | Las farmacias **están** en la plaza y en la Calle Mayor. |

> The English **to be** in Spanish can be either *ser* or *estar*. You've already studied the use of *ser* to talk about nationality, profession, to define, identify or describe an object or a person. *Estar* is used to talk about location.

Y, NO... NI, TAMBIÉN, TAMPOCO
AND, NEITHER... NOR, ALSO, EITHER

En el pueblo hay un hotel **y** dos bares. **También** hay un casino.

En el pueblo **no** hay cine **ni** teatro. **Tampoco** hay farmacia.

En el pueblo **no** hay restaurante, pero hay dos bares y una cafetería.

QUERER Y PREFERIR: E/IE
QUERER AND PREFERIR: E -> IE

	QUERER	PREFERIR
(yo)	qu**ie**ro	pref**ie**ro
(tú)	qu**ie**res	pref**ie**res
(él, ella, usted)	qu**ie**re	pref**ie**re
(nosotros/as)	queremos	preferimos
(vosotros/as)	queréis	preferís
(ellos, ellas, ustedes)	qu**ie**ren	pref**ie**ren

> Note that these two stem-changing verbs have a stem vowel change in all forms except *nosotros* and *vosotros*. Other similar stem-changing verbs are: *entender, pensar, empezar.*

Quiero un apartamento barato. *NOUNS*
Prefiero las vacaciones en septiembre.

Quiero visitar el Museo Guggenheim. *INFINITIVES*
Prefiero alojarme en un cámping.

> ¿Qué prefieres? ¿Ir a la playa o a la montaña?
>
> Yo, a la montaña.

HABLAR DE GUSTOS Y DE INTERESES
TALKING ABOUT LIKES AND INTERESTS

Me gust**a**	la playa/este bar.	*SINGULAR NOUNS*
Me interes**a**	pasear/conocer gente.	*INFINITIVES*
Me encant**a**		

Me gust**an**	los deportes/las ciudades.	*PLURAL NOUNS*
Me interes**an**		
Me encant**an**		

> In Spanish the verb *gustar* (**to like**) is used in the third person, singular and plural, because the things or people that we like or dislike are the grammatical subject of the sentence. *¿Te gusta el teatro?* (= **Do you like** theatre?) *¿Te gustan los perros?* (= **Do you like** dogs?)

A mí	me		
A ti	te		
A él	le		
A ella	le		**muchísimo.**
A usted	le	gusta/n	**mucho.**
A nosotros/as	nos		**bastante.**
A vosotros/as	os		
A ellos	les		
A ellas	les		
A ustedes	les		

A mí		me		
A ti		te		
A él		le		
A ella		le		
A usted	**no**	le	gusta/n	**mucho.**
A nosotros/as		nos		**nada.**
A vosotros/as		os		
A ellos		les		
A ellas		les		
A ustedes		les		

A mí me gusta visitar parques.

A mí, museos.

The presence of *a mí, a ti, a él*, etc. depends on the need to clarify or emphasize who likes or dislikes something. However, the use of the pronouns *me, te, le...* is not optional. *A mí, a ti,* cannot stand on their own if a verb is present...

A mí *me gusta la fotografía.* (= I like photography.)

SÍ, NO, TAMBIÉN, TAMPOCO
YES, NO, TOO, NEITHER

(**A mí**) me gusta mucho el cine.

A mí también.
A mí, no.

(**A mí**) no me gustan las ciudades en verano.

A mí, tampoco.
A mí, sí.

(**Yo**) soy profesor de español.

Yo, también.
Yo, no.

(**Yo**) no tengo dinero para ir en avión.

Yo, tampoco.
Yo, sí.

¿A ti te gusta?

Sí, mucho.

Pues a mí no mucho.

PUES
WELL

The word **pues** *provides an effective way to introduce a differing opinion.*

Me encanta.
Pues a mí no me gusta mucho.

4 Gente de compras

TAREA ◆ Planificar una fiesta y comprar regalos.
NUESTRA GENTE ◆ Argentina

70

4-1 **Genticompras, centro comercial**

NOTAS
TN04-01

Fíjate en las tiendas (*shops*) de este centro comercial en Buenos Aires. ¿Qué crees que venden (*sell*) en cada una?

electrodomésticos   perfumes
comida   zapatos
medicinas   papel
ropa de hombre   cosméticos
ropa de mujer   bebidas
pasteles   flores
libros   postales
joyas   revistas

EJEMPLO:
E1: En "Lola" venden ropa de mujer.
E2: Y en "La Orquídea" venden flores.

¿Y tú? ¿Qué tiendas visitas más cuando vas de compras (*go shopping*)? Escribe los nombres.

Me gustan mucho las tiendas de _____, especialmente los/las _____
No me gusta/n los/las _____. Prefiero los/las _____

Ahora comparte tus preferencias con la clase.

4-2 **Un regalo**

NOTAS
TN04-02

Piensa en las personalidades de Belén y Carlos, sus gustos y preferencias. Prepara una lista de cuatro posibles regalos para cada uno (*each one*).

PERSONALIDAD DE BELÉN	PERSONALIDAD DE CARLOS
Belén es:	**Carlos es:**
Joven	Más o menos joven
Moderna	Clásico
Abierta	Serio
Simpática	Tímido
Puntual	Puntual
A Belén le gusta/n:	**A Carlos le gusta/n:**
La música pop	La música jazz
Bailar	Ir de compras
Viajar	Viajar
Las flores	Los perfumes
A Belén no le gusta/n:	**A Carlos no le gusta/n:**
Hacer deporte	Leer
Los cosméticos	Los videojuegos
Los electrodomésticos	Los electrodomésticos

P Pregunta a tu compañero/a dónde puedes comprar los regalos para Belén y Carlos.

4-3 La lista de Daniel

Daniel va al centro comercial Genticompras porque tiene que hacer muchas compras. Además, tiene que comprar un regalo para Lidia, su novia, porque es su cumpleaños. Daniel tiene una lista para no olvidar (*forget*) nada. ¿A qué tiendas tiene que ir Daniel? Señálalo con una cruz (X).

❑ a una librería
❑ a una perfumería
❑ a una papelería
❑ a un supermercado
❑ a una tienda de ropa de hombre
❑ a una tienda de ropa de mujer
❑ a una tienda de deportes
❑ a una bodega
❑ a una farmacia
❑ a una pastelería
❑ a una joyería
❑ a una florería
❑ a una tienda de electrodomésticos
❑ a una tienda de muebles

2 botellas de vino
chaqueta
espuma de afeitar
aspirinas
desodorante
pilas
cinta de vídeo
comida para el gato
medias
sobres
periódico
regalo para Lidia
(¿un pañuelo? ¿un reloj?)
pastel de cumpleaños
flores

4-4 Las compras de Daniel

Éstas son las conversaciones de Daniel en diferentes tiendas.

A Ahora escucha las conversaciones. En cada uno de los seis diálogos falta una frase. ¿Cuál?

❑ ¿Cuánto vale éste? ❑ Sí, pero ¿cuál?
❑ ¿Tienen pilas? ❑ ¿Aceptan tarjetas?
❑ Es un poco grande, ¿no? ❑ ¿De hombre o de mujer?

Ahora di en qué diálogo Daniel hace estas cosas.

	Diálogo Número
Pregunta el precio.	❑
Busca un regalo para su novia.	❑
Se prueba una chaqueta.	❑
Se compra algo para él.	❑
Va a pagar.	❑

4-5
P

El recibo de las compras
Miren el recibo (*ticket*) de las compras de Daniel. ¿Qué cosas les parecen caras o baratas?

EJEMPLO:
E1: La espuma es muy barata.
E2: Sí, mucho.
E1: En cambio, el reloj es un poco caro.
E2: Sí, un poco.

```
＊ G E N T I C O M P R A S ＊
      Gracias por su visita
2 botellas de vino  . . . . . . . . . .60 pesos
chaqueta  . . . . . . . . . . . . . . . .305 pesos
espuma de afeitar . . . . . . . . . . . .6 pesos
aspirinas . . . . . . . . . . . . . . . . .3 pesos
bolsa de comida para gatos  . . . .15 pesos
pastel de cumpleaños . . . . . . . . . .32 pesos
1 orquídea  . . . . . . . . . . . . . . . .6 pesos
reloj. . . . . . . . . . . . . . . . . . .456 pesos
```

4-6
P

Descripciones
Mira el dibujo y lee las informaciones. ¿A quién se refieren estas frases? Ponte de acuerdo con tu compañero/a.

1. Lleva ropa muy juvenil. Hoy lleva una camiseta blanca y una falda azul y blanca. Y siempre, botas.
2. Le gusta la ropa clásica y elegante, pero cómoda. Hoy lleva una chaqueta y una falda marrones y unos zapatos de tacón, marrones también.
3. Le gusta la ropa informal. Lleva siempre jeans y camiseta blanca.
4. Siempre va muy elegante. Lleva pantalones grises, chaqueta azul, camisa blanca y pajarita.
5. Es muy clásico. Siempre con pantalones, chaleco y chaqueta.
6. Lleva un vestido largo azul y unos zapatos rojos.

Ahora un/a estudiante describe a una persona de la clase y los/as compañeros/as tienen que adivinar quién es.

4-7 NOTAS TN04-07

¿Tienes computadora?

Arturo tiene todas estas cosas. ¿Y tú? Señala qué tienes o no tienes. Di qué necesitas.

computadora	bicicleta	joyas de oro
reproductor de DVD	coche	esquís
cámara de vídeo	moto	ropa de diseñador
CD-ROM	ipod	teléfono celular

EJEMPLO:

E1: Yo no **tengo** una computadora pero necesito **una**. ¿Y tú?

E2: Yo sí **tengo** computadora, porque **tengo que hacer** mucho trabajo de clase.

E1: ¿**Tienes** un ipod?

E2: Sí, **tengo uno**.

4-8 P NOTAS TN04-08

¿Éste?

Ustedes están en una tienda de artesanía en Buenos Aires, la capital de Argentina. Tienen que pensar en tres compañeros/as de clase y elegir regalos para ellos. Consideren el precio. Después, expliquen su selección.

COLLAR DE PLATA: 97 PESOS

TALLA DE MADERA: 521 PESOS

VASIJA DE CERÁMICA: 365 PESOS

PONCHO DE ALPACA: 230 PESOS

FLAUTAS: 34 PESOS (CADA UNA)

BOMBO: 456 PESOS

EJEMPLO:

E1: ¿**Éste** para Michael?

E2: No, es muy caro. **Cuesta** 230 pesos.

E1: ¿Qué tal **unas** flautas?

E2: ¡No! No le gusta la música.

E1: ¿Y **esto**?

E2: ¿**Un** sombrero? ¿Cuánto cuesta?

TENER

(yo)	**tengo**
(tú)	**tienes**
(él, ella, usted)	**tiene**
(nosotros, nosotras)	**tenemos**
(vosotros, vosotras)	**tenéis**
(ellos, ellas, ustedes)	**tienen**

● ¿Tienes carro?

○ Sí, tengo **un** BMW.

DEMOSTRATIVOS

Mencionamos el nombre del objeto:

este suéter
esta cámara
estos discos
estas camisetas

Señalamos con referencia a su nombre:

éste
ésta
éstos
éstas

Señalamos sin referencia a su nombre:

esto

PRECIOS

- ¿Cuánto **cuesta** esta camisa?
- ○ Cincuenta dólares.
- ¿Cuánto **cuestan** estos zapatos?
- ○ Doscientos pesos.

NECESIDAD U OBLIGACIÓN

TENER	QUE	Infinitivo
Tengo Tienes Tiene	que	ir de compras. llevar corbata. trabajar.

COLORES

blanco/a	azul	verde
amarillo/a	gris	rosa
rojo/a	marrón	naranja
negro/a	violeta	

UN/UNA/UNO

Primera mención:

Quiero
- un libro.
- una cámara.
- unos esquíes.
- unas botas.

Segunda mención:

Yo también quiero
- uno.
- una.
- unos.
- unas.

PRONOMBRES OD Y OI

PRONOMBRES OBJETO DIRECTO

lo   la   los   las

- Yo compro los platos.
- ○ No, yo **los** compro.

PRONOMBRES OBJETO INDIRECTO

le   les

- ¿Qué **les** compras a María y a Eduardo?
- ○ A María **le** regalo una mochila y a Eduardo **le** compro un disco.

➡ **Consultorio gramatical, páginas 88 a 91.**

 4-9 **Atención a las formas**

NOTAS
TN04-09

Lee este diálogo. Analiza las frases y la función de las palabras en negrita con la ayuda de tu profesor/a. ¿Para qué (*for what purpose*) se usan estas palabras en un enunciado? ¿Qué función tienen?

- ¿Quién compra el collar a Raquel?
- ○ Yo **le** compro el collar.
- ○ No, no, yo **lo** compro.

- ¿Y quién compra las flautas para Ricardo?
- ○ Yo **le** compro las flautas.
- ○ **Las** compra Rick.
- ○ No, yo **las** compro.

4-10 **¿Quién lo compra?**

P

NOTAS
TN04-10

Examinen esta lista de las compras. Decidan luego quién compra qué.

papel para la impresora
bolígrafos
periódico
pilas
espuma de afeitar
jabón

EJEMPLO:
E1: ¿Quién compra el papel?
E2: Yo lo compro./Lo compro yo.

4-11 **Ropa adecuada**

G

NOTAS
TN04-11

¿Qué crees que pueden llevar (*wear*)? Escribe tus respuestas. Después habla con tus compañeros/as para decidir qué ropa es más adecuada.

MARÍA
Va a una reunión de trabajo.

PABLO
Va a una discoteca.

JUAN
Va a casa de unos amigos en el campo.

ELISA
Va a un restaurante elegante.

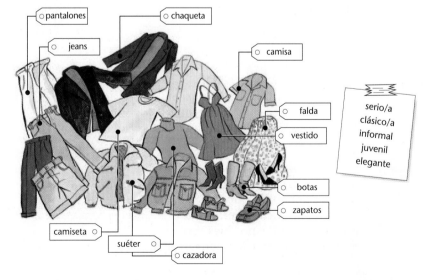

○ pantalones
○ jeans
○ chaqueta
○ camisa
○ falda
○ vestido
○ botas
○ zapatos
camiseta ○
suéter ○
○ cazadora

serio/a
clásico/a
informal
juvenil
elegante

María ⟶ vestido rojo.

EJEMPLO:
E1: Yo creo que María **tiene que** llevar el vestido rojo.
E2: No. No **puede** llevar**lo**. Es demasiado elegante. Mejor unos pantalones.
E3: Sí, puede llevar**los** con una camisa bonita.

Gente de compras ✦ 4

Estrategias para la comunicación oral ✦ ✦ ✦ ✦ ✦ ✦ ✦ ✦ ✦ ✦ ✦

Formulating direct questions (I)

Direct questions occur frequently during conversation. In Spanish they can be introduced by a verb (*¿Tienes un bolígrafo?*), or by interrogative words. Here are various ways to formulate direct questions.

¿dónde?/¿cómo?/¿cuándo?/¿cuánto? + verb	*¿Dónde está Cancún? ¿Cuánto cuesta esta gorra?*
¿cuánto/a/os/as? + Noun	*¿Cuánto dinero tienes?*
¿cuál/es? + verb	*¿Cuál es más barata: ésta o ésta?*
¿qué? + verb	*¿Qué te interesa más: el mar o la montaña?*
¿qué? + noun	*¿Qué viaje te interesa más?*
¿quién/es? + verb	*¿Quién quiere ir a Argentina?*

With a preposition:

¿en dónde? ¿de dónde? ¿por dónde?, etc.	*¿De dónde eres?*
¿desde cuándo? ¿hasta cuándo?	*¿Hasta cuándo quieres estar en Cancún?*
¿con cuánto? ¿por cuánto?, etc.	*¿Con cuánto dinero quieres viajar?*
¿de cuál? ¿con cuál? ¿a cuál?	*¿A cuál te refieres?*
¿a qué? ¿con qué? ¿de qué? ¿en qué?, etc.	*¿En qué hotel quieres alojarte?*
¿a quién? ¿con quién? ¿de quién?, etc.	*¿Con quién quieres viajar?*

4-12
P

Ropa y viajes

Ustedes van a viajar a uno de estos lugares.

NOTAS
TN04-12

- ▪ A Cuba en agosto
- ▪ A Argentina en julio
- ▪ A Cancún en verano

Preparen un mínimo de seis preguntas para su compañero/a. Decidan dónde quieren ir, qué equipaje (*luggage*) mínimo necesitan, con quién quieren ir, cuánto dinero necesitan, etc. Escriban toda la información.

> **EJEMPLO:**
> **E1:** ¿**Cuándo** quieres ir tú de vacaciones?
> **E2:** Yo en agosto.
> **E1:** ¿**Adónde** quieres ir?
> **E2:** A Cancún.

Ahora compartan con la clase su información. La clase tiene que adivinar adónde van ustedes.

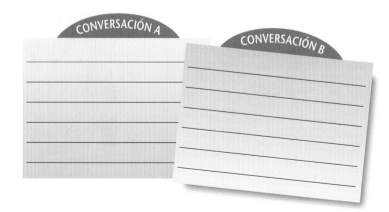

CONVERSACIÓN A

CONVERSACIÓN B

4-13
A

¿Qué le regalamos?

Escuchen estos diálogos. Estos amigos tienen que decidir qué regalos van a comprar. Hagan una lista con los posibles regalos mencionados en cada conversación.

NOTAS
TN04-13

4-14
P

Ahora tú

Decidan a qué dos compañeros/as quieren hacer regalos de cumpleaños. Preparen tres preguntas para obtener información sobre sus gustos.

NOTAS
TN04-14

Después de preguntar a sus dos compañeros/as, decidan qué regalo les van a hacer (*are going to give them*) y cuánto cuesta aproximadamente.

4-15 G Tres viajes de compras

Están en Argentina y van a hacer un viaje a una de estas tres regiones. Cada uno de ustedes (*each of you*) tiene que informar a su grupo sobre una región. Después, el grupo tiene que decidir adónde van a ir de compras. ¿Qué eligen? ¿Por qué?

1. Buenos Aires

ARTESANÍAS. Puedes encontrar una representación de todo el país y particularmente de la Pampa (cuchillos, mates y bombillas en plata y alpaca), abrigos y prendas de vestir de cuero.

ANTIGÜEDADES. Se encuentran a mejores precios que en Estados Unidos o Europa.

CENTROS COMERCIALES. Hay modernos centros comerciales como el Patio Bullrich, Galerías Pacífico y el Buenos Aires Design.

2. Pampa

PLATA O ALPACA. Cuchillos gauchos, mates, bombillas y marcos.

TALABARTERÍA. Lazos y ornamentos para caballos en cuero, bolsos, llaveros, carteras, agendas y libretas, cigarreras, prendas de vestir.

Y también mates rústicos de calabaza forrados en cuero o trabajados con plata.

3. Noroeste

TEJIDOS. Fantásticos tapices de Catamarca, telas mendocinas, ponchos de lana de oveja o llama y tejidos de lana de alpaca.

PIEDRAS SEMIPRECIOSAS. En Catamarca la rodocrosita o Rosa del Inca, piedra nacional argentina.

Y también vinos de la región, objetos de ónix verde de La Toma (San Luis) y cestería con fibras vegetales. Instrumentos musicales indígenas en Tucumán, Jujuy y Santiago del Estero.

EJEMPLO:
E1: Yo quiero ir a Pampa, porque puedo comprar artesanía gaucha.
E2: Yo prefiero Buenos Aires. Quiero ir a un centro comercial.

4-16 G Juego de papeles. En el centro comercial

Situación: Dos amigos/as están en un centro comercial en Buenos Aires para comprar regalos a dos miembros de su familia. Ahora están en una tienda de artesanía donde venden arte gaucho.

ESTUDIANTE A

Vendedor/a de la tienda. Contesta a las preguntas de dos clientes que quieren comprar un regalo. Muestra a tus clientes diferentes productos artesanales.

ESTUDIANTE B

Cliente. Quieres un regalo barato. Sólo tienes 100 pesos.

ESTUDIANTE C

Cliente. Quieres un regalo caro. Tienes 2.000 pesos.

sombrero gaucho
60 pesos

mates
102 pesos

mochila
36 pesos

pulsera de plata
313 pesos

cartera de cuero
410 pesos

pendientes de plata
860 pesos

◆ **Planificar una fiesta y comprar regalos.**

◆ **PREPARACIÓN** ◆

El grupo tiene que elegir a dos estudiantes de la clase para hacerles un regalo de Navidad. Después expliquen el porqué de su elección.

Paso 1: Revisen el vocabulario nuevo del cuadro. Usen el vocabulario y las preguntas para decidir qué tienen, qué necesitan, cuánto quieren gastar (*spend*) y quién hace cada cosa.

	¿Qué tenemos?	¿Qué necesitamos?	¿Cuánto cuesta/n?	¿Quién lo/la/los/las compra/trae?
refrescos				
cervezas				
agua mineral				
pasteles				
vino				
sillas				
discos				
pizzas				
flores				
cigarrillos				
papas fritas				
pan				
platos de papel				
vasos				
servilletas				
....				
....				

EJEMPLO:

E1: Tenemos que traer música. ¿Quién trae discos?
E2: Yo tengo muchos discos, puedo traer**los**.
E1: Muy bien, Martha **los** trae. ¿Y las bebidas?
E3: Yo puedo comprar**las**.
E1: De acuerdo, tú **las** compras.

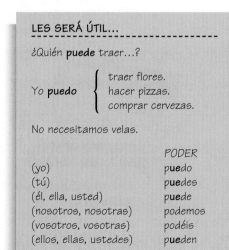

LES SERÁ ÚTIL...

¿Quién **puede** traer...?

Yo **puedo** { traer flores.
hacer pizzas.
comprar cervezas.

No necesitamos velas.

	PODER
(yo)	pue**do**
(tú)	pue**des**
(él, ella, usted)	pue**de**
(nosotros, nosotras)	po**demos**
(vosotros, vosotras)	po**déis**
(ellos, ellas, ustedes)	pue**den**

Paso 2: Ahora tienen que decidir

- qué regalo van a hacer a sus compañeros/as
- qué regalo van a hacer a su profesor/a
- dónde van a comprarlo
- cuánto cuesta

---

1. Al/a la profesor/a **le** regalamos _____ porque _____
   Lo compramos en _____ y cuesta _____

2. A _____ **le** compramos _____ porque _____
   Lo compramos en _____ y cuesta _____

3. A _____ **le** damos _____ porque _____
   Lo compramos en _____ y cuesta _____

Dorling Kindersley Media Library, DK Images/Lindsey Stock

W **Paso 3: Escriban un plan. Tienen que incluir:**

- Las necesidades para la fiesta
- Quién hace cada cosa
- Qué presupuesto (*budget*) total necesitan
- Qué regalos quieren comprar, para quién y por qué
- Cuánto cuestan
- Dónde los compran
- _____

Paso 4: El/la portavoz del grupo presenta el plan a la clase.

Paso 5: Los grupos y el/la profesor/a comentan los resultados.

nuestra gente Argentina

Exploraciones

GENTE QUE LEE

Estrategias para leer ◆

Identifying and using topic sentences

The topic sentence of a paragraph states the main idea that the paragraph develops. The subsequent sentences support this main idea with additional information, explanations, examples, comparisons, etc. In most cases, the topic sentence is the first sentence of a paragraph. Topic sentences also serve to organize the overall text. An effective reading strategy for tackling a text in Spanish is to identify the topic sentences in each of the paragraphs. Let's read the following:

La Cámara Argentina del Juguete ha realizado un estudio entre los niños argentinos. El objetivo de este estudio es conocer sus preferencias y gustos en materia de juguetes.[1] El estudio muestra que los niños argentinos prefieren juguetes nacionales y, además, que les gustan los juguetes clásicos, como los juegos de construcción o las muñecas.

The first sentence provides the main content of the paragraph, by giving you the **who**, the **what**, and the **to whom**. The other sentences in the text expand on the information. As you see, identifying topic sentences supplies you with the main ideas of the text, and it allows you to better understand its topic and subtopics.

[1]related to toys

ANTES DE LEER

 4-17 **La Navidad**

 P

NOTAS TN04-18

Haz una lista de las cosas que te gustan sobre la Navidad y otras fiestas de invierno (*winter holidays*) y otra lista con las cosas que no te gustan. Después compara tus dos listas con las de un/a compañero/a. ¿Qué tienen en común? ¿En qué son diferentes?

EJEMPLO:
No me gusta ir de compras.

 4-18 **Navidades para todos los gustos**
P Discutan las preguntas siguientes.

- ¿Se celebra la Navidad en su cultura? ¿Qué fiestas celebran? ¿Hacen regalos? ¿A qué personas hacen regalos? Según la tradición, ¿quién trae los juguetes a los niños?
- ¿Creen que la publicidad influye negativamente en los gustos de los niños sobre los juguetes? Den algunos ejemplos.
- Comparen los juguetes tradicionales con los modernos. ¿Cuáles son las diferencias?

 4-19 **Activando estrategias**

NOTAS TN04-19

Mira la lectura. Identifica el título, subtítulo(s) y la frase temática (*topic sentence*) de cada párrafo. ¿Cuál es el tema de la lectura? ¿Cuáles son los tres subtemas o ideas de la lectura?

A LEER

Esperando a los Reyes

Los juguetes nacionales más vendidos

Cuando se acercan las fiestas y hay que elegir el regalo para el día de Reyes, los argentinos manejan opciones que movilizan 400 millones de pesos al año. Juegos didácticos y artesanales, muñecas de trapo, construcción, juguetes importados o de industria nacional. De los juguetes que se venden, sólo el 35 por ciento se fabrica en la Argentina. El 65 por ciento es importado: el 70 por ciento de los importados proviene de China, el 12 de Brasil y el 18 por ciento restante de Italia, España y los Estados Unidos. Según cifras de la Cámara Argentina del Juguete, aquí se compran cuatro juguetes por chico, lo que equivale a un gasto de $44 anuales.

De los 8.700 artículos nacionales que existen, éste es el ranking de los más vendidos este año. La **estación de servicio,** un clásico entre los varones, el bebe con moisés y artículos de la línea Primera infancia. Todos estos juguetes se fabrican en el país. Según datos de la Cámara Argentina del Juguete, en la Argentina se compran más juguetes que en Chile y Uruguay, donde el gasto por chico es inferior a los $44 de

promedio que la gente gasta aquí actualmente. Otros populares son los juegos de mesa como, por ejemplo, el Pictionary Junior, y los bloques de construcción, por ejemplo la *Estación de mis ladrillos,* especialmente entre los chicos. Estos bloques figuran terceros en la lista de juguetes nacionales más vendidos. Para las niñas, las muñecas que hablan, que vienen con accesorios como peines y champú.

Más ideas para regalar son, por ejemplo, agendas y libros. Sólo para chicas, hay libros como *Las aventuras de Judy* y *La agenda medialuna.* Para ellos, *El club de las libélulas.* Lo importante es que no sólo hay que regalar juguetes: la lectura y la escritura deben convertirse también en regalo.

DESPUÉS DE LEER

4-20 Activando estrategias

NOTAS
TN04-20

1. Mira las palabras en negrita. ¿Qué significan "estación de servicio" y "promedio"? ¿Cómo lo sabes?
2. Identifica cuatro cognados que te ayudan a comprender mejor el texto.

4-21 ¿Comprendes?
Contesta ahora las preguntas siguientes según el texto que acabas de leer.

NOTAS
TN04-21

1. ¿Qué porcentaje de juguetes vendidos (*sold*) en Navidad son productos nacionales?
2. ¿Cuántos juguetes para cada niño se regalan en Argentina, como promedio?
3. Dos juguetes fabricados (*made*) en Argentina son _____ y _____
4. ¿Cuáles son las diferencias, según la lectura, entre niños y niñas?
5. ¿Qué alternativas a regalar juguetes menciona el texto? _____ y _____

4-22 Activando estrategias
¿Recuerdas tus predicciones sobre el contenido del texto en 4-19? ¿Fueron (*were they*) correctas?

4-23 Expansión
¿Son los niños argentinos como los niños estadounidenses en sus preferencias de juguetes? ¿En qué son diferentes?

GENTE QUE ESCRIBE

Estrategias para escribir ✦ ✦ ✦ ✦ ✦ ✦ ✦ ✦ ✦ ✦ ✦ ✦ ✦ ✦ ✦ ✦ ✦

Editing your composition for content and organization (I)

Although a good command of Spanish grammar and vocabulary is important, writing is much more than putting words together by following a series of rules. You are transmitting ideas, content, and information to your potential reader(s), with some specific purpose in mind. Sometimes you get to decide the content, and sometimes you are asked to write something specific. In both cases, it is very important that your content be relevant, substantive, and well developed. It will also help your reader(s) if the content is well organized, and if there is logical sequencing (i.e. ideas are organized and presented in a specific way with some purpose in mind, not just at random).

When writing in a foreign language, it is even more important to pay very close attention to the content and the way you organize it. It will help your reader(s) understand your writing better, and it will help compensate for any inaccuracies in terms of grammar and vocabulary. Remember what we learned in Chapter 1: always revise your content and organization first.

4-24 **Una nota con instrucciones**

W Tienes que hacer las compras de Navidad para cuatro familiares (*family members*) pero estás enfermo/a. Por esta razón, decides enviar (*send*) a tu mejor amigo/a al centro comercial. Escribe una nota detallada para tu amigo/a con esta información:

- a qué personas tiene que comprar regalos
- qué le gusta y no le gusta a cada persona
- qué regalos puede comprar
- en qué tiendas tiene que comprarlos
- cuánto dinero puede gastar para cada persona

¡ATENCIÓN!

✦ Incluye pronombres adecuados en tu carta (de objeto directo e indirecto).

✦ Sigue los PPE (página 14) para revisar el borrador de tu nota, y presta atención especialmente al contenido y la organización.

Beyond the sentence ◆ ◆ ◆ ◆ ◆ ◆ ◆ ◆ ◆ ◆ ◆ ◆ ◆ ◆ ◆ ◆ ◆ ◆

Lending cohesion to your writing: use of referent words (pronouns and demonstratives)

Every text needs to be coherent and cohesive. There are several mechanisms for making a text cohesive, and the use of referent words is an important one to master. The use of pronouns (subject pronouns such as *yo ella, ellos...*; object pronouns such as *lo, la, les...*) and demonstratives (*éste, esto...*) in a text helps eliminate excessive repetition and gives the writing cohesion. These referents carry information about previous elements (people, things, places, etc.) in the text. Because they vary in gender and number (masculine or feminine, singular and plural) they can replace previous information without making the text ambiguous. When you write, it is important that you be concise and do not simply repeat information. One excellent strategy is to revise your draft and consider how much information can be replaced with these cohesive mechanisms.

Now read this paragraph and examine its cohesion. What is the problem?

En Argentina, los Reyes Magos traen los regalos de Navidad. Llevan los regalos para todos los niños y niñas. Los Reyes Magos vienen de Oriente en sus camellos, y los camellos a su vez son guiados por pajes. Los niños escriben cartas a los Reyes y dicen a los Reyes lo que quieren. Después, la noche del 5 de enero, los Reyes van a las casas de los niños y dejan a los niños juguetes.

Did you notice that some words are repeated too many times? Can you make this paragraph more cohesive and less repetitive?

4–25
PW

Un anuncio clasificado

Piensen en algo que quieren vender y escriban un texto para venderlo en la sección de anuncios clasificados del periódico en español. El anuncio tiene que incluir:

- el tipo de producto
- una descripción del producto, incluyendo su precio original, la condición actual (*current*), características, etc.
- las ventajas de su producto en relación con otros similares (precio, calidad, etc.)

Piensen sobre:

- qué tipo de mensaje puede ser más convincente
- a quién va dirigido (jóvenes, niños, adultos, personas mayores, mujeres...)
- el lenguaje que van a utilizar

¡ATENCIÓN!

✦ Revisen el borrador de su anuncio siguiendo los PPE (página 14), con atención especial al contenido, la organización y el uso de referentes.

✦ Revisen el borrador de su anuncio prestando atención al uso de los pronombres y demostrativos.

Comparaciones

Navidad en Argentina

Cada país, cada cultura, tiene costumbres propias respecto a la Navidad. En Argentina, en la noche del 24 hacen reuniones entre familiares y amigos, cenan y a las 12 van al arbolito (adornado con bolas, cintas, muñecos de Papá Noel y un pesebre o belén) a abrir los regalos. También a las 12 tiran fuegos artificiales. Por lo general está toda la familia unida, incluyendo tíos, primos, abuelos y demás parientes. ¿Sabes que en Argentina es verano durante la Navidad? Por eso se hacen comidas frescas, porque generalmente hace mucho calor: pollo, ensaladas, helados.

4-26 Un comic

Ahora lee el comic sobre la Navidad en Argentina. Haz una lista de las cosas que hace la gente en Navidad en Argentina.

1. _____   4. _____
2. _____   5. _____
3. _____   6. _____

Compara estas tradiciones con las de tu cultura. ¿Cuáles son las más diferentes? ¿Cuáles son similares? ¿Cuáles te sorprenden más?

4–27 **¿Quién trae los regalos?**

¿Conoces otros nombres para Papá Noel? ¿En qué países usan estos nombres? ¿Hay otros personajes (*characters*) que traen regalos a niños y/o adultos en ocasiones especiales?

4–28 **Regalos y culturas**

P

En todas las culturas hacemos regalos, pero tal vez (*perhaps*) elegimos regalos diferentes para las mismas situaciones, o no hacemos regalos en algunas situaciones. Completa este cuadro con tu compañero/a. ¿Hay muchas diferencias?

En Argentina, cuando…	En mi país…
…nos invitan a comer a casa unos amigos les llevamos un postre o una botella de vino o licor.	
…es el cumpleaños de un familiar o amigo le hacemos un regalo. Cuando las chicas cumplen 15 años y los chicos cumplen 18, les hacemos regalos más costosos.	
…queremos dar las gracias por un pequeño favor regalamos cosas pequeñas: una tarjeta, un accesorio, un pañuelo.	
…se casan unos amigos les compramos un regalo de su lista de regalos.	
…visitamos a alguien en el hospital le llevamos flores o chocolates.	
…es San Valentín no regalamos nada.	
…es el 20 de diciembre (día de los novios) le regalamos chocolates, flores, perfumes, etc. al novio o la novia.	
…son los Reyes (el 6 de enero) regalamos juguetes o ropa a los chicos, pero nada a los grandes.	
…es el 24 de diciembre le regalamos juguetes a los chicos y otras cosas a los grandes.	
…	

4–29 **El consumismo**

¿Crees que hoy día la gente gasta demasiado dinero en regalos? ¿Qué opinas de la cantidad de días en el año dedicados a comprar regalos (San Valentín, Pascua, Navidad, etc.)? ¿Crees que es similar en los países hispanohablantes?

VOCABULARIO

Las tiendas y las compras

bodega (la)	*wine cellar, grocery store*
bolsa (la)	*shopping bag*
cajero (el), cajera (la)	*cashier*
centro comercial (el)	*shopping center*
dependiente/a (el/la)	*sales associate*
dinero (el)	*money*
escaparate (el)	*shop window*
farmacia (la)	*pharmacy*
florería, floristería (la)	*flower shop*
joyería (la)	*jeweler's shop*
juguetería (la)	*toy store*
librería (la)	*bookstore*
ofertas (las)	*sales*
papelería (la)	*stationery store*
pastelería (la)	*pastry shop*
perfumería (la)	*perfume store*
precio (el)	*price*
quiosco (el)	*kiosk*
rebaja (la)	*discount*
rebajas (las)	*sales*
recibo (el)	*ticket*
supermercado (el)	*supermarket*
talla (la)	*size*
tarjeta de crédito (la)	*credit card*
tienda (la)	*shop, store*
tienda de deportes (la)	*sport store*
tienda de juguetes (la)	*toy store*
tienda de regalos (la)	*gift store*
tienda de ropa (la)	*clothing store*
vendedor (el), vendedora (la)	*salesperson*
zapatería (la)	*shoe store*

Los regalos y productos personales

anillo (el)	*ring*
arete (el)	*earring*
artesanía (la)	*artisan work*
botella (la)	*bottle*
collar (el)	*necklace*
desodorante (el)	*deodorant*
espuma de afeitar (la)	*shaving foam*
flor (la)	*flower*
joya (la)	*jewel*
libro (el)	*book*
papel (el)	*paper*
pendientes (los)	*earrings*
perfume (el)	*perfume*
periódico (el)	*newspaper*
postal (la), tarjeta (la)	*postcard*
pulsera (la)	*bracelet*

reloj (el)	*watch*
revista (la)	*magazine*
sobre (el)	*envelope*

Productos del hogar y electrodomésticos (*appliances*)

cafetera (la)	*coffeepot, coffee machine*
cinta de video (la)	*videocassette*
copa (la)	*wineglass*
cubiertos (los)	*silverware*
cuchara (la)	*spoon*
cuchillo (el)	*knife*
lavadora (la)	*washer*
lavaplatos (el)	*dishwasher*
mantel (el)	*tablecloth*
microondas (el)	*microwave*
pila (la)	*battery*
plancha (la)	*iron*
plato (el)	*plate*
refrigerador (el)	*fridge*
(reproductor de) DVD (el)	*DVD player*
(reproductor de) video (el)	*VCR*
secador (de pelo) (el)	*hairdryer*
servilleta (la)	*napkin*
silla (la)	*chair*
teléfono móvil (el)	*cellular phone*
televisión (la)	*TV*
tenedor (el)	*fork*
vaso (el)	*glass*

La ropa y los accesorios

abrigo (el)	*coat*
americana (la)	*jacket*
bañador (el)	*swimsuit*
blusa (la)	*blouse*
bolso (el)	*purse*
bufanda (la)	*scarf*
calcetín (el), media (la)	*sock*
camisa (la)	*shirt*
camiseta (la)	*t-shirt*
chaqueta (la), saco (el)	*jacket*
cinto (el), cinturón (el)	*belt*
corbata (la)	*tie*
falda (la)	*skirt*
gorro (el)	*hat*
guantes (los)	*gloves*
impermeable (el)	*raincoat*
mochila (la)	*backpack*
pantalones (los)	*pants, trousers*

pañuelo (el)	scarf
ropa (la)	clothes
ropa interior (la)	underwear
sandalia (la)	sandal
suéter (el)	pullover, sweater
vestido (el)	dress
zapato (el)	shoe

Los colores

amarillo/a	yellow
azul	blue
blanco/a	white
gris	gray
marrón	brown
naranja, anaranjado/a	orange
negro/a	black
rojo/a	red
rosa	pink
verde	green
violeta, morado/a	purple

Las fiestas y las celebraciones

adornos (los)	decorations
Año Nuevo (el)	New Year
bebida (la)	beverage
champán (el)	champagne
comida (la)	food
cumpleaños (el)	birthday
Feliz Navidad	Merry Christmas
fuegos artificiales (los)	fireworks
juguete (el)	toy
Nochebuena (la)	Christmas Eve
Nochevieja (la)	New Year's Eve
pastel (el)	pie, cake
refrescos (los)	sodas
regalo (el)	gift
sorpresa (la)	surprise
torta (la)	cake

Adjetivos

anticuado/a	old-fashioned
barato/a	cheap
bueno/a	good
caro/a	expensive
clásico/a	classic
deportivo/a	sporty, casual
elegante	elegant
informal	casual
malo/a	bad
moderno/a	modern
nuevo/a	new
pequeño/a	small
precioso/a	beautiful

Verbos

ahorrar	to save
bailar	to dance
comprar	to buy; to purchase
divertirse (ie)	to have fun
gastar	to spend
ir (irreg.)	to go
llevar	to wear; to take
necesitar	to need
olvidar	to forget
pagar	to pay
poder (ue)	to be able
probarse (ue)	to try on
tener (ie)	to have
vender	to sell

Otras palabras y expresiones útiles

estar de rebajas	to be on sale
ir de compras	to go shopping

CONSULTORIO GRAMATICAL

TENER

(yo)	**tengo**
(tú)	**tienes**
(él, ella, usted)	**tiene**
(nosotros, nosotras)	**tenemos**
(vosotros, vosotras)	**tenéis**
(ellos, ellas, ustedes)	**tienen**

● ¿Tienes carro?
○ Sí, tengo **un** BMW.

DE 100 A 1.000
NUMBERS FROM 100 TO 1000

100 cien	400 cuatrocientos/as	700 **setecientos/as**	1.000 **mil**
200 doscientos/as	500 **quinientos/as**	800 ochocientos/as	1.000.000 un **millón**
300 trescientos/as	600 seiscientos/as	900 **novecientos/as**	

If the number 100 is followed by ones (un, dos, tres…) or by tens (diez, veinte, treinta…) we say **ciento**; *if not, we say* **cien.**

100 **cien**	101 **ciento** uno
	151 **ciento** cincuenta y uno
3.100 tres mil **cien**	3.150 tres mil **ciento** cincuenta
100.000 **cien** mil	110.200 **ciento** diez mil doscientos
100.000.000 **cien** millones	102.000.000 **ciento** dos millones

The hundreds, from 200 to 999, agree in gender with the noun.

	MASCULINE	FEMININE
300	trescien**to**s coches	trescien**ta**s person**a**s
320	trescien**to**s veinte pesos	trescien**ta**s veinte lib**ra**s

1,000 is never expressed with **un**, just **mil**.

Me costó **mil** *pesos.* (= It cost me **a thousand** pesos).

Unlike English, in Spanish one cannot say **twenty-one hundred** when referring to the amount 2,100. We say *dos mil cien.*

Years in Spanish must also be said as a four-digit number, and are not broken into two as they are in English, such as **19-85 (nineteen eighty five).** We say *mil novecientos ochenta y cinco.*

LA OBLIGACIÓN
TALKING ABOUT OBLIGATIONS: TENER QUE

TENER		INFINITIVE
Tengo		
Tienes		
Tiene	**que**	comprar un regalo.
Tenemos		traer el vino a la cena.
Tenéis		
Tienen		

Tener que + infinitive (= **to have to** + do something)

Tengo que estudiar para el examen. (= **I have to study** for the exam)

LA NECESIDAD
TALKING ABOUT NEEDS: NECESITAR

You can express a need using **necesitar** + *infinitive / noun.*

Necesito compr**ar** un ordenador.   **Necesito** un **ordenador.**

EL PRECIO
ASKING FOR AND STATING THE PRICE OF SOMETHING

	SINGULAR	SINGULAR
¿Cuánto	cuest**a** esta camisa?	(La camisa) cuest**a** 72 dólares.
	val**e** este suéter?	(El suéter) val**e** 480 pesos.
	PLURAL	PLURAL
	cuest**an** estos pantalones?	(Los pantalones) cuest**an** 110 pesos.
	val**en** estos zapatos?	(Los zapatos) val**en** 50 dólares.

¿Cuánto es todo?

UN/UNO, UNA
A/ONE

Un *and* **una** *can go before the noun.*
Tengo **un** hermano y **una** hermana.

Uno *and* **una** *can take the place of the noun.*
● ¿Tienes **billetes** de 5 dólares?
○ Sí, aquí tengo **uno.** Toma.

English draws a distinction between the indefinite articles **a/an** and the word **one**. **One** is only used for counting. In Spanish there is no such distinction. In Spanish we use *un/una* if the noun follows and *uno/una* if the noun is not in the sentence:

*Hay **un** niño en la puerta.* (= There's **a** kid at the door.)

*¿Hay **niños** en la clase?* (= Are there **any kids** in class?)

*Solo **uno**.* (= Just **one**.)

 ¡ATENCIÓN!

*When speaking of items of clothing, personal possessions, or services, do not use **un/una** with **tener** and similar verbs if it's understood that there is only one of that object or service.*

- ¿Tienes móvil?
- Sí, claro.

- ¿La casa tiene piscina?
- No, pero tiene pista de tenis.

PRONOMBRES OD Y OI
THIRD-PERSON DIRECT AND INDIRECT OBJECT PRONOUNS

OI *The indirect object (OI) pronouns are **le** and **les**. They usually refer to people.*

	SINGULAR	PLURAL
MASCULINE AND FEMININE	**le**	**les**

*With some verbs their use is mandatory: **gustar, doler**, etc.*

A Carlitos **le duele** la cabeza.

OD *The direct object (OD) pronouns are **lo, la, los**, and **las**. They can refer to people or things.*

	MASCULINE	FEMININE
SINGULAR	**lo**	**la**
PLURAL	**los**	**las**

The English **to him** and **to her** correspond to just one pronoun in Spanish: *le*.

In Spanish the indirect object pronoun must always be included, even when the indirect object itself is present in the sentence (*a Julia, a mí, a tus padres...*). This is called a redundant object pronoun:

Les gustó la idea. (They liked the idea.)

A sus padres les gustó la idea. (His/her parents liked the idea.)

 ¡ATENCIÓN!

*Human direct objects usually require the preposition **a**.*

¿Conoces **a** Juan?

- ¿Conoces **a sus padres**?
- No, no **los** conozco.

- ¿Conoces **estos libros**?
- No, no **los** conozco.

¡ATENCIÓN!

In Spanish there are no nouns without gender, but there are neutral pronouns, such as **lo.**
*This pronoun does not have a concrete referent, but rather just refers back to a part of what
has been said.*

Su hermana está aquí pero ella no **lo** sabe. (no sabe **que está aquí**)

*Normally direct object pronouns replace the noun, but if the noun to which they refer has preceded the verb,
both the noun and the direct object pronoun are required.*

Los vasos los compro yo.

Direct and indirect pronouns usually go before the verb.

A mis padres **les compramos** un disco.   Este libro no **lo tengo.**

If the verb is in the infinitive, however, the pronouns follow it, forming a single word.

Los hermanos de Pilar están aquí para **darle** el regalo.

In structures such as **ir a, querer, poder,** *and* **tener que** + *infinitive the pronouns can go in either position,
before the conjugated verb or attached to the infinitive:*

Sus hijos **quieren darle** el regalo.
Sus hijos **le quieren dar** el regalo.

5 Gente en forma

5-1 **Para estar en forma**

Observa las fotos. ¿Qué hacen estas personas para estar en forma y tener buena salud? ¿Haces tú alguna de ellas?

Si, yo…

_____

_____

_____

_____

Ahora mira esta lista: hay costumbres (*habits*) buenas y costumbres malas. ¿Cuáles tienes tú? Marca dos buenas y dos malas. Puedes añadir otras.

Duermo poco.
Ando en bicicleta.
Como pescado a menudo.
Trabajo demasiadas horas.
Bebo mucha agua.
Como mucha fruta.
Camino poco.
Soy perezoso/a.
Fumo.
No bebo alcohol.
Bebo demasiado café.
No consumo medicamentos.

Como poca fibra.
Hago yoga.
No hago deporte.
Juego al tenis.
Como muchos dulces.
Estoy sentado/a mucho tiempo.
Como mucha carne.
No consumo azúcar.
Como sólo verduras.
_____
_____

G **Ahora compara tus costumbres con las de tres compañeros/as.**

EJEMPLO:

E1: Yo voy en bicicleta y no bebo alcohol, pero duermo poco y como mucha carne.
E2: Yo tampoco bebo alcohol.
E3: Yo tampoco. Yo hago yoga.
E1: Ah, ¿sí? Yo también.

5-2 **¿Qué haces tú?**

Circula por la clase y busca a personas que hacen estas cosas. ¡Atención! No puedes usar el mismo nombre más de dos veces.

Nombre de tu compañero/a

(Dormir) ocho horas todos los días: _____
No (comer) nunca carne: _____
(Jugar) al golf de vez en cuando: _____
(Acostarse) muy tarde los viernes por la noche: _____
(Hacer) deporte tres días a la semana: _____
(Ir) todas las tardes al gimnasio: _____
(Comer) dulces cada día: _____
(Levantarse) tarde todos los sábados: _____

EJEMPLO:

E1: ¿Tú duermes ocho horas diarias?
E2: No, yo duermo menos: 5 ó 6.
E1: ¿Y tú?
E3: Sí, más o menos.

5-3 El cuerpo en movimiento

Ésta es una página de una revista de salud (*health magazine*). En ella hay información sobre ejercicios físicos para estar en forma e instrucciones para cada uno.

MANTENERSE EN FORMA ES MUY FÁCIL
La actividad física es fundamental para estar en forma: ayuda a perder peso y mantiene el tono de los músculos. Andar, correr, bailar, saltar, nadar, subir escaleras o ir en bicicleta son actividades recomendables. Los ejercicios más simples pueden ser los más efectivos. Todo el mundo puede hacer en casa ejercicios como éstos.

1. De pie, con las piernas abiertas, las dos manos juntas detrás de la cabeza, girar el cuerpo a derecha e izquierda.

2. Sentados, con las piernas juntas, las dos manos juntas detrás de la cabeza, girar el cuerpo a derecha e izquierda y tocar las rodillas con los codos.

3. Con las manos apoyadas en el suelo, las piernas juntas, todo el cuerpo recto, doblar los codos, tocar el suelo con la frente y volver a la posición original.

4. Sentarse en el suelo, abrir las piernas, doblar un poco las rodillas. Juntar las manos, estirar los brazos y tocar el suelo con las manos.

5. Con las manos, la espalda y la cabeza apoyadas en el suelo, estirar y levantar las piernas, hasta subir los pies enfrente de los ojos.

6.

¿Puedes dar instrucciones para la ilustración 6?

6. _____

_____

_____

_____

_____

_____

_____

_____

5-4 **¿Cómo se llaman las partes del cuerpo?**
Completa los espacios en blanco.

cabeza
cuello
brazo
mano
cintura
pierna
rodilla
pie
codo
espalda
boca
nariz

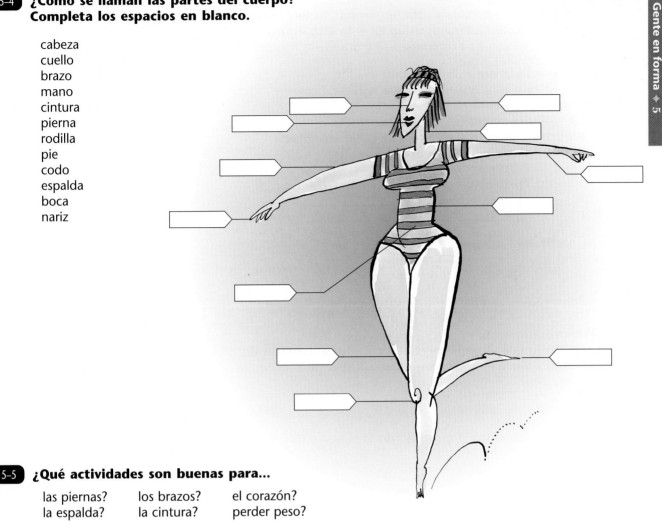

5-5 **¿Qué actividades son buenas para...**

las piernas?	los brazos?	el corazón?
la espalda?	la cintura?	perder peso?

EJEMPLO:
Saltar es bueno para las piernas.

5-6 **¿Hacen deporte los colombianos?**
A Una persona de la radio quiere saber si los colombianos hacen deporte. Escucha las dos
entrevistas. ¿Todos practican algún deporte? ¿Cuál?

	Sí	No	Cuál		Sí	No	Cuál
CONVERSACIÓN 1	❏	❏	_____	CONVERSACIÓN 2	❏	❏	_____
	❏	❏	_____		❏	❏	_____
					❏	❏	_____

5-7 **¿Y tú?**
P Ahora entrevista a tu compañero/a. Prepara cinco preguntas para saber si está en forma. Luego,
expliquen al resto de la clase...

las cosas que hacen los dos, y
las cosas que sólo hace cada uno (*each one*) de ustedes.

EJEMPLO:
E1: Los dos jugamos al tenis.
E2: Y los dos esquiamos.
E1: Y él/ella juega al fútbol, pero yo no.

5-8 **P** **Causas del estrés**

El estrés no ayuda nada a estar en forma. Tiene muchas causas y síntomas. Algunos están en esta lista. Haz una encuesta (*survey*) a tu compañero/a y anota sus respuestas.

❑ Comer **cada día** a una hora distinta.
❑ De vacaciones o durante el fin de semana, pensar **frecuentemente** en los estudios.
❑ Ir **siempre** deprisa a todas partes.
❑ Ir inmediatamente al médico ante cualquier síntoma.
❑ Dormir menos de 7 horas **al día.**
❑ Leer mientras comes.
❑ Discutir **frecuentemente** con la familia o con los amigos.
❑ _____
❑ _____

EJEMPLO:
E1: ¿Comes cada día a una hora distinta?
E2: No, siempre como a la misma hora.

¿Crees que tu compañero/a sufre de estrés? ¿Por qué?

5-9 **A** **Malas costumbres**

Escucha lo que dicen las personas en estas entrevistas de la radio y anota lo que hacen. ¿Qué consejo (*advice*) damos a cada una?

EJEMPLO: Es necesario hacer ejercicio todos los días.

Comparte luego tus respuestas con la clase.

¿Usted cree que lleva una vida sana?

¿Yo...? No mucho.

A

Como mucha verdura, no fumo, tomo mucho café...

Cada día doy un paseo de una hora.

B

C

A
¿Lleva en general una vida sana?
❑ Sí ❑ No
¿Por qué? _____
_____
_____
Un consejo:
Tiene que _____ (frecuencia) _____
_____

B
¿Lleva en general una vida sana?
❑ Sí ❑ No
¿Por qué? _____
_____
_____
Un consejo:
Tiene que _____ (frecuencia) _____
_____

C
¿Lleva en general una vida sana?
❑ Sí ❑ No
¿Por qué? _____
_____
_____
Un consejo:
Tiene que _____ (frecuencia) _____
_____

EL PRESENTE DE INDICATIVO

Verbos regulares:

HABLAR	COMER	VIVIR
hablo	como	vivo
hablas	comes	vives
habla	come	vive
hablamos	comemos	vivimos
habláis	coméis	vivís
hablan	comen	viven

Verbos irregulares:

DORMIR	DAR	IR	HACER
duermo	**doy**	voy	**hago**
duermes	das	vas	haces
duerme	da	va	hace
dormimos	damos	**vamos**	hacemos
dormís	dais	**vais**	hacéis
duermen	dan	**van**	hacen

Como **dormir**: jugar, poder, acostarse...
o, u > ue

LA FRECUENCIA

siempre
muchas veces
de vez en cuando
nunca

¿No comes carne?

No, no como carne nunca.

Nunca voy al gimnasio por la tarde.
No voy **nunca** al gimnasio por la tarde.

los {	lunes
	martes
	miércoles
	jueves
	viernes
	sábados
	domingos

los fines de semana
todos los días, **cada** día
todas las semanas, **cada** semana

VERBOS REFLEXIVOS

LEVANTARSE

me	levanto	nos	levantamos
te	levantas	os	levantáis
se	levanta	se	levantan

Son verbos reflexivos: acostarse, dormirse, despertarse, ducharse...

Tengo que levantarme a las seis.
¿A qué hora se levantan?

LA CUANTIFICACIÓN

Duermo **demasiado**.
Estás **demasiado** delgada.

Trabajo demasiado.

Come { **demasiado** chocolate.
demasiada grasa.
demasiadas papas.
demasiados dulces.

Estás **muy** delgada.
Trabaja **mucho**.

Tiene { **mucha** experiencia.
mucho trabajo.

Trabaja { **muchas** horas.
muchos domingos.

RECOMENDACIONES Y CONSEJOS

Personal:
No descansas bastante. **Tienes que** dormir **más**.
Tienes mucho estrés. **Tienes que** trabajar **menos**.

Impersonal:
Hay que
Es necesario
Es bueno   } hacer ejercicio.
Es importante

ESTAR CON ADJETIVOS

Expresa estados físicos o anímicos, no características.

Está gordo/delgado/cansado.
Está triste/alegre/preocupado/aburrido.

➡ **Consultorio gramatical, páginas 110 a 115.**

5-10 **P** **Más ideas para estar en forma**
Escribe con un/a compañero/a una lista de consejos. ¿Qué pareja tiene la lista más larga?

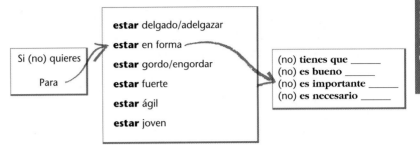

Si (no) quieres
Para

estar delgado/adelgazar
estar en forma
estar gordo/engordar
estar fuerte
estar ágil
estar joven

(no) **tienes que** _____
(no) **es bueno** _____
(no) **es importante** _____
(no) **es necesario** _____

5-11 **P** **Nuestra guía para vivir 100 años en forma**
Para vivir 100 años en forma son necesarias tres cosas:

A. alimentarse bien,
B. tener equilibrio físico (hacer ejercicio) y
C. tener equilibrio anímico (vivir sin estrés).

Relacionen cada una de estas cosas con las reglas (*rules*) que aparecen abajo.

EJEMPLO:
E1: Hay que *comer pescado para alimentarse bien.*
E2: Y no hay que *tomar bebidas alcohólicas.*

	A	B	C
Comer pescado.			
No tomar bebidas alcohólicas.			
Controlar el peso.			
Dar al dinero la importancia que tiene, ni más ni menos.			
Disfrutar del tiempo libre.			
Ser tranquilo/a.			
Tener tiempo para los amigos.			
Tener buenas relaciones con la familia y en el trabajo.			
Dar un paseo diario.			
Tener horarios regulares.			
Tomarse las cosas con calma.			
Ir a dormir y **levantarse** cada día a la misma hora.			

Noten los verbos en negrita (*bold*).

¿Por qué se usa el verbo **ser** con el adjetivo **tranquilo**?
¿Cómo funcionan los verbos como **tomarse** o **levantarse**?

W Finalmente, seleccionen las cosas más importantes y escriban un párrafo breve con recomendaciones y consejos sobre estos tres aspectos: alimentación, ejercicio y equilibrio anímico.

Gente en forma ◆ 5

Estrategias para la comunicación oral ◆ ◆ ◆ ◆ ◆ ◆ ◆ ◆ ◆ ◆

Intervening during a conversation and confirming that others are following you

Among the many strategies to successfully manage a conversation in Spanish, you need to know how to intervene in a conversation. There are certain easy expressions that native speakers use in order to do this.

To interrupt politely:

¿Puedo decir algo?	Can I say something?
¿Te importa si te interrumpo?	Do you mind if I interrupt you?
¿Puedo interrumpir, por favor?	May I interrupt, please?
Perdona que te corte, pero...	Sorry to cut you off but...

At certain points in the conversation you need to make sure that the others are following you and check to see if they agree with you. These are some of the most common ways that Spanish speakers request this confirmation:

Creo que esto es importante, **¿no?**
Este tema es muy complicado, **¿no te/le parece?**
Colombia es un país muy variado, **¿no crees?**

These rhetorical questions are important for maintaining the natural flow of conversation, so you should try to incorporate them into your regular interactions.

5-12 **Entrevista**

NOTAS
TN05-12

Investiga las costumbres y hábitos de tu compañero/a de clase para ver si son similares a las tuyas. Escribe primero las preguntas necesarias para obtener la información.

Horas de sueño: *¿Cuántas horas duermes por la noche?*
Hora de la cena: _____
Hora del desayuno: _____
Actividades por la noche: _____
Actividades por la mañana: _____

Hora de levantarse: _____
Hora de la comida: _____
Hora de acostarse: _____
Actividades por la tarde: _____
Tiempo libre: _____

(P) **Ahora haz la encuesta a un/a compañero/a y anota sus respuestas.**

> **EJEMPLO:**
> **E1:** *¿Cuántas horas duermes por la noche?*
> **E2:** *Siete u ocho, más o menos.*
> **E1:** *¿Siempre duermes 8 horas?*
> **E2:** *No, no, los fines de semana duermo 10.*

Ahora vas a explicar a la clase si sus costumbres se parecen a las tuyas (*yours*) o no.

5-13 **Firma (*sign*) aquí, por favor**

(G)

NOTAS
TN05-13

Haz una lista de tus cinco aficiones favoritas. Después, circula por la clase y encuentra dos personas con al menos (*at least*) cuatro de tus aficiones. Después formen un grupo y hablen de

- las razones de estas aficiones
- qué les gusta más de ellas
- con qué frecuencia las hacen

Usen estrategias para...
negociar el significado de palabras que no comprenden,
interrumpir si es necesario y
confirmar que te entienden (*they are following you*).

Gente en forma ◆ 5

5-14
G

Para ser deportista de primera clase

Con un/a compañero/a, lean estos datos sobre tres deportistas colombianos famosos en todo el mundo. Anoten (*write down*) los datos que les parecen más importantes.

Piloto de carreras colombiano, nacido el 20 de septiembre de 1975 en Bogotá.

Gana las 500 Millas de Indianápolis en el año 2000. Es piloto de Williams (equipo de Fórmula 1) desde el 2001 y en el 2005 entra en el equipo Mercedes McLaren.

Victorias (por ahora) en el Campeonato Mundial de Fórmula 1: 2001, Italia, 2003, Mónaco y Alemania, 2004, Brasil, 2005, Italia y Brasil.

Juan Pablo Montoya

Portero de fútbol colombiano, nacido en Medellín, Colombia en 1966.

Juega con la selección colombiana de fútbol y ahora es el arquero de un equipo de Quito, Ecuador. Higuita es el mejor portero colombiano de todos los tiempos.

René Higuita

Ahora discutan qué características son necesarias para ser un tenista, un piloto y un arquero de fútbol de primera clase.

Jugadora de tenis colombiana, nacida en Cúcuta, Colombia el 7 de enero de 1979.

Con 14 años entra en la mejor academia de tenis del mundo, la Nick Bolletieri.

Fabiola es la principal tenista de la historia colombiana. Forma parte del grupo de las treinta mejores jugadoras del mundo y es la jugadora sudamericana más importante dentro del ránking de la Women Tennis Association, WTA.

Fabiola Zuloaga

EJEMPLO:

E1: Para ser un piloto como Montoya es importante entrenar cada día.

E2: Sí, y también hay que tener mucha concentración.

E3: Y es necesario tener mucha disciplina.

5-15

Juego de papeles. La mente sana requiere de un cuerpo sano

Situación: En la oficina del consejero estudiantil (*student counselor*). Dos estudiantes de intercambio (*exchange*) están en la escuela Nueva Lengua, en Cartagena de Indias. Después de dos semanas, se sienten muy mal física y anímicamente y deciden hablar con su consejero. Ahora están en su oficina.

ESTUDIANTE A

Explica tus problemas al consejero. Tus problemas son:

- dormir poco
- ser introvertido
- no hacer deporte
- no relajarse

ESTUDIANTE B

Explica tus problemas al consejero. Tus problemas son:

- estar siempre cansado
- acostarse muy tarde
- comer mal
- ser muy nervioso

ESTUDIANTE C

Eres consejero estudiantil. Dos estudiantes llegan a tu oficina. Hazles preguntas sobre sus problemas, sus hábitos y la frecuencia de sus actividades. Dales consejos y recomendaciones.

◆ Elaborar una guía de salud (*health guide*).

◆ **PREPARACIÓN** ◆

¿Qué podemos hacer para llevar una vida sana? Primero, vamos a leer sobre este tema. Cada miembro del grupo toma un texto de estos tres: hay que leer, extraer las ideas principales y completar la ficha.

Texto número: _____   **Idea principal:** *Para llevar una vida*

sana es importante... _____

Razones: _____

Formas de conseguirlo: _____

1

EL EJERCICIO FÍSICO

Actualmente en nuestras ciudades mucha gente está sentada gran parte del tiempo: en el trabajo, en el carro, delante de la televisión… Sin embargo, nuestro cuerpo está preparado para realizar actividad física y, además, la necesita. Por eso, conviene hacer ejercicio en el tiempo libre, ya que no lo hacemos en el trabajo.

No es necesario hacer ejercicios físicos fuertes o violentos. El golf, por ejemplo, es un deporte ideal para cualquier edad. Un tranquilo paseo diario de una hora es tan bueno como media hora de bicicleta. Es importante realizar el ejercicio físico de forma regular y constante: todos los días, o tres o cuatro veces por semana.

2

LA ALIMENTACIÓN

Conviene llevar un control de los alimentos que tomamos. Normalmente, las personas que comen demasiado engordan, y estar gordo puede ser un problema; de hecho, en las sociedades modernas occidentales, hay gente que está enferma a causa de un exceso de comida. Para controlar el peso es aconsejable:

- No comer grasas. Si comemos menos chocolate y menos pasteles, podemos reducir la cantidad de grasa que tomamos. También es bueno comer más pescado y menos carne. El pescado es muy rico en proteínas, y no tiene tantas grasas como la carne o el queso. Para una dieta sana, es aconsejable comer pescado dos veces por semana como mínimo. La forma de preparar los alimentos también ayuda a reducir la cantidad de grasas: es mejor comer la carne o el pescado a la plancha que fritos o con salsa.

- Comer frutas y verduras. Las frutas y las verduras contienen mucha fibra, que es muy buena para una dieta sana. La Organización Mundial de la Salud recomienda comer un mínimo de 400 gramos diarios de frutas y verduras.

3

EL EQUILIBRIO ANÍMICO

El equilibrio anímico es tan importante para una buena salud como el ejercicio físico. Tener un carácter tranquilo es mejor que ser impaciente o violento. Ser introvertido tiene más riesgos que ser extrovertido. Realizar el trabajo con tranquilidad, sin prisas y sin estrés, es también muy importante.

Por otra parte, hay muchos estudios e investigaciones que establecen una relación entre las emociones negativas y la mala salud. La preocupación por las enfermedades y por la muerte contribuye a aumentar las emociones negativas. Ver la vida de forma positiva y evitar los sentimientos de culpabilidad puede ser una buena ayuda para conseguir el equilibrio anímico.

Finalmente, hay que señalar que unos hábitos regulares suponen también una buena ayuda: acostarse y levantarse cada día a la misma hora, y tener horarios regulares diarios para el desayuno, la comida y la cena.

Paso 1: El contenido de nuestra guía
Cada miembro del grupo tiene que exponer las ideas principales de su texto.

Paso 2: Decidan cuáles son las diez ideas más importantes. Pueden añadir otras y comentar experiencias personales.

EJEMPLO:

E1: Para mí, lo más importante es no tener estrés nunca. Por eso hago yoga todas las semanas.

E2: Sí, pero es conveniente cuidar la alimentación. Yo, por ejemplo, nunca como comida rápida.

E3: Lo mejor es comer muchas frutas y verduras todos los días.

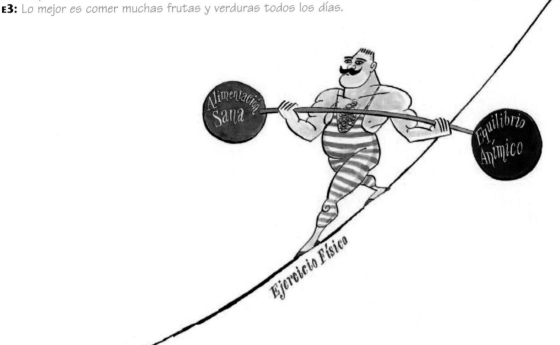

W **Paso 3: ¿Elaboramos la guía?**
Escriban la guía de salud. La introducción ya está escrita. Sólo falta formular las recomendaciones.

LES SERÁ ÚTIL...

Para mí... { lo más/lo menos
importante es...
lo mejor/peor es...

SUSTANTIVOS EN -CIÓN, -DAD, -EMA

femeninos {
la alimentación
la relación
la emoción
...

la actividad
la tranquilidad
la enfermedad
...

masculinos {
el problema
el tema
el sistema
...

La esperanza de vida es cada vez mayor. Pero no sólo es importante vivir más: todos queremos también vivir mejor. Para eso es necesario adoptar costumbres y formas de vida que nos preparen para una vejez feliz. En otras palabras, debemos llevar ahora una vida sana si queremos después vivir en forma. ¿Cómo? Nosotros seleccionamos diez consejos. Son estos:

1. Es conveniente... porque...

2. Hay que... porque...

3. Es bueno... porque...

4. _____

5. _____

6. _____

7. _____

8. _____

9. _____

10. _____

Paso 4: El/la portavoz del grupo presenta la guía a la clase.

nuestra gente Colombia

Exploraciones

 GENTE QUE LEE

Estrategias para leer ◆

Using a bilingual dictionary (I)

There are many strategies for deciphering the meaning of words that you do not understand, such as guessing from context, identifying cognates, etc. While these strategies can help, sometimes you will need to look up words in a bilingual dictionary. Remember, however, that you do not need to look up every single unknown word; just those that seem to be essential for understanding the content of the text.

Using a dictionary can be an effective strategy or a frustrating one. There are many key aspects that you need to take into consideration when you look up the meaning of a word. We will review some of them here.

1. Before looking up the word, figure out what part of speech it is. Is it a verb? A noun? An adjective? For example, look at the following sentences and the words in italics:

   Colombia representa una *mezcla* de culturas y razas.

   Los colombianos *mezclan* diversos ingredientes para hacer esa comida tradicional.

   You probably guessed that the first word is a noun, while the second is a verb. For the first one, you would find this entry in your dictionary:

   mezcla nf mixture, combination; (fig) blend; (clothing) tweed

   For the second one, you would find this:

   mezclar vt to mix (up), to blend; (combinar) to merge; ~se *vr* to mix, mingle

2. Remember that verbs are listed as infinitives and not in their conjugated form.

3. Familiarize yourself with the abbreviations. For example, *vt* means *verbo transitivo* (it takes a direct object), while *nf* means *nombre femenino*. What do you think *vr* means? How about *adj*? What does *nm* mean? And *vi*? And lastly, how about *nm/f*?

ANTES DE LEER

5-16 **Tu salud es lo primero**

¿Eres una persona saludable (*healthy*)? Marca con un ✓ lo que corresponde. Después intercambia la información con tu compañero/a.

SÍ	NO	NO SÉ	
_____	_____	_____	Bebo dos litros de agua cada día.
_____	_____	_____	Tomo el sol con frecuencia.
_____	_____	_____	Respiro aire puro cada día.
_____	_____	_____	Doy mucha importancia al descanso.
_____	_____	_____	Mi nivel de estrés es normal.
_____	_____	_____	Mi seguro médico cubre un chequeo anual.

Activando estrategias

■ Lee el título del texto. ¿Cuál crees que es el contenido?
■ Ahora mira los subtítulos. ¿Qué información adicional te dan?
■ ¿Qué información esperas encontrar en este texto?

A LEER

Las cinco claves de la salud

Para mantener una buena salud y estar en forma, no sólo es necesario hacer ejercicio y comer bien. Es necesaria la salud corporal, pero también la salud espiritual o anímica. Hay muchos factores que son parte de nuestras vidas, que no cuestan dinero y que nos pueden ayudar a conseguir una mejor calidad de vida, salud y **bienestar**.

EL AIRE
Es necesario respirar bien para tener buena sangre. Las inspiraciones hondas y completas de aire puro llenan los **pulmones** de oxígeno, purifican la sangre y la impulsan por todas partes del cuerpo. La buena respiración **calma** los nervios, estimula el apetito, hace más perfecta la digestión y ayuda a dormir mejor.

EL SOL
Para disfrutar de salud y alegría debemos recibir mucha luz solar. Hay que estar al sol, tomar el sol, disfrutar de sus propiedades tonificantes y saludables.

EL DESCANSO
Algunas personas enferman a causa del exceso de trabajo. Para tener buena salud es esencial el descanso, la tranquilidad y una dieta equilibrada. Hay formas de divertirse que son muy beneficiosas para la mente y el cuerpo, por ejemplo las actividades al aire libre y, en general, todas las actividades relacionadas con la naturaleza.

EL EJERCICIO
La falta de ejercicio es causa muy frecuente de enfermedades. Si no hacemos ejercicio nunca, la sangre no circula con libertad, no se renueva y no eliminamos las impurezas. El ejercicio regula y mejora la circulación de la sangre. Hay que hacer ejercicio y llenar los pulmones de aire fresco.

EL AGUA
El agua es una necesidad, y tomar mucha agua es muy beneficioso para la salud. Hay que beber mucha agua para prevenir enfermedades, limpiar el cuerpo y **suplir** las necesidades del organismo.

DESPUÉS DE LEER

Activando estrategias

■ ¿Qué significan las palabras en negrita **bienestar**, **calma** y **pulmones**? ¿Son nombres, verbos, o adjetivos? ¿Cómo lo sabes?
■ Busca la palabra **suplir** en el diccionario. Primero, decide qué categoría es. ¿Qué información te da el diccionario sobre esta palabra? ¿Qué significa?

¿Comprendes?

Contesta ahora a las preguntas sobre el texto.

1. ¿Cuáles son dos de los efectos positivos del aire? _____ y _____
2. ¿Qué tipo de diversión es bueno para la salud?
3. ¿Qué ocurre si no hacemos ejercicio?
4. ¿Cuál de estas informaciones es falsa (no se dice en el texto)?
   a. Hay que comer moderadamente para hacer buena digestión.
   b. Respirar bien ayuda a dormir mejor.
   c. Hay que tomar el sol para estar sano.

Expansión

Comenta con la clase las recomendaciones del texto. ¿Estás de acuerdo? Añade dos más.

Gente en forma ◆ 5

GENTE QUE ESCRIBE

Estrategias para escribir ◆ ◆ ◆ ◆ ◆ ◆ ◆ ◆ ◆ ◆ ◆ ◆ ◆ ◆ ◆ ◆ ◆

Editing your composition for content and organization (II)

In Chapter 4, we discussed the importance of ensuring relevant content and effective organization when writing in Spanish. You may recall that one way to organize your ideas, make your writing less redundant, and show fluent expression was to use pronouns and demonstratives for cohesion.

When you edit and proofread your composition, remember to pay attention to your use (or lack of use) of these cohesive mechanisms, especially direct and indirect pronouns. Did you use them? With what purpose in mind? Are they grammatically correct (gender, number)? Do they eliminate repetition? Is there any more information that you can replace with pronouns?

In general, organization entails logical sequencing and connection of ideas. Let's read these two paragraphs:

La cocina colombiana es muy regional y una visita a Colombia no es completa sin probar la comida local, como las "arepas", la "bandeja paisa" o el "ajiaco". En algunas regiones se bebe la "chicha", una bebida con alcohol que se obtiene por la fermentación de frutas o del maíz y que se hace en casa; en otras palabras, no es un producto comercial.

Los colombianos raramente beben alcohol con la comida, es decir, prefieren no tomar alcohol, pero en Colombia se consumen bebidas alcohólicas como el aguardiente o la cerveza.

You may have noticed that the sentence about *la chicha* should have been placed in paragraph two, not one. You may also notice that the word *alcohol* is repeated and could be replaced with a pronoun (*prefieren no tomarlo*), making the sentence sound more natural.

5–21 **W** **NOTAS TN05-22** **Una carta**

Vas a hacer un viaje de estudios de seis meses a Cartagena de Indias, una ciudad declarada Patrimonio de la Humanidad por la UNESCO. Antes de viajar quieres reunir información sobre el sistema de salud de ese país y sobre las opciones que existen en la Universidad para mantenerte en forma y llevar una vida sana. Escribe una carta a un amigo colombiano. Primero, prepara una lista con las cosas que quieres preguntar y saber. Incluye en tu carta:

- los temas sobre los que (*about which*) quieres información
- las preguntas que quieres hacer. Por ejemplo, información sobre hospitales, médicos para estudiantes, precios de las medicinas, instalaciones (*facilities*) en la universidad para hacer deporte, opciones para comer, y otras preguntas que se te ocurran (*that you may think about*).

¡ATENCIÓN!

◆ Asegúrate de (*make sure*) que:
  - los contenidos de tu carta están bien organizados y son relevantes,
  - hay una secuencia lógica (no hay ideas confusas o desconectadas),
  - hay cohesión y coherencia (revisa el uso de pronombres, demostrativos y otros elementos para dar cohesión).

◆ Revisa el borrador de tu carta siguiendo los PPE (página 14) y presta atención al contenido y la organización.

Beyond the sentence ◆ ◆ ◆ ◆ ◆ ◆ ◆ ◆ ◆ ◆ ◆ ◆ ◆ ◆ ◆ ◆ ◆ ◆ ◆

Basic connectors to introduce examples and clarify information

When you write in Spanish you will need to make sure that your reader(s) understand your ideas clearly. There are many ways to ensure this, but two common ones are the use of examples, and clarifications.

Giving examples to support ideas, to illustrate your point, or simply to add more specific and relevant information is a very common writing strategy. You probably already know the common expression *por ejemplo* (for example), which is used frequently both in writing and speaking. However, there are many other ways to introduce examples when writing.

Repeating information using different words to clarify it and to make sure it is understood is another very useful strategy. There are several basic connectors you should learn, both to introduce examples and to clarify information.

Read the following paragraph and pay attention to the expressions in bold. Try to determine which ones are used to introduce examples, and which ones are used to clarify information.

> La cocina colombiana es muy regional y una visita al país no es completa sin probar la comida local, **por ejemplo** las "arepas", la "bandeja paisa" o el "ajiaco". Los colombianos raramente beben alcohol con el alimento, **es decir** (*that is*), prefieren tomar bebidas no alcohólicas **como** (*like*) el delicioso café. Esto no significa que los colombianos son abstemios, **o sea** (*that is*), que no beben alcohol. Todo lo contrario. Se toman bebidas alcohólicas **tales como** (*such as*) el aguardiente o la cerveza. En algunas regiones se bebe la "chicha", una bebida con alcohol que se obtiene por la fermentación de frutas o del maíz y que se hace en casa; **en otras palabras** (*in other words*), no es un producto comercial.

5-22 **Una guía para los nuevos estudiantes en el campus**

P El periódico en español de su escuela necesita una guía para los nuevos estudiantes hispanohablantes. En esta guía tienen que informar de todas las posibilidades que tiene el campus para llevar una vida sana, física y anímicamente. Tengan en cuenta (*keep in mind*) los contenidos siguientes:

- ▦ servicios e instalaciones relacionados con el ejercicio físico,
- ▦ servicios relacionados con el equilibrio anímico,
- ▦ servicios relacionados con la alimentación,
- ▦ otra información relevante.

¡ATENCIÓN!

◆ Incluyan ejemplos específicos de estos servicios. Escriban clarificaciones si es necesario.

◆ Revisen el borrador de su guía siguiendo los PPE (página 14). Presten atención a la organización y cohesión del texto. Apliquen las estrategias de *Beyond the sentence*, especialmente el uso de conectores para introducir ejemplos y clarificaciones.

Gente en forma ◆ 5

Comparaciones

LAS COSTUMBRES DE LOS COLOMBIANOS

1. Levantarse
La mayoría se levanta a las 6 de la mañana, antes de salir el sol. Los niños se despiertan entre las 6 y las 7 de la mañana para ir a la escuela. Algunas personas se levantan entre las 4 y las 5 de la mañana para ir al trabajo.

2. Actividad matinal
La gran mayoría de los hombres va al trabajo y aproximadamente el 60% de las mujeres no trabaja y hace tareas domésticas.

3. Almuerzo
Se come entre las 12 y la 1 y la mitad de los colombianos come en casa.

4. La tarde
La mayoría ve la televisión durante el almuerzo y muchos regresan al trabajo.

5. La noche
La actividad principal es ver la televisión.

6. Estrés
La mayor parte de los colombianos hace las cosas con tranquilidad y muy pocos las hacen con prisa.

7. El sueño
Los colombianos dedican a dormir un promedio de 7 a 8 horas. Generalmente se acuestan alrededor de las 10.

8. Ocio
Los colombianos comparten su tiempo libre con los amigos y la familia.

5-23 **¿Y en tu país?**
¿Cómo se diferencia esta información de la rutina diaria en tu país? Comparen los datos y encuentren (*find*) costumbres similares y diferentes.

5-24 Los deportes en Colombia

Lee este texto sobre los deportes más populares en Colombia. Luego, responde a las preguntas.

Carlos Valderrama

Los deportes más populares en Colombia hoy día son el fútbol, el ciclismo, el automovilismo y el béisbol. El fútbol es el deporte más popular en todo Latinoamérica, y Colombia no es la excepción. La selección de Colombia ha participado en varios campeonatos mundiales consecutivos, y figuras como Carlos Valderrama y Faustino Asprilla son reconocidas a nivel mundial.

Otro deporte muy popular en Colombia es el ciclismo. Los escarabajos colombianos, como se les conoce en el ámbito ciclístico mundial, son animadores de primer orden en carreras como el Tour de Francia, la Vuelta a España o el Giro de Italia. Lucho Herrera, Fabio Parra o recientemente Santiago Botero figuran en las grandes carreras europeas y los campeonatos del mundo. En tercer lugar, en los últimos años un gran número de colombianos se ha aficionado a temas de automovilismo gracias a Juan Pablo Montoya, el piloto que durante tres años ha corrido con el equipo inglés Williams y que desde el 2005 corre con el equipo McLaren de fórmula 1. Finalmente, el béisbol es muy popular en la costa atlántica del país, en donde se sigue constantemente a algunos jugadores colombianos que juegan en las grandes ligas de los Estados Unidos.

Santiago Botero

1. ¿Qué información del texto no te sorprende? ¿Cuál te sorprende más?
2. ¿Conoces a alguna figura del deporte colombiano que no se mencione en el texto? ¿Y a alguna persona colombiana famosa en otros campos profesionales?
3. Menciona a otros famosos deportistas hispanohablantes que conoces, y el deporte que practican.
4. ¿Encuentras diferencias importantes entre los tipos de deporte que son populares en Colombia y en otros países hispanohablantes, y los que son populares en tu país?

5-25 Fernando Botero, "el que hace las gorditas"

Lee este texto sobre uno de los artistas vivos más importantes del mundo.

Marlborough Gallery, Inc., Fernando Botero, "En familia"
Familia colombiana 1999

FERNANDO BOTERO

Pintor y escultor colombiano, nacido en Medellín. Su estilo es muy personal: las figuras engordan y se deforman hasta cubrir en buena parte el lienzo. Los colombianos dicen que Botero es "el que hace las gorditas", pero el propio artista prefiere el término "volumen". Botero usa la gordura y la voluptuosidad como base de una cariñosa burla para comentar ciertos aspectos de la vida. Esa misma voluptuosidad caracteriza su escultura, casi siempre con figuras y animales de tamaños grandiosos y desproporcionados. El tratamiento exagerado en sus proporciones de la figura humana es hoy una de las características inconfundibles de su obra. En la actualidad vive entre París, Nueva York y Bogotá.

Los personajes de los cuadros de Botero no están en forma. ¿Por qué crees que pinta a la gente así? ¿Te gusta el estilo de Botero? ¿Por qué?

5-26 Expansión

¿Conoces otros artistas hispanohablantes con un estilo tan peculiar como el de Botero? ¿Y en tu país?

VOCABULARIO

Las partes del cuerpo

boca (la)	*mouth*
brazo (el)	*arm*
cabeza (la)	*head*
cara (la)	*face*
cintura (la)	*waist*
codo (el)	*elbow*
corazón (el)	*heart*
cuello (el)	*neck*
espalda (la)	*back*
frente (la)	*forehead*
mano (la)	*hand*
músculo (el)	*muscle*
nariz (la)	*nose*
ojo (el)	*eye*
oreja (la)	*ear*
pelo (el)	*hair*
pie (el)	*foot*
piel (la)	*skin*
pierna (la)	*leg*
rodilla (la)	*knee*

Los días de la semana

lunes	*Monday*
martes	*Tuesday*
miércoles	*Wednesday*
jueves	*Thursday*
viernes	*Friday*
sábado	*Saturday*
domingo	*Sunday*

Los deportes

automovilismo (el)	*car racing; motor racing*
baloncesto (el)	*basketball*
béisbol (el)	*baseball*
deportista (el/la)	*athlete*
ciclismo (el)	*cycling*
fútbol (el)	*soccer*
jugador/a (el/la)	*player*
tenis (el)	*tennis*

La salud y la alimentación

actividad (la)	*activity*
alcohol (el)	*alcohol*
azúcar (el)	*sugar*
bebida (la)	*drink*
carne (la)	*meat*
comida (la)	*food*
consejo (el)	*advice*
dulce (el)	*sweet, candy*
ejercicio (el)	*exercise*
equilibrio (el)	*balance*
fibra (la)	*fiber*
fruta (la)	*fruit*
gimnasio (el)	*gym*
grasa (la)	*fat*
instrucciones (las)	*directions*
medicamentos (los)	*medicines*
pescado (el)	*fish*
peso (el)	*weight*
seguro médico (el)	*health insurance*
tensión (la)	*blood pressure*
tranquilidad (la)	*calm, peacefulness*
vacuna (la)	*vaccine*
verdura (la)	*vegetables*

Adjetivos

ágil	*agile, flexible*
cansado/a	*tired*
complicado/a	*complicated*
delgado/a	*thin*
efectivo/a	*effective*
fuerte	*strong*
gordo/a	*fat*
necesario/a	*necessary*
recomendable	*advisable*
sano/a	*healthy*
violento/a	*tough*

Actividades relacionadas con la salud y el ejercicio

adelgazar	*to lose weight*
andar	*to walk*
andar en bicicleta	*to ride a bike*
caminar	*to walk*
correr	*to run*
dar la vuelta	*to turn around*
dar un paseo	*to take a walk*
engordar	*to gain weight*
estar a dieta	*to be on a diet*
estar en forma	*to be fit*
estar sentado	*to be seated*
estirar	*to stretch*
fumar	*to smoke*
girar	*to turn*
hacer deporte	*to play/practice a sport*
hacer ejercicio	*to exercise*
hacer yoga	*to do yoga*
jugar (al)	*to play*
baloncesto	*basketball*
béisbol	*baseball*
fútbol	*soccer*
levantar	*to lift*
pasear	*to take a walk*
nadar	*to swim*
relajarse	*to relax*
saltar	*to jump*
sentarse (ie)	*to sit down*
tomar (alcohol)	*to drink (alcoholic beverages)*
tomar café	*to drink coffee*

Verbos

acostarse (ue)	*to go to bed*
conseguir (i)	*to get; to obtain*
desayunar	*to have breakfast*
despertarse (ie)	*to wake up*
dormir (ue)	*to sleep*
dormirse (ue)	*to fall asleep*
ducharse	*to take a shower*
evitar	*to avoid*
lavarse	*to wash oneself*
levantarse	*to get up*
mantener (*irreg.*)	*to maintain*
maquillarse	*to apply makeup*
peinarse	*to comb one's hair*

Otras palabras y expresiones útiles

a la derecha	*to the right*
a la izquierda	*to the left*
a menudo	*often*
detrás (de)	*behind*
en cuanto a	*regarding*
en otras palabras	*in other words*
enfrente (de)	*in front of*
junto a	*next to*
recto	*straight*

CONSULTORIO GRAMATICAL

EL PRESENTE DE INDICATIVO
PRESENT INDICATIVE TENSE

REGULAR VERBS	BAIL**AR**	BEB**ER**	ESCRIB**IR**
(yo)	bail**o**	beb**o**	escrib**o**
(tú)	bail**as**	beb**es**	escrib**es**
(él, ella, usted)	bail**a**	beb**e**	escrib**e**
(nosotros/as)	bail**amos**	beb**emos**	escrib**imos**
(vosotros/as)	bail**áis**	beb**éis**	escrib**ís**
(ellos, ellas, ustedes)	bail**an**	beb**en**	escrib**en**

IRREGULAR VERBS

The stem change **e** → **ie** occurs in verbs such as **querer, despertarse...**

	DESP**ER**TARSE
(yo)	me desp**ie**rto
(tú)	te desp**ie**rtas
(él, ella, usted)	se desp**ie**rta
(nosotros/as)	nos despertamos
(vosotros/as)	os despertáis
(ellos, ellas, ustedes)	se desp**ie**rtan

The stem change **e** → **i** occurs in verbs such as **decir, servir, seguir, pedir, vestirse...**

	D**E**CIR	S**E**RVIR
(yo)	d**i**go	s**i**rvo
(tú)	d**i**ces	s**i**rves
(él, ella, usted)	d**i**ce	s**i**rve
(nosotros/as)	decimos	servimos
(vosotros/as)	decís	servís
(ellos, ellas, ustedes)	d**i**cen	s**i**rven

> Unlike verbs in English, in Spanish stem changes are common in the present tense. Note that changes in the stem occur in the first, second and third person singular, and in the third person plural, because these syllables are stressed. The stem does not change in the *nosotros* or *vosotros* forms.

The stem changes from **o** → **ue** in **poder, acostarse, volver** and **u** → **ue** in **jugar...**

	P**O**DER	AC**O**STARSE	J**U**GAR
(yo)	p**ue**do	me ac**ue**sto	j**ue**go
(tú)	p**ue**des	te ac**ue**stas	j**ue**gas
(él, ella, usted)	p**ue**de	se ac**ue**sta	j**ue**ga
(nosotros/as)	podemos	nos acostamos	jugamos
(vosotros/as)	podéis	os acostáis	jugáis
(ellos, ellas, ustedes)	p**ue**den	se ac**ue**stan	j**ue**gan

Some verbs, sometimes called -**go** verbs, are irregular in the **yo** form of the present tense: **hacer, poner, decir, venir, salir, tener...**

(yo)	ha**go**	pon**go**	di**go**	ven**go**	sal**go**	ten**go**

Note that some verbs present more than one kind of irregularity in the present tense: ven**go**, v**ie**nes; d**i**g**o**, d**ice**s. *The verbs* **ir, dar, estar** *and* **saber** *are also irregular.*

	IR	DAR	ESTAR	SABER
(yo)	**voy**	**doy**	**estoy**	**sé**
(tú)	**vas**	das	estás	sabes
(él, ella, usted)	**va**	da	está	sabe
(nosotros/as)	**vamos**	damos	estamos	sabemos
(vosotros/as)	**vais**	dais	estáis	sabéis
(ellos, ellas, ustedes)	**van**	dan	están	saben

VERBOS REFLEXIVOS
REFLEXIVE VERBS

	DUCHAR**SE**	ABURRIR**SE**
(yo)	**me** ducho	**me** aburro
(tú)	**te** duchas	**te** aburres
(él, ella, usted)	**se** ducha	**se** aburre
(nosotros/as)	**nos** duchamos	**nos** aburrimos
(vosotros/as)	**os** ducháis	**os** aburrís
(ellos, ellas, ustedes)	**se** duchan	**se** aburren

*Reflexive pronouns are usually placed immediately before the conjugated verb, but with constructions using the infinitive (-***ar***, -***er***, -***ir***) or the gerund (-***ndo***), there are two options. The pronouns may still be placed in front of the conjugated verb, or they may be attached to the infinitive or gerund form.*

In Spanish, many verbs that describe daily habits and personal care require a reflexive pronoun if the same person performs and receives the action: ***Me despierto*** *a las 7:00 todos los días. Elena nunca* ***se maquilla.*** These verbs can also be used non-reflexively: ***Despierto*** *a mi hermana menor a las 7:30. Elena* ***maquilla*** *a los actores en el teatro.*

WITH THE INFINITIVE
me tengo que acostar	tengo que acostar**me**
te tienes que acostar	tienes que acostar**te**
se tiene que acostar	tiene que acostar**se**
nos tenemos que acostar	tenemos que acostar**nos**
os tenéis que acostar	tenéis que acostar**os**
se tienen que acostar	tienen que acostar**se**

WITH THE GERUND
me estoy duchando	estoy duchándo**me**

Tienen que acostarse.

Gente en forma ◆ 5

LA FRECUENCIA
EXPRESSING FREQUENCY

| (todos) los | lunes
martes
miércoles
jueves
viernes
sábados
domingos
fines de semana | todos los
todas las | años
meses
semanas
mañanas
tardes
noches | muchas
a
algunas | veces |

| siempre | casi siempre | a menudo |
| de vez en cuando | casi nunca | nunca |

*These expressions may be placed at one of several
locations within a sentence.*

Vamos **siempre** a esquiar a Chile.
Vamos a esquiar **siempre** a Chile.
Siempre vamos a esquiar a Chile.

To indicate frequency in English, the days of the
week are not preceded by a definite article and
they usually require the preposition **on:** We play
tennis **on Saturdays.** To indicate frequency in
Spanish the definite article must always appear
with the days of the week and there is no
preposition.

*Jugamos al tenis **los sábados**.*

CADA, TODOS
Cada *is used only with singular nouns. It maintains the
same form with both masculine and feminine nouns.*

cada mes   **cada** semana   **cada** año

Todos/as *precedes plural nouns. This construction requires
the definite article* **los/las.**

todos los días   **todos los** meses   **todas las** semanas

(*The singular form* **todo el día, toda la semana** *is also
used, but the meaning is different:* **the whole day/all day,
the whole week/all week**.)

Much of the time **cada** and **todos los/todas las** *express the
same thing, but not always.* **Cada** *is used to indicate actions that
break with a pattern and* **todos** *to show general or repeated actions.*

¿Van Uds. **todos los** veranos al mismo sitio?
No, **cada** verano vamos a un lugar diferente.

NUNCA
nunca + *VERB*   **Nunca** hace ejercicio.
no + *VERB* + **nunca**   **No** hace ejercicio **nunca**.

 ¡ATENCIÓN!
When a negative element such as **nunca** *follows the verb,*
no *or another negative must also be used before the verb.*

● ¿Nunca escuchas la radio?
○ No, no la escucho nunca.

LA CUANTIFICACIÓN
QUANTIFYING: MUY, MUCHO, DEMASIADO...

These words do not change form when modifying verbs or adjectives, since they function as adverbs.

WITH VERBS
Ana trabaja **demasiado**.
Estos niños duermen **mucho**.
Comen muy **poco**.
Emilio no estudia **nada**.

WITH ADJECTIVES
Ana está **demasiado** cansada.
Estoy **muy** cansado.
Yo soy **poco** ágil.
No es **nada** fuerte.

Remember that **un poco** *is only used with adjectives that have a negative meaning.*

Es **un poco** lento.
Es verdad, no es muy rápido.

When these words are used as adjectives preceding nouns, however, they change form to agree in gender and number.

Ana trabaja **demasiados** días/**demasiadas** horas.
Estos niños duermen **mucho** tiempo/**muchas** horas.
Comen **poco** pescado/**pocas** naranjas.

In Spanish the presence or absence of the indefinite article with *poco* changes the meaning of the sentence. *Eduardo baila* **un** *poco.* (Eduardo dances a little bit.) *Eduardo baila poco.* (Eduardo seldom dances.)

RECOMENDACIONES Y CONSEJOS
MAKING RECOMMENDATIONS AND GIVING ADVICE

The construction **tener que** *+ infinitive is used to make personal recommendations or to give advice tailored to a specific person.*

Estoy muy cansado.
Sí, creo que **tienes que dormir** más y **trabajar** menos.

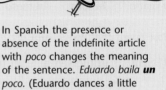

The construction **hay que** *+ infinitive and the expressions* **es necesario/bueno/importante/conveniente** *+ infinitive are used to make general recommendations or give advice directed at no one person in particular.*

Para estar en forma **hay que hacer** ejercicio.
Para adelgazar **es importante llevar** una dieta equilibrada.
Para tener una alimentación sana **es necesario comer** mucha fruta.

EL GÉNERO Y EL NÚMERO DE LOS NOMBRES
GENDER AND NUMBER OF NOUNS

To form the plural, nouns ending in a vowel add **-s;** *those ending in a consonant add* **-es.**

día ⟶ día**s**   enfermedad ⟶ enfermedad**es**
verdura ⟶ verdura**s**   excursión ⟶ excursion**es**

 ¡ATENCIÓN!

Be aware of certain changes in spelling and written accent when forming the plural.

-z ⟶ -**c**es   pe**z** ⟶ pe**c**es
-**ció**n ⟶ -**cio**nes   a**ció**n ⟶ a**cio**nes

> There is a class of nouns that ends in *-ista* that often refers to professions. The *-ista* ending does not change; the gender of the person is indicated by the article: *el tenista, la tenista; los deportistas, las deportistas.*

Nouns that end in **-a** *are usually feminine and those that end in* **-o** *are generally masculine. However, there are many exceptions to the rule.*

la mano   **la** foto   **la** moto   **el** día   **el** mapa

Most nouns that end in **-ma** *are masculine.*

el te**ma**   **el** proble**ma**   **el** trau**ma**   **el** sínto**ma**   **el** dra**ma**

There are, however, many important exceptions, such as: **la** ca**ma**   **la** da**ma**   **la** ra**ma**

Nouns that end in **-ción/-sión, -dad, -eza,** *and* **-ura** *are feminine.*

la conversa**ción**   **la** difu**sión**   **la** felici**dad**   **la** triste**za**   **la** hermo**sura**

SER Y ESTAR CON ADJETIVOS
SER AND ESTAR WITH ADJECTIVES

SER + *ADJECTIVE*
When used with an adjective, **ser** *expresses physical, moral, and mental characteristics that define the identity or nature of a subject, such as size, color, shape, religion, nationality, occupation, and disposition.*

● ¿**Es** colombiano?
○ Sí, de Bogotá. **Es** muy simpático, ¿verdad? ¿Sabes a qué se dedica?
● Creo que **es** tenista.

ESTAR + *ADJECTIVE*
Estar *is used with adjectives to describe the state or condition of the subject, especially one susceptible to change. These adjectives do not denote an inherent property of the subject.*

● **Estoy** muy cansada hoy.
○ ¿**Estás** enferma?
● No, sólo **estoy** un poco deprimida.

Estar *is used with adjectives to denote a subjective impression or express a change from the norm, something exceptional.*

● ¡Qué delgado **estás!** ¿Has hecho dieta?

○ Sí, gracias. ¿Estos son tus hijos? Son muy altos.

● Sí, **están** muy altos para su edad.

*Many adjectives can be used with both **ser** and **estar,** but there is usually a difference in meaning. Here are some common examples.*

In English, subjective impressions are often expressed by the verbs **to look, to feel, to seem, to act, to taste.** In Spanish, subjective impressions are frequently conveyed using the verb *estar.*

	WITH *SER*	WITH *ESTAR*
aburrido	*boring*	*bored*
borracho	*a drunk(ard)*	*drunk*
bueno	*good*	*tasty*
listo	*witty, clever*	*ready*
malo	*bad*	*sick*
seguro	*a sure thing, safe (reliable)*	*certain, sure (about something)*

● Esta novela **es** muy aburrida, ¿no?

○ Sí, bastante.

● **Estoy** aburrida hoy; no sé qué hacer.
Pues, ¿por qué no ves el partido conmigo?

6 Gente en casa

TAREA ◆ Seleccionar un compañero de apartamento, un apartamento y los muebles.

NUESTRA GENTE ◆ El Salvador

116

Gente en casa ◆ 6

6-1 **La vivienda (*housing*)**
Observa las fotos de la izquierda (*left*). ¿En qué tipo de casas crees que viven la mayoría de los salvadoreños?

6-2 **¿Dónde ponemos esto?**
P La familia Velasco Flores se ha mudado (*has moved*). Ahora están sacando (*taking out*) sus muebles del camión de mudanzas (*moving truck*). Ustedes tienen que decidir dónde ponen algunas cosas. Luego, comparen sus resultados con los resultados de otra pareja (*pair*).

EJEMPLO:
E1: Esta cama, en el cuarto[1] de la niña.
E2: De acuerdo, y esta mesa, ¿dónde?

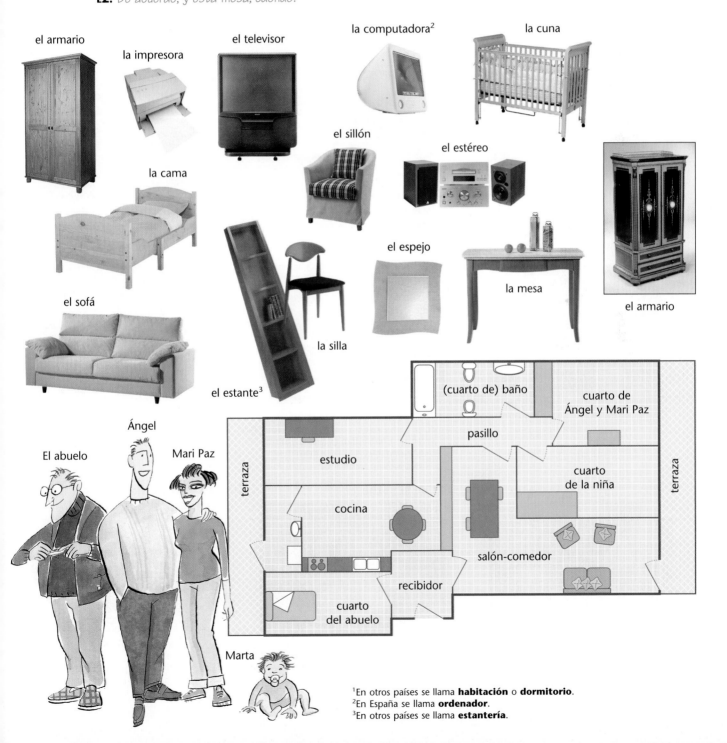

el armario

la impresora

el televisor

la computadora[2]

la cuna

el sillón

el estéreo

la cama

el espejo

la mesa

el armario

el sofá

la silla

el estante[3]

(cuarto de) baño

cuarto de Ángel y Mari Paz

pasillo

estudio

cuarto de la niña

terraza

terraza

cocina

El abuelo

Ángel

Mari Paz

salón-comedor

recibidor

cuarto del abuelo

Marta

[1]En otros países se llama **habitación** o **dormitorio**.
[2]En España se llama **ordenador**.
[3]En otros países se llama **estantería**.

Gente en casa ◆ 6

6–3 **De visita en casa de unos amigos**
Unos extranjeros que viven en El Salvador visitan a sus amigos salvadoreños en su casa de Santa Ana, la segunda ciudad más grande del país. Éstas son las imágenes de vídeo. Los diálogos están debajo de cada foto.

A Escucha la grabación. ¿Quién habla? Escribe el nombre de la persona que habla en cada ocasión.

Ángel

Paul

Celia

Mari Paz

Hanna

Germán

9 de la noche

1

_____ Hola, ¿qué tal?
_____ Hola, muy bien, ¿y vos?
_____ Hola, ¿cómo están?
_____ ¿Qué tal?

2

_____ **Pasen**, pasen.
_____ ¿Por aquí?
_____ Sí, sí, adelante.

3

_____ **Toma, pon** esto en el refrigerador.
_____ Ay, muchísimas gracias.
_____ **Denme** sus chaquetas, hace calor en la casa.

4

_____ Esta es Celia, una sobrina. Está pasando unos días con nosotros.
_____ Hola, mucho gusto.
_____ Encantada.

5

_____ Pero **siéntense**, siéntense.
_____ ¿Encontraron la dirección sin problemas?
_____ Sí, sí, sin problema. Lo explicaste muy bien.
_____ Viven en una ciudad preciosa y un barrio muy agradable.
_____ Sí, es bastante tranquilo.

6

_____ ¡Qué bonita sala!
_____ ¿Les gusta? **Vengan**, que les enseño la casa.

7

_____ Hola, buenas noches.
_____ Hola, papá. **Ven**, **mira**, te presento a Hanna y Paul. Mi padre, que vive con nosotros.
_____ Hola, encantado.
_____ Mucho gusto. Pero **sentate**, por favor... ¿Vos querés algo para beber?

11 de la noche

8

_____ Bueno, se está haciendo tarde...
_____ Sí, tenemos que irnos... **Vamos**, que mañana tenemos que levantarnos temprano.
_____ ¿Ya quieren irse?
_____ Si sólo son las once...
_____ Ya, pero es que mañana tengo que madrugar...

12 de la noche

9

_____ Pues ya saben dónde tienen su casa.
_____ **Visítennos** pronto, ¿ya?
_____ De acuerdo, nos llamamos y nos vemos.

6-4 **Visitas**

Observa qué hacen y qué dicen las personas en los diálogos anteriores. Identifica las expresiones para saludar (*greeting*), presentarse (*introducing themselves or others*), los gestos (*gestures*), los ofrecimientos, los cumplidos (*compliments*), el horario, etc. ¿Qué es semejante en tu cultura? ¿Qué es diferente?

> **EJEMPLO:** Mari Paz muestra la casa a los invitados (*guests*). Nosotros también lo hacemos.

6-5 **Apartamento en alquiler (*for rent*)**

Francisco llama por teléfono para alquilar (*rent*) un apartamento en San Salvador. Después visita el apartamento.

Mira los anuncios: ¿en qué se diferencian los dos apartamentos?

Amplio apartamento en zona residencial. Muy elegante. Dos cocheras y jardín comunitario.

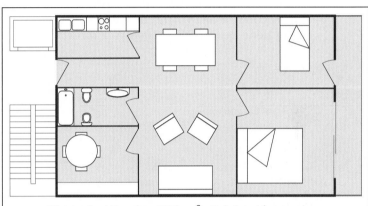

Vistas de Altamira. 100 m². Calefacción, cochera opcional. Luminoso, tranquilo y soleado.

A Primero, escucha la conversación telefónica.

■ ¿A qué apartamento crees que llamó Francisco?
■ ¿Qué característica es muy importante para Francisco? ¿Por qué?
■ ¿Qué decide Francisco? ¿Por qué?

6-6 **En el apartamento**

A Ahora escucha la conversación en el apartamento. ¿Sabes más cosas del apartamento? ¿Crees que es un buen apartamento? ¿Por qué? ¿Qué características tiene?

Características

_____

_____

_____

_____

_____

6-7
P

Atención a las formas

Lean los diálogos del ejercicio 6-3 y fíjense en (*notice*) los verbos marcados en negrita. ¿A qué categoría gramatical pertenecen? ¿Qué función tienen en las conversaciones? Ahora tienen que analizar las formas y hacer una clasificación. Ya tienen un ejemplo.

VERBOS	TÚ	USTED	USTEDES
Pasar			**pasen**

6-8
P

La primera calle a la derecha

Miren este mapa y piensen en una de las direcciones marcadas del 1 al 10. Uno de ustedes debe explicar al otro cómo ir allá (*there*) desde la Plaza de España. Él o ella tiene que adivinar (*guess*) la dirección.

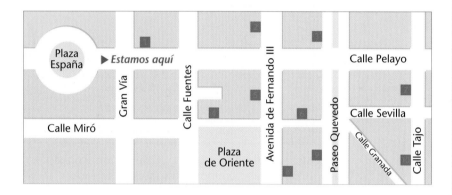

EJEMPLO:

Sigue por esta calle y **toma** la segunda a la derecha. Luego ve todo recto hasta el final.

6-9
A

¿Está Marisa?

Escucha estas breves conversaciones telefónicas. ¿Qué está haciendo...

1. MARISA? _____
2. ELISABETH? _____
3. GUSTAVO? _____
4. EL SEÑOR RUEDA? _____

6-10

¿Qué están haciendo?

Observa las viñetas del ejercicio 6–11. ¿Qué están haciendo las siguientes personas?

1. Luis _____
2. El policía _____
3. Carmela _____

Ahora describe qué está pasando (*happening*) en las viñetas 4 y 6.

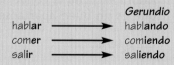

PRESENTACIONES

● Mira/e, ésta es Gloria, una amiga.
  Mira/e, te/le presento a Gloria.
  Mirad/miren, os/les presento a Alex.
○ Mucho gusto.
  Encantado/a.
  Hola, ¿qué tal?
  Es un placer.

TÚ/USTED

tú	usted
tienes	tiene
pasa	pase
siénta**te**	siéntese
tus padres	**sus** padres
te presento a…	**le** presento a…
vosotros	ustedes
tenéis	tienen
pasad	pasen
sentaos	siéntense
vuestros padres	**sus** padres
os presento a…	**les** presento a…

AL TELÉFONO

● Aló./¿Sí?/¿Diga(me)?[4]
○ ¿Está/Se encuentra Carmelo?
● Sí, soy yo.
  No está. ¿De parte de quién?
  No se puede poner. Está duchándose.
  Está hablando por otra línea.

● ¿Quiere/s dejarle algún
  recado/mensaje?
○ Sí, por favor dile/dígale que Juan lo
  llamó.

OFRECIMIENTOS

● ¿Tienes sed?
● ¿Quieres/te apetece tomar algo?

¿Tiene sed?
¿Quiere tomar algo?

HELADOS REFRESCOS

[4]Las fórmulas para contestar el teléfono varían según el país. Algunas son: *diga, bueno, hola, aló* y *mande.*

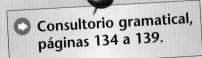

➤ **Consultorio gramatical,
páginas 134 a 139.**

6-11 **¿Formal o informal?**
Di qué forma de tratamiento usan los personajes (*characters*) de estas viñetas. ¿Cómo lo sabes?

①
● Mirá, Luis, te presento a Ramón Ezquerra, de la oficina central.
○ Hola, ¿qué tal? ¿Vos trabajás con Fernando?
■ Sí, sí, encantado de conocerle.

②
● Milagros, éste es el Sr. Fanjul.
○ ¿Cómo está usted?
■ Muy bien, ¿y usted?

③
● Su dirección, por favor.
○ ¿Perdone?
● ¿Dónde vive?
○ Ah… Valencia, 46.

④
● Perdón, ¿sabe cuál es la calle Vigo?
○ Mire, siga por esta calle y luego, allí en la plaza, a la derecha.

⑤
● Conteste el teléfono, por favor, Carmela.
○ Sí, señora, voy…

⑥
● Abuelo, te presento a Juan, un amigo de la universidad.
○ Hola, ¿cómo estás?
■ Muy bien, ¿y usted?

6-12 **¿Tú o usted?**
La elección entre **tú** o **usted** es muy difícil. Depende de factores sociales y dialectales. Mira las situaciones de las viñetas anteriores. ¿Por qué los personajes elijen una forma de tratamiento y no otra? ¿Cómo expresa tu lengua estas diferencias?

6-13 **Atención a las formas.**
A
Escucha estas conversaciones y observa si usan **tú** o **usted**, o **vosotros** o **ustedes**, si es plural. Identifica algunos de los verbos y pronombres que se usan para indicar el tratamiento.

	USAN…	Pron. reflexivo	Pron. OI	Presente	Imperativo
1:	tú y usted	—	te	—	ven
2:					
3:					
4:					
5:					

P Compara tus resultados con los de un/a compañero/a.

Estrategias para la comunicación oral ♦♦♦♦♦♦♦♦♦♦♦

Interacting in social contexts: Verbal courtesy (I)

Verbal courtesy is a universal concept; however, ways of expressing courtesy vary from culture to culture. In this chapter you have already learned some formulas used in social visits, and you have been introduced to the most common uses of **tú/usted,** and **vosotros/ustedes.** Command forms in Spanish are generally used to give orders (*Cierra la puerta*), instructions (*Ponga el aceite en la sartén*), advice (*Haz ejercicio*), or to make requests (*Llévame a mi casa*). They are not considered courteous except when used to attract someone's attention (*Oiga, por favor*). However, when preceded or followed by expressions such as **por favor** and **si no te importa/molesta** (if you don't mind) they can become courteous.

Compare: *Siéntese* with *Siéntese, por favor.* The first one may sound more like an order; the second use is clearly polite. Now study these examples and determine the function of the command forms.

1. **Oye,** ¿puedes decirme qué hora es?/**Oiga,** ¿puede decirme qué hora es?
   Disculpa (Perdona) ¿dónde está la calle Velasco?/**Disculpe (Perdone)**...
2. ● ¿Puedo usar tu teléfono?/¿Puedo usar su teléfono?
   ○ Sí, claro, **úsalo.**/Sí, claro, **úselo.**
3. ● ¿Me **das** dinero para comprar los libros?/... **da**...
   ○ **Toma,** $60./... **tome**...
4. En el Día de la madre, **regala** algo muy especial: relojes SUNI./... **regale**...
5. ● ¿Qué puedo llevarle a mi abuelo? Voy a visitarlo mañana.
   ○ Pues, no sé, **llévale** una bufanda./... **llévele**...
6. Buenos días, **dame** un kilo de manzanas, por favor./... **deme**...

6-14 **Mi casa es tu casa**
P
Dibuja un plano del lugar donde vives (casa, residencia, apartamento...) y las distintas partes del lugar. Después describe el lugar con detalle. Tu compañero/a te puede hacer preguntas.

> **EJEMPLO:**
> **E1:** ¿Tienes un baño individual?
> **E2:** No, lo comparto con otro compañero.

6-15 **¡Qué bonito!**
P
Cada uno de ustedes trabaja con dos fotos de El Salvador. Tienen que mostrar sus fotos a su compañero/a y describirlas. Su compañero/a tiene que usar cumplidos.

> LES SERÁ ÚTIL...
>
> *Cumplidos:*
> **¡Qué** casa **tan** bonita!   **¡Qué** bonita casa!
> **¡Qué** habitación **tan** grande!   **¡Qué** grande!
> **¡Qué** barrio **tan** tranquilo!

> **EJEMPLO:**
> **E1:** Éstas son las ruinas mayas en Tazumal. Son muy antiguas.
> **E2:** ¡Qué ruinas **tan** impresionantes! ¡Qué bonito!

Estudiante 1
1. Ruinas mayas de Tazumal, Santa Ana
2. Puerto de La Unión con el volcán Conchagua al fondo

Estudiante 2
3. Iguana verde, especie nativa de San Miguel
4. Monumento a los caídos en la Revolución, San Salvador

6-16
G

Juego de papeles. Una llamada de teléfono
Situación: Dos estudiantes están pasando unos días en San Salvador y quieren viajar a otros lugares del país. Le piden recomendaciones a otros dos estudiantes sobre lugares para visitar y explicaciones sobre cómo llegar (*how to get there*).

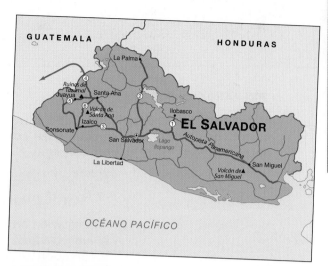

ESTUDIANTE A

Ya llevas (*you have been*) tres semanas en el país. Conoces muy bien el área de Sonsonate. Recibes una llamada de un/a nuevo/a estudiante. Dale recomendaciones dependiendo de sus gustos y preferencias. Usa el mapa para darle direcciones y explicarle cómo llegar a estos lugares.

ESTUDIANTE B

Ya llevas (*you have been*) tres semanas en el país. Conoces muy bien Santa Ana e Ilobasco. Recibes una llamada de un/a nuevo/a estudiante. Dale recomendaciones a este/a estudiante dependiendo de sus gustos y preferencias. Usa el mapa para darle direcciones y explicarle cómo llegar a estos lugares.

ESTUDIANTE C

Quieres visitar otros lugares en El Salvador. Llamas por teléfono a un/a persona que ya lleva (*has been*) tres semanas en el país. Te gusta mucho la naturaleza.

ESTUDIANTE D

Quieres visitar otros lugares en El Salvador. Llamas por teléfono a un/a persona que ya lleva (*has been*) tres semanas en el país. Te encanta la artesanía tradicional y la arquitectura.

EJEMPLO:

E1: *A mí me gusta mucho la naturaleza. ¿Dónde puedo ir? ¿Cómo voy?*

E2: *Ve a Santa Ana y* **visita** *el volcán. Luego* **sube** *a la cima para ver el país.* **Toma** *la autopista Noroeste y* **maneja** *unos 50 kilómetros.*

La catedral de Santa Ana (Santa Ana)
De estilo gótico. Iniciada en 1905 y convertida en catedral el 11 de febrero de 1913.

Juayua (Sonsonate)
La moderna iglesia de Juayua posee una verdadera joya (*jewel*) escultórica: El cristo Negro.

Ilobasco (Cabañas)
Es una población precolombina, y su nombre antiguo Xilobascoy en idioma nahuatl significa "Lugar de tortillas". Es famosa por la elaboración de artesanías de Navidad.

El volcán de Izalco (Sonsonate)
La ciudad de Izalco está situada al este de Sonsonate. Este volcán antiguamente fue llamado (*was called*) por los navegantes (*sailors*) "El faro del Pacífico".

Gente en casa ✦ 6

◆ Seleccionar un compañero de apartamento, un apartamento y los muebles.

◆ PREPARACIÓN ◆

G

En grupos de cuatro, cada uno debe entrevistar a tres compañeros/as para decidir con quién quiere compartir el apartamento. Usen este cuestionario como guía para sus preguntas y tomen notas de toda la información necesaria. No olviden saludar y usar cortesía.

Por favor di tus preferencias.

1. Habitación propia/habitación compartida
2. Amueblado/sin amueblar
3. Ubicación (*location*)
   —centro de ciudad
   —suburbios
   —campo
   —jardín
4. Baño individual/baño compartido
5. Transporte público
6. Piscina
7. Estacionamiento
8. Sus características (personalidad, hábitos…)
9. Características ideales del compañero/a
10. Otra información relevante

ENTREVISTADOS/AS			
	1	**2**	**3**
NOMBRE			
DIRECCIÓN			
TELÉFONO			

EJEMPLO:
E1: ¿Prefieres una habitación propia o quieres compartir habitación?
E2: No, yo necesito un cuarto para mí solo.

Paso 1: Mi compañero/a de apartamento
Hablen con sus compañeros y decidan con quién quieren vivir. Comenten y resuelvan los posibles conflictos. Al final, debe haber dos parejas en el grupo.

W

Paso 2: Cada pareja prepara una breve lista de razones por las que (*reasons why*) quieren vivir juntos (*together*). Un miembro de la pareja lee la lista a la clase.

Queremos Compartir Apartamento Porque…

Paso 3: ¿Qué apartamento?
Observen los dos planos.

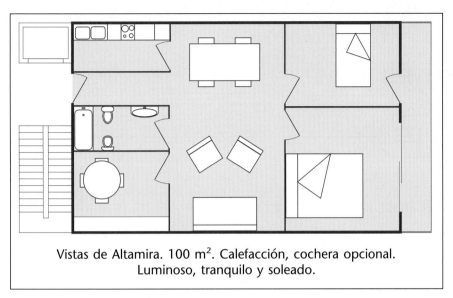

Vistas de Altamira. 100 m². Calefacción, cochera opcional.
Luminoso, tranquilo y soleado.

Usando la información que tienen, decidan
qué apartamento necesitan.

W   **Paso 4:** ¿Qué necesitamos?
Hagan una lista de los muebles y utensilios
que necesitan para su apartamento.

Necesitamos…
_____
_____
_____
_____
_____
_____
_____
_____
_____

Amplio apartamento en zona residencial.
Muy elegante. Dos
cocheras y jardín comunitario.

Paso 5: Usando el plano del apartamento, uno de ustedes (*one of you*) tiene que decidir dónde
colocar los muebles y dar instrucciones a su amigo/a. Completen el plano con los nombres de los
muebles y utensilios.

EJEMPLO:
E1: Pon la mesa y las sillas en el salón, en el centro.
E2: De acuerdo. ¿Dónde pongo la tele? ¿En el salón?
E1: No. Ponla en la cocina.

Paso 6: El/la portavoz presenta su plano a la clase.

Paso 7: Los grupos y el/la profesor/a comentan los planos y las decisiones de la clase.

nuestra gente El Salvador

Exploraciones

 GENTE QUE LEE

Estrategias para leer ✦ ✦ ✦ ✦ ✦ ✦ ✦ ✦ ✦ ✦ ✦ ✦ ✦ ✦ ✦ ✦ ✦

Using a bilingual dictionary (II)

In Chapter 5 we saw how important it is to determine the category (noun, verb, adjective…) of a word you do not understand before looking it up in a dictionary. However, within the listing for each category, several definitions may be given. This happens with many of the most common Spanish words, so you must decide which of the definitions best fits the context of the sequence.

Let's see the following examples:

1. *Prefiero una* **casa** *de alquiler con 2 dormitorios y un baño.*
2. *Me gusta estar en* **casa** *los fines de semana.*

If you did not know the meaning of the word *casa* and looked it up in a bilingual dictionary, you would find something like this:

casa ['kasa] nf house; (*hogar*) home; (*edificio*) building

where *casa* has three different meanings: **house, home,** and **building.** Going back to the examples above, the first one is referring to the concept of **house,** while the second one is referring to the idea of **home.**

Here is another example:

1. *La casa tiene una* **cocina** *muy bonita, con mucha luz.*
2. *La* **cocina** *es eléctrica, no de gas.*

You may realize that, in the second example, they are not referring to **kitchen.** Use your dictionary, and you will find **cooker** or **stove.**

Always consider the context of a word before looking it up. This will help you expand your knowledge of vocabulary, not only in the number of words you know, but also in the different meanings for each word.

ANTES DE LEER

6-17 **En casa**

1. ¿Puedes pensar en diferentes tipos de vivienda que usan diferentes culturas? ¿En qué se diferencian? ¿Qué cosas son esenciales para cualquier casa?
2. ¿Sabes qué significa la palabra **hogar**? ¿En qué se diferencia de la palabra **casa**?

6-18 **Tipos de vivienda**

1. ¿En qué tipo de vivienda vives ahora? ¿Y tu familia?
2. ¿Qué tipo de vivienda quieres tener en el futuro? ¿Por qué? Describe tu vivienda ideal.
3. ¿En qué partes de la casa pasas (*spend*) más tiempo?

6-19 **Activando estrategias**

■ Mira la estructura del texto, el título y los subtítulos. ¿De qué trata este texto?

■ Basándote en esta estructura, resume brevemente los contenidos del texto.

A LEER

Salvavivienda

Salvavivienda es una empresa privada, salvadoreña, establecida en 1987. Le ofrecemos los mejores servicios como **agentes** de ventas o de alquiler, y una amplia **oferta** de propiedades en El Salvador. Díganos las características de la casa o apartamento que usted desea, y nosotros se lo buscamos completamente gratis. Somos la mejor empresa de bienes raíces de El Salvador. ¡Venga a visitarnos y compruébelo!

Casa en alquiler en Jardines de la Cima

Precio: $580.00/mes. Construcción de 115 mts. cuadrados, 1 planta, 1 jardín, 2 cuartos, 2 baños, 1 cocina, 1 sala. Sin amueblar. Otros detalles: piso de cerámica, ventanas francesas. Municipio/Ciudad: San Salvador. Instituciones cercanas: Supermercados.

　Breve Descripción: Bonita casa de reciente construcción, **ubicada** en residencial privada con seguridad las 24 horas del día.

Apartamento en alquiler en Vistas de Altamira

Precio: $900.00/mes. Construcción de 91 mts. cuadrados, 1 planta, cochera para dos vehículos, jardín, 3 cuartos, 2 baños, 2 salas. Sin piscina. Sin amueblar. Otros Detalles: pantrie de madera en cocina, baños chapados con cerámica, piso de cerámica, clósets metálicos en habitaciones. Municipio/Ciudad: San Salvador. Instituciones cercanas: Estadio Cuscatlán, autopista Sur.

　Breve descripción: Bonito apartamento ubicado en zona **residencial** exclusiva y bastante privada, con una vista privilegiada a la ciudad de San Salvador.

Casa en alquiler a estrenar en Bosques de Santa Teresa

Precio: $1,000.00/mes. **Construcción** de 260 mts. cuadrados, 2 plantas, cochera para 2 vehículos, 1 jardín, 1 estudio, 3 cuartos, 3 baños, 2 salas, 1 cocina. Amueblada. Otros Detalles: pantrie americano, desayunador, cisterna con bomba, agua caliente, área de servicio completa. Municipio/Ciudad: Nueva San Salvador. Instituciones cercanas: Centro comercial Plaza Merliot, La Gran Vía, Las Cascadas y Multiplaza.

　Breve descripción: Preciosa casa a **estrenar** con acabados de lujo ubicada en una zona privada y con seguridad las 24 horas.

Gente en casa ◆ 6

DESPUÉS DE LEER

6–20 **Activando estrategias**

1. ¿Qué significan las palabras **agentes, oferta, construcción, residencial, ubicada**? ¿Cómo lo sabes?
2. ¿Son nombres, verbos o adjetivos? ¿Cómo lo sabes?
3. Busca la palabra **estrenar** en el diccionario. ¿Cuántos significados aparecen? ¿Cuál es el adecuado y por qué?

6–21 **¿Comprendes?**

Contesta ahora las preguntas siguientes sobre el texto.

1. ¿Cuántos alquileres hay en Salvavivienda?
2. ¿Cuál es la vivienda más cara en dólares? Un dólar equivale a 8.75 colones salvadoreños. ¿Cuántos colones cuesta esta casa? ¿Dónde está? Descríbela (usa también la foto).
3. ¿Cuál de estas informaciones es verdadera?
   a. La casa en Jardines de la Cima es vieja.
   b. El apartamento tiene piscina.
   c. La casa en Jardines de la Cima no tiene cochera.

6–22 **Expansión**

¿Qué casa prefieres tú? ¿Por qué?

GENTE QUE ESCRIBE

Estrategias para escribir ◆ ◆ ◆ ◆ ◆ ◆ ◆ ◆ ◆ ◆ ◆ ◆ ◆ ◆ ◆ ◆ ◆ ◆ ◆

The goal of your composition (context, purpose, reader, and register)

When performing writing tasks, students tend to have one goal and one goal alone: to get it right, so they get a good grade! However, in real life, writing has a real-life goal: we write something within a specific context, with a clear purpose, with a specific reader in mind, and using the appropriate register (from informal to formal).

For example, the purpose of writing a letter or e-mail to a college abroad is not to get a good grade from them, but rather to inquire about summer programs, to find out about options for studying abroad during the academic year, to request a transcript of your grades while you were there, and so forth. Your reader will not be your professor, but someone working in the administrative office; most likely you would choose a formal register.

Register is a particularly important and rather difficult aspect to master in Spanish. As you already know, the use of *tú* or *usted* (or *vos* in the case of El Salvador) and *vosotros* or *ustedes* has a direct impact in verb conjugations, choice of direct and indirect object pronouns, and command forms. Thus, the use of one or another will involve mastery of this grammar. Consider these paragraphs taken from letters:

1. *Por favor envíame unas copias de mi expediente académico. Recuerda además que **te** llamo por teléfono esta semana y debes encontrar mis papeles a tiempo. Haz fotocopias de todo y quédate con (keep) una copia.*

2. *Por favor, envíeme unas copias de mi expediente académico. Recuerde además que **le** llamo por teléfono esta semana y tiene que encontrar mis papeles a tiempo. Haga fotocopias de todo y quédese con una copia.*

Observe how the change of register (from *tú* to *usted*) impacts all the above-mentioned grammar aspects. When you undertake a writing task, always consider context, purpose, reader, and register.

Un correo electrónico

Escribe a la inmobiliaria Salvavivienda para pedir más información sobre la casa que te gusta. Considera en primer lugar…

- el propósito de tu correo (¿para qué es? ¿qué finalidad tiene?)
- el lector (¿quién/es?)
- el registro (¿debe ser formal o informal? ¿por qué?)

Pide información sobre…

- medidas de las partes de la casa
- seguridad
- zona donde está ubicada
- áreas deportivas
- vecinos
- gastos de administración (y otros gastos)
- distancia del centro
- medios de transporte

Especifica que necesitas muebles (cuáles y en qué condición).

¡ATENCIÓN!

♦ **Asegúrate de que**
  - **los contenidos de tu carta están bien organizados y son relevantes**
  - **hay cohesión y coherencia (revisa el uso de elementos cohesivos)**
♦ **Revisa tu correo siguiendo los PPE (página 14), con especial atención al uso de tú o usted.**

Beyond the sentence ♦ ♦ ♦ ♦ ♦ ♦ ♦ ♦ ♦ ♦ ♦ ♦ ♦ ♦ ♦ ♦ ♦

Connectors for adding and sequencing ideas

Discourse markers are very important tools for lending a sense of organization to your writing; they help the reader identify the constituent points or parts, indicate when a new idea or point is introduced, and signal when the writing is about to end.
Sequencing:

- first idea: *para empezar* (to start), *en primer lugar* (in the first place).
- subsequent ideas or points: *en segundo lugar* (in the second place), *en tercer lugar* (in the third place), *para continuar* (to continue).
- final ideas: *por último* (last), *para terminar* (to end).
- summarizing: *para resumir* (to sum up), *en resumen* (in sum).
- conclusion: *para concluir* (to conclude), *en conclusión* (in conclusion) *así pues* (therefore).

Adding: *además* (furthermore), *también* (also).

Un anuncio turístico

Ustedes trabajan para una agencia de viajes. Su jefe quiere que escriban un anuncio turístico sobre El Salvador para un cartel publicitario (*billboard*).

Diseñen un anuncio. El anuncio debe tener:

- varios usos de las formas de imperativo (eg: *¡Venga a El Salvador!*),
- la forma **tú**,
- dos párrafos indicando aspectos del país y las diversas razones (*reasons*) para visitar el país y
- vocabulario relevante.

¡ATENCIÓN!

♦ **Revisen el borrador del anuncio siguiendo los PPE (página 14). Presten atención a la organización del texto. Incluyan conectores para añadir (*add*) y secuenciar la información.**

Comparaciones

¡EL SALVADOR **AHORA**!

La República de El Salvador es un estado soberano y democrático que en los últimos años ha comenzado[5] un proceso de desarrollo económico y social. La población salvadoreña está compuesta en su mayoría por mestizos, pero también por indígenas y blancos europeos de ascendencia española. Es un país tropical y por eso hay excelentes condiciones climáticas durante todo el año que hacen posible disfrutar de la impresionante vegetación natural y las magníficas playas.

La vivienda

El país se conoce como la tierra de los volcanes y sufre frecuentes terremotos[6] que en ocasiones son muy destructivos; por ejemplo, el 13 de enero de 2001 un terremoto de 7.6 en la escala Richter mató[7] a más de 800 personas y un mes más tarde otro terremoto mató a 255 personas. Además, su situación tropical lo expone también a la acción de los huracanes, como el Mitch, que asoló varios países centroamericanos en 1998. Estos movimientos sísmicos y violentas tormentas tropicales originan catástrofes naturales que destruyen las viviendas de numerosas personas. San Salvador es la ciudad latinoamericana que más veces ha sido destruida por causas naturales (14 terremotos). Por esta razón, las casas donde los

salvadoreños viven dependen en gran medida de estos factores naturales; por ejemplo, se construyen pocas casas de forma vertical y no se pueden construir casas en ciertas zonas muy sísmicas. Además, las áreas urbanas están superpobladas; por ejemplo, en San Salvador viven más de dos millones de personas y por eso hay escasez de vivienda.

[5]has started
[6]earthquakes
[7]killed

6-25 **¿Y en tu país?**
Piensa en los dos factores mencionados en el texto: catástrofes naturales y superpoblación. ¿Cómo afectan estos factores a las viviendas en regiones específicas de tu país? ¿Qué impacto tienen en la vida de la gente?

6-26 Lee este texto y después responde a las preguntas.

Hábitat para la Humanidad en El Salvador

El Salvador es el país centroamericano más pequeño, pero también es el país más densamente poblado. La mayor parte de la nación es montañosa y la cruzan dos cadenas volcánicas. Después de sobrevivir a una guerra civil (1980–1992) que tomó más de 75.000 vidas, El Salvador es una nación que lucha por satisfacer las necesidades de vivienda de un gran número de familias empobrecidas. Cerca de 150.000 familias perdieron sus casas, cosechas[8] y pertenencias[9] por el huracán Mitch en 1998.

Hábitat para la Humanidad es una organización sin fines de lucro[10] que trabaja para ayudar a construir viviendas dignas. Con trabajo voluntario y donaciones de dinero y materiales, HPH construye y rehabilita casas sencillas con la ayuda de las familias. Hábitat ha construido ya en El Salvador más de 2.000 viviendas y es la única organización de vivienda en el país que ofrece préstamos[11] sin interés. Hábitat El Salvador usa materiales de construcción que son compatibles con el ambiente; por ejemplo, en lugar de[12] usar el ladrillo[13] utiliza el bloque de hormigón[14] ligero. Además, este cambio ayuda a frenar[15] un poco la deforestación en el área.

[8]crops
[9]belongings
[10]nonprofit
[11]loans
[12]instead of
[13]brick
[14]concrete
[15]stop

■ ¿Qué información del texto te parece más interesante?

■ ¿Conoces alguna organización semejante fuera o dentro de tu país, o en otros países hispanohablantes? ¿Conoces a alguien que ha trabajado (*has worked*) para esta organización?

■ ¿Y tú? ¿Trabajas como voluntario/a para alguna organización? ¿Cuál? ¿Crees que te gustaría (*you would like*) participar en un proyecto como éste de forma voluntaria? ¿Por qué?

6-27 **Vivienda para todos**
Según la Declaración Universal de Derechos Humanos, toda persona tiene derecho a una vivienda digna. ¿Qué significa esto?

VOCABULARIO

Las partes de la casa

ascensor (el)	*elevator*
aseo (el)	*toilet*
ático (el)	*attic*
balcón (el)	*balcony*
baño (el)	*toilet*
calefacción (la)	*heat*
chimenea (la)	*chimney*
cochera (la)	*garage*
cocina (la)	*kitchen*
comedor (el)	*dining room*
cuarto (el), dormitorio (el)	*bedroom*
estacionamiento (el)	*parking space*
garage (el)	*garage*
habitación (la)	*bedroom, room*
jardín (el)	*garden, yard*
pasillo (el)	*corridor, hallway*
piscina (la)	*swimming pool*
piso (el), planta (la)	*floor (main, first, second)*
puerta (la)	*door*
sala (la), salón (el)	*living room*
sótano (el)	*basement*
terraza (la)	*terrace*
ventana (la)	*window*
vestíbulo (el)	*lobby; foyer*

Los muebles

armario (el)	*closet*
cama (la)	*bed*
cuadro (el)	*picture*
cuna (la)	*crib*
escritorio (el)	*desk*
espejo (el)	*mirror*
estante (el)	*shelf*
estantería (la)	*shelves; bookcases*
frigorífico (el)	*fridge*
horno (eléctrico) (el)	*(electric) oven*
lámpara (la)	*lamp*
mesa (la)	*table*
mesilla de noche (la)	*nightstand*
microondas (el)	*microwave (oven)*
refrigerador (el)	*refrigerator*
silla (la)	*chair*
sillón (el)	*armchair*
sofá (el)	*sofa*
televisor (el), televisión (la)	*television*
velador (el)	*bedside table*

Tipos de vivienda

apartamento (el)	*apartment*
casa adosada (la)	*semi-detached house*
casa unifamiliar (la)	*single family home*
edificio (el)	*building*
piso (el)	*apartment; condo*
rascacielos (el)	*skyscraper*
solar (el)	*lot; ground*
terreno (el)	*land*
zona residencial (la)	*residential area*

Características de la vivienda

agradable	*nice, pleasant*
amueblado/a	*furnished*
céntrico/a	*central*
lujoso/a	*luxurious*
luminoso/a	*luminous*
oscuro/a	*dark*
privilegiado/a	*privileged*
renovado/a	*renovated*
ruidoso/a	*noisy*
soleado/a	*sunny*
tranquilo/a	*peaceful*

Pedir y dar direcciones en la ciudad

al lado de	*next to*
cruzar la calle	*to cross a street*
cuadra (la), manzana (la)	*block*
delante de	*in front of*
detrás de	*behind*
dirección (la)	*address*
doblar/girar a la derecha/izquierda	*to turn to the right/left*
en la esquina de	*at the corner of*
entre	*between*
frente a	*across from*
hasta el final	*to the end*
junto a	*next to*
seguir todo recto	*to go straight*

Verbos

alquilar	*to rent*
amueblar	*to furnish*
cambiar	*to change*
construir (*irreg.*)	*to build*
enseñar, mostrar (ue)	*to show*
estrenar	*to use for the first time*
exigir	*to demand*
habitar	*to inhabit*
irse (*irreg.*)	*to leave*
madrugar	*to get up early*
molestarse (*reflex.*)	*to bother*
poner (*irreg.*)	*to put*
presentar	*to introduce*
recordar (ue)	*to remember*
sentarse (ie)	*to sit down*

Otras palabras y expresiones útiles

agencia de bienes raíces (la)	*real-estate agency*
alquiler (el)	*rent*
compra (la)	*purchase*
contrato (el)	*contract*
financiamiento (el)	*financing*
gastos (los)	*costs; expenses*
(agencia) inmobiliaria (la)	*real-estate agency*
vecino/a (el/la)	*neighbor*
vista (la)	*view*

Gente en casa ◆ 6

CONSULTORIO GRAMATICAL

MANDATOS
COMMANDS

REGULAR FORMS

	TOMAR	BEBER	SUBIR
(tú)	tom**a**	beb**e**	sub**e**
(vosotros/as)	tom**ad**	beb**ed**	sub**id**
(usted)	tom**e**	beb**a**	sub**a**
(ustedes)	tom**en**	beb**an**	sub**an**

IRREGULAR FORMS

	PONER	SER	IR	DECIR	SALIR	VENIR	TENER	HACER
(tú)	**pon**	**sé**	**ve**	**di**	**sal**	**ven**	**ten**	**haz**

> Commands in Spanish are just like those in English, except that Spanish has singular and plural forms, according to how many people are being asked or told to do something.
>
> ***Ven*** *aquí.* (**Come** *here.*)
>
> ***Déjalo*** *en la mesa.* (**Leave** *it on the table.*)

Mírate en el espejo.

*Reflexive, direct, and indirect object pronouns (**me, te, lo, la, nos, os, los, las, le, les** and **se**) always follow and are attached to affirmative commands, forming a single word.*

Mírenlo, allí está.   Pasa, pasa y **siéntate.**
Dame ese periódico.

Some changes are made when a pronoun is attached to the command form. If the accented syllable shifts, a written accent is introduced to maintain the original emphasis.

Mira ⟶ Mírate en el espejo.

*The final -**d** is dropped before the pronoun **os**.*

Mirad ⟶ **Miraos** en el espejo.

*If there are two pronouns, the order is always DO + IO. When both pronouns are in the third person, **le** and **les** turn into **se**.*

- ● ¿Puedo llevarme estas fotos?
- ○ Sí, pero luego devuélve**melas.**
- ● ¿Quieres estos documentos?
- ○ No, dá**selos** a Juan.

Commands are used in many contexts:

To offer something or to invite someone to do something.

Toma un poco más de café.
Ponte un poco más de sopa.

Ponte un poco más de pastel.

To give instructions.

- ● ¿Para llamar por teléfono al extranjero?
  Marca primero el 00 y luego **marca** el prefijo del país.

To give orders and ask others to do something.

Llama al director, por favor.
Por favor, **dígale** que he llamado.
Carlos, **ayúdame** a llevar esto.

To give someone permission.

● ¿Puedo llamar por teléfono desde aquí?
○ Sí, claro. **Llama, llama.**

Note: *To give permission, we usually use several affirmative forms at the same time.*

● ¿Puedo mirar estas fotos?
○ **Sí, claro, míralas.**

Commands are often used to get someone's attention in some common situations:

To introduce someone.

Mira, te presento a Julia.
Mire, le presento al Sr. Barrios.

To preface a question.

Oye, ¿sabes dónde está el Museo Nacional?
Oiga, ¿sabe dónde está el Museo Nacional?

When giving someone something.

Toma, esto es para ti.
Tome, esto es para usted.

> Note that in Spanish to reinforce the message of encouraging someone to do something, the imperative form can be repeated: ***Ven. Pasa, pasa.***
>
> Or other affirmative clues can be used: *Sí, claro,* ***míralas.***
>
> (Go ahead, **look at them.**)

Mira,
te presento
a Inma.

ESTAR + GERUNDIO
ESTAR + GERUND

The gerund is a form that normally appears with other verbs. Its most common use is in the form **estar + gerund***, which is used to present actions taking place at the moment of speaking.*

(yo)   **estoy**
(tú)   **estás**
(él, ella, usted)   **está trabajando**
(nosotros/as)   **estamos**
(vosotros/as)   **estáis**
(ellos, ellas, ustedes)   **están**

● ¿Está Juan?
○ Todavía **está durmiendo.**

Some of the most frequent irregular forms of the gerund:

> Unlike English, in Spanish this construction can only be used to express an action currently in progress, never a future action.
>
> *El equipo* **juega** *mañana a las 7.* (The team **is playing** tomorrow at 7.)
>
> *Beckham* **está jugando** *muy bien hoy.* (Beckham's **playing** well today.)

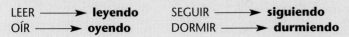

LEER ⟶ **leyendo**   SEGUIR ⟶ **siguiendo**   PEDIR ⟶ **pidiendo**
OÍR ⟶ **oyendo**   DORMIR ⟶ **durmiendo**

Gente en casa ◆ 6

> ❗ **¡ATENCIÓN!**
>
> *Unlike other languages, in Spanish the gerund cannot be used as a subject. The infinitive is used instead.*
>
> **Conocer** *nuevos países es muy interesante.*

PRESENTACIONES
INTRODUCTIONS

- ● **Mira/Mire, ésta es** Gloria, una amiga.
  Mira/Mire, te/le presento a Gloria, una amiga.
  Mirad/miren, os/les presento a la Señora Gaviria.
- ○ **Mucho gusto.**
  Encantado/a.
  Hola, ¿qué tal?

SALUDAR Y DESPEDIRSE
SAYING HELLO AND GOODBYE

- ● **Hola, ¿qué tal?**
- ○ **Muy bien,**   { **¿y tú?**
                 ¿y usted?
- ● **Muy bien, gracias.**

UNTIL LUNCH	*AFTER LUNCH*	*AFTER SUNSET OR DINNER*
Buenos días.	**Buenas tardes.**	**Buenas noches.**

¡Adiós!

¡Hasta...   { **luego!**
                mañana!
                el domingo!
                pronto!

HABLAR POR TELÉFONO
TALKING ON THE TELEPHONE

To answer the phone.

Aló?/¿Sí?/Diga.

● **¿Aló?**
○ **¿Se encuentra** el Sr. Gutiérrez?
● **No,** en este momento **no se encuentra.**

To ask for someone.

● **¿Está Alexis?**
  ¿Alexis?
  ¿Puedo hablar con Alexis?
  Quería hablar con Alexis.

To ask/identify who is speaking.

○ **Sí, soy yo.**

○ **¿De parte de quién?**
● **De** Julián Rueda.
  Soy Paquita/su marido/su hija.

To take/leave a message.

● **¿Le digo algo?**
  ¿Quiere/s dejarle algún recado?

○ **Dile que llamé.**
  Dígale que he llamado.
  No, gracias. Yo lo/la llamo luego/más tarde/
  en otro momento.

● **Muy bien, yo se lo digo.**

> ¿Está el Sr. Valcárcel?
>
> Sí, pero en este momento no lo puede recibir. Está reunido.

> Note that in Spanish we say *Sí, soy yo,* whereas in English one might say **Speaking.**
>
> *¿Eres Adelina?* (Is that Adelina?)
>
> *Sí, soy yo.* (**Speaking.**)
>
> *¿De parte de quién?* (Who's calling please?)

OFRECIMIENTOS
OFFERING SOMETHING TO A GUEST

WITH A COMMAND:

● **Toma** un poco más de torta.

WITH A QUESTION:

● **¿No quieres** un poco más de torta?
  ¿Quieren tomar algo: una cerveza, un jugo...?

Gente en casa ◆ 6

WITHOUT A VERB:

- ● ¿Un poco más de torta?
- ○ **Sí, voy a tomar/tomaré un poco más.** Está muy rica.
  No, gracias. Está muy rica, **pero no quiero más.**

To insist when offering something is an obligatory formality in Spanish. Many guests wait for the second invitation before accepting.

- ● **Venga, sí, toma un poquito más.**
  ¿De verdad? ¿No quieres un poquito más?
- ○ **Bueno, ya que insistes...**
  Bueno, si insistes...

In Spanish it's expected that you insist when offering something.

DAR RECUERDOS
GIVING YOUR REGARDS

¿Qué tal... { tus padres? / tu hija? / su marido? }

Dale/Dales...
Dele/Deles... } recuerdos de mi parte.

Dales recuerdos de mi parte.
(Say hello to them for me. Tell them I said hello. Give them my regards.)

HACER CUMPLIDOS
COMPLIMENTS

SER UN/A/OS/AS + SUSTANTIVO + MUY + ADJETIVO

- ● Mira, ésta es mi casa.
- ○ **Es una** casa **muy** bonita

- ● Estos son mis dos hijos.
- ○ **Son unos** niños **muy** guapos

QUÉ + SUSTANTIVO + TAN/MÁS + ADJETIVO

¡Qué casa **tan** bonita!
¡Qué niños **más** guapos!

QUÉ + ADJETIVO + NOUN

¡Qué bonita casa!

QUÉ + NOUN

¡Qué casa!

¡Qué hombre!

HACER INVITACIONES
EXTENDING AN INVITATION

¿Por qué no... { vienes/viene a tomar café mañana?
venís/vienen a comer este fin de semana?

Mira, **te llamo para** invitarte a casa este fin de semana.

Sometimes it's a good idea to tell why you're extending the invitation.
This explanation can be introduced by **así.**

¿Por qué no vienen a vernos el sábado? { **Así** conocen a mis hermanos.
Así les enseñamos la casa nueva.

7

Gente que viaja

TAREA ◆ Organizar un viaje a la República Dominicana.
NUESTRA GENTE ◆ La República Dominicana

Pasándolo bien en la República Dominicana

Zona Colonial

Es uno de los lugares favoritos de los jóvenes, por sus cafs y sus tiendas al aire libre. Aquí hay muchos edificios históricos, como la catedral.

Las Terrenas

En la costa norte de la isla, se encuentra la playa más larga y bonita de todo el país. Aquí se puede tomar el sol o bucear en las tranquilas aguas.

Los Haitises

Es un parque nacional formado por un grupo de islas cubiertas de selva tropical.* Aquí se pueden apreciar diferentes especies de plantas, pájaros y animales exóticos.

Altos del Chavón

Es un lugar muy bonito situado en una montaña. Aquí se puede estudiar en la escuela de arte, visitar el museo arqueológico, o escuchar conciertos y festivales de jazz en el gran anfiteatro.

OCÉANO
ATLÁNTICO

Puerto Plata

REPÚBLICA DOMINICANA

HAITI

San Juan
de Maguana

Samaná

Parque Nacional
San Pedro de
Macorís

Parque Nacional
San Cristóbal

Santo
Domingo

La Romana

Barahona

Mar Caribe

SANTO DOMINGO
ZONA COLONIAL

Av. del Puerto

Río Ozama

Arzobispo

La Atarazana

Mérino

Juan Isidro Pérez

José

19 de
Mazo

Duarte

Las Damas

Mercedes

Reyes

Las

El Conde

Billini

Parque
Independencia

Santomé

Padre

Palo Mincado

Paseo

Pte.

Billini

140

7-1 **¿Qué necesitas?**
Mira las fotos en las dos páginas. Son cosas que la gente necesita habitualmente en los viajes. ¿Qué son? ¿Y tú? ¿Qué cosas necesitas cuando viajas? ¿Llevas algo especial?

EJEMPLO:
E1: Yo siempre llevo una cámara de fotos.

7-2 **Cuando viajo...**
¿Qué haces normalmente antes, durante y después de un viaje? Ordena las actividades siguientes.

comprar los boletos	revelar las fotos	mirar un mapa	hacer fotos
deshacer la maleta	comprar regalos	hacer la maleta	alquilar un carro
cambiar dinero	escribir postales	buscar alojamiento	obtener un pasaporte
otros _____			

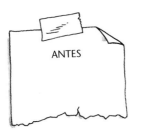
ANTES

DURANTE

DESPUÉS

P Ahora intercambia tu información con un/a compañero/a.

EJEMPLO:
E1: Yo primero compro los boletos y después hago las maletas.
E2: ¡Yo no, yo primero hago las maletas!

7-3 **La agenda de Ariadna**
Ésta es la agenda de Ariadna Anguera, una ejecutiva que vive en Santo Domingo. Ariadna trabaja para una empresa (*company*) que hace muebles de oficina. Tú quieres hablar con ella. ¿Cuándo y dónde puedes verla?

Puedo verla el _____ en _____ a las _____ o
el _____ en _____ a las _____
O también _____.

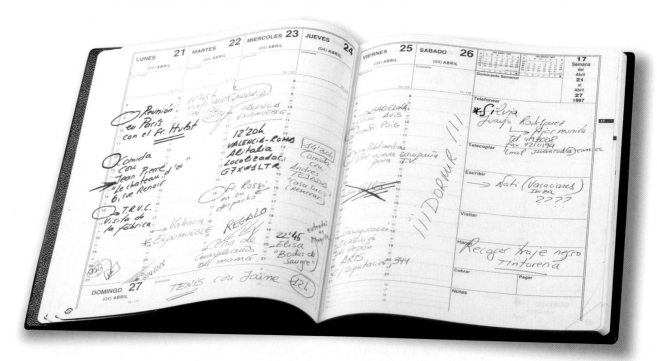

7-4 **Un curso de español en Santo Domingo**
Rick Jordan es un joven estadounidense inscrito en un curso de español en Santo Domingo. Ahora está haciendo algunas llamadas telefónicas porque necesita algunos datos importantes.

Primero lee la información del folleto y responde a las preguntas:

1. ¿Dónde está exactamente el Centro Cervantes?
2. ¿Cuánto tiempo dura (*lasts*) el curso?
3. ¿Qué viajes se pueden hacer durante el curso?

CENTRO DE ESPAÑOL CERVANTES
Calle Las Mercedes 22
SANTO DOMINGO

CURSO INTENSIVO DE ESPAÑOL

¿DÓNDE? En una de las más antiguas y hermosas ciudades coloniales del Nuevo Mundo: Santo Domingo de Guzmán, fundada en 1496. Su maravilloso centro colonial es Patrimonio Mundial de la UNESCO. Santo Domingo es también una joven y próspera ciudad de más de dos millones de habitantes que ofrece infinitas posibilidades de ocio. El Centro CERVANTES está en la zona colonial, en el centro de la ciudad.

DURACIÓN: 6 semanas
Este curso se ofrece en todos los niveles, desde principiante hasta avanzado. Las clases tienen un máximo de 8 estudiantes.

HORARIO DE CLASES: Las lecciones se ofrecen en la mañana de lunes a viernes, de 8:30 a 1:30.

8:30–10:30	gramática
11:00–12:30	conversación
1:00–1:30	cultura

Por las tardes, usted tiene tiempo para practicar su español. Para los estudiantes interesados, la escuela ofrece un servicio de intercambio lingüístico con hablantes nativos.

ACTIVIDADES CULTURALES:
—visitas guiadas por la ciudad.
—curso de parapente o montañismo.
—excursiones a Punta Cana, Saona y las cavernas de San Pedro de Macorí.
ALOJAMIENTO: en familias u hotel (la escuela se ocupa de las reservaciones).
PRECIO DE LA MATRÍCULA: $850 (alojamiento y cursos optativos no incluidos).
FORMA DE PAGO: transferencia bancaria, giro postal o tarjeta de crédito.

A Ahora escucha las conversaciones para completar estas informaciones.

Audio 1
1. La _____ de la familia dominicana es calle Pedro Bellini, 34. Está muy _____ de la escuela y al lado de la _____.
2. Pero hay un problema: el _____ no está libre hasta el día 3. Por eso el Centro Cervantes le va a enviar una lista de _____ y un _____.

Audio 2
3. Hay un _____ Miami-Santo Domingo a las 12:35 y otro a las 5:15 de la tarde.

Audio 3
4. Rick quiere _____ una habitación para las noches del 1 y 2 de mayo. Quiere una habitación _____ con _____.

Audio 4
5. Rick _____ el día 2 de junio.

7-5
P

Una vuelta por la República Dominicana en ocho medios de transporte

Vamos a hacer un juego. En parejas, observen el mapa y diseñen una ruta por la República Dominicana. Cada fase de la ruta está marcada con un color diferente.

Distancias entre ciudades

Puerto Plata–Barahona: 355 km
Barahona–Santo Domingo: 200 km
Santo Domingo–Juan Dolio: 60 km
Juan Dolio–La Romana: 50 km

La Romana–Punta Cana: 105 km
Punta Cana–Samaná: 455 km
Samaná–Río San Juan: 200 km
Río San Juan–Puerto Plata: 95 km

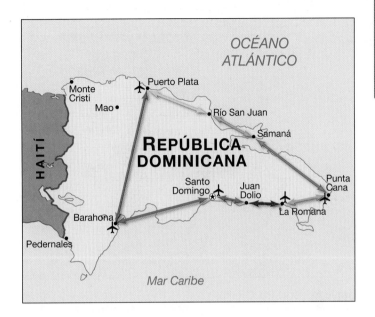

REGLAS DEL JUEGO

▨ Los participantes tienen que utilizar todos los medios de transporte como mínimo una vez y visitar todas las ciudades.

▨ Sólo pueden usar un medio de transporte en cada etapa (entre dos ciudades) y tienen que pasar la noche en la ciudad a la que llegan.

▨ Gana el equipo que necesita menos días para dar la vuelta al país.

▨ Sólo pueden recorrer cada día unas distancias máximas con cada medio de transporte:

DISTANCIAS	km máximos por día
A PIE	25 km
EN BICICLETA	60 km
EN MOTOCICLETA	200 km
EN TREN	300 km
EN COCHE	400 km
EN AUTOBÚS	500 km
A CABALLO	50 km
EN AVIÓN	1000 km

EJEMPLO:

E1: De Juan Dolio a La Romana vamos a pie, porque es más corto.

E2: Sí, pero toma dos días. Podemos ir a caballo en un día.

Ahora expliquen a la clase **qué van a hacer** para completar la ruta.

7-6 ## Campos semánticos

Con la ayuda del/de la profesor/a, la clase va a hacer en la pizarra los campos semánticos siguientes:

▨ medios de transporte
▨ alojamientos
▨ vacaciones

7-7
P

Los parques nacionales en la República Dominicana
Lee el texto de forma individual. Fíjate en (*notice*) las expresiones marcadas en negrita para hablar de la localización.

Parque Nacional Isla Cabritos
El Parque Nacional Isla Cabritos está **en** una pequeña isla situada **dentro del** Lago Enriquillo, **al suroeste del** país, **cerca de** la sierra de Bahoruco y muy **lejos de** Santo Domingo. Tiene una extensión aproximada de 24 kilómetros cuadrados. La vegetación está constituida por especies propias de la zona, cuya característica principal es la ausencia de lluvias. Existen especies que son endémicas de la isla, como las iguanas, y también una población significativa del cocodrilo americano.

Parque Nacional de Los Haitises
El Parque Nacional de Los Haitises se encuentra situado **al noroeste de** la República Dominicana, **en** la Bahía de Samaná, **entre** las provincias de Duarte y El Seibo, **a 300 kilómetros de** la capital. Tiene un bosque tropical y es uno de los espacios con mayor biodiversidad del país y del Caribe. La riqueza en fauna queda reflejada por la presencia del manatí, un mamífero marítimo en peligro de extinción.

Parque Nacional del Este
Este parque **está en** el extremo sureste del país, **cerca de** Punta Cana. Tiene forma de una península trapezoidal. Su extensión total es de 310 kilómetros cuadrados. Incluye la isla Saona. Hay 112 especies de aves **dentro de** los límites del parque. Entre los mamíferos, podemos encontrar manatíes y delfines.

Ahora identifiquen en el mapa el lugar donde están los tres Parques Nacionales. Hagan preguntas a su compañero/a para identificar los parques correctamente.

EJEMPLO:
E1: ¿Dónde está el Parque Isla Cabritos?
E2: Aquí, al suroeste, cerca de Bahoruco.

7-8
A

Hotel Canarias
Estás trabajando como recepcionista de un hotel en Punta Cana, una zona turística dominicana. El hotel sólo tiene nueve habitaciones. Algunos clientes quieren hacer reservaciones, cambiarlas (*change them*) o confirmarlas. Escucha y anota los cambios que tienes que hacer en el libro de reservaciones.

DISTANCIAS

● ¿Cuántos kilómetros hay

de	Santo	a	
desde	Domingo	hasta	Punta Cana?

○ 205 kilómetros.

Punta Cana **está a** 205 km **de** Santo Domingo.

DÍAS Y MESES

¿Qué día...	}	te vas/llegan/...?
¿Cuándo...		

el (**día**) veintitrés
el veintitrés **de** mayo
el viernes (**próximo**)

la semana		
el mes	}	que viene
el año		

enero, febrero, marzo, abril, mayo, junio, julio, agosto, septiembre, octubre, noviembre, diciembre

HORAS

- ¿**A qué hora** abren/cierran/empiezan...?

○ A las
{
ocho.
ocho y cinco.
ocho **y cuarto.**
ocho y veinte.
ocho **y media.**
ocho y veinticinco.
nueve **menos cuarto.**
nueve **menos** cinco.
}

a las diez **de la mañana** = 10h
a las diez **de la noche** = 22h

> Para informaciones de servicios
> (medios de comunicación,
> transportes, etc.)
> se dice también: **a las veintidós**
> **horas, a las dieciocho horas,** etc.

Está abierto **de** ocho **a** tres.
Está cerrado **de** tres **a** cinco.

- ¿**Qué hora es?**
  ¿**Tiene hora,** por favor?
○ **Las** cinco **y diez.**

Perdone, ¿tiene hora?

Sí, las cinco y diez.

Gracias.

IR + A + INFINITIVO

El día 1... /A las 4h... /El martes...

voy
vas
va
vamos   a
vais
van

salir
llegar
venir
ir
...

ESTAR A PUNTO DE/ACABAR DE + INFINITIVO

- ¿Está abierto el restaurante?
○ Sí, pero **están a punto de** cerrar. Corre.

- ¿Está abierta la piscina?
○ Sí, **acaban de** abrirla.

> ▶ **Consultorio gramatical,**
> **páginas 158 a 161.**

habitación número	viernes, **11**	sábado, **12**	domingo, **13**
1	GONZÁLEZ	GONZÁLEZ	–
2	MARQUINA	MARQUINA	MARQUINA
3	VENTURA	–	–
4	–	MAYORAL	MAYORAL
5	SÁNCHEZ PINA	SÁNCHEZ PINA	SÁNCHEZ PINA
6	–	–	IGLESIAS
7	LEÓN	SANTOS	COLOMER
8	–	–	
9	BENITO	BENITO	–

7-9 | NOTAS TN07-09

¿Qué van a hacer?
Según la información de los turistas del Hotel Canarias (en 7–8) ¿qué **va a hacer** cada uno de ellos?

El Sr. Marquina _____
El Sr. Pérez _____
La Sra. Benito _____
El Sr. Galán _____

7-10 | P | NOTAS TN07-10

El horario
Es martes y son las 7:55 de la tarde. Uno/a de ustedes tiene que ir a la peluquería, a la farmacia y al dentista. Pregunta a tu compañero/a si están abiertos o cerrados estos lugares y pídele información sobre sus horarios.

> **EJEMPLO:**
> **E1:** ¿Sabes si **está abierta** la clínica dental?
> **E2:** No, los martes abren **de 9 a 12** de la mañana. Por las tardes **está cerrado.**
> **E1:** ¿Y la farmacia?
> **E2:** Sí **está abierta** pero **están a punto de** cerrar.

RIZOS Peluquería
10h-20h (sábados 10h-14h)

Restaurante EL ARENQUE
13.30h-16h

AYUNTAMIENTO
8h-15h

Farmacia IBÁÑEZ
9.30h-13h   16h-20h

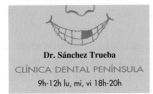

Dr. Sánchez Trueba
CLÍNICA DENTAL PENÍNSULA
9h-12h lu, mi, vi 18h-20h

Supermercado PENÍNSULA
8.30h-14h 16h-20.30h

Gimnasio en forma
fitness
aeróbic
artes marciales
8h-23h

Ahora cambien de papeles (*roles*). Son las tres y diez de la tarde y uno/a de ustedes tiene que ir al ayuntamiento, al supermercado y al gimnasio.

> **EJEMPLO:**
> **E1:** ¿**Está abierto** el ayuntamiento?
> **E2:** No, **acaban de cerrar.** Cierran a las 3 de la tarde.

Estrategias para la comunicación oral ◆ ◆ ◆ ◆ ◆ ◆ ◆ ◆ ◆ ◆

Beyond *sí* and *no*: emphasizing affirmative or negative answers

Questions that require a yes/no answer are called closed questions. The person who asks this type of question is asking for confirmation or rejection of his/her request or idea. However, answering with a simple *sí* or *no* is often considered impolite or uncooperative. One way to show more cooperation is to add more information to the *sí/no* answer. Another possibility is to answer in a way that emphasizes the confirmation or rejection.

Observe the following examples:

- ● ¿Hiciste las maletas?
  ○ *Sí*.
- ● ¿Hiciste las maletas?
  ○ *Por supuesto* (of course).

The second one is a more emphatic answer, and its effect on the interlocutor is very different. Here are other ways to answer the question affirmatively:

- ▪ *Claro* (of course, sure).
- ▪ *Claro que sí* (of course).
- ▪ *Desde luego* (of course).
- ▪ *Por supuesto que sí* (of course).
- ▪ *Sí, cómo no* (yes, of course).

There are also various ways to reject the following request:

- ● ¿Puedes llevar mis maletas?
  ○ *No*.

Other ways to respond would be:

- ▪ *Ni hablar* (no way).
- ▪ *Claro que no* (of course not).
- ▪ *Lo siento, pero no* (sorry, but no).
- ▪ *Por supuesto que no* (of course not/absolutely not).

7-11 **En mi ausencia...**

Vas a viajar a la República Dominicana por seis semanas para estudiar en la escuela Cervantes. Antes de salir, necesitas pedir muchos favores a un/a amigo/a. Escribe una lista de favores.

(W)

EJEMPLO:

limpiar el apartamento, recoger el correo...

(P) Ahora, pide a otro/a amigo/a estos favores. Tu amigo/a te debe responder de forma afirmativa o negativa. Después intercambien sus papeles.

EJEMPLO:

E1: ¿Puedes limpiar mi casa mientras (while) estoy fuera?
E2: ¡Ni hablar!

7-12 **Tu próximo viaje**

(P) Seguro que ustedes van a viajar en los próximos días o meses; quizá al final de sus estudios. Sus viajes pueden ser de vacaciones, de trabajo, para visitar a un familiar... Cada uno debe preparar una lista de preguntas para su compañero/a. Ésta es la lista de temas:

Lugar donde viaja
Itinerario
Razón o razones del viaje
Acompañantes

Actividades planeadas
Fechas y duración del viaje
Alojamiento
Transporte

(W)

EJEMPLO:

¿**Cuándo** vas a viajar y **qué** vas a hacer?

Ahora conversen para saber más de sus próximos viajes.

Quehaceres:

_____

_____

_____

_____

_____

_____

¡Gracias por tu ayuda!

¡Nos vemos en 6 semanas!

Gente que viaja ◆ 7

7-13
P

NOTAS
TN07-13

Juego de papeles. Viajes en septiembre

Situación: Un/a cliente visita una agencia de viajes para averiguar (*find out*) qué vacaciones en la República Dominicana ofrecen. El/la empleado/a tiene que decidir qué viaje le aconseja.

ESTUDIANTE A

Eres un/a empleado/a de la agencia. Tienes un/a cliente interesado/a en la República Dominicana. Piensa primero en algunas preguntas que puedes hacerle para conocer mejor sus gustos.

1. ¿_____?
2. ¿_____?
3. ¿_____?
4. ¿_____?

Éstas son las ofertas de viajes de la agencia.

DESTINO	VIAJE	DURACIÓN	SALIDA	TRANSPORTE	PRECIO	ALOJAMIENTO
PUNTA CANA	🏊 🌲 📷	6 días	12 y 19 de septiembre	avión y barco	$2.500	hoteles ***
PLAYA DORADA	🏊 🤿 🚶	17 días	a diario	avión y carro	$2.775	hoteles **** y tiendas
SANTO DOMINGO	🏛 📷 🌲	15 días	2 y 6 de septiembre	avión y autobús	$780	hoteles **

📷 Fotografía   🏛 Cultura   🏊 Mar y playa   🤿 Buceo   🌲 Naturaleza   🚶 Caminatas

ESTUDIANTE B

Estás en la agencia de viajes. Elige una de estas situaciones y habla con el agente de viajes.

EJEMPLO:

E1: Pues mire, yo le recomiendo un viaje a Punta Cana porque _____

E2: Pero, ¿tienen hoteles de cuatro estrellas?

E1: Por supuesto que sí. Pero son más caros, claro.

1. MARÍA ZARAUZ BENITO

Mi novio/a y yo comenzamos las vacaciones el 4 de septiembre y tenemos 18 días. Y este año queremos salir de EE.UU. y viajar al Caribe. Nos interesa mucho la República Dominicana, especialmente su historia y su cultura. También nos encanta hacer excursiones y el contacto con la naturaleza. No queremos gastar mucho dinero.

2. JUAN RODRÍGUEZ PALACIOS

Somos dos amigos y queremos viajar unas dos semanas. Empezamos las vacaciones el día 9 de septiembre. Nos gustaría ir a una buena playa y estar en un buen hotel. Ah, y queremos hacer actividades acuáticas: buceo, vela...

Gente que viaja ◆ 7

◆ Organizar un viaje a la República Dominicana.

◆ PREPARACIÓN ◆

(G) Ustedes van a hacer una pasantía (*internship*) en una compañía en la República Dominicana. Como primer paso, tienen que ir a Santo Domingo para un taller (*worskhop*) preliminar y a Puerto Plata para una reunión. Organicen su viaje, seleccionen los vuelos y busquen hotel. Miren primero su agenda de trabajo.

> El día 13 están en Miami.
> El próximo día 14 tienen un taller en Santo Domingo a las 9:30 de la mañana.
> Tienen una reunión de trabajo en Puerto Plata el día 17 a las 9 de la mañana.
> Tienen que regresar a Miami el día 18 antes de las 6 de la tarde.
> En Santo Domingo quieren alojarse en un hotel céntrico y no muy caro.
> En Puerto Plata van a alojarse en casa de la familia de un amigo.

Paso 1: Información previa
Hagan preguntas a sus compañeros de grupo para saber más de sus preferencias cuando viajan.

Paso 2: El vuelo
Éste es el fax que recibieron de su agencia de viajes. Examinen bien todas las opciones y decidan qué reserva de vuelo van a hacer.

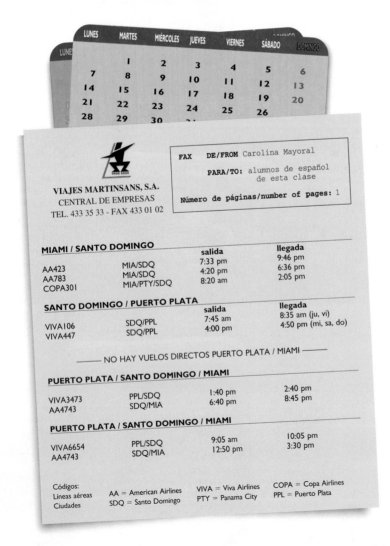

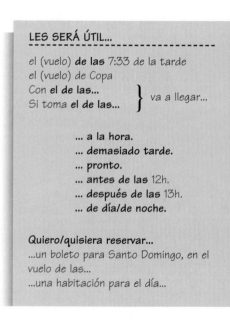

LES SERÁ ÚTIL...

el (vuelo) **de las** 7:33 de la tarde
el (vuelo) de Copa
Con **el de las**...
Si toma **el de las**... } va a llegar...

... a la hora.
... demasiado tarde.
... pronto.
... antes de las 12h.
... después de las 13h.
... de día/de noche.

Quiero/quisiera reservar...
...un boleto para Santo Domingo, en el vuelo de las...
...una habitación para el día...

A Paso 3: El hotel
También tienen que hacer una reservación de hotel en Santo Domingo. Éstos son los hoteles que les propone la agencia. ¿Cuál van a reservar? Escuchen para tener más información.

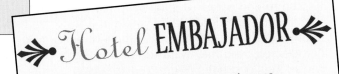

H
* * *
HOTEL UNIVERSIDAD
* * *
♦ A una cuadra de la Universidad Católica.
♦ A 10 minutos del centro de la ciudad.
♦ 40 habitaciones con aire acondicionado.
♦ Tranquilo y bien comunicado.
♦ Sauna y gimnasio.

HOTEL SAN PLÁCIDO
HSP
* * * *

EN EL CENTRO DE SANTO DOMINGO
Un "cuatro estrellas" muy especial...
Aire acondicionado • Música • Teléfono
Caja fuerte • Antena parabólica • Jacuzzi

Hotel EMBAJADOR
• Situación estratégica: primera línea de playa
• Piscina, sauna, sala de ejercicio
• Estacionamiento propio

Vamos a reservar un cuarto en el hotel _____ porque _____

W Paso 4: Un correo electrónico para su profesor/a
Tienen también que preparar el texto de un mensaje electrónico para su profesor/a, explicándole detalladamente el plan del viaje:

■ cómo y cuándo van a viajar
■ dónde van a alojarse y por qué

Paso 5: El/la portavoz de cada grupo presenta su plan de viaje a la clase.

Paso 6: Los grupos y el/la profesor/a comentan los planes y deciden quién tiene el mejor.

nuestra gente ### La República Dominicana

Exploraciones

GENTE QUE LEE

Estrategias para leer ◆

Skimming and scanning texts

You should always look a text over quickly to get a general idea of what it is about. This is called **skimming**. Skimming enables you to predict what will be in the text before you read it in detail. You skim a text by looking at its title, subtitles, pictures, key words, cognates, and the first sentence of each paragraph. We have already seen how articles are normally separated into sections and sub-sections, each of which deals with a particular aspect of the main topic. All those built-in organizers can give you a very good idea of the topic of the text.

In contrast, **scanning** is reading directed at finding specific points of information. You might want to scan to find data that confirms predictions you have made, or maybe you need to find answers to particular questions. When you scan a text, you look through it quickly to find a specific piece of information. (This differs from skimming, which is looking over an entire text to get its main idea.) For example, you may want to look for the price of an airline ticket, the time of arrival of a train, or the address of a hotel. When you scan, you are not interested in the main idea of the passage but rather a particular bit of information contained in it.

ANTES DE LEER

7-14 **Viajar al extranjero**
P
Contesta las siguientes preguntas, prepara una más y entrevista a tu compañero/a.

- ¿Te gusta viajar? ¿Por qué?
- ¿Prefieres viajar en tu propio país o prefieres ir al extranjero? ¿Por qué?
- ¿Prefieres viajar solo/a o acompañado/a? ¿Por qué?
- ¿Cuál es tu lugar ideal para pasar unas vacaciones?
- ¿Cuál es el lugar más lejos de casa que conoces?
- _____

7-15 **Experiencias personales**
Comenta con la clase algún viaje que vas a hacer en el futuro próximo. ¿Por qué vas a viajar? ¿Es fácil viajar a este lugar? ¿Qué necesitas?

7-16 **Preparando el viaje**
Para viajar a la República Dominicana necesitas varios documentos. ¿Cuáles crees que necesitas?

_____ un pasaporte	_____ un certificado de salud
_____ un visado	_____ un permiso de trabajo
_____ una tarjeta de turismo	_____ una carta oficial explicando el motivo del viaje
_____ una licencia de conducir	_____ un certificado de nacimiento

7-17 **Activando estrategias**

- Lee por encima (*skim*) el texto de lectura. Fíjate en todos los detalles (título, subtítulo, cognados, palabras clave, estructura...). ¿Qué tipo de texto es? ¿De qué trata?

A LEER

Para viajar a la República Dominicana

Los siguientes países requieren una visa de visitante para estar en tránsito:

Costa Rica, Guatemala, Nicaragua, Bolivia, Ecuador, Guyana, Panamá, Colombia, El Salvador, Honduras.

Los ciudadanos de los siguientes países *no* requieren visa de visitante para estar en tránsito o entrar en la República Dominicana, pero deben comprar una tarjeta de turismo a la llegada:

Antigua y Barbuda, Chile, México, San Vicente y las Granadinas, Argentina, Dominica, Paraguay, Trinidad y Tobago, Bahamas, EE.UU., Perú, Uruguay, Barbados, Granada, San Kitts y Nevis, Venezuela, Brasil, Haití, Santa Lucía, Canadá, Jamaica, Surinam.

Documentación requerida para visa de visitante

Todas las personas deben estar en posesión de un pasaporte válido para entrar en la República Dominicana, excepto los ciudadanos de Canadá y de EE.UU. que tengan documento de identidad apropiado, como una licencia de conducir o un certificado de nacimiento.

Un pasaporte válido	4 fotos
Fotocopia del pasaporte	Boleto de avión de ida y vuelta
Formulario de solicitud	Certificado de salud

Método para depositar la solicitud

La **solicitud** se debe hacer en persona en el consulado (o en el departamento de servicios consulares de la embajada).

Tiempo de procesamiento

De 2 a 4 días para las tarjetas de turismo; de 6 a 8 semanas para los visados de turismo y de negocios que tienen que ser aprobados por las autoridades en la República Dominicana.

Visa de Entrada Múltiple

Visa de turismo. Visas sencillas y múltiples, y visas de negocios.

Validez/Extensión. Las visas de turismo sencillas y las visas de negocios son válidas por 60 días. Las visas de múltiple entrada y de negocios son válidas hasta por 1 año. Las tarjetas de turismo son tramitadas para visitantes en la República Dominicana con propósitos de turismo para **estadías** de hasta 90 días. Costo de la solicitud: US $17.

Para más información:

Comuníquese con la Embajada o con el Departamento de Servicios Consulares de la Embajada.

DESPUÉS DE LEER

7-18 **Activando estrategias**

1. ¿Qué significa la palabra **estadías**? ¿Cómo lo sabes? ¿Es nombre, verbo o adjetivo?
2. Busca la palabra **solicitud** en el diccionario. ¿Es nombre o adjetivo? ¿Es masculina o femenina? ¿Cuántos significados aparecen en el diccionario? ¿Cuál es el más apropiado?
3. Mira (*scan*) el texto y averigua
   - si los ciudadanos de tu país necesitan visa y pasaporte.
   - qué documentos necesitas para entrar en la República Dominicana.

7-19 **¿Comprendes?**

Contesta las preguntas siguientes sobre el texto.

1. ¿Qué necesita un ciudadano mexicano para entrar en el país?
2. ¿Cuánto tiempo se demora obtener una visa de turismo?
3. Señala cuál de los siguientes países necesita visa de visitante:

_____ Guatemala   _____ Panamá   _____ Colombia
_____ Perú   _____ Ecuador   _____ Brasil
_____ México   _____ Venezuela   _____ Canadá

4. Si eres de Honduras, ¿qué necesitas?
5. ¿Cuánto cuesta la visa de entrada múltiple? ¿Cuánto tiempo es válida una visa de este tipo?

7-20 **Expansión**

■ Compara estos requisitos con los que tiene tu país para permitir la entrada a ciudadanos de otros países. ¿Es tu país más estricto, similar, o menos?
■ ¿Puedes viajar a algún lugar sin pasaporte?

GENTE QUE ESCRIBE

Estrategias para escribir ◆ ◆ ◆ ◆ ◆ ◆ ◆ ◆ ◆ ◆ ◆ ◆ ◆ ◆ ◆ ◆ ◆ ◆ ◆

Using a bilingual dictionary when writing in Spanish

The writing process may involve using your bilingual dictionary to look up Spanish equivalents of English words and expressions. However, this should be done with care. Before using the dictionary, try to use other strategies, such as simplifying ideas, trying to say the same thing in another way?....

To use the dictionary correctly, you need to familiarize yourself with it. First, look at the entries to learn the meaning of the abbreviations used. Let's work with the following example:

You are writing about all the problems you **face** when a US citizen wants to travel to Cuba. You really want to use this same idea (to face a problem), so you look up this word.

face   **I.** n (*ANAT*) cara, rostro; (*of clock*) esfera; (*side*) cara; (*surface*) superficie *f.*
            II. vt mirar a: (*fig*) enfrentarse a; ~ **down** (*person, card*) boca abajo; **to lose** ~ des-prestigiarse; **to save** ~ salvar las apariencias; **to make a** ~ hacer muecas; **in the** ~ **of** (*difficulties, etc*) en vista de; ~ **to** ~ cara a cara.

What do these abbreviations (ANAT, n, vt, f, fig) mean? Are you looking for a noun or a verb? Are you looking for an expression or just a verb? If you follow the process, you come up with **enfrentarse a**, a reflexive verb that takes direct object (vt). Thus, you would write something like:

*Los ciudadanos estadounidenses **se enfrentan a** muchos problemas...*

Likewise, you would use **esfera** to write about the face of your clock, or **cara** for people.

7-21 **Una carta formal**
W
Tu amigo James es de Londres y no sabe español. Quiere ir a visitarte a la República Dominicana pero no sabe los requisitos o documentos legales que necesita un ciudadano británico para entrar en ese país. Escribe una carta a la embajada para solicitar esa información. Incluye preguntas sobre:

■ información sobre James: edad, nacionalidad, estado civil, profesión, etc.
■ los documentos que necesita: visa, pasaporte, fotos, etc.

■ el precio
■ los días de estancia
■ el motivo del viaje
■ otros _____

¡ATENCIÓN!

◆ Asegúrate de que
- tienes claro el propósito y el lector de esta carta;
- los contenidos de la carta están bien organizados y son relevantes;
- hay una secuencia lógica; no hay ideas confusas o desconectadas;
- hay cohesión (uso de pronombres, demostrativos u otros elementos);
- la carta tiene un registro adecuado (**usted, ustedes**);
- has usado (*you have used*) el diccionario correctamente.

◆ Revisa el borrador siguiendo los PPE (página 14).

Beyond the sentence ◆ ◆ ◆ ◆ ◆ ◆ ◆ ◆ ◆ ◆ ◆ ◆ ◆ ◆ ◆ ◆ ◆ ◆ ◆

Using spatial references when writing descriptions

In spatial descriptions all the locational expressions or references are often placed at the beginning of sentences in the text (e.g. *To the south you can find a beautiful river*). This is done to emphasize the importance of location and position. Think about the times when you may need to write spatial descriptions: when somebody visits your campus or your city, after a trip, to describe where you went, in the traveling section of a student journal or magazine, etc. It isn't necessary to place all spatial references at the beginning of sentences, but you need to be consistent so you don't confuse your reader.

Which of these sentences is easier to follow and understand?

1. *Al norte está Playa Dorada, Santo Domingo al sur, al este Punta Cana y Barahona al oeste.*
2. *Al norte está Playa Dorada, al sur Santo Domingo, al este Punta Cana y al oeste Barahona.*

Number 2 is easier because the writer uses space as an organizing principle, guiding us through the text in a logical way.

7–22
PW

Artículo descriptivo
Tienen que escribir un artículo sobre un estado de su país para la sección de viajes de su periódico en español. En este artículo van a describir el mapa del estado y una ruta especialmente bonita. Pueden usar Internet para buscar mapas e información. El artículo debe contener:

- referencias espaciales (al norte, al sur, a ... kilómetros de ..., de... a ..., etc.);
- registro informal (tú, singular);
- información sobre localización (¿dónde está/n?) y existencia (¿qué hay?);
- otra información que consideren relevante;
- algunas fotos o mapas para ilustrar la información.

¡ATENCIÓN!

◆ Revisen el borrador de su artículo. Asegúrense de que
- tienen claro el propósito y el lector de este artículo;
- los contenidos están bien organizados y son relevantes;
- hay una secuencia lógica; no hay ideas confusas o desconectadas.

◆ Presten atención a la conexión entre frases y en particular al uso de las referencias espaciales.

Comparaciones

7-23

Mira el mapa y el título. Expresa dos ideas: la República Dominicana es un destino turístico de primer orden y los dominicanos viajan mucho dentro de su país.

¿Qué tipo de actividades turísticas puedes ver en las fotos? ¿Cuáles son típicas del ecoturismo? ¿Y tú? ¿Practicas ecoturismo? ¿Qué otras actividades haces cuando vas de vacaciones?

La República Dominicana
¡VIAJA!

Ecoturismo en la República Dominicana

Los dominicanos son amantes del ecoturismo. Dentro del país se puede viajar bastante barato a las áreas protegidas, como son los Parques Nacionales Armando Bermúdez y José del Carmen Ramírez. Si necesitas un guía, puedes tenerlo por 250 pesos al día; por un mulo de carga cobran 150, y si quieres un mulo con silla son 175.

Otra opción es el Parque Nacional Lago Enriquillo, que está rodeado por bosque seco. Tiene un centro para visitantes ubicado en la Isla Cabritos donde te dan información general sobre esta reserva natural. La entrada al Parque Nacional Lago Enriquillo y el traslado a la Isla Cabritos cuestan RD$20, y por el servicio de lancha para 10 personas cobran RD$700.

También es muy interesante la Isla Saona, de 110 kilómetros cuadrados, que tiene playas de arena blanca y agua cristalina. En la isla destaca el pueblo llamado Mano Juan, con unas lindas casas de colores. Por lancha desde Bayahíbe se tarda sólo de 30 a 45 minutos.

Finalmente, Bahía de las Águilas es otro lugar especial. Allá hay playas vírgenes con espacios ideales para acampar y bañarse.

Isla Saona

Lago Enriquillo

¿Cuál de estas opciones te parece más interesante? ¿Por qué?

7-24 **El ecoturismo**

¿Es popular esta forma de viajar y hacer turismo en tu país? ¿Cuáles son algunos de los destinos turísticos en tu país para hacer ecoturismo? ¿Conoces algunas rutas turísticas interesantes?

7-25 **¿Igual o diferente?**

¿Qué otros tipos de turismo se practican en tu país? ¿Sabes si se practican los mismos (*the same*) tipos de turismo en tu país y en otras partes del mundo hispanohablante? ¿Qué diferencias crees que hay?

7-26 **La isla La Española**

Como puedes ver en el mapa, la República Dominicana ocupa dos tercios de la isla La Española o Isla de Santo Domingo. El resto de la isla está ocupado por otro país: Haití. A pesar de (*in spite of*) la proximidad geográfica, son dos países muy diferentes. Repasa las dos tablas a continuación y marca tres elementos comunes y tres diferencias entre estos dos países. Escribe tus respuestas y después compáralas con las respuestas de la clase.

W

EJEMPLO: La República Dominicana es más grande.

	HAITÍ	REPÚBLICA DOMINICANA
Capital	Puerto Príncipe	Santo Domingo
Extensión	27.400 km²	48.671 km²
Población	6.731.000 habitantes	7.800.000 habitantes
Razas	95% negra 5% otras	70% mulata 16% blanca 14% negra
Clima	tropical	tropical
Religión	80% católicos 10% protestantes 10% otras	90% católicos 10% otras
Lengua oficial	Francés	Español
Otras lenguas	Criollo, inglés, español	
Moneda oficial	Gourde o "dólar haitiano" (HTG)	Peso dominicano (DOP)
Deportes nacionales	Fútbol, peleas de gallos	Béisbol, fútbol, peleas de gallos
Festividades	Día de la Independencia (1 de enero), Día del Descubrimiento (5 de diciembre), Carnaval	Día de Reyes (6 de enero), Semana Santa, Carnaval en febrero

¿Qué información encuentras más interesante? ¿Por qué?

7-27 **¿Y en tu país?**

G

Con la ayuda de su profesor/a, preparen un cuadro similar al de arriba con los datos de su propio país. Comparen estos datos con los de la República Dominicana y Haití. ¿Hay más similitudes o más diferencias?

VOCABULARIO

Los viajes

avería (la)	failure, breakdown
billete (el)	ticket
billete/boleto de avión (el)	plane ticket
billete/boleto de ida (el)	one-way ticket
billete/boleto de ida y vuelta (el)	round-trip ticket
cámara de fotos (la)	camera
cancelación (la)	cancellation
certificado de nacimiento (el)	birth certificate
cheque de viajero (el)	traveler's check
ciudadano/a (el/la)	citizen
destino (el)	destination
dirección (la)	address
equipaje (el)	luggage
estancia (la)	stay
excursión (la)	field trip
extranjero/a (el/la)	foreigner
folleto (el)	prospect, brochure
guía (el/la)	guide
horario (el)	schedule
itinerario (el)	itinerary
licencia/permiso de conducir (la/el)	driver's license
llamada (telefónica) (la)	phone call
llegada (la)	arrival
maleta (la)	suitcase
mochila (la)	backpack
moneda (la)	currency
pasaporte (el)	passport
permiso de trabajo (el)	work permit
pinchazo (el)	flat tire
recepción (la)	reception desk
recepcionista (el/la)	receptionist
requisito (el)	requirement
retraso (el)	delay
salida (la)	departure
tarjeta de crédito (la)	credit card
tienda de campaña (la)	tent
viaje (el)	trip
visa (la), visado (el)	visa
visita guiada (la)	guided tour
visitante (el/la)	visitor
vuelo (el)	flight

Actividades relacionadas con los viajes

abrocharse el cinturón	to fasten your seat belt
cambiar dinero	to exchange money
cancelar una reservación	to cancel a reservation
comprar los billetes	to buy the tickets
comprar regalos	to buy gifts
deshacer la(s) maleta(s)	to unpack
escribir postales	to write postcards
facturar las maletas	to check luggage
hacer cola	to wait in line
hacer fotos	to take pictures
hacer la(s) maleta(s)	to pack
hacer una reservación	to make a reservation
ir de acampada/camping	to go camping
irse del hotel	to check out
llegar con retraso	to be delayed
llegar tarde	to arrive late; to be late
montar en el tren, avión, autobús…	to get on the train, plane, bus...
pasar por la aduana	to go through customs
perder el avión, tren...	to miss the plane, the train...
reclamar el equipaje (perdido)	to claim (lost) luggage
recoger las maletas	to pick up luggage
registrarse en el hotel	to check in
revelar fotos	to develop pictures
salir del avión, tren, autobús…	to get off the plane, train, bus...
solicitar un visado	to apply for a visa

Los alojamientos (*lodging*)

albergue juvenil (el)	youth hostel
apartamento (el)	apartment
cuarto (el)	room
habitación (la)	room
hotel (el)	hotel
parador nacional (el)	parador, state-owned hotel
pensión (la)	a lodging house
posada (la)	inn

Medios de transporte

autobús (bus, ómnibus) (el)	*bus*
avión (el)	*plane*
barco (el)	*boat, ship*
bicicleta (la)	*bicycle*
caballo (el)	*horse*
coche/carro (el)	*car*
taxi (el)	*cab*
tren (el)	*train*

Adjetivos relacionados con los viajes

abierto/a	*open*
aburrido/a	*boring*
cerrado/a	*closed*
divertido/a	*fun*
gratis	*free*
lento/a	*slow*
lleno/a	*booked*
ocupado/a	*busy*
rápido/a	*fast*
relajante	*relaxing*
tranquilo/a	*quiet*
vacío/a	*empty*

Verbos

cruzar	*to cross*
aterrizar	*to land*
declarar	*to declare*
descubrir	*to discover*
despegar	*to take off*
empezar (ie)	*to start*
esperar	*to wait*
llegar	*to arrive*
inscribirse	*to register*
ocuparse (de)	*to take care of*
pasarlo bien/mal	*to (not) have fun*
recoger	*to pick up*
reunirse (con)	*to meet*
salir (*irreg.*)	*to leave*

CONSULTORIO GRAMATICAL

DISTANCIAS
SPATIAL REFERENCES

POINT OF DEPARTURE AND DESTINATION

	de... a...	**De** Santo Domingo **a** Punta Cana vamos en moto.
	desde... hasta...	**Desde** Santo Domingo **hasta** Punta Cana vamos en moto.
DIRECTION	**hacia...**	Va **hacia** Santiago.
LIMIT	**hasta...**	Voy **hasta** Santo Domingo en coche.
DISTANCE	**estar a... de...**	Madrid **está a** 450 km **de** Granada.
	estar cerca/lejos de...	**¿Está lejos** Punta Cana?
		Mi pueblo **está muy cerca de** aquí.
ROUTE	**pasar por...**	**¿Pasas por** La Romana para ir a Santo Domingo?
SPEED	**a... kilómetros por hora**	Va **a** 100 **kilómetros por hora** (100 km/h).

DÍAS Y MESES
INDICATING DATES AND MONTHS

IN THE PAST	*IN THE FUTURE*
ayer	**mañana**
anteayer/antes de ayer	**pasado mañana**
el lunes = **el** lunes **pasado**	**el** lunes = **el próximo** lunes = **el** lunes **que viene**
el pasado 16 de julio	**el próximo** 16 de julio

To simply state the date, do not use the article.

Hoy **es** lunes cuatro **de** septiembre **de** 2006.
Mañana **es** cinco **de** septiembre.

But when we ask or talk about dates on which something happens, we use the article:

● **¿Cuándo/Qué día...** es tu cumpleaños?
○ **El** dos **de** marzo.

Nos vamos de vacaciones **el** 24 de agosto.
Sara se casa **el** sábado 24 de mayo.

Note that to say the date in American English, the month goes first, followed by the day. In Spanish it's the other way around, like in British English, so 10/4 is always **10 de abril**.

Months in Spanish are not capitalized: ***enero***.

INDICAR PERÍODOS
INDICATING PERIODS OF TIME

IN THE PAST	*IN THE FUTURE*
la semana pasada	**la semana que viene/la próxima semana**
el mes pasado	**el mes que viene/el próximo mes**
el verano pasado	**el verano que viene/el próximo verano**
el año pasado	**el año que viene/el próximo año**

INDICAR PARTES DEL DÍA
INDICATING PARTS OF THE DAY

por la mañana	**de día**	**esta mañana**
al mediodía	**de noche**	**esta tarde**
por la tarde		**esta noche**
por la noche		

anoche (= ayer por la noche)
anteanoche (= anteayer por la noche)

El mediodía in Spanish is not **noon,** but a period of time that goes from around 12:00 to around 3:00; in other words, it more or less coincides with **early afternoon**.

LA HORA
TALKING ABOUT TIME

To tell the time use the article **las** *(except for* **la una**).

- ¿Qué hora es?
- **Las** cinco/**La** una.

las dos	**(en punto)**	**(de la madrugada)**
las cuatro	**y** cinco	**(de la mañana)**
las doce	**y cuarto**	**(del mediodía)**
las tres	**y media**	**(de la tarde)**
las diez	**menos** veinte	**(de la noche)**
las cinco	**menos cuarto**	**(de la mañana)**

For information about public services (transportation, the media, etc.) the numeric form is also used.

las veintidós horas	**(22h)**
las catorce treinta	**(14.30h)**
las diecinueve cuarenta y cinco	**(19.45h)**

To indicate the time at which something takes place, the structure **a + las (la)** *is used.*

- **¿A qué hora** sale el barco?
- **A las** diez.

- **¿A qué hora** abre la discoteca?
- **A la** una.

To talk about work schedules or store hours the prepositions **de... a** *or* **desde... hasta** *are used.*

The AM/PM system is not used in Spanish. The options are either to say the time followed by *de la mañana, de la tarde, de la noche,* or to use the 24-hour clock: 17.30.

- ¿Qué horario tiene la biblioteca?
- **De** nueve **a** cinco.

- ¿Cuál es tu horario de trabajo?
- **De** ocho y media **a** seis.

- ¿Cuándo está abierta la escuela?
- **Desde** las nueve **hasta** las cinco.

REFERIRSE A ACCIONES FUTURAS
TALKING ABOUT THE FUTURE

One of the ways of expressing the idea of the future is to use a time marker that points to the future + the present indicative. This structure presents a future action as part of a plan that has already been decided upon.

Mañana	**voy** a Múnich.
El mes que viene	**regreso** a Madrid.
El 15 de julio	**vamos** al teatro.
Esta tarde	**nos reunimos** con Lourdes.

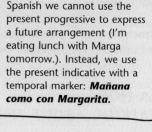

Note that unlike English, in Spanish we cannot use the present progressive to express a future arrangement (I'm eating lunch with Marga tomorrow.). Instead, we use the present indicative with a temporal marker: ***Mañana como con Margarita.***

*Another way to express the idea of the future is to use **IR a** + infinitive (with or without an explicit indication of time). This form expresses plans or intentions that refer to future actions.*

(yo)	**voy**	
(tú)	**vas**	
(él, ella, usted)	**va**	**a** + *INFINITIVE*
(nosotros/as)	**vamos**	
(vosotros/as)	**vais**	
(ellos, ellas, ustedes)	**van**	

(El próximo año) **vamos a hacer** un viaje por el norte de la isla.
¿El señor López? Creo que **va a ir** a Santo Domingo mañana.

 ¡ATENCIÓN!

*There are expressions with **IR a** + infinitive that indicate the decision to act in the immediate future.*

● Ahora está en casa.
○ ¿Sí? Pues **vamos a llamarle** por teléfono.

*And there are other expressions with **IR a** + Infinitive that indicate neither the idea of future nor intention, in which **IR** simply communicates movement.*

● Andrés está en el hotel.   ● ¿Adónde **vas**?
○ Pues **vamos a verlo.** (Vamos al hotel.)   ○ **A hacer** ejercicio.

The idea of the future can also be expressed with the future indicative (with or without the explicit indication of a future time). The future indicative is a very consistent tense.

	INFINITIVE + ENDINGS	
(yo)		**-é**
(tú)	viaj**ar**	**-ás**
(él, ella, usted)	com**er**	**-á**
(nosotros/as)	dorm**ir**	**-emos**
(vosotros/as)		**-éis**
(ellos, ellas, ustedes)		**-án**

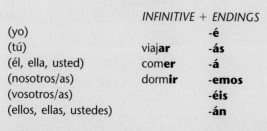

PRESENT	Mañana **escribo** la carta.
*PRESENT OF **IR** + **A** + INFINITIVE*	**Voy a escribir** la carta.
FUTURE INDICATIVE	**Escribiré** la carta.

ESTAR A PUNTO DE..., ACABAR DE...
JUST ABOUT TO..., JUST...

To be more precise about the exact moment in which something takes place or has taken place, we use the structures **ESTAR a punto de** + *infinitive (to express the immediate future) and* **ACABAR de** + *infinitive (to express a very recent past).*

El concierto **está a punto de** empezar.
(= El concierto va a empezar inmediatamente.)

El concierto **acaba de** empezar.
(= El concierto ha empezado hace muy poco tiempo.)

- ¿Está la farmacia abierta?
- No, **acaba de** cerrar.
- Sí, pero **está a punto de** cerrar.

Está a punto de... (She is about to...)

Acaba de... (She has just...)

PEDIR INFORMACIÓN
REQUESTING INFORMATION

Quiero/quisiera saber...

> **qué** vuelos hay de Santo Domingo a Miami.
> **a qué hora** sale el tren para Caracas.
> **cómo** puedo ir a Punta Cana.
> **cuánto** cuesta la habitación doble.
>
> **si** tienen cuartos libres a partir del 3.
> **si** hay autobuses para Santo Domingo.
>
> el teléfono de Juan García Severo.
> su número de fax.

Pacific Stock, Joe Carini/PacificStock.com

8-1 **¡A comer!**

Mira las fotos. Muchos de estos productos son comunes en la cocina de cualquier país. Otros son característicos de la cocina cubana. ¿Sabes cómo se llaman? Tu profesor/a te puede ayudar.

> **EJEMPLO:**
> **E1:** ¿Qué es esto?
> **E2:** Fresas.
> **E1:** ¿Cómo se dice meat en español?
> **E2:** Carne.

¿Cuáles te gustan? Márcalos con estos signos.

+ = Me gusta/n.
− = No me gusta/n.
? = No lo sé.

❏ plátanos   ❏ tomates   ❏ salmón
❏ alcachofas   ❏ coco   ❏ habichuelas
❏ arroz   ❏ zanahoria   ❏ pollo
❏ fresas   ❏ pimiento   ❏ piña
❏ limones   ❏ champiñones   ❏ naranja
❏ cerezas   ❏ aguacate   ❏ cebolla

¿Y éstos? ¿Te gustan?

❏ frijoles   ❏ patatas   ❏ fruta
❏ papas (patatas)   ❏ carne   ❏ verdura
❏ pan   ❏ pescado   ❏ _____
❏ apio   ❏ legumbres   ❏ _____

8-2 **¿Coincidimos?**

G

Comenta tus gustos con dos compañeros/as.

> **EJEMPLO:**
> **E1:** A mí me gustan mucho las habichuelas. ¿Y a ti?
> **E2:** A mí no, no me gustan nada. Me gusta la fruta, pero los frijoles, no.
> **E3:** A mí sí, mucho.

Luego expliquen al resto de la clase qué gustos comparten.

> **EJEMPLO:**
> **E1:** A todos nos gustan mucho las naranjas, la piña y el salmón.
> **E2:** A nadie le gusta el brócoli.
> **E3:** No nos gusta nada el ajo.

¿Cuáles son los dos productos que más le gustan a la clase? ¿Y los que menos le gustan?

Más	1.	2.
Menos	1.	2.

Gente que come bien ◆ 8

8-3 Supermercado Blasco

A

NOTAS
TN08-02

Gema, la dependienta, está hablando por teléfono con una cliente, la Sra. Millán, y anota su pedido (*order*). Escucha y decide cuál es la lista de la Sra. Millán.

2 kg de naranjas
1/2 docena de huevos
1 paquete de café Cubita
200 g de queso fresco
2 bolsas de leche en polvo
1 botella de ron "Legendario"
6 latas de refresco de cola

2 kg de naranjas
1/2 docena de huevos
2 botellas de leche desnatada
6 latas de refresco de cola
1 botella de ron "Legendario"
150 g de jamón
1 paquete de azúcar

8-4 La pirámide de alimentos (*food*)

P

NOTAS
TN08-03

Miren las recomendaciones para comer bien. Usen estrategias para adivinar el significado de las palabras que no conocen. Después, con la ayuda de su profesor/a, respondan a estas preguntas:

- ¿Qué hay que comer diariamente?
- ¿Qué debemos comer ocasionalmente?
- ¿De qué alimentos hay que comer dos o más tazas diarias?
- ¿Qué debemos beber diariamente?

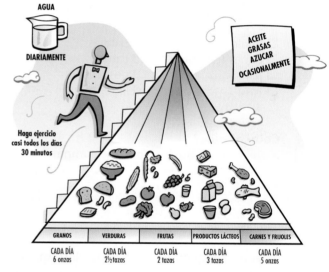

8-5 ¿Cómo comes?

P

NOTAS
TN08-04

Vamos a averiguar ahora cómo es la dieta de nuestros compañeros y darles algunos consejos. Primero, haz una entrevista a tu compañero/a con estas preguntas. Puedes añadir dos preguntas más basadas en la pirámide.

	SÍ	NO
¿Comes mucho pescado?		
¿Comes mucha verdura?		
¿Comes mucha carne?		
¿Bebes vino?		
¿Cocinas con aceite de oliva?		
¿Bebes mucha agua?		
¿Bebes leche?		
¿Comes muchos huevos?		
¿Comes legumbres?		

Compara las respuestas de tu compañero/a con las recomendaciones de la pirámide. Crees que come...

❏ muy bien ❏ bien ❏ no muy bien ❏ mal ❏ muy mal

¿Tiene que cambiar algún hábito? Informa a la clase.

EJEMPLO:

Martina se alimenta bien. Bebe mucha agua y come mucha verdura, pero tiene que comer menos grasas y dulces.

8–6 A Cocina cubana

Noelle, una estudiante estadounidense, va a comer a un restaurante cubano. No conoce la cocina cubana y la mesera le describe cada plato.

Lee el menú y escucha la grabación.

1. Noelle toma, de primero, _____
2. Noelle toma, de segundo, _____
3. Noelle toma, de postre, _____

Ahora escucha otra vez. ¿Puedes hacer una lista de algunos ingredientes de estos platos?

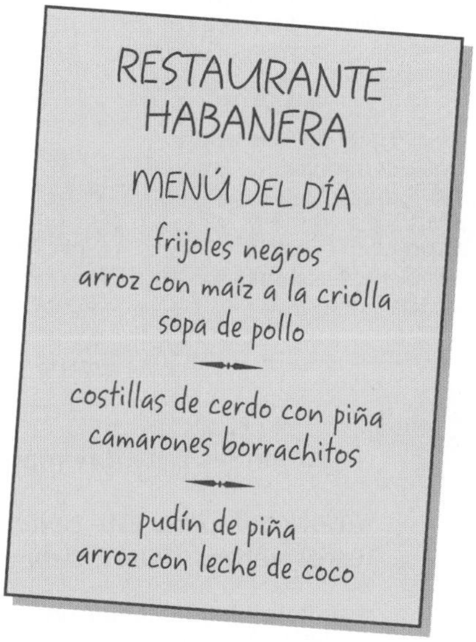

8–7 En el restaurante

Imagina que vas a ese restaurante cubano. Piensa qué vas a pedir.

EJEMPLO:

Yo, de primero, sopa de pollo.

Ahora un/a estudiante hace de (*plays the role of*) camarero y toma nota de lo que quieren sus compañeros/as. ¿Cuáles son los platos más populares en la clase?

8–8 P Programa de adelgazamiento

El hotel balneario Gente Sana ofrece un programa para perder peso (*lose weight*). Los clientes pueden adelgazar seis kilos en tres días, pero de una forma sana. ¿Puedes elaborar el menú con un/a compañero/a? Compartan luego su propuesta con la clase.

RESTAURANTE HABANERA
MENÚ DEL DÍA
frijoles negros
arroz con maíz a la criolla
sopa de pollo

costillas de cerdo con piña
camarones borrachitos

pudín de piña
arroz con leche de coco

✱ ✱ ✱ HOTEL BALNEARIO GENTE SANA ✱ ✱ ✱			
	VIERNES	**SÁBADO**	**DOMINGO**
Desayuno			
Almuerzo Primer plato: Segundo plato: Postre:			
Cena Primer plato: Segundo plato: Postre:			

8–9 Platos típicos y fiestas típicas

NOTAS
TN08-08

Lee estas definiciones de platos y
bebidas típicos cubanos. ¿Sabes cómo
se llama cada uno?

❏ buñuelos
❏ fruta bomba
❏ sopón
❏ mojito

1
Es un plato típico de
Holguín. **Se hace** con carne
de cerdo, de pollo, jamón,
plátano verde, boniato,
yuca, calabaza, arroz y
agua. **Se acompaña**
con rodajas de limón.

2
Es una bebida muy típica. **Se prepara**
con ron blanco, hierbabuena, azúcar y
jugo de limón.

3
Es un plato típico que lleva
también canela en rama,
vainilla y azucar.

4
Es un postre muy popular. **Se come**
especialmente en fin de año. **Se cocina** con yuca,
malanga y boniato. Lleva anís y canela, además
de huevos, harina, azúcar y vino. **Se hacen** roscas
y se fríen en aceite. Luego **se sumergen** las
roscas en un almíbar y se dejan enfriar.

Fíjate en las palabras marcadas en negrita.

**Ahora completa este texto con formas verbales similares. Usa
estos verbos:** *comer, beber, consumir, servir, presentar, tomar.*

Las fiestas navideñas en Cuba tienen por lo general un carácter familiar.
El 24 de diciembre (Nochebuena y víspera de Navidad) la familia se
reúne para celebrar la fecha. Por supuesto, para los cubanos esta
festividad va unida a una oferta gastronómica tradicional de comidas
y bebidas. _____ cerdo asado, congrí (arroz con frijoles negros), la
yuca con mojo y postres caseros. Además _____ vinos, cerveza fría
y licores, _____ para postre nueces, avellanas o dátiles y, como
herencia de España, _____ turrón. El 31 de diciembre es otra vez un
día para la familia, y en el menú _____ otra vez cerdo; además ese
día _____ las 12 uvas a medianoche para despedir el año.

**Describe ahora un plato típico de tu país y la ocasión
especial para comerlo. Sigue los modelos anteriores.
Luego, explícaselo a tus compañeros/as.**

8–10 ¿Se come bien en Cuba?

P

Lean el texto sobre los hábitos alimentarios de los cubanos.

NOTAS
TN08-09

Las frutas y las verduras son excelentes fuentes de vitaminas,
nutrientes y fibra dietética. Dada la importancia del tema, el Instituto
de Farmacia y Alimentos de la Universidad de La Habana realizó una
investigación con el objetivo de ver si los cubanos consumen
suficiente fruta y verdura. Según los datos obtenidos, en Cuba se
come **mucha** fruta y se consumen muchos vegetales. Las frutas que
más se consumen son el mamey, el mango, la naranja, la piña y el
plátano; también se consumen el aguacate y el tomate. En cambio, se
comen **pocas** uvas porque es un producto de cantidad limitada en la
isla. Las frutas y verduras menos populares son la lima, la acelga, el
apio, la berenjena, la coliflor, la espinaca, el nabo, el rábano y la
remolacha. El 18% de los cubanos consume **bastante** fruta o verdura
(a diario) y el 60% la come 3 o 4 veces por semana. Los vegetales se
comen menos, pero el 39% de los cubanos afirma que come vegetales
algunas veces por semana. Sólo el 13% afirma que no come **ningún**
vegetal en una semana.

EN EL RESTAURANTE

- ¿Qué van a comer?
- Yo,... y...
  De primero/segundo...
  De/para postre,...

- ¿Para beber?
- Vino tinto/blanco/rosado.
  Agua **con** gas/**sin** gas.
  Cerveza.
  Jugo de naranja.

asado/a   a la plancha
frito/a   a la brasa
hervido/a   al horno
guisado/a

¿Es carne o pescado?
¿Es fuerte/picante/graso?
¿Qué lleva?
¿Lleva salsa?

CON/SIN

Pan **con** mantequilla
Agua **con** gas

LA FORMA IMPERSONAL

Se come demasiada grasa.
Se comen muchos dulces.

CANTIDADES

demasiado arroz/**demasiada** leche
mucho arroz/**mucha** leche
suficiente arroz/leche
poco arroz/**poca** leche

demasiados huevos/**demasiadas** peras
muchos huevos/**muchas** peras
suficientes huevos/peras
pocos huevos/**pocas** peras

No llevan arroz.
No hay huevos.

un poco de = una pequeña cantidad

No llevan **nada de** arroz.
No llevan **ningún** huevo.
No llevan **ninguna** botella de agua.

PESOS Y MEDIDAS

100/200/300 gramos de...

un cuarto de kilo/litro de...
medio kilo/litro de...
tres cuartos de kilo/litro de...
un kilo/litro de...

un paquete de arroz/sal/azúcar/harina...
una botella de vino/agua/aceite...
una lata de atún/aceitunas/tomate...

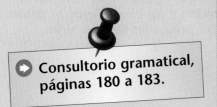
🔵 **Consultorio gramatical,**
páginas 180 a 183.

Ahora conversen sobre estos hábitos para ver si son iguales en su país y en sus casos particulares.

> **EJEMPLO:**
> **E1:** En Cuba se come **mucha** fruta y verdura, pero aquí se come **poca** fruta.
> **E2:** Yo no como verduras, pero como **bastante** fruta.

8-11 P   Atención a las palabras

Observen las palabras marcadas en negrita en el texto de 8–10. Son cuantificadores. ¿Pueden derivar una regla gramatical que explique cómo funcionan en español?

8-12 P   Comida de excursión a Pinar del Río

La familia Zalacaín va a pasar siete días de campamento en Pinar del Río, una ciudad al oeste de Cuba donde se encuentran dos de las cuatro Reservas Mundiales de la Biosfera declaradas por la UNESCO.

Son cinco personas, tres adultos y dos niños. Tienen que llevar mucha comida porque van a acampar en una zona donde no hay tiendas. Mira la lista a continuación. ¿Olvidan algo importante? Eliminen o añadan (*add*) cosas a la lista.

1 docena de huevos
15 l de leche
1/2 l de aceite
2 kg de papas
3 kg de espaguetis
1 lata de tomate
2 yogures
7 kg de carne
50 g de queso
2 plátanos
12 kg de manzanas
100 g de azúcar
1 botella de vino

> **EJEMPLO:**
> **E1:** Llevan **pocos** huevos, ¿verdad?
> **E2:** Sí, es verdad. Y llevan **poco** azúcar, ¿no?
> **E1:** Sí, no tienen **bastante** azúcar.

8-13 P   ¿Con o sin...?

Normalmente haces las compras los fines de semana, pero este fin de semana no puedes salir. Tu amigo/a va a ir en tu lugar (*in your place*). Aquí está la lista de los productos que necesitas. Tu compañero/a te va a hacer preguntas más específicas (usando con/sin).

desodorante	agua	cerveza
yogures	leche	galletas
pan	chocolate	_____

> **EJEMPLO:**
> **E1:** Necesito tres botellas de agua.
> **E2:** ¿Con gas o sin gas?
> **E1:** Sin gas.

Estrategias para la comunicación oral ✦ ✦ ✦ ✦ ✦ ✦ ✦ ✦ ✦ ✦

Formulating direct questions (II): questions with preposition

In Chapter 4 we studied how to formulate direct questions. The most difficult questions for English speakers are those that require a preposition before the connector (*¿Con quién hablas?*). Remember that you need to place the preposition (*a, de, con, en, desde, hasta, entre, hacia, para, por, sobre*) **before** the connecting word (*qué, quién, cómo, cuándo, dónde, cuál, cuánto*). Let's look at some examples:

¿De qué ...? If you want to buy a car, you will most likely be asked the following questions: *Pero, ¿de qué marca?* You could also be asked other questions like: *¿De qué color, tamaño, precio?*

Remember, in Spanish the preposition *de* cannot be omitted in these kinds of questions.

¿Con qué ...? You have studied the preposition *con* in this chapter. If you want to know if someone takes his/her coffee with milk, you would ask: *¿**Con** qué tomas el café?*

Imagine that you are curious about a special dish you really like. Among the questions you can ask are: *¿**Con** qué ingredientes se hace? ¿**De** qué tipo son las papas que lleva? ¿**Desde** qué hora **hasta** qué hora se cocina? ¿**Por** cuánto tiempo se pone en el frigorífico? ¿**A** qué temperatura se cocina?* Note that all these questions require the use of a preposition. Remember, knowing how to formulate questions is an essential part of communicating and carrying on conversations in Spanish.

¿Qué comes?

¿Consumes alguno de estos productos? Completa la siguiente tabla.

demasiado	bastante	poco/un poco de	nada de	PRODUCTO
				café/té
				pescado
				frutas
				verduras
				agua

Ahora intercambia la información con tu compañero/a. Pregunta a tu compañero/a qué productos consume, en qué cantidades y cómo los consume. Luego tu compañero/a te va a preguntar a ti.

EJEMPLO:
E1: ¿Bebes **mucho** café?
E2: No, muy **poco**. Pero tomo **mucho** té.
E1: ¿**Con qué** lo tomas?
E2: Pues **con** hielo y limón. ¿Y tú?
E1: No, yo no bebo **nada de** té. Bebo **mucho** café. **Demasiado**.
E2: ¿Sólo?
No, no, **con** leche... pero **sin** azúcar.

Adivina, adivinanza

Un miembro del grupo piensa en una comida muy típica de su país o región, o muy habitual en su familia o en sus reuniones de amigos. Tiene que dar una definición y sus compañeros/as deben adivinar de qué plato está hablando. Si no lo saben, pueden hacer preguntas del tipo sí/no.

EJEMPLO:
E1: ¿Es una bebida?
E2: No.
E3: ¿Tiene azúcar?
E2: No, no tiene azúcar.

Gente que come bien ✦ 8

8-16
G
¿A qué restaurante vamos?

Están visitando La Habana en viaje de estudios. Quieren ir a comer. Lean la información y decidan a dónde van y porqué. Luego expliquen a la clase las razones de su elección.

Paladar La Cocina de Lilliam

Éste es uno de los restaurantes más acogedores de la capital. Lilliam Domínguez, la cocinera y dueña del paladar, transformó su residencia en hermosos jardines iluminados románticamente. La residencia está decorada con hermosas antigüedades. Los más distinguidos personajes han comido en este restaurante, entre ellos el presidente estadounidense Carter. Le recomendamos la "ropa vieja", un plato tradicional cubano preparado con carne de cordero. Recomendamos los garbanzos también.

Precio promedio: $9.00 USD.

Restaurante La Mina

Localizado en la esquina de la Plaza de Armas. Usted tendrá la oportunidad de disfrutar una gran variedad de menús cubanos, como los tamales, arroz congrí (frijoles negros con arroz blanco) y cerdo asado, así como excelentes cócteles como el mojito y el daiquirí. Postres hechos en casa y el delicioso café "Cubita".

Precio promedio: $17.00 USD.

Restaurante La Bodeguita del Medio

A un lado de La Plaza de la Catedral, en el casco histórico de la ciudad, se encuentra este prestigioso restaurante. La Bodeguita debe su fama a ser lugar de encuentro de importantes intelectuales y artistas desde su apertura en 1940. La presencia de las personalidades que visitaron la Bodeguita se siente en cada detalle, fotografías y objetos traídos de todas partes. Era el sitio preferido del famoso escritor estadounidense Ernest Hemingway, y cuna del famoso cóctel "mojito".

Precio promedio: $25.00 USD.

EJEMPLO:

E1: Yo quiero ir al paladar porque es más barato, tienen comida tradicional y hay antigüedades.

E2: No sé … La Mina parece interesante. Y hay comida tradicional también.

E3: Sí, pero es más caro. Yo prefiero el paladar.

8-17
G
Juego de papeles. ¿Qué van a comer?

Situación: Tres estudiantes han decidido ir a un paladar para probar auténtica comida casera (*homemade*). Miran el menú del día y hacen preguntas al/a la mesero/a del paladar sobre los platos y bebidas. Después piden su comida.

Menú del día

Frijoles negros
Sopón de Holguín

⚜

Fruta bomba
Camarones borrachitos

⚜

Buñuelos o flan

⚜

Vino o agua
Café

ESTUDIANTE A

Eres el mesero del paladar. Haz preguntas a los clientes para saber qué quieren y responde a sus preguntas sobre el menú. También puedes hacer recomendaciones.

ESTUDIANTE B

Eres alérgico a la lactosa y no puedes comer lácteos. Quieres saber los ingredientes de todo.

ESTUDIANTE C

No tomas nada de café ni vino. Te gustan mucho los dulces y todos los postres.

◆ Hacer una colección de recetas de cocina.

◆ PREPARACIÓN ◆

Primero vamos a leer un texto sobre el **ajiaco** cubano, el plato nacional de Cuba.

El ajiaco es una sopa propia del campo, pero se come en todos los hogares cubanos. Se compone de diversos ingredientes: vegetales como la yuca o mandioca, la malanga, el ñame o el boniato y diferentes carnes, todo mezclado. También se puede poner plátanos verdes y maíz. Éste es un plato tradicional de los indígenas cubanos, o sea, de antes de la llegada de Cristóbal Colón.

Ahora vamos a repasar los ingredientes para preparar el ajiaco.

AJIACO CUBANO

DIFICULTAD: media
TIEMPO: 120 minutos
INGREDIENTES (para 6 personas):

tasajo (cecina):	150 gr
carne de cerdo:	145 gr
tocino:	88 gr
plátano pintón:	200 gr
malanga:	200 gr
maíz tierno:	200 gr
calabaza:	200 gr
boniato:	200 gr
salsa criolla:	75 gr
sal:	40 gr
aceite vegetal:	60 ml
agua (aprox.):	2.3 l

LES SERÁ ÚTIL

Se pone/n en { una sartén.
               una olla.
               una cazuela.
               una bandeja.

Se pone un huevo.
Se ponen tres huevos.

se echa/n	se añade/n
se fríe/n	se asa/n
se hierve/n	se pela/n
se corta/n	se saca/n
se mezcla/n	

con mantequilla
sin grasa

primero...
después, ...
luego, ...
al final, ...

A Escuchen a Ramón, un cocinero cubano, explicar cómo se prepara este plato. Luego, ordenen los pasos de la receta.

_____ Se corta el tocino.

_____ Se pone el maíz en el caldo.

_____ Se ponen las viandas.

_____ Se fríe el tocino en aceite.

_____ Se corta el tasajo en cinco pedazos.

_____ Se mezcla la carne de cerdo con la salsa criolla.

_____ Se cocina el tasajo durante 30 minutos.

_____ Se añade la carne de cerdo al tasajo.

_____ Se cocina todo diez minutos más.

Lean ahora el texto para comprobar que el orden es correcto.

Bueno, para hacer ajiaco uno tiene primero que remojar el tasajo durante 12 horas. Luego el tasajo se pone a cocinar en agua, durante 30 minutos, más o menos. Después se le añade la carne de cerdo y se deja cocinar hasta que esté blando. A continuación se sacan las carnes, se limpia el tasajo y se corta en cinco pedazos. Después de hacer esto, se cuela el caldo, se vierte en la cazuela que usamos antes, se pone al fuego y se incorpora en primer lugar el maíz. Bueno, entonces se deja cocinar el maíz unos 45 minutos y luego se ponen las viandas cortadas en pedazos por orden de dureza, es decir, las más duras primero, las más blandas después. Se cocinan hasta que están blandas. Después, se corta el tocino en cubos pequeños, se fríe en aceite un poquitico, y se mezcla con la salsa criolla. Todo esto se añade al ajiaco. Finalmente, se cocina todo diez minutos más, ¡y ya está!

Paso 1: ¿Qué sabemos preparar?
Formen grupos de tres o cuatro personas. Decidan entre todos qué plato van a presentar para la colección de recetas de la clase. Puede ser de su país o de un país hispanohablante.

Paso 2: Completen ahora esta ficha.

W **Paso 3:** Ahora hay que escribir las recetas. Fíjense en la del ajiaco. Puede servirles de modelo. Pueden usar un diccionario también.

Paso 4: La lista de la compra
Ahora preparen la lista de la compra con todo lo que necesitan.

EJEMPLO:
Necesitamos medio kilo de harina, tres huevos...

Paso 5: El "Libro de cocina" de la clase
Cada grupo explica a toda la clase el plato que propone y cómo se prepara.

DIFICULTAD: _____

TIEMPO: _____

INGREDIENTES: _____
_____
_____
_____
_____
_____
_____
_____
_____

nuestra gente Cuba

Exploraciones

 GENTE QUE LEE

Estrategias para leer ◆ ◆ ◆ ◆ ◆ ◆ ◆ ◆ ◆ ◆ ◆ ◆ ◆ ◆ ◆ ◆ ◆ ◆ ◆

Guessing the meaning of words by examining word formation and affixes

Another strategy that you can use to guess the meaning of unknown words is to break them down into their parts. As you already know, words can take on markers of gender or number (*camarero/a/os/as*). By examining the ending, you know if the word is masculine or feminine, singular or plural. Words also take other endings that change their category. For example, if you add *-ar* to the noun *cocina*, you get the verb *cocinar*. Words can also take other affixes. Affixes are units of language that are placed before (prefixes) or after (suffixes) the word. For example, the Spanish word *cierto* (certain) can take the prefix *in-* and form a new word: *incierto* (uncertain). The word *pescado* can become *pescadería* by adding the affix *-ería*. Compound words are single words that are formed by combining two or more other words. For example, the word *paraguas* (umbrella) is formed by two words: *parar* (to stop) and *aguas* (waters). Can you guess what the word *abrelatas* means? If you know *abrir* (open) and *latas* (cans), it is easy!

Now take a look at these words: *la verdura* (*verde* + *-ura*), *la naranjada* (*naranja* + *-ada*), *azucarar* (*azúcar* + *-ar*), *abrebotellas* (*abre* + *botellas*), *frutero* (*fruta* + *-ero*).

Apply this strategy whenever you see a word that contains an element that you already know.

ANTES DE LEER

8-18 **Cosas que ver en La Habana**

Pregunta a tu profesor/a sobre estos lugares. Después piensa cuáles te gustaría visitar. Puedes ponerlos en orden de más interesante (1) a menos interesante (6).

❑ Los castillos de La Habana
❑ La Casa de José Martí
❑ La Catedral de La Habana
❑ El mercado de artesanía
❑ El Museo de la Revolución
❑ La Casa de África

¿En qué lugar has colocado los dos museos?

El castillo de los Tres Reyes del Morro

8-19 **Visitando museos**

- ¿Te gusta visitar museos? ¿Qué tipo de museos prefieres? ¿Dónde está tu museo favorito? ¿Con quién vas?
- ¿Conoces algún museo sobre comidas o bebidas? ¿Dónde está? Comparte esta información con la clase.
- ¿Por qué crees que se hacen museos sobre comidas o bebidas? ¿Crees que las comidas y bebidas son elementos que reflejan la cultura de un país? ¿Tienes algunos ejemplos?

8-20 **Activando estrategias**

- Mira por encima (*skim*) el texto, su título y subtítulos. ¿De qué crees que trata? ¿Qué tipo de texto crees que es: informativo o argumentativo? ¿Cómo lo sabes?
- Mira las fotos. ¿Qué información anticipan?

A LEER

DOS MUSEOS EN LA HABANA: EL RON Y EL TABACO DE CUBA

El Museo del Ron

La Fundación Habana Club está situada en el corazón de La Habana Vieja, en un palacio del siglo XVIII. Esta institución **difunde** el conocimiento sobre el ron y su vínculo natural con la cultura cubana. Entre otras atracciones, la Fundación ofrece un museo viviente que reproduce el proceso tradicional de fabricación del ron. El recorrido por este museo termina con una **degustación**. Además hay una galería de arte, una tienda y un bar-restaurante. En la tienda se puede **adquirir** todo tipo de ron Habana Club, además de música tradicional, libros sobre la historia del ron y sobre los bares más famosos de la ciudad considerada centro de la **coctelería** mundial. Dentro del edificio hay un bar, heredero del primer Bar Habana Club del año 1934. Este bar **recrea** el ambiente típico de las mejores bodegas de los años 30. Además es lugar de encuentro de artistas cubanos como pintores y músicos. Aquí los mejores bármanes de la isla preparan los famosos cócteles cubanos al ritmo del tradicional *son*. En el restaurante se encuentra una buena oportunidad para degustar el sabor de la comida cubana, ya que además de comida internacional se sirven excelentes platos criollos.

El Museo del Tabaco

El Museo del Tabaco es la única institución en Cuba destinada a conservar y mostrar colecciones vinculadas a la cultura del tabaco. Fundado en 1993, está ubicado en un edificio del siglo XVIII en el centro histórico de La Habana. En el museo se puede hacer un recorrido por los aspectos históricos y culturales del tabaco cubano y el proceso de cultivo de la hoja y de fabricación de los famosos puros habanos. También se muestra una colección de utensilios del fumador de los siglos XIX y XX confeccionados con diferentes tipos de metales **preciosos** y otros materiales. Esto demuestra la notable influencia de la industria del habano en artes como la orfebrería, la artesanía, la pintura, la litografía y la cerámica. Es muy interesante también la colección de fotos sobre las grandes personalidades mundiales consumidoras de los famosos puros. Finalmente, en el mismo museo está La Casa del Habano, una tienda donde se vende todo tipo de habanos y útiles del fumador (encendedores, **cortapuros**, tabaqueras, **ceniceros**...).

Gente que come bien ◆ 8

DESPUÉS DE LEER

 Activando estrategias

1. ¿Qué significan las palabras **degustación**, **coctelería** y **cortapuros**? ¿Puedes dividirlas en partes? Si la palabra **ceniza** significa *ash*, ¿qué significa **cenicero**?
2. ¿Qué significan las palabras **recrea**, **adquirir** y **preciosos**? ¿Cómo lo sabes?
3. Busca en el diccionario la palabra **difunde**. ¿Es nombre, verbo o adjetivo? ¿Qué necesitas buscar? ¿Qué significado es más apropiado en este contexto?

 ¿Comprendes?

NOTAS
TN08-19

1. ¿Cuántas partes tiene la Fundación Habana Club?
2. ¿Cuáles de estos productos se puede obtener en la tienda del Museo del Ron?
   a. música
   b. libros
   c. arte
3. ¿En qué parte de la ciudad está el Museo del Tabaco?
4. ¿Cuál de estos datos sobre el Museo del Tabaco es falso?
   a. Tiene una tienda de tabaco.
   b. Expone arte y fotografía.
   c. Se funda en el siglo XVIII.

8-23 **Expansión**

¿Existe algún museo en tu país de este tipo? ¿Cómo es? Si no existe, piensa en un museo hipotético para el pueblo o ciudad donde vives. ¿Cuál es el tema? ¿Por qué?

GENTE QUE ESCRIBE

Estrategias para escribir ◆ ◆ ◆ ◆ ◆ ◆ ◆ ◆ ◆ ◆ ◆ ◆ ◆ ◆ ◆ ◆ ◆

Writing topic sentences and paragraphs

In Chapter 4, we saw how important it is to identify topic sentences in each of the paragraphs of a text. Likewise, to be a good writer in Spanish, you will need to write clear and concise topic sentences. A good topic sentence (a) is normally at the beginning of a paragraph, (b) states the main idea of the paragraph, (c) focuses exclusively on one topic of interest, and (d) attracts the attention of the reader.

Here is a list of possible topic sentences for an opening paragraph about Santiago de Cuba. Which ones do you think are appropriate? Why?

Santiago de Cuba es una ciudad al este de la isla.

En Santiago está la primera catedral de Cuba.

El clima de Santiago se caracteriza por tener dos estaciones.

Santiago es una ciudad que atrae a muchos turistas.

La naturaleza de la región es muy variada.

The remaining sentences in the paragraph should contain details that develop the main idea stated in the topic sentence. When editing your paragraphs, be sure to get rid of any ideas that do not help develop the topic of the paragraph.

8–24 Crítica de un restaurante

W

Piensa en un restaurante que conoces bien y escribe una crítica para el periódico en español de la universidad.

NOTAS
TN08-20

Primero, piensa en las ideas que quieres incluir. Después escribe las **frases temáticas** para el párrafo de apertura, un párrafo central y el párrafo final. Escribe tres o cuatro frases para desarrollar la idea central de cada frase temática. Finalmente, escribe tu crítica.

¡ATENCIÓN!

✦ Asegúrate de que
- has pensado en el propósito y los lectores de esta crítica;
- los contenidos están bien organizados y son relevantes. Presta atención a las frases temáticas:
  ○ ¿Están al principio del párrafo?
  ○ ¿Dan la idea central del párrafo?
  ○ ¿Se centran en un solo tema de interés?
  ○ ¿Son suficientemente generales, pero no demasiado?
  ○ ¿Atraen la atención del lector?
- hay una secuencia lógica, hay cohesión y coherencia (revisa el uso de elementos cohesivos),
- la carta tiene un registro adecuado (tú o usted/ustedes),
- has usado el diccionario solamente lo necesario y correctamente.

✦ Revisa (*proofread*) tu crítica siguiendo los PPE (página 14).

Beyond the sentence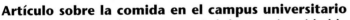

Connectors for organizing information in a time sequence

By now you already know how important it is to sequence ideas when writing. This is especially relevant when describing a procedure with steps that must be carried out in a specific order (like a recipe). Let's review some of these discourse markers:

- First step: *primero...* (first), *en primer lugar...* (in the first place), *lo primero es...* (the first thing is).
- Intermediate steps: *a continuación...* (next), *después...* (next, after that), *luego...* (next).
- Last step: *finalmente...* (last), *al final...* (at the end), *por último...* (finally, last).

Be sure to make use of these discourse markers anytime you relate a procedure that needs to be carried out in a particular sequence.

8–25 Artículo sobre la comida en el campus universitario

PW

El editor del periódico en español de su universidad les ha pedido un informe sobre la calidad de comida en los comedores universitarios. Escriban un informe con los siguientes puntos:

NOTAS
TN08-21

- ¿Cómo se come en el campus? (bien, mal...)
- ¿Por qué? (tipos de comida, cantidades...)
- ¿Cómo es un día típico de ustedes en cuanto a comida? (secuencia)
- ¿Qué hay que cambiar? (lista específica de cambios)

¡ATENCIÓN!

✦ El texto debe incluir usos de SE impersonal, diversos cuantificadores y marcadores de secuencia. Demuestren que conocen vocabulario específico del tema.

✦ Revisen su borrador siguiendo los PPE (página 14). Presten especial atención a la organización y la cohesión del texto y en particular a los marcadores de secuencia.

Comparaciones

MUY INTERESANTE

- Cuba es el nombre precolombino de la isla. Colón la llamó (*named it*) Juana, en honor a la hija de los Reyes Católicos.
- En este país se elaboran los mejores cigarros del mundo, siendo las marcas más famosas Montecristo, Partagás, Cohíba (creado por el Che Guevara) y Hupmann.
- La gastronomía de la isla es el resultado de la mezcla de la tradición culinaria indígena con la de los conquistadores españoles. A ello se añaden también influencias africanas y asiáticas. Los españoles introdujeron en Cuba productos como el arroz, los limones, las naranjas, el ganado vacuno y el equino; los esclavos africanos aportaron el ñame (tubérculo parecido a la papa) y el quimbombó. Ambos mezclan en su dieta los alimentos típicos de los aborígenes cubanos como la yuca y el maíz.

- El pescado y en general los mariscos no ocupan un lugar preferente en la mesa cubana a pesar de (*although*) ser la cocina de una isla.
- El arroz congrí, o arroz con frijoles negros, se llama en La Habana "moros y cristianos". La denominación de este plato hace referencia a las guerras entre los árabes o moros y los españoles. Se compone de arroz blanco (españoles) y frijoles negros (moros).

8–26 **¿Lo sabías?**

NOTAS
TN08-22

¿Cuáles son los aspectos que más te llaman la atención? ¿Cuáles no sabías (*did you not know*)?

8–27 **Nombres originales**

¿Conoces algún plato con un nombre original como "moros y cristianos"?

8–28 **Otras cocinas**

¿Conoces la cocina de otros países hispanohablantes? ¿Se parece a la cocina cubana?

8–29 **La cocina como elemento cultural de un país.**

A través de (*through*) su cocina podemos saber muchas cosas de la historia y las costumbres de un país. Piensa en la cocina de tu país y qué nos dice de su historia y tradiciones.

8-30 Lee este texto sobre el café en Cuba. Después responde a las preguntas.

NOTAS
TN08-23

PAISAJE ARQUEOLÓGICO DE LAS PRIMERAS PLANTACIONES DE CAFÉ DEL SUDESTE DE CUBA

Los primeros cafetales[1] franco-haitianos de Santiago de Cuba, ubicados al sureste de esa provincia, son Patrimonio de la Humanidad (UNESCO) desde el año 2000 por su valor histórico. Son cafetales del siglo XVII e inicios del XIX, propiedad de emigrantes franceses y haitianos. La unidad típica cafetalera tenía[2] tres partes: la vivienda doméstica—y almacén—construida con piedra, los caminos y las áreas agrícola e industrial. Existen cerca de un centenar de estas fincas, la mayoría ubicadas en la provincia de Santiago de Cuba, aunque también hay muchos en Guantánamo. Estos lugares forman un extenso cinturón cafetalero en la región sudeste de Cuba. Las ruinas más famosas de los cafetales son la finca de Santa Sofía, el Kentucky y La Isabélica, esta última en perfecto estado de conservación y sede actual de un museo etnográfico.

[1]coffee plantations
[2]had

Roel Caboverde Liacer,
Recolectores de Café

■ Piensa en las diferencias entre el café cubano y el café que se bebe en tu país. ¿Cuáles son?
■ El café forma parte integral de la cultura de Cuba desde sus orígenes. Comenta con la clase el papel que tiene el consumo de café en tu propia cultura.
■ De acuerdo a la UNESCO, los patrimonios son lugares históricos y culturales de incalculable valor para la humanidad y pertenecen a todo el mundo. ¿Puedes mencionar algunos que conoces?

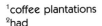 **8-31 ¿Café, chocolate o té?**

NOTAS
TN08-24

El cafeto (la planta del café) proviene de Etiopía, el té tiene su origen en China y el cacao es originario de América. Los consumidores de las hojas de té, los granos tostados del cacao y el cafeto se cuentan por millones. Algo en común de estas tres bebidas es el hecho de que todas tienen cafeína, que es el principal alcaloide de la planta del café, del cacao (de cuyos granos se elabora el chocolate) y del té. Una taza de café puede contener entre 60 y 110 mg. de cafeína, una taza de té entre 10 y 90 mg., y una de chocolate entre 5 y 40 mg. La cafeína es la droga socialmente más aceptada y una de las más consumidas en la historia de la humanidad. Su popularidad se debe a la sensación de bienestar y al aumento de actividad que aporta el consumo diario de una taza de café, un té, o una barra de chocolate.

¿Con qué países o culturas asocias cada una de estas tres bebidas? ¿Cuál es más popular en tu país? ¿Por qué? ¿Conoces otras bebidas que tienen cafeína? ¿Son populares en tu país?

VOCABULARIO

Alimentos y condimentos

aceite (el)	oil
aguacate (el)	avocado
ajo (el)	garlic
apio (el)	celery
arroz (el)	rice
azúcar (el)	sugar
boniato (el)	sweet potato, yam
calabaza (la)	pumpkin
camarón (el)	shrimp
carne (la)	meat
de ternera	veal, beef
de cerdo	pork
de cordero	lamb
de pollo	chicken
de pavo	turkey
cebolla (la)	onion
cereza (la)	cherry
champiñón (el)	mushroom
espárrago (el)	asparagus
especias (las)	spices
fresa (la)	strawberry
frijoles (los)	beans
fruta (la)	fruit
frutos secos (los)	nuts
galleta (la)	cookie, cracker
habichuelas (las)	green beans
harina (la)	flour
helado (el)	ice cream
huevo (el)	egg
jamón (el)	ham
leche (la)	milk
lechuga (la)	lettuce
legumbres (las)	legumes
lentejas (las)	lentils
limón (el)	lemon
maíz (el)	corn
mantequilla (la)	butter
manzana (la)	apple
marisco (el)	seafood
mermelada (la)	jelly, jam
mostaza (la)	mustard
naranja (la)	orange
pan (el)	bread
papa/patata (la)	potato
pasta (la)	pasta
pepino (el)	cucumber
pera (la)	pear
pescado (el)	fish

pimienta (la)	pepper (spice)
pimiento (el)	pepper (vegetable)
piña (la)	pineapple
plátano (el)	banana
queso (el)	cheese
sal (la)	salt
salchicha (la)	sausage
salmón (el)	salmon
sandía (la)	watermelon
tocino (el)	bacon
tomate (el)	tomato
uva (la)	grape
verduras (las)	vegetables
yogur (el)	yogurt
zanahoria (la)	carrot

Bebidas

agua (el)	water
alcohol (el)	alcohol
café (el)	coffee
solo	black
con leche	with milk
con hielo	iced
cerveza (la)	beer
jugo (el)	juice
refresco (el)	soda
ron (el)	rum
té (el)	tea
vino blanco (el)	white wine
vino rosado (el)	blush wine
vino tinto (el)	red wine

Las medidas y los envases

botella (la)	bottle
caja (la)	box
cantidad (la)	quantity
cuarto (de litro) (el)	quarter (of a liter)
docena (la)	dozen
gramo (el)	gram
kilo (el)	kilo
lata (la)	can
litro (el)	liter
paquete (el)	pack, package
peso (el)	weight
rodaja (la)	slice
taza (la)	cup

En el restaurante

aperitivo (el)	appetizer
bocadillo (el)	sandwich
camarero/a (el/la)	server
cazuela (la)	casserole
cocido (el)	stew
cocinero/a (el/la)	cook
copa (la)	wineglass
cuchara (la)	spoon
cuchillo (el)	knife
cuenta (la)	check; bill
ensalada (la)	salad
guiso (el)	stew
ingrediente (el)	ingredient
mesero/a (el/la)	server
olla (la)	pot
parrilla (la)	grill
plato (el)	dish
postre (el)	dessert
propina (la)	tip
sartén (la)	frying pan
sopa (la)	soup
taza (la)	cup
tenedor (el)	fork
vaso (el)	glass

Adjetivos relacionados con la cocina

asado/a	roasted
bien hecho	well done
blando/a	soft
caliente	warm, hot
crudo/a	raw
duro/a	hard
fino/a	thin
fresco/a	fresh
frío/a	cold
frito/a	fried
fuerte	strong
graso/a	greasy
guisado/a	stew
hervido/a	boiled
picado/a	chopped
picante	hot, spicy
rico/a	tasty, delicious
salado/a	salty
soso/a	tasteless
tierno/a	tender

Verbos

agregar	to add
añadir	to add
asar	to roast
batir	to beat
calentar (ie)	to heat
cenar	to have dinner
cocer (ue)	to boil
cocinar	to cook
cortar	to cut
dejar	to leave
desayunar	to have breakfast
freír (i)	to fry
hervir (ie)	to boil
llenar	to fill up
merendar (ie)	to have an afternoon snack
mezclar	to mix
opinar	to give one's opinion
pelar	to peel
picar	to chop
revolver (ue)	to stir up; to mix
sacar	to take out

CONSULTORIO GRAMATICAL

EN EL RESTAURANTE
IN A RESTAURANT

To order.

- **Yo** (quiero) macarrones y un bistec.
  De postre, helado de chocolate.
  Y **para beber,** agua sin gas.
- Para mí, un café, por favor.

When asking someone for something, the main difference between English and Spanish is that in English the verb or the action is projected towards the person who asks: **May/Can I have some more bread, please?** In Spanish the verb or the action is projected towards the person asked: *¿Puede traerme un poco más de pan?*

To ask the waiter to bring something.

- **¿Me puede traer...**
  un cuchillo/**un** tenedor/**una** botella de agua?

  un poco más de pan/salsa/agua/vino?   *WITH NOUNS THAT CAN BE COUNTED*

  otro vaso de vino/café?   *WITH NOUNS THAT CANNOT BE COUNTED*
  otra cerveza/ración de jamón?

Remember:

un poco más de... (some more...)
otro/otra (another)

Note that *un otro* or *una otra* is not correct in Spanish.

LA FORMA IMPERSONAL
IMPERSONAL SE

When the noun is singular the verb is also singular.

Aquí **se** com**e** **un pescado** muy rico.
En estas tierras **se** cultiva **arroz.**

Use a plural verb with a plural noun.

En Cuba **se** fabric**an excelentes cigarros habanos.**
En Alemania **se** fabric**an muchos coches.**

There is no one-to-one equivalent in English for *se*. Instead, in English the impersonality or lack of subject in sentence is expressed by using a passive structure or the symbolic subject **people**, as in: **People in Spain have dinner late./They have dinner late in Spain/Dinner is eaten late in Spain.** Rather than a literal translation, a Spanish speaker would employ the impersonal *se* form to convey the same idea.

When no noun is stated use a singular verb.

En Cuba **se cena** tarde.
Aquí **se vive** muy bien.

CANTIDADES
QUANTIFYING: *POCO, SUFICIENTE, BASTANTE, MUCHO, DEMASIADO*

When these words are used as adjectives preceding nouns, they change form to agree in gender and number.

	SINGULAR		PLURAL	
	MASCULINE	FEMININE	MASCULINE	FEMININE
	poc**o**	poc**a**	poc**os**	poc**as**
	much**o**	much**a**	much**os**	much**as**
	demasiad**o**	demasiad**a**	demasiad**os**	demasiad**as**
	suficient**e**		suficient**es**	
	bastant**e**		bastant**es**	

[Remember:

poco = a little/a few
mucho = much/many/a lot
demasiado = too much/too many
suficiente, bastante = enough]

Bebe demasiad**o** alcohol.
Toma much**os** helados.
No hace suficient**e** ejercicio.

Come poc**a** fibra.
Come demasiad**as** hamburguesas.
Tiene bastant**es** amigos.

These words do not change form when modifying verbs, since they function as adverbs. Use the form that corresponds to the masculine singular.

Come **poco.**
Fuma **bastante.**
Lee **mucho.**
Trabaja **demasiado.**

Come demasiadas golosinas y
demasiados bocadillos.

QUANTIFYING: *NINGUNO (NINGÚN)/NINGUNA, NADA*

To indicate the absence of something, as opposed to its presence, make the sentence negative (and state the noun without the negative adjective **ningún/ninguna***).*

No he comprado garbanzos ni peras.
No hay manzanas en casa.

NOUNS THAT CAN BE COUNTED (USE PLURAL)

No tenemos harina ni arroz.
No pongo sal en los frijoles.

NOUNS THAT CANNNOT BE COUNTED (USE SINGULAR)

If the noun has been mentioned previously it may be deleted in subsequent references.

● ¿Hay fresas?
○ No, no hay.

You could also change the order and say:

○ No, no hay fresas.
○ No, fresas no hay.

To indicate the complete absence of a "countable" noun, as opposed to a certain quantity of it, use **ninguno (ningún)/ninguna.**

No + *verb* + **ningún/a** + *NOUNS THAT YOU CAN COUNT*

En la nevera **no** queda **ninguna manzana.**
Este año **no** he comido **ningún helado.**

If the noun has been mentioned previously, it may be expressed in subsequent references by the pronouns **ninguno/ninguno** *without repeating the original noun:*

● ¿Has comido muchas manzanas?
○ No, **no** he comido **ninguna.**

● ¿Has comido muchos helados?
○ No, **no** he comido **ninguno.**

To ask about the existence or presence of something in English, we use the word **any**:

Are there **any** strawberries?

In the same context, in Spanish we don't need a particle corresponding to **any**:

*¿**Hay** fresas?*

To give a negative answer in Spanish the verb takes a negative form:

*No **hay** manzanas./No **hay** leche.*

This is in contrast to English:

There are no apples./There's no milk.

 ¡ATENCIÓN!
There are several kinds of "countable" nouns that do not follow this rule when they accompany **tener** *and other verbs like it. In these cases, use singular nouns, without articles or adjectives.*

With nouns designating facilities, services, or appliances, of which there tend to be only one in a given location: **piscina, teléfono, aire acondicionado, aeropuerto, garaje, jardín...**

With nouns designating personal objects, garments, facial hair, or jewelry, of which people tend to use or wear just one: **ordenador, coche, chaqueta, barba, bigote, anillo...**

With nouns designating personal relationships: **madre, novio, jefe...**

To indicate the complete absence of a "non-countable" noun, as opposed to a certain quantity of it, use **nada** (**de**).

No + *verb* + **nada de** + *NON-COUNTABLE NOUN*

En la nevera **no** queda **nada de** leche.
Llevan mucho arroz y azúcar, pero **nada de** aceite ni **de** sal.

If the noun has been mentioned previously, use the word **nada**.

● ¿Has puesto mucha harina en este pastel?
○ No, no he puesto **nada**.

Remember:

For "countable" nouns:

No hay **ninguna** *razón.* (There's **no** reason.)
No hay **ninguna**. (There is/are **none**.)

For "non-countable" nouns:

No hay **nada de** *leche.* (There is**n't any** milk.)
No hay **nada**. (There isn't **anything**.)

PESOS Y MEDIDAS
TALKING ABOUT WEIGHTS AND MEASURES

un kilo de carne	1 kg
un litro de leche	1 l
un cuarto de kilo de carne	1/4 kg
un cuarto de litro de leche	1/4 l
medio kilo de carne	1/2 kg
medio litro de leche	1/2 l
tres cuartos de kilo de carne	3/4 kg
tres cuartos de litro de leche	3/4 l
100 **gramos de** jamón	100 g
250 **gramos de** queso	250 g
una docena de huevos	(= 12)
media docena de huevos	(= 6)

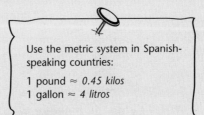

Use the metric system in Spanish-speaking countries:

1 pound ≈ *0.45 kilos*
1 gallon ≈ *4 litros*

¿Cuánto pesa? ¿Un kilo y medio?

No, un kilo y cuarto.

LAS PREPOSICIONES *CON* Y *SIN*
THE PREPOSITIONS CON AND SIN

● ¿Cómo quieres el café?
○ **Con** leche pero **sin** azúcar.

● ¿Te gusta el pan **con** mantequilla?
○ Sí, pero **sin** sal.

9 Gente de ciudad

TAREA ◆ Identificar los problemas de una ciudad universitaria y elaborar un presupuesto.

NUESTRA GENTE ◆ Perú

Cuzco

Arequipa

Lima

184

Gente de ciudad ◆ 9

9-1 Cuatro ciudades peruanas

NOTAS
TN09-01

¿A qué ciudades creen que corresponden estas informaciones? Hay algunas que pueden referirse a varias ciudades. Traten de averiguarlo con la ayuda de las fotos, el mapa y su profesor/a.

P		a	b	c	d	e	f	g	h	i	j	k	l	m	n	ñ	o	p
Cuzco																		
Iquitos																		
Lima																		
Arequipa																		

a. Tiene más de ocho millones de habitantes y es una de las 28 ciudades más pobladas del mundo.
b. Es la segunda ciudad más importante del Perú.
c. Está situada en la sierra al sur del Perú.
d. Es la capital de Perú y la ciudad más grande del país.
e. Es la capital del antiguo imperio inca y Patrimonio de la Humanidad.
f. Se le llama "Ciudad Blanca" porque muchos de sus edificios están construidos con piedra volcánica.
g. Está ubicada a orillas del río Amazonas y es la ciudad más importante de la amazonía peruana.
h. Está a orillas del océano Pacífico y tiene playas por toda su costa.
i. Es una ciudad moderna y cosmopolita con mucho entretenimiento y vida cultural.
j. Su clima es tropical, cálido, húmedo y lluvioso, con una temperatura promedio anual de unos 28°C. La temporada de lluvias es de diciembre a marzo y la seca de mayo a septiembre.
k. En el idioma quechua, su nombre significa "ombligo" o centro del mundo.
l. Sus principales industrias son la madera, el ecoturismo y el comercio fluvial.
m. Tiene un puerto marítimo muy importante: El Callao.
n. Su clima es templado, seco y soleado todo el año, con una temperatura diurna de entre 15°C y 18°C y en las noches de hasta 0°C.
ñ. Sólo se puede llegar a esta ciudad por vía aérea o fluvial.
o. Está rodeada de tres volcanes: Misti, Chachani y Pichu Pichu.
p. Hay muchas iglesias y monumentos de estilo colonial.

EJEMPLO:
E1: Me parece que la A es Lima, porque es la capital de Perú.
E2: Y la B es Cuzco.
E1: ¿Cuzco? No, yo creo que es Arequipa.

9-2 Otras ciudades

NOTAS
TN09-02

¿Puedes decir nombres de otras ciudades del mundo hispanohablante? ¿En qué países están esas ciudades?

9-3 **Calidad de vida**

El municipio[1] (*city council*) de la ciudad o el pueblo donde estudias te da un cuestionario para poder conocer la opinión de los estudiantes universitarios sobre la calidad de vida de ese lugar.

Contesta individualmente al cuestionario. Luego lee tus respuestas y dale una "calificación" global a la ciudad o pueblo (máximo 10, mínimo 0).

MUNICIPIO DE...
Área urbana

Encuesta sobre la calidad de vida

TAMAÑO   SÍ   NO
¿Cree usted que es una ciudad demasiado grande?
¿Piensa que es un pueblo demasiado pequeño?
¿Cree que tiene el tamaño apropiado?

TRANSPORTES Y COMUNICACIÓN
¿Está bien comunicada/o?
¿Hay mucho tráfico? ¿Hay embotellamientos?
¿Funciona bien el transporte público?

CULTURA Y OCIO
¿Hay suficientes instalaciones deportivas?
¿Tiene monumentos o museos interesantes?
¿Hay suficiente vida cultural (conciertos, teatros, cines, conferencias...)?
¿Hay ambiente nocturno (discotecas, restaurantes...)?
¿Son bonitos los alrededores?

ECOLOGÍA
¿Hay mucha contaminación?
¿Tiene suficientes zonas verdes (jardines, parques...)?

CLIMA   SÍ   NO
¿Tiene buen clima?
¿Hace demasiado frío/calor?
¿Llueve demasiado?

COMERCIO   SÍ   NO
¿Es caro?
¿Hay suficientes tiendas?

LA GENTE   SÍ   NO
¿La gente es amable?
¿La gente es participativa?
¿La gente es solidaria?

PROBLEMAS SOCIALES   SÍ   NO
¿Existen problemas de drogas?
¿Hay mucha delincuencia?
¿Hay violencia?

Para mí, lo mejor es _____
Lo peor es _____
Yo pienso que falta(n) _____

[1]En otros países hispanohablantes se llama **ayuntamiento.**

9-4 | G | Mi opinión

Informa a tus compañeros/as de tu decisión. Comenta sobre los aspectos positivos o negativos que consideras más importantes. Compara tus opiniones con las de tus compañeros de grupo.

EJEMPLO:

E1: Mi calificación es 4. A mí me parece que no hay suficientes instalaciones deportivas y, además, hay demasiado tráfico…

E2: Pues yo creo que es un 7 porque hay mucha vida cultural y entretenimiento, y eso es muy importante.

9-5 Prioridades

Imagina que, por razones de trabajo, tienes que vivir dos años en una ciudad del Perú. ¿Qué es lo más importante para ti de una ciudad? Repasa los aspectos (ecología, clima, cultura y ocio, etc.) del cuestionario de 9–3 y establece tus prioridades.

Para mí, lo más importante es _____ y también _____.
Lo menos importante es _____ y _____.

9-6 Dos ciudades peruanas para vivir

Lee los textos. Después, haz una lista de los pros y contras de cada ciudad y luego decide qué ciudad prefieres.

Iquitos

La ciudad de Iquitos, con unos 250.000 habitantes, está a orillas del Amazonas. A pesar de ser la ciudad más grande de la Amazonia peruana, sólo se puede acceder a ella por vía aérea o fluvial. En Iquitos sobreviven algunas muestras arquitectónicas de interés, como la Casa Eiffel, o los lujosos hoteles y casonas de estilo *art nouveau*, decorados con objetos traídos directamente de Europa. Su Biblioteca Amazónica es una de las más importantes de América. En los alrededores de la ciudad existen algunas etnias nativas que mantienen rasgos culturales originales. Iquitos tiene además una vida nocturna de gran vitalidad en el Boulevard del Malecón Maldonado, en el que hay pubs y restaurantes muy concurridos.

Lima

La ciudad de Lima es una metrópoli de 8 millones de habitantes situada a orillas del río Rímac, frente al océano Pacífico. Es una ciudad moderna en constante crecimiento, pero que mantiene la riqueza de su centro histórico, declarado por la UNESCO Patrimonio Cultural de la Humanidad. Lima es el primer centro industrial y financiero del Perú. En esta ciudad se pueden ver muestras del periodo de la cultura prehispánica (como por ejemplo, el santuario de Pachacamac) y del periodo colonial (como la Catedral, la Plaza de Armas o el Convento de Santo Domingo). Además de su maravilloso centro histórico con impresionantes conventos e iglesias, y de sus museos y plazas, también está la Lima moderna, con sus grandes edificios, centros comerciales, modernos hoteles, restaurantes, discotecas y bares y una animadísima vida nocturna. Por supuesto, como toda gran ciudad, Lima sufre de problemas como la contaminación, el tráfico y la inseguridad.

| G | Ahora explica a tus compañeros/as las razones de tu elección.

9-7 ¿Qué hay en las ciudades?

Ahora toda la clase va a observar las tres fotos de la sección Acercamientos y elaborar una lista de vocabulario referido al área de la ciudad.

		LIMA	IQUITOS
pros	1.		
	2.		
	3.		
contras	1.		
	2.		
	3.		

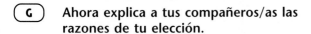

Gente de ciudad ◆ 9

9-8 ¿Lima o Iquitos?

NOTAS
TN09-08

Ahora explica al resto de la clase tu ciudad elegida (en 9–6) haciendo dos comparaciones.

EJEMPLO:

Yo prefiero Lima. Creo que Iquitos es **tan** bonita **como** Lima, pero Lima es **más** grande **que** Iquitos. A mí me gustan las ciudades grandes.

9-9

P

NOTAS
TN09-09

Compara tu ciudad natal con la ciudad en la que estudias. Incluye superlativos para referirte a las características más importantes. Contrasta tu información con la de tu compañero/a.

EJEMPLO:

E1: Mi ciudad tiene **más** discotecas y restaurantes y es **más** bonita **que** ésta. Es divertid**ísima**.

E2: Pues en mi ciudad no hay **tantos** museos **como** en ésta, y además es **más** aburrida. Es aburrid**ísima**.

9-10 Ciudades del mundo

NOTAS
TN09-10

Un/a estudiante piensa en una ciudad mundialmente famosa y dice una frase. Los demás intentan adivinar qué lugar es.

EJEMPLO:

E1: Es una ciudad **donde** hay muchos rascacielos.

E2: ¡Nueva York!

E1: No. Una ciudad **que** está en el océano Pacífico.

E3: Singapur…

E1: ¡Sí!

9-11 Atención a las formas

NOTAS
TN09-11

Lee este texto sobre Cuzco. Fíjate en las palabras en negrita y clasifícalas en tres grupos. Con la ayuda de tu profesor/a, intenta descubrir cómo funcionan.

CUZCO

De día o de noche, Cuzco es una ciudad **que** tiene miles de encantos y atractivos, y **en la que** se puede disfrutar de tantas actividades y diversiones como en una gran ciudad. Es un lugar **donde** se funden la influencia española con el pasado andino, una ciudad **que** vive principalmente de la agricultura y el turismo. Cuzco es una ciudad **a la que** viaja toda persona que visita Perú. Un lugar **del que** nunca se olvida el visitante.

Grupo 1	
Grupo 2	
Grupo 3	

COMPARAR

Lima (L): 8.000.000 habitantes
Arequipa (A): 1.000.000 habitantes

L tiene **más** habitantes **que** A.
A tiene **menos** habitantes **que** L.

L es **más** grande **que** A.
A es **más** pequeña **que** L.

más bueno/a ⟶ **mejor**
más malo/a ⟶ **peor**

INDICAR SUPERIORIDAD

Lima es **la** ciudad **más** grande **de** Perú.

INDICAR IGUALDAD

Luis y Héctor tienen
- **la misma** edad.
- **el mismo** color de pelo.
- **las mismas** ideas.
- **los mismos** problemas.

Esta ciudad tiene
- **tanto** encanto
- **tanta** contaminación
- **tantos** hospitales
- **tantas** iglesias

como la otra.

Arequipa **no** es **tan** grande **como** Lima.

PRONOMBRES RELATIVOS

Es una ciudad…

en la que
donde } se vive muy bien.

que tiene muchos museos.

Son unos pueblos…

en los que
donde } se respira aire puro.

a los que es fácil viajar en carro

ME GUSTA/ME GUSTARÍA...

Me gusta mucho Cuzco.

Me gustaría { ir a Lima.
visitar Lima.
conocer Lima.

Me gusta vivir aquí.

Le gusta vivir cerca del mar.

Me gustaría vivir cerca del mar.

Le gustaría vivir cerca del mar.

EXPRESAR Y CONTRASTAR OPINIONES

A mí me parece que...

Yo (no) estoy
de acuerdo { con Juan.
contigo.
con eso.

A mí me parece que se vive mejor en el campo.

Sí, es verdad.

⮕ **Consultorio gramatical,
páginas 202 a 205.**

9-12 **Me gustan las ciudades grandes**

NOTAS
TN09-12

¿Qué clase de ciudades te gustan? Completa estas frases:

A mí me gustan las ciudades **que**

_____

A mí me gustan las ciudades **en las que**

_____

A mí me gustan las ciudades **donde**

_____

A mí me gustan las ciudades **a las que**

_____

A mí me gustan las ciudades **de las que**

_____

Y ahora completa éstas:

A mí me gustan las ciudades

_____

A mí me gustan las ciudades con/sin

_____

9-13 **¿París, Londres o Lima?**

NOTAS
TN09-13

Elige ciudades para completar las frases.

París	Chicago	Berlín	Moscú
Rabat	Ciudad del Cabo	Lima	La Habana
Teherán	Acapulco	Montecarlo	Amsterdam
Dublín	Hong Kong	Managua	Las Vegas
Helsinki	Ginebra	Viena	Jerusalén
Madrid	Calcuta	Tokio	Londres

- A mí **me gustaría** pasar unos días en _____ porque _____

- A mí **me gustaría** ir de vez en cuando a _____ porque _____

- Yo quiero visitar _____ porque _____

- A mí **me gustaría** trabajar una temporada en _____ porque _____

- A mí **me gustaría** vivir en _____ porque _____

- No **me gustaría** nada tener que ir a _____ porque _____

9-14 **¿Campo o ciudad?**

P

NOTAS
TN09-14

Piensa en las ventajas y desventajas de vivir en el campo o en la ciudad. Aquí tienes algunas ideas. Piensa tú en otras. Luego comenta con tu compañero/a estas ideas.

En el campo...   necesitas el carro para todo.
                  hay **menos** oferta cultural.

En la ciudad...   la vida es **más** cara.
                  hay **más** problemas de tráfico.

     EJEMPLO:

     E1: A mí **me parece que** en el campo necesitas el carro para todo.

     E2: No **estoy de acuerdo,** porque en la ciudad también lo necesitas.

     E1: Sí, pero en el campo es **más** difícil vivir sin carro **que** en la ciudad.

Estrategias para la comunicación oral ◆◆◆◆◆◆◆◆◆◆◆

Collaboration in conversation (I)

Conversation is the most frequent type of communication among people and it is very different from written communication. When conversing, speakers need to take steps to make sure they are understood, and that they understand. In real conversation there is ambiguity and repetition, sentences are shorter and often incomplete, and there is little time for planning. Speakers usually help each other out by completing each others' sentences, using or repeating the other speaker's words, making sure that they are understood, and making sure that they understand. Remember that intonation and gestures are every bit as important as grammar or vocabulary. Although it is important to pay attention to the linguistic aspects of what you say, it is also vital to make sure that communication is **effective** by collaborating with your interlocutors.

A

Read the following transcript of a conversation between Gracia, a Peruvian girl, and some of her friends. They all give their opinions about the same topic (*el campo o la ciudad*) but in different ways. Then listen to the conversation. Identify which collaboration strategies they are using.

- ● *Yo creo que se vive mejor en el campo que en la ciudad.*
- ○ *No, no, no, para nada...*
- ❑ *No, para nada. Se vive muy aburrido en el campo.*
- ○ *¿El campo? El campo es insoportable. No hay nada que hacer.*
- ❑ *El campo... Y en verano, con los mosquitos y el calor...*
- ○ *Sí, te mueres de calor, y además que todo el mundo conoce tu vida y... Es mucho mejor la ciudad.*
- ❑ *Muchísimo mejor. Más movida, más... ¿comprendes lo que quiero decir?*
- ○ *Sí, el campo es para pasar un día y volver a la ciudad, ¿no?*
- ❑ *Exacto...*
- ○ *Claro, poder ir o estar cuando quieras...*
- ■ *¿Al campo?*
- ○ *Sí, ir y volver, claro. Pero vivir definitivamente allá, no.*
- ● *Bueno, también hay gente que prefiere una vida sana y... y que tiene una profesión que le permite estar... estar en el campo. Quizá sí... les va bien. Respiran un aire puro... ¡qué sé yo!*

9–15   **Tu ciudad**

P

Prepara una lista de preguntas para tu compañero/a sobre la ciudad, pueblo o comunidad en el/la que vive normalmente: cómo es, donde está, qué hay... Tu compañero/a va a hacer lo mismo. Luego conversen sobre sus ciudades.

NOTAS
TN09-15

Atención: traten de usar algunas de las estrategias de colaboración, como repeticiones, comprobar que su compañero/a comprende, etc.

EJEMPLO:
E1: ¿Cómo es el pueblo en el que vives?
E2: Pues es bastante grande... hay mucho que hacer y ver.

9–16   **Adivina, adivinanza**

G

Un miembro del grupo piensa en algo que se puede encontrar en una ciudad. Luego formula frases y los demás deben adivinar qué es.

NOTAS
TN09-16

EJEMPLO:
E1: Es un espacio donde vive gente.
E2: ¡Ya lo sé! Una casa.
E1: No, pero es alto, y vive mucha gente.
E3: Ah, no, no... un edificio.

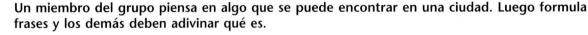

¿El Barrio Chino o Barranco?

Están en Lima visitando la ciudad. Hoy tienen que decidir qué área de la ciudad desean visitar, de las dos que se ofrecen. Después de leer la información, decidan a dónde van. No olviden que deben hacer comparaciones y llegar a un acuerdo.

El Barrio Chino

La colonia china en el Perú es la tercera en importancia fuera de la República de China, con más de 300.000 chinos. El Barrio Chino está ubicado en pleno centro histórico de Lima, a muy pocas cuadras del Congreso y del Palacio Presidencial. En esta parte de la ciudad, bohemios, compositores e intelectuales visitan sus conocidos salones de té, pastelerías y restaurantes (chifas) de comida china cantonesa acriollada que hoy forman parte importante de la gastronomía peruana. En esta zona de la capital peruana destacan el Arco Chino, la iglesia de las Trinitarias o el Molino de Santa Clara, entre otros monumentos interesantes.

Barranco

Actualmente, Barranco es el principal barrio bohemio y nocturno de Lima. Aquí se ven casonas de estilo colonial y floridos parques, calles y avenidas, además de acogedores sitios frente al mar. Su clima es seco, a diferencia de otros distritos de la ciudad que son húmedos. En esta parte de la ciudad hay numerosos restaurantes donde se puede degustar la variada gastronomía peruana a cualquier hora. Los espectáculos musicales y culturales abundan en sus calles arboladas y en acogedores rincones sobre el mar. Se debe visitar el viejo Puente de los Suspiros, rincón predilecto de los enamorados, y su malecón de cara al Circuito de Playas de la Costa Verde.

EJEMPLO:

E1: A mí me parece que el Barrio Chino es más interesante, porque es más exótico, ¿no?

E2: ¿Más interesante que Barranco? Yo creo que no... que Barranco tiene más cosas que ver...

E1: Bueno, los dos tienen, pero el Barrio Chino es el tercero más importante del mundo...

Juego de papeles. ¿Nueva York o Los Ángeles?

Situación: Un/a chico/a peruano/a quiere visitar los EE.UU. en febrero, pero sólo puede ir a una ciudad: Nueva York o Los Ángeles. Le pide su opinión a su amigo/a estadounidense.

ESTUDIANTE A

Eres un/a chico/a de Lima y quieres visitar los EE.UU. por primera vez. Te gustan las ciudades grandes pero no puedes decidir si quieres ir a Nueva York o a Los Ángeles. Pide su opinión a tu amigo/a estadounidense. Quieres comparar varios aspectos para elegir mejor.

■ No te gusta manejar y prefieres el transporte público.

■ No te gusta el frío.

■ Te gusta la vida nocturna.

ESTUDIANTE B

Tu amigo/a de Lima quiere visitar los EE.UU. por primera vez. Le gustan las ciudades grandes pero no puede decidir si quiere ir a Nueva York o a Los Ángeles. Ayuda a tu amigo/a dándole tus opiniones sobre estas ciudades y comparando los aspectos que le interesan.

■ Sabes mucho de Nueva York y poco de Los Ángeles.

■ Te gustaría vivir en Los Ángeles.

■ No te gustan los rascacielos.

◆ Identificar los problemas de una ciudad universitaria y elaborar un presupuesto.

◆ PREPARACIÓN ◆

Una ciudad universitaria se parece bastante a una ciudad real, con sus calles, tiendas, lugares de ocio, viviendas o dormitorios universitarios... Lee estas informaciones sobre una ciudad universitaria que tiene 45.000 estudiantes. Tus compañeros/as y tú van a tener que tomar decisiones importantes sobre el futuro del campus.

CAMPUS UNIVERSITARIO VILLANUBLA

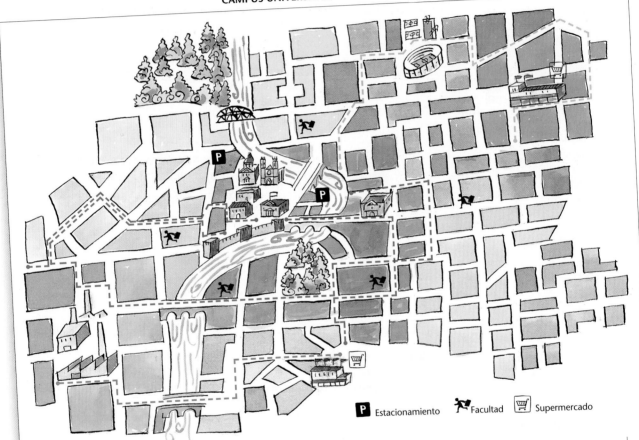

P Estacionamiento   🏃 Facultad   🛒 Supermercado

TRANSPORTES Y COMUNICACIÓN

- Pocas líneas de transporte público llegan al campus.
- No hay transporte para ir de una parte a otra del campus.
- Hay graves problemas de estacionamiento, ya que sólo existen dos estacionamientos con capacidad para 600 carros. El decanato dice que no va a construir más estacionamientos.

COMERCIO

- Hay pocas tiendas y sólo dos supermercados en el campus

(uno de ellos muy lejos de todo).
- Todo es carísimo.
- Una cadena de hamburguesas quiere construir dos hamburgueserías, pero no hay otras alternativas.
- La comida de las cafeterías es muy mala.

CULTURA Y OCIO

- Hay un solo cine y un teatro. El teatro tiene graves problemas económicos y el edificio está en muy mal estado.

- La biblioteca es muy pequeña.
- Hay dos bares.
- Instalaciones deportivas: Hay un estadio de fútbol, una piscina descubierta y un complejo deportivo (baloncesto, tenis y gimnasio). No hay piscina cubierta ni canchas de tenis.

VIVIENDA

- Las residencias estudiantiles son muy pequeñas y las habitaciones también.
- No hay casas individuales para los estudiantes.

SALUD

- Hay un ambulatorio estudiantil pero no hay hospital. Hay pocos médicos.

SERVICIOS PARA FAMILIAS

- No hay guardería para estudiantes con hijos.

SEGURIDAD

- La delincuencia ha aumentado un 22% respecto al año anterior.
- No hay policía en el campus.

LES SERÁ ÚTIL...

Para mí/nosotros...

lo más { grave / urgente / importante / necesario } es...

Es { urgente / fundamental / importante } hacer/construir...

Yo pienso que...
Nosotros pensamos que...

A mí me parece que...
A nosotros nos parece que...

Eso es verdad, pero...
Eso no es verdad.

(A) **Paso 1:** Escucha ahora la encuesta de radio hecha a algunos estudiantes. Escribe cuáles son los problemas que tiene la ciudad.

1. _____
2. _____
3. _____
4. _____
5. _____
6. _____

Paso 2: Lo más importante es...
Formen grupos de cuatro y decidan cuáles son los cuatro problemas más urgentes de la ciudad.

Lo más urgente es...

1. _____
2. _____
3. _____
4. _____

Paso 3: Ahora hay que hacer un presupuesto para solucionar los problemas. Ustedes tienen 1.000 millones para invertir en infraestructura nueva. ¿Cuántos destinan a cada problema?

Concepto	Cantidad

(W) **Paso 4:** Ahora escriban un informe con toda la información anterior.

EJEMPLO:
Lo más importante es la falta de estacionamientos. Es fundamental construir más y por eso vamos a invertir 200 millones para construir 3 nuevos estacionamientos.

Paso 5: Informe para la clase
Su portavoz va a defender los presupuestos de su grupo ante las autoridades del campus. Los otros estudiantes pueden criticarlos.

Paso 6: La clase, con la ayuda de su profesor/a, compara los presupuestos de los diferentes grupos con respecto a los tres problemas más graves.

EJEMPLO:
El grupo 2 dedica más dinero a los estacionamientos que nosotros.

nuestra gente Perú

Exploraciones

 GENTE QUE LEE

Estrategias para leer ◆

Applying knowledge about word order in Spanish

In Spanish, the order of the words that make up a sentence is quite flexible. This means that

1. the subject of a sentence can appear before or after the verb:
   a. *__Juan__ me llama todos los días.*
   b. *Todos los días me llama __Juan__.*
2. the direct object can appear before or after the verb as well:
   a. *Juan compra __los boletos para Perú__.*
   b. *__Los boletos para Perú__ los compra Juan.*

Usually, the most important elements are moved to the front of the sentence for emphasis. Thus, in the case of 1.b., the writer wants to emphasize the fact that it is everyday that Juan calls him. In the case of 2.b., the emphasis is on the tickets and not on who purchases them.

Keep these word order issues in mind when reading a text. To read efficiently and avoid misunderstandings, identify the subject of the verb. Then, look for the verb ending: what is its referent?

Now identify the subject and direct object in the following sentences:

a. *Los idiomas oficiales del Perú son el castellano y el quechua. La lengua quechua la habla el 24% de la población peruana.*
b. *En Perú está la antigua ciudadela inca de Machu Picchu.*
c. *A la costa de Perú puede usted viajar de diciembre a abril (verano), pero a la sierra no.*

ANTES DE LEER

9–19 **Grandes ciudades**
P Contesta las siguientes preguntas y después intercambia la información con tu compañero/a.

- ¿Eres de una gran ciudad, de una ciudad pequeña o de un pueblo? ¿Cuál de estos tres lugares prefieres? ¿Por qué? Compara uno con el otro.
- ¿Qué tiene de atractivo la ciudad de donde eres? ¿Cuáles son los lugares más interesantes, las zonas más conocidas? ¿Hay buenas comunicaciones con otras ciudades o países?
- ¿En qué ciudad no te gustaría vivir? ¿Por qué? ¿Qué tiene de malo esta ciudad?

9–20 **Activando estrategias**

- Lee por encima el texto, su título y el mapa. ¿De qué crees que trata?
- Mira su estructura y formato, y lee las frases temáticas de cada párrafo. ¿Qué tipo de texto es: informativo o argumentativo? ¿Cómo lo sabes?
- ¿Qué campos semánticos de vocabulario esperas encontrar?

A LEER

Lima, la ciudad de los reyes

Se dice que el fundador de Lima, Francisco Pizarro, dio a Lima el nombre de ciudad de los Reyes porque coincidió con la fecha en que los Reyes Magos se encaminaron a Belén. Sin embargo, según la historiadora María Rostworowski, el nombre es un homenaje al emperador Carlos V de Austria y primero de España y a su madre, la reina Juana.

Hoy, en la primera década del siglo XXI, "Lima Metropolitana" es una ciudad de más de 8 millones de habitantes (un tercio de la población total del Perú) y en proceso de megalopolización. Esta **superpoblación** es producto de la migración rural de las últimas décadas, especialmente desde los años 60 del siglo XX. Lima concentra más del 75% de la producción industrial y es el centro financiero del país. Lima aplica como ninguna otra ciudad del país el concepto de **comodidad**, ya que facilita la vida de sus habitantes manteniendo muchos de los restaurantes, farmacias, supermercados, **gasolineras** (en Perú llamadas *grifos*), bancos, centros comerciales y tiendas abiertos al público 24 horas al día.

Lima ofrece impresionantes construcciones coloniales, museos que recrean el milenario pasado peruano en arqueología, historia y arte, y yacimientos arqueológicos **preincaicos**. El Centro Histórico **alberga** monumentos históricos de valor incalculable. La Plaza de Armas es el punto de partida para conocer Lima y la Catedral está a un costado de la plaza. El Palacio de Gobierno, o Casa de Pizarro, es la vivienda del Presidente. La plaza de San Martín, dedicada al famoso libertador y una de las más lindas de Lima, está muy cerca. Para conocer mejor la cultura peruana, lo mejor es visitar alguno de los numerosos museos de Lima, como el Museo Arqueológico Rafael Larco Herrera, que expone la mayor colección de cerámica precolombina, o el Museo del Oro, colección privada con miles de piezas de oro de las diferentes culturas precolombinas. Es posible también encontrar un legado arqueológico en diferentes construcciones y templos. Entre los más conocidos están: Pachacámac, centro de peregrinación prehispánico, y los centros ceremoniales de Huallamarca y Huaca Pucllana.

San Isidro, Barranco y Miraflores son los distritos de mayor **atractivo** turístico de la ciudad. San Isidro es un área residencial con algunos hoteles, buenos restaurantes, centros comerciales y un bonito parque. El distrito de Barranco alberga a artistas y escritores y por las noches ofrece agradables espectáculos de todo tipo. Finalmente, los mejores establecimientos hoteleros, restaurantes, centros comerciales, salas de espectáculos y discotecas están en el distrito de Miraflores. <u>En Miraflores está también el parque Kennedy</u>, punto de reunión de artistas y bohemios.

DESPUÉS DE LEER

9-21 **Activando estrategias**

1. ¿Qué significa la palabra **superpoblación**? ¿Puedes dividirla en partes? ¿Qué categoría es: nombre o adjetivo?
2. Si **gasolina** significa *gas*, ¿qué significa la palabra **gasolinera**?
3. ¿Qué significa la palabra **comodidad**? Tiene un sufijo **-idad**. ¿Cómo se forma esta palabra? ¿De qué palabra viene? ¿Es nombre o adjetivo?
4. Divide la palabra **preincaico** en tres partes. ¿Es nombre o adjetivo? ¿Qué significa?

5. Busca la palabra **atractivo** en el diccionario. Primero identifica la categoría: ¿es nombre, verbo, adjetivo? Mira el contexto.
6. Según su contexto, ¿qué significa la palabra **alberga**? ¿Es nombre o verbo?
7. Lee la frase subrayada en el último párrafo e identifica el sujeto, verbo y predicado. ¿Comprendes mejor?

9-22 **¿Entendiste?**

1. ¿Por qué Lima es una ciudad superpoblada?
2. ¿Qué tipo de lugares están abiertos en Lima 24 horas al día?
3. Según el mapa, ¿qué está más lejos del centro histórico: Barranco, Miraflores o San Isidro?
4. ¿Dónde voy si quiero ver cerámica precolombina?
5. ¿Y si quiero salir por la noche y divertirme?

9-23 **Expansión**

Después de leer el texto y conocer más de Lima, ¿qué te sorprende más? ¿Qué es lo más interesante? ¿En qué se diferencia de la ciudad donde estudias?

GENTE QUE ESCRIBE

Estrategias para escribir ◆ ◆ ◆ ◆ ◆ ◆ ◆ ◆ ◆ ◆ ◆ ◆ ◆ ◆ ◆ ◆ ◆ ◆

Adding details to a paragraph

We saw in Chapter 8 that every sentence in a paragraph should contribute details that develop the idea stated in the topic sentence. Once you have a topic sentence, make a list of ideas in Spanish that are related and develop the topic. Then, organize them in a logical sequence. Write the paragraph out and try to make it flow by using discourse markers and referent words. Eliminate anything you do not consider important. Lastly, rewrite your paragraph.

Look at the following topic sentence:

Cuzco es un ejemplo de ciudad inca precolombina.

Which of the following information is not related?

- *Es una ciudad construida con piedra tallada o adobe.*
- *En Perú hay muchas ciudades precolombinas.*
- *Cuzco tiene una Gran Plaza en el centro.*
- *Las calles de Cuzco son estrechas y rectas.*

Observe the final paragraph: it includes two connectors, *y* and *que* (relative pronoun):

*Cuzco es un ejemplo de ciudad inca precolombina. Es una ciudad construida con piedra tallada o adobe **que** tiene una Gran Plaza en el centro **y** calles estrechas y rectas.*

You may want to add still more details, but they must always relate to the topic sentence and should flow smoothly and connect logically.

9-24 **Carta al alcalde de tu ciudad**

Haz una lista con los tres problemas principales que tiene tu ciudad (tráfico, contaminación, falta de servicios, etc.) y otra lista con las tres soluciones posibles. Después escribe una carta al alcalde (*mayor*) para exponerle los problemas y ofrecer soluciones. Van a publicar la mejor carta en el periódico en español.

Primero escribe el párrafo inicial donde presentas el tema y las razones de la carta. Luego escribe tres párrafos más con sus respectivas frases temáticas. Empieza con la frase temática y luego desarrolla el párrafo con todos los detalles pertinentes. Finalmente, escribe el párrafo final.

¡ATENCIÓN!

✦ Asegúrate de que
- has pensado en el propósito y el lector de esta carta,
- las frases temáticas son adecuadas,
- hay una secuencia lógica,
- hay cohesión y coherencia dentro de cada párrafo y entre párrafos,
- la carta tiene un registro adecuado (tú o usted/ustedes).

✦ Revisa el borrador de tu carta siguiendo los PPE (página 14).

Beyond the sentence ◆

Connecting information using relative pronouns

In this chapter we have studied how relative pronouns are used to join certain types of sentences that are dependent on one another. In these sentences, there are two pieces of information: the main idea and the secondary one, which provides more details or adds another idea. They are joined using a relative pronoun, a very useful device that helps you write beyond the sentence. Thus, instead of writing two separate sentences such as

Lima es una ciudad muy bonita. Tiene muchos monumentos.

you may want to integrate the second bit of information so you have one longer sentence:

*Lima es una ciudad muy bonita **que** tiene muchos monumentos.*

Do not forget to use prepositions when needed. If the person or thing we are talking about is preceded by a preposition, then we need to include the preposition plus the corresponding definite article (*el, la, los, las*). Given the two sentences:

*Lima es una ciudad muy bonita. Voy **a** Lima todos los veranos.*

we would join them as follows:

*Lima es una ciudad muy bonita **a la que** voy todos los veranos.*

Joining sentences like this is a complex process that requires practice. Start by reviewing your writing and identifying sentences that should be joined together.

9–25
PW

NOTAS
TN09-23

Un folleto ecológico

Forman parte de (*you belong to*) un grupo ecológico y tienen que elaborar un pequeño folleto que describe la ciudad más ecológica (una ciudad hipotética). Preparen una lista de características de una ciudad que respeta el medio ambiente (*environment*).

Es una ciudad…
1. en la que se recicla toda la basura.
2. con aire tan puro como el aire del campo.
3. _____
4. _____

5. _____
6. _____
7. _____
8. _____

Luego escriban su folleto con tres párrafos (inicial, características y final).

¡ATENCIÓN!

✦ El texto debe incluir comparaciones y frases relativas. Demuestren que conocen vocabulario específico del tema.

✦ Revisen su borrador siguiendo los PPE (página 14). Presten atención especialmente a la organización y la cohesión del texto y en particular a las frases relativas.

Gente de ciudad ◆ 9

Comparaciones

9–26

NOTAS
TN09-24

Ciudades antiguas, ciudades modernas...
¿Desde cuándo crees que existen las ciudades? ¿Sabes cuál es la ciudad más antigua del mundo? ¿De América? Lee este texto.

Caral, la primera ciudad de América

El reciente descubrimiento arqueológico de una ciudad de cinco mil años de antigüedad en el norte de Perú es de una magnitud extraordinaria, porque permite mostrar que, cuando las civilizaciones de Mesopotamia, China, Egipto e India florecían (*were flourishing*), lo mismo sucedía (*was happening*) en el antiguo Perú con Caral. La preincaica ciudad de Caral está en el valle de Supe, a 200 kilómetros al norte de Lima, en el Perú. Se trata de la ciudad y la cultura más antiguas del continente americano.

El sitio arqueológico de Caral-Supe es una de las primeras cunas de la civilización del mundo. El hallazgo arqueológico de Caral hace necesario rescribir la historia de la humanidad desde su origen. Es difícil mantener que Egipto y Mesopotamia son la cuna de la civilización cuando en épocas similares una civilización de gran complejidad estaba en pleno desarrollo en el Perú. Según las pruebas de radiocarbono, Caral demuestra que en el resto de América el desarrollo urbano comienza 1.550 años después que en Perú.

PERÚ   BRASIL

Valle de Supe

Caral   •
Lima ✪

OCÉANO
PACÍFICO

CHILE

¿Cómo era Caral entre los años 3000 a.C. y 1600 a.C.?

Caral era (*was*) una ciudad de 65 hectáreas y de alrededor de 3.000 habitantes. Sus construcciones de arquitectura monumental (por ejemplo, en el centro urbano) y residencial indican la existencia de una economía sólida y de una sociedad con una organización sociopolítica estatal, con una élite gobernante y una población dedicada a la producción agrícola y a la construcción de obras. Con el paso del tiempo las construcciones en Caral tienen estructuras cada vez más complejas, lo que indica la evolución de las técnicas de construcción y el conocimiento de las ciencias exactas (aritmética, geometría, astronomía) de las antiguas culturas peruanas.

Caral tiene algunos de los mayores edificios encontrados en el valle de Supe, con plataformas en las que caben dos estadios de fútbol y construcciones de cinco plantas. Algunas de las 32 pirámides encontradas tienen hasta 18 metros de altura. Al pie del Templo Mayor y de La Pirámide del Anfiteatro hay grandes plazas circulares que eran (*were*) espacios de congregación para los habitantes de la ciudad. Actualmente los arqueólogos están excavando cuatro zonas residenciales de diferente tamaño y calidad de material de construcción.

The Field Museum, Neg#000, Chicago, Jonathan Haas

- ¿Qué similitudes y qué diferencias encuentras entre una ciudad antigua como ésta y el concepto de ciudad moderna?
- ¿Por qué es importante recuperar los restos de estas ciudades? ¿Qué nos muestran las ruinas de una ciudad milenaria sobre las sociedades que las habitan?

9–27 ¿Y en tu país?
Piensa en las primeras ciudades conocidas de tu propio país. ¿Cómo son? ¿De qué época son? ¿Quién las construye?

9–28 ¿Sabes qué es Machu Picchu?

A Escucha a un arqueólogo peruano que describe esta antigua ciudadela inca.

Resume brevemente la información que da el profesor sobre Machu Picchu.

¿Qué es Machu Picchu?	
¿Cómo es?	
¿Qué función tiene?	
¿Cuales son dos de sus misterios?	1) 2)

9–29 Arqueología
¿Cuáles son otros ejemplos de restos arqueológicos importantes en países hispanohablantes? ¿Cuáles son los más famosos?

9–30 Dos definiciones de arqueología
Comparen estas dos definiciones y decidan con cuál están más de acuerdo.

Es la ciencia que reconstruye por métodos de investigación y estudio las culturas antiguas, para conocer nuestro pasado, explicar nuestro presente y establecer pautas hacia el futuro.

Es una ciencia sin barreras y con un horizonte real. Por más que se camina, jamás se alcanza ese horizonte.

VOCABULARIO

La ciudad y los servicios

acera (la)	sidewalk
alcalde (el), alcaldesa (la)	mayor
alrededores (los)	surroundings, outskirts
aparcamiento (el)	parking
avenida (la)	avenue
ayuntamiento (el)	city council
barrio (el)	neighborhood
cafetería (la)	coffee shop
calidad de vida (la)	quality of life
calle (la)	street
carretera (la)	road
casco antiguo (el)	historic district
catedral (la)	cathedral
centro (el)	downtown
ciudad universitaria (la)	college campus
ciudadano/a (el/la)	citizen
colegio (el)	school
distrito (el)	district
edificio (el)	building
escuela (la)	school
espectáculos (los)	shows
estacionamiento (el)	parking
estadio (el)	stadium
fábrica (la)	factory
fiestas populares (las)	celebrations
gasolinera (la)	gas station
gimnasio (el)	gym
guardería (la)	daycare, preschool
habitante (el)	inhabitant
iglesia (la)	church
jardín (el)	garden
línea de autobús (la)	bus line
lugar (el)	place
monumento (el)	monument
municipio (el)	city council
museo (el)	museum
ocio (el)	leisure
parque (el)	park
peatón (el)	pedestrian
piscina (la)	swimming pool
plaza (la)	square
población (la)	population
presupuesto (el)	budget

puente (el)	bridge
puerto (el)	harbor
rascacielos (el)	skyscraper
residencia estudiantil (la)	dorm
río (el)	river
salud (la)	health
semáforo (el)	traffic light
señal de tráfico (la)	traffic sign
supermercado (el)	supermarket
templo (el)	temple
urbanización (la)	housing development
vida nocturna (la)	nightlife
visitantes (los)	visitors
vivienda (la)	housing
zona peatonal (la)	pedestrian zone
zona verde (la)	park

Problemas de la ciudad

basura (la)	garbage, trash
caos (el)	chaos
construcción (la)	construction
contaminación (la)	pollution
delincuencia (la)	crime
desempleo (el)	unemployment
droga (la)	drugs
embotellamiento (el)	traffic jam
humo (el)	smoke
olor (el)	smell
pobreza (la)	poverty
ruido (el)	noise
violencia (la)	violence

El clima y el medio ambiente

aire (el)	air
calor (el)	heat
clima (el)	climate, weather
ecología (la)	ecology
frío (el)	cold
lluvia (la)	rain
medio ambiente (el)	environment
niebla (la)	fog
nieve (la)	snow

Adjetivos

acogedor/a	*welcoming, friendly*
ambiental	*environmental*
antiguo/a	*old*
bien/mal situado/a	*well/badly located*
cálido/a	*warm*
caluroso/a	*hot*
colorido/a	*colorful*
desordenado/a	*chaotic*
grave	*serious*
habitable	*habitable, livable*
húmedo/a	*humid*
inhabitable	*uninhabitable*
limpio/a	*clean*
moderno/a	*modern*
nublado/a	*cloudy, overcast*
peatonal	*pedestrian*
peligroso/a	*dangerous*
poblado/a	*populated*
seco/a	*dry*
soleado/a	*sunny*
sucio/a	*dirty*
superpoblado/a	*overpopulated*
templado/a	*mild, temperate*

Verbos

aburrirse	*to get bored*
construir (y)	*to build*
contaminar	*to contaminate*
crecer (zc)	*to grow*
criticar	*to criticize; to critique*
destinar	*to assign*
disponer de (*irreg.*)	*to have*
divertirse (ie)	*to have fun*
faltar	*to be lacking*
funcionar	*to function; to work*
instalar	*to install*
instalarse	*to settle down*
invertir (ie)	*to invest*
llover (ue)	*to rain*
manejar	*to drive*
ocurrir	*to happen*
rebasar	*to exceed*
recibir	*to receive*
reciclar	*to recycle*
rodear	*to surround*

CONSULTORIO GRAMATICAL

COMPARAR
COMPARATIVES

Lima: 8.000.000 habitantes
Arequipa: 1.000.000 habitantes

Lima tiene **más** habitantes **que** Arequipa.
Lima es **más** grande **que** Arequipa.
Arequipa tiene **menos** habitantes **que** Lima.
Arequipa es **más** pequeña **que** Lima.

> Remember: *más... que* = more... than
> *menos... que* = less... than
> *mejor* = better
> *peor* = worse
> *mayor* = older/bigger
> *menor* = younger/smaller
> *el/la/los/las... más* = the most...

Some adjectives have special forms.

bueno/a	**mejor**	**Lo mejor es vivir en el campo.**
malo/a	**peor**	**Es peor vivir en la ciudad.**

TO REFER TO AGE

grande	**mayor**	**Ana es mayor que mi padre.**
pequeño/a	**menor**	**Rául es menor que su novia.**

When referring to size you can use one of two forms: **mayor** *or* **más grande,** *and* **menor** *or* **más pequeño.**

LA SUPERIORIDAD
THE SUPERLATIVE

Lima es **la** ciudad **más** grande del Perú.
El Amazonas es **el** río **más** caudaloso del Perú.

LA IGUALDAD/DESIGUALDAD: TAN, TANTO/A/OS/AS, MISMO/A/OS/AS
COMPARISONS OF EQUALITY

Comparisons of equality involving a noun use **tanto** + *noun* + **como**... *The adjective* **tanto** *must agree in gender and number with the noun:* **tanto/a/os/as... como.**

Arequipa
(**no**) tiene **tanto** turismo rural **como**
(**no**) tiene **tanta** contaminación **como**
(**no**) tiene **tantos** restaurantes **como**
(**no**) tiene **tantas** zonas verdes **como**
Iquitos.

Son dos regiones muy diferentes.

Claro, no tienen el mismo clima.

With comparisons of equality involving actions (verbs), the form of **tanto** *never changes:* **tanto... como.**

María (**no**) duerme **tanto como** Laura.

When modifying adjectives, the adverb **tan** *never changes:*
tan... como.

María es **tan** trabajadora **como** Laura.

*Comparisons of equality between nouns may also be
expressed with the adjective* **mismo/a/os/as.**

Los dos apartamentos tienen **el mismo** tamaño.
Anabel y Héctor tienen **la misma** edad.
Las dos compañías tienen **los mismos** problemas.
Los dos hermanos tienen **las mismas** ideas.

> When you use the word *tanto* with a noun in
> Spanish it functions as an adjective, and so it has to
> agree in gender and number.
>
> Non-countable nouns and their adjectives are always
> singular.
>
> With verbs:
> **tanto como** = as much as
>
> With adjectives:
> **tan... como** = as ... as
>
> Also: **el mismo/la misma/los mismos/las
> mismas** = the same

PRONOMBRES RELATIVOS
RELATIVE PRONOUNS

*Relative pronouns introduce relative or adjectival clauses (with the same
function as an adjective).*

Es una ciudad **que tiene mucha belleza** = Es una ciudad
muy bella.

The relative pronoun **que** *does not require a preposition when it replaces
a subject or a direct object (except when the direct object requires the
personal* **a**).

Es una persona **que** tiene mucha paciencia.
(Esa persona tiene mucha paciencia.)
Es un plato **que** comemos mucho en Perú.
(Comemos mucho ese plato en Perú.)

*Relative pronouns require a preposition when they replace any other part
of the sentence that originally had a preposition.*

> Relative clauses give us more
> information about a noun. In
> Spanish the use of *que* followed
> by a clause with more details is
> very common, while in English it
> is more common to concentrate
> that information in the form of
> an adjective:
>
> *Es una persona* **que** *tiene mucha
> experiencia.* = He's a very
> experienced person.
>
> *Es un plato* **que** *comemos mucho
> en Perú.* = It's a very popular
> Peruvian dish.

Es una persona que hace yoga.

Es un lugar   **en el que**
Es una ciudad   **en la que**   } se vive muy bien.
Es un lugar/una ciudad   **donde**
(**En** ese lugar/**En** esa ciudad se vive muy bien.)

Es un lugar   **al que**
Es una ciudad   **a la que**   } voy mucho.
Es un lugar/una ciudad   **adonde**
(**A** ese lugar/**A** esa ciudad voy mucho.)

Es un lugar   **por el que**
Es una ciudad   **por la que**   } paso cada día.
Es un lugar/una ciudad   **por donde**
(**Por** ese lugar/**Por** esa ciudad paso cada día.)

ME GUSTA/ME GUSTARÍA
EXPRESSING LIKES AND WISHES

To express likes and dislikes use the verb **gustar** *in the present tense.*

> **Me gusta** mucho este barrio.

To express wishes or desires it is common to use the conditional form, **gustaría.**

> **Me gustaría** { vivir en este barrio.
> comprar un apartamento.

Constructions with **gustaría** *can also be used to politely decline an invitation.*

> **Me gustaría** poder ir con Uds. pero hoy no puedo.

¿Vienes al cine con nosotros?

Me gustaría, pero no puedo.

EXPRESAR Y CONTRASTAR OPINIONES
EXPRESSING AND CONTRASTING OPINIONS

To give your opinion, you can use:

Para mí,
Yo pienso que   }   + *OPINION*
A mí me parece que   se necesita una escuela nueva.
Yo creo que

	PENSAR
(yo)	**pie**nso
(tú)	**pie**nsas
(él, ella, usted)	**pie**nsa
(nosotros/as)	**pe**nsamos
(vosotros/as)	**pe**nsáis
(ellos, ellas, ustedes)	**pie**nsan

When others give their opinion, we can react by agreeing, disagreeing, and/or adding more arguments to theirs.

Yo (no) estoy de acuerdo { **con** lo que dice Juan.
contigo.
con eso.

Sí, tienes razón.

Sí, claro,
Eso es verdad, pero }   + *OPINION*
Bueno,

> In Spanish the preposition **with** in the first and second persons is just one word and has a special form: *conmigo, contigo.*
>
> *Dice que quiere ir* **contigo**. = He/She says she wants to go **with you**.

*To refer back to an idea that has just been expressed, use **eso**.*

Eso {
no es verdad.
es una tontería.
está bien.
}

To establish priorities:

INFINITIVE

Lo más {
grave
urgente
importante
necesario
}   **es**   solucionar el problema de la escuela.
NOUNS
es   la escuela nueva.
son   las escuelas nuevas.

Es {
importantísimo
fundamental
urgente
necesario
}   construir una escuela nueva.

> In this context *lo más* + *adjective* expresses the highest priority. The neuter article *lo* expresses the Spanish equivalent of the English **the thing** or **the idea**: **The most** important **thing** now is to talk to her. = ***Lo más*** importante ahora es hablar con ella.

HABLAR DEL CLIMA
TALKING ABOUT THE WEATHER

Tiene un clima {
muy duro/suave/agradable.
tropical/templado/húmedo/seco.
}

En {
verano
invierno
primavera
otoño
}
(no) llueve/llueve mucho.
(no) nieva.
(no) hace frío/calor/sol/buen tiempo/mal tiempo…
hay niebla/tormentas/viento/huracanes…

> In English one talks about the weather using the "dummy subject" **it**, a pronoun for inanimate subjects. In Spanish the same idea is conveyed by not using a subject pronoun at all: *Hace calor/Llueve…* = **It's hot/It's raining…**

VIAJES DE COLÓN 1492–1503:

← Primer viaje 1492–93
← Segundo viaje 1495–96
← Tercer vieje 1498–1500
← Cuarto viaje 1502–03

10–1 Fechas importantes
NOTAS
TN10-01
Mira las fotos 1 y 5 y asocia cada una con un evento histórico.

Ahora mira estas fechas y estos eventos. Relaciona cada uno con su fecha correspondiente.

1992	CHILE CONSIGUIÓ SU INDEPENDENCIA DE ESPAÑA
1971	EL POETA CHILENO PABLO NERUDA GANÓ EL NOBEL DE LITERATURA
16/09/1810	ELIGIERON A SALVADOR ALLENDE PRESIDENTE DE CHILE
1536	CRISTÓBAL COLÓN LLEGÓ A AMÉRICA
1990	COMENZÓ LA GUERRA CIVIL DE EE.UU.
12/04/1861	NEIL ARMSTRONG PUSO PIE EN LA LUNA
1818	CHILE RECUPERÓ SU DEMOCRACIA
20/07/1969	TIM BERNERS-LEE INVENTÓ LA *WORLD WIDE WEB*
1970	MÉXICO SE INDEPENDIZÓ DE ESPAÑA
12/10/1492	COMENZÓ LA REVOLUCIÓN CASTRISTA EN CUBA
1953	EL CONQUISTADOR DIEGO DE ALMAGRO LLEGÓ A CHILE
10/1990	SE INAUGURARON LOS JUEGOS OLÍMPICOS DE BARCELONA

G Ahora, compara tus respuestas con las de otros/as compañeros/as.

EJEMPLO:
E1: Los Juegos Olímpicos en 1990.
E2: ¡Noooo! En 1992.
E3: Bueno, y la Guerra Civil, el 12 de abril de 1861.
E1: Sí, en abril de 1861.

Marca los verbos de las frases anteriores. Este tiempo verbal es el **pretérito**. ¿Cómo terminan los verbos en singular? ¿Y los verbos en plural?

10–2 Personajes famosos de la historia
NOTAS
TN10-02
Piensa en personajes importantes de la historia de la humanidad. ¿Cuáles son, en tu opinión, los cinco más importantes? ¿Por qué?

Ahora, relaciona las fotos 2, 3 y 4 con estas descripciones de tres personalidades importantes de la historia de Chile: un escritor y dos políticos. ¿Qué importancia tienen en la historia de Chile?

■ Pablo Neruda (1904–1973), poeta chileno. Obras famosas: *Veinte poemas de amor y una canción desesperada, Canto general, Odas elementales.* Premio Nobel de Literatura (1971)

■ Salvador Allende (1908–1973), político chileno. Presidente de Chile de 1970 a 1973. Muere en 1973, año del golpe de estado contra su gobierno por el general Augusto Pinochet.

■ Michelle Bachelet (1951–presente), médica cirujana, pediatra y política chilena. Primera mujer Presidenta de Chile desde 2006 hasta 2010.

10–3 ¿Y en tu país?
NOTAS
TN10-03
¿Hay otras fechas y sucesos especialmente importantes en la historia de tu país? ¿Qué personajes clave de la historia de tu país puedes mencionar? Comparte esta información con la clase.

Gente e historias (I) ♦ 10

10-4 **Cuatro décadas**
P

Éstas son las descripciones de cuatro décadas de la historia reciente: los sesenta, los setenta, los ochenta y los noventa. Incluyen algunos de los acontecimientos (*events*) más importantes. Lean las descripciones e identifiquen a qué década se refiere cada una.

EJEMPLO:

E1: Yo creo que la número 2 es de los ochenta, porque es la época de la guerra fría.
E2: Sí, y el SIDA se descubrió en los ochenta...

1

Los _____

Durante esta década la Unión Soviética **invadió** Afganistán y **comenzó** la revolución islámica en Irán. Richard Nixon **dimitió** después del escándalo de Watergate. También en esta década **ocurrió** el golpe de estado en Chile contra Salvador Allende, y el General Augusto Pinochet **tomó** el poder para establecer una dictadura militar. En esta década surgieron los primeros microprocesadores, las calculadoras de bolsillo y los videojuegos. Además EE.UU. **lanzó** el primer trasbordador espacial. **Terminó** el período de crecimiento y prosperidad económica de las naciones desarrolladas y **comenzó** uno de crisis. **Murió** Elvis Presley y los Beatles **se separaron**. Surgió el punk rock.

2

Los _____

En esta década **se descubrió** el virus del SIDA. También se popularizaron las computadoras personales, los videocasetes y los discos compactos. **Ocurrió** el accidente nuclear de Chernobyl. La Guerra Fría **se intensificó**. Gorbachev **instauró** la perestroika en la Unión Soviética. El muro de Berlín **cayó** y las dos Alemanias **se unificaron**. Israel **invadió** Líbano. La guerra Irán-Irak **causó** cientos de miles de muertos. Unas 120.000 personas **salieron** de Cuba en el barco Mariel con destino a EE.UU. En Chile, Augusto Pinochet **proclamó** una nueva Constitución, **perdió** las elecciones y **se restauró** la democracia. EE.UU. **invadió** Panamá. En esta década MTV se hizo popular y surgió el hip hop. David Chapman **asesinó** a John Lennon.

3

Los _____

Esta década **fue** muy turbulenta y **estuvo** llena de revoluciones. La Unión Soviética **puso** al primer hombre (Gagarin) en el espacio. EE.UU. **puso** al primer hombre en la Luna. **Se construyó** el muro de Berlín. Los EE.UU. intentaron terminar con el régimen socialista de Fidel Castro en Cuba. En EE.UU. **tuvo** **lugar** el movimiento de derechos civiles y **asesinaron** a Martin Luther King Jr. **Hubo** un gran terremoto en el sur de Chile que **causó** miles de muertos. En esta década hubo muchas protestas estudiantiles en EE.UU., Francia, México y Checoslovaquia. Muchos países europeos **experimentaron** un gran crecimiento económico. Nació el *rock and roll*, los Beatles **se** **convirtieron** en el grupo musical más popular del mundo y **comenzaron** las películas de James Bond.

4

Los _____

En esta década **creció** la globalización y el capitalismo global y **aumentó** el terrorismo en los países del Tercer Mundo. **Ocurrió** la explosión del Internet y se inventó el DVD. Los científicos **consiguieron** clonar a un animal y **empezaron** a usar el ADN para la investigación criminal. La Unión Soviética se dividió y **terminó** la Guerra Fría. En Sudáfrica **se declaró** el fin del apartheid. **Comenzó** el proceso de paz en Irlanda del Norte y **se creó** la Unión Europea. La música rap y el tecno pop se hicieron muy populares. **Murió** la princesa Diana de Gales.

10-5 **Campos semánticos**

Fíjate en los verbos en negrita de los textos anteriores. Expresan acciones relacionadas con contextos históricos o sociopolíticos. Algunos se refieren a personas o países y otros se refieren a eventos. ¿Puedes hacer dos listas?

Campo	Verbos
PERSONAS/PAÍSES:	Ejemplo: dimitir
EVENTOS:	Ejemplo: ocurrir

Ahora haz otra lista con nombres del campo de la política y la economía que aparecen en el texto.

Campo	Nombres
POLÍTICA:	Ejemplo: revolución
ECONOMÍA:	Ejemplo: crecimiento

10-6 **Una biografía: Bernardo O'Higgins**

Lean la biografía de Bernardo O'Higgins. Fíjense en las palabras relacionadas con la vida/biografía de una persona. ¿Pueden pensar en otras derivadas de éstas o diferentes?

EJEMPLO:

E1: Yo creo que nacimiento es el nombre para el verbo nacer, ¿no?

E2: Sí, y muerte para morir.

Nació en Chillán Viejo (Chile) el 20 de agosto de 1778. Tuvo una **infancia** feliz y estudió en Chile, Lima, España e Inglaterra. Allí conoció a Carlota Eels —su **amor** de **juventud**— y a Francisco de Miranda. Miranda le enseñó el camino para la independencia y el amor a la libertad. Regresó a su patria en 1802. En 1808 comenzó su **vida** política y más tarde su actividad revolucionaria. En 1813 se inició la guerra de la independencia y O'Higgins se incorporó al ejército. El **destino** cruzó su vida con la vida de José de San Martín, uno de sus mejores amigos, y con él creó el Ejército Libertador. Consiguió la independencia de Chile en 1818. O'Higgins fue comandante en jefe del ejército y más tarde Dictador Supremo de Chile. Desterrado desde 1828, vivió los últimos años de su vida en el Perú con su familia, donde **murió** el 24 de octubre de 1842.

10–7 A   **La vida de Marcelo Ríos**

Escucha este fragmento de una entrevista con Marcelo Ríos, famoso tenista chileno. Luego completa el cuadro con los eventos mencionados.

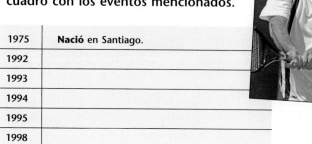

NOTAS TN0-07

1975	**Nació** en Santiago.
1992	
1993	
1994	
1995	
1998	

10–8 A   **El concurso**

Escucha las respuestas de dos concursantes del programa "¿Cuándo fue?". ¿Cuál de los dos tiene más respuestas correctas? Completa el cuadro.

NOTAS TN10-08

	Primer concursante	correcto	incorrecto	Segundo concursante	correcto	incorrecto
1ª pregunta						
2ª pregunta						
3ª pregunta						
TOTAL						

10–9   **Años muy importantes**

NOTAS TN10-09

Piensa en años y eventos específicos especialmente importantes en tu vida y completa el cuadro.

	Familia/relaciones	Estudios	Trabajo	Viajes	Otros
1998		Mónica comenzó sus estudios.			

G   Ahora compartan y comparen sus datos. ¿Hay algún año especialmente importante para el grupo?

EJEMPLO:

E1: Yo **comencé** mis estudios en la universidad **en 2002**.
E2: Yo también, ¿y tú?
E3: Yo en el 2001.

EL PRETÉRITO

Verbos regulares:

TERMINAR	CONOCER, VIVIR
terminé	conocí
terminaste	conociste
terminó	conoció
terminamos	conocimos
terminasteis	conocisteis
terminaron	conocieron

Verbos irregulares más frecuentes:

SER/IR	TENER	ESTAR
fui	tuve	estuve
fuiste	tuviste	estuviste
fue	tuvo	estuvo
fuimos	tuvimos	estuvimos
fuisteis	tuvisteis	estuvisteis
fueron	tuvieron	estuvieron

HACER	DECIR
hice	dije
hiciste	dijiste
hizo	dijo
hicimos	dijimos
hicisteis	dijisteis
hicieron	dijeron

SABER	DAR
supe	di
supiste	diste
supo	dio
supimos	dimos
supisteis	disteis
supieron	dieron

FECHAS

¿Cuándo	}	nació?
¿En qué año/mes		fue?
¿Qué día		llegó?

Nació	}	en 1987/en el 87.
Fue		en junio.
Llegó		el (día) 6 de junio de 1987.

Tuve un accidente de coche.

No me digas... ¿cómo fue?

USO DEL PRETÉRITO

Presenta la información como
acontecimientos o eventos, con
marcadores como:

Ayer
Anteayer
Anoche
El otro día
El lunes/martes...   } **fui** a Santiago
El día 6...   de Chile
La semana pasada
El mes pasado
El año pasado

> ¿Y cuándo
> la conociste?

> Cuando
> fui a
> Santiago.

SECUENCIA DE ACONTECIMIENTOS

Luego
Después   } viajamos a Valparaíso.
Entonces

Antes de cenar estuvimos en la oficina.
Después de cenar vimos la televisión.

> Antes
> de ir a Roma
> fui a Milán.

> ¿Y luego?

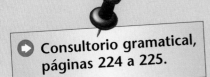

> ● **Consultorio gramatical,**
> **páginas 224 a 225.**

10-10
P

Dos poetas chilenos

Estos dos chilenos mundialmente famosos, Pablo Neruda
y Gabriela Mistral, tuvieron muchas cosas en común.
Coméntalas con tu compañero/a.

EJEMPLO:

E1: No **usaron** sus nombres reales.

E2: Sí, es verdad, los dos **usaron** pseudónimos.

	Gabriela Mistral	Pablo Neruda
Fecha de nacimiento:	1889	1904
Lugar de nacimiento:	Vicuña (Chile)	Parral (Chile)
Nombre verdadero:	Lucía Godoy	Neftalí Ricardo Reyes Basualto
Profesiones:	Periodista, maestra, escritora	Maestro
Género literario:	Poesía	Poesía
Países de residencia:	México, Puerto Rico, Italia, Guatemala, Portugal, EE.UU.	Birmania, Ceilán, Singapur, España, Francia, México, Italia
Premio Nobel de Literatura:	1945	1971
Otros trabajos:	Cónsul	Cónsul, Embajador
Otros premios:	Premio Nacional de Literatura, Chile	Premio Nacional de Literatura, Chile
Muere en:	Nueva York (EE.UU.)	Santiago (Chile)
Muere en el año:	1957	1973

¿Y ustedes? ¿Qué tienen en común?

10-11 ### El detective privado

Un detective privado está siguiendo a un hombre llamado
Valerio Guzmán. El detective está tomando notas de todos
sus movimientos. Ayer Valerio hizo estas cosas:

> 7:45 Sale de su casa. Vuelve a entrar.
> 8:05 Sube a su apartamento. No puede entrar.
> 8:07 Llama a la puerta de los vecinos. Sale otra
>   vez a la calle.
> 8:40 Un coche con una mujer para a su lado.
>   Él sube.
> 9:10 Baja en la Plaza de España. Sigue a pie.
> 9:30 Entra en un edificio de oficinas.

Escribe tú ahora el informe del detective usando el
pretérito y marcadores de secuencia.

Gente e historias (I) ◆ 10

Estrategias para la comunicación oral ◆ ◆ ◆ ◆ ◆ ◆ ◆ ◆ ◆ ◆ ◆ ◆

Using approximation and circumlocution

Sometimes having a conversation in Spanish can be challenging due to a lack of vocabulary. There are many strategies available to you that can help compensate for this shortfall and keep the conversation flowing. We saw earlier that asking for help based on your first language is an easy strategy you can employ (*Perdona, ¿cómo se dice* envelope *en español?*). There are two other strategies that are based on Spanish:

1. **Approximation:** You can try a Spanish word that you know is not quite right, but that you know has a related meaning, such as a more general word or a synonym. For example, you may not know the verb *limpiar* (to clean) but you may use *lavar* (to wash) instead. They are not interchangeable, but they are close. Your interlocutor might even provide you with the correct word, but the general meaning is understood.
2. **Circumlocution:** You can use Spanish to "work around" the word or concept that you do not know. If you do not know the word *cuchara* (spoon), for instance, you may say *la cosa que se usa para comer sopa.*

Avoiding conversation or giving up entirely on conveying your message are very poor strategies. Likewise, switching back and forth between Spanish and your first language may not be productive if your interlocutor does not know it. Approximation and circumlocution can be successfully used with any Spanish speaker.

10-12
P

¿Quién lo inventó?

Observen estos seis inventos. Su profesor/a les va a dar a cada uno el nombre de tres de ellos. Un/a estudiante describe un invento usando el circunloquio, y el/la otro/a estudiante dice qué es. Luego, pregunta quién lo inventó, cuándo y dónde.

EJEMPLO:
E1: Es una cosa que sirve para dar luz, en la casa, arriba…
E2: Sí, la bombilla.
E1: ¿Sabes quién inventó la bombilla?
E2: No, no lo sé. ¿Y tú?

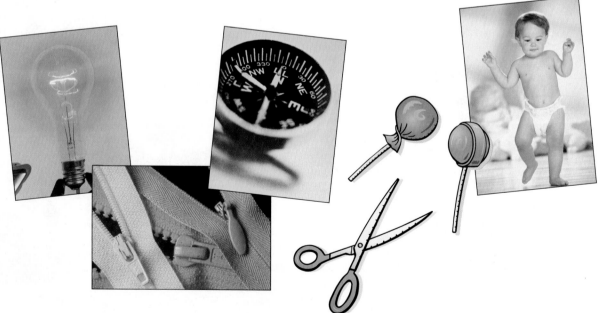

Ahora toda la clase revisa quién inventó estos objetos.

¿Qué hicieron?

Aquí tienen una lista de personas famosas. Háganse preguntas el uno al otro para saber por qué estas personas son famosas. Si no saben algunas palabras, usen estrategias como aproximaciones o circunloquios.

EJEMPLO:
E1: ¿Qué hizo Cristóbal Colón?
E2: Llegó a América.

Louis Pasteur	Isaac Newton	Joop Sinjou	Diego de Almagro
Miguel de Cervantes	Alexander Graham Bell	Bernardo O'Higgins	Bill Gates
Dom Perignon	Vincent Van Gogh	Albert Einstein	Alexander Fleming

 ¿Qué hiciste...?

Entrevista a tu compañero/a haciéndole preguntas sobre algunas de las cosas inusuales en que participó...

- la semana pasada
- el mes pasado
- el año pasado
- ayer
- anoche
- _____

EJEMPLO:
E1: ¿Qué hiciste el año pasado?
E2: Trabajé casi todo el año. Normalmente no trabajo.

 Vamos a hacer un concurso

La clase se va a dividir en cuatro equipos. Primero van a jugar dos equipos y después los otros dos.

REGLAS DEL CONCURSO

- Hay dos equipos.
- Cada equipo prepara, por escrito, diez preguntas sobre hechos del pasado de su país (fechas importantes, personajes importantes, eventos importantes). Luego le hace las preguntas al otro equipo.
- Cada pregunta bien construida vale un punto. Sólo valen las preguntas de las que se conocen las respuestas. El profesor las va a corregir antes de empezar el concurso.
- Cada respuesta acertada vale 2 puntos.
- Cada equipo tiene 2 minutos para pensar y comentar la respuesta.
- Gana el equipo que obtiene más puntos.

EJEMPLO:
¿Quién fue el primer Presidente de los EE.UU.?

 Juego de papeles. Viaje al futuro

Situación: Un/a periodista viaja en el tiempo y entrevista a uno de los personajes del ejercicio 10–13.

ESTUDIANTE 1

Eres un/a periodista y tienes la oportunidad de entrevistar a un personaje histórico muy interesante. ¿Qué quieres preguntarle? Prepara algunas preguntas para comenzar la entrevista.

ESTUDIANTE 2

Eres _____ . Viajaste al futuro y ahora estás ante un periodista que te va a entrevistar. Prepárate para la entrevista repasando datos importantes de tu vida, tu profesión, tus logros más importantes.

◆ Escribir la biografía de un personaje famoso.

✦ PREPARACIÓN ✦

Elige cuál de estos tres personajes de Chile te interesa más. Luego, busca a tres compañeros/as interesados en el mismo personaje. Juntos van a escribir una biografía y después la van a presentar a la clase.

Tres vidas apasionantes

El marino que incorporó Isla de Pascua
Policarpo Toro: 1851–1921
Su vida estuvo unida al mar y gracias a él la Isla de Pascua se convirtió en territorio de Chile.

El primer presidente socialista de Chile
Salvador Allende: 1908–1973
Colaboró en la fundación del Partido Socialista de Chile en 1933. Fue el primer marxista elegido presidente por voto popular en la historia del mundo occidental.

Luchadora por los derechos de la mujer
Amanda Labarca: 1886–1975
Fue profesora de la Universidad de Chile y líder feminista. Fue una mujer de ideales progresistas y democráticos que luchó por una sociedad igualitaria.

(A)
(G)

Paso 1: Escuchen a estos estudiantes chilenos que comentan dos acontecimientos o datos importantes en la vida de cada uno de estos personajes. Tomen nota del año también.

Toro: 1. En _____, _____
             2. En _____, _____

Allende: 1. En _____, _____
             2. En _____, _____

Labarca: 1. En _____, _____
             2. En _____, _____

Paso 2: Ahora busquen en las cajas de la página siguiente los fragmentos que creen que se refieren a su personaje.

(W)
Paso 3: Preparen una ficha con toda la información que tienen. Ordenen la información. Muestren el orden a su profesor/a para comprobar que es correcto.

Paso 4: Preparen una presentación oral para la clase. Cada miembro del grupo presenta una parte, en orden cronológico. No olviden repasar y usar los marcadores de secuencia correspondientes.

LES SERÁ ÚTIL...
- -

a los... años -
al + infinitivo (al terminar la guerra...)

de niño/niña/joven/mayor

De 1986 **a** 1990
Desde 1986 **hasta** 1990 } vivió en París.

Vivió en París (durante) **cuatro años.**

● Eso fue en los años 40.
○ No, fue mucho después, hacia los 60.

Fue el año **en el que...**
Fue la época **en la que...**

▸ En 1922, a la edad de 36 años, fue nombrada profesora extraordinaria de la Facultad de Filosofía y Humanidades de la Universidad de Chile. Al evento asistió el Presidente de la República. Fue la primera mujer académica de la Universidad de Chile.

▸ Fue senador entre 1945 y 1969, y durante esos años postuló tres veces a presidente de Chile. La cuarta vez que postuló a la presidencia ganó las elecciones.

▸ En 1972 asistió a la Asamblea de las Naciones Unidas, donde denunció la agresión internacional hacia su país. Al final de su discurso, la Asamblea lo ovacionó de pie durante varios minutos.

▸ Nació en 1851 en Melipilla, Chile e ingresó en la Escuela Naval a los 19 años.

▸ Recorrió las costas de la Patagonia, llegando hasta el río Santa Cruz. Al estallar la guerra ruso-turca se enroló en la marina británica y recorrió el Mediterráneo y el Medio Oriente.

▸ En 1918 inició un viaje por Estados Unidos para estudiar el sistema escolar de ese país.

▸ En 1973 dijo: " ...mucho más temprano que tarde, se abrirán las grandes alamedas, por donde pasará el hombre libre para construir una sociedad mejor. ¡Viva Chile, viva el pueblo, vivan los trabajadores!"

▸ En 1903 ingresó en el Instituto Pedagógico para seguir la carrera de pedagogía en castellano, que terminó a los 19 años.

▸ Fundó el Comité Nacional pro Derechos de la Mujer (1933), y participó en el Primer Congreso Nacional de Mujeres (octubre y noviembre de 1944). Su acción dio un impulso decidido a la obtención de los derechos civiles y políticos de la mujer.

▸ Estudió Medicina y recibió su título de médico cirujano en 1932.

▸ En 1870 llegó a la Isla de Pascua o Rapa Nui, ubicada a 3.760 kilómetros de la costa chilena y un territorio desconocido para el resto del mundo hasta su descubrimiento el 5 de abril de 1722 por el holandés Roeggeween, en la época de Pascua de Resurrección.

▸ Falleció a los 88 años, el 2 de enero de 1975.

▸ En 1887 comenzó las gestiones para la incorporación a Chile de la Isla de Pascua. Redactó un documento de estudio sobre el lamentable estado de la población. Negoció con las autoridades francesas y suscribió un compromiso de compraventa. Tomó posesión de Rapa Nui el 9 de septiembre de 1888.

▸ Escribió sobre temas relacionados con la educación secundaria y la educación de la mujer, además de una abundante producción de artículos de muy diversos temas.

▸ Vivió sus últimos años en Santiago, ciudad donde falleció en 1921.

▸ Gobernó desde 1970 hasta 1973, ya que el 11 de septiembre del 73 se produjo el golpe de estado que lo destituyó.

Paso 5: Cada grupo hace su presentación oral a la clase.

nuestra gente Chile

Exploraciones

 GENTE QUE LEE

Estrategias para leer ◆

Following a chronology

When reading biographical or historical texts it is important to be able to follow the sequence of events. Writers do not always present data in chronological order, and this may lead to misunderstandings. That is why it is fundamental to be familiar with:

a. time expressions (*la semana pasada, el año siguiente, de niño, en esa época...*),
b. time markers (*antes, después, durante, luego...*), and
c. cohesive markers, especially demonstratives (*éste, ése, aquel...*) and pronouns (*lo, la...*).

Applying your knowledge of time expressions and markers will ensure that you understand the events in the order in which they occurred.

For example, when you read:

*Diego de Almagro llegó a América en 1514. Viajó a Perú con Pizarro en 1532 y **a los tres años** partió hacia Chile.*

you need to know that *a los tres años* means "three years later" to understand the sequence of events (first he was in Peru, then in Chile).

As you already know, demonstratives are very important cohesive markers. To follow the chronology of a series of events you need to identify its referents.

In this example:

*Almagro llegó a Chile en 1535. A **éste** le sucedió Valdivia.*

it is important to know that *éste* refers to Almagro (and also that Valdivia is the subject of the sentence!) in order to understand that, chronologically, Almagro was first, and Valdivia was second.

ANTES DE LEER

 10-17 **La conquista de América.**
Menciona dos consecuencias...

demográficas: _____

económicas: _____

culturales: _____

10-18 **¿Qué sabes de las culturas prehispánicas?**
¿Quieres saber algo de las culturas prehispánicas de Chile? Ve a http://icarito.latercera.cl/enc_virtual/hist_chile/prehispanico.htm y en la sección de láminas, cliquea *Principales aborígenes chilenos*.

10-19 **Activando estrategias**

NOTAS
TN10-20

- Mira el título de la lectura y las fotos. ¿De qué trata?
- Identifica la frase temática del tercer párrafo. ¿De qué trata este párrafo?
- Mira el párrafo 3 y busca dos años. ¿Qué período crees que marcan?

A LEER

Chile: el descubrimiento y la conquista

Después del Descubrimiento de América, muchos españoles cruzaron el océano Atlántico y llegaron al Nuevo Mundo, **fuente** de novedades, de fortuna y de fama. Chile fue uno de los últimos territorios en ser conquistado. Diego de Almagro viajó a Chile en 1536 buscando **riquezas**, principalmente oro, pero no <u>lo</u> encontró. Más tarde, en 1540, Pedro de Valdivia comenzó la Conquista de Chile con sólo 150 hombres, después de atravesar el desierto más seco del mundo y llegar a Chile. Valdivia tuvo que enfrentarse a la tenaz resistencia de los mapuches, que a fines de 1553 le costó la vida. <u>Después de Valdivia, en 1557, llegó el Gobernador García Hurtado de Mendoza</u> y, junto a él, dos personas importantes: Hernando de Santillán, que dictó el primer reglamento del trabajo de los indígenas, y Alonso de Ercilla, el primer poeta que cantó al pueblo mapuche.

A causa de la imposición de las ideas religiosas, costumbres y otros elementos de carácter social de los conquistadores, se produjo lentamente una síntesis cultural. Las ciudades también experimentaron cambios. Los españoles fundaron nuevas ciudades o transformaron las indígenas. El 12 de febrero de 1541 se fundó la primera ciudad de Chile: Santiago.

Estatua de Valdivia en Santiago de Chile

Una de las mejores muestras de la resistencia protagonizada por las comunidades indígenas es la Guerra de Arauco, que comenzó en 1550, cuando guerreros mapuches atacaron a los españoles. Esta guerra marcó profundamente el carácter de Chile y los chilenos. En el período de la Conquista la Guerra de Arauco fue un problema sin solución. Ni Valdivia, ni Hurtado de Mendoza, ni los conquistadores que sucedieron a <u>éstos</u> pudieron terminar con este conflicto. A cada victoria hispana le siguió <u>otra</u> mapuche. Esta larga lucha de los **araucanos** por resistir a la ocupación de sus tierras terminó en la década de 1880.

DESPUÉS DE LEER

10-20 **Activando estrategias**

NOTAS
TN10-21

1. En el párrafo 3, identifica los verbos en pretérito. ¿Cuántos son cognados?
2. Busca en el diccionario la palabra **fuente**. ¿Cuántos significados tiene? ¿Cuál es adecuado en este contexto?
3. La palabra **riquezas**, ¿es un adjetivo o un nombre? ¿De qué adjetivo proviene? ¿Cómo se forma?
4. El Arauco es una región de Chile. ¿Qué significa **araucano**? ¿Cómo lo sabes?
5. Lee la frase subrayada en el párrafo 1. Identifica el sujeto, el verbo y el predicado de la frase.
6. ¿A qué se refieren los pronombres subrayados **lo** (párrafo 1), **éstos** y **otra** (párrafo 3)?

10-21 **¿Entendiste?**

Organiza estos sucesos en el orden en que tuvieron lugar.

- Comienzo de la guerra de Arauco
- Llegada a Chile de Hurtado de Mendoza
- Viaje de Diego de Almagro a Chile
- Fundación de Santiago, capital de Chile
- Muerte de Valdivia

10-22 **Expansión**

La Guerra de Arauco. ¿Qué nos indica esta guerra sobre el carácter y la idiosincrasia de los pueblos indígenas de Chile? ¿Qué nos dice sobre los efectos del imperialismo y las colonizaciones de otros países?

GENTE QUE ESCRIBE

Estrategias para escribir ◆ ◆ ◆ ◆ ◆ ◆ ◆ ◆ ◆ ◆ ◆ ◆ ◆ ◆ ◆ ◆ ◆

Writing a narrative: past actions and events

When you write a narrative, you are simply telling a story, recounting an event or a series of events in the past. The story might be real or imaginary; it might be personal, or about other people; it may be a biography, or include one or more historical events. There are important factors to consider when writing a narrative.

1. The actions and events of a narrative may be told in any order, but the most straightforward way is to narrate them in chronological order.

2. The time expressions and markers are the elements that help you (and your reader) to establish a coherent chronological sequence. Use them often and vary them as much as possible.

3. You can tell a story about yourself or about someone else. Be sure to pay close attention to the verb forms (first vs. third person) when narrating so you don't confuse the reader.

4. A narrative consists of (a) past actions, and (b) past situations, descriptions of the background in which those actions happened. For now, we will concentrate on actions: what happened and when. In the next chapter we will work on situations and backgrounds.

10-23
W

Veinticuatro horas en la vida de...

El periódico universitario publicado en español quiere averiguar cómo es el día típico de un estudiante en la universidad. Para ello te pide una narración de una página sobre tus actividades en un día normal. La narración debe comenzar así: "Ayer me levanté a las..." y debe narrar las actividades desde la hora en que te levantas hasta la misma hora del día siguiente.

Sigue las cuatro recomendaciones de Estrategias para escribir.

¡ATENCIÓN!

✦ Asegúrate de que:
- hay una secuencia lógica entre los párrafos y dentro de cada párrafo,
- las frases temáticas de cada párrafo son adecuadas,
- hay cohesión y coherencia dentro de cada párrafo,
- todos los verbos están en pretérito,
- usaste una variedad de expresiones de tiempo y otros conectores.

✦ Revisa tu narrativa siguiendo los PPE (página 14).

Beyond the sentence ✦

Use of connectors in narratives

Let us learn some more time expressions and connectors that are used in narratives to give coherence and to carry the story forward. Besides the ones you have already learned in this chapter, you can use the following ones, all followed by the preterit:

Hace dos días/dos meses/dos años...	(two days/months/years ago...)
El mes/año pasado...	(last month/year...)
Al/a la + día/noche/semana/mes/año siguiente...	(the next day/night/week/month/year...)
Un/a + día/noche/semana/mes/año después...	(one day/night/week/month/year later...)
A los/a las + dos semanas/días/meses/años...	(two weeks/days/months/years later...)
Después de un día/mes/año/tiempo...	(after one day/month/year/some time...)
Desde + entonces/aquel día/mes/año/ momento/instante...	(since then/that day/month/year/moment...)
Esa, aquella semana/ese, aquel día/mes/año...	(this, that week/day/month/year...)
Entonces, luego, (inmediatamente) después,	(then, later, (immediately) after that...)
En ese/aquel momento, instante...	(at that moment...)
De repente...	(suddenly...)

Biografía de un personaje famoso

Van a escribir la biografía de una persona que conocen. Puede ser:

- un personaje público conocido nacional o internacionalmente
- una persona conocida de su universidad o ciudad (profesor, deportista...)

Después de decidir la persona, piensen en todos los datos (acciones, sucesos) relevantes de su vida que quieren incluir en su biografía. Luego decidan la estructura de su biografía y ordenen la información de forma relevante. Finalmente escriban la biografía (borrador).

¡ATENCIÓN!

✦ La biografía debe incluir una variedad de marcadores temporales.

✦ Revisen su borrador siguiendo los PPE (página 14). Presten atención a la organización cronológica y a la cohesión de los párrafos y el texto (con el uso de marcadores de tiempo y otros necesarios).

Comparaciones

Leyendas de Rapa Nui

En medio del Océano Pacífico se encuentra una de las muchas bellezas naturales de Chile: Isla de Pascua, también llamada por los nativos Te-Pito-Te-Henua o Rapa Nui (Isla Grande). Sus dos mil habitantes son de origen polinesio. El misterio rodeó siempre a Rapa Nui, especialmente debido a los moais, gigantescas cabezas talladas en piedra volcánica.

La leyenda de Make-Make

Make-Make fue el creador del mundo. Un día, mirando a la Tierra, Make-Make se dio cuenta de que faltaba algo[1]. Tomó una calabaza llena de agua y, al mirar dentro, vio con asombro su cara reflejada en el agua. Muy sorprendido, saludó a su propia imagen y en ese preciso instante un pájaro se posó sobre su hombro. Make-Make vio la imagen del pájaro en el agua con un pico, alas y plumas; entonces tomó su reflejo y lo unió con el del pájaro. Así nació su primogénito. Después de un tiempo, Make-Make decidió crear un ser exactamente igual a él. Entonces fecundó las aguas del mar, que se poblaron de peces. Finalmente, fecundó una piedra de tierra roja, y de ella surgió el hombre. Primero Make-Make se puso muy contento, pero luego se dio cuenta de que el hombre estaba[2] solo. Entonces lo hizo dormir y fecundó una de sus costillas izquierdas, creando así a la mujer.

Te-Pito-Te-Henua

Uoke era[3] un dios devastador de Rapa Nui. Con una palanca solía[4] hundir o levantar la isla para divertirse. Un día, al levantar parte de Rapa Nui, se le rompió la palanca. De esta manera, Rapa Nui quedó más abajo, y sólo afloraron las cúspides de las montañas. Fue así como se formó esta isla, bautizada con el nombre de Te-Pito-Te-Henua o El Ombligo del Mundo.

[1]something was missing
[2]was
[3]was
[4]used to

10-25 **La creación del mundo**

NOTAS
TN10-26

¿Te gustan estos mitos sobre la Isla de Pascua? ¿Cuál te gusta más y por qué? ¿Qué opinas de estas explicaciones tan singulares sobre la creación del hombre y de su territorio? ¿Encuentras similitudes con otras explicaciones del origen del hombre o del mundo?

10-26 **Mitos y leyendas**

NOTAS
TN10-27

¿Qué son los mitos y leyendas y por qué las sociedades los crean? Marca todas las afirmaciones con las que estás de acuerdo.

❑ Son historias que la gente inventa para explicar lo que no comprenden.
❑ Tienen una finalidad religiosa.
❑ Son historias para entretener a la gente.
❑ Sustituyen a la ciencia; explican lo que la ciencia no puede explicar.
❑ Explican los fenómenos naturales y así la gente no tiene miedo.
❑ Otra: _____

10-27 **¿Y en tu país?**

¿Conoces algunos mitos y leyendas de los pobladores indígenas de tu país?

NERUDA Y LA HISTORIA DE AMERICA LATINA

Pablo Neruda escribió el *Canto general*, una obra que comenzó en 1938 y publicó en México en 1950. Es una obra muy ambiciosa que pretende ser una crónica de toda América Latina. Consta de quince secciones, 231 poemas y más de quince mil versos. La parte IV se titula "Los libertadores".

Escucha a Joaquín, quien nos relata brevemente la historia de Lautaro, un gran guerrero mapuche de la época de la conquista.

Ahora lee unos fragmentos de un poema de Neruda donde se habla de lautaro.

P Ahora habla con un/a compañero/a. Digan, en sus propias palabras, qué hizo Lautaro.

EJEMPLO:
E1: ¿Qué significa "se tiñeron sus manos de victorias"?
E2: Quiere decir que ganó muchas batallas contra los españoles.

IX EDUCACIÓN DEL CACIQUE

Lautaro era una flecha[1] delgada.
[...]
Se tiñeron[2] sus manos de victorias.
Leyó las agresiones de la noche.
[...]
Se hizo amenaza[3] como un dios sombrío.
Comió en cada cocina de su pueblo.
Aprendió el alfabeto del relámpago[4].
Olfateó[5] las cenizas esparcidas.
Envolvió el corazón con pieles negras.
Descifró el espiral hilo del humo.
[...]
Se combatió hasta apagar la sangre.
Sólo entonces fue digno[6] de su pueblo.

(Pablo Neruda, *Canto general*, Parte IV. Los libertadores)

[1]arrow   [3]threat   [5]smelled
[2]tinged   [4]lightning   [6]worthy

Héroes
G

¿Conocen a alguno de estos héroes indígenas? Relacionen los nombres con los datos. ¿En qué se parecen a Lautaro? Expliquen las similitudes y diferencias.

- Toro sentado
- Pocahontas
- Caballo loco
- Atahualpa
- Caupolicán
- Tupac Amaru II

- Jefe indio de la tribu de los sioux Hunkpapa. Vivió entre los años 1831 y 1890. Luchó contra el Séptimo de Caballería, bajo las órdenes del general Custer, en la batalla de Little Big Horn el 25 de junio de 1876, en la que los estadounidenses resultaron derrotados.
- Vivió entre 1849 y 1877. Fue el jefe de los Sioux Oglala, una tribu de amerindios notable por el valor en las batallas de sus guerreros. Formó una alianza con otros pueblos indios para combatir a los colonos y al gobierno de EE.UU.
- Vivió entre 1595 y 1617. En 1608 salvó de la muerte al capitán británico John Smith protegiéndolo de los guerreros de su padre. En 1612 fue capturada por los ingleses, se hizo cristiana y adoptó el nombre de Rebeca Rolfe. En 1614 se casó con el colono John Rolf.
- Fue un caudillo mapuche de la Guerra de Arauco y sucesor de Lautaro. Junto con Lautaro fue uno de los conductores de los araucanos en las guerras del siglo XVI.
- Vivió entre 1502 y 1533 y fue gobernante del Imperio incaico entre 1532 y 1533. Fue apresado por Pizarro y condenado a muerte.
- Su verdadero nombre fue José Gabriel Condorcanqui Noguera. A finales del siglo XVIII condujo una rebelión indígena contra la burocracia colonial española. Es considerado un precursor de la independencia del Perú.

¿Conocen a otros? ¿Son las luchas de los indígenas de su país similares o diferentes a la lucha de héroes como Lautaro?

VOCABULARIO

Las biografías

acontecimiento (el)	*event*
amistad (la)	*friendship*
amor (el)	*love*
boda (la)	*wedding*
crecimiento (el)	*growth*
década (la)	*decade*
destino (el)	*destiny*
generación (la)	*generation*
infancia (la)	*childhood*
jubilación (la)	*retirement*
juventud (la)	*youth*
muerte (la)	*death*
niñez (la)	*childhood*
nacimiento (el)	*birth*
pensamiento (el)	*thought*
sentimiento (el)	*feeling*
vejez (la)	*old age*
vida (la)	*life*

Los acontecimientos y conceptos históricos y político-sociales

acuerdo (el)	*agreement*
asesinato (el)	*assassination; killing*
conquista (la)	*conquest*
conquistador (el)	*conqueror*
costumbre (la)	*custom*
democracia (la)	*democracy*
derechos civiles (los)	*civil rights*
descubrimiento (el)	*discovery*
discurso (el)	*speech*
ejército (el)	*military*
elecciones (las)	*elections*
esclavitud (la)	*slavery*
exploración (la)	*exploration*
explorador/a (el/la)	*explorer*
firma (la)	*signing; signature*
golpe de estado (el)	*coup d'état*
guerra (la)	*war*
guerra civil (la)	*civil war*
indígena (el/la)	*native*
leyenda (la)	*legend*
libertad (la)	*freedom*
manifestación (la)	*demonstration*
mito (el)	*myth*

movimiento (el)	*movement*
patria (la)	*homeland*
paz (la)	*peace*
política (la)	*politics*
premio (el)	*award*
pueblo (el)	*people; nation*
riqueza (la)	*wealth; riches*
territorio (el)	*territory*
tratado (el)	*treaty*

Verbos

acompañar	*to accompany*
anunciar	*to announce*
aumentar	*to increase; to grow*
casarse	*to get married*
casarse con	*to marry*
comprender	*to understand*
comprometerse	*to commit*
conseguir (i)	*to achieve*
crecer (zc)	*to grow up*
darse cuenta de	*to realize*
desarrollar	*to develop*
descubrir	*to discover*
dimitir	*to resign*
divorciarse	*to divorce*
educarse	*to get an education*
elegir (i)	*to choose; to elect*
enamorarse	*to fall in love*
fijarse en	*to pay attention to; to notice*
fundar	*to found*
ganar	*to win*
interrumpir	*to interrupt*
jubilarse	*to retire*
liberar	*to free*
llegar	*to arrive*
morir (ue)	*to die*
nacer (zc)	*to be born*
partir	*to depart*
perder (ie)	*to lose*
pertenecer (zc)	*to belong*
preocuparse	*to worry*
regresar	*to come back*
suceder	*to happen; to follow*
trasladarse	*to move*
unirse a	*to join*

Adjetivos

conocido/a	*known*
conservador/a	*conservative*
desconocido/a	*unknown*
extraño/a	*strange*
feliz	*happy*
indígena	*indigenous*
progresista	*progressive*
sorprendente	*surprising*

CONSULTORIO GRAMATICAL

EL PRETÉRITO
THE PRETERIT TENSE

Regular verbs.

	-AR *TERMINAR*	**-ER** *CONOCER*	**-IR** *VIVIR*
(yo)	termin**é**	conoc**í**	viv**í**
(tú)	termin**aste**	conoc**iste**	viv**iste**
(él, ella, usted)	termin**ó**	conoc**ió**	viv**ió**
(nosotros/as)	termin**amos**	conoc**imos**	viv**imos**
(vosotros/as)	termin**asteis**	conoc**isteis**	viv**isteis**
(ellos, ellas, ustedes)	termin**aron**	conoc**ieron**	viv**ieron**

¿Y cuándo la conociste?

Cuando fui a Santiago.

Some of the most frequently used irregular verbs.

	SER	*IR*
(yo)	**fui**	**fui**
(tú)	**fuiste**	**fuiste**
(él, ella, usted)	**fue**	**fue**
(nosotros/as)	**fuimos**	**fuimos**
(vosotros/as)	**fuisteis**	**fuisteis**
(ellos, ellas, ustedes)	**fueron**	**fueron**

*In many of the irregular verbs in the preterit the stressed syllable is shifted from the final syllable to the stem. This occurs in the first person singular (**yo**) and in the third person singular (**él, ella, usted**).*

tuve, **tu**vo
vine, **vi**no

Verbs that are irregular in the preterit adopt a different stem and usually have these endings:

(yo)	**-e**				
(tú)	**-iste**	PODER:	**pud-**	VENIR:	**vin-**
(él, ella, usted)	**-o**	PONER:	**pus-**	ESTAR:	**estuv-**
(nosotros/as)	**-imos**	QUERER:	**quis-**	SABER:	**sup-**
(vosotros/as)	**-isteis**	TENER:	**tuv-**		
(ellos, ellas, ustedes)	**-ieron**				

	HACER	*DECIR*	*DAR*
(yo)	**hice**	**dije**	**di**
(tú)	**hiciste**	**dijiste**	**diste**
(él, ella, usted)	**hizo**	**dijo**	**dio**
(nosotros/as)	**hicimos**	**dijimos**	**dimos**
(vosotros/as)	**hicisteis**	**dijisteis**	**disteis**
(ellos, ellas, ustedes)	**hicieron**	**dijeron***	**dieron**

Almost all **-er and **-ir** verbs take **-ieron** in the third person plural; **decir** and some other verbs that end in **-cir** take **-eron**.*

USO DEL PRETÉRITO
USE OF THE PRETERIT TENSE

The preterit tense presents information as an event.

Ayer **llovió**.
Ayer por la noche **estuvimos** en un restaurante muy bueno.
Ayer Ana **fue** a una tienda y **se compró** unos zapatos. Luego **volvió** a casa en taxi.

These types of markers often accompany the preterit:

ayer   **el lunes/martes...**
anoche   **la semana pasada**
el año pasado   **el (día) 6/21...**
anteayer   **el mes pasado**
el otro día

FECHAS
TALKING ABOUT DATES

○ ¿Qué día nació su hija?   ○ ¿Cuándo llegaste a Chile?
● **El (día)** 14 de agosto de 1992.   ● **En** marzo de 1992.

○ ¿Cuándo terminó los estudios?   ○ ¿En qué año se casó?
● **En el** 94.   ● **En** 1985.

SECUENCIA DE ACONTECIMIENTOS
SEQUENCING PAST EVENTS

To indicate order we can use **antes (de)**, **después (de)** *and* **luego**.

Fui a la facultad, pero **antes** estuve en la biblioteca.

Estuve en la biblioteca y { **después** fui a la facultad.
                          { **luego** volví a casa.

Antes de + *INFINITIVE*
Antes de ir a la facultad, estuve en la biblioteca.

Después de + *INFINITIVE*
Después de estar en la biblioteca, fui a la facultad.

a los cinco años...

de niño/joven/soltero/estudiante/mayor...

cuando { **terminó** los estudios...   **al** { **terminar** los estudios...
           { **cumplió** los 18 años...   { **cumplir** los 18 años...

> To sequence actions or events in chronological order:
>
> *antes* = before
> *después* = after/afterwards
>
> Note that in Spanish the words **after** and **before** are followed by an infinitive, rather than an **-ing** form:
>
> *Después de **ver** el partido fuimos a cenar.* = After **watching** the match, we went to get dinner.

Gente e historias (II)

TAREA ◆ Escribir el relato de un episodio importante de la historia de nuestro país.

NUESTRA GENTE ◆ Nicaragua

11-1 **Episodios importantes en la historia de Nicaragua**
Lee la información y relaciónala con las fotos. ¿Qué información adicional te dan las fotos?

Los primeros pobladores de Nicaragua vinieron de diferentes lugares de América. **Eran** nómadas y **se alimentaban** de la caza, la pesca y la recolección de frutas silvestres. Sus cultivos principales **eran:** maíz, frijol, cacao, algodón y tabaco.

El primer explorador que recorrió Nicaragua fue Gil González de Ávila. Cuando González de Ávila llegó a Nicaragua en 1523, el cacique Nicarao **gobernaba** la región.

En la época colonial la zona del Pacífico **era** española, pero la zona del Caribe **era** inglesa. Los españoles fundaron ciudades como León y Granada, y los ingleses otras como Bluefields.

En 1998 el huracán Mitch desoló Honduras y Nicaragua y causó numerosas víctimas. Los campesinos y personas que **vivían** en la pobreza fueron los más perjudicados por el desastre.

Cuando en 1979 triunfó la revolución sandinista, que luchó en contra de la dictadura, el país **estaba** devastado por la guerra.

¿Conoces más datos o eventos de la historia de Nicaragua? ¿Y del pasado de otros países de Centroamérica? Sitúalos cronológicamente (antes o después de los datos sobre Nicaragua).

11-2 **Más de un tiempo pasado**
En los textos hay dos formas verbales diferentes para hablar del pasado. Una es el **pretérito**, que ya conoces. La otra está marcada en negrita en el texto: es el **imperfecto**. ¿Cuándo crees que usamos el **imperfecto**?

Ahora fíjate en estas frases. ¿Qué verbos se refieren al evento central? ¿Qué verbos describen las circunstancias o el contexto de estos eventos?

1. Cuando González de Ávila **llegó** a Nicaragua en 1523, el cacique Nicarao **gobernaba** la región.
2. Los campesinos y personas que **vivían** en la pobreza **fueron** los más perjudicados por el huracán Mitch.
3. Cuando en 1979 **triunfó** la revolución sandinista, el país **estaba** devastado por la guerra.

	EVENTO	CIRCUNSTANCIAS
Frase 1		
Frase 2		
Frase 3		

11-3 **¿Cómo era?**

Lee la descripción de Augusto César Sandino (1895–1934), uno de los personajes más destacados de la historia reciente de Nicaragua.

> Sandino tenía una cara ovalada pero angulosa. En sus ojos oscuros brillaba con frecuencia una simpatía, pero también reflejaban gravedad y reflexión… Su voz era suave, convincente; no dudaba de sus conceptos y sus palabras eran precisas. Sandino era un ferviente nacionalista y se le consideraba un buen militar y estadista. Se dice que era muy humano y popular, y que le gustaba mucho platicar con la gente.

Lee ahora esta otra descripción de Sandino del poeta chileno Pablo Neruda. ¿Qué significa?

Sandino era la noche que venía
y era la luz del mar que los mataba.
Sandino era una torre de banderas,
Sandino era un fusil con esperanzas.
(Pablo Neruda: Aquel hombre)

¿Puedes pensar ahora en un familiar o amigo muy querido que ya no está o al que no ves desde hace mucho tiempo?

- ¿De dónde era? _____
- ¿A qué se dedicaba? _____
- ¿Cómo era físicamente? _____
- ¿Cómo era su personalidad? _____
- ¿Qué aficiones tenía? _____
- ¿Qué hacía? Siempre/casi siempre _____ pero nunca/casi nunca _____
- ¿.....? _____

11-4 **Antes y ahora**

Usa este esquema para describir ciertos aspectos de tu vida que contrastan entre antes y ahora.

	Antes	Frecuencia	Ahora	Frecuencia
La ciudad/el pueblo	Vivía en un pueblo pequeño	N/A	Vivo en una ciudad	N/A
La casa		N/A		N/A
La alimentación				
El ejercicio				
Las comidas				
Las bebidas				
Los restaurantes				
Las aficiones				
La ropa				
Los viajes/las vacaciones				

P Ahora compara tus datos con los de un/a compañero/a.

EJEMPLO:

E1: Yo antes **vivía** en un pueblo muy pequeño, tranquilo… ahora vivo en una gran ciudad. **Teníamos** una casa bastante grande, **había** jardín, piscina…

E2: Pues yo **vivía** en una ciudad, pero **pasaba** los veranos en un pueblo en la costa. Mi casa **era** muy grande también.

11-5 **P** **¿Cómo era tu hogar?**
Haz preguntas a tu compañero/a sobre su hogar de la infancia.

¿Dónde estaba? _____

¿Cómo era? _____

¿Qué había? _____

¿Qué tenía? _____

¿_____? _____

11-6 **P** **Cuando era niño/a...**
Ahora pueden hablar de las actividades que hacían cuando eran niños/as. Primero completen esta ficha de forma individual. Después intercambien la información.

Cuando era niño/a,

- siempre _____
- casi siempre _____
- a veces _____
- casi nunca _____
- nunca _____

11-7 **Nicaragua: antes y ahora**
Lee este texto y mira las fotos del terremoto de Managua de 1972.

El terremoto de Managua

La ciudad de Managua no tiene un centro porque el terremoto del 23 de diciembre de 1972 lo destruyó. En los años sesenta, Managua era una de las principales capitales de América Latina, con un gran desarrollo urbano. Sin embargo, con el terremoto de 1972, la capital quedó totalmente devastada. Se calcula que fueron afectados el 90% de sus edificios, y 54.000 viviendas, donde residían alrededor de 320.000 personas. Sólo un rascacielos quedó en pie. El total de pérdidas humanas fue de más de 10.000.

MANAGUA DESPUÉS DEL TERREMOTO

Describe ahora la situación de la ciudad antes y después del terremoto. ¿Puedes pensar en otras cosas que cambiaron? Comparte tu información con la clase.

EJEMPLO:

Antes del terremoto Managua **tenía** un centro pero ahora no.

¿Conoces otra ciudad que ha cambiado? Explica a la clase cómo era antes y cómo es ahora.

11-8 La vida antes del Internet

Escucha esta entrevista con tres jóvenes nicaragüenses. Hablan sobre los efectos del Internet en su vida cotidiana.

Escribe una de las cosas que estas personas **hacían** antes del Internet y ahora no hacen.

	Antes	Ahora
HABLANTE 1		
HABLANTE 2		
HABLANTE 3		

Ahora lee la transcripción de la entrevista e identifica los verbos **en el pasado**. Marca con **CC** los que se refieren a las CIRCUNSTANCIAS o el CONTEXTO de un evento o actividad. Marca con **AH** los que se refieren a ACTIVIDADES o EVENTOS HABITUALES en el pasado.

11-9 Leyenda de Oyanka

Escucha y lee al mismo tiempo esta leyenda nicaragüense. Después clasifica todos los verbos en pasado de acuerdo a su significado y uso.

Oyanka, la princesa que se convirtió en montaña

Allá por 1590, en el Valle de Sébaco, habitaba una nación de indígenas matagalpas que trabajaba el oro. Su líder era el cacique Yamboa. Mientras tanto, en Córdoba, España, vivía José Lopes. José era un joven guapo y muy ambicioso, y quería ir a Nicaragua a buscar aventuras y tesoros en aquella tierra misteriosa. Un día se fue al puerto de Cádiz, y allá tomó un barco a América. Cuando llegó a Nicaragua se instaló en Sébaco y allá conoció a la hija del cacique, que se llamaba Oyanka. Oyanka era bellísima y llevaba siempre muchas joyas de oro. José se enamoró de ella y ella de él. Pero José era muy ambicioso y quería saber de dónde extraía Yamboa el oro. Entonces Oyanka condujo a José hasta las montañas, donde había una cueva escondida. José, viendo todo aquel oro, se guardó siete pepitas grandes en su bolso. Cuando salían de la cueva, el cacique los encontró; vendió a José a otra tribu indígena y encerró a la princesa. Oyanka se deprimió tanto que no quiso comer más. Su padre trató de convencerla, pero no podía vivir sin José, así que se durmió en un sueño profundo esperando el regreso de José. Pero José nunca regresó. Oyanka se convirtió en montaña y hoy puede verse al norte del valle de Sébaco el cerro de Oyanka.

SIGNIFICADO/USO	VERBOS
Circunstancias/contexto	habitaba
Descripción	
Actividad/evento habitual	trabajaba
Acción puntual	se fue
Acción en progreso (*ongoing*) cuando ocurre otra acción	

Pretérito: información presentada como
eventos o **acciones puntuales,** con
marcadores como:

Ayer
Anteayer
Anoche
El otro día
El lunes/martes...
El día 6...
La semana pasada   } estuve en
El mes pasado   Nicaragua.
El año pasado
Entre 1976 y 1979
Por/durante tres meses/
    años/días

CONTRASTE PRETÉRITO/IMPERFECTO

● Imperfecto: información presentada
como **circunstancias** en que una
acción (pretérito) ocurre:

No **llevaba** { Por eso } no pudo
llaves.   { Así que } entrar.

Cuando me encontré con Elvira **llovía**
mucho.

● Imperfecto: **acción en proceso** cuando
otra acción (pretérito) ocurre:

Caminaba por la calle y vi a Elvira.

Vi a Elvira cuando **caminaba** por la
calle.

● Imperfecto: **acción repetida** o
habitual en el pasado, no puntual:

Hacía ejercicio todos los días
vs. Hice ejercicio el martes.

¡ATENCIÓN!

Hice ejercicio durante tres
días/durante toda la mañana.

➡ **Consultorio gramatical,
páginas 244 a 245.**

11–10 **Historia de William Walker**
P Lean este episodio de la historia de Nicaragua.

Primero clasifiquen los verbos del texto según su significado. Usen el cuadro de 11–9.

Luego pongan los verbos en pretérito o imperfecto.

A mediados del siglo XIX **COMENZAR** la "fiebre
del oro" en California. En aquella época la mayor
parte de los viajeros **IR** de la Costa Este a la costa
Oeste por mar. Normalmente **VIAJAR** a través de
Nicaragua, que **SER** una ruta muy común. Esto
ATRAER a muchos aventureros, como por
ejemplo el estadounidense William Walker. William
Walker **SER** un aventurero de Tennessee que
LLEGAR a Nicaragua en 1855 con 56 hombres,
llamados filibusteros, para participar en una guerra
contra los conservadores. William Walker **QUERER**
establecer un estado y controlar la ruta de
tránsito a California, y por eso **APODERARSE** del país y
NOMBRARSE presidente. Entre 1855 y 1857 **OCURRIR** en Nicaragua la
Guerra Nacional contra William Walker. En aquella época el idioma oficial
SER el español pero bajo el dominio de Walker **DECLARARSE** el inglés
como idioma oficial de Nicaragua. El 19 de marzo de 1857, cuando
Walker **ESTAR** en La Hacienda Santa Rosa con sus hombres, las tropas
nicaragüenses **ATACAR** y lo **EXPULSAR** del país.

11–11 **El detective privado**
¿Recuerdas a Valerio
Guzmán? Busca el
informe del detective
privado que escribiste
en el Capítulo 10
(10–12).

A Ahora escucha lo que Valerio explica a sus colegas a las 9:45
de la mañana. Después completa el informe del detective.

ACCIÓN	CIRCUNSTANCIAS

■ **Salió** de casa pero vio que _____ y _____
■ **Volvió** a entrar a su casa pero _____
■ **Salió** a la calle otra vez pero _____ y _____
■ Entonces **vio** a su amiga Elvira que _____

CIRCUNSTANCIAS	ACCIÓN

■ _____ y por eso Elvira y Valerio **tardaron** casi media hora.
■ _____, así que Valerio **llegó** mojado a la oficina.

Estrategias para la comunicación oral ✦ ✦ ✦ ✦ ✦ ✦ ✦ ✦ ✦ ✦ ✦

Collaboration in conversation (II)

When someone is narrating a story or event, s/he needs to apply certain strategies to make sure that the sequence of events is clear and that the listener is following along. Here are some common questions that you can insert along the way to make sure that the person you are talking to is following what you are saying.

¿(Me) entiendes?/¿(Me) comprendes?	Do you understand?
¿Sabes?	Do you know?
¿Entiendes/sabes lo que quiero decir?	Do you understand/know what I mean?
¿Me sigues?	Are you following me?
¿Verdad?	Right?
¿OK? ¿Ya? ¿Mmmm?	Ok?

Likewise, you can show you understand by using expressions such as:

(Sí), claro.	(Yes), of course.
(Sí), entiendo/comprendo.	(Yes), I understand.
Ya veo.	I see.

Also, be sure to incorporate expressions that show interest, surprise, or other strong reactions.

¡No me digas!	No way!
¿De verdad?	Really? Is that right?
¿En serio?	Seriously?
¿Sí?	Really?
¡Qué bien!	Great!
¡Qué horror! ¡Qué miedo!	How awful! How scary!
¡Qué pena/lástima!	What a shame!
¡Qué suerte!	How lucky!
¡Qué interesante/aburrido/divertido!	How interesting/boring/fun!

NOTAS
TN11-13

11-12
P

NOTAS
TN11-14

Imprevistos, sorpresas, anécdotas

Piensa en tres sorpresas, anécdotas o cosas imprevistas que te ocurrieron en algún momento. Completa este cuadro y después comparte esas historias con tu compañero/a. No te olvides de incorporar algunas de las expresiones de **Estrategias**.

	CUÁNDO	DÓNDE	ACTIVIDAD/CIRCUNSTANCIA	EVENTO
1.				
2.				
3.				

EJEMPLO:

E1: Un verano cuando era pequeño, estábamos en un lago mi hermano y yo, en una barca, en un pueblo pequeño, *¿sabes?,* donde vivían mis abuelos. Yo remaba el barco y mi hermano pequeño se cayó al agua. ¡Y yo no sabía nadar!

E2: *¿De verdad?* ¡Qué susto, ¿no?! ¿Y qué hiciste?

E1: Pues lo agarré de la camiseta y lo subí a la barca.

E2: ¡Qué horror!

Ahora algunos/as voluntarios/as cuentan sus propias historias a la clase. Los demás deben reaccionar con expresiones de interés, sorpresa, etc.

Entrevista

Prepara una lista de cinco preguntas para tu compañero/a sobre su infancia. Luego hazle una entrevista.

EJEMPLO:

E1: ¿Qué hacías cuando eras niño? ¿A qué jugabas?

E2: Pues jugaba con mis hermanos con camiones, coches...

Si la tienen, usen una foto de su infancia para describirse. Usen también estos modelos para ampliar información.

| No | había _____, | por eso... |
| (Sí) | teníamos _____, | |

¿Como fue?

Escribe tres fechas importantes en tu vida. ¿Qué te pasó? ¿Dónde? ¿En qué circunstancias?

FECHA	¿QUÉ PASÓ?	¿EN QUÉ CIRCUNSTANCIAS?	¿DÓNDE?
el 3 de julio de 1988	Tuve un accidente de coche.	Viajaba con mi hermano.	Estábamos en la autopista.

Después, muestra las fechas a tres compañeros/as. Ellos/as te harán preguntas sobre lo que pasó, las circunstancias, el lugar, etc.

EJEMPLO:

E1: ¿Qué te pasó el 3 de julio de 1988?

E2: Tuve un accidente de coche. Iba con mi hermano y...

Juego de papeles. Viaje al futuro

Situación (*Continuación*). Una periodista viaja en el tiempo y entrevista a un personaje histórico. En concreto, ahora quiere saber dos fechas importantes de su vida.

ESTUDIANTE 1

Eres un/a periodista y tienes la oportunidad de entrevistar a un personaje histórico muy interesante. Quieres saber sobre dos fechas importantes de su vida. Prepara algunas preguntas siguiendo el modelo de 11-14.

ESTUDIANTE 2

Eres _____. Viajaste al futuro y ahora un/a periodista te está entrevistando. Prepárate para la entrevista repasando dos fechas importantes de tu vida: qué pasó, cuándo, en qué circunstancias y dónde.

Gente e historias (II) ◆ 11

◆ Escribir el relato de un episodio importante de la historia de nuestro país.

◆ **PREPARACIÓN** ◆

Primero vamos a conocer algunos episodios importantes de la historia de otro país: Nicaragua. Miren estas fotos y comenten con su profesor/a la relevancia de estos personajes en la historia de Nicaragua.

Lean estos breves esquemas de dos periodos de la historia de Nicaragua. Ambos esquemas presentan eventos puntuales.

Miguel Larreynaga

La independencia (1821–1838)

1821: El 15 de septiembre América Central proclama su Independencia de España.
1823: Nicaragua entra a formar parte de la federación de Provincias Unidas de Centroamérica (con Guatemala, Honduras, El Salvador y Costa Rica).
1824: Primera guerra civil entre liberales y conservadores. Se firma la Constitución de la República Federal de América Central.
1838: Nicaragua rompe el pacto federal. Se firma una nueva constitución. Cada república constituye un Estado independiente.

La lucha del Frente Sandinista (1962–1979)

1962: Se funda el Frente Sandinista de Liberación Nacional (FSLN) para luchar contra la dictadura de los Somoza.
1974: El FSLN toma como rehenes a unos funcionarios del gobierno. Consigue la liberación de algunos presos políticos. Se difunde la causa del FSLN en todo el mundo.
1976: El Frente Sandinista se divide en varias tendencias. El apoyo popular crece.
1979: El FSLN lanza la ofensiva final. Somoza renuncia el 17 de julio y huye a EE.UU. El 19 de julio los sandinistas celebran el triunfo de su revolución.

Daniel Ortega

Ahora lean estos cuatro párrafos descriptivos y colóquenlos en el lugar apropiado de los esquemas anteriores.

Decidan ■ ¿A qué período pertenece cada uno?
        ■ ¿En qué parte de los esquemas se pueden colocar?

■ Hay dos sectores o bandos: el de León, que son los liberales, y el de Granada que son los conservadores. Todos quieren el control y el poder y luchan constantemente.

■ Hay una dictadura militar muy represiva en el país desde 1933. El país es muy pobre y tiene muchos problemas sociales y económicos. La gente quiere un cambio.

■ El presidente Luis Somoza es hijo de Anastasio Somoza, primer dictador de la dinastía. Es un hombre sin escrúpulos y trata muy mal a su pueblo.

■ Nicaragua no está contenta con su papel en la federación y desea la independencia total. La idea de Independencia se discute en las reuniones de los intelectuales.

Finalmente, elijan uno de los dos períodos y escriban una narración con todos los verbos en pasado (pretérito o imperfecto) incluyendo los datos anteriores. Usen varios de estos conectores para dar fluidez a su narración.

Eventos puntuales

Un mes/año antes (después)…
Al mes/año siguiente…
A los dos meses/años…
Después de un mes/año/tiempo…
Entonces, luego, (inmediatamente) después…
Ese/aquel mes/año…
A partir de + entonces/aquel mes/año/momento…

Circunstancias/contexto

En aquella época…
Entonces…

Paso 1: En grupo, decidan qué episodio de la historia de su país quieren narrar. Luego preparen una lista cronológica de los datos (eventos o acciones) principales con los verbos en pretérito.

TÍTULO (FECHAS)	EVENTOS
Fecha 1:	_____
Fecha 2:	_____
Fecha 3:	_____
Fecha 4:	_____
_____ :	_____

Paso 2: Escriban ahora sobre las circunstancias para cada evento específico de su lista. Piensen también en descripciones de lugares o personas importantes.

Circunstancias/contextos/descripciones

■ _____
■ _____
■ _____
■ _____

(W) **Paso 3:** Piensen en algunas relaciones de causa y consecuencia entre algunos de los eventos y sus circunstancias.

EJEMPLO:

Había una gran crisis económica y por eso el gobierno tuvo que hacer cambios.

■ _____ porque _____
■ _____ y por eso _____

LES SERÁ ÚTIL

Causa y consecuencia

● pretérito + **porque** + imperfecto

Se fue porque le dolía la cabeza.

● Imperfecto + **así que/y por eso** + pretérito

Le **dolía** la cabeza, así que/y por eso se fue.

(W) **Paso 4:** Escriban su relato usando toda la información anterior de forma organizada y en orden cronológico. No olviden incluir conectores.

Paso 5: Un/a portavoz de cada grupo va a leer su narración a la clase.

nuestra gente Nicaragua

Exploraciones

 GENTE QUE LEE

Estrategias para leer ✦

Summarizing a text by answering the "five questions"

Summarizing a passage that you have read in Spanish can help you synthesize the most important ideas in it. When reading a text, try to underline the main ideas and circle the key words and phrases. Then approach the task of summarizing it by asking the following five questions:

¿Quién? o ¿Quiénes?	(Who?)
¿Qué?	(What?)
¿Cuándo?	(When?)
¿Dónde?	(Where?)
¿Por qué? o ¿Cómo?	(Why? or How?)

This is especially useful when reading stories or accounts of events that happened in the past.

Now go back to exercise 11–9 and read the text again. Try to answer the "five questions" and then write a summary.

ANTES DE LEER

11-16 El concepto de héroe

¿Qué es un héroe? ¿Conoces algunos héroes de la historia del mundo? ¿Alguno/a es hispano-hablante? ¿De tu país? ¿Por qué son héroes? Menciona algunos héroes pasados o recientes.

11-17 La heroína

¿Qué es una heroína? Mira esta lista de nombres e identifica a estas mujeres. ¿Son heroínas? Justifica tus respuestas. Luego piensa en otras y justifica por qué son heroínas.

Juana de Arco (1412–1431)
Lakshmi Bai (1830–1858)
Harriet Tubman (1820–1913)
Nancy Ward (Nanye-Hi) (1783–1824)
Madre Teresa de Calcuta (1910–1997)
Clara Barton (1821–1912)

11-18 Activando estrategias

■ Mira el título y las fotos del texto que vas a leer. ¿Qué información te dan sobre este texto? ¿Qué tipo de texto es?

■ Identifica la frase temática del primer párrafo. Mira por encima la lectura y los verbos. ¿Confirman el tipo de texto?

A LEER

Rafaela Herrera, una heroína nicaragüense

Cuenta la historia que a mediados del siglo XVIII Nicaragua era el principal objetivo de los ataques ingleses, a causa de su importancia y las **facilidades** que presentaba para la comunicación interoceánica. Por eso, en 1762 el gobernador de Jamaica decidió invadir la provincia de Nicaragua por el Río San Juan.

El Castillo

El 29 de julio llegó la armada inglesa para apoderarse de El Castillo. El Castillo era una fortaleza que los nicaragüenses usaban para defenderse de los piratas ingleses. Estaba sobre una colina a la orilla derecha del río San Juan. La fortaleza tenía muchos cañones para defenderse de los ataques enemigos. La armada de los invasores contaba con 50 barcos y 2.000 hombres; en cambio, en El Castillo la situación no era buena: el comandante Don Pedro Herrera, que estaba gravemente enfermo, murió poco antes de la llegada de los ingleses. Inmediatamente depués de su llegada, el gobernador de Jamaica pidió las llaves de El Castillo a un soldado, pero en ese momento la hija de Don Pedro, Rafaela Herrera, que tenía solo 19 años, tomó el mando de la fortaleza. Rafaela dijo entonces la célebre frase: "Que los **cobardes** se rindan[1] y que los **valientes** se queden a morir conmigo". Después, Rafaela, experta en el manejo del cañón, disparó varios **cañonazos** que provocaron el pánico y la huida de muchos de los piratas. Durante varios días y noches combatieron a los ingleses hasta que **éstos** finalmente se retiraron el 3 de agosto. De este modo, Rafaela Herrera pasó a la categoría de heroína y hoy es un símbolo de **valentía** y patriotismo para las mujeres nicaragüenses.

[1]surrender

DESPUÉS DE LEER

11-19 **Activando estrategias**

1. Identifica diez palabras que, en tu opinión, son clave para comprender el texto. ¿Cuáles de ellas son cognados?
2. La palabra **facilidades** es un falso cognado. Usa el diccionario para averiguar por qué.
3. Si la palabra **cobardes** significa *cowards*, ¿qué significa **valientes**? ¿Cómo lo sabes? Son nombres o adjetivos. ¿Y **valentía**?
4. Si **cañón** significa *cannon*, ¿qué significa **cañonazos**? ¿Cómo se forma esta palabra?
5. ¿A qué o a quién se refiere el pronombre **éstos**?
6. Identifica el sujeto, verbo y predicado de la frase subrayada en el texto.

11-20 **¿Entendiste?**

1. ¿Cuántos días duró la lucha?
2. Responde a las preguntas y después haz un breve resumen.

¿Qué? _____
¿Quién? _____
¿Dónde? _____
¿Cuándo? _____
¿Por qué? _____

11-21 **Expansión**

¿Te parece que Rafaela fue una heroína? ¿Por qué? ¿Es el defensor de su país siempre un héroe?

GENTE QUE ESCRIBE

Estrategias para escribir ◆ ◆ ◆ ◆ ◆ ◆ ◆ ◆ ◆ ◆ ◆ ◆ ◆ ◆ ◆ ◆ ◆ ◆

Writing a narrative: including circumstances that surround events

Although there are no fixed rules for writing a narrative, it is a good idea to begin with a simple format. You can divide it in three parts: a. the introduction, which sets the scene (*situación, contexto, circunstancias*) and can also fill the reader in on the events or actions leading up to the main plot of the story; b. the main events or actions, or high point of the story, which can include simultaneous actions; c. the outcome or consequences of the principal events. As you already know, in Spanish this narrative structure is closely related to the effective use of the imperfect or preterit tenses.

Read the following story. Then answer the questions:

Estaba en casa solo. Era un sábado; lo recuerdo porque esa mañana me levanté muy tarde. No había nada interesante en la tele, así que me puse a leer el periódico. Cuando leía el periódico un gran ruido me sobresaltó. Después, hubo una explosión. Fui corriendo a la cocina y vi mi cafetera. Estaba totalmente negra y llena de humo. Creo que la cafetera explotó posiblemente porque ya era muy vieja, así que compré otra. Tuve que pintar de nuevo la cocina. En total, aquello me costó bastante dinero.

1. Identifica las tres partes de esta narración.
2. ¿Es un evento que le ocurrió al narrador (la persona que narra la historia) o a alguien más? ¿Cómo lo sabes?
3. Justifica la elección del autor de los tiempos pasados (pretérito o imperfecto).

11-22
W

Narrativa personal. Un evento memorable

Escribe una breve narración sobre algo memorable que te ocurrió a ti: un accidente en casa o en la carretera, una sorpresa muy agradable, una primera cita que fue un desastre, la primera vez que hiciste algo, etc. Incluye las tres partes de la narración.

Piensa en la estructura (tres partes) y en los párrafos que vas a usar. Escribe la frase temática de cada uno de ellos. Desarrolla tu historia de forma organizada y con una secuencia apropiada.

¡ATENCIÓN!

◆ Asegúrate de que
  • hay una secuencia lógica entre los párrafos y dentro de cada párrafo,
  • las frases temáticas son adecuadas,
  • hay cohesión y coherencia dentro de cada párrafo,
  • usaste los verbos (imperfecto y pretérito) de forma adecuada,
  • usaste una variedad de conectores de tiempo y secuencia.

◆ Revisa el borrador siguiendo los PPE (página 14).

Beyond the sentence ✦ ✦ ✦ ✦ ✦ ✦ ✦ ✦ ✦ ✦ ✦ ✦ ✦ ✦ ✦ ✦ ✦ ✦ ✦

Discourse markers related to the use of imperfect and preterit in narration

As we have seen in this chapter and the previous one, each verb tense (preterit or imperfect) tends to favor the use of specific time markers. Some are exclusive to one tense or the other, while others can be used with both (although with different meanings).

The imperfect is indicated by these markers:

En esa/aquella época...   (*En esa época viajaba mucho; ahora no.*)

Antes...   (*Antes me gustaba la tele; ahora no.*)

but these require the preterit:

Hace dos años...   (*Hace dos años viajé a Nicaragua.*)

de repente...   (*De repente oí un ruido.*)

entonces*, luego...   (*No tenía sueño; entonces me puse a ver la tele.*)

*Note that *entonces* can be used to show a consequence (as in the example above), or to refer to a period of time in the past:

Entonces no había Internet.   (Back then, there was no internet.)

No specific rules govern the use of discourse markers and past tenses. Rather, how the writer wants to present the narrative determines the choice of the imperfect or the preterit and the selection of discourse markers. They are used to clarify and give more coherence to a narrative, but different writers use them in different ways. Be sure to include a variety of discourse markers in your narratives to make your writing easier for your readers to follow.

11-23
PW

Narrativa. Biografía de un personaje famoso

Van a continuar el trabajo que comenzaron en el capítulo 10 (10–23). Incorporen ahora a su biografía más contexto para todos los eventos y acciones. Integren en su texto:

- circunstancias en que ocurrieron ciertos eventos o acciones,
- acciones habituales o repetidas en el pasado,
- descripciones de personas, lugares, ambientes, y
- acciones simultáneas a otras.

¡ATENCIÓN!

✦ No se olviden de la importancia de los marcadores de tiempo y en general del uso de conectores.

✦ Revisen su borrador siguiendo los PPE (página 14). Presten especial atención a la cohesión de cada párrafo y a la integración de los contextos y descripciones (uso de imperfecto) con las acciones (uso del pretérito).

Comparaciones

MARK TWAIN EN NICARAGUA

Entre 1866 y 1867, Mark Twain, el periodista y escritor estadounidense autor de clásicos como *Las aventuras de Tom Sawyer* y *Las aventuras de Huckleberry Finn*, recorrió parte de Nicaragua en su viaje desde San Francisco a Nueva York, o sea, del oeste al este de Estados Unidos.

Twain salió de San Francisco en barco el 15 de diciembre de 1866 siguiendo la Ruta del Tránsito, que comunicaba el Atlántico y el Pacífico. Desembarcó en el puerto de San Juan del Sur, en el Pacífico nicaragüense, y desde allá viajó en diligencia hasta el puerto de La Virgen, en la costa suroeste del Lago de Nicaragua. En este puerto abordó un vapor con destino al puerto de San Carlos, situado en la costa sureste del lago. Desde San Carlos viajó por el río en lancha hasta el puerto de San Juan del Norte (o Greytown, como lo bautizaron los ingleses), en la Costa Atlántica de Nicaragua, donde tomó otro barco rumbo a Nueva York.

Durante su travesía por Nicaragua, Mark Twain elogió las bellezas naturales de la nación centroamericana. Según cuenta en el libro *Mark Twain's Travels with Mr. Brown*, a Twain le impresionó la belleza de la isla de Ometepe, situada en el centro del Lago de Nicaragua, el más grande de Centroamérica. En ese libro, el famoso escritor estadounidense dice de Ometepe:

"En el centro del bello Lago de Nicaragua se levantan dos magníficas pirámides, revestidas por el más suave y concentrado verdor, salpicadas de sombras y por los rayos del sol, cuyas cumbres penetran las ondulantes nubes. Se miran tan aisladas del mundo y su alboroto, tan tranquilas, tan maravillosas, tan sumidas en el sueño y el eterno reposo. [...] Monos aquí y allá; pájaros gorjeando; bellas aves emplumadas. El paraíso mismo, el reino imperial de la belleza —nada que desear para hacerlas perfectas".

11-24 **La Ruta del Tránsito**

NOTAS TN11-25
¿Qué era la Ruta del Tránsito y por qué es famosa principalmente? ¿Por qué iba la gente, como Mark Twain, de la costa oeste a la costa este siguiendo esta ruta?

11-25 **Ometepe**

En el texto, Twain habla de dos pirámides. ¿A qué se refiere? La foto de esta página y el mapa de la página 241 te pueden ayudar.

¿Qué otras cosas de la isla te parecen interesantes?

11-26 **Islas**

NOTAS TN11-26
¿Qué otros países hispanohablantes tienen islas que forman parte de su territorio? ¿Cuáles conoces? ¿Y en tu país?

Ometepe, la isla del fin del mundo

La isla de Ometepe es la más grande del mundo situada dentro de un lago de agua dulce, el Cocibolca, en pleno centro de Nicaragua. Su extensión es de 276 km², con unos 35.000 habitantes, descendientes de toltecas, mayas, aztecas, nahuas, olmecas y chibchas, además de otros pueblos indígenas que poblaron la isla.

Al llegar a la isla los colonizadores españoles, los indios que la habitaban se refugiaron en las cumbres de los volcanes Concepción y Madera, considerados durante generaciones el hogar de los dioses. En su huida, dejaron atrás los petroglifos de sus antepasados, llenos de imágenes misteriosas y que datan en torno al año 300 d.C.

Los aborígenes practicaban una religión politeísta, incluían el concepto de "alma" en sus creencias, la vida en el más allá y la reencarnación. Los dioses se alimentaban de sangre humana y vivían en las regiones donde sale el sol. Estos dioses están representados no sólo en los petroglifos, sino además en grandes estatuas por toda la isla.

11-27 Petroglifos

 NOTAS TN11-27

- El origen y significado de los petroglifos de Ometepe están lleno de misterios e incógnitas. Algunas teorías sostienen que estos dibujos y grabados fueron hechos por extraterrestres. ¿Qué opinas?
- ¿Conoces ejemplos similares a los de los petroglifos de Ometepe? Por ejemplo, en esta foto se ven las líneas de Nazca en Perú. ¿Sabes de otros en Latinoamérica o en tu país?

11-28 ¿Qué significa "cultura politeísta"?
Muchas de las culturas antiguas eran politeístas. ¿Puedes pensar en algunos ejemplos de culturas actuales que también son politeístas?

11-29 Misterios
Los enigmáticos dibujos de Nazca, en Perú, son uno de los grandes misterios de la historia de la humanidad. ¿Sabes de otros misterios?

VOCABULARIO

Los acontecimientos y conceptos históricos y político-sociales

apoyo (el)	*support*
aventurero/a (el/la)	*adventurer*
bandera (la)	*flag*
cañón (el)	*cannon*
castillo (el)	*castle*
desarrollo (el)	*development*
desastre (el)	*disaster*
fortaleza (la)	*fortress*
funcionario/a (el/la)	*government official*
gobierno (el)	*government*
guerra (la)	*war*
héroe (el)	*hero*
heroína (la)	*heroine*
lucha (la)	*fight*
patriota (el/la)	*patriot*
patriotismo (el)	*patriotism*
pérdida (la)	*loss*
pirata (el/la)	*pirate*
poblador/a (el/la)	*settler*
pobreza (la)	*poverty*
rehén (el/la)	*hostage*
riqueza (la)	*richness, wealth*
soldado (el/la)	*soldier*
terremoto (el)	*earthquake*
tropas (las)	*troops*
valentía (la)	*courage*
viajero/a (el/la)	*traveler*

Verbos

alimentarse	*to eat*
apoderarse (de)	*to take possession of*
apoyar	*to support*
atacar	*to attack*
convertirse en (ie)	*to become*
desembarcar	*to disembark*
dormirse	*to fall sleep*
elogiar	*to praise*
embarcar	*to embark; to board*
encerrar	*to lock down; to lock up*
expulsar	*to throw out*
firmar	*to sign*
formar parte (de)	*to be a part of*
fundar	*to found*
gobernar (ie)	*to rule, to govern*
habitar	*to inhabit*
huir (y)	*to escape; to run away*
invadir	*to invade*
ocasionar	*to cause*
ocurrir	*to take place*
platicar	*to talk*
quebrar (ie)	*to break*
recorrer	*to travel through*
refugiarse	*to take shelter*
rendirse (i)	*to surrender*
retirarse	*to retreat; to withdraw*
romper	*to break*

Adjetivos

cobarde	*coward*
conservador/a	*conservative*
convincente	*convincing*
defensor/a	*defender*
escondido/a	*hidden*
misterioso/a	*mysterious*
nómada	*nomad*
valiente	*brave*

Otras expresiones útiles

en pie	*standing*
formar parte de	*to be a part of*

Gente e historias (II) ◆ 11

CONSULTORIO GRAMATICAL

EL PRETÉRITO IMPERFECTO
THE IMPERFECT TENSE

	-AR	**-ER**	**-IR**	
	HABLAR	TENER	VIVIR	
(yo)	habl**aba**	ten**ía**	viv**ía**	
(tú)	habl**abas**	ten**ías**	viv**ías**	
(él, ella, usted)	habl**aba**	ten**ía**	viv**ía**	*REGULAR*
(nosotros/as)	habl**ábamos**	ten**íamos**	viv**íamos**	
(vosotros/as)	habl**abais**	ten**íais**	viv**íais**	
(ellos, ellas, ustedes)	habl**aban**	ten**ían**	viv**ían**	

	SER	IR	
(yo)	**era**	**iba**	
(tú)	**eras**	**ibas**	
(él, ella, usted)	**era**	**iba**	*IRREGULAR*
(nosotros/as)	**éramos**	**íbamos**	
(vosotros/as)	**erais**	**ibais**	
(ellos, ellas, ustedes)	**eran**	**iban**	

USOS DEL IMPERFECTO
USES OF THE IMPERFECT

The imperfect tense is used to portray various aspects of the background of a story:

■ *Details about the context in which the story we are telling takes place, such as the time, the date, the place, the weather, etc.*

Eran las nueve.   **Era** de noche.
Hacía mucho frío y **llovía.**   **Estábamos** cerca de Managua.

■ *The condition and description of the people in the story.*

Estaba muy cansado.   Me **encontraba** mal.   Yo no **llevaba** gafas.

■ *The circumstances surrounding the story we are telling.*

Había mucho tráfico.   **Había** un camión parado en la carretera.

■ *To contrast the way things are now and the way they used to be.*

Ahora hablo español y portugués. Antes sólo **hablaba** inglés.
Antes **tenía** muchos amigos. Ahora sólo tengo dos o tres.

■ *To talk about habitual actions in the past.*

Cuando era niño, **íbamos** a la escuela a pie, no había transporte escolar.
Antes no **salía** nunca de noche, no me **gustaba.**

There are two instances in which the imperfect corresponds neatly to similar formulations in English: to express what one was doing when something else happened, and to say what one "used to do."

Estábamos charlando cuando ella llegó. = We **were** chatting when she **came.**)

Cuando era pequeña, iba a la escuela a pie. = When I was a child I **used to go** to school on foot.

CONTRASTE PRETÉRITO/IMPERFECTO
CONTRASTING THE USE OF PAST TENSES

The preterit tense presents information as an event.

> Ayer **llovió.**
> Ayer por la noche **estuvimos** en un restaurante muy bueno.

*The imperfect tense presents information as the background
informing an action that is in turn expressed with the preterit.*

> **Fuimos** al cine por la noche y al salir, **llovía.**
> **Estábamos** en un restaurante muy bueno y **llegó** Rogelio.

These types of markers often accompany the preterit:

ayer	**anteayer**
anoche	**el otro día**
el lunes/martes...	**el (día) 6/21/...**
la semana pasada	**el mes pasado**
el año pasado	

CONTAR EVENTOS DEL PASADO
RELATING PAST EVENTS (CAUSE AND CONSEQUENCE)

To demonstrate the consequences of an action we can use **así que** *and* **por eso.**

> Tuvo que trabajar para pagarse los estudios **porque** su familia <u>era</u> humilde.
> Su familia <u>era</u> humilde, **así que** tuvo que trabajar para pagarse los estudios.

> Se fue a casa **porque** le <u>dolía</u> la cabeza.
> Le <u>dolía</u> la cabeza, **por eso** se fue a casa.

12 Gente que trabaja

TAREA ✦ Seleccionar a los mejores candidatos para diferentes puestos de trabajo.

NUESTRA GENTE ✦ Venezuela

AUTOGENTE

GenteAhorro

17 GÓMEZ Y CARRILLO
DESPACHO DE ABOGADOS

18 CLÍNICA DENTAL
DRA. CASTAÑERA

19 JULIA SUÁREZ HELGUERA
ESTUDIO DE ARQUITECTURA

20 WAY IN
ESCUELA DE IDIOMAS

21 INTERLENGUAS
SERVICIO DE TRADUCCIONES

12-1 **Las profesiones de la gente**

NOTAS
TN12-01

En este edificio de la Avenida del Bosque de Caracas trabajan muchas personas. Mira la ilustración y escribe la letra correspondiente delante del nombre de cada profesión. Luego compara tus respuestas con las del resto de la clase.

❏ empleado de banco
❏ guardia de seguridad
❏ traductor
❏ dependienta de una tienda
❏ abogado
❏ mensajero/a
❏ dentista

❏ arquitecta
❏ taxista
❏ profesora
❏ albañil
❏ pintor
❏ vendedor de automóviles

EJEMPLO:

E1: Esta es la profesora, ¿verdad?

E2: No, ésta es la arquitecta. ¿Y éste? ¿El H?

E1: El H es el vendedor de automóviles.

¿Quién trabaja en la oficina número 21? Una _____

¿Y en la número 17? Unos _____

¿Y en la número 18? _____

12-2 **Cualidades**

NOTAS
TN12-02

En tu opinión, ¿qué cualidades son necesarias para estos trabajos? Coméntalas con tus compañeros/as.

Ser (muy)...
amable/organizado/dinámico/comunicativo...

Estar...
dispuesto a viajar/acostumbrado a trabajar en equipo/en buena forma...

Saber...
escuchar/mandar/convencer...
informática/idiomas...

Tener...
mucha experiencia/un título universitario/mucha paciencia/permiso de conducir...

EJEMPLO:

E1: Para ser un buen abogado hay que tener mucha experiencia.

E2: Sí. Y además hay que saber escuchar.

E3: Yo creo que no. Yo creo que es más importante tener mucha paciencia.

¿Y para estos trabajos? Di dos cualidades.

cartero/a	
contable	
gerente	
maestro/a	
bombero/a	
policía	
médico/a	

12-3 **Profesiones interesantes, aburridas, seguras, peligrosas...**

Escribe, al lado de cada profesión, un aspecto positivo y otro negativo. Fíjate en las ideas de la lista. Puedes añadir otras.

LOS MÉDICOS...

ganan mucho dinero
ayudan a personas con problemas

pueden tener accidentes
están fuera de casa mucho tiempo

ES UN TRABAJO MUY...
creativo
interesante
seguro
independiente
autónomo

ES UN TRABAJO MUY...
monótono
duro
aburrido
peligroso

PROFESIÓN	ASPECTO POSITIVO	ASPECTO NEGATIVO
farmacéutico/a		
músico/a		
bombero/a		
asistente social		
maestro/a		
médico/a		
cartero/a		
abogado/a		
maestro/a		
policía		
psicólogo/a		
ingeniero/a en computadoras		
mi profesión ideal:		

P **Ahora comparen sus respuestas.**

EJEMPLO:
E1: Los bomberos tienen una profesión peligrosa.
E2: Y además no ganan mucho dinero.

12-4 **A**

Alicia busca un nuevo trabajo

Alicia es una chica venezolana que vive en Londres, pero quiere cambiar de trabajo y regresar a Venezuela. Ahora está hablando de sus experiencias pasadas y sus proyectos, el tipo de trabajo que busca, dónde quiere vivir, etc.

Primero, escucha lo que dice Alicia y completa la ficha.

Ha vivido en _____

Ha estado en _____

Ha trabajado en _____

Tiene experiencia en _____

Habla _____

Ahora lee los anuncios de dos puestos de trabajo posibles para Alicia.

1

SERVICIOS RESPIRATORIOS K26 NECESITAN

ASISTENTE DE LABORATORIO

en SAN BERNARDINO

PERFIL REQUERIDO:
- Señorita joven (25–45 años)
- Buena ortografía
- Conocimiento de las aplicaciones de Windows
- Buen trato con el público
- Con residencia en San Bernardino
- Horario de 7:00 a 11:00 a.m. y de 2:00 a 6:00 p.m.

SE VALORA EXPERIENCIA PREVIA EN EL ÁREA MÉDICA

OFRECEMOS:
- Salario: 400.000 + comisión
- Comienzo: inmediato
- Contrato a tiempo completo, indefinido

Enviar carta
y currículum de forma electrónica a
Lic. Gregorio Arzola
garzola@resk26ve.com

SAN BERNANDINO

2

HOTEL OLE CARIBE DE CARACAS BUSCA

RECEPCIONISTA BILINGÜE

Se requiere:
- Mínimo bachiller
- Perfectamente bilingüe (español-inglés)
- Experiencia comprobable en cargo similar
- Disponibilidad inmediata

Preferible
- Conocimientos de francés hablado
- Experiencia previa en el área de la hostelería

Ofrecemos:
- Salario: A convenir
- Comienzo: Inmediato
- Duración: Temporal
- Tipo de trabajo: Tiempo parcial

Enviar hoja de vida y fotografía por fax a Abog. Oneida Sequera Fax: (0212) 3314397

G

Decidan qué empleo puede solicitar.

EJEMPLO:

E1: Yo creo que puede solicitar el empleo UNO. Ha estudiado medicina.

E2: Pero quiere vivir en Caracas. Mejor, el DOS.

E3: Sí, pero no habla francés…

12-5

Mapa semántico

Partiendo de la palabra TRABAJO, la clase va a hacer un mapa semántico con la ayuda de su profesor/a. Busquen cuatro o cinco áreas que se relacionan con TRABAJO. Luego amplíen cada área con más vocabulario.

12-6 Venezuela, una historia peculiar

NOTAS
TN12-06

Venezuela es un país de contrastes, donde a lo largo de la historia **se han mezclado** razas y costumbres (prehispánicas, hispánicas y africanas) y **se han sucedido** formas de gobierno muy diferentes unas de otras. **Ha sufrido** guerras, la **han gobernado** presidentes más conservadores y más liberales. También **han pasado** por su historia héroes como Simón Bolívar o Francisco de Miranda, famosos líderes independentistas. A pesar de períodos de más o menos estabilidad, **ha sido** un país muy próspero que **ha sabido** explotar sus recursos, especialmente el petróleo, y por eso nunca **ha sufrido** de problemas energéticos. En suma, como dijo el famoso escritor venezolano Uslar Pietri, Venezuela **ha tenido** "una historia peculiar".

Simón Bolívar (1783-1830)
(chromolitho) by Artist Unknown
(pre 20th century). Private Collection /
Archives Charmet / Bridgeman Art
Library

Presta atención a las formas en negrita. Observa el nuevo tiempo verbal. Es el **presente perfecto.** ¿Cómo se forma?

EJEMPLO: *infinitivo* *presente perfecto*
mezclar ⟶ han mezclado

12-7 ¿Qué venezolanos han hecho estas cosas?

G

Escriban los nombres de estos cuatro famosos venezolanos en el lugar correspondiente.

NOTAS
TN12-07

Hugo Chávez Franco de Vita Yucef Merhi Omar Vizquel

	NOMBRE
Ha jugado con los Mariners de Seattle y los Indians de Cleveland. **Ha ganado** 9 veces el Guante de Oro.	
Ha sido número uno varias veces en las listas latinas de EE.UU. **Ha grabado** más de diez álbumes.	
Ha expuesto su obra en los mejores museos del mundo. **Ha escrito** numerosos libros de arte.	
Siempre **ha admirado** a Simón Bolívar. **Ha hecho** muchos cambios en su país.	

EJEMPLO:
E1: ¿Quién **ha jugado** con los Mariners de Seattle?
E2: Omar Vizquel.

Ahora relacionen las fotografías con los personajes.

¿Pueden identificar las formas del perfecto que son irregulares? ¿Conocen otras?

Yo **sé** tocar el piano.
Yo toco la guitarra.
Yo no toco ningún instrumento.

YA/TODAVÍA (NO), AÚN (NO)

- ● ¿Has visto **ya** la Estatua de la Libertad?
- ○ No, **todavía no** la he visto.
- ● Pues yo **ya** la he visto tres veces.

¿Ya has comprado la leche?

No, todavía no la he comprado porque todavía está cerrado

SABER

sé	sabemos
sabes	sabéis
sabe	saben

VALORAR HABILIDADES

muy bien
bastante bien
regular
bastante mal
muy mal

Elvira toca el piano muy bien. Yo, regular.

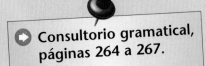

○ **Consultorio gramatical, páginas 264 a 267.**

 12-8
NOTAS TN12-08

¿Y tú, qué has hecho?

Comparte con la clase qué cosas importantes has hecho en tu vida.

EJEMPLO:

Yo **he viajado** a 18 países diferentes.

 12-9 P
NOTAS TN12-09

¿Nunca?

Entrevisten a su compañero/a. Inventen dos preguntas más. Anoten sus respuestas.

EJEMPLO:

E1: ¿Has estado alguna vez en Venezuela?

E2: No. Nunca he estado.

- ■ Hablar con un venezolano.
- ■ Perder una maleta en un aeropuerto.
- ■ Ganar un premio.
- ■ Hacer teatro.
- ■ Ir a…
- ■ Ir en globo.
- ■ Enamorarse a primera vista.
- ■ Escribir un poema.
- ■ Hacer un viaje a la selva.
- ■ Comer…

 12-10 G
NOTAS TN12-10

¿Lo has hecho ya?

Tus compañeros/as tienen que hacer esto en algún momento de su vida. Pregúntales si lo han hecho o no.

- ■ Graduarse.
- ■ Terminar el primer año de universidad.
- ■ Comprar una casa/un carro.
- ■ Viajar al extranjero.
- ■ Buscar trabajo.
- ■ Abrir una cuenta de ahorros en un banco.
- ■ Conocer al hombre/a la mujer de su vida.
- ■ Escribir un libro.

EJEMPLO:

E1: ¿Has buscado **ya** un trabajo?

E2: No, **todavía no.**

E3: Yo sí, **ya** lo he buscado.

 12-11 P
NOTAS TN12-11

¿Sabes hacer estas cosas?

Marca qué sabes hacer. Luego pregunta a tu compañero/a y compara tus habilidades con las suyas.

EJEMPLO:

E1: ¿Tú **sabes** dibujar?

E2: No, yo dibujo muy mal. ¿Y tú?

E1: A mí me gusta mucho dibujar. Dibujo bastante bien, creo.

	muy bien	bien	regular	no sé
cocinar				
bailar				
patinar				
jugar al tenis				
nadar				
esquiar				
cantar				
escuchar a los demás				
hablar en público				
mentir				
dibujar				
contar chistes				
_____				

Gente que trabaja ◆ 12

Estrategias para la comunicación oral ◆ ◆ ◆ ◆ ◆ ◆ ◆ ◆ ◆ ◆

Interacting in social contexts: Verbal courtesy (II)

1. *Tú* or *usted.*

Choosing between *tú* or *usted* is one of the hallmarks of verbal courtesy, and their use depends on at least three factors: (1) the speaker's country or region of origin, (2) the communicative habits of the speaker (education, personality, etc.), and (3) the social relationships of speakers and the general context of the interaction (age, sex, social status, hierarchy). Not only there is a difference between their forms and uses in Spain and Latin America, but also among the countries and regions of the second. First, the use of *usted* and *tú* is different (*usted* is more widespread in Latin America for both informal and formal contexts); second, the pronoun *vos*, which does not exist in peninsular Spanish, is used in regions of Latin America[1]. When interacting in formal contexts (such as job interviews and professional venues) it is more appropriate to use *usted* (not *tú* or *vos*) and *ustedes.*

2. Greetings.

In formal contexts such as a job interview, *hola* and *¿qué tal?* are not considered appropriate. Read this dialogue between a job candidate and an interviewer. The job candidate has just entered the office:

■ *Buenas tardes, ¿se puede?/¿Me permite pasar?/¿Puedo pasar?*
■ *Sí, pase, pase, por favor/Adelante, cómo no.*
■ *Muchas gracias. Me llamo Juan Peña.*
■ *¿Cómo está, Juan? Soy Ramón Pedrosa, gerente de la oficina.*
■ *Mucho gusto, Sr. Pedrosa.*
■ *El gusto es mío. Siéntese, por favor.*
■ *Muchísimas gracias. Es un placer (conocerle)/encantado (de conocerle), Sr. Pedrosa.*

Identify all the expressions of verbal courtesy and explain their function. Now change the context to one of the following situations: a. you and your best friend meet to go to the movies, or b. a person in charge of human resources interviews a candidate for a position.

[1]*Vos* referring to the second-person singular (*tú*) is the only form used in Costa Rica, Paraguay, Uruguay, and Argentina. It coexists with *tú* in El Salvador and Honduras. In Nicaragua, Bolivia, and Guatemala *vos* is used in conversation, but *tú* in written language. It is also used in the Andean areas of Venezuela and Colombia (alternating with *usted*) and in some rural areas of Ecuador, Peru, Chile, and Panama.

 Antes de clase...

P

Explica a tu compañero/a qué has hecho antes de venir a clase. Tu compañero/a va a hacer lo mismo.

EJEMPLO:
E1: ¿Qué has hecho esta mañana?
E2: Me he levantado tarde y luego he ido a mi primera clase. ¿Y tú?

 Cualificaciones

P

Imagina que tu compañero/a es el gerente de una compañía. Explícale las cosas que **has hecho** o que **sabes hacer**. Puedes utilizar las expresiones siguientes.

Sé español/ruso/chino/árabe...   **He estudiado** dos años en Madrid.
He vivido tres años en Japón.   **He trabajado** en...
Sé usar computadoras.   **He...**

EJEMPLO:
E1: ¿Qué sabe hacer?
E2: Sé usar Windows. He hecho un curso de 30 horas.

12-14 ¿**Verdad o mentira?**
G
Cada uno debe escribir dos cosas que ha hecho y dos cosas que nunca ha hecho. Cada uno/a lee ante el grupo las frases que ha escrito. Los demás deben adivinar cuáles son verdad y cuáles no.

EJEMPLO:
E1: Yo nunca he viajado en avión.
E2: Yo creo que no es verdad.
E1: Sí, sí es verdad.
E3: Eso no es verdad.

12-15 **Entrevistas**
P
Entrevista a un/a compañero/a para saber más de sus habilidades. Antes escribe dos cosas más:

Saber ⎰ usar un Mac
tocar un instrumento musical
hablar francés
_____
_____

Poder ⎰ estudiar y oír música al mismo tiempo
pasar una noche sin dormir
tocarse los pies con los dedos de las manos
_____
_____

No olviden valorar las habilidades.

EJEMPLO:
E1: ¿Sabes usar un Mac muy bien?
E2: No. Sé usar un Mac más o menos. Siempre he usado Windows.

12-16 **Juego de papeles. Una entrevista de trabajo**
Situación: Un/a estudiante se graduó recientemente con una maestría de una escuela de negocios. Tiene una entrevista hoy con dos directivos de una compañía petrolífera venezolana en Caracas para un puesto de gerente. Todos son muy educados: usan fórmulas de cortesía y tratamiento formal.

ESTUDIANTE A

Te graduaste con una maestría en negocios. Hoy es tu primera entrevista de trabajo en una compañía petrolífera en Caracas. No tienes ninguna experiencia en esta área profesional. Primero, elabora un breve currículo personal y dáselo a los directivos de la compañía para leerlo. Luego ve a la entrevista. Debes convencer al director de que eres un/a excelente candidato/a, aunque no tienes experiencia.

ESTUDIANTE B

Eres directivo/a de una compañía petrolífera venezolana. Necesitas un/a gerente joven pero con bastante experiencia. Después de leer su currículo, decides **que el/la candidato/a no te gusta**. Prepara cuatro preguntas y luego entrevístalo.

ESTUDIANTE C

Eres directivo/a de una compañía petrolífera venezolana. Necesitas un/a gerente joven pero con bastante experiencia. Después de leer su currículo, decides **que el/la candidato/a te gusta mucho**. Prepara cuatro preguntas y luego entrevístalo.

◆ Seleccionar a los mejores candidatos para diferentes puestos de trabajo.

(A) ◆ **PREPARACIÓN** ◆

Vamos a escuchar un programa de radio donde hablan de una nueva compañía multinacional que se ha establecido en Caracas: Home & Comfort. Esta compañía tiene varios puestos vacantes. Primero, escucha lo que dicen y después completa estas fichas.

VENDEDORES/AS

Edad: 20/26 años.
Se valora _____.
Carácter amable y buena presencia.
Voluntad de progresar.
Capacidad de trabajo _____.

OFICINISTA

Edad: 22/35 años.
Se valora _____.
Necesitan personas _____.
Conocimiento de _____ a
  nivel de usuario.
Idiomas: francés o inglés a _____
_____.

DECORADORES/AS

_____: 22/28 años.
_____ en decoración y presentación de
  escaparates.
_____ y _____ para presentar el producto.
Capacidad para _____.

Paso 1: La clase va a decidir algunas características más para estos tres puestos.

	VENDEDORES/AS	OFICINISTA	DECORADORES/AS
■ un requisito más:	_____	_____	_____
■ qué se ofrece:	_____	_____	_____

Paso 2: Hagan grupos de cuatro personas. Tres de ustedes trabajan en el departamento de selección de personal en Home & Comfort. Hay cuatro buenos candidatos y tres puestos vacantes: vendedor/a, oficinista y decorador/a.

■ Un miembro de su grupo es un/a candidato/a y debe completar la solicitud (*application*) vacía.
■ Los otros tres miembros del grupo deben leer las cuatro solicitudes.

Apellidos: *Pellicer Alpuente*
Nombre: *Silvia*
Lugar de nacimiento: *Maracaibo*
Edad: *27 años*
Estudios: *licenciada en psicología*
Idiomas: *inglés bastante bien y un poco de francés*
Experiencia de trabajo: *6 meses administrativa, 1 año vendedora*
Resultados test psicotécnico: *comunicativa, sociable, organizada*
Otros: *pintura, informática (Windows, WordPerfect)*

Apellidos: *Fernández Rico*
Nombre: *Nieves*
Lugar de nacimiento: *Valencia*
Edad: *26 años*
Estudios: *bachillerato y formación profesional en artes plásticas*
Idiomas: *francés muy bien, un poco de italiano*
Experiencia de trabajo: *6 meses en una tienda de ropa*
Resultados test psicotécnico: *tímida e introvertida, organizada*
Otras aptitudes: *informática y autoedición (Windows, PaintBrush, Quark)*

Apellidos: _____
Nombre: _____
Lugar de nacimiento: _____
Edad: _____
Estudios: _____
Idiomas: _____
Experiencia de trabajo: _____
Resultados test psicotécnico: _____
Otras aptitudes: _____

Apellidos: *Sanjuán Delgado*
Nombre: *Alberto*
Lugar de nacimiento: *Caracas*
Edad: *30 años*
Estudios: *básicos (elemental)*
Idiomas: *ninguno*
Experiencia de trabajo: *taxista (cinco años), recepcionista en un hotel*
Resultados test psicotécnico: *comunicativo y amable, extrovertido*
Otras aptitudes: *teatro amateur*

LES SERÁ ÚTIL

Hemos seleccionado a... para el puesto de...

Silvia **puede ser** vendedora.

Sí, y también decoradora. **Sabe** pintar...

Sí, pero **no tiene** experiencia.

Paso 3: ¿A quién seleccionamos para cada puesto? ¿Por qué? ¿A quién NO seleccionamos? ¿Por qué? Comenten y lleguen a una decisión unánime.

(W) Paso 4: Escriban un breve informe que resuma los resultados de sus deliberaciones.

Paso 5: El/la portavoz del grupo presenta su informe a la clase.

nuestra gente Venezuela

Exploraciones

GENTE QUE LEE

Estrategias para leer ◆

Review of vocabulary strategies (I)

1. Semantic maps

   This is a useful vocabulary learning activity and a productive pre-reading strategy. By working on semantic maps, you can expand the range of your vocabulary. Words that are thematically related to each other are easier to learn and to retain. If you practice this skill, it will become progressively easier for you to anticipate, retrieve, and understand related words in a reading passage.

2. Cognates and false cognates

   By now, you are probably good at recognizing cognates (words that resemble each other and have the same or similar meanings in Spanish and English). Recognizing cognates is probably the most important vocabulary reading strategy. However, there are many false cognates in Spanish, and not recognizing them may lead to serious misunderstandings. The two best ways to double-check a cognate are: a. asking yourself if the meaning you guess makes sense in this context and b. looking up the word in the dictionary.

3. Guessing meaning from context

   This is a global strategy, because you need to understand the context surrounding a word or expression in order to guess its meaning. It is the key to developing speed in reading and avoiding the constant use of the dictionary. When faced with an unknown word, think of the topic of the text and paragraph; search for synonyms, explanations, and definitions; study the meaning of the sentence; replace the unknown word with one you know. Does it make sense now?

ANTES DE LEER

12-17 **En la compañía**
P
¿Qué es un/a ejecutivo/a (de una compañía)? ¿Qué características asocian con la palabra ejecutivo/a? Márquenlas y después ordénenlas de más importante a menos importante.

- ❏ buena presencia
- ❏ don de gentes
- ❏ creatividad
- ❏ facilidad de palabra
- ❏ visión de futuro
- ❏ tenacidad
- ❏ capacidad de trabajo
- ❏ objetividad

12-18 **Activando estrategias**

- ■ Campos semánticos. Según el título, ¿qué tipo de palabras esperas encontrar en el texto? ¿De qué áreas o temas?
- ■ Mira el título del texto y la primera frase de cada párrafo. ¿De qué crees que trata el texto? ¿Qué tipo de texto es: argumentativo, narrativo, descriptivo, de opinión?

A LEER

PERFIL DEL PROFESIONAL VENEZOLANO

Humanax es una importante compañía venezolana que se dedica a la selección de recursos humanos. Actualmente su especialidad es la contratación de ejecutivos de empresa.

Rodrigo Poncela, director de la **sede** de Caracas, nos dice en una entrevista que entre las características positivas del ejecutivo venezolano hay una que destaca: la creatividad. "Los ejecutivos venezolanos son muy creativos. Siempre lo han sido". Poncela dice que otra **fortaleza** es el carácter, la manera de ser del venezolano, que es muy atractiva. El venezolano es muy fácil de tratar, de interrelacionarse con él. Su manera de ser facilita mucho la interacción humana, tiene muy buen sentido del humor, es poco complicado y es muy afectuoso en su trato con los demás. Cuando pensamos en un ejecutivo, estas características se traducen en que el modo de enfrentarse a los problemas es simple y directo. Además, la visión que el ejecutivo venezolano tiene sobre las interacciones de negocios es bastante simple, cordial y directa.

Con respecto a los puntos negativos, Poncela comenta: "Siempre hemos sido muy cortoplacistas.

Nos ilusionamos con éxitos tempranos sin mirar mucho hacia el futuro. También nos ponemos muchos objetivos sobre los hombros y eso resulta en que a veces el cumplimiento de las cosas no es muy estricto. Finalmente, creo que nos falta un poco de tenacidad. Tenemos gran capacidad de trabajo, pero eso no es igual a tenacidad. Tenacidad es agarrar un objetivo y no **soltarlo** hasta que llegas al final".

Por lo que respecta a las áreas donde destacan los profesionales venezolanos, éstas son el petróleo, la energía, la tecnología de la información y la ingeniería. Esto se debe a que, desde los años cincuenta, las mejores escuelas de ingeniería en Venezuela han sido las petroleras. El área de tecnología también se ha desarrollado bastante a causa de la influencia de la industria petrolera. Hay que recordar que, en América Latina, los avances en computación y tecnología han llegado primero a Venezuela; como consecuencia las universidades venezolanas han incorporado importantes recursos de informática y han formado excelentes generaciones de ingenieros.

DESPUÉS DE LEER

12-19 **Activando estrategias**

1. Sólo en el párrafo cuatro hay más de 15 cognados. Identifícalos.
2. Identifica tres falsos cognados en el texto.
3. Adivina por el contexto el significado de las tres palabras marcadas en negrita. ¿Qué datos del contexto te han ayudado?
4. Ahora escribe seis palabras importantes del área del trabajo/negocios (del texto) que quieres aprender en español.
5. ¿A qué se refiere el pronombre subrayado **esto**?

12-20 **¿Entendiste?**

1. ¿Cuáles son las características positivas del ejecutivo venezolano?
   _____ y _____
2. ¿Cuáles son las características negativas del ejecutivo venezolano?
   _____, _____ y _____
3. Di una consecuencia del desarrollo de la industria petrolera.

12-21 **Expansión**

De las cinco características mencionadas, ¿cuáles crees que son más importantes y por qué?

GENTE QUE ESCRIBE

Estrategias para escribir ✦ ✦ ✦ ✦ ✦ ✦ ✦ ✦ ✦ ✦ ✦ ✦ ✦ ✦ ✦ ✦ ✦ ✦ ✦

Review of pre-writing strategies

1. Organizing your writing

   You know by now that writing in Spanish requires the same organizational skills as writing in your native language. You need a topic and a purpose, a reason for writing, and something to write about. Start by brainstorming and generating ideas related to the topic and then writing them down.

2. The goal and purpose of your composition

   Consider the purpose of your writing, as well as the audience. Remember, even in class-related writing tasks, the audience isn't just the teacher, but also the real or imaginary people you are writing for. The purpose is not only to receive a good grade, but also to explain something, to convince someone of something, to describe, to analyze, to narrate, etc. with some specific goal in mind. The content needs to be a) related to your purpose and b) relevant to your audience.

3. Developing an outline

   Once you have thought about your goal and your audience, it is time to develop an outline. Decide on your main points and the order in which you want to present them. Here, audience and purpose need to be kept in mind as well. Expect to go back and make changes later.

   ATTENTION: Research shows that good writers do pre-writing work, while poor writers sit down and just start typing!

12–22 **W** **Una carta de solicitud de empleo**

NOTAS **TN12-22**

Terminaste tus estudios universitarios y estás buscando trabajo. Hay una oportunidad excelente para ir a Caracas y trabajar para una compañía estadounidense que tiene allá una sucursal (el puesto específico puedes imaginarlo tú, de acuerdo a tus intereses personales). Ofrecen un salario muy bueno y excelentes incentivos. No requieren experiencia pero necesitan, obviamente, una persona que hable español. Piden una carta con esta información:

- qué estudios has hecho y cuándo los has terminado;
- en qué has trabajado previamente y dónde;
- cuáles son tus características más destacadas;
- qué habilidades y destrezas posees;
- por qué crees que deben darte el puesto;
- otra información que crees necesaria.

¡ATENCIÓN!

✦ Piensa en el/los destinatario/s de tu carta y en lo que esperan de ti. Con esto en mente, decide la información que quieres incluir en tu carta. Luego desarrolla un esquema siguiendo los puntos anteriores. Decide el orden en el que quieres presentar la información (no tiene que ser el que aparece arriba).

✦ Asegúrate de que
  • la información que has incluido es relevante,
  • usaste el tratamiento formal (usted/ustedes).

✦ Escribe tu carta y revisa el borrador siguiendo los PPE (página 14).

Beyond the sentence ✦ ✦ ✦ ✦ ✦ ✦ ✦ ✦ ✦ ✦ ✦ ✦ ✦ ✦ ✦ ✦ ✦ ✦ ✦

Writing at the discourse (not sentence) level: review of basic concepts

Producing a written text that is coherent and fluent is probably difficult to do in your own language. Hence, the challenges for carrying it out in Spanish are enormous. However, if you take a *process* approach to writing (which stresses the development of successive drafts that improve with each review), the writing task becomes more manageable.

One of the fundamental concepts in writing is the idea of **discourse.** Writing is NOT putting together a series of sentences, the sum of which make up a text. Rather, a text is made up of paragraphs (sometimes just one paragraph), each of them containing a series of related ideas expressed through individual sentences. However, the way those sentences are constructed depends on the overall paragraph and ultimately on the overall text or discourse.

What distinguishes a text (discourse) from a random collection of sentences? In other words: what makes a text *coherent*? Think of two ways to achieve coherence.

Sometimes we need coherence (those connections between the various parts of our text) to clarify our words. We do this by using specific, formal, *cohesive* mechanisms: cohesive markers (referent pronouns, demonstratives, etc.), and discourse markers or conjunctions.

12-23
PW

NOTAS
TN12-23

Descripción de un puesto de trabajo

Identifica a un/a compañero/a con los mismos intereses profesionales que tú. Ustedes terminaron sus estudios y decidieron crear una pequeña compañía/academia/escuela/clínica... Ahora necesitan un/a secretario/a, oficinista, ayudante de _____, etc. Como viven en una región con gran número de hispanohablantes, deciden poner un anuncio en español en un periódico local.

Escriban un anuncio para la sección de empleo describiendo en detalle

- qué empleo es;
- qué requisitos y cualidades son necesarios;
- qué valoran;
- qué ofrecen;
- otras informaciones necesarias en su opinión;
- qué deben enviar los candidatos, dónde y cómo.

¡ATENCIÓN!

✦ Antes de escribir su borrador, tengan en cuenta el propósito del anuncio y las personas que van a leerlo. Hagan primero su esquema y organícenlo.

✦ Revisen el borrador siguiendo los PPE (página 14). Presten atención de manera especial a la coherencia del texto y a la cohesión dentro de cada párrafo.
  - ¿Han incluido mecanismos de cohesión?
  - ¿Hay una secuencia logica?

Comparaciones

12-24 El petróleo en Venezuela
Lee esta información y responde a las preguntas.

El barril de petróleo ha sido el protagonista más importante de la historia venezolana durante las últimas ocho décadas. Inevitablemente, la economía venezolana ha dependido y va a depender de ese barril por muchas décadas más.

CRONOLOGÍA DEL PETRÓLEO EN VENEZUELA.

1914	Se descubrió el campo Mene Grande en la costa oriental del lago de Maracaibo y su petróleo abrió para Venezuela los mercados energéticos mundiales. Hoy día esta cuenca es todavía la más importante.
1929	Venezuela se convirtió en el segundo mayor productor petrolero después de Estados Unidos.
1939	Venezuela aportó cerca del 60% de la demanda de las fuerzas aliadas, siendo así factor fundamental en la derrota de los ejércitos de Hitler.
1943	Standard Oil New Jersey y Shell aceptaron los nuevos términos venezolanos, mediante los cuales los beneficios de la industria petrolera se repartían por igual (50/50). Se multiplicaron por seis los ingresos petroleros de la nación.
1943–73	Gracias al petróleo, Venezuela experimentó un crecimiento social y económico espectacular. Los técnicos venezolanos sustituyeron poco a poco a los extranjeros.
1960	Arabia Saudita y Venezuela crearon la Organización de Países Exportadores de Petróleo (OPEP). Se creó la Corporación Venezolana de Petróleo.
1976	El gobierno nacionalizó la industria petrolera. Venezuela nacionalizó las concesiones de Shell, Exxon y otros inversores extranjeros, y se creó la compañía del estado Petróleos de Venezuela, SA (PDVSA).
1997	PDVSA se convirtió en la segunda empresa petrolera del mundo. La gran crisis económica en Venezuela abrió las puertas a los inversionistas extranjeros.

■ ¿Qué datos te parecen más interesantes o sorprendentes? ¿Cuáles sabías?
■ Identifica en el mapa en qué área están los mayores yacimientos de petróleo de Venezuela.
■ ¿Conoces otros países hispanohablantes con importantes reservas petroleras?

12-25 **El petróleo**
El petróleo es la fuente de energía más importante de la sociedad actual. ¿Qué consecuencias crees que tiene para un país...

el descubrimiento de petróleo en su subsuelo?
el aumento del precio del petróleo?
la bajada de los precios del petróleo?
el agotamiento de sus recursos petrolíferos?

12-26 **Otros recursos naturales**
Asocia cada país con su principal recurso natural.

Guatemala   petróleo
El Salvador   gas natural
México   bosques
Colombia   minería (cobre)
Bolivia   superficies cultivables
Chile   minería (carbón)

¿Sabes cuáles son los principales recursos naturales de tu país o región?

12-27 **El dinero**
¿Qué sabes de la moneda venezolana?
Lee este texto.

Dinero, dinero...

El **bolívar (Bs)** es la moneda de curso legal de Venezuela. Establecida en 1879 como unidad monetaria, lleva el nombre en honor a Simón Bolívar, héroe de la independencia latinoamericana.

En 1879 eran piezas de plata con los valores de cinco, dos y un bolívar y las fracciones de cincuenta y veinte céntimos. Además había piezas de oro de veinte bolívares. Las monedas de oro y plata llevaban la efigie de El Libertador y en el reverso la inscripción: Estados Unidos de Venezuela.

En 1999 se cambió el nombre del país a República Bolivariana de Venezuela. Se han puesto en circulación las monedas de 10, 20 y 50 bolívares y el nuevo billete de 10.000 bolívares con la denominación de República Bolivariana de Venezuela.

12-28 **Otras monedas centroamericanas**
Asocia cada país con su moneda.

Nicaragua   quetzal
Costa Rica   lempira
Guatemala   balboa
Panamá   colón
Honduras   colón
El Salvador   córdoba

¿Sabes cuáles de estos nombres de moneda se refieren a descubridores o conquistadores?
¿A qué se refiere el resto? Comenta con la clase estas diferencias en el origen del nombre de la moneda.

12-29 **¿Y en tu país?**
¿Sabes cuál es el origen del nombre de tu moneda nacional? ¿Qué figuras aparecen en los billetes y monedas de tu país? ¿Qué significado tienen?

VOCABULARIO

Las profesiones

abogado/a (el/la)	*lawyer*
asistente social (el/la)	*social worker*
cajero/a (el/la)	*bank clerk; cashier*
cartero/a (el/la)	*postal carrier*
contable (el/la)	*accountant*
dentista (el/la)	*dentist*
dependiente/a (el/la)	*store clerk*
director/a (el/la)	*manager*
ejecutivo/a (el/la)	*executive*
empleado/a (el/la)	*employee*
farmacéutico/a (el/la)	*pharmacist*
gerente (el/la)	*manager*
guardia de seguridad (el/la)	*security guard*
ingeniero/a (el/la)	*engineer*
jefe/a de ventas (el/la)	*sales manager*
licenciado/a (el/la)	*college graduate*
maestro/a (el/la)	*teacher*
mensajero/a (el/la)	*messenger*
músico (el/la)	*musician*
oficinista (el/la)	*administrative assistant*
pintor/a (el/a)	*painter*
policía (el/la)	*police officer*
psicólogo/a (el/la)	*psychologist*
recepcionista (el/la)	*desk clerk, receptionist*
taxista (el/la)	*taxi driver*
técnico/a (el/la)	*technician*
traductor/a (el/la)	*translator*
vendedor/a (el/la)	*salesperson*

Los lugares de trabajo y tipos de compañía

almacén (el)	*warehouse*
banco (el)	*bank*
clínica dental (la)	*dental clinic*
compañía (la)	*company; business*
construcción (la)	*construction*
despacho de abogados (el)	*law office*
empresa (la)	*business; company*
escuela (la)	*school*
hostelería (la)	*hotel management*
industria (la)	*industry*
negocio (el)	*business*
oficina (la)	*office*
tienda (la)	*store*

Los perfiles y las características profesionales

buena presencia (la)	*good presence*
capacidad (la)	*ability*
capacidad de trabajo (la)	*industriousness*
compromiso (el)	*commitment*
conocimiento (el)	*knowledge*
creatividad (la)	*creativity*
disponibilidad (la)	*availability*
dominio de _____(el)	*mastery of _____*
don de gentes (el)	*people skills*
experiencia (la)	*experience*
paciencia (la)	*patience*
sensibilidad (la)	*sensitivity*
título (el)	*degree*
voluntad (la)	*willingness*

El ámbito laboral y económico

beneficios (los)	*benefits*
billete (el)	*bill*
candidato/a (el/la)	*candidate*
compañía (la)	*company; firm*
contrato (el)	*contract*
currículo (el)	*resume; CV*
desempleo (el)	*unemployment*
dinero (el)	*money*
empleo (el)	*job; employment*
empresa (la)	*company; firm*
equipo (el)	*team*
formación profesional (la)	*professional training; education*
ingresos (los)	*income*
inversión (la)	*investment*
inversionista (el/la)	*investor*
inversor/a (el/la)	*investor*
jornada de trabajo (la)	*workday*
moneda (la)	*currency; coin*
oferta (de empleo) (la)	*job offer*
postulante (el/la)	*applicant*
proyecto (el)	*project*
puesto de trabajo (el)	*position; job*
requisito (el)	*requirement*
salario (el)	*salary; wage*
Seguridad Social (la)	*Social Security*
solicitante (el/la)	*applicant*
sueldo (el)	*salary; wage*
trabajo (el)	*job; work; position*
trabajo en equipo (el)	*teamwork*

Adjetivos

acostumbrado/a	*accustomed*
amable	*kind; thoughtful*
autónomo/a	*autonomous*
bilingüe	*bilingual*
creativo/a	*creative*
desempleado/a	*unemployed*
disponible	*available*
extrovertido/a	*extroverted*
independiente	*independent*
introvertido/a	*introverted*
laboral	*work related*
monótono/a	*monotonous*
organizado/a	*organized*
paciente	*patient*
peligroso/a	*dangerous*
preparado/a	*prepared*
responsable	*responsible*
serio/a	*serious*
temporal	*temporary*
tenaz	*tenacious*
tímido/a	*shy*
trabajador/a	*hardworking*

Verbos

acabar	*to finish*
consistir en	*to consist of*
contratar	*to hire*
despedir (i)	*to fire*
devolver (ue)	*to return*
ejercer	*to practice*
entrevistar	*to interview*
enviar	*to send*
ganar	*to win; to earn money*
invertir (ie)	*to invest*
llegar a ser	*to become*
mentir (ie)	*to lie*
negociar con	*to do business with*
ofrecer (cz)	*to offer*
perder (ie)	*to lose*
perfeccionar	*to perfect*
renunciar	*to resign; to quit*
solicitar	*to apply for; to request*
tratar con	*to deal with*

Otras palabras y expresiones útiles

a tiempo completo	*full-time*
a tiempo parcial	*part-time*
petróleo (el)	*oil*
punto de vista (el)	*point of view*

CONSULTORIO GRAMATICAL

PRESENTE PERFECTO
THE PRESENT PERFECT

	PRESENT OF **HABER**	PARTICIPLE
(yo)	**he**	
(tú)	**has**	est**ado**
(él, ella, usted)	**ha**	com**ido**
(nosotros/as)	**hemos**	viv**ido**
(vosotros/as)	**habéis**	
(ellos, ellas, ustedes)	**han**	

The present perfect in Spanish corresponds almost exactly to the present perfect in English, when the exact time something took place is not specified:

> Silvia **ha estado** en Nueva Zelanda.
> = Silvia **has been** to New Zealand.

For recent events, where English may use the present perfect (**We've just done this**), Spanish uses a completely different verbal construction: **Acabamos de hacer esto.**

The same is true when we talk about continuing states and conditions:

> *Lleva un año jugando en ese equipo de fútbol.*
> = He's been playing for that football team for a year.

> *Trabajo aquí desde el 1996.*
> = I've been working here since 1996.

¿Has visto Casablanca?

Sí, la he visto varias veces.

Like the preterit and the imperfect tenses, the present perfect provides us with a way to talk about the past in Spanish. It is used:

To talk about past events we want to relate to the present moment. That is why it is frequently accompanied by markers such as **hoy, esta mañana, esta semana, estos días, estas vacaciones,** etc.

When what we are trying to express is whether an action has ever taken place or not. The exact time of the event is not important, and therefore expressions such as **alguna vez, varias veces, nunca,** etc. are commonly used.

¿Hoy no has ido a trabajar?

No, me he dormido.

EL PARTICIPIO
THE PAST PARTICIPLE

-AR VERBS	*-ado*		*-ER/-IR VERBS*	*-ido*
HABLAR	habl**ado**		TENER	ten**ido**
TRABAJAR	trabaj**ado**		SER	s**ido**
ESTUDIAR	estudi**ado**		VIVIR	viv**ido**
ESTAR	est**ado**		IR	**ido**

Some of the most frequently used irregular past participles are:

VER	⟶	**visto**	HACER	⟶	**hecho**	PONER	⟶	**puesto**
ESCRIBIR	⟶	**escrito**	DECIR	⟶	**dicho**	VOLVER	⟶	**vuelto**
ABRIR	⟶	**abierto**	ROMPER	⟶	**roto**	CUBRIR	⟶	**cubierto**

 ¡ATENCIÓN!

*The past participle is used in the present perfect tense and also with the verb **estar**. Since in the present perfect the participle is part of the verb construction, it never changes form. When it is used as an adjective with the verb **estar,** however, the participle always changes form to agree in number and gender with the noun it modifies.*

In the present perfect:	*With the verb **estar:***
Ha escrit**o** una carta a Juan.	**La** cart**a** está bien escrit**a.**
Ha escrit**o** un libro.	**El** libro está bien escrit**o.**
Ha escrit**o** unas poesías.	**Las** poesí**as** est**án** bien escrit**as.**
Ha escrit**o** unos artículos.	**Los** artícul**os** est**án** bien escrit**os.**

Remember that in Spanish whenever the past participle is used as an adjective, it agrees in gender and number with the noun it modifies:

*Profundamente **dormidos**, no oyeron el teléfono.*
= Fast **asleep,** they didn't hear the phone.

HABLAR DE HABILIDADES
TALKING ABOUT ABILITIES

*To inquire about someone's abilities, use the present tense of the verb **saber** + the infinitive, or conjugate the verb that indicates the ability in question.*

	SABER
(yo)	**sé**
(tú)	sab**es**
(él, ella, usted)	sab**e**
(nosotros/as)	sab**emos**
(vosotros/as)	sab**éis**
(ellos, ellas, ustedes)	sab**en**

¿Sabes jugar al golf?
¿Juegas al golf?

Yo (**no**) **sé** { nadar. / conducir / cocinar. }

Puedo nadar/tocar la guitarra/conducir.

When in English we use **can** or **know how to** to express a skill, in Spanish the most common way is with the verb **saber:**

***Sé** cocinar.*
= I **can** cook/I **know how to** cook.

¿Sabes francés?

¿Y escribes bien?

Sí.

Gente que trabaja ◆ 12

To indicate how well one does something:

Ana toca la guitarra **muy bien.**
Luis juega **bastante bien** al tenis.
Yo juego **regular** al ajedrez.
Felipe **no** habla inglés **demasiado bien.**
Marta **no** canta **nada bien.**

Remember: *muy bien* = very well
bastante bien = quite well
regular = more or less/so-so
no… demasiado bien = not too well
no… nada bien = very badly.

The English infinitive **to play** has two principal corresponding translations in Spanish. One is *jugar,* which means **to play a game,** and the other is *tocar,* which means **to play an instrument.** They are not interchangeable.

YA/TODAVÍA (NO), AÚN (NO)
(NOT) YET, STILL (NOT)

To refer to a known situation that has not yet changed, use **todavía (no)** *or* **aún (no).**

● ¿Está cerrado el museo?
○ Sí, **todavía no** han abierto.

● ¿Está cerrado el museo?
○ Sí, **todavía** está cerrado.

Here are some English equivalents that may help you:

*¿**Todavía/aún** está allí?* = Is he **still** there?
*Sí, **todavía/aún** (está allí).* = Yes, he's **still** there.
*No, **ya** no (está allí).* = No, he isn't there **anymore.**
*¿**Ya** has terminado?* = Have you finished **yet?**
*Sí, **ya** he terminado.* = Yes, I've **already** finished.
*No, **todavía/aún** no he terminado.* = No, I haven´t finished **yet.**

Todavía (no) and aún (no) *can occupy two different positions within the sentence.*

Todavía no/Aún no ha llegado el tren.   *BEFORE THE VERB*
El tren no ha salido **todavía/aún.**   *AFTER THE VERB*
Ya ha salido el tren.
El tren ha salido **ya.**

To refer to a known situation that has already changed, use **ya.**

● ¿**Ya** ha salido de casa?
○ Sí, **ya** ha salido.

Ya *can also be used before or after the verb.*

El tren ha llegado **ya**.   *AFTER THE VERB*
Ya ha llegado el tren.   *BEFORE THE VERB*

Gente y lenguas

TAREA ◆ Elaborar un portafolio personal sobre nuestro conocimiento de lenguas y culturas extranjeras.

NUESTRA GENTE ◆ Paraguay

Hugo Ramos

Yo soy paraguayo, de un pueblecito cerca de Asunción, la capital. En mi casa, con mi familia, siempre hemos hablado guaraní, pero obviamente todos sabemos castellano y lo usamos en el trabajo, por ejemplo. A nosotros nos gusta decir que somos bilingües y biculturales. Yo además hablo y escribo inglés, y ahora estoy estudiando francés.

Elisabeth Silverstein

Yo soy argentina, de origen alemán. De niña sólo sabía español, porque crecí en Argentina, pero después fui a estudiar a Alemania y allá aprendí el alemán. También tengo conocimientos de hebreo, porque soy judía y en mi familia todos hemos aprendido hebreo. En el terreno profesional tengo que leer mucho en inglés, porque soy bióloga. La lengua internacional de la ciencia es sin duda el inglés.

Edurne Etxebarría

Yo soy española, del País Vasco. En casa de mis padres siempre hemos hablado euskera, o sea, vasco; nunca español. Mi marido es madrileño y ahora, en casa, con él hablo en español. A los niños mi marido les habla en español y yo en euskera. Además, me parece muy importante aprender inglés, y por eso van a una escuela de idiomas cuatro veces por semana.

Alberto Fernández

Yo soy paraguayo, de San Pedro. Me encantan los idiomas. Además del español y el guaraní, que son mis lenguas maternas, tengo un buen nivel de francés, inglés, italiano y portugués. Estudié árabe por tres años, pero quiero seguir perfeccionándolo. Y este año quiero empezar con el japonés. Me fascina conocer otros pueblos, otros países, y a mí me parece que la única manera es aprender su lengua y su cultura.

13-1 **La importancia de aprender lenguas extranjeras**
¿Crees que es importante hablar otras lenguas? ¿Por qué?

Mira las fotos de estas personas y lee lo que nos dicen sobre este tema. ¿Cuántas lenguas conocen?

▧ Hugo: _____, _____, _____ y _____
▧ Edurne: _____ y _____
▧ Elisabeth: _____, _____, _____ y _____
▧ Alberto: _____, _____, _____, _____, _____,
_____ y _____.

¿Por qué estas personas son bilingües, trilingües o incluso multilingües?

▧ Hugo: _____
▧ Edurne: _____
▧ Elisabeth: _____
▧ Alberto: _____

13-2 **¿Y tú?**
¿Cuántas características compartes con estas personas? Explícaselo a la clase.

EJEMPLO:
Yo también soy bilingüe, como Hugo, Edurne y Alberto.

Yo también estudié _____ pero no _____
A mí también me gusta(n) _____
Yo también tengo un buen nivel de _____
A mí también me parece que _____

13-3 **Paraguay, un país bilingüe**
Lee este texto sobre Paraguay. Luego mira el gráfico.

Paraguay reconoció el guaraní (idioma autóctono) como lengua nacional en 1967. Desde 1992 es idioma oficial junto con el español. La enseñanza se hace en ambos idiomas.

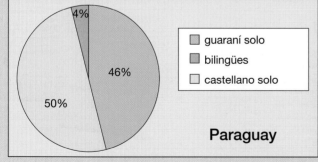

4%
46%
50%

▢ guaraní solo
▢ bilingües
▢ castellano solo

Paraguay

Artículo 140 de la Constitución de Paraguay
DE LOS IDIOMAS
El Paraguay es un país pluricultural y bilingüe. Son idiomas oficiales el castellano y el guaraní. [...] Las lenguas indígenas, así como las de otras minorías, forman parte del patrimonio cultural de la Nación.

Comenta el gráfico con la clase. ¿Conoces otros países bilingües del mundo hispano? ¿Y del resto del mundo? ¿Qué opinas de la enseñanza bilingüe?

Gente y lenguas ◆ 13

13-4 **La riqueza de las lenguas**
Lee el texto y subraya las partes en las que se desarrollan las siguientes afirmaciones:

1. En una conversación, la comunicación no verbal es tan importante como la verbal, o más.
2. El dominio de la gramática, del vocabulario y de la pronunciación no son suficientes para comunicarse en una lengua extranjera.
3. La comunicación no verbal se aprende por imitación.
4. Las reglas propias de la conversación no son iguales en todas las culturas.

La **riqueza** DE LAS
LENGUAS

¿QUÉ ES UNA LENGUA? ¿UNA GRAMÁTICA Y UN VOCABULARIO? ¿UNOS SONIDOS Y UN ALFABETO? INDUDABLEMENTE, ES ALGO MUCHO MÁS COMPLEJO.

MOVIMIENTOS DE LA **CARA**

La mayor capacidad expresiva del ser humano está en la cara: sus músculos pueden realizar más de 20.000 (veinte mil) movimientos diferentes. Hay movimientos de cejas que duran sólo millonésimas de segundo.

Las reglas de la conversación

Para participar en una conversación no sólo hay que saber hablar: también hay que saber escuchar, saber tomar la palabra y cederla a otro interlocutor.

Si observamos una conversación sin escuchar las palabras, descubriremos el valor de las miradas, los gestos, las posturas. Son los elementos paralingüísticos, que transmiten hasta un 60% o 65% del significado. Las palabras transmiten sólo el 30% o el 35% restante.

También la posición de los interlocutores intervienen en la comunicación humana. Generalmente evitamos situarnos frente a

frente; pero, además, en distintas situaciones preferimos distintas posiciones: en una cafetería, por ejemplo, con amigos o conocidos, nos sentamos al lado de nuestro interlocutor, mientras que en una biblioteca solemos adoptar una distribución en diagonal.

Lengua y cultura
El lenguaje de los gestos, de las posturas y del espacio, lo aprendemos de pequeños imitando a los mayores.

Cada sociedad tiene regulada la distancia para hablar con los demás; a quién se le puede mirar directamente a los ojos y a quién no, el tiempo que puede durar la

mirada, la postura que conviene adoptar (de pie, sentado, las manos en los bolsillos...), si se puede o no se puede tocar al interlocutor, etc.

Cuando aprendemos una lengua extranjera hemos de aprender también algunas de esas reglas, especialmente si son distintas de las de nuestra cultura. ■

EL VALOR DEL **SILENCIO**

En cada cultura el valor del silencio y de su duración puede ser distinto. En las modernas culturas occidentales, por ejemplo, no contestar a quien nos hace una pregunta es una falta grave de educación. En otras culturas no es así: el silencio puede ser una forma de manifestar indirectamente desaprobación.

13-5 **Mapa semántico**
Elabora un mapa semántico con todas las palabras del texto que pertenecen al área de la comunicación.

LA COMUNICACIÓN

13-6
A

NOTAS
TN13-07

Anécdotas

Debido a las diferencias culturales, en la comunicación intercultural a veces ocurren problemas. Tres personas nos explican sus experiencias. Escucha las anécdotas, marca la información correcta y completa las frases.

La 1ª persona tuvo problemas con...
La 2ª persona tuvo problemas con...
La 3ª persona tuvo problemas con...

{
el vocabulario
la distancia física
la gramática
las fórmulas de cortesía
las reglas de conversación
}

En particular, la 1ª persona _____

En particular, la 2ª persona _____

En particular, la 3ª persona _____

¿Has tenido alguna vez experiencias semejantes? Comparte esta información con la clase.

13-7

NOTAS
TN13-08

¿Sabes aprender español?

Lee el texto y subraya las cosas que haces. ¿Eres buen estudiante de español? Comparte tus datos con la clase.

El buen estudiante de lenguas...

- está dispuesto a comunicarse y a aprender en situaciones de comunicación,
- se fija en el contexto para entender el significado de lo que oye o lee,
- intenta descubrir por sí mismo reglas de la lengua que estudia,
- no le importa cometer errores cuando practica y sabe que sin cometer errores no se aprende,
- conoce y aplica diversas técnicas para aprender, para memorizar el vocabulario, para fijar estructuras gramaticales, para perfeccionar la pronunciación, para corregir sus errores, y
- observa que la lengua se usa de diversas maneras, cada una de ellas apropiada a las diversas circunstancias y situaciones: en textos escritos, oralmente, entre amigos, entre desconocidos, etc.

13-8
G

NOTAS
TN13-09

Miles de lenguas

Éstas son las doce lenguas más habladas del mundo. Intenten clasificarlas en orden según el número total de hablantes, de mayor a menor. Completen solamente las dos primeras columnas (lengua y país principal).

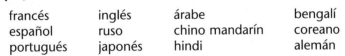

francés	inglés	árabe	bengalí
español	ruso	chino mandarín	coreano
portugués	japonés	hindi	alemán

Nº	LENGUA	PAÍS PRINCIPAL	HABLANTES (millones)
1			
2			
3			
4			
5			
6			
7			
8			
9			
10			
11			
12			

Después su profesor/a va a dar las respuestas correctas. Gana el grupo con más aciertos.

Gente y lenguas ◆ 13

13-9 A

 NOTAS TN13-10

Problemas y consejos

Estas personas estudian idiomas y tienen problemas. Escucha sus comentarios y completa la información sobre sus sentimientos o dificultades.

	A él/A ella	Él/Ella
1. Tomás	le encanta...	se da cuenta **de** que... se pone...
2. Fernando	le gusta mucho... le resulta muy difícil...	se cansa **de**...
3. Yolanda	le cuesta mucho... le da miedo...	se da cuenta **de** que...
4. José	le cuesta mucho... le parece muy difícil...	se cansa **de**...
5. Gemma	le da vergüenza... le pone nerviosa...	no se acuerda **de**... se olvida **de**...

Presta atención a las formas. ¿Qué diferencia hay entre los verbos de la columna de la izquierda y los de la derecha? ¿Cómo son sus conjugaciones?

13-10 P

 NOTAS TN13-11

¿Y a ti te pasa lo mismo?

Dile a tu compañero/a qué problemas tienes con el español. El/ella te va a dar un consejo.

EJEMPLO:

E1: A mí **me cuesta** mucho hablar con nativos. Me **pongo** muy nervioso.

E2: Lo que tienes que hacer es hablar más, no menos.

13-11 P

 NOTAS TN13-12

Me parece muy útil

Clasifica esta lista de actividades de clase según tu opinión. Coméntala con tu compañero/a.

(3) Me parece divertido y útil para aprender.
(2) Me gusta mucho pero me resulta muy difícil.
(1) Me parece bastante útil pero muy aburrido.
(0) No me parece útil.

❑ Hablar de cosas interesantes en español
❑ Escuchar conversaciones grabadas
❑ Repetir en voz alta
❑ Observar ejemplos de reglas
❑ Escribir composiciones en casa o en clase
❑ Jugar en español
❑ Leer textos interesantes de la prensa
❑ Aprender listas de palabras
❑ Ver vídeos (películas, noticias, documentales, clips cortos...)
❑ Tratar de descubrir reglas de la lengua
❑ Hacer juegos de papeles
❑ Escuchar música y cantar en español
❑ Leer textos en voz alta delante de la clase

¿Quieres añadir alguna actividad?

EJEMPLO:

E1: A mí, ver vídeos no **me resulta** útil.

E2: A mí **me gusta** mucho, **me parece** muy útil, pero **me resulta** muy difícil.

E1: Sí, a mí **me parece** muy interesante también. Me **encanta** ver películas.

SENSACIONES, SENTIMIENTOS Y DIFICULTADES

Noto que...
Veo que...
Me doy cuenta de que...
   ...los demás no me entienden.

Me cuesta...
Me canso de...
   ...hacer ejercicios de gramática.
   ...leer en español.

Me da **miedo** cometer errores.

A mí los pronombres me resultan muy difíciles.

Pues yo no me acuerdo nunca de las palabras nuevas.

Y a mí me da miedo cometer errores.

VALORAR ACTIVIDADES

Para mí es pesado/útil/aburrido...
Me parece pesado/útil/aburrido...
   ...estudiar gramática.
   ...leer.
   ...trabajar en grupo.

Me { parece... ...aburrida la clase.
     pareció... ...divertido el trabajo.

Me { parecen... ...pesadas las
     parecieron... audiciones.

Me { resulta fácil/difícil/aburrido...
     resultó

CONSEJOS Y SOLUCIONES

Lo que tienes que hacer es hablar.
¿Por qué no intentas hacer frases más cortas?
Intenta hacer frases más cortas.
Trata de hacer frases más cortas.

CONTRASTE PERFECTO/PRETÉRITO

EN ESPAÑA

Perfecto: situaciones o eventos pasados en periodos **no concluidos** (todavía presente).

Esta semana...
Este mes/año/semestre...
Hoy...
Esta mañana/
tarde/noche... } he estado en Asunción.

Pretérito: situaciones o eventos pasados en periodos **concluidos**.

La semana pasada...
El mes/año/
semestre pasado... } estuve en Asunción.
Ayer...

EN LOS PAÍSES LATINOAMERICANOS

Se prefiere la conjugación del pretérito en ambas situaciones.

Ayer **estuve** en Asunción.
Hoy **estuve** en Asunción.

EN ESPAÑA Y LATINOAMÉRICA

El perfecto marca el valor **continuativo** del pasado en el presente.

Siempre...
Nunca... } me han gustado
Toda mi vida... } las lenguas.

USOS DEL GERUNDIO

Responde a la pregunta ¿cómo?

Yo he aprendido idiomas yendo a clase.

Pues yo sin ir. Solo hablando, y viajando...

ESTAR + GERUNDIO

Acción en progreso.

Los niños **están aprendiendo** español.

Perfecto/pretérito de **estar** + gerundio = Actividad finalizada

● Hoy **he estado/estuve** trabajando todo el día.
● Ayer **estuve estudiando** hasta las 10.

⟳ Consultorio gramatical, páginas 286 a 289.

13-12
P

NOTAS
TN13-13

Aprender

Seguro que en tu vida **has aprendido** otras muchas cosas. ¿Qué sabes hacer? Dile a tu compañero si sabes hacer estas cosas, y cuándo y cómo aprendiste.

bailar   coser
nadar   cocinar
esquiar   tocar un instrumento
manejar   otros: _____

EJEMPLO:
E1: ¿Tú sabes esquiar?
E2: Sí, aprendí a esquiar cuando era niño. Soy bastante bueno **esquiando**.
E1: ¿Cómo aprendiste?
E2: Pues **practicando** mucho....

13-13
A

NOTAS
TN13-14

¿Dónde has estado?

Vas a escuchar dos versiones de una conversación. En la primera hablan dos amigos españoles. Después de escucharla, contesta las preguntas.

1. ¿Dónde **ha estado** Ricardo?
2. ¿Por qué?
3. ¿Cuántas clases **ha tenido** este mes?
4. ¿Por qué **ha decidido** Ricardo aprender guaraní?
5. ¿Qué **hizo** Ricardo hace dos años?
6. ¿Qué **ha estado haciendo** Ricardo esta semana?
7. ¿Qué **estuvo haciendo** la semana pasada?

Ahora escucha otra versión. Hablan dos amigos latinoamericanos. Luego contesta las preguntas.

1. ¿Dónde **estuvo** Ricardo?
2. ¿Por qué?
3. ¿Cuántas clases **tuvo** este mes?
4. ¿Por qué **decidió** Ricardo aprender guaraní?
5. ¿Qué **hizo** Ricardo hace dos años?
6. ¿Qué **estuvo haciendo** Ricardo esta semana?
7. ¿Qué **estuvo haciendo** la semana pasada?

Fíjate en la variación en el uso del **perfecto** (España) y el **pretérito** (Latinoamérica). Hay dos ocasiones en que en ambos diálogos se usa el **pretérito**. ¿Cuáles? ¿Por qué?

13-14
P

NOTAS
TN13-15

Ahora completa este cuadro con cosas que **hiciste** (o no) y lo que **has hecho** (o no) para aprender y mejorar tu español. Luego intercambia la información con tu compañero/a.

El año pasado _____   este año _____
El mes pasado _____;   en cambio   este mes _____
La semana pasada _____,   pero   esta semana _____
Ayer _____   hoy _____

EJEMPLO:
E1: Pues yo el año pasado **practiqué** mucho, pero este año no **he practicado** nada.
E2: Yo por ejemplo ayer **estudié** un poco; en cambio hoy no **he estudiado** nada.

Estrategias para la comunicación oral ♦ ♦ ♦ ♦ ♦ ♦ ♦ ♦ ♦ ♦ ♦

Expressing agreement during conversation (expansion)

Whether you are working within a group to reach some consensus or debating a topic, knowing how to express agreement during a conversation shows that you are collaborating. There are different degrees of expressing agreement, used for different purposes. Here are some examples.

Agreement	De acuerdo.	OK.
	Es cierto.	That's true.
	Bueno.	OK.
	Así es.	That's right.
Strong agreement	Por supuesto (que sí/que no).	Of course (not).
	Cómo no.	Of course.
	Desde luego (que sí/que no).	Of course (not).
	Sí señor.	Of course.
	Sin lugar a dudas; sin duda.	No doubt about it.
	No cabe duda.	No doubt.
	Por descontado.	By all means.
Personal agreement	Tiene(s) razón.	You are right.
	Estoy de acuerdo contigo/con usted.	I agree with you.
	Comparto tu/su punto de vista.	I share your point of view.
	Estoy contigo/con usted.	I am with you.
	Opino igual que tú/usted.	I think the same as you.

13-15

G

Una campaña publicitaria: "Aprende idiomas"

Una escuela de idiomas de Asunción quiere lanzar una campaña publicitaria. Dos compañías de publicidad le han presentado dos ideas diferentes. ¿Qué opinan ustedes? Comenten también los logos.

IDIPAR (IDIOMAS DE PARAGUAY)
ESPAÑOL Y GUARANÍ PARA EXTRANJEROS

Porque el multilingüismo es diálogo, cooperación, convivencia internacional

Porque cuando aprendes lenguas comprendes mejor el mundo que te rodea

Porque aprender idiomas es enriquecer nuestro horizonte personal

Porque un país de monolingües es un país pobre

ESPAÑOL Y GUARANÍ:
LOS IDIOMAS DE PARAGUAY

Descubra la aventura de ser bilingüe: aprenda guaraní y español en inmersión.

Descubra nuestras culturas aprendiendo nuestras lenguas.

Viva con una familia que habla guaraní y español.

Conozca a nuestra gente, hable nuestras lenguas, siéntase como en casa.

EJEMPLO:

E1: A mí me parece muy interesante la primera: usa frases con "porque".

E2: A mí no; me resulta demasiado repetitivo. Me parece mejor la segunda.

E3: Estoy de acuerdo. Me parece más íntima, no sé... más familiar.

Elijan la mejor campaña y compartan esta información con la clase.

13-16 G **Condiciones óptimas de aprendizaje**

Lean estas afirmaciones y decidan con cuáles están de acuerdo y con cuáles no. Luego presenten su lista a la clase y justifíquenla.

1 Todas las personas aprenden espontáneamente y sin esfuerzo a hablar su propia lengua. Una lengua extranjera también puede aprenderse espontáneamente y sin esfuerzo. Sólo hay que seguir el método adecuado.

2 Lo mejor para el aprendizaje en el aula es crear situaciones de comunicación: los alumnos aprenden la lengua usándola.

3 Hay que hacer al menos una estancia en el país donde se habla la lengua.

4 No hay que frustrarse si, en el contacto con la lengua auténtica, no es posible entenderlo todo desde el primer día. El buen estudiante tiene en cuenta el contexto, la situación y otros elementos para interpretar el sentido de lo que oye o lee.

5 Un factor clave: la motivación. Participar activamente en las tareas de clase y tomar la iniciativa.

6 Una buena medida: tratar temas interesantes. De otro modo, baja la motivación.

7 El aprendizaje de una lengua extranjera es, exclusivamente, un proceso intelectual. Por esa razón, la función principal del profesor es explicar la gramática.

8 Es muy importante el desarrollo de la conciencia intercultural: cada comunidad y cada sociedad tiene diferentes modos de organizar la vida social, y esto se refleja en los usos de la lengua.

9 Y una última ayuda: no sólo hay que aprender la lengua, sino también "aprender a aprenderla". Conocerse a uno mismo como aprendiz y potenciar el uso de más estrategias es muy útil.

EJEMPLO:

E1: Pues estoy en desacuerdo con la primera, porque aprender la lengua materna y una extranjera son cosas muy diferentes.

E2: ¡Por supuesto que sí! Son muy diferentes.

E3: ¡Desde luego!

13-17 G **¿Y tú?**

Entrevista a tu compañero sobre (a) cómo aprendió español/otra lengua, y (b) qué cosas ha hecho para aprenderlo/a.

EJEMPLO:

E1: ¿Cómo aprendiste español/_____?

E2: Yo, pues hablando y haciendo ejercicios de gramática. ¿Y tú?

E3: Yo tomando clases. He tomado ya varias clases. ¿Y tú?

E2: Pues he viajado bastante a países donde se habla la lengua…

13-18 P **Juego de papeles. Enseñando español**

Situación: En el servicio de tutorías de la universidad. Un/a estudiante quiere poner su nombre en la lista de tutores de español de la universidad. Una persona de la oficina tiene que entrevistarlo/a para saber si puede ser tutor/a.

ESTUDIANTE A

Quieres ser tutor/a de español. Haz preguntas sobre los requisitos para este trabajo. Responde a las preguntas de la persona a cargo de este servicio y expresa tus opiniones sobre el aprendizaje y la enseñanza de una lengua extranjera. Explica cómo puedes ayudar a otros estudiantes.

ESTUDIANTE B

Estás a cargo del servicio de tutorías de idiomas. Un/a estudiante quiere ser tutor/a. Explica los requisitos para este trabajo. Hazle preguntas sobre su opinión del aprendizaje y la enseñanza de lenguas, y cómo puede enseñar y ayudar a estudiantes con problemas. Responde a sus preguntas.

✦ Elaborar un portafolio personal sobre nuestros conocimientos de lenguas y culturas extranjeras.

✦ PREPARACIÓN ✦

Prepara en tu cuaderno un cuadro como el de Jorge Dionich, un joven universitario paraguayo. Luego, coméntalo con la clase. Busca a tres compañeros/as con una biografía lingüística similar.

¿CON QUÉ LENGUAS TENGO ALGÚN CONTACTO?	GUARANÍ	ESPAÑOL	INGLÉS	FRANCÉS	JAPONÉS
TIPO DE CONTACTO	Es mi lengua materna.	Es mi lengua materna.	Lo uso en mi trabajo y escucho mucha música.	Voy a Francia cada verano.	Tengo unos amigos japoneses.
QUÉ SÉ HACER	Hablar muy bien. Leer muy bien. Escribir bien.	Hablar, leer, escribir, todo muy bien.	Leer y comprender bastante bien. Hablar bastante bien y escribir regular.	Puedo defenderme: saludar, pedir comidas, preguntar información.	Saludar, decir "hola", unas pocas cosas más.
CÓMO TUVE CONTACTO CON ESTA LENGUA	En casa, de niño, con mis padres. En la escuela.	En casa con mis padres y en la escuela.	Lo aprendí en la escuela y la universidad. Viajando, oyendo música.	Aprendí un poco yendo a Francia de vacaciones con mi familia.	Escuchando a mis amigos hablarlo.

Paso 1: ¿Por qué y para qué aprendes español?
Responde individualmente a este cuestionario.

1. ¿POR QUÉ ESTUDIO ESPAÑOL?
Marca una o varias respuestas.

❑ Me interesan la lengua y la cultura de los países de habla hispana.
❑ Viajo frecuentemente a un país hispanohablante. ¿A cuál? ....
❑ Me interesa la literatura española/latinoamericana.
❑ Necesito el español en mi trabajo o en mis estudios.
❑ Otros motivos: ....

2. ¿PARA QUÉ VOY A USAR EL ESPAÑOL?
Marca una o varias respuestas.

❑ Mantener conversaciones con nativos.
❑ Leer periódicos, revistas o novelas.
❑ Leer documentos y textos profesionales.
❑ Ver películas y programas de TV.
❑ Navegar la Internet en español.
❑ Escribir cartas y correos electrónicos personales.
❑ Escribir cartas y otros documentos profesionales.
❑ Otros objetivos: ....

3. MI NIVEL ACTUAL DE ESPAÑOL: AUTOEVALUACIÓN.
Marca tus puntos más fuertes (+), tus puntos más débiles (−) y tus capacidades medias (=).

❑ Hablar.
❑ Comprender lo que escucho.
❑ Escribir.
❑ Gramática.
❑ Vocabulario.
❑ Pronunciación.
❑ Uso apropiado en la situación/contexto apropiado.

4. ¿CUÁLES DE LOS ASPECTOS ANTERIORES TE PARECEN MÁS IMPORTANTES?

_____

Ahora, usando los datos del cuestionario, su grupo va a hacer una lista de sus principales **razones** y **propósitos** para aprender español.

¿Para Qué?
1. _____
2. _____
3. _____
4. _____

¿Por Qué?
1. _____
2. _____
3. _____
4. _____

(A) **Paso 2:** Escuchen esta entrevista con un experto en aprendizaje de lenguas y respondan a estas preguntas.

■ Aprender una lengua depende de _____ y _____

■ ¿Cómo se aprende una lengua?   a. _____
                                               b. _____
                                               c. _____

■ ¿Qué es más efectivo?   ❏ repetir   ❏ fijarse en palabras clave

■ _____ se aprende a leer y _____ se aprende a hablar.

Decidan si están de acuerdo o no con el profesor. Redacten una lista de cuatro maneras efectivas, en su opinión, de aprender una lengua.

1.	
2.	
3.	
4.	

Paso 3: ¿Recuerdan la lista de las lenguas más habladas del mundo? Decidan cuáles son las tres que quieren aprender y justifiquen su elección. No es necesario que todos estén de acuerdo. Identifiquen en el mapa los continentes y algunos de los países donde se hablan.

(W) **Paso 4:** Ahora preparen su informe. Debe contener los siguientes puntos:

a. Breve biografía lingüística del grupo.
b. Razones y propósitos del grupo para estudiar español.
c. Maneras efectivas de aprender una lengua y recomendaciones.
d. Lenguas que quieren aprender y dónde se hablan. Razones.

Paso 5: El/la portavoz del grupo presenta el informe a la clase.

nuestra gente Paraguay

Exploraciones

 GENTE QUE LEE

Estrategias para leer ◆

Review of vocabulary strategies (II): using a bilingual dictionary

When you find a word that you do not know but think is important in order to understand what you are reading, do not rush to the dictionary. Are you sure it is not a cognate? Are you sure you cannot guess the meaning using the context? Often we do not need the dictionary. However, if the answer to all of these questions is "no", then you should look it up.

Using a dictionary effectively:

1. What part of speech is the word that you are looking for (verb, noun, adjective, adverb, preposition)?
2. If it is a verb, what is the infinitive form? If it is a noun, what is the masculine singular? That is how it will be listed in the dictionary.
3. Not all dictionaries use the same abbreviations, so make sure that you are familiar with yours (*vt, nm, adj*, etc.)
4. Remember: many words have various translations and meanings. Choose the correct definition by looking at the context in which the Spanish word is used.

Study this entry: **derecho, a** *adj* right, right-hand ◆ *nm* (*privilegio*) right; (*título*) claim, title; (*lado*) right(-hand) side; (*leyes*) law ◆ *nf* right(-hand) side ◆ *adv* straight, directly; **~s** *nmpl* dues; (*de autor*) royalties

■ Which parts of speech can this word be?
■ Can you explain the information contained in this entry in your own words?

ANTES DE LEER

13-19 **¿Hay comunidades bilingües en tu país?**
¿Dónde? ¿Cómo crees que estas comunidades usan las dos lenguas: en contextos similares o diferentes? Da ejemplos.

13-20 **Activando estrategias**

■ Según el título, ¿qué información esperas encontrar en el texto?
■ Ahora lee la primera frase de cada párrafo. ¿Tienes más información sobre los contenidos específicos? Expresa con tus propias palabras la idea general de cada párrafo.

Párrafo 1: _____
Párrafo 2: _____
Párrafo 3: _____
Párrafo 4: _____

A LEER

Lee el siguiente texto de un periódico paraguayo para conocer la situación lingüística en ese país.

Paraguay, un país bilingüe

La población paraguaya actual es el resultado de la mezcla de dos tipos étnicos y culturales diferentes: uno americano y otro europeo, mezcla que ha dado como resultado el Paraguay actual: un país **pluricultural** y bilingüe, con dos idiomas oficiales: español y guaraní.

La mitad de los paraguayos sólo habla guaraní; en las zonas rurales, tres de cada cuatro personas usan el guaraní para comunicarse en sus hogares, mientras que sólo uno de cada cuatro paraguayos hablan el español como medio de comunicación en el hogar (41% en las áreas urbanas). El 22% del total de la población es bilingüe. La lengua española, como en casi todo el continente, se usó también en el país desde su origen y cuenta con un número de hablantes considerable, calculado en poco más de la mitad de la población. Mientras el castellano fue la lengua usada en documentos oficiales y relaciones con el gobierno, el guaraní se usaba en las relaciones íntimas, familiares y laborales, situación que persiste hoy en día.

Actualmente el guaraní se usa más en el campo, donde reside la mayoría de la población, y el castellano en las áreas urbanas; por eso, se podría decir que en Paraguay existe una cultura rural y otra urbana. Sin embargo, la gran movilidad social entre campo y ciudad produce una situación en la que las dos culturas siempre están en permanente contacto. No obstante para algunos la única cultura **verdaderamente** nacional y paraguaya es la que se expresa en guaraní. Los que también hablan castellano participan de la cultura hispana, pero hablar sólo castellano no **basta**: la cultura del español no es una cultura verdaderamente paraguaya. Así, el paraguayo bilingüe es también **bicultural**. Sin embargo, la literatura en guaraní es escasa porque no se enseña a leer y escribir en esta lengua.

Aunque el guaraní todavía puede considerarse como lengua usada en situaciones informales, su situación está empezando a cambiar por su reciente inclusión como lengua oficial en la Constitución Nacional de 1992. Además otro artículo en la Constitución la hace lengua obligatoria en la educación. Ser educado en las dos lenguas es un **derecho** de todo ciudadano paraguayo desde ese año. Es cierto que el castellano continúa siendo la lengua de mayor prestigio, porque su conocimiento es importante y necesario para las relaciones con los países **vecinos**, el acceso a la educación, la justicia, el gobierno, los puestos de trabajo y la prosperidad económica. Sin embargo, el guaraní se considera índice de la **nacionalidad** paraguaya y se considera <u>forastero</u> a todo el que no lo habla.

DESPUÉS DE LEER

13-21 **Activando estrategias**

1. Según el contexto, ¿qué crees que significa la palabra subrayada *forastero*? Ahora búscala en el diccionario y comprueba si tu predicción es correcta.
2. Busca en el diccionario las palabras marcadas en negrita en el texto. ¿Qué categoría gramatical son? ¿Qué entradas debes buscar en el diccionario? ¿Cuál es el significado adecuado para cada una?

	categoría	entrada	significado
▪ basta:	_____	_____	_____
▪ derecho:	_____	_____	_____
▪ vecinos:	_____	_____	_____

3. Analiza la composición de las palabras en negrita *pluricultural*, *verdaderamente*, *bicultural*, *nacionalidad*. ¿Qué significan?

Gente y lenguas ◆ 13

13-22 **¿Entendiste?**

1. ¿En qué áreas se usa el guaraní? ¿Y el castellano?
2. ¿Cuántos paraguayos del campo hablan español en su casa? ¿Cuántos de la ciudad?
3. ¿Qué porcentaje de la población total es bilingüe? ¿Y monolingüe en guaraní?
4. ¿Por qué hay poca literatura escrita en guaraní?
5. ¿Qué importancia tiene la Constitución de 1992?

13-23 **Expansión**

¿Qué opinas de la situación del bilingüismo en Paraguay? ¿Crees que puede cambiar? ¿Cómo? ¿Qué problemas y ventajas puede haber en un contexto de bilingüismo total?

 GENTE QUE ESCRIBE

Estrategias para escribir ◆ ◆ ◆ ◆ ◆ ◆ ◆ ◆ ◆ ◆ ◆ ◆ ◆ ◆ ◆ ◆ ◆ ◆

Review of process writing strategies (I): topic sentences and paragraphs

The topic sentence of a paragraph states its central idea. Topic sentences guide your readers through your writing, and show that you have thought through your material. They are usually placed at the beginning of a paragraph so your reader knows what to expect, and they should attract your reader's attention. Of course, make sure the paragraph develops that main idea; do not digress into other topics.

It is a good idea to write your topic sentences first (you can revise them later) and then write down a list of ideas to expand that main topic into a paragraph. Organize those ideas in a logical and coherent way, highlighting the connections among them. Do not forget that, formally, the paragraph should be not only coherent, but also cohesive: you can accomplish this by inserting sentence connectors and other cohesive elements. Edit your paragraph and rewrite it.

Finally, make sure your paragraphs are an appropriate length. Any paragraph that is longer than a page should probably be split into two paragraphs. Split it at a logical place and see whether you need to create new topic sentences to make the shift clear. After that, look for paragraphs that are only two or three sentences long. Try combining a few short paragraphs into one, using a single topic sentence.

13-24 **Solicitud de admisión a un curso**

Estás interesado en ir a Asunción a mejorar tu español y quizá aprender guaraní. Leíste este anuncio de una escuela allá pero todavía tienes más preguntas y dudas. Haz una lista de temas específicos que quieres tratar en un correo electrónico. Aquí tienes dos ideas para empezar:

■ Pedir más información (horarios, método o enfoque que usan, detalles y opciones sobre los alojamientos, actividades fuera de la clase, niveles...).

■ Dar información sobre ti mismo/a referida a tu experiencia con lenguas extranjeras.

IDIPAR
Idiomas en Paraguay

Cursos de español y guaraní para extranjeros
Clases intensivas, privadas o grupales (6 estudiantes máx.)
La escuela está ubicada en el microcentro de la ciudad.
Tasa de inscripción
$50 US Incluye los libros, el uso de Internet, café, agua.
2 semanas Curso Estándar - 4 horas/día
Módulo de 60 horas: $230 US (grupo) o $480 US (individual).
Módulo de 40 horas: $155 US (grupo) o $320 US (individual).
1 semana curso de clases particulares - enseñanza 1:1 - 4 horas/día
Módulo de 20 horas: $160 US.
2 semanas alojamiento en familia - habitación simple/media pensión
Costo: $200–$300 US. Incluye tres comidas, lavado de la ropa, recogida del aeropuerto.
Para contactar:
Manduvirá, 979, 1209 Asunción
Fax (595 21) 44 78 96

¡ATENCIÓN!

✦ Asegúrate de que
  • has pensado en el propósito y lector de este correo,
  • has escrito y desarrollado frases temáticas para cada párrafo,
  • has escrito cada párrafo pensando en la coherencia y la cohesión (conectores), y
  • tus párrafos no son ni muy cortos ni muy largos.
✦ Revisa tu correo siguiendo los PPE (página 14).

Beyond the sentence ✦ ✦ ✦ ✦ ✦ ✦ ✦ ✦ ✦ ✦ ✦ ✦ ✦ ✦ ✦ ✦ ✦

Coherent and cohesive writing (I): repetition of key words and use of referent words

Cohesion is the "glue" that holds a piece of writing together. In other words, if the writing is cohesive, it sticks together from sentence to sentence and from paragraph to paragraph. Repetition of key words and use of referent words are important elements for cohesion.

■ Repetition of key words. We can tie sentences or paragraphs together by repeating certain key words from one sentence to the next or from one paragraph to the next. This repetition of key words also helps to emphasize the main idea of a piece of writing.
■ Referent Words. As we studied in Chapter 4, pronouns and demonstratives such as *éste, ése, eso, lo, la,* etc. point back to ideas mentioned previously and help tie one sentence to another or one paragraph to another.

Read this paragraph and then complete the exercise below it:

La población paraguaya actual es el resultado de la **unión** de dos tipos étnicos: guaraníes y españoles. Este **mestizaje** tiene características algo diferentes al proceso de **mezcla** que ocurrió en otras regiones americanas, ya que en algunas de <u>éstas</u> no llegó a completarse. En nuestro país, desde el comienzo de la colonización se produjo un rápido mestizaje por el muy reducido número de hombres españoles en medio de una gran población indígena. <u>Esto</u> <u>los</u> indujo a tomar como esposas o concubinas a las indias guaraníes y a practicar la poligamia. Como consecuencia, hoy en día la población paraguaya es **mestiza** prácticamente en su totalidad.

The words _____, _____, and _____ emphasize the main idea of this paragraph, which is _____.
The underlined pronoun _____ refers to _____.
The underlined pronoun _____ refers to _____.
The underlined pronoun _____ refers to _____.

Un anuncio publicitario

El periódico en español les pidió un nuevo trabajo. Esta vez deben escribir un anuncio publicitario para animar a todos los estudiantes de su universidad a estudiar lenguas extranjeras. El anuncio debe contener:

■ Tres párrafos, cada uno desarrollando un tema diferente (por ejemplo los beneficios de aprender lenguas, las razones para estudiarlas, etc.)
■ Cada párrafo debe ser coherente y cohesivo (usen repetición de palabras clave y palabras referenciales como pronombres).

Pueden usar el estilo que más les guste. Fíjense en los modelos que vimos en el ejercicio 13–15.

¡ATENCIÓN!

✦ Antes de escribir tengan en cuenta su propósito (convencer) y su público (estudiantes de su universidad que no estudian lenguas).
✦ Revisen el borrador siguiendo los PPE (página 14). Presten atención a la coherencia de cada párrafo y del texto en total.

Comparaciones

MUY INTERESANTE...

■ ¿Sabes cuántas lenguas se hablan en el mundo? Aproximadamente 6.700, repartidas en más de 220 países.

■ ¿Sabes dónde se hablan?

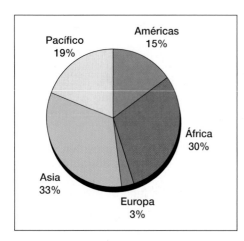

Continente	Población	Lenguas vivas	Porcentajes
África	780 millones	2.011	30%
América	828 millones	1.000	15%
Asia	3.600 millones	2.165	33%
Europa	728 millones	225	3%
Pacífico	30 millones	1.302	19%
TOTAL	6.000 millones	6.703	100%

■ ¿Sabes cuáles son los países con el mayor número de lenguas? La mitad de las lenguas del mundo se hablan en tan sólo ocho países. Son éstos:

Papua-Nueva Guinea	832
Indonesia	731
Nigeria	515
India	400
México	295
Camerún	286
Australia	268
Brasil	234

■ ¿Sabes cuántas lenguas indígenas hay en Latinoamérica y en qué países hay más? Hay más de 700.

México	289
Perú	96
Colombia	79
Guatemala	51
Venezuela	40
Bolivia	33

13-26 Interesante
¿Qué datos de estos cuadros les parecen más interesantes? ¿Por qué?

13-27 La mitad de las lenguas del mundo está en peligro de desaparición.
¿Por qué desaparece una lengua? ¿Cómo se pueden preservar las lenguas?

13-28 Lenguas en peligro
Una lengua está en peligro si al entrar en contacto con otra culturalmente agresiva deja de enseñarse a los niños, o el 30% de los niños de la comunidad no la aprende. En Latinoamérica, con la excepción de Paraguay y Perú, la lengua oficial es la lengua colonial, no las autóctonas. ¿Cuáles son los efectos de la imposición lingüística?

13-29 **Lee este texto**

NOTAS
TN13-30

Compara el Paraguay y el Perú con el resto de los países de América Latina. ¿Qué factores pueden causar estas situaciones tan diferentes? ¿Qué ocurre con la situación de Bolivia y Ecuador?

Lenguas indígenas en Latinoamérica

La situación lingüística de Paraguay no es la norma en Latinoamérica, sino la excepción. El mapa lingüístico de América Latina es muy diverso y depende del curso que siguió la historia de cada país.

Algunos países, como Cuba y Puerto Rico, casi no tienen idiomas autóctonos en su territorio. En la República Dominicana se habla además inglés y un dialecto francés cerca de la frontera con Haití, donde también se habla criollo. En Uruguay la mayoría habla español, y alrededor de un 3% de la población habla otras lenguas europeas como el italiano.

Hay países con numerosas comunidades indígenas donde existen numerosos idiomas autóctonos. En Guatemala, Colombia y Venezuela hay numerosos idiomas indígenas. En México hay casi tres centenares, pero casi todos los que hablan un idioma autóctono son bilingües y hablan también español.

Otros países tienen minorías que hablan un idioma autóctono, aunque la casi totalidad de la población habla español. Este es el caso de Costa Rica, Honduras, Nicaragua, el Salvador y Panamá. En el cono sur (Argentina y Chile) también existen comunidades que emplean idiomas indígenas, pero su uso es limitado. El 95% de los argentinos habla español. En este país se usa además el italiano, varios idiomas autóctonos, el inglés e incluso el galés, que se habla en una comunidad específica. En Chile, aparte del español hablado por casi todos los chilenos, se puede oír el alemán, el italiano y dialectos indígenas como el quechua o el mapuche.

Finalmente, hay cuatro países donde las lenguas autóctonas son habladas por más del

La situación lingüística en América hispánica

Países que no tienen el español como idioma oficial

Países que tienen el español como idioma oficial:
- Sólo hablan español
- Idiomas indígenas minoritarios
- Numerosas comunidades indígenas
- Entre 40 y 78% de la población habla idiomas indígenas

40% de la población: Bolivia, Perú, Ecuador y Paraguay. Sin embargo, sólo las Constituciones de Paraguay y Perú reconocen las lenguas indígenas como oficiales. Ecuador reconoce como patrimonio cultural los idiomas autóctonos, como el quechua, siendo el español el único idioma oficial. En cuanto a Bolivia, se reconoce y protege el idioma de los pueblos indígenas, pero el español es el único idioma oficial. Paraguay fue el primer país que reconoció un idioma autóctono como lengua nacional (en 1967) y lo reconoce como lengua oficial desde 1992, además de impartir educación bilingüe. El Perú reconoce el quechua, el aimara y otras lenguas autóctonas como lenguas oficiales, junto con el castellano, de las zonas donde predominen.

 13-30 **En España**

NOTAS
TN13-31

¿Conoces la situación lingüística de España? ¿Cuántas lenguas oficiales tiene? ¿Dónde se hablan?

 13-31 **¿Y en tu país?**

NOTAS
TN13-32

Se dice que países como Estados Unidos y Gran Bretaña son espacios monolingües. ¿Estás de acuerdo con esa afirmación? ¿Cómo es la situación lingüística en tu país? ¿Y en tu barrio, pueblo o ciudad? ¿Cuántos idiomas crees que hay? ¿Quién los habla?

VOCABULARIO

Enseñanza y aprendizaje de lenguas

aprendiz (el)	*learner*
aprendizaje (el)	*learning*
bilingüismo (el)	*bilingualism*
comprensión (la)	*comprehension*
conocimiento (el)	*knowledge*
dibujo (el)	*drawing; illustration*
dictado (el)	*dictation*
discurso (el)	*discourse*
educación (la)	*education*
ejercicio (el)	*exercise*
ensayo (el)	*essay*
error (el)	*mistake*
escritor (el)	*writer*
esfuerzo (el)	*effort*
esquema (el)	*outline*
estrategia (la)	*strategy*
explicación (la)	*explanation*
gesto (el)	*gesture*
habla (el)	*speech*
hablante (el)	*speaker*
idioma (el)	*language*
juego (el)	*game*
lector (el)	*reader*
lectura (la)	*reading*
lengua (la)	*language*
lengua extranjera (la)	*foreign language*
lengua materna (la)	*mother tongue*
mayoría (la)	*majority*
mensaje (el)	*message*
minoría (la)	*minority*
multilingüismo (el)	*multilingualism*
nivel (el)	*level*
oyente (el)	*listener*
redacción (la)	*composition*
regla (la)	*rule*
segunda lengua (la)	*second language*
silencio (el)	*silence*
sonido (el)	*sound*
trabajo escrito (el)	*paper*
traducción (la)	*translation*

Las lenguas

alemán (el)	*German*
árabe (el)	*Arabic*
catalán (el)	*Catalan*
chino (el)	*Chinese*
coreano (el)	*Korean*
danés (el)	*Danish*
euskera (el)	*Basque*
finlandés (el)	*Finnish*
francés (el)	*French*
griego (el)	*Greek*
hebreo (el)	*Hebrew*
holandés (el)	*Dutch*
italiano (el)	*Italian*
japonés (el)	*Japanese*
persa (el)	*Persian*
polaco (el)	*Polish*
portugués (el)	*Portuguese*
quechua (el)	*Quechuan*
rumano (el)	*Romanian*
ruso (el)	*Russian*
sueco (el)	*Swedish*
turco (el)	*Turkish*
vasco (el)	*Basque*
vietnamita (el)	*Vietnamese*

Adjetivos

apropiado/a	*adequate*
atento/a	*attentive*
bilingüe	*bilingual*
clave	*key*
complejo/a	*complex*
efectivo/a	*effective*
escrito/a	*written*
extranjero/a	*foreign*
indígena	*indigenous*
motivado/a	*motivated*
silencioso/a	*silent*

Verbos

acordarse de (ue)	*to remember*
adquirir (ie)	*to acquire*
animar	*to encourage*
aprender	*to learn*
aprovechar	*to benefit from*
aprovecharse de	*to take advantage of*
aumentar	*to increase*
bastar	*to be enough*
callarse	*to keep/remain quiet*
comunicarse con	*to communicate*
corregirse (i)	*to correct oneself*
darse cuenta de (irreg)	*to realize*
decir (irreg)	*to say*
desanimarse	*to get discouraged*
desarrollar(se)	*to develop*
descubrir	*to discover*
durar	*to last*
frustrarse	*to get frustrated*
imitar	*to imitate*
inscribirse	*to enroll; to register*
intentar	*to try*
involucrar	*to involve*
mejorar	*to improve*
memorizar	*to memorize*
moverse (ue)	*to move*
ocultarse	*to hide*
perfeccionar	*to perfect*
practicar	*to practice*
saber (irreg)	*to know*
solicitar	*to request; to apply for*

Adverbios de modo

atentamente	*attentively*
efectivamente	*really, exactly*
esencialmente	*essentially*
espontáneamente	*spontaneously*
exclusivamente	*exclusively*
(in)directamente	*(in)directly*
indudablemente	*certainly*
oralmente, de boca en boca	*orally*

Otras expresiones útiles

cometer errores	*to make mistakes*
estar atento; prestar atención	*to pay attention*
hacer esquemas	*to prepare outlines*
hacer preguntas	*to ask questions*
hacerse un lío (con)	*to get all mixed up (with)*
tener confianza en sí mismo/a	*to have self-confidence*
tener curiosidad	*to be curious*
tomar la iniciativa	*to take the initiative*

CONSULTORIO GRAMATICAL

SENSACIONES, SENTIMIENTOS Y DIFICULTADES
EXPRESSING SENSATIONS, FEELINGS, AND DIFFICULTIES

INDICATIVE

Noto que...
Veo que...
Me doy cuenta de que...

} los demás no me entienden.

INFINITIVE

Me canso de...
Me resulta fácil/difícil/aburrido...
Me cuesta...
Me da miedo...

} hacer ejercicios de gramática.
pronunciar la erre.
aprender vocabulario.
leer en español.
cometer errores.

VALORAR ACTIVIDADES
EVALUATING ACTIVITIES

Este consultorio me parece muy bueno.

Sí, lo que más me gusta son los dibujitos.

Estudiar gramática **me parece** pesad**o**.
Me resulta muy útil **leer**. *INFINITIVE*

El trabajo en grupo **me parece** divertid**o**.
Encuentro aburrid**a la política**. *SINGULAR NOUN*

Estos ejercicios **me parecen** muy buen**os**.
Encuentro muy rar**as** algunas **actividades**. *PLURAL NOUN*

Lo que más **me gustó fue el flamenco**.
Lo que menos **me gustó fue el circo**. *SINGULAR NOUN*

Lo que más **me gustó fueron las clases** de flamenco.
Lo que menos **me gustó fueron los fuegos artificiate**. *PLURAL NOUN*

CONSEJOS Y SOLUCIONES
ADVICE AND SOLUTIONS

Lo que tiene/s que hacer es hablar/leer más en español.

¿Por qué no { intenta(s) hacer frases más cortas?
lee(s) más en español?

Intenta/e hacer frases más cortas.
Procura/e leer más en español.

CONTRASTE PERFECTO/PRETÉRITO
PERFECT VS. PRETERIT

We can refer to two moments in time: the one in which we are speaking or one that is not simultaneous.

In the perfect tense these two moments take place within the same slice of time: **hoy, esta semana, este mes, este año, mi vida aquí, mi vida, la historia de la humanidad.**

In the preterit these are two distinct divisions of time and they do not overlap: **ayer, la semana pasada, el mes pasado, mi vida antes de venir aquí...**

The speaker is the one who determines how to divide the time up into distinct moments. It is for this reason that often the same idea can be expressed either in the perfect tense or in the preterit.

En este curso he tenido muy buenas calificaciones.
La mejor calificación la **saqué** en el examen de **diciembre.**
Una de las B+ la **saqué en marzo.**
Y la otra B+ la **he sacado** en **este** último examen.

In addition, this division of time is usually pointed out by adverbs or other expressions: **hoy, ayer, este mes, el mes pasado,** *etc.*

El año pasado estuve en Asunción de vacaciones.
Rosa **ha estado** de vacaciones **este verano** en Asunción. Le **ha encantado.**

The speaker does not always express the division of time explicitly; sometimes it is understood by the choice of the perfect or the preterit.

Estuve dos trimestres en la Universidad de Asunción.
(The experience took place in a period of time that the speaker considers to be over.)

He estudiado dos trimestres en Asunción.
(The experience took place in a past that the speaker does not consider over.)

EN ESPAÑA
IN SPAIN

In Spain speakers use the perfect tense to talk about past situations and events that occurred in time periods that the speakers consider not concluded (that is, still present).

> **Esta semana**
> **Este mes/año/semestre**
> **Hoy**
> **Esta mañana/tarde/noche**
> } **he estado** en Asunción

In contrast, they use the preterit tense to talk about past situations and events that occurred in time periods that the speakers consider concluded (that is, past).

> **La semana pasada**
> **El mes/año/semestre pasado**
> **Ayer**
> **...**
> } **estuve** en Asunción

EN LATINOAMÉRICA
IN LATIN AMERICA

In almost all countries in Latin America, it is more common to use the preterit to talk about events in the past, even if the moment in question is not yet concluded.

Ayer estuve en Asunción.
Hoy estuve en Asunción.

EN ESPAÑA Y LATINOAMÉRICA
IN SPAIN AND LATIN AMERICA

*In both Spain and Latin America the present perfect is used to highlight the **continuity** of the past into the present.*

Siempre
Nunca } **me han gustado** las lenguas.
Toda mi vida

¿Has visto "Casablanca"?

Sí, la he visto varias veces.

USOS DEL GERUNDIO
USES OF THE GERUND

The gerund often answers different variations of the question "how?".

Viajó a Lima **pasando** por Asunción.   *(MANNER OR MEANS)*
Cenan siempre **viendo** la tele.   *(SIMULTANEOUS ACTIONS)*
Aprenderás mejor **hablando** mucho.   *(A CONDITION)*

*The construction **llevar** + gerund expresses duration.*

Lleva dos años **estudiando** español.

*The construction **estar** + gerund expresses an action in progress.*

Los niños **están cantando.**

Trata de olvidarme, nuestro amor es imposible.

Llevo dos semanas pensando en ti, sin comer, sin dormir. ¡Cásate conmigo!

In English we use the gerund after "without"; however, in Spanish we use the infinitive:

without studying = sin estudiar

 **¡ATENCIÓN!**

To express the negative of the first two use ("how" and duration) use the construction sin + infinitive.

Aprendí ruso casi **sin estudiar.**
Habla **sin mirarte** a los ojos.
Llevo un año **sin estudiar** español.

PERFECTO/PRETÉRITO DE ESTAR + GERUNDIO
THE PERFECT VS. THE PRETERIT OF ESTAR + GERUND

We use these forms to refer to an activity that is over and done. This activity is presented as the principal piece of information, and not as the result of another event.

Hoy **he estado trabajando** hasta muy tarde.
Ayer **estuvimos visitando** el museo de cera.
Estuve leyendo una novela.

These constructions are usually accompanied by a phrase that indicates the duration of the activity, when it started and when it was over, but not the exact hour or point in time that it took place.

Ayer **por la tarde** estuvimos visitando el museo de cera.
Ayer **de cinco a siete** estuvimos visitando el museo de cera.

Gente que se conoce

TAREA ◆ Elaborar un cuestionario y hacer una entrevista a una persona interesante de nuestra universidad o entorno.

NUESTRA GENTE ◆ Honduras

RICARDO

ALEX

FRANK

DANI

CARLOS

FELICIA

14-1 **La primera impresión**

Observa estas fotos. ¿Con quién harías (o no) estas cosas? ¿Por qué?

	NOMBRE	PARECE UNA PERSONA...
Cenaría con...		
Iría de compras con...		
Me **gustaría** trabajar con...		
Compartiría casa con...		
Pasaría unas vacaciones con...		
Me **encantaría** conocer a...		
Cuidaría de...		

EJEMPLO:

E1: Yo iría a cenar con Felicia porque parece una persona muy simpática y alegre.

E2: Pues yo iría con Ricardo porque parece una persona muy interesante.

interesante	amable	triste	bueno/a
agradable	simpático/a	alegre	malo/a
con sentido del humor		tranquilo/a	llorón/ona
con buen gusto		divertido/a	aburrido/a
antipático/a	autoritario/a		inteligente

14-2
P
Un test

La autora de este libro contestó a un test. Lee sus respuestas y luego hazle tú el test a un/a compañero/a. La clase puede también hacerle el test a su profesor/a.

TEMAS	MARÍA	TU COMPAÑERO/A	TU PROFESOR/A
lugar preferido para vivir	San Francisco		
libro favorito	El código Da Vinci		
película favorita	Mar adentro		
comida preferida	el salmón		
ciudad preferida	Washington, DC (EE.UU.)		
cualidad que más admira	la elocuencia		
defecto que más odia	la hipocresía		
estación del año preferida	el otoño		
manía	la organización		
no le gusta...	limpiar el baño		
problema que le preocupa	el hambre en el mundo		
color que menos le gusta	el marrón		
actor/actriz favorito/a	Sean Penn		
pintor/a favorito/a	Miquel Barceló		
género musical que más le gusta	el rock		

EJEMPLO:

E1: ¿Cuál es tu comida preferida?

E2: El pollo con arroz. ¿Y la tuya?

E1: Las papas fritas.

14-3 **Guillermo Anderson**
Lee este texto sobre un famoso artista musical hondureño.

Guillermo Anderson es una de las figuras musicales más importantes de Honduras. Nació en el puerto caribeño de La Ceiba, en Honduras. Después de recibir su licenciatura en

Literatura de la Universidad de California en Santa Cruz, Guillermo continuó estudiando música y teatro. Trabajó de músico y actor con diversas compañías profesionales de teatro en los EE.UU. y después regresó a su país, donde desarrolló su carrera artística como cantante. Ha viajado por todo el mundo con su grupo Ceibana, representando a Honduras como uno de sus mejores músicos. Debido a su trayectoria y a su importante papel en el panorama cultural de Honduras, fue nombrado embajador cultural de su país ante el mundo. Su canción "En mi país" se considera casi un himno en Honduras. Guillermo tiene un gran público infantil también desde que realizó su concierto y grabación para niños "La fiesta en el bosque" y sus canciones se cantan en todas las escuelas del país. Además, Guillermo colabora con el gobierno hondureño y la UNESCO en diferentes causas y campañas de educación y salud.

GUILLERMO ANDERSON

Guillermo y su grupo fusionan percusiones hondureñas con sonidos contemporáneos. Sus actuaciones se enriquecen con la mezcla de ritmos tradicionales de la etnia garífuna, como la *parranda* y la *punta*, con ritmos más conocidos del Caribe como el *reggae* o la *soca*. Las canciones de este cantautor, en solitario o con sus talentosos músicos, celebran el amor, la naturaleza y la vida cotidiana en esta bella parte del mundo que es Honduras.

Basándote en esta información, ¿cómo crees que es Guillermo? Puedes seleccionar los adjetivos más específicos de la lista que aparece a continuación, o pensar en otros adjetivos.

EJEMPLO:

Parece ser una persona muy **humanitaria,** porque colabora en campañas de educación y salud.

optimista	moderno	seguro	generoso	envidioso	extrovertido
introvertido	valiente	sociable	inseguro	pedante	pesimista
modesto	miedoso	progresista	idealista	alegre	vanidoso
complicado	antipático	conservador	maleducado	callado	egoísta
tranquilo	tímido	simpático	hablador	educado	sencillo
nervioso					

14-4 **Preguntas personales**

Lee ahora las respuestas de Guillermo a las "Preguntas muy personales". Mira también las fotos. ¿Cómo crees que es? ¿Qué adjetivos se le pueden aplicar de la lista que aparece en la actividad 14–3? Piensa en otros.

PREGUNTAS MUY PERSONALES

LA CLAVE DE LA FELICIDAD ES...	tomarse la vida con calma
SU MAYOR VIRTUD ES...	dicen que soy generoso... pero no sé...
SU MAYOR DEFECTO ES...	la impaciencia
SU VICIO...	conversar por horas
¿QUÉ LE INDIGNA MÁS?	el racismo y la indiferencia
LE PREOCUPA...	la educación de los niños
LE GUSTARÍA CONOCER A...	Mario Benedetti
A UNA ISLA DESIERTA SE LLEVARÍA...	una guitarra y muchos libros
¿QUÉ CUALIDAD APRECIA MÁS EN UN HOMBRE?	la generosidad
LE DA VERGÜENZA...	comer demasiado
NO PODRÍA VIVIR SIN...	el mar
ANTES DE DORMIR LE GUSTA...	leer un poco
SI NO FUERA CANTANTE SERÍA...	marinero
¿QUÉ LE GUSTA MÁS?	la vida
¿QUÉ LE GUSTARÍA VER ANTES DE MORIR?	Centroamérica unida
LE PONE NERVIOSO...	la gente pesimista
LE DA MIEDO...	perder a mi esposa y a mis hijas
SU VIDA CAMBIÓ AL...	regresar a Honduras para hacer música
¿QUÉ ES EL AMOR?	es la gran oportunidad del ser humano de ser humano
¿PREFIERE LA IZQUIERDA O LA DERECHA?	la izquierda
¿EL DÍA O LA NOCHE?	la noche
¿PARÍS O NUEVA YORK?	La Ceiba

P Ahora comparte tus opiniones con un/a compañero/a.

> **EJEMPLO:**
> **E1:** Yo creo que es una persona **sociable,** porque en la vida ha encontrado mucha amistad.
> **E2:** Sí, y también es muy **hablador,** porque dice que su vicio es conversar por horas.

14-5 **Opuestos**

P Agrupen todos los adjetivos de la lista de 14–3 en parejas de opuestos. Si hay alguno que no está, pregunten a su profesor/a o usen el diccionario.

> **EJEMPLO:**
> introvertido - extrovertido

14-6 **¿Cómo eres tú?**

P Hazle ahora la misma encuesta de 14–4 a un/a compañero/a. ¿Cómo es él/ella?

14-7 **Gente que se lleva bien** (*get along well*)

Estas personas están buscando amigos. ¿Con quién te llevarías bien? ¿Con quién no? ¿Por qué? Comparte tus opiniones con la clase.

ANA ÁLVAREZ BADAJOZ

Gustos: No soporto a los hombres que roncan ni a la gente cobarde. Me encantan el riesgo, la aventura y conocer gente. Me gusta la música disco y el cine de acción. Soy vegetariana. Tomo **demasiado** café.

Costumbres: Estudio por las noches, salgo mucho y, en vacaciones, hago viajes largos.

Aficiones: Vela, esquí acuático y parapente.

Manías: Tengo que hablar con alguien por teléfono antes de acostarme.

Carácter: Soy **un poco** despistada y **muy** generosa. Tengo mucho sentido del humor.

SUSANA MARTOS DÍAZ

Gustos: Odio la soledad y las discusiones. Me encanta la gente comunicativa, bailar y dormir la siesta. Cocino muy bien. No soporto limpiar la casa. No me parece **tan** importante.

Costumbres: Casi siempre estoy en casa. Me encanta estar en casa.

Aficiones: Colecciono libros de cocina y juego al póquer. Tengo seis gatos.

Manías: No puedo salir a la calle sin maquillarme y ponerme perfume.

Carácter: Soy **muy** desordenada. Siempre estoy de buen humor.

FELIPE HUERTA SALAS

Gustos: No soporto a la gente que habla mucho ni el desorden. Me encantan la soledad, el silencio y la tranquilidad. Me gusta la música barroca y leer filosofía. Como muy poco. La comida no es **tan** interesante para mí.

Costumbres: Llevo una vida **demasiado** ordenada. Me levanto muy pronto y hago cada día lo mismo.

Aficiones: Colecciono estampillas e insectos. También tengo dos serpientes.

Manías: Duermo siempre con calcetines.

Carácter: Soy **muy** serio y **un poco** tímido.

Yo me llevaría bien con _____ porque _____ _____ y podríamos _____. En cambio, me llevaría muy mal con _____ porque _____. No tendríamos _____ y _____.

Ahora rellena tú una ficha similar con tu descripción. Tu profesor/a recogerá todas las fichas y las repartirá en la clase. Cada estudiante lee una descripción y explica si se llevaría bien con esa persona o no y por qué.

EXPRESAR SENTIMIENTOS

Yo
- no **soporto** a la gente hipócrita.
- **adoro** la publicidad.
- **odio** ir al dentista.
- no **aguanto** la política.

La gente falsa **me cae** muy mal.
Las personas falsas **me caen** muy mal.

A mí la publicidad **me divierte**.
A mí los anuncios **me divierten**.

A mí ir al dentista **me da miedo**.
A mí las serpientes **me dan miedo**.

Otros verbos como **gustar**:
me cae/**n** (muy) bien/mal
me da/**n** (mucha) risa/pena
me da/**n** (un poco de/mucho) miedo
me interesa/**n** (mucho)
no me interesa/**n** (nada)
me pone/**n** (muy/un poco) nervioso/a
me preocupa/**n** (mucho/un poco)
me molesta/**n** (mucho/un poco)
me emociona/**n**
me indigna/**n**
me encanta/**n**

Los verbos anteriores llevan los mismos pronombres que **gustar**:

a mí	me
a ti	te
a él/ella/usted	le
a nosotros/as	nos
a vosotros/as	os
a ellos/ellas/ustedes	les

EL CONDICIONAL

	LLEVARSE
(yo)	me llevaría
(tú)	te llevarías
(él, ella, usted)	se llevaría
(nosotros/as)	nos llevaríamos
(vosotros/as)	os llevaríais
(ellos, ellas, ustedes)	se llevarían

Algunos verbos de uso muy frecuente tienen el condicional irregular.

PODER	podr	ía
SABER	sabr	ías
TENER	tendr +	ía
QUERER	querr	íamos
HACER	har	íais
		ían

USOS DEL CONDICIONAL

● Sirve para hablar de acciones y situaciones hipotéticas.

Yo, a una isla desierta **me llevaría** una guitarra.

○ Ahora mismo **me iría** de vacaciones. (pero no puedo irme)

● Tiene otros usos: dar consejos, suavizar peticiones, expresar deseos, etc.

INTERROGATIVAS

¿Cuál es { tu deporte preferido?
{ tu color favorito?

¿Qué { deporte prefieres?
{ música te gusta más?
{ cine te interesa?

¿A qué hora te acuestas?
¿Dónde pasas las vacaciones?
¿Con quién vives?

SUSTANTIVOS FEMENINOS: -DAD, -EZA, -URA, -ÍA, -EZ

Los sustantivos acabados en -dad, -eza, -ura, -ía y -ez normalmente derivan de un adjetivo y son femeninos.

bueno — la bon**dad**
honesto — la honesti**dad**
bello — la bell**eza**
blanco — la blan**cura**
tierno — la ter**nura**
simpático — la simpa**tía**
pedante — la pedan**tería**
maduro — la madu**rez**

➡ **Consultorio gramatical, páginas 308 a 311.**

14-8 P
NOTAS TN14-08

Y tú, ¿qué harías?

Para conocer más a tu compañero/a, te interesa saber qué haría en ciertas situaciones hipotéticas. Hazle preguntas sobre las siguientes situaciones y describe una más.

Estás sentado en un autobús y a tu lado hay una mujer mayor de pie.
Estás en una playa y ves a una persona gritando en el agua.
Estás en una boda y ves que llevas una media negra y otra verde.
Estás en un banco y llegan unos ladrones para robarlo.
Estás en un restaurante y tu novio/a te dice que se ha enamorado de otra persona.
Estás paseando por un parque y ves a tu actor/actriz favorito/a.
_____

EJEMPLO:
E1: ¿Qué **harías** en el autobús?
E2: Por supuesto, me **levantaría** y **cedería** mi asiento a la señora.

14-9 A
NOTAS TN14-09

Gente con cualidades

Estas personas están hablando de otras. Escribe la información sobre cada persona.

	ES... (ADJETIVOS)	CUALIDADES (SUSTANTIVOS)	DEFECTOS (SUSTANTIVOS)
1.			
2.			
3.			
4.			
5.			

¿De qué adjetivos derivan los sustantivos que has escuchado?

14-10
NOTAS TN14-10

Cualidades y defectos

Piensa en personas de tu familia o en amigos que se caracterizan por estas cualidades.

simpatía — belleza — sensibilidad
dulzura — modestia — madurez

¿Conoces el adjetivo que corresponde a estos sustantivos?

P Ahora observa la lista. ¿Qué cualidades aprecias más en la gente? ¿Y qué defectos te parecen más graves? Elige dos cualidades y dos defectos para cada caso. Después comparte tus opiniones con tu compañero/a.

EJEMPLO:
E1: Para mí lo peor en una relación de pareja es el egoísmo y la infideli**dad**.
E2: Estoy de acuerdo: la infideli**dad** es lo peor; lo más importante es la honesti**dad**.

	EN UNA RELACIÓN DE PAREJA	EN UNA RELACIÓN PROFESIONAL	PARA COMPARTIR CASA
LO PEOR			
LO MÁS IMPORTANTE			

la simpatía — la sensibilidad — la inteligencia — el egoísmo — la ternura — la belleza
la solidaridad — la fidelidad — la sinceridad — la infidelidad — la generosidad
la hipocresía — la modestia — la estupidez — la superficialidad — la coherencia
la honestidad — la pedantería — la seriedad — la tenacidad — la bondad — la avaricia

Gente que se conoce ♦ 14

Estrategias para la comunicación oral ♦ ♦ ♦ ♦ ♦ ♦ ♦ ♦ ♦ ♦ ♦

Expressing disagreement during conversation (expansion)

Expressing disagreement is every bit as important a strategy as conveying agreement. This is especially true when debating an issue. You can express varying degrees of disagreement with these expressions:

Disagreement:	*Eso no es así.*	It's not like that.
	No, no.	No, no.
	No es cierto/verdad.	That is not true.
	No puede ser.	That can't be.
Strong disagreement:	*De ninguna manera/de ningún modo.*	No way.
	Eso es imposible/absurdo...	That's impossible, absurd...
	Ni hablar.	No way.
	Para nada.	Not at all.
	En absoluto.	Absolutely not.
Personal disagreement:	*(Creo que) te equivocas.*	(I believe) you are wrong.
	Estás (totalmente) equivocado/a.	You are (totally) wrong.
	Estoy en contra.	I am against that.
	No estoy de acuerdo (contigo).	I disagree (with you).
	No lo veo así.	I don't see it like that.

14-11 Mejorando el mundo

Completa este cuadro con tus soluciones hipotéticas respecto a estos problemas y uno más que te preocupa. Luego habla con tu compañero/a para ver si está de acuerdo o en desacuerdo contigo.

Las diferencias entre ricos y pobres (disminuir)	
La contaminación en las grandes ciudades (terminarse)	
La destrucción de la capa de ozono (frenar)	
Las tensiones mundo árabe-mundo occidental (reducirse)	
La piratería musical (desaparecer)	
_____	

EJEMPLO:

E1: En mi opinión, las diferencias entre ricos y pobres **disminuirían** con más **solidaridad** de la gente rica.

E2: Yo **no lo veo así**: lo importante es tener las mismas oportunidades desde el principio.

14-12 Nuestra sociedad

Decidan entre todos los tres defectos más graves de la sociedad en que vivimos, y las tres cualidades que debería tener. Luego compartan sus decisiones con la clase y justifíquenlas.

DEFECTOS	CUALIDADES
1.	1.
2.	2.
3.	3.

EJEMPLO:

E1: Yo creo que el mayor defecto es el egoísmo y la avaricia.

E2: No, te equivocas; lo peor es la falta de solidaridad.

E3: No lo veo así. Yo creo que es la estupidez de mucha gente.

14-13 **Julio Visquerra, un pintor hondureño**
P

Cada uno de ustedes va a leer un texto sobre el artista hondureño Julio Visquerra. En cada texto falta parte de la información. Hagan preguntas a su compañero/a para completar la información que no tienen.

pintura de
Julio Visquerra

ESTUDIANTE A

Nació en _____, Honduras, en 1943. De muy niño se trasladó a la ciudad de _____, donde cursó la enseñanza elemental. A lo largo de estos estudios no tuvo estímulos para las actividades artísticas. Al contrario, él dice que _____ siempre desaprobó las muestras de dibujo que le presentaba, criticándolas muchas veces en forma despectiva. Al principio tuvo muchas dificultades para ganarse la vida, pero logró sostenerse como vendedor de libros y restaurador de antigüedades. Esto le dio la base necesaria para visitar museos, conocer galerías privadas y tratar con numerosos pintores nacionales y extranjeros. Además hizo viajes a otros centros importantes de actividad artística, como _____ y los países vecinos, principalmente _____. Sus obras han sido expuestas en países como España, Polonia, Austria, Francia, EE.UU., El Salvador y Costa Rica. Un elemento básico de la pintura visquerreana es la presencia de _____ en muchos de sus cuadros. Las frutas son el símbolo inequívoco: representan _____, _____ y _____. Por eso las vemos siempre cayendo, casi nunca en estado inerte.

ESTUDIANTE B

Nació en Olanchito, Honduras, en _____. De muy niño se trasladó a la ciudad de La Ceiba, donde cursó la enseñanza elemental. A lo largo de estos estudios no tuvo estímulos para las actividades artísticas. Al contrario, él dice que uno de sus profesores siempre desaprobó las muestras de dibujo que le presentaba, criticándolas muchas veces en forma despectiva. Al principio tuvo muchas dificultades para ganarse la vida, pero logró sostenerse como _____ y _____. Esto le dio la base necesaria para visitar museos, conocer galerías privadas y tratar con numerosos pintores nacionales y extranjeros. Además hizo viajes a otros centros importantes de actividad artística, como España y los países vecinos, principalmente Francia. Sus obras han sido expuestas en países como _____, _____, _____, _____, _____, _____ y _____. Un elemento básico de la pintura visquerreana es la presencia de frutas en muchos de sus cuadros. Las frutas son el símbolo inequívoco: representan vida, esperanza y movimiento. Por eso las vemos siempre cayendo, casi nunca en estado inerte.

EJEMPLO:
E1: ¿A qué ciudad se trasladó Julio de niño?
E2: A La Ceiba.

¿Te gustaría conocer a Julio? ¿Por qué? ¿Qué le preguntarías?

14-14 **Juego de papeles. ¿Somos compatibles?**
P

Situación: Dos estudiantes se entrevistan para saber si pueden compartir el dormitorio de su universidad durante un año. Cada uno elaboró previamente un cuestionario con seis preguntas sobre aspectos que considera importantes (personalidad, hábitos, manías...). En el cuestionario hay tres preguntas hipotéticas.

ESTUDIANTE A

Vas a entrevistar a un/a posible compañero/a de cuarto para el año académico. Preparaste un cuestionario previamente. Eres una persona muy organizada, estudiosa y muy tradicional.

ESTUDIANTE B

Vas a entrevistar a un/a posible compañero/a de cuarto para el año académico. Preparaste un cuestionario previamente. Eres una persona muy desorganizada, no te gusta mucho estudiar y eres muy moderno/a.

Gente que se conoce ◆ 14

◆ Elaborar un cuestionario y hacer una entrevista a una persona interesante de nuestra universidad o entorno.

◆ **PREPARACIÓN** ◆

(**A**) **Entrevista a un artista famoso**
Escucha la primera parte de la entrevista y di sobre qué temas formula preguntas el periodista. Márcalo en el cuadro.

> ❑ EL AMOR
> ❑ LAS PINTURAS
> ❑ LAS EXPERIENCIAS PASADAS
> ❑ LAS AFICIONES
> ❑ LA INFANCIA
> ❑ LAS OPINIONES
> ❑ LOS PROYECTOS
> ❑ LOS GUSTOS
> ❑ EL CARÁCTER
> ❑ LAS IDEAS
> ❑ LAS COSTUMBRES

Julio Visquerra

Ahora escucha otra vez y contesta a estas preguntas.

1. ¿Cómo fue la infancia del artista?
2. ¿Cómo era el artista de niño?
3. ¿Cómo fue su experiencia en Europa?

(**A**)   **En esta segunda parte de la entrevista se borraron las preguntas. Trata de escribirlas tú.**

> 1. ¿Qué significa la fruta que aparece en muchas de sus obras?
>
> 2.
>
> 3.
>
> 4.
>
> 5.
>
> 6.

(**P**)   **Ahora compara tus preguntas con las de un/a compañero/a.**

Paso 1: Preparar una entrevista
En grupos de cuatro personas van a elaborar un cuestionario de 16 preguntas para conocer a fondo diferentes aspectos de una persona que nos interesa. Puede ser algún hispanohablante en nuestra universidad, un familiar hispanohablante, alguien en nuestra comunidad, etc. Antes de preparar su cuestionario, deben elegir a quién desean entrevistar y por qué.

Paso 2: Los temas
Pónganse de acuerdo en qué temas son los más importantes para conocer bien a alguien. Si quieren, busquen ideas en ésta y en las lecciones anteriores.

W **Paso 3: Las preguntas**
Ya saben sobre qué temas les interesa preguntar. Ahora, individualmente, intenten formular preguntas concretas. Cada uno de ustedes formulará un mínimo de seis preguntas. Tengan en cuenta lo que saben sobre la formulación de preguntas. Por ejemplo, podemos preguntar...

LISTA DE TEMAS

1. _____
2. _____
3. _____
4. _____
5. _____
6. _____

✓ **¿Cómo** es usted?

✓ **¿Cuál** es su tipo de arte preferido?
  a. el abstracto
  b. el clásico
  c. todos

✓ **¿Qué** animal le **gustaría** ser?

✓ **¿De qué** cosas se avergüenza usted?

Elijan entre todos las mejores y elaboren el cuestionario con 16 preguntas que van a usar para la entrevista.

Paso 4: Su cuestionario
Presenten su cuestionario a la clase con las preguntas que prepararon y justifiquen por qué eligieron estas preguntas para esta persona.

Paso 5: La entrevista
Hagan la entrevista a su invitado/a.

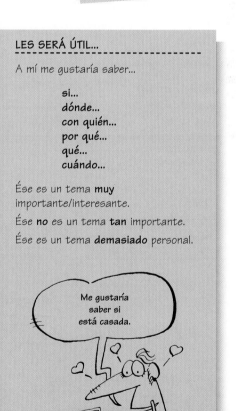

LES SERÁ ÚTIL...

A mí me gustaría saber...

  si...
  dónde...
  con quién...
  por qué...
  qué...
  cuándo...

Ése es un tema **muy** importante/interesante.

Ése **no** es un tema **tan** importante.

Ése es un tema **demasiado** personal.

Me gustaría saber si está casada.

nuestra gente Honduras

Exploraciones

GENTE QUE LEE

Estrategias para leer ✦ ✦ ✦ ✦ ✦ ✦ ✦ ✦ ✦ ✦ ✦ ✦ ✦ ✦ ✦ ✦ ✦ ✦

Review of vocabulary strategies (III): word formation and Spanish affixes

As we saw in Chapter 8, words are formed by adding affixes to their roots. For example, the adjective *honestos* is formed by the root *honest* and the affix *-os*. The root contains its meaning; the affix, information about its gender and/or number (in this case, it tells us that the word is masculine and plural). If we added the affix *des-* to this word, we would change its meaning: *deshonestos* means the opposite of *honestos*. If, instead, we added the affix *-idad*, we would change its category: from adjective to noun: *honestidad*. In this chapter you have studied affixes that transform adjectives into nouns when placed at the end of the word. Here are other affixes that change the meaning or category of a word by being placed **before** the word.

ante-	(*anteponer*)	in-/im-	(*incierto, imposible*)	re-	(*reacción, repintar*)
anti-	(*antibalas, antirrobo*)	pos-	(*posmoderno, posponer*)	sobre-	(*sobrenatural, sobresalir*)
contra-	(*contradecir*)	pre-	(*prehistoria, predecir*)	sub-	(*subsuelo, submarino*)
des-	(*descubrir*)				

NOTAS
TN14-17

Can you add an affix to the roots below? Did you make up some new words? What do they mean?

desarrollo (development)	*hacer* (to do)	*mamá* (mom)
aprobar (approve)	*nombre* (name)	*guerra* (war)
discutible (debatable)	*título* (title)	*ojos* (eyes)
ataque (attack)	*personal* (personal)	*brazo* (arm)

New words are also formed by compounding two words to form a new one. ¿Can you guess what these words mean by looking at their parts?

guardacostas = guardar + costas	*portafolio = portar + folio*
telaraña = tela + araña	*quitamanchas = quitar + manchas*
boquiabierto = boca + abierto	*salvavidas = salvar + vidas*
medianoche = media + noche	*hispanohablante = hispano + hablante*
abrelatas = abrir + latas	*altibajo = alto + bajo*

ANTES DE LEER

14-15 El rock

NOTAS
TN14-18

■ ¿Crees que la música rock es un tipo de arte? ¿Por qué? ¿Qué características puedes atribuir a este tipo de música?

■ ¿Conoces cantantes o grupos de rock de otros países hispanohablantes? Vamos a hacer una lista entre todos. ¿Hay alguno de Centroamérica? ¿Son diferentes estos grupos de los de tu país? ¿En qué aspectos? (temas de las canciones, ritmos, influencias...)

14-16 **Activando estrategias**

- Mira el título y la foto. ¿De qué crees que trata este texto?
- Lee la primera frase o frase temática del párrafo 2. ¿Cuál crees que es el contenido de este párrafo? Haz lo mismo con el párrafo 3.

A LEER

Lee este texto sobre un grupo de rock hondureño.

El Pop

El Pop produce un rock en castellano de corte urbano, melódico y accesible desde la ciudad de San Pedro Sula, Honduras, Centroamérica, cuna y sede de sus operaciones. El Pop, primer mes del calendario maya y contracción del castellano "popular", emana de una tercera generación de rockeros hondureños **comprometidos** y arriesgados, deseosos de asumir un **compromiso** con su momento histórico y también con su rica tradición musical y literaria.

Comienzan en octubre de 1983 y tras meses de ensayos amalgaman un sonido claramente influenciado por el rock clásico de los años sesenta, la música caribeña y el bossa nova e impregnado de esa dinámica pop típica de la nueva ola ochentera. Cantan exclusivamente en castellano, tendencia que marcó un cambio radical dentro del rock hondureño. En 1992 lanzan su disco "Estado de crisis", y el single "Luna hiena" subió al primer lugar de popularidad a nivel nacional, permaneciendo en las listas por varios años. Por primera vez en la historia un grupo nacional de rock alcanzó la cima de los *hit parades* con una canción propia. En abril del 93 arranca el Crisis Tour, la gira más extensa realizada por un grupo hondureño de rock: 34 actuaciones en total incluyendo presentaciones en los vecinos Nicaragua y Costa Rica. Luego se suceden importantes conciertos masivos. Finalmente, en el 2002, su canción "Abandonados en la nada" logra colocarse en el número 10 de la lista de rock en español de Soundclick.com, reconocido portal de rock independiente. El Pop actualmente prepara la producción de un CD que reúne todos sus éxitos y alguna canción nueva. A través de veinte años de trayectoria El Pop ha sido la punta de lanza para abrir los medios de comunicación masiva al rock nacional y, pisando terreno de un nuevo siglo, sigue vigente, establecido ya como uno de los grupos centroamericanos de mayor trayectoria e importancia.

El rock que produce El Pop es melódico y rico en armonías. Las influencias dominantes son muy variadas y eclécticas y tienen su origen tanto en el rock anglosajón como en la música latinoamericana; por un lado The Beatles, Pink Floyd, The Cure, The Police, U2, Bob Marley; por otro Luis Alberto Spinetta, Silvio Rodríguez y la nueva trova cubana, Jarabe de Palo, Sangre Asteka, Serrat. "Somos soñadores e idealistas, pero también comprometidos. Definimos nuestra música como vital, consciente y dinámica, ecléctica si se quiere; **aborda** temáticas trascendentes para el individuo y la sociedad latinoamericana en sí, con honestidad, humanidad, sensibilidad y dando un tratamiento poético a los textos. En general nuestra música es comprometida y solidaria. No nos interesa el cliché y apostamos por el riesgo constante y la experimentación".

DESPUÉS DE LEER

14-17 **Activando estrategias**

1. El primer párrafo contiene más de 30 palabras (nombres, verbos y adjetivos). ¿Cuántas de ellas son cognados?
2. Según el contexto, ¿qué significan las palabras subrayadas **gira** y **arranca**? ¿Y la expresión **punta de lanza**?
3. Busca en el diccionario las palabras marcadas en negrita en el texto. Identifica su categoría gramatical, la entrada específica y el significado adecuado (según el contexto).
4. Explica cómo se formaron y qué significan las palabras en color azul en el texto. ¿Aprendiste afijos nuevos? ¿Cuáles?

14-18 ¿Entendiste?

1. ¿Dé dónde se deriva el nombre de este grupo de rock?
2. ¿Qué título tiene la canción más popular en Honduras en 1992?
3. El nuevo CD de El Pop...
   a. es número 10 de la lista *soundclick.com*.
   b. tiene canciones nuevas y antiguas.
   c. es su disco de mayor importancia.
4. Menciona cinco características de la música de El Pop.

14-19 Expansión

La característica de El Pop que más se repite en el texto es "comprometido". Subraya en el texto dónde aparece esta palabra. ¿Qué es un artista comprometido? ¿Conoces ejemplos de cantantes o grupos musicales que tienen esta misma característica?

 GENTE QUE ESCRIBE

Estrategias para escribir ♦ ♦ ♦ ♦ ♦ ♦ ♦ ♦ ♦ ♦ ♦ ♦ ♦ ♦ ♦

Review of process writing strategies (II): using a bilingual dictionary when writing

You need to use a bilingual dictionary when you write in another language, but it should not be the only strategy that you use to express concepts and meanings in Spanish. Often you will find you can avoid using the dictionary entirely by simplifying your ideas or by using simpler Spanish words that you already know. When you do need to use it, remember what we encouraged in Chapter 7: familiarize yourself with *your* dictionary. A dictionary entry, especially those for the most commonly used words, is not simple. It contains symbols and abbreviations that you need to recognize and interpret. They are not standard; every dictionary is different. Let's see an example:

You are writing about a person you really dislike, and one of the characteristics that galls you about this person is the fact that he is **fake,** so you look up this word.

fake n (*painting etc*) falsificación *f*; (*person*) impostor(a) *m/f*; ♦ *adj* falso ♦ *vt* fingir; (*painting etc*) falsificar

What do these abbreviations (n, f, m/f, adj, vt) mean? Are you looking for a noun, a verb, or an adjective? If you followed the process, you came up with *falso*. Thus, you would write something like this: *Me cae muy mal porque es una persona muy falsa.*

How would you say these sentences?

■ The print I bought was a fake.
■ Don't buy it. It is a fake painting.
■ Stop faking and tell me the truth.

14-20 Un mensaje de correo electrónico respondiendo a un aviso

Estás pasando el verano en Tegucigalpa estudiando español. Ves este aviso en un sitio llamado E-amigos y decides responder. Incluye información sobre tu vida, personalidad, aficiones y carácter. Además explica por qué respondiste al anuncio (qué te pareció interesante de esta persona).

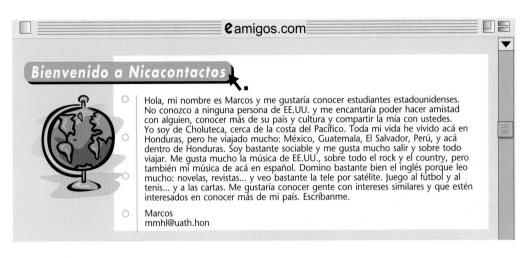

Bienvenido a Nicacontactos

Hola, mi nombre es Marcos y me gustaría conocer estudiantes estadounidenses. No conozco a ninguna persona de EE.UU. y me encantaría poder hacer amistad con alguien, conocer más de su país y cultura y compartir la mía con ustedes. Yo soy de Choluteca, cerca de la costa del Pacífico. Toda mi vida he vivido acá en Honduras, pero he viajado mucho: México, Guatemala, El Salvador, Perú, y acá dentro de Honduras. Soy bastante sociable y me gusta mucho salir y sobre todo viajar. Me gusta mucho la música de EE.UU., sobre todo el rock y el country, pero también mi música de acá en español. Domino bastante bien el inglés porque leo mucho: novelas, revistas... y veo bastante la tele por satélite. Juego al fútbol y al tenis... y a las cartas. Me gustaría conocer gente con intereses similares y que estén interesados en conocer más de mi país. Escríbanme.

Marcos
mmhl@uath.hon

¡ATENCIÓN!

✦ Asegúrate de que
  • incluiste información relevante para el lector (tu amigo/a potencial),
  • hay una secuencia lógica entre los párrafos y dentro de cada párrafo, y
  • usas el diccionario para buscar significados y conceptos.
✦ Revisa el borrador siguiendo los PPE (página 14).

NOTAS
TN14-23

Beyond the sentence ✦✦✦✦✦✦✦✦✦✦✦✦✦✦✦✦✦✦✦✦✦

Coherent and cohesive writing (II): using connectors to achieve textual coherence

Cohesive devices include discourse markers, also called transition words or connectors. Throughout the previous chapters we have studied many of them and their purposes (to organize ideas in a sequence, summarize ideas, express conclusions, add information or ideas, generalize, clarify, give examples, express similarity, compare and contrast, cause and consequence, etc.). We will be studying these connectors and their functions in more detail in subsequent chapters.

Can you identify all the connectors used in the text about the rock group *El Pop*? What is their purpose? How do they help you as a reader to understand the text?

Aside from transitions or connectors, there are other ways to achieve coherence in your writing:

a. repeating words or patterns and using referent words (as we saw in the previous chapter), and
b. knowing the basic genres of rhetorical organization (description, narration, etc.)

14-21
PW

Una reseña sobre tu cantante o grupo musical favorito
Durante sus estudios de verano en Tegucigalpa se enteran de que su cantante o grupo favorito va a dar un concierto en el estadio nacional. Un/a amigo/a hondureño/a les pide que escriban una reseña para ponerla en el periódico del campus. Aquí tienen algunos aspectos que podrían incluir en su reseña. Pueden pensar en otros.

■ datos biográficos relevantes   ■ personalidad y carácter   ■ influencias
■ discos más relevantes   ■ género(s) y estilo(s)   ■ temática de sus canciones

¡ATENCIÓN!

✦ Piensen en las personas que van a leer esta reseña y en lo que esperan encontrar. A continuación decidan lo que quieren incluir en ella. Desarrollen un esquema y decidan cómo quieren organizar y presentar la información.
✦ Revisen su borrador siguiendo los PPE (página 14). Presten atención a la coherencia de su reseña y al uso de conectores y otros mecanismos de cohesión.

Comparaciones

GENTE CREATIVA EN CENTROAMÉRICA

La cultura y el arte centroamericanos cada vez ejercen una influencia más grande dentro y fuera de sus fronteras. En diferentes disciplinas artísticas destacan personalidades de renombre internacional. Éstos son sólo tres ejemplos.

ROBERTO QUESADA

BLANCA CASTELLÓN

HÉCTOR PONCE

14-22 **¿Cómo son?**

Mira las fotos de estos artistas. ¿Qué adjetivos de esta lista usarías para definir a cada uno de estos personajes? Puedes añadir otros.

imaginativo/a	creativo/a	soñador/a	idealista	romántico/a	generoso/a	extravagante
ambicioso/a	polifacético/a	arriesgado/a	comprometido/a	abierto/a	comunicativo/a	
solitario/a	reflexivo/a	sincero/a	alegre	apasionado/a	serio/a	introvertido/a

14-23 Ahora lee esta información sobre cada uno de ellos. ¿Cuál te parece más interesante? ¿Por qué? ¿Qué preguntas le harías en una entrevista?

ROBERTO QUESADA (HONDURAS)

Roberto Quesada nació en Honduras en 1962. En 1986 fundó y dirigió la revista literaria SobreVuelo. Es autor de *El desertor* (cuentos, 1985), *Los barcos* (1988), que ha tenido gran éxito en Estados Unidos, y *El humano y la diosa* (1996), que obtuvo el premio del Instituto Latinoamericano de Escritores en Estados Unidos. *Big Banana*, su segunda novela, también tuvo una magnífica acogida en Estados Unidos en 1999. Desde 1989 reside en Nueva York. Ha dado conferencias en varias universidades norteamericanas y en la actualidad es Delegado ante la Asamblea General de las Naciones Unidas por la embajada de Honduras.

BLANCA CASTELLÓN (NICARAGUA)

Blanca Castellón nació en 1958 en Managua, Nicaragua y es una de las más celebradas poetisas nicaragüenses contemporáneas. Es autora de libros como *Ama del espíritu* (1995), *Flotaciones* (1998) y *Orilla opuesta* (2000) que, por su originalidad poética, han recibido buena aceptación dentro de la crítica literaria nicaragüense. La poesía de Blanca Castellón ha sido incluida en la Antología "Siete poetas jóvenes de Nicaragua". Además Blanca ha publicado y colaborado con revistas nacionales y extranjeras y ha ganado numerosos premios internacionales. Su último trabajo, *Los juegos de Elisa*, es una obra llena de soledad, amor, odio y nostalgia.

HÉCTOR PONCE (EL SALVADOR)

Héctor Ponce nació en El Salvador y desarrolló su talento de forma autodidacta. Llegó a Estados Unidos en los años 80 después de vivir en México. Allá ha pintado más de 30 murales dispersos por California. Uno de los más famosos es el dedicado a la cantante Selena. Héctor recibió recientemente un premio *Charlie Awards* de las artes en Hollywood. Para Nyla Arslanian, presidenta del Consejo de Arte, Héctor es un regalo que Dios mandó para hacer brillar a la ciudad con sus murales. "Fue impresionante el momento en que conocí a Héctor; es una persona increíble, llena de vida y muy amable". Al recibir su premio, Héctor dijo: "Estoy orgulloso de ser salvadoreño y estar acá representando a mi país, El Salvador".

14-24 **Tus artistas favoritos**

¿Cuáles son algunos de los artistas favoritos de tu país? Descríbelos con los adjetivos de la actividad anterior u otros que encuentres en tu diccionario bilingüe.

CONOCIENDO A LOS MAYAS DE COPÁN

14-25 **Los mayas**

Observa la foto de las ruinas de Copán, en Honduras. ¿Qué te permiten conocer sobre sus antiguos pobladores mayas? ¿Cómo piensas que era esta civilización?

14-26 **Muy interesante**

P

Lean la información y luego decidan cuáles son los seis datos más interesantes para ustedes, en orden de mayor a menor. Escriban su lista y después compárenla con las del resto de la clase.

Las mayas fueron una de las más esplendorosas culturas conocidas de Mesoamérica. Su civilización de más de 3.000 años se extendió por lo que hoy es la parte occidental de Honduras y El Salvador, todo el territorio de Guatemala y Belice y el sur de México. Hoy, cerca de 2 millones y medio de personas descienden directamente de antepasados mayas y hablan todavía unos 28 idiomas diferentes.

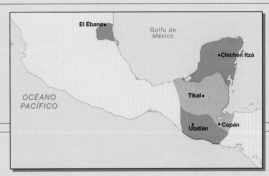

El período clásico maya (entre los años 250 a.C. y 900 d.C.) vio el florecimiento de la cultura maya en Copán, una de las más importantes ciudades-estado de la civilización maya, de unos 20.000 habitantes. En esta época se construyeron los edificios que hoy son las ruinas de Copán. Para el año 1200 d.C. la ciudad estaba abandonada. Tal vez los investigadores del siglo XXI puedan algún día resolver el gran misterio de Copán.

Eran hábiles arquitectos y escritores, arriesgados comerciantes y geniales artesanos. Vivían en sociedades agrarias y eran muy religiosos (politeístas). La belleza era muy importante para los mayas. La mayoría era de tez oscura y usualmente tenían cabello largo y ojos negros. Llevaban muy poca vestimenta, pues no la consideraban importante para su apariencia personal. En cambio, usaban plumas y otras pieles de animales como vestidos y como joyas.

Picture Desk, Inc./Kobal Collection

Los mayas sobrevivieron seis veces más tiempo que el Imperio Romano y construyeron más ciudades que los antiguos egipcios. Fueron una de las cinco culturas antiguas que desarrollaron un lenguaje escrito. En Copán se encuentra escrito el texto jeroglífico más largo del mundo, en la famosa escalinata de los jeroglíficos.

14-27 **Copán**

G

Lean esta cita de John Lloyd Stephens referida a las ruinas de Copán en Honduras.

"El sitio de inesperados monumentos deja de una vez y para siempre en nuestras mentes toda la certeza y el respeto a los antiguos americanos, y esto nos asegura que las personas que habitaban el continente americano no eran salvajes".

(John Lloyd Stephens. *Incidents of Travel in Central America, Chiapas, and Yucatán,* 1841)

Ahora respondan a estas preguntas. Luego compartan sus ideas con la clase.

- ¿Qué es el "sitio de inesperados monumentos"? ¿Por qué los llama **inesperados**?
- ¿A qué se refiere Stephens con la palabra **certeza**?
- ¿Por qué, tras ver las ruinas de Copán, Stephens concluye que no eran salvajes?

14-28 **¿Y en tu país?**

¿Cómo eran los antiguos pobladores de tu región o país? ¿En qué se parecen y se diferencian?

VOCABULARIO

El carácter y la personalidad

alegría (la)	*happiness*
amistad (la)	*friendship*
avaricia (la)	*greed*
belleza (la)	*beauty*
bondad (la)	*goodness*
defecto (el)	*fault, defect*
dulzura (la)	*sweetness*
egoísmo (el)	*selfishness*
envidia (la)	*envy*
estupidez (la)	*stupidity*
felicidad (la)	*happiness*
fidelidad (la)	*fidelity, loyalty*
generosidad (la)	*generosity*
hipocresía (la)	*hypocrisy*
honestidad (la)	*honesty*
impaciencia (la)	*impatience*
inseguridad (la)	*insecurity*
inteligencia (la)	*intelligence*
pedantería (la)	*pedantry*
sentido del humor (el)	*sense of humor*
seriedad (la)	*seriousness*
simpatía (la)	*warmth, charm*
sinceridad (la)	*sincerity*
superficialidad (la)	*superficiality*
talento (el)	*talent*
tenacidad (la)	*tenacity*
ternura (la)	*tenderness*
vanidad (la)	*vanity*
vicio (el)	*vice*
virtud (la)	*virtue*

Adjetivos: el carácter y la personalidad

alegre	*happy*
amable	*nice, kind*
asqueroso/a	*disgusting, horrible*
autoritario/a	*authoritarian*
avaro/a	*miserly, mean*
bello/a	*beautiful*
bonito/a	*pretty*
cobarde	*cowardly*
conservador/a	*conservative*
desordenado/a	*disorganized, untidy*
despistado/a	*absent-minded*
divertido/a	*funny*
educado/a	*well-mannered*
egoísta	*selfish*
envidioso/a	*envious, jealous*
falso/a	*false*
fiel	*faithful, loyal*
generoso/a	*generous*
hipócrita	*hypocritical*
honesto/a	*honest*
inseguro/a	*insecure*
lindo/a	*pretty*
maleducado/a	*bad-mannered*
miedoso/a	*fearful*
nervioso/a	*nervous*
optimista	*optimistic*
pedante	*pedantic*
pesimista	*pesimistic*
progresista	*liberal*
sensible	*sensitive*
serio/a	*reliable; serious, grave*
sincero/a	*sincere, genuine*
sociable	*sociable, friendly*
hablador/a	*talkative*
introvertido/a	*introverted*
extrovertido/a	*extroverted*
tierno/a	*tender, soft*
tozudo/a	*stubborn*
tradicional	*traditional*
tranquilo/a	*calm, quiet*
valiente	*brave*

Verbos

actuar	*to perform*
angustiar	*to distress*
anunciar	*to announce*
apreciar	*to notice; to appreciate*
borrar	*to delete; to erase*
coleccionar	*to collect*
considerarse	*to consider oneself*
deprimir	*to depress*
emocionar	*to excite; to touch*
especializarse en	*to specialize (in)*
indignar	*to anger*
matricularse	*to register*
meditar	*to meditate*
morderse	*to bite*
odiar	*to hate*
preocupar	*to worry*
roncar	*to snore*
soportar	*to stand; to bear; to put up with*
suavizar	*to smooth*
tener algo en común	*to have something in common*
tropezar (ie) con	*to run into*

Gente que se conoce ◆ 14

CONSULTORIO GRAMATICAL

EXPRESAR SENTIMIENTOS
EXPRESSING FEELINGS, LIKES, AND SENSATIONS

gusta		
encanta	**salir** de noche solo.	*INFINITIVE*
divierte	**ir** al médico.	
indigna	**trabajar** mucho.	
molesta		
preocupa		
emociona	**este** programa.	*SINGULAR NOUN*
da risa/miedo	**esta** noticia.	
interesa		
pone triste/nervioso/a		
hace gracia		

(A mí) **me**
(A ti) **te**
(A él, ella, usted) **le**
(A nosotros/as) **nos**
(A vosotros/as) **os**
(A ellos, ellas, ustedes) **les**

gusta**n**		
encanta**n**		
divierte**n**		
indigna**n**	**estos** programa**s**.	*PLURAL NOUN*
molesta**n**	**estas** noticia**s**.	
preocupa**n**		
interesa**n**		
emociona**n**		
da**n** risa/miedo		
pone**n** triste/nervioso/a		
hace**n** gracia		

Esteban me pone muy nerviosa.

A mí me ponen nervioso sus hermanas.

To say we like or dislike someone.

Me		**muy/bastante bien.**
Te	**cae** (*ONE PERSON*)	**muy/bastante mal.**
Le	**caen** (*SEVERAL PEOPLE*)	**regular.**
...		**...**
No me	**cae/n**	**(muy) bien.**

To express varying degrees we can use adverbs.

me		**muchísimo**
te	gusta/n	**mucho**
le	interesa/n	**bastante**
...	...	

no {
me		**demasiado**
te	gusta/n	**mucho**
le	interesa/n	**nada**
...	...	**nada de nada**

me		**mucho** miedo	**mucha** pena
te	da/n	**bastante** miedo	**bastante** pena
le		**un poco de** miedo	**un poco de** pena
...			

no {	me te le ...	da/n	**demasiado** miedo **mucho** miedo **nada de** miedo	**demasiada** pena **mucha** pena **nada de** pena

| | me te le ... | hace/n | **mucha** gracia **bastante** gracia | |

| | me te le ... | pone/n | **muy** nervioso/a, triste... **bastante** nervioso/a, triste... **un poco** nervioso/a, triste... | |

| no { | me te le ... | pone/n | **muy** nervioso/a **demasiado** nervioso/a **nada** nervioso/a | |

 ¡ATENCIÓN!
Because of their very meaning, there are some verbs that do not admit degrees. Encantar is an example.

Este disco **me encanta.**
Este disco **no** me gusta **mucho.**

EL ORDEN DE LA FRASE CON VERBOS COMO GUSTAR
WORD ORDER

When we refer to something for the first time (los viernes por la noche, viajar en avión, *or* Carmelo) *the most common word order is:*

Me encantan **los viernes por la noche.**
Me pone nervioso **viajar en avión.**
Me cae muy bien **Carmelo.**

However, when we are already talking about los viernes por la noche, viajar en avión, *or* Carmelo, *the order is:*

Los viernes por la noche me encantan.
Viajar en avión me pone nervioso.
Carmelo me cae muy bien.

 ¡ATENCIÓN!
In spoken language the shift in focus can be indicated by intonation, without a change in word order (as is shown here with commas):

Me encantan, **los viernes por la noche.**

Gente que se conoce ◆ 14

EL CONDICIONAL
THE CONDITIONAL

REGULAR VERBS			*IRREGULAR VERBS*		
CHARLAR	charlar-		PODER	**podr-**	
CENAR	cenar-	**-ía**	SABER	**sabr-**	-ía
BESAR	besar-	**-ías**	HACER	**har-**	-ías
CONOCER	conocer-	**-ía**	HABER	**habr-**	-ía
ENTENDER	entender-	**-íamos**	QUERER	**querr-**	-íamos
PERDER	perder-	**-íais**	PONER	**pondr-**	-íais
IR	ir-	**-ían**	TENER	**tendr-**	-ían
VIVIR	vivir-		SALIR	**saldr-**	
			VENIR	**vendr-**	

USOS DEL CONDICIONAL
USES OF THE CONDITIONAL

We use the conditional to talk about hypothetical actions and situations.

Creo que **me llevaría** bien con tu hermana, parece muy simpática.

We also use the conditional to talk about what we would like, usually with the verbs gustar *and* encantar...

Me gustaría vivir en una casa un poco más grande, ésta es muy pequeña.
Nos encantaría pasar el verano en el Caribe con mis padres.
A Eva **le gustaría** mucho salir con John este fin de semana.

...as well as to express spontaneous wishes that would be difficult or impossible to achieve, or also to propose a plan of action.

¡Qué hambre! **Me comería** una vaca.
Tomaría un avión y **me iría** al Caribe ahora mismo, ¡tengo tantas ganas de ir a la playa!
Me tomaría un helado; estoy muerto de calor.

SUSTANTIVOS FEMENINOS: -DAD, -EZA, -URA, -ÍA, -EZ
FEMININE NOUNS

In Spanish there are many nouns that are derived from adjectives. Some of the most common endings for feminine nouns are:

-DAD	sensible	→	la sensibili**dad**	bueno/a	→	la bon**dad**	honesto/a	→	la honesti**dad**
-EZA	puro/a	→	la pur**eza**	bello/a	→	la bell**eza**	triste	→	la trist**eza**
-URA	hermoso	→	la hermos**ura**	dulce	→	la dulz**ura**	amargo	→	la amarg**ura**
-ÍA	cobarde	→	la cobard**ía**	valiente	→	la valent**ía**	miope	→	la miop**ía**
-CIA	inteligente	→	la inteligen**cia**	astuto/a	→	la astu**cia**	coherente	→	la coheren**cia**
-EZ	maduro	→	la madur**ez**	válido	→	la valid**ez**	pesado	→	la pesad**ez**

INTERROGATIVAS
DIRECT QUESTIONS

Dónde, cómo, por qué, quién/es, qué...

¿**Dónde** pasas las vacaciones de Navidad?
¿**Cómo** vas a trabajar, en carro o en autobús?
¿**Por qué** vienes tan tarde?
¿**Quién** es la chica que lleva pantalones verdes?
Y en esta fotografía, ¿**quiénes** son tus padres?
¿**Qué** haces mañana? ¿**Qué** prefieres, un té o un café?
(+ *VERB*)
¿**Qué** coche es mejor? ¿**Qué** tipo de música te gusta?
(+ *NOUN*)

When we wish to single out a person or a thing from among a group of elements in a previously defined category, we use cuál/cuáles.

• ¿Me dejas **un libro** para leer esta noche?
○ Sí, mira, estos dos están muy bien... ¿**Cuál** prefieres?

In questions with a preposition, the preposition is placed before the question word.

¿**A qué** te refieres?
¿**Con quién** estás hablando?
¿**De qué** están hablando?
¿**De cuál** estás hablando?
¿**En quién** confías más?

¿**A cuál** te refieres?
¿**Contra quién** juega Honduras?
¿**Con cuál** te quedas?
¿**Desde cuándo** vives en Honduras?
¿**Hacia dónde** se dirigía el avión?

INTERROGATIVAS INDIRECTAS
INDIRECT QUESTIONS

Me gustaría saber
Me parece interesante saber
Podemos preguntarle

si { vive solo/a.
le gusta bailar. *YES/NO ANSWER*

dónde vive.
cómo se llama su mujer/marido. *OPEN-ENDED ANSWER*
qué trabajo tiene.

Gente que lo pasa bien

Museo de Benalauría
MÚSICAS de PROXIMIDAD

jazz

presentando su nuevo trabajo
quid pro quo

saxo   contrabajo   batería
jorge pardo.francis pose.j vázquez 'roper

d '3

7 DICIEMBRE A LAS 23:30 HORAS
MUSEO DE BENALAURIA. SERRANIA DE RONDA
AFORO LIMITADO 50
ENTRADA 15 EUROS
RESERVAD EN TRADA

TEATRO NOVEDADES

¡VUELVE A BARCELONA!
A partir del 23 de Septiembre
¡17 únicas funciones!

Un espectáculo de
rafael amargo

Mejor Intérprete Masculino de Danza
Premios Max de las Artes Escénicas 2002
Mejor Espectáculo de Danza 2002
El País de las Tentaciones

Inspirado en la obra de Federico García Lorca
POETA EN NUEVA YORK

Colabora: Una producción de:
AirEuropa   Amores que matan

Ven a nuestras cenas mágicas
y vive una noche muy especial en

La mandrágora
El primer restaurante mágico y esotérico

MENÚ SELECCIONADO astrológicamente para cada día
A LA HORA DE LAS BRUJAS, actos mágicos y parapsicológicos
realmente espectaculares
CARTA ASTRAL para cada uno de los comensales
RESPUESTAS A SUS PREGUNTAS con las artes adivinatorias del tarot

SHOW DE HIPNOSIS Y MENTALISMO
Y TODO ELLO POR UN PRECIO ÚNICO Y AJUSTADÍSIMO
Calabria, 171. Reservas individuales y grupos. Tel. 226 42 53 - 226 60 42

GANADORA DE 5 PREMIOS GOYA   GANADORA DE LA CONCHA DE
DEL FESTIVAL INTERNACIONAL DE CINE DE SAN

Una producción Elías Querejeta y Jaume Roures Mediapro

los lunes al sol

Javier Bardem · Luis Tosar · José Ángel Egido · Nieve de Medina
Enrique Villén · Celso Bugallo · Joaquín Climent · Aida Folch · Serge Riaboukine
Director de fotografía Alfredo Mayo
Guión Fernando León de Aranoa e Ignacio del Moral
Dirección Fernando León de Aranoa

CASA PATAS

*El punto de referencia del mundo
del flamenco en Madrid*

Restaurante con espectáculo en vivo

C/. Canizares, 10 - 28012 Madrid
Teléfono: 91 369 04 96 / 91 369 33 94
Fax: 91 360 02 00
E- mail: cpatas@conservatorioflamenco.org

OPERA 2001
PRESENTA

VERDI
UN BAILE DE MÁSCARAS

SOLISTAS Y COROS DE **OPERA 2001**
CON LA COLABORACIÓN DE LA ORQUESTA FILARMÓNICA DE PLEVEN (BULGARIA)
OPERA EN TRES ACTOS VERSIÓN ORIGINAL EN ITALIANO (SOBRETÍTULOS EN ESPAÑOL)

BERDÚN
del 22 al 24 de agosto
FESTIVAL DE TEATRO
al aire libre en el
CAMINO DE SANTIAGO

XII FESTIVAL INTERNACIONAL
EN EL CAMINO DE SANTIAGO
II CICLO TEATRO AL AIRE LIBRE

15–1 **Para pasarlo bien**
Fíjate en las fotos. ¿Qué crees que anuncia cada una? ¿Cómo lo sabes?

una película	una exposición de pintura/de fotografía
una obra de teatro	un bar de tapas/de copas
una discoteca	un espectáculo de danza/magia/flamenco
una ópera	un festival de teatro/de danza/de cine
un ballet	un concierto de rock/de música clásica
un restaurante	un musical

A Escucha a estas personas. ¿Cuál de estas actividades les gustaría hacer el fin de semana?

1. MARTA: _____

2. PABLO: _____

3. JUAN ENRIQUE: _____

4. LORETO: _____

5. CARMIÑA: _____

¿Y a ti? ¿Cuál de estos planes te interesa más? ¿Por qué?

EJEMPLO:
E1: A mí me gustaría ir a la ópera.
E2: Pues a mí me gustaría ver la película Los lunes al sol.

15–2 **Los sábados por la noche**
¿Qué haces normalmente los sábados por la noche? ¿Haces alguna de estas cosas u otras?
Coméntalo con tus compañeros/as.

	normalmente	a veces	(casi) nunca
Voy a algún concierto.			
Voy al teatro.			
Voy al cine.			
Tomo algo con amigos.			
Salgo a cenar.			
Me quedo en casa viendo la tele.			
Voy a casa de amigos.			
Voy a bailar.			
Otras cosas:			

EJEMPLO:
E1: Yo, normalmente, los sábados por la noche me quedo
en casa: veo la tele, leo…
E2: Yo no, yo salgo con amigos a tomar algo, o voy al cine.

15-3 **Planes para el viernes**

A

Es viernes y Valentín no sabe qué hacer. Sus compañeros de trabajo están haciendo planes para esta noche. Escucha las cuatro conversaciones.

	¿QUÉ VA(N) A HACER?	¿POR QUÉ?
Clara:	No **lo** sabe.	Ha llamado a Tina pero ella tiene planes.
Tina:	_____	_____
Claudia y Lola:	_____	_____
Federico y Alejandro:	_____	_____
Ramón y Beatriz:	_____	_____

15-4 **Cuatro conversaciones**

¿Te has fijado en las palabras y las expresiones que usan en las conversaciones anteriores? Escucha otra vez y anota algunas.

Contexto	CONVERSACIÓN 1	CONVERSACIÓN 2	CONVERSACIÓN 3	CONVERSACIÓN 4
HACER INVITACIONES				
HACER CITAS	He quedado (quedar con alguien)			
ACTIVIDADES Y LUGARES DE OCIO	Salir a tomar algo			
HACER RESERVAS				

15-5 **Guía del ocio**

Mira la guía del ocio. Identifica a qué lugares van a ir los personajes del ejercicio anterior y descríbelos.

	¿ADÓNDE VAN?	DESCRÍBELO.
Claudia y Lola:	_____	_____
	_____	_____
Federico y Alejandro:	_____	_____
Ramón y Beatriz:	_____	_____

━■ **GUÍA DEL OCIO** ■━

■ **ÁNGELES CAÍDOS**

General Ramos, 3. Cócteles, humor y karaoke hasta las 3 de la madrugada. Tarjetas. Lunes cerrado.

■ **EL SÉPTIMO CIELO**

Cenas con música clásica. Venus, 15 (esquina Peligro) tel. 234 56 11. Parking clientes. Especialidad en buey a la parrilla y marisco. Menú gastronómico: 42 ¤-. Abierto de 8h a 1.30h. Viernes y sábados hasta 2.30h.

HABANA CLUB

Tapas y copas

Salsa y jazz en vivo

Precios jóvenes en un ambiente tropical
Mahón, 21
(metro: Bilbao / bus 45 y 32)

RETRANSMISIÓN DESDE EL ESTADIO SANTIAGO BERNABÉU

HOY a las 22.00 en Antena 3

REAL MADRID - F.C. BARCELONA

CaSa FERNANDO
Pizzería   Restaurante

Cocina italiana. Ensaladas, pizzas y carnes.
Tel. 902 22 46 78

VALENTÍN ES MUY AFICIONADO AL FÚTBOL Y NO LE GUSTA DEMASIADO IR AL CINE.

ACABA DE ROMPER CON ELENA, SU NOVIA, Y ESTÁ UN POCO TRISTE.

ESTÁ UN POCO GORDO, TIENE COLESTEROL Y ESTÁ A DIETA.

NO SOPORTA BAILAR PERO LE ENCANTA LA MÚSICA CLÁSICA.

LE GUSTA CLARA.

15-6
G

La cita de Valentín

Lean la información sobre Valentín.
¿Con quién creen que puede salir esta noche?

	sí	no	¿Por qué?
con Clara			
con Tina			
con Claudia y con Lola			
con Federico y con Alejandro			
con Ramón y con Beatriz			

15-7 **¿Y tú?**

¿Con quién saldrías (o no) esta noche? ¿Por qué? Compáralo con tus compañeros/as de clase.

Yo saldría con _____ porque_____.

Yo no saldría con _____ porque _____.

15-8 G Cine

¿Cuál es la última película que has visto? ¿Has visto alguna de éstas? Añade dos más a la lista. Luego piensa en una y di algo sobre ella sin mencionar el título. Tus compañeros/as tienen que adivinarla y decir si la han visto o no.

EJEMPLO:

E1: Es una película de aventuras y sale Harrison Ford. Es **buenísima**.

E2: Sí. ¡Indiana Jones! **La he visto** también.

E3: Yo **la** conozco pero no **la he visto**.

El señor de los anillos   La mala educación
El padrino   La guerra de los mundos
Titanic   Chicago
_____   _____

15-9 G ¿Habéis...?

Cada miembro del grupo completa la ficha con su película y disco favoritos. Luego compartan su información con sus compañeros y den su opinión.

Director: _____
Actor y actriz principales: _____
Trata de _____
Es _____-ísima. A mí _____

Artista: _____
Título: _____
Las canciones tratan de _____
Es _____ -ísimo. A mí _____

EJEMPLO:

E1: ¿Habéis visto *El gladiador*? Es una película que trata de un gladiador romano. Es **de** Ridley Scott. **Sale** Russell Crowe que es un actor **buenísimo**. A mí me encantó.

E2: Yo no **la** he visto.

E3: Yo sí. A mí también me gustó mucho.

15-10 P Te recomiendo...

Recomienda a tu compañero un lugar o actividad de ocio de la ciudad donde estudias.

un lugar para hacer deporte   un restaurante
una discoteca   un club   un lugar para pasear   un museo

EJEMPLO:

E1: Si te gusta la música disco, yo **iría** a Discobelle. **Me encanta**.

E2: ¿Ah sí? ¿Por qué?

E1: Pues es un lugar **animadísimo** y la música es **buenísima**.

HABLAR SOBRE ESPECTÁCULOS Y PRODUCTOS CULTURALES

● ¿Habéis visto *Los otros*?
○ Yo no la he visto.
  Yo sí, es...
  ...genial/buenísima/divertidísima/ aburridísima.
  ...bastante buena/interesante.
  ...un rollo.
  ...muy mala.

A mí { me encantó.
      me gustó bastante.
      no me gustó nada.

No soporto ese tipo de { películas.
                         teatro.

Es una comedia.
Es una película { de miedo/de terror/de suspense/**de** acción.
                 del Oeste.
                 de aventuras.
                 de guerra.
                 de ciencia ficción.
                 policíaca.

● ¿De quién es?/¿Quién es el director?
○ El director es Alejandro Amenábar.
  Es una película de Alejandro Amenábar.

● ¿Quién sale?
○ El protagonista es Antonio Banderas.
  Sale Penélope Cruz.

● ¿De qué trata?/¿De qué va?
○ **Trata de** un periodista que va a Bosnia y...
  Va de un periodista que va a Bosnia y...

RECOMENDACIONES

Te recomiendo Discobelle.
Yo iría a ver *El gladiador*. Es buenísima.

Podemos ir a bailar. A ti te encanta bailar.

Sí, pero hoy no me apetece nada.

PONERSE DE ACUERDO PARA HACER ALGO

PREGUNTAR A LOS DEMÁS

¿A dónde podemos ir?

¿Qué te/le/os/les apetece hacer?

¿A dónde te/le/os/les gustaría ir?

PROPONER

¿**Por qué no** vamos al cine?

¿**Y si** vamos a cenar por ahí?

¿**Te/os/le/les apetece** ir a tomar algo?

ACEPTAR

Vale.

Buena idea. Me apetece.

EXCUSARSE

Es que $\begin{cases} \text{hoy} \\ \text{esta noche} \end{cases}$ $\begin{cases} \text{no puedo.} \\ \text{no me va bien.} \end{cases}$

Hoy no puedo. Pero podemos quedar para otro día.

Es que esta tarde me va fatal. ¿Nos llamamos y quedamos para otro día?

CONDICIONAL PARA EXPRESAR DESEOS O HIPÓTESIS

DESEOS

Me gustaría $\begin{cases} \text{dormir todo el día.} \\ \text{ir al cine.} \end{cases}$

HIPÓTESIS

Yo me **quedaría** en casa y no **haría** nada.

Yo **vería** la tele todo el domingo.

DESEOS

Me apetece ir al teatro.

Me apetecen unas aceitunas.

▶ Consultorio gramatical, páginas 330 a 333.

15-11
P
¿Quedamos?

Lean la información sobre dos lugares para pasarlo bien una tarde de domingo en Madrid. Cada uno de ustedes prefiere un lugar diferente. Traten de convencer a su compañero/a con una propuesta.

MUSEO THYSSEN-BORNEMISZA, Madrid

Horario

De martes a domingo de 10.00 a 19.00 horas.
Lunes cerrado. La taquilla cierra a las 18.30 horas.
El museo cierra los días 1 de enero, 1 de mayo y el 25 de diciembre.

Admisión: Colección permanente: 4.50 euros.
Estudiantes: 2.50 euros.

Información

Inaugurado en 1992 tras un acuerdo del Barón Thyssen (era su colección privada) y el estado español. Con tres plantas, el museo recorre la historia de la pintura occidental desde el siglo XVIII hasta el siglo XX.

De interés especial: los maestros holandeses (Van der Heyden, Van Dyck, etc.), las salas de pintura italiana S. XVI (Rafael, Carpaccio,...), las salas impresionistas y expresionistas, *El Paraíso* de Tintoretto y *Arlequín con espejo* de Picasso.

ZOO AQUARIUM MADRID

Horario

De 10.30 h. hasta el anochecer.

Precio

Adultos 13 euros. Niños 10 euros.

Información

El Zoo de Madrid es uno de los más modernos e importantes de Europa y el único que reúne en un mismo espacio un zoológico, un aquarium, un delfinario y un aviario. El Zoo ocupa una extensión de 20 hectáreas. Además, ofrece exhibiciones de focas y leones marinos, un pabellón de Naturaleza Misteriosa y un invernadero con plantas tropicales.

EJEMPLO:

E1: ¿**Por qué no** vamos al Museo Thyssen? ¿Te apetece?

E2: No sé... **es que** yo **preferiría** ir al zoo.

E1: ¿**Y si** vamos al zoo mañana?

E2: Es que mañana me va muy mal.

15-12
A
Un domingo ideal

Escribe tres cosas que cada uno de estos españoles haría en un domingo ideal.

1. **Se levantaría** muy tarde, _____ y _____
2. _____, _____ y _____
3. _____, _____ y _____
4. _____, _____ y _____

¿Qué harías tú?

EJEMPLO:

E1: Yo **me levantaría** pronto, **desayunaría** y después **me iría** a pasear un rato.

Estrategias para la comunicación oral ◆ ◆ ◆ ◆ ◆ ◆ ◆ ◆ ◆ ◆ ◆

Interacting in social contexts: Verbal courtesy (III)

We mentioned in Chapter 12 that verbal courtesy in Spanish depends on many variables (the speaker's country or region, habits, background, the social relationships between speakers, etc.). We have also seen how some aspects of verbal courtesy are directly tied to grammar (such as the complex issue of *tú/usted*). The conditional tense is widely used in Spanish to express courtesy for different communicative purposes (suggestions, advice, opinions, requests…). Basically, it attenuates whatever is suggested, requested, etc. Expressing courtesy is not the only function of the conditional tense, and not all verbs can be used in this way. Those most commonly used are: *deber, decir, desear, gustar, importar, necesitar, poder, querer, tener que.*

Advice and suggestions:	**Deberías** estudiar más.
	Yo me **llevaría** un paraguas. Está lloviendo.
Opinions:	Yo **diría** que esto no es correcto.
Wishes:	Me **gustaría** ir al cine esta noche.
Petitions and requests:	¿Le **importaría** bajar el volumen de la radio?
	¿**Podrías** prestarme 20 euros?
Proposals:	¿Le **gustaría** ir a cenar conmigo?

In general, the more formal the context, the more verbal courtesy should be used. However, it is important to note that English and Spanish differ in the use and amount of verbal courtesy involved in formal social interactions. For example, about 60% of all requests in formal contexts in Spanish are made using the imperative, while in English the number is only about 20%.

Usa tu cortesía

¿Qué dirías a tu compañero/a en cada una de estas ocasiones? Tu compañero/a te debe responder. No se olviden de la cortesía verbal.

1. Quieres proponerle ir a cenar contigo.
2. Necesitas su coche porque el tuyo está en el taller.
3. Pasa demasiadas horas enfrente de la tele.
4. Quieres saber qué quiere hacer en su cumpleaños.
5. Quieres saber su opinión sobre el programa de televisión _____

Excusas, excusas…

Cada uno de ustedes va a escribir cuatro propuestas o invitaciones para su compañero/a. Háganse sus propuestas uno al otro y sean insistentes. Busquen siempre una excusa para responder de forma negativa.

EJEMPLO:

E1: ¿Te apetece ir a cenar conmigo esta tarde? Conozco un restaurante muy bueno.
E2: No, lo siento, es que esta tarde tengo otra cita.
E1: Bueno, ¿qué tal mañana por la tarde?
E2: No, de verdad me encantaría pero mañana me va muy mal. Tengo que estudiar.

¿Qué ponen hoy en la tele?

Esto es una programación de un canal de televisión español. Intenten adivinar qué tipo de programas aparecen, y pregunten a su profesor/a sobre los que no saben. Después intercambien sus opiniones sobre cada uno de ellos y comenten si los ven o no.

EJEMPLO:

E1: ¿Tú qué opinas de las películas de miedo?
E2: A mí no me gustan nada. Me dan pesadillas. Nunca las veo. ¿Y tú?
E1: Yo las veo si son buenas, pero muchas son muy malas.

TIPO DE PROGRAMA

09:10 EMBRUJADAS
Simpatía por el demonio y Una bruja a tiempo.
Todos los públicos.

10:45 EL PROGRAMA DEL VERANO
Incluye *Karlos Arguiñano en tu cocina*. Todos los públicos.

14:30 INFORMATIVOS TELECINCO
Todos los públicos.

15:30 AQUÍ HAY TOMATE
Recomendado para mayores de 13 años.

16:30 PECADO ORIGINAL
Todos los públicos.

19:35 ¡ALLÁ TÚ!
Concurso.

20:30 INFORMATIVOS TELECINCO
Todos los públicos.

21:15 ÍDOLO ESPAÑOL
Concurso. Todos los públicos.

22:00 LOS SERRANO
"Algo sucio"
Serie. Comedia. Recomendada para mayores de 13 años.

23:00 PRIMERA PLANA
Especiales sobre las noticias más relevantes de la semana.
Informativo. Todos los públicos

24:00 MADRUGADA DE CINE
Terror en la oscuridad.
Recomendada para mayores de 18 años.

02:30 DOCUMENTAL
Del hombre al mono. Todos los públicos.

15–16
G

Juego de papeles. Ocio y entretenimiento en _____
Situación: Dos estudiantes acaban de llegar a _____ para hacer un curso de verano.
Visitan la oficina de ocio y entretenimiento para obtener información sobre diferentes alternativas
para divertirse y disfrutar del tiempo libre.

ESTUDIANTE A

Te interesa mucho el arte (pintura, fotografía…) y en general las actividades culturales como exposiciones o conciertos. No sales por la noche. También te encanta todo tipo de música pero especialmente la clásica. Te gustan los lugares tranquilos para pasear y meditar.

ESTUDIANTE B

Te encanta salir por la noche a bares y discotecas, especialmente a bailar. La vida nocturna te interesa más que la diurna. No te gustan los museos, sino los lugares ruidosos. Cualquier tipo de lugar exótico te interesa.

ESTUDIANTE C

Trabajas en la oficina de ocio y entretenimiento de una escuela de tu ciudad. Dos nuevos estudiantes han llegado para averiguar cómo pueden pasar su tiempo libre. Responde a sus preguntas. Dales sugerencias y recomendaciones.

◆ Planificar un fin de semana en Madrid, la capital de España.

✦ PREPARACIÓN ✦

Antes de planear todas las actividades, vamos a leer estas informaciones que aparecen en la revista "Gente de Madrid".

MADRID DÍA Y **NOCHE** ▮▮▮▮▮

Madrid es una de las ciudades con más vida de Europa. El clima y el carácter de los madrileños han hecho proliferar muchos locales dedicados al ocio. Además de las posibilidades de diversión concretas -zoo, parques de atracciones, museos, etc.- hay innumerables bares, discotecas, cabarets, after hours y locales de música en vivo. En especial si visita la capital de España en primavera o en verano, prepárese para acostarse muy tarde, pues poquísimas ciudades en el mundo tienen una vida nocturna como la de Madrid. En Madrid se sale a cenar entre las 10 y las 11. Se acude a un bar hasta más o menos las 2 y luego se va a una o varias discotecas. Algunas cierran a altas horas de la madrugada.

VISITAS DE INTERÉS

EL MADRID DE LOS AUSTRIAS
Los edificios más antiguos de Madrid (s. XVI). Pequeñas plazas y las calles con más encanto de la ciudad, ideales para recorrer a pie.

LA GRAN VÍA
El centro de Madrid por excelencia, una calle que nunca duerme. Cafeterías, cines, tiendas, librerías...

LA PLAZA DE SANTA ANA
Centro favorito de reunión de los turistas y estudiantes extranjeros. Ofrece una enorme variedad de bares de tapas, restaurantes, cafés, clubs de jazz, pensiones y hoteles.

EL BARRIO DE SALAMANCA
Una de las zonas más elegantes de Madrid. Tiendas lujosas en calles como Serrano o Velázquez, restaurantes...

EL PALACIO REAL (s. XVIII)
En su interior se pueden admirar cuadros de Goya y de artistas franceses, italianos y españoles. C/ Bailén. De lunes a sábado: 9-18h. Festivos: 9-15h.

LA PUERTA DEL SOL
El centro oficial del territorio español, donde se halla el Km 0 de la red viaria. Bares, tiendas y mucha animación.

EL BARRIO DE CHUECA
El distrito que nunca duerme. La modernidad de Madrid se concentra en sus calles. Restaurantes de diseño, las mejores tiendas de la ciudad, clubs de noche, terrazas...

EL BARRIO DE MALASAÑA
Ambiente bohemio y *underground* en bares de rock y en cafés literarios abiertos hasta la madrugada.

EL PASEO DE RECOLETOS Y LA CASTELLANA
Los edificios más modernos de Madrid, como las sedes de los grandes bancos, la Torre Picasso o las Torres KIO.

EL PARQUE DE EL RETIRO
Un parque enorme con agradables paseos y un lago para remar.

EN CARTEL

SARA BARAS EN MARIANA PINEDA
Sobre una idea de Federico García Lorca y con coreografía de Sara Baras vuelve a Madrid *Mariana Pineda*. 6 únicas funciones. Teatro Lope de Vega (Gran Vía, 57). De martes a jueves, 21h; de viernes a domingo, 22h. Precio: 36 euros.

ARTE Y CULTURA

GABRIEL GARCÍA MÁRQUEZ
Conferencia del escritor G. García Márquez en el Círculo de Bellas Artes: "El concepto de realidad en la narrativa hispanoamericana". Domingo, 18h.

CENTRO DE ARTE REINA SOFÍA
Santa Isabel, 52. Tel. 914 675 062. http://museoreinasofia.mcu.es Organiza interesantes exposiciones de arte contemporáneo que incluyen las últimas vanguardias. Cierra los martes.

MUSEO DEL PRADO
Paseo del Prado. Tel. 913 302 800. http://museoprado.mcu.es. Horario: de martes a domingo, de 9 a 19h. Lunes cerrado. La mejor pinacoteca del mundo. Posee las incomparables colecciones de Goya, Velázquez, El Greco...

TYSSEN-BORNEMISZA
Paseo del Prado, 8. Tel. 913 690 151. www.museothyssen.org. De martes a domingo de 10 a 19h. La mejor colección privada de pintura europea.

DE NOCHE

MOBY DICK CLUB
www.mobydickclub.com. Sala de conciertos, con una original decoración, donde se realizan actuaciones de música en directo. Los lunes a partir de las 23.30h, sesiones a la carta: el público escoge los temas que quiere que toque la banda de música.

LOLITA
www.lolitalounge.net. Ritmos electrónicos, disco y *funk* en dos plantas. Ambientado en la estética de la Dolce Vita y decorado a lo retro, este local ofrece planes alternativos para el ocio: los viernes, proyección de cortometrajes; los jueves, café-teatro y una vez al mes, pasarela de las últimas creaciones de jóvenes diseñadores de moda.

CHOCOLATE
C. Barbieri, 15. Tel. 915 220 133. www.interocio.es/chocolate. Este café-restaurante, situado en Chueca, ofrece una cocina imaginativa, además de un cocktail-bar. Menú de día y de noche.

TABERNA CASA PATAS
C. Cañizares, 10. Tel. 913 690 496. www.casapatas.com. Las noches de flamenco con más duende de Madrid, con artistas de la talla de Remedios Amaya o Niña Pastori, en un tablao nunca saturado por autobuses de turistas. Antes y durante el espectáculo se sirven tapas de jamón, queso, lomo o chorizo, platos de pescadito frito, entrecots y la especialidad de la casa: rabo de toro. Horario de restaurante de lunes a domingo: de 12 a 17h y de 20 a 2h. Espectáculo: L, M, X y J a las 22.30h. V y S a las 24h.

MONTANA
C. Lagasca, 5. Tel. 914 359 901. Restaurante de cocina mediterránea, donde puede degustar los productos de la temporada, la magia de una cocina directa y natural: huevos estrellados, aves y bacalao son algunas de sus especialidades. Menú a mediodía.

DEPORTES

LIGA DE CAMPEONES
Final de la *Champions League* en Madrid. Sábado a las 21h. Estadio Santiago Bernabéu. Entradas: 912 222 345.

Ahora escribe tus preferencias para el fin de semana.

Plan para el fin de semana en Madrid

		ACTIVIDADES
Viernes	viernes por la noche	
Sábado	por la mañana	
	comida del sábado	
	sábado por la tarde	
	sábado por la noche	
Domingo	por la mañana	
	comida del domingo	
	domingo por la tarde	

A Escucha el programa de radio "Gente que se divierte" y completa o modifica tus planes para el fin de semana. ¿Cambiaste muchas cosas?

Paso 1: ¿Qué quieren hacer?
En grupos de cuatro personas, cada uno/a explica las cosas que más le apetece hacer durante el fin de semana y elige un/a compañero/a para hacerlas. El grupo se dividirá en dos parejas. Luego, cada pareja tiene que organizar las citas: decidir la hora, el lugar, quién reserva o saca las entradas, etc.

EJEMPLO:
E1: Pues a mí, el sábado por la mañana **me gustaría** ir de compras al barrio de Salamanca. ¿A alguien más le apetece?
E2: A mí.
E1: Pues podemos ir juntos, si quieres.
E2: Vale, ¿a qué hora quedamos? ¿A las 10?
E1: Mejor un poco más tarde. ¿Qué tal a las 11?
E2: Perfecto.

W **Paso 2:** Ahora cada persona completa su agenda con información específica sobre sus planes.

EJEMPLO:
He quedado con Jason el sábado por la mañana a las 9 para ir a la Gran Vía a desayunar.

W **Paso 3:** El grupo va a escribir una lista de los seis lugares más populares entre los miembros del grupo.

Paso 4: El/la portavoz presenta su lista a la clase.

LES SERÁ ÚTIL...

¿DÓNDE Y CUÁNDO?
El concierto **es** a las 8h.
El concierto **es** en el Teatro Real.

PARA CONCERTAR UNA CITA
¿Cómo
¿A qué hora } quedamos?
¿Dónde
¿Quedamos en mi hotel?
¿Te/os/le/les va bien...
    ...delante del cine?
    ...a las seis?
    ...el sábado?

PARA PROPONER OTRO LUGAR U OTRO MOMENTO
(Me iría) mejor...
Preferiría...
    ...un poco más tarde.
    ...por la tarde.
    ...en el centro.

PARA HABLAR DE UNA CITA
He quedado a las 3h con María en su hotel para ir al Prado.

nuestra gente España

Exploraciones

 GENTE QUE LEE

Estrategias para leer ◆

Review of textual strategies (I): predicting content using world knowledge, title and subtitles, visuals, text structure, and topic sentences.

Here we will review strategies that should be applied *before* reading a text in depth. There are elements surrounding a text that can give you plenty of information about its content.

1. Look at visuals such as pictures, graphics, maps, and charts. They give you a heads-up on what you are about to read. Try to predict the content.
2. Read the title and subtitles: they are very informative as they give you an idea of the content as well as the order in which it will be presented.
3. Observe the layout: some texts, such as classifieds, recipes, or e-mail have predictable layouts, in other words, certain information will appear in specific places.
4. If the text is organized in clear paragraphs, read the first sentence of each paragraph: in many cases, this is the topic sentence, which tells you what kind of information the paragraph will contain.
5. What do you **already** know about the topic? Are you familiar with it? If so, it should be easy to understand the text.

Now that you have made all these predictions, read the text. After you read it, you may have to adjust some of your expectations and predictions. These pre-reading strategies are not a substitute for reading! While you read, check the information you find against what you had expected.

ANTES DE LEER

15-17 **El cine español**

 NOTAS TN15-18

Marca los nombres de directores, actores o actrices españoles que conoces. Luego comparte esta información con la clase. Cuidado: hay dos nombres de actores o actrices que no son españoles. Identifícalos.

- Pedro Almodóvar
- Paz Vega
- Carlos Saura
- Javier Bardem

- Benicio del Toro
- Penélope Cruz
- Victoria Abril
- Alejandro Amenábar

- Salma Hayek
- Luis Buñuel
- Antonio Banderas
- Julio Medem

15-18 **Activando estrategias**

 NOTAS TN15-19

- Observa la foto. ¿Qué información anticipa sobre el texto que vas a leer?
- Lee el título y la cita que aparece debajo. ¿Anticipan nueva información?
- Observa la apariencia del texto y su composición. ¿Te ayuda como lector/a? ¿Cómo?
- Lee la primera frase de cada párrafo. ¿Cuáles son los aspectos específicos que trata este texto?
- ¿Qué sabes de la película española *Mar adentro* y de su director Alejandro Amenábar?

A LEER

MAR ADENTRO: EL DERECHO A MORIR
"¿Quién soy yo para juzgar a los que quieren vivir?"
RAMÓN SAMPEDRO

En la película *Mar adentro*, Alejandro Amenábar demuestra una excepcional **sabiduría** convirtiendo una historia sobre la muerte en una reflexión sobre la vida.

La historia narrada es ya conocida: Ramón Sampedro, tetrapléjico, lleva ya casi treinta años en una cama, al cuidado de su familia. Su única ventana al mundo es la de su habitación, cerca del mar (el mar donde de joven viajó, el mar que le dio la vida y se la quitó). Desde entonces, su único deseo es terminar con su vida dignamente, y en este proceso la llegada de dos mujeres altera su mundo: Julia, una abogada que apoya legalmente su lucha, y Rosa, una chica de pueblo convencida de que vivir **merece la pena** y enamorada de Ramón. Para **éste**, sin embargo, la persona que de verdad le ame le ayudará a realizar ese último viaje.

El soberbio guión de Amenábar, con el humor e ironía constantes de Ramón Sampedro, ofrece un justo equilibrio entre drama y sonrisas. Por encima de los diálogos, destaca el enfoque de ensueño de los viajes al mar del protagonista, y la secuencia del accidente, un triste momento que cambia la vida **de golpe.**

Un magnífico guión interpretado por magníficos actores. En primer lugar, el protagonista, el magistral Javier Bardem, que muestra una vez más que es, sencillamente, el mejor actor español que existe, en un papel complicado, por el sorprendente maquillaje y por el hecho de limitar la expresividad a un rostro, una mirada, y los diálogos de un hombre que sufre y llora riendo. En segundo lugar están los excelentes roles co-estelares y de apoyo de Belén Rueda (Julia, maravillosa y clásica) y Lola Dueñas (Rosa, con una sonrisa que llena la pantalla y pone la parte dulce a este melodrama). Estos dos personajes y Ramón forman un complejo triángulo amoroso.

La música, obra del mismo director, es hermosa y un apoyo perfecto al guión: los tres personajes principales son acompañados por un tema propio que reaparece, y la banda sonora es de una fuerza tan poderosa como las imágenes. Formando parte de esta banda sonora, unas exquisitas selecciones de ópera—arias y clásicos—nos tocan el corazón.

Esta cinta marca un cambio drástico de estilo en la filmografía de Amenábar, definitivamente uno de los mejores directores y compositores que existen. No es el mejor filme de este genio detrás de las cámaras, pero será recordada como un canto a la libre voluntad, como una película emocionante, bellísima, elegante, como un drama realista, como una historia romántica, que además trata de comprender lo que significa tomar la decisión de dejar de vivir antes de tiempo y defenderla ante los demás.

DESPUÉS DE LEER

15-19 **Activando estrategias**

1. Si **saber** significa *to know*, ¿qué significa la palabra en negrita **sabiduría**?
2. Según el contexto, ¿qué significan las palabras subrayadas **papel, personajes, banda sonora** y **cinta**?
3. Busca en el diccionario las expresiones **merece la pena** y **de golpe**.
4. Explica cómo se han formado las palabras marcadas en azul en el texto.
5. ¿A qué o quién se refiere el pronombre en negrita **éste**?

Gente que lo pasa bien ◆ 15

15–20 **¿Entendiste?**

1. ¿Qué personajes componen el "triángulo amoroso" de esta película?
2. ¿Cuáles son las dos mejores partes del guión?
3. ¿Con qué dos aspectos demuestra Bardem que es el mejor actor español?
4. ¿Quién es el compositor de la música de esta película?
5. ¿Verdad o falso?
   - El texto dice que ésta es la mejor película de Amenábar.
   - El texto dice que el guión de la película es de Amenábar.

15–21 **Expansión**

¿Conoces otras películas donde se trata el tema de la eutanasia? ¿Crees que lo hacen de forma objetiva? ¿Qué opinas tú de este tema?

GENTE QUE ESCRIBE

Estrategias para escribir ◆ ◆ ◆ ◆ ◆ ◆ ◆ ◆ ◆ ◆ ◆ ◆ ◆ ◆ ◆ ◆ ◆

Review of process writing strategies (III): editing your composition for content and organization

Good writers plan, rescan, edit, and revise. In Chapters 12 and 13 we reviewed important aspects of the **planning** stage that effective writers follow (considering the readers, developing an outline, and creating topic sentences, among others). Good writers also **re-scan** what they are writing: they stop and reread, go back and make changes (edit), and plan what to write next. During this part of the process, they focus on the content more than on the language. This leads to a draft (not a final product) that later must be edited as a whole for content and organization. The result? Another draft. It is advisable to **edit** your writing for content and organization before beginning to **revise** the grammar, vocabulary, etc.

- Content: is it relevant, interesting, appropriate, well developed? Think again about your readers and the purpose of your writing. Are you achieving this purpose?
- Organization: do you have clear topic sentences? Are there summary sentences? Are your paragraphs well organized? Is your composition easy to follow? If you dedicated time to the planning and rescanning stages, the answer will probably be "yes."

Take a moment to evaluate the content and organization of the previous reading: *Vivir tumbado, morir de pie.*

15–22 **Una reseña cinematográfica**

W

Durante tus estudios de español en la Universidad de Salamanca (España), colaboras con una revista para estudiantes extranjeros. Estás a cargo de la sección de cine. Esta semana te toca escribir una reseña sobre _____ (título de la última película que has visto). Aquí tienes algunas ideas. Puedes usar como modelo la lectura anterior.

- datos generales: director, actores y actrices, año
- introducción
- argumento
- guión
- dirección
- interpretación (actores, actrices)
- música
- otros

¡ATENCIÓN!

✦ Asegúrate de que
- la información que has incluido es relevante para tus lectores (estudiantes internacionales de español en España),
- hay una secuencia lógica y coherencia interna dentro de cada párrafo, y
- el texto es coherente.

✦ Revisa tu borrador siguiendo los PPE (página 14). Primero presta atención al contenido y la organización. Finalmente revisa el nuevo borrador con atención a la gramática y el vocabulario.

Beyond the sentence ◆ ◆ ◆ ◆ ◆ ◆ ◆ ◆ ◆ ◆ ◆ ◆ ◆ ◆ ◆ ◆ ◆ ◆ ◆

Editing your composition for cohesion and coherence

Once you have reviewed your content and organization, it is time to evaluate how coherent your product is. Edit two aspects: (1) the coherence of your paragraphs, and (2) the cohesion of your sentences.

- Paragraphs: is there a topic sentence? Do the other sentences in the paragraph contain more specific information than the topic sentence? Are they related to the topic sentence?
- Sentences: Did you use any techniques to achieve cohesion, like repeating key words or structures, using referent words (pronouns or demonstratives), or using synonyms and antonyms? Did you connect your sentences with transition words and expressions?

Analyze the cohesion and coherence of the previous reading: "Man adentro: el derecho a morir". In particular, comment on (a) how the paragraphs achieve coherence (give specific examples) and (b) what specific elements in the sentences and between the sentences help achieve cohesion.

For example, in the paragraph below, *banda sonora* is repeated, thus establishing a link between the previous sentence and the new one within the paragraph:

La música, obra del mismo director, es hermosa y un apoyo perfecto al guión: los tres personajes principales son acompañados por un tema propio que reaparece, y la banda sonora de una fuerza tan poderosa como las imágenes. Formando parte de esta banda sonora, unas exquisitas selecciones de ópera—arias y clásicos—nos tocan el corazón.

15-23 Guía del ocio y entretenimiento

NOTAS
TN15-25

Tienen un nuevo trabajo para el periódico en español de la universidad. Esta vez consiste en hacer una pequeña guía básica de ocio y entretenimiento, orientada a los nuevos estudiantes que llegan a la universidad. Preparen una guía con variedad de secciones y diferentes opciones para gente de gustos diferentes. Pueden usar como modelo la guía de Madrid, en esta lección, u otra diferente. Algunas de las secciones pueden ser:

- lugares de interés (plazas, parques, calles…)
- arte (museos, monumentos…)
- espectáculos (teatro, cine…)

- vida nocturna
- deportes
- otros

¡ATENCIÓN!

✦ Piensen en las personas que van a leer su guía para decidir qué deben incluir en ella. Desarrollen un esquema y después trabajen en cada una de las partes.

✦ Revisen su borrador siguiendo los PPE (página 14). Presten atención a la coherencia y la cohesión interna. Comprueben si han usado mecanismos cohesivos.

Comparaciones

El Ministerio de Cultura español realizó en el 2003 una encuesta de hábitos y prácticas culturales y de ocio en España. Aquí tienes los datos.

Frecuencia de hábito con que se realizan las actividades culturales y de ocio (en % de población total)					
	DIARIO	UNA VEZ A LA SEMANA	UNA VEZ AL MES	UNA VEZ AL AÑO	TOTAL
Lectura					
Libros	22,4	30,1	40,9		49,1
Periódicos y revistas					
Prensa	30,3	58,4	65,3		69,7
Revistas		13,1	40,6		55,0
Bibliotecas		7,0	13,1	19,1	24,5
Museos				27,4	37,1
Artes escénicas y musicales					
Teatro			2,8	23,7	31,9
Ópera				2,7	5,7
Ballet/danza				4,6	8,3
Conciertos música clásica				8,4	13,3
Conciertos música actual				24,9	32,5
Cine		7,5	31,1	58,6	62,1
Vídeo/DVD	3,3	27,8	42,9		51,8
Televisión					98,0
Radio	59,6	73,1			78,6
Ordenador	15,1	28,3	30,3		31,3
Internet					22,7
Fotografía					8,1
Ferias y festivales					38,0
Parques					16,6
Toros					8,6
Espectáculos deportivos					20,0

15-24
G
¿Qué hacen los españoles en su tiempo libre?
Comenten los datos entre todos y saquen al menos cinco conclusiones relevantes sobre los españoles y su ocio. Justifiquen sus conclusiones basándose en los datos específicos. Compartan con la clase sus resultados.

EJEMPLO:
Los españoles escuchan mucho la radio, porque los datos dicen que el 59,6% lo hace todos los días y casi el 80% dice que escucha la radio.

15-25 **¿Y en tu país?**
¿Crees que estos comportamientos respecto al ocio y la cultura son similares a los de tu país? ¿Cuáles son similares y cuáles muy diferentes?

15-26 **El Internet**
Se dice que el uso del Internet hace que mucha gente pase sus ratos de ocio enfrente del ordenador, en lugar de ir a museos, parques o espectáculos. ¿Crees que es así?

15-27 **Gente joven: tres ciudades españolas para pasarlo bien**
¿Puedes situar estas tres ciudades españolas —Bilbao, Córdoba y Barcelona— en el mapa?
¿En qué comunidades autónomas están?

15-28 Estos textos describen la oferta cultural
y de ocio de estas ciudades para los
jóvenes. Lee la información.

Córdoba une pasado y
modernidad. Sin olvidar su
esplendoroso pasado,
Córdoba es una ciudad
moderna, sinónimo de arte,
cultura y ocio, gracias a la
multitud de eventos
culturales que organiza a lo
largo del año: festivales flamencos, conciertos, ballet...
actividades que se complementan con un buen número
de museos y con una animada vida nocturna. Córdoba
es una ciudad alegre y vital, y por ello conecta
fácilmente con los más jóvenes. Una de las principales
costumbres es sentarse al atardecer en las terrazas y
heladerías o dar una vuelta por las tascas y tabernas de
mayor tradición. Llegada la noche, abren sus puertas las
discotecas, pubs y locales de moda, en los que se
puede disfrutar de la música y del baile hasta altas
horas de la madrugada. O si lo prefieres, la ciudad
dispone de grandes centros de ocio, con comercios,
restaurantes y multicines. También hay una atractiva
oferta de festivales que abarcan diferentes campos
artísticos: música, teatro, cine, etc. Algunos de ellos
poseen una larga tradición en la provincia, como es el
caso de Pop-Zoblanco, festival veraniego abierto a las
jóvenes promesas del pop y rock. El "dance", el "chill-
out" y otras tendencias musicales ocupan un lugar de
privilegio en Asituna Rock, que se celebra a mediados
de julio. Otros festivales de indudable atractivo son la
Feria de Teatro en el Sur y Sensxperiment, con las
últimas tendencias de arte multimedia y experimental.
En el 2004 se inauguró Ciudad Al Mansur, parque
temático y cultural que recrea el antiguo esplendor de
la Córdoba musulmana.

Bilbao es el corazón de una metrópoli con
más de un millón de habitantes. El Museo
Guggenheim o el Metro de Norman Foster
son ejemplos de la vitalidad de Bilbao. La
vanguardia del arte, la moda, la música y el
ocio está presente en Bilbao con comercios
de última generación, grandes conciertos
de música ligera, pop y rock y actuaciones
en sus salas de música en vivo. Además, hay encuentros anuales como
la Muestra de Cine Fantástico de Bilbao en abril y mayo, o el Festival
Internacional de Cine Documental y Cortometraje en noviembre.
Bilbao se ha convertido en un atractivo centro de actividad nocturna
para los jóvenes de toda la zona Norte de la península, uniéndose las
tradicionales zonas de copas y "marcha" con iniciativas como "Bilbao.
Noche", del Ayuntamiento de Bilbao. Cada fin de semana este
programa de ocio nocturno ofrece a los jóvenes numerosas actividades
lúdicas, juegos, cursos, talleres y sesiones de cine en los diversos
barrios de la ciudad.

Barcelona es una ciudad mediterránea y cosmopolita con un riquísimo patrimonio histórico-artístico. Una
amplísima agenda cultural conduce al visitante a museos, exposiciones, esculturas al aire libre... y a una
nutrida programación de música, teatro y danza. Barcelona es una ciudad de futuro que se preocupa por los
gustos y aficiones de los más jóvenes. Su amplia agenda de cine, teatro, música y arte se enriquece durante
la celebración de los distintos festivales que organiza. El BAM (Barcelona Acció Musical), Sónar (Festival
Internacional de Música Avanzada y Arte Multimedia) o el ¡BAC! (Barcelona de Arte Contemporáneo)
constituyen una muestra del interés de la ciudad por las últimas tendencias artísticas y musicales. Casi en
cualquier momento del año el visitante encontrará un festival de música, cine o teatro al que acudir. Las
fiestas tradicionales, como por ejemplo las fiestas de la Mercè, o las más modernas como el Festival de Verano del Grec convocan a
cientos de seguidores de los grupos más prestigiosos del panorama internacional. Para la noche, discotecas, salas de música en directo,
bares de copas y restaurantes que se encuentran en lugares emblemáticos de la ciudad, como la Diagonal, el barrio de Gràcia y terrazas
en el Port Olímpic son algunos de los atractivos de la noche barcelonesa. A orillas del mar Mediterráneo, Barcelona cuenta con multitud
de playas urbanas en las que disfrutar del buen clima de esta costa, o practicar windsurf, vela, buceo o piragüismo.

15-29 **Me interesaría...**
Según lo que acabas de leer, ¿qué te parece lo más interesante de cada una de estas ciudades?
Imagina que estás en Bilbao. ¿Qué actividades te interesarían más? ¿Y si estás en Barcelona?
¿Y si estás en Córdoba?

15-30 **¿Y en tu ciudad?**
¿Es este tipo de actividades típico de la ciudad donde vives o estudias? ¿Hay diferencias?
¿Qué actividades de ocio hace la gente joven en una ciudad?

VOCABULARIO

El cine y la televisión

actor (el)	actor
actriz (la)	actress
actuación (la)	performance
argumento (el)	plot
canal (el)	channel
capítulo (el)	chapter
cartelera (la)	movie guide
cine (el)	cinema
clásico (un)	classic film
concurso (el)	game, contest
cortometraje (el)	short
documental (el)	documentary
entrada (la)	ticket
episodio (el)	episode
guía del ocio (la)	entertainment guide
guión (el)	script
hora de mayor audiencia (la)	prime time
interpretación (la)	performance
noticias (las)	the news
película (la)	movie
de acción	action movie
de terror	thriller
del oeste	western
de ciencia ficción	science fiction movie
policíaca	police film
programación (la)	programming
protagonista (el/la)	main actor/actress
retransmisión (la)	broadcasting
serie (la)	series
taquilla (la)	box office
telediario (el)	news
telenovela (la)	soap opera
temporada (la)	season

Los espectáculos y la oferta cultural

baile (el)	dance
banda sonora (la)	sound track
colección de arte (la)	art collection
compositor (el)	composer
concierto (el)	concert
cuadro (el)	painting
danza (la)	classic dance
diversión (la)	enjoyment
escenario (el)	stage
exposición (la)	exhibition
museo (el)	museum

música en vivo (la)	live music
obra de arte (la)	work of art
obra de teatro (la)	(theater) play
parque de atracciones (el)	amusement park
partido de fútbol (el)	soccer game
pintura (la)	painting
plaza de toros (la)	arena, bullfighting ring
sala (la)	room
teatro (el)	theater

El ocio y el tiempo libre

ambiente (el)	atmosphere
cita (la)	appointment
copas (las)	drinks
espectáculo (el)	show
feria (la)	fair
festival (el)	festival
heladería (la)	ice-cream shop
lectura (la)	reading
lugar de encuentro (el)	meeting point
ocio (el)	leisure; spare time
placer (el)	pleasure
taberna (la)	bar
tendencia (la)	trend
terraza (la)	outdoor seating
toros (los)	bullfighting
vida nocturna (la)	nightlife

Adjetivos para describir y valorar espectáculos

animado/a	lively
bohemio/a	bohemian
conmovedor/a	moving
diurno/a	daily
emocionante	exciting, thrilling
encantador/a	charming
entretenido/a	entertaining
esperado/a	expected
genial	extraordinary
impresionante	impressive
innovador/a	innovative
lindo/a	nice
nocturno/a	nightly
pesado/a	boring, slow, tedious
veraniego/a	summer

Verbos

acudir (a)	*to attend; to turn up*
agradecer (cz)	*to thank*
amanecer (cz)	*to dawn*
arrepentirse (ie)	*to regret*
asistir	*to attend; to be present at*
celebrarse	*to take place; to occur*
disfrutar	*to enjoy*
divertirse (ie)	*to have fun; to have a good time*
estrenar	*to present (to use) for the first time*
excusarse	*to excuse oneself; to give an excuse*
hallarse	*to find oneself*
huir (y)	*to escape*
modificar	*to modify*
planear	*to plan*
planificar	*to plan*
quedar (con)	*to make an appointment with*
quedarse	*to stay*
reunirse con	*to meet with*
romper con	*to break up with*
salir (lg)	*to go out*
servir (i)	*to serve*
sorprender	*to surprise*
sorprenderse	*to be surprised; to be amazed*

Otras expresiones útiles

concertar una cita	*to make an appointment*
dar una excusa	*to make an excuse*
echar un vistazo a	*to take a quick look*
hacer una reserva	*to make a reservation*
ir de copas	*to go out for a drink*
ir de marcha	*to go out and have fun*
sacar entradas	*to buy tickets*
salir a cenar	*to go out for dinner*
ser aficionado a	*to be a regular of; to enjoy regularly*
ser un rollo	*to be very boring*
tener lugar	*to take place*
tomar unas copas	*to have drinks*

CONSULTORIO GRAMATICAL

HABLAR SOBRE ESPECTÁCULOS O PRODUCTOS CULTURALES
TALKING ABOUT ARTS AND ENTERTAINMENT

- ¿Has visto *Los lunes al sol*?
- ¿Has leído *La Regenta*?
- ¿Has oído este disco?

○ Sí, está muy bien.	○ Sí, no está muy bien.

○ Sí, me encantó.
  me gustó muchísimo.
	○ Sí, no me gustó nada.
	  me pareció algo aburrido/a.

○ Sí, es genial.
  fantástico/a.
  extraordinario/a.
	○ Sí, es horrible.
	  horroroso/a.

○ Sí, es buenísimo/a.
  divertidísimo/a.
	○ Sí, es malísimo/a.
	  aburridísimo/a.

○ Sí, es una maravilla.	○ Sí, es un desastre. un rollo.
○ Sí, es muy bueno/a.	○ Sí, es muy malo/a.

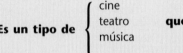

Es un tipo de { cine / teatro / música / ... } **que** { **no soporto.** / **no me interesa.** / **no me dice nada.** }

No soporto
No me interesa } ese tipo de { películas. / teatro. / novelas.
No me dice nada

 ¡ATENCIÓN!

To give our opinion about different kinds of entertainment that we have seen or read in the past we generally use verbs like **gustar** *or* **encantar** *in the preterit.*

- ¿Qué tal la "peli" de anoche?
  ○ No **me gustó** nada.
- ¿Acabaste aquella novela?
  ○ Sí, **me pareció** algo aburrida.

To talk about genres of film, television...

Es una comedia/un *thriller*/una película policíaca.
Es una película de acción/de terror/de aventuras/de ciencia ficción/del oeste.

El director es Almodóvar. = **Es una película de** Almodóvar.
La directora es Icíar Bollaín. = **Es una película de** Icíar Bollaín.

El protagonista es Gael García Bernal.
La protagonista es Cameron Díaz.

Sale Cecilia Roth.

Trata de una chica que se enamora de... = **Va de** una chica que se enamora de...

PONERSE DE ACUERDO PARA HACER ALGO
PLANNING AND AGREEING ON ACTIVITIES

Asking others what they want to do.

¿A dónde podemos ir?
¿A dónde te/le/os/les gustaría ir?
¿Qué te/le/os/les apetece hacer?

Proposing an activity.

¿Por qué no vamos al cine?
¿Y si vamos a cenar por ahí?
¿Te/os/le/les apetece ir a tomar algo?
Podríamos ir al cine.

Me apetece dar un paseo.
Me gustaría dar una vuelta.

> ¿Por qué no vamos al cine el sábado?

> Este sábado no puedo. Es que tengo mucho trabajo.

Accepting an invitation.

Vale, de acuerdo.
Buena idea. Me apetece mucho.
Perfecto.
Muy bien.

Declining an invitation.

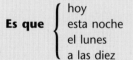

Es que { hoy / esta noche / el lunes / a las diez } **no me va (nada/muy) bien.**
no puedo.

Setting a time and a place.

¿Cómo quedamos?

¿A qué hora { **quedamos?**
¿Dónde { **nos vemos?**

¿Quedamos en mi hotel?
¿Te/os/le/les va bien delante del cine?
                        el sábado a las seis?

¿Qué tal el martes?
           a las diez?

Ir bien/mal, venir bien/mal.

(A mí)	**me**		**muy bien.**
(A ti)	**te**		**bien.**
(A él, ella, usted) el lunes	**le**	**va/viene**	**mal.**
(A nosostros/as)	**nos**		**muy mal.**
(A vosotros/as)	**os**		**fatal.**
(A ellos, ellas, ustedes)	**les**		

Proposing another time or place.

(Me iría) mejor   un poco más tarde.
Preferiría   por la tarde.

> **!** **¡ATENCIÓN!**
> Unlike other languages, the conditional of **gustar** and other verbs like it is not generally used to accept invitations in Spanish, but rather to soften the tone when declining an invitation with an excuse.
>
> **Me gustaría**, pero… no puedo.
> **Me encantaría**, pero… es que estoy muy liado.

Talking about a meeting or appointment.

He quedado con María **a** las 3h **en** su hotel **para** ir al Prado.

Saying during which part of the day something takes place.

por { **la mañana** **la tarde** **la noche** } a la hora { **de la comida** **del desayuno** **de la merienda** **de la cena** }

durante { **la mañana** **la tarde** **la noche** } antes de después de { comer cenar irse a la cama }

a mediodía

OTROS USOS DEL CONDICIONAL
OTHER USES OF THE CONDICIONAL

Making recommendations.

Le recomendaría Discobelle; es un club muy entretenido.
Yo **iría** a ver *Gladiador*. Es buenísima.

Expressing a hypothesis.

Me **comería** ahora mismo un bocadillo de tortilla.
Dormiría hasta las 12 hoy...

Making polite requests.

● ¿A qué sesión quieres ir?
○ **Me gustaría** ir a la de las ocho.

OTROS VERBOS COMO GUSTAR
OTHER VERBS LIKE GUSTAR

The verb **apetecer** *uses the same series of pronouns as* **gustar**
(me/te/le/nos/os/les) and is constructed the same way as
gustar.

Me apetece ir a cenar fuera. *INFINITIVE*
¿Te apetece un café? *SINGULAR NOUN*
¿Le apetecen unos dulces? *PLURAL NOUN*

Other verbs similar to **gustar** *and* **apetecer** *are:*

ENTUSIASMAR A mí **me entusiasma** la danza
       contemporánea.
ENCANTAR   A Pedro **le encanta** correr.
APASIONAR   A mis padres **les apasiona** la ópera italiana.
FASCINAR   No comprendo por qué **te fascina** tanto ese
       actor.

ACONTECIMIENTOS: LUGAR Y TIEMPO
EVENTS: TIME AND PLACE

To talk about the time or place of a social event (parties, entertainment, meetings, etc.), use the verb **ser**.

El concierto **es** en el Teatro Real.   El partido **es** a las 8h.

Es interesan-tísimo.

SUPERLATIVOS EN -ÍSIMO/A
SUPERLATIVES WITH -ÍSIMO/A

Adjective form minus the last vowel + **ísimo/a/os/as**

bueno ⟶ buen**ísimo**   divertido ⟶ divertid**ísima**

interesante ⟶ interesant**ísimos**   malo ⟶ mal**ísimas**

QUEDAR(SE)/QUEDAR
THE VERB QUEDAR

QUEDARSE (*to stay in one place*)

Me quedo en casa.
Quédate un rato más.

QUEDAR (*set up a meeting*)

¿Quedamos a las 6h?
He quedado con María para ir al cine.

QUEDA(N) (*there is one, there is/are some left*)

En la nevera **quedan** tres cervezas.
¿Queda algo de pan?

me/te/le/nos/os/les... QUEDA(N)
(*I still have, you still have, s/he still has... left*)

Todavía **me quedan** diez días de vacaciones.
¿Te queda algo de dinero?

Me voy, he quedado con unas amigas.

Yo me quedo aquí.

FRECUENCIA Y HABITUALIDAD
INDICATING FREQUENCY AND HABIT

(todos) los lunes/martes/...
muchas veces
a menudo
a veces

Normalmente, los lunes/martes/...
Generalmente, por la mañana/tarde...

} voy a nadar/salgo con Lucía...

Verb SOLER + *infinitive*:

María **suele nadar** por las mañanas antes de ir a trabajar.

TAREA ◆ Crear una campaña para la prevención de accidentes o problemas de salud.

NUESTRA GENTE ◆ Costa Rica

16-1 **Para llevar una vida sana...**

Observa las fotos. ¿Están todas relacionadas con la idea de vida sana? ¿Cuáles sí y cuáles no? Expresa algunas recomendaciones basadas en estas fotografías.

EJEMPLO:

Para llevar una vida sana (no) hay que...

16-2 **Consejos para un corazón sano**

Un periódico costarricense publicó estos consejos para prevenir problemas de corazón. Léelos y decide si te estás cuidando bien.

¿Qué tal su corazón? ¡Cuídelo!

¡Cuídelo!

¿FUMA?
Si fuma, **déjelo.**
No será fácil. Al 50% de los fumadores les cuesta mucho.
Hay tratamientos que ayudan (chicles, parches, acupuntura…), sin embargo, la voluntad es lo más importante.

¿TIENE LA TENSIÓN ALTA?
Si las cifras de tensión son superiores a 140 de máxima y 90 de mínima, **visite** al médico.
La hipertensión es peligrosa. No causa molestias pero poco a poco va deteriorando las arterias y el corazón. Si está tomando medicinas, **no deje** el tratamiento.

¿TIENE EL COLESTEROL ALTO?
Si tiene el colesterol superior a 240 mg/dl, **reduzca** el consumo de grasas animales y **aumente** el de frutas y verduras.

¿BEBE ALCOHOL?
Un poco de vino es bueno para el corazón, pero más de dos vasos al día dejan de ser saludables. Y **no tome** más de cuatro: pueden ser peligrosos.

¿TIENE EXCESO DE PESO?
Divida su peso en kilos por el cuadrado de su altura.
Si el resultado está entre 25 y 29, **reduzca** su peso. Si está por encima de 30, debe visitar a un especialista. Si desea adelgazar, **no haga** dietas extremas.

Ejemplo: usted mide 1′73 metros y pesa 78 kilos.
Operaciones:
1. El cuadrado de su altura: $1'73 \times 1'73 = 3$.
2. El peso dividido entre el cuadrado de su altura: $78 : 3 = 26$.
Conclusión: Debe usted reducir peso.

¿HACE EJERCICIO?
Dé un paseo diario de 45 minutos: es el mejor ejercicio a partir de una cierta edad.
Tenga cuidado con los deportes violentos: pueden tener efectos negativos para su corazón.

¿TIENE ALGÚN RIESGO COMBINADO?
Si tiene varios de los factores de riesgo anteriores, debe vigilarlos mucho más.

UN FUMADOR DE 40 AÑOS QUE DEJA DE FUMAR GANA CINCO AÑOS DE VIDA CON RESPECTO A OTRO QUE SIGUE FUMANDO. A LOS DOS AÑOS DE DEJARLO, SU CORAZÓN ES COMO EL DE UN NO FUMADOR.

❏ Cuido bien mi corazón.
❏ Tengo que cuidarme un poco más.
❏ ¡Tengo que cambiar urgentemente de vida!

P Ahora pregunta a tu compañero/a y decide si cuida bien su corazón. ¿Qué tiene que hacer para cuidarse más? Dale algún consejo.

16-3 **Unas vacaciones tranquilas**
La compañía de seguros GENSEGUR elaboró esta campaña informativa para evitar los problemas típicos del verano a sus clientes. Lee los textos y completa estas frases con recomendaciones y consejos.

 GENSEGUR, GENTE PREVENIDA. ASEGÚRESE UN VERANO TRANQUILO

Aquí tiene una serie de consejos para evitar problemas de salud frecuentes en esta época del año. Si sufre alguno de estos problemas durante sus vacaciones, recuerde que el SERVICIO MÉDICO TELEFÓNICO de GENSEGUR está a su disposición las 24 horas del día. Tel.: 91-567 77 77

LESIONES PROVOCADAS POR EL SOL

Tomar el sol moderadamente es beneficioso: el sol proporciona vitamina D. Sin embargo, si se toma en exceso, el sol se puede convertir en un peligro.

¿QUÉ HACER?

Quemaduras

Para calmar el dolor es conveniente aplicar agua fría, usar un hidratante sin grasa y no poner nada en contacto con la piel durante unas horas.

Insolación

Si es ligera, aplíquese paños húmedos por el cuerpo y la cabeza, beba tres o cuatro vasos de agua salada, uno cada cuarto de hora, y procure descansar en un lugar fresco. Si es grave, debe llamar al médico. Para prevenir quemaduras es aconsejable utilizar cremas con filtros solares. Ponernos un gorro o buscar zonas de sombra, especialmente en las horas del mediodía, puede evitarnos un buen susto.

 ## PICADURAS

En verano son frecuentes las picaduras. Unas de las más comunes son las picaduras de abeja y avispa, que pueden provocar reacciones alérgicas, y las de mosquito. Los síntomas más frecuentes son inflamación, dolor y escozor. En algunos casos pueden aparecer diarreas, vómitos, dificultad al tragar, convulsiones, etc. En este caso, hay que llevar al paciente al servicio de emergencias más próximo.

 ## INFECCIONES ALIMENTARIAS

El calor hace proliferar frecuentemente gérmenes en algunos alimentos, lo que puede provocar diarreas, vómitos y fiebre. No tome alimentos con huevo crudo o poco cocido. Controle también las fechas de caducidad de las conservas.

¿QUÉ HACER?

Tras una intoxicación de este tipo, haga dieta absoluta el primer día. Tome únicamente limonada alcalina (1 litro de agua hervida, 3 limones exprimidos, una pizca de sal, una pizca de bicarbonato y 3 cucharadas soperas de azúcar). El segundo día puede tomar ciertos alimentos en pequeñas cantidades: arroz blanco, yogur, plátano, manzana, zanahoria, etc.

---

1. Si tomas el sol...	ponte una gorra y usa cremas.
2. Si te quemaste muchísimo...	
3. Si comes en un restaurante en verano...	
4. Si te pica una abeja...	
5. Si tienes diarrea...	
6. Si después de una picadura tienes vómitos...	
7. Si tienes síntomas muy graves...	

16-4 **A** **Y a ellos, ¿qué les pasa?**

¿Qué le pasa?	¿Por qué?	¿Qué tiene que hacer?
1. _____	_____	_____
2. _____	_____	_____
3. _____	_____	_____

16-5 **Problemas en vacaciones**

NOTAS
TN16-05

¿Has tenido tú alguno de estos problemas cuando estabas de vacaciones? ¿Dónde estabas? ¿Con quién estabas? ¿Qué te pasó? ¿Qué síntomas tenías? Cuéntalo a tus compañeros/as de clase.

> EJEMPLO:
>
> Yo una vez estaba en la costa de vacaciones con unos amigos, comimos langosta y a las dos horas me puse enfermísimo... Me dolía mucho el estómago.

16-6 **¿Qué le duele?**

NOTAS
TN16-06

Una serie de personas llegan al hospital por razones diferentes. ¿A qué sección deben ir? ¿A qué especialista deben ver?

> EJEMPLO:
>
> José Luis tiene que ir a **odontología** en el quinto piso. Tiene que ver al **odontólogo**.

1. A Francisco le duelen mucho la garganta, la nariz y los oídos. Está resfriado.
2. Marisa necesita gafas nuevas.
3. A José lo picaron unos mosquitos y tiene una reacción alérgica por todo el cuerpo.
4. Mercedes trajo a sus hijos a una revisión médica y a ponerles unas vacunas.
5. A José Luis le duelen las muelas.
6. Bartolomé se lesionó jugando al fútbol.
7. Reinaldo tuvo un infarto hace dos meses.
8. Rodrigo tiene depresión y está en tratamiento desde hace seis meses.
9. Rosalinda está embarazada y espera su bebé para noviembre.
10. Marcos está muy enfermo. Tiene cáncer de pulmón.

HOSPITAL SANTA MARÍA MILAGROSA
SAN JOSÉ, COSTA RICA

Alergología (1er piso)
Cardiología (3er piso)
Cirugía general (4º piso)
Cuidados intensivos (4º piso)
Emergencias médicas (1er piso)
Gastroenterología (4º piso)
Ginecología (2º piso)
Medicina alternativa u holística (5º piso)
Medicina del deporte (1er piso)
Medicina física y rehabilitación (1er piso)

Medicina familiar (2º piso)
Neurología (4º piso)
Odontología (5º piso)
Oftalmología (5º piso)
Oncología (4º piso)
Ortopedia (1er piso)
Otorrinolaringología (3er piso)
Pediatría (2º piso)
Psiquiatría (3er piso)
Radiología (1er piso)

16-7 **Cuando tienes conjuntivitis...**

NOTAS
TN16-07

¿Conoces estas enfermedades? Elige una que conozcas y describe los síntomas, lo que hay que hacer y lo que no se debe hacer. Tus compañeros/as tratarán de adivinar cuál es.

> EJEMPLO:
>
> **E1:** Cuando tienes esto te duelen los ojos. No hay que tomar el sol y hay que lavarse bien los ojos.
>
> **E2:** ¡La conjuntivitis!

el dolor de cabeza/
de oídos/de espalda/
de muelas

la conjuntivitis   la diabetes

la anemia   la migraña

el lumbago   la gripe

el asma   la bronquitis

otra: _____

16-8 **La historia clínica**

Juan José Morales tuvo que ir a emergencias porque se cayó. La enfermera completó esta ficha.

> **Nombre:** Juan José   **Apellidos:** Morales Ramos
> **Documento de identidad:** 456666231
> **Edad:** 31 años   **Peso:** 85 kilos   **Estatura:** 1´81
> **Grupo sanguíneo:** A +
> **Enfermedades:** meningitis, hepatitis
> **Operaciones:** apendicitis, menisco
> **Alergias:** ninguna
> **Observaciones:** paciente hipertenso, fumador
> **Medicación actual:** cápsulas contra la hipertensión
> **Motivo de la visita:** dolor agudo en la rodilla izquierda producido por una caída

A Ahora escuchen este diálogo entre la enfermera y otra paciente y completen una ficha similar.

> Nombre: Apellidos:
> Edad: Peso: Estatura:
> Grupo sanguíneo: Enfermedades:
> Operaciones: Alergias:
> Observaciones:
> Medicación actual:
> Motivo de la visita:
> Diagnóstico preliminar:

EJEMPLO:

E1: ¿Qué alergias tiene?
E2: Tiene alergia a la penicilina.

16-9 **¡Pobrecitos!**

Mira las fotos de Javier, Félix y Juan. Escribe qué les pasa y qué crees que deben hacer.

Javier   Félix   Juan

	¿QUÉ LE PASA?	DEBE .../TIENE QUE.../DEBERÍA...
(a) Javier		
(b) Félix		
(c) Juan		

ESTADO FÍSICO Y SALUD

¿Cuánto pesa/s?
¿Cuánto mide/s?
¿Cuál es su/tu grupo sanguíneo?
¿Es/eres alérgico/a a algo?
¿Ha/s tenido alguna enfermedad?
¿Lo/la/te han operado alguna vez?
¿De qué lo/la/te han operado?
¿Toma/s algún medicamento?
¿Qué le/te pasa?

> ¿Qué le pasa? Le duele mucho el estómago. Se encuentra muy mal.

No me encuentro bien.
No me siento bien.
Estoy cansado/enfermo/resfriado...

Me/te/le duele	la cabeza.
	el estómago.
	una muela.
	aquí.

| **Me/te/le duelen** | los ojos. |
| | los pies. |

Tengo dolor de	muelas.
	cabeza.
	barriga.

Tengo	un resfriado.
	una indigestión.
	la gripe.
	diarrea/paperas/anginas...

| **Tomo** | unas pastillas para el insomnio. |
| | un jarabe para la tos. |

Me pongo...
...unas inyecciones para la anemia.
...unas gotas para el oído.

TÚ IMPERSONAL

Se usa para referirse a cualquier persona, todo el mundo.

Si **comes** demasiado, **engordas.**
Cuando **tienes** la gripe, **te sientes** mal.

EL IMPERATIVO (MANDATOS)

Formas regulares
TOMAR

| tú | toma | no tomes |
| usted | tome | no tome |

BEBER

| tú | bebe | no bebas |
| usted | beba | no beba |

VIVIR

| tú | vive | no vivas |
| usted | viva | no viva |

Formas irregulares
HACER

| tú | **haz** | no **hag**as |
| usted | **haga** | no **haga** |

IR

| tú | **ve** | no **vayas** |
| usted | **vaya** | no **vaya** |

RECOMENDACIONES Y ADVERTENCIAS

Si tienes la tensión alta...
  ...**no tomes sal.**
  ...**no debes tomar sal.**

Cuando se tiene la tensión alta...
  ...**no hay que tomar sal.**
  ...**no es conveniente tomar sal.**
  ...**conviene tomar poca sal.**

No tome mucha sal.

PODER (RECOMENDACIONES Y ADVERTENCIAS)

Si tomas tanto el sol, te **puedes** quemar.
Póngase una chaqueta. **Puede** resfriarse.
Pueden tomar unas hierbas. Les sentarán bien.
Algunos deportes **pueden** ser peligrosos para el corazón.

➡ **Consultorio gramatical, páginas 352 a 355.**

16-10
A
NOTAS
TN16-10

A dieta

Estas amigas comentan dos dietas para adelgazar. ¿En qué consisten? ¿Cuál te parece mejor? ¿Tienes tú otras sugerencias?

	PUEDES...	NO PUEDES...	HAY QUE...
dieta del "sirop"			
dieta del astronauta			

16-11
NOTAS
TN16-11

Disfrute de la naturaleza en Costa Rica

Nada como la actividad física para tener buena salud. Lee este texto sobre las actividades relacionadas con la naturaleza que ofrece Costa Rica. Después completa el cuadro.

Costa Rica ocupa un lugar privilegiado en el corazón de Centroamérica, con 51.000 km² de extensión y playas bañadas por dos océanos, Atlántico y Pacífico, separados por apenas tres horas en vehículo o 45 minutos por avión. En Costa Rica tienes:

Playas: De arena negra y blanca, ideales para la práctica de actividades enfocadas en la naturaleza y el mar, como la pesca deportiva y el buceo, y también para disfrutar del sol y los paseos a orillas del mar. La costa del Pacífico concentra grandes centros turísticos y sus playas son preferidas para la práctica del surf.

Aventura: Costa Rica es una tierra de volcanes, bosques húmedos y nubosos, enormes cataratas y ríos caudalosos. Esta naturaleza generosa hace difícil decidir entre la variada oferta de actividades, que incluye rafting, windsurf, buceo, kayaking, pesca deportiva o surf.

Ecoturismo: El territorio está dividido en 20 parques naturales, ocho reservas biológicas y una serie de áreas protegidas que cautivan a los amantes de las actividades ecoturísticas. La oferta de excursiones y paseos es muy variada: desde paseos a caballo hasta caminatas por senderos montañosos y salidas guiadas para la observación de aves. El Parque Nacional Tortuguero es famoso por sus tortugas marinas y por poseer canales naturales que albergan especies amenazadas como el manatí, la nutria y el cocodrilo.

En las playas...	**puedes** bucear/ **se puede** bucear.	**no vayas** sin bronceador.	**practica** el surf y la pesca.
Si quieres aventura...			
Si te gusta el ecoturismo...			
Si quieres conocer algún parque natural...			
Si te gustan los animales...			
Si te gusta el deporte...			

16-12
G
NOTAS
TN16-12

¿Qué puedes hacer?

Piensen en un lugar que conocen (una ciudad, un pueblo, un monumento...). Sus compañeros/as intentarán averiguar qué lugar es. Sólo pueden hacer preguntas como ¿Se puede...? ¿Puedes...? ¿Hay que...?. Respondan sí o no.

EJEMPLO:
E1: ¿Se puede ir en unas horas? ¿Tienes que manejar, o puedes caminar?
E2: No, no puedes caminar ni manejar. Hay que ir en avión.

Estrategias para la comunicación oral ◆◆◆◆◆◆◆◆◆◆◆◆

Some common expressions used in conversation (I)

In this section you have learned useful "chunks" of language, formulas that can help you carry on a conversation (getting someone's attention, interrupting or taking part, disagreeing, asking questions…). Let's look at a few more, and see how they can be used in conversation.

- To justify what we are about to say, to express ourselves frankly:
  la verdad (to be honest…)
  - ● ¿Qué te pareció la obra de teatro? Bonita, ¿eh?
  - ○ Pues, **la verdad,** a mí no me gustó mucho.

- To confirm what we have just said, to insist upon sincerity:
  de verdad/de veras (really)
  - ● Toma. Come un poco más de torta.
  - ○ No, gracias, **de verdad.** No quiero más.

- To request that someone confirm your statement:
  ¿verdad? (right?/isn't it?)
  - ● Hace frío hoy, **¿verdad?**
  - ○ Sí, mucho.

- To respond to a negative comment, expressing the opposite idea:
  sí que… (yes I + verb)
  - ● Usted está muy gordo porque **no hace** ejercicio.
  - ○ **Sí que hago** ejercicio, doctor, tres días por semana.

 ¡Me siento mal!

Imagina que estás enfermo. Escribe en un papel una lista de los síntomas que tienes. Luego explica a tus compañeros/as tus síntomas. Uno/a te hará un diagnóstico y el/la otro/a te dará algunas recomendaciones. Después, cambien sus papeles.

EJEMPLO:
E1: Estoy muy cansado. No puedo moverme y sólo quiero dormir. Además, me mareo mucho.
E2: ¿Haces ejercicio a diario?
E1: La verdad es que no. Casi nada.
E2: Y seguro que no bebes nada de agua, ¿verdad?
E1: Sí que bebo, pero no suficiente.
E3: Yo creo que estás deshidratado. Tienes que hacer ejercicio regularmente. ¡Y bebe agua!

 Hacer deporte para estar sano

Completen individualmente el cuadro con información sobre los deportes que practican. Luego intercambien la información. Háganse preguntas para saber más de estos deportes.

DEPORTE	PARTE DEL CUERPO Es bueno **para**…	PROPÓSITO Para hacer/jugar a… Si quieres hacer/jugar a…	TRES RECOMENDACIONES
1.			
2.			
3.			
4.			

EJEMPLO:
E1: Yo hago surf. El surf es excelente para las piernas y en general todo el cuerpo. Para hacer surf **hay que** tener mucho equilibrio, **tienes que** concentrarte mucho y **debes** nadar muy bien.
E2: ¿Es difícil?
E1: La verdad, sí es difícil, pero **si practicas** mucho puedes hacerlo.

16-15 **A la aventura**
P

Ustedes están de vacaciones en Costa Rica. Su paquete hotelero sólo incluye uno de estos dos deportes de aventura. Uno de ustedes prefiere *windsurfing* y el otro prefiere *rafting*. Escriban tres argumentos (basados en la información del texto) para convencer a su compañero/a.

Windsurfing	Descenso de rápidos (rafting)

Los vientos que cruzan Costa Rica durante los meses secos crean las condiciones necesarias en la parte noroeste del país para realizar este deporte, y el Lago Arenal es uno de los mejores lugares del mundo para practicarlo. Durante la estación seca, el viento alcanza velocidades promedio de 33 millas por hora, algo que sólo pueden manejar los expertos de este deporte. Estos vientos se calman durante los meses lluviosos, lo que hace que este lugar se transforme en el lugar perfecto para aprender este deporte. El hotel alquila el equipo y ofrece clases privadas. En la Costa Pacífica el Golfo de Papagayo es la mejor área para surfeadores con menos experiencia, ya que hay aguas más calmas y vientos menos intensos.

En Costa Rica se encuentran algunos de los mejores ríos del mundo para correr rápidos. Las excursiones de un día incluyen transporte al río ida y vuelta, desayuno y un picnic. Los viajes de más de un día incluyen hospedaje en cabinas y todas las comidas. Opciones:

Pacuare: Este río está en la lista de los diez mejores del mundo para *rafting* y *kayaking*. Su curso atraviesa una serie de increíbles y densos bosques, y es embellecido por al menos 20 cascadas. Es el viaje en río más largo y espectacular del país y su recorrido se puede hacer desde mediados de mayo hasta mediados de marzo. Se recomienda el viaje de dos días.

Sarapiqui: Un bellísimo río ideal para principiantes. Puede realizarse desde San José o desde Arenal. Disponible de mayo a mediados de marzo. Con fuertes movimientos al principio, un suave flotar al final y una fina sección de interminables rápidos en el medio. Ideal para los amantes de la naturaleza.

ESTUDIANTE A:

1. _____
2. _____
3. _____

ESTUDIANTE B:

1. _____
2. _____
3. _____

Ahora traten de ponerse de acuerdo y decidan qué van a hacer.

EJEMPLO:
E1: Yo creo que **debemos** ir a hacer rafting. ¿No te parece?
E2: **La verdad es que** yo prefiero el windsurf. El rafting no parece muy divertido.
E1: **Sí que** es divertido. ¿**De verdad** crees que es aburrido?

16–16 **Juego de papeles. En la clínica estudiantil**
G

Situación: Dos estudiantes hablan con el doctor y le explican sus problemas.

ESTUDIANTE A

Cuando salías de tu dormitorio, tropezaste (*tripped*) y te caíste por la escalera. Te duelen muchas partes del cuerpo. Quizá te rompiste algo. Decides ir al doctor.

ESTUDIANTE B

Después de almorzar en el comedor universitario te pusiste muy enfermo. Tras varias horas de sentirte muy mal, vas a ver al doctor.

ESTUDIANTE C

Eres un doctor en el servicio médico estudiantil. Dos estudiantes han hecho citas contigo. Cada uno tiene un problema diferente. Escúchalos, hazles preguntas sobre sus síntomas y dales un diagnóstico y algunas recomendaciones.

◆ Crear una campaña para la prevención de accidentes o problemas de salud.

◆ PREPARACIÓN ◆

¿Cuál de los siguientes temas te parece más interesante? Ordénalos de más a menos interesante. Busca a tres compañeros/as con intereses similares para formar un grupo de trabajo con ellos/as.

- ❏ los accidentes de tráfico
- ❏ los trastornos alimentarios (anorexia, obesidad...)
- ❏ la adicción al tabaco
- ❏ las drogadicciones
- ❏ la vida sedentaria

Ahora observen estas imágenes. Son de campañas publicitarias. Relacionen cada una con los temas anteriores. Comenten los mensajes que transmiten y cómo los transmiten. Pueden inspirarse en algunas de ellas para su propia campaña.

Paso 1: Preparación del material: el vocabulario y las ilustraciones.

Elaboren una lista de palabras o expresiones relacionadas con el tema que eligieron para su campaña. Usen la fotografía correspondiente para pensar en palabras. Después piensen en otras imágenes o gráficos que podrían incluir en su campaña. Pueden seleccionar algún dibujo de la página de la derecha.

Paso 2: Descripción del problema y recomendaciones para solucionarlo
Escriban su campaña, incluyendo

- la descripción del problema, sus causas y consecuencias principales.
- una serie de recomendaciones y consejos para evitarlo y combatirlo.

Paso 3: El eslogan

Repasen los eslóganes que aparecen junto con cada imagen de la página izquierda. Ahora piensen en los objetivos y el impacto de su propia campaña y al final preparen el eslogan más adecuado para el público.

LES SERÁ ÚTIL

Relacionar ideas

La nicotina tiene efectos muy nocivos, **sin embargo,** muchas personas fuman.

Muchas personas luchan contra el tabaco **ya que** saben que es peligroso.

La gente bebe mucho por la noche y **por eso** hay tantos accidentes de tráfico.

Adverbios en -mente

Adjetivo femenino **+ -mente:**

moderad**amente**
excesiv**amente**
especial**mente**
frecuente**mente**

Paso 4: Presentación de la campaña.

Presenten su folleto en forma de cartel y expongan ante la clase su campaña.

Paso 5: La clase decidirá por votación qué campaña fue la más convincente.

nuestra gente Costa Rica

Exploraciones

 GENTE QUE LEE

ANTES DE LEER

16-17 El sistema de salud ideal
Ordena de más importante a menos importante las características de un buen sistema de salud en cualquier país.

- ❑ acceso gratuito a los ciudadanos con menos recursos
- ❑ médicos que te prestan mucha atención y son muy amables
- ❑ hospitales muy acogedores
- ❑ bajos precios de los servicios médicos
- ❑ rapidez en la atención médica (cirugías, urgencias…)
- ❑ acceso a todo el mundo (visitantes, inmigrantes…)
- ❑ médicos muy bien preparados

16-18 ¿Y en tu país?
¿Conoces el sistema de salud de tu país? ¿Qué características tiene? Señala los aspectos positivos y los negativos.

Activando estrategias

- Lee el título del texto. ¿De qué va a tratar?
- ¿Sabes ya algo de este tema?
- Mira por encima (*skim*) el texto durante 30 segundos. Escribe en un papel toda la información que has obtenido. Luego compártela con la clase.
- Busca la siguiente información en el texto:
  - Número de hospitales y clínicas en Costa Rica.
  - Porcentaje de visitantes que van a Costa Rica para obtener servicios médicos.

A LEER

Costa Rica: cuidado médico de calidad para todo el mundo

Según un informe de la Organización Mundial de la Salud, Costa Rica es el tercer país del mundo en esperanza de vida, detrás de Japón y de Francia, y delante de Gran Bretaña y de los Estados Unidos. Esto es **especialmente** relevante si se considera que su renta per cápita es una décima parte de la de esos países. Ciertamente, algunas razones de este fenómeno se pueden encontrar en la forma de vida menos frenética de los costarricenses: los alimentos frescos, saludables y sin **conservantes**, el clima tropical…; sin embargo, la razón principal es que su gobierno continúa un **compromiso** de muchos años: el de ofrecer a cada uno de sus ciudadanos acceso **asequible** a uno de los mejores sistemas sanitarios del mundo.

El sistema médico de Costa Rica es el primero de América latina y figura entre los veinte mejores del mundo. La ausencia de ejército y el énfasis del gobierno en el bienestar social y educativo de sus ciudadanos han dado como resultado un sistema de salud **altamente** desarrollado. El Dr. Soto, jefe de cirugía del Hospital México, dice que Costa Rica es única en su posición mundial con respecto a la sanidad. "He estudiado todos los sistemas de salud en las Américas, y puedo asegurarle que en ninguna parte se puede encontrar lo que ofrece Costa Rica a sus ciudadanos". Con una red estatal de 29 hospitales y de más de 250 clínicas a través del país, el sistema público de salud tiene la responsabilidad de proporcionar servicios médicos de bajo costo a toda la gente de Costa Rica y a cualquier residente extranjero o visitante. Los extranjeros residentes sólo tienen que pagar una pequeña tasa anual basada en sus ingresos.

La mayoría de los doctores y dentistas de Costa Rica reciben su entrenamiento médico en Costa Rica. Después viajan al extranjero para formarse en especialidades diversas y lo hacen en excelentes universidades de Europa o Estados Unidos. Por ello no es extraño encontrar médicos que hablan dos o más idiomas. Muchos de ellos trabajan por la mañana en el sistema público y luego en su **consulta** privada.

Se calcula que alrededor del 14% de todos los visitantes que llegan a Costa Rica lo hacen con el propósito de recibir algún tipo de atención médica. Gente de todo el mundo llega para visitar dentistas, tener cirugías de diversos tipos, o pasar una temporada en uno de los balnearios del país. Costa Rica también es destino para aquellos que buscan la fuente de la eterna juventud; los cirujanos plásticos de este país atienden diariamente a cientos de visitantes para llevar a cabo reconstrucciones faciales, reducciones o aumentos de pecho, lipoesculturas, eliminación permanente del **vello** no deseado, injertos capilares, borrado de cicatrices y muchos otros tratamientos de belleza. El costo de estos tratamientos y cirugías suele ser un tercio más bajo que el de otros países como los EE.UU., llegando a veces a costar la mitad.

DESPUÉS DE LEER

16-20 **Activando estrategias**

- Observa las tres palabras del primer párrafo marcadas en negrita: **especialmente**, **conservantes** y **compromiso**. ¿Crees que son cognados o falsos cognados?
- Usa el contexto para adivinar el significado de las palabras **asequible** y **consulta**.
- Si **alto** significa *tall*, ¿qué significa **altamente**? ¿Qué categoría gramatical es y cómo se forma? Busca tres palabras más en el texto con la misma categoría y formación.
- Busca en el diccionario la palabra **vello**. Identifica primero la categoría y dale el significado adecuado al contexto. ¿Sabes un sinónimo?
- Di a qué o quién se refieren estas expresiones subrayadas: **esos países**, **este fenómeno** y **muchos de ellos**.
- Explica qué función tienen los conectores marcados en azul **sin embargo** y **por ello**.

16-21 **¿Entendiste?**

1. Costa Rica es el tercer país en esperanza de vida. Di dos razones que explican esto.
2. En Costa Rica no hay ejército. ¿Qué consecuencia positiva tiene este hecho?
3. ¿Por qué muchos médicos de Costa Rica hablan más de un idioma?
4. ¿Cuánto tiene que pagar un residente extranjero para tener acceso al sistema de salud?
5. ¿Por qué muchas personas van a Costa Rica para tener cirugía plástica?

GENTE QUE ESCRIBE

Estrategias para escribir ◆ ◆ ◆ ◆ ◆ ◆ ◆ ◆ ◆ ◆ ◆ ◆ ◆ ◆ ◆ ◆ ◆

Review of process writing strategies (IV): revising your composition for language forms and uses

Once you have finished the editing process, it is time to proofread your composition. This is a more challenging and lengthy process than it would be in your first language. During the writing process, you should have paid some attention to grammar, but this is your opportunity to reflect on and refine this important aspect of writing in Spanish. You might ask yourself:

1. Does your composition represent a variety of grammatical structures, including the ones you have studied so far? Or do you repeat the same structures again and again? Are you using the structures in the right way? That is, are they correct, and do they mean what you intend them to mean?
2. Have you tried to include any new structures that have been introduced in class recently?
3. Are you sure that you use a noun where you need a noun, an adjective where you need an adjective?
4. Does every sentence have a conjugated verb? Are the verb forms correct?
5. Did you use more than one verb tense? Are they correct in their form and their intended use? If you wrote a narration, did you double-check your use of the imperfect and the preterit?
6. Have you checked the composition for agreement (gender and number) between articles and nouns, between nouns and all adjectives, and between subjects and verbs?
7. Did you check your use of *ser* and *estar*?
8. Have you used direct and indirect object pronouns? Are they placed and used correctly?

16-22 **El mejor lugar para recuperar la salud**

 La revista *Gentijoven* te pide un artículo expositivo para su sección titulada "Biogente", destinada a los amantes de la naturaleza y la vida sana. Escribe tu artículo describiendo y recomendando un espacio natural que conoces bien: un parque nacional, una reserva biológica, una isla, etc. Explica cuáles son las ventajas de este lugar.

¡ATENCIÓN!

✦ Asegúrate de que
   • la información que incluiste es relevante e interesante para tus lectores;
   • hay una secuencia lógica y coherencia interna dentro de cada párrafo (usaste frases temáticas y algunas técnicas para lograr cohesión);
   • usaste conectores para organizar la información.

✦ Revisa tu borrador siguiendo los PPE (página 14) y presta atención al contenido y la organización. Finalmente revisa el nuevo borrador, prestando atención a la gramática y su uso (usa las ocho preguntas de la sección Estrategias para escribir).

Beyond the sentence ✦ ✦ ✦ ✦ ✦ ✦ ✦ ✦ ✦ ✦ ✦ ✦ ✦ ✦ ✦ ✦ ✦

Expository writing (I): connectors for adding ideas, sequencing ideas, summarizing, and concluding

As we studied earlier, connectors are transition words and phrases that provide cohesion in a text by helping the reader understand the relationships between sentences and paragraphs. They give coherence to the final written product by linking ideas in different ways and giving it a sense of organization. In expository writing, connectors such as the following are essential. Let's review them:

Adding: ◆ *también* (also) ◆ *además* (also, moreover; furthermore) ◆ *asimismo* (likewise) ◆ *igualmente* (likewise); *es más* (furthermore)

Sequencing: ◆ *para empezar* (first of all, to start) ◆ *en primer lugar* (first of all, in the first place)
◆ *en segundo lugar* (second of all, in the second place) ◆ *en tercer lugar*
◆ *para continuar* (to continue) ◆ *después* (next)
◆ *a continuación* (then, next) ◆ *al mismo tiempo* (at the same time)
◆ *por último* (finally, last) ◆ *en último lugar* (last)

Summarizing: ◆ *para terminar* (finally) ◆ *para resumir* (to sum up) ◆ *en resumen* (in sum)
◆ *para concluir* (to conclude) ◆ *en conclusión* (in conclusion) ◆ *así pues* (therefore)

16-23
PW
NOTAS
TN16-24

Esta semana el periódico en español necesita incluir otro artículo para los nuevos estudiantes que llegan a su universidad o escuela. Tienen que escribir un artículo con recomendaciones y consejos para llevar una vida saludable durante el año académico. Escriban su artículo después de reflexionar sobre los posibles significados de este gráfico de la OMS (Organización Mundial de la Salud).

¡ATENCIÓN!

✦ Piensen en las personas que van a leer este artículo y en lo que esperan encontrar. A continuación decidan lo que quieren incluir en él. Desarrollen un esquema y decidan cómo quieren organizar y presentar la información.

✦ Revisen su borrador siguiendo los PPE (página 14). Presten atención a la cohesión interna y al uso de conectores para **añadir**, **secuenciar** y **resumir** ideas.

Gente sana ◆ 16

Comparaciones

Naciones Unidas en Costa Rica

Naciones Unidas en Costa Rica

Durante la Cumbre del Milenio de la ONU realizada en Nueva York en el año 2000, 191 naciones aprobaron la Declaración del Milenio comprometiéndose a centrar su interés y su esfuerzo en:

- Erradicar la pobreza
- Lograr la enseñanza primaria universal
- Promover la igualdad entre los sexos
- Reducir la mortalidad infantil
- Mejorar la salud materna
- Combatir el VIH/SIDA, el paludismo y otras enfermedades
- Garantizar la preservación y sostenibilidad del medio ambiente
- Fomentar una coalición mundial para el desarrollo

Costa Rica fue uno de los países firmantes de este compromiso mundial. Naciones Unidas coopera con el gobierno y la sociedad costarricenses en diversas iniciativas para impulsar el desarrollo de Costa Rica en distintos campos. En relación con la salud, la ONU contribuye con

1. una participación activa en la inmunización de niños y madres contra seis enfermedades mortíferas (como la viruela y la polio) y en los avances de eliminación del sarampión y el SIDA, con el objetivo final de la erradicación de estas enfermedades;
2. su apoyo a los esfuerzos nacionales dirigidos hacia la sostenibilidad y protección del medio ambiente.

16–24   **La Declaración del Milenio**
P
¿Saben algo más sobre la Declaración del Milenio? ¿Les parecen sus objetivos los más importantes? Ordenen los objetivos de 1 (más urgente) a 8 (menos urgente).

16-25 **¿Realista?**
El año 2015 es la fecha en que estos problemas deben desaparecer, según Naciones Unidas. ¿Te parece realista esta fecha? ¿Qué objetivos pueden ser alcanzados en el 2015 y cuáles no? ¿Por qué?

16-26 **Lo más importante**
¿Qué contribución de la ONU en Costa Rica, de las dos que has leído, te parece más importante: la erradicación de las enfermedades o el apoyo al medio ambiente? ¿Cuál tiene un impacto más directo en la salud?

16-27 **¿Y en tu país?**
Piensa cómo en tu país se trata de resolver estos problemas. ¿Crees que hay avances?

16-28 **¿Y en otros países?**
¿Sabes si la situación en Costa Rica se parece a la de otros países hispanohablantes?

16–29 **Salud y biodiversidad**

¿Qué es la biodiversidad? ¿Crees que tiene relación con la salud? Da algunos ejemplos.

Ahora observa las fotos del texto. ¿Qué ideas te sugieren? Después, lee el texto.

Biodiversidad en Costa Rica

Recientes investigaciones sobre biodiversidad y salud humana demuestran que la salud del ser humano depende completamente de la salud del ecosistema. Sin embargo, nuestra salud está en peligro por la pérdida de especies de plantas y animales y la destrucción del ecosistema. Costa Rica es uno de los mejores ejemplos de un país que se preocupa por su biodiversidad. Está dividido en 20 parques naturales, ocho reservas biológicas y una serie de áreas protegidas o refugios naturales. Es impresionante la diversidad de su flora y fauna y su excelente sistema de conservación que garantiza la supervivencia de las especies autóctonas.

PARQUE INTERNACIONAL LA AMISTAD
En 1982 la UNESCO lo declaró Patrimonio de la Humanidad debido a su excepcional valor universal. En el parque podemos encontrar un gran número de

extraordinarios hábitats, resultado de diferentes alturas, sol, clima y topografía. Una mezcla de bosques muy altos y húmedos cubre la mayor parte del territorio, con grandes robles[1], cedros y cipreses. Se han observado más de 263 especies de anfibios y reptiles, y mamíferos como pumas, jaguares, monos, etc. Hay más de 400 especies de aves.

PARQUE NACIONAL ISLA DEL COCO
Localizada en el océano Pacífico, la isla es un laboratorio natural para el estudio de la evolución de las especies. Hay unas 235 especies de plantas, 85 de aves, 200 de peces y 18 de corales. También es común encontrar tiburones[2] blancos y mantarrayas[3]. Sus valles, acantilados[4] e islotes son visitados por aves marinas como la gaviota[5] y el pingüino. Las leyes de conservación mantienen el balance entre los ecosistemas de la isla y ayudan a preservar los organismos marinos en peligro de extinción.

RESERVA BIOLÓGICA ISLA DEL CAÑO
Ubicada en el océano Pacífico frente al Parque Nacional Corcovado, la isla está cubierta por 158 especies de plantas. Las aves están representadas por diez especies—entre las más comunes: la garza[6] y el águila. En cuanto a mamíferos, podemos observar el zorro, el tepezcuinte[7] y algunas especies de ratas. La isla protege importantes ambientes marinos, como el arrecife[8] de coral. Se puede encontrar una gran diversidad de peces, algas y mamíferos como los delfines y las ballenas.

[1]oaks   [3]ray   [5]seagull   [7]type of rodent
[2]sharks   [4]cliffs   [6]heron   [8]reef

16–30 **¿Y en tu país?**

¿Existe en tu país una preocupación por la biodiversidad y el medio ambiente? ¿Crees que es suficiente? ¿Hay parques nacionales y espacios naturales protegidos? Da algunos ejemplos.

16–31 **Recomendaciones**

Hagan una lista de seis recomendaciones para el gobierno de su país con el objetivo de mejorar la salud del ecosistema y, consecuentemente, la de todos.

VOCABULARIO

Medicina: accidentes, síntomas y enfermedades

alergia (la)	*allergy*
altura (la)	*height*
asma (el)	*asthma*
ataque al corazón (el)	*heart attack*
cansancio (el)	*tiredness, fatigue*
chicle de nicotina (el)	*nicotine gum*
cigarrillo (el)	*cigarette*
cirugía (la)	*surgery*
cirujano/a (el/la)	*surgeon*
consulta (la)	*(doctor's) office*
diarrea (la)	*diarrhea*
dieta (la)	*diet*
dolor (el)	*pain*
de barriga	*tummy ache*
de cabeza	*headache*
de espalda	*backache*
de estómago	*stomachache*
de muelas	*toothache*
de oídos	*earache*
emergencias (el servicio de)	*emergency room*
enfermedad (la)	*illness, sickness*
estatura (la)	*stature*
estiramiento (el)	*stretching*
estreñimiento (el)	*constipation*
faringitis (la)	*pharyngitis*
fiebre (la)	*fever*
fractura (la)	*fracture*
fumador/a (el/la)	*smoker*
gotas (las)	*drops*
gripe (la)	*flu*
grupo sanguíneo (el)	*blood type*
inflamación (la)	*swelling, inflammation*
insolación (la)	*sunstroke*
insomnio (el)	*sleeplessness, insomnia*
intoxicación alimenticia (la)	*food poisoning*
jarabe (el)	*syrup*
lesión (la)	*injury*
mareo (el)	*dizziness*
masaje (el)	*massage*
medicamento (el)	*medication*

medicina (la)	*medicine*
médico (el/la)	*doctor*
migraña (la)	*migraine*
molestia (la)	*discomfort*
obesidad (la)	*obesity*
operación (la)	*surgery*
parche (el)	*patch*
pastilla (la)	*pill*
peso (el)	*weight*
picadura (la)	*sting, bite*
píldora (la)	*pill*
quemadura (la)	*burn*
reacción alérgica (la)	*allergic reaction*
receta (la)	*prescription, recipe*
régimen (el)	*diet*
resaca (la)	*hangover*
resfriado (el)	*cold*
riesgo (el)	*risk*
salud (la)	*health*
sarampión (el)	*measles*
seguro médico (el)	*health insurance*
síntoma (el)	*symptom*
tensión (la)	*blood pressure*
tos (la)	*cough*
tratamiento (el)	*treatment*
varicela (la)	*chickenpox*
vómito (el)	*vomit*

Adjetivos

adicto/a	*addicted*
alérgico/a	*allergic*
enfermizo/a	*unhealthy*
grave	*severe, serious*
inconsciente	*unconscious*
mareado/a	*dizzy*
médico/a	*medical*
peligroso/a	*dangerous*
recomendable	*advisable*
saludable	*healthy*
sano/a	*healthy*
sedentario/a	*sedentary*

Verbos

adelgazar	to loose weight
advertir (ie)	to notice; to warn
agacharse	to bend
aumentar	to increase
caerse (irreg.)	to fall
cansarse	to get tired
cuidarse	to take care of oneself
dejar de	to stop doing something
descansar	to rest
desmayarse	to faint
doler (ue)	to hurt
emborracharse	to get drunk
enfermarse	to get sick
engordar	to gain weight
estirarse	to stretch
evitar	to avoid
fumar	to smoke
inflamarse	to swell
lesionarse	to get hurt; to get injured
marearse	to get dizzy
medir (i)	to measure
operar	to operate (on)
operarse (de)	to have surgery
padecer (zc)	to suffer
perjudicar	to harm; to damage
pesar	to weigh
picar	to itch; to sting
prevenir (ng)	to prevent
quemarse	to get burned
recetar	to prescribe
resfriarse	to get a cold
romperse (algo)	to break (something)
sudar	to sweat
toser	to cough
tranquilizarse	to calm down
tumbarse	to lie down
vomitar	to vomit

Otras palabras y expresiones útiles

advertencia (la)	warning
consumo (el)	consumption
en exceso	excessively
estar resfriado/a	to have a cold
fecha de caducidad (la)	expiration date
hacer ejercicio	to exercise
hacerse daño	to hurt oneself
médico de guardia (el)	doctor on call
ponerse enfermo	to get sick
tener exceso de peso	to be overweight
tener un accidente	to have an accident

CONSULTORIO GRAMATICAL

ESTADO FÍSICO Y SALUD
PHYSICAL HEALTH

Questions.

¿Cuál es su/tu grupo sanguíneo?
¿Ha/s tenido alguna enfermedad?
¿De qué lo/la/te han operado?
¿Cuánto mide/s?
¿Cómo se/te encuentra/s?

¿Es/eres alérgico a algo?
¿Lo/la/te han operado alguna vez?
¿Toma/s algún medicamento?
¿Cuánto pesa/s?
¿Qué le/te pasa?

To describe physical condition.

Estoy/estás/está... {
cansado/a.
enfermo/a.
mareado/a.
resfriado/a.
}

Me/te/le... duele {
la cabeza.
el estómago.
una muela.
acá.
}

Me/te/le... duelen {
los ojos.
los pies.
}

Tengo/tienes/tiene... {
un resfriado.
una indigestión.
la gripe.
diarrea/paperas/anginas...
}

Tengo/tienes/tiene... dolor de {
muelas.
cabeza.
barriga.
}

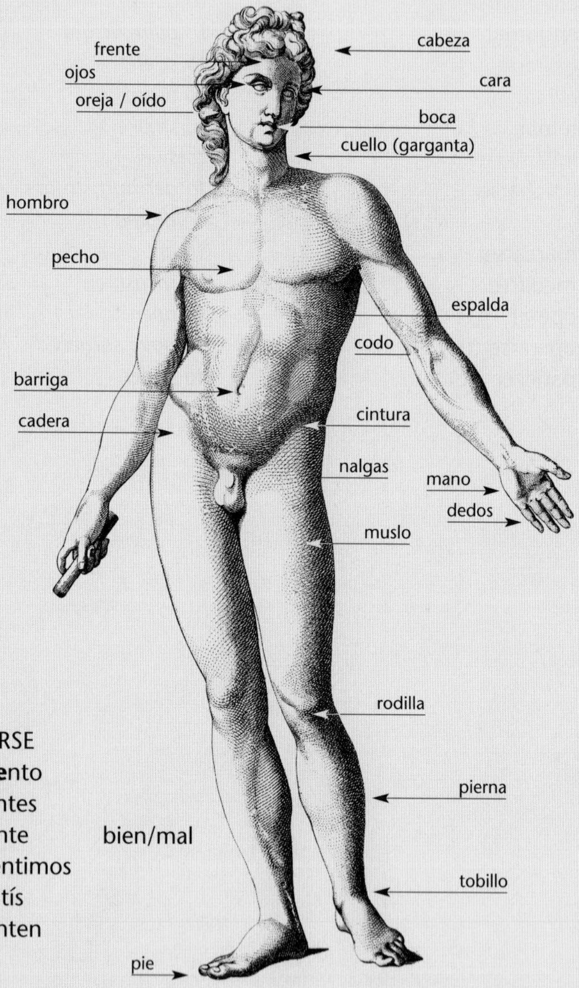

	ENCONTRARSE		SENTIRSE	
(yo)	me enc**ue**ntro		me s**ie**nto	
(tú)	te enc**ue**ntras		te s**ie**ntes	
(él, ella, usted)	se enc**ue**ntra	bien/mal	se s**ie**nte	bien/mal
(nosotros/as)	nos encontramos		nos sentimos	
(vosotros/as)	os encontráis		os sentís	
(ellos/as, ustedes)	se enc**ue**ntran		se s**ie**nten	

In Spanish, when referring to parts of the body or
personal items, in general we do not use the possessive
adjective, but instead the article.

Se ha roto **la** mano. (*He broke **his** hand.*)
¿Te duele **la** espalda? (*Does **your** back hurt?*)
Voy a cortarme **el** pelo. (*I am going to cut **my** hair.*)
Se ha dejado **el** bolso. (*She forgot **her** purse.*)

Body diagram labels:

frente
ojos
oreja / oído
cabeza
cara
boca
cuello (garganta)
hombro
pecho
espalda
codo
barriga
cintura
cadera
nalgas
mano
dedos
muslo
rodilla
pierna
tobillo
pie

To talk about medication.

Tomo ⎰ **unas pastillas para** el insomnio.
⎱ **un jarabe para** la tos.

Me pongo ⎧ **unas inyecciones** para la anemia.
⎨ **unos supositorios** para la fiebre.
⎨ **unas gotas** para el oído.
⎩ **una pomada** para el acné.

TÚ IMPERSONAL
IMPERSONAL TÚ

The second person can have an impersonal meaning in Spanish. It can also serve as a way to talk about oneself indirectly, without saying **yo.**

Si **comes** demasiado, **engordas**. (= *anybody, everybody*)
Trabajas como un animal todo el día y nadie te lo agradece. (= *That's what's happening to me.*)

EL IMPERATIVO (MANDATOS)
THE IMPERATIVE (COMMANDS)

REGULAR FORMS

	TOM**AR**		BEB**ER**		VIV**IR**	
(tú)	tom**a**	no tom**es**	beb**e**	no beb**as**	viv**e**	no viv**as**
(usted)	tom**e**	no tom**e**	beb**a**	no beb**a**	viv**a**	no viv**a**

¡ATENCIÓN!

The imperative form always corresponds to the present subjunctive in the case of **usted** *and all the negative forms of* **tú** *and* **usted.** *(Affirmative* **tú** *commands are the exception.)*
When asking others not to do something, the imperative form may come across as aggressive, and therefore it is only used in very casual situations or when softened by other expressions.

Por favor, perdone, **no se siente** ahí. Esa silla está rota.
Carlitos, **no comas** tan deprisa...

IRREGULAR FORMS

HACER	(tú)	**haz**	no **hagas**	SALIR	(tú)	**sal**	no **salgas**
	(usted)	**haga**	no **haga**		(usted)	**salga**	no **salga**

PONER	(tú)	**pon**	no **pongas**	DECIR	(tú)	**di**	no **digas**
	(ústed)	**ponga**	no **ponga**		(usted)	**diga**	no **diga**

SER	(tú)	**sé**	no **seas**
	(usted)	**sea**	no **sea**

IR	(tú)	**ve**	no **vayas**
	(usted)	**vaya**	no **vaya**

VENIR	(tú)	**ven**	no **vengas**
	(usted)	**venga**	no **venga**

TENER	(tú)	**ten**	no **tengas**
	(usted)	**tenga**	no **tenga**

Vete, que llegas tarde.

¡No, espera, no te vayas todavía! Toma este paquete.

PRONOUN PLACEMENT.
In contrast to what happens with the affirmative imperative, in the negative
form the direct object, the indirect object, and reflexive pronouns precede the
verb.

Dí**selo** a Luisa.

Esas pastillas, tóma**las** en ayunas.

Pónga**se** ya la chaqueta.

No **se lo** digas a Luisa.

Esas pastillas, no **las** tomes en ayunas.

No **se** ponga la chaqueta todavía.

¿Me la dejas?

De acuerdo, pero cuídamela bien.

USES OF THE NEGATIVE IMPERATIVE.
Negative commands are used primarily to make
recommendations, give warnings, and give advice.

No fumes tanto, que tienes mucha tos.

No salgas ahora, que hay mucho tráfico.

RECOMENDACIONES Y ADVERTENCIAS
RECOMMENDATIONS, ADVICE, AND WARNINGS

IMPERSONAL

Cuando **se** tiene la tensión alta, no

Si **se tiene** la tensión alta, no

{
se debe
hay que
conviene
es conveniente
es aconsejable
}

tomar sal.

Deberías dejar de fumar. Y yo que tú, iría al médico, no tienes buena cara.

PERSONAL

Si tienes la tensión alta, **no tomes** sal.

Yo que tú, tomaría menos sal.

Yo en tu lugar, iría al médico.

Deberías tomar menos sal.

Yo creo que **te vendría bien** comer más verdura.

PODER (RECOMENDACIONES Y ADVERTENCIAS)
PODER (RECOMMENDATIONS AND WARNINGS)

	PODER	
(yo)	puedo	
(tú)	puedes	
(él, ella, usted)	puede	
(nosotros/as)	podemos	+ *INFINITIVE*
(vosotros/as)	podéis	
(ellos, ellas, ustedes)	pueden	

Ponte una chaqueta. **Puedes resfriarte.**

Pueden tomar unas hierbas. Les sentarán bien.

Algunos deportes **pueden ser** peligrosos para el corazón.

RELACIONAR IDEAS
CONNECTING IDEAS

To contrast ideas.

La nicotina tiene efectos nocivos. **Sin embargo** muchas personas fuman.
A pesar de que el tabaco es peligroso, mucha gente no puede dejarlo.
Aunque los médicos se lo han prohibido, mi padre sigue fumando.

To express causality.

■ *To present a cause as something already known.*

Mucha gente lucha contra el tabaco **ya que** sabe que es peligroso.
Como el tabaco es peligroso, mucha gente lucha por dejarlo.

■ *To present a cause as new information.*

Muchos fumadores luchan contra el tabaco **porque** saben que es peligroso.

ADVERBIOS EN -MENTE
ADVERBS WITH -MENTE

		FEMININE ADJECTIVE + **-mente**
moderado	⟶	modera**damente**
excesiva	⟶	excesiva**mente**
especial	⟶	especial**mente**
frecuente	⟶	frecuente**mente**

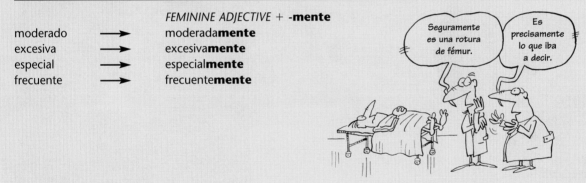

Seguramente es una rotura de fémur.

Es precisamente lo que iba a decir.

> **❗ ¡ATENCIÓN!**
>
> *The meaning of the adverb created by adding **-mente** is not always the same as that of the adjective from which it was formed. The purpose of some adverbs is to organize speech.*
>
> Yo **personalmente** pienso que eso no es verdad. (≠ de forma personal. **Personalmente** *reinforces the idea that the speaker is referring only to his/her own opinion and cannot speak for anyone else.*)
>
> Hola, Juan, **precisamente** estábamos hablando de ti. (≠ de forma precisa. **Precisamente** *highlights the coincidence of Juan's name coming up and his arriving at the same time.*)
>
> **Seguramente** iremos de vacaciones a París. (≠ de forma segura. **Seguramente** *indicates probability.*)
>
> Ah, eres tú, **justamente** quería llamarte. (≠ de forma justa. **Justamente** *points out that one topic coincides with another.*)

17 Gente que inventa

TAREA ◆ Diseñar la vivienda del futuro.
NUESTRA GENTE ◆ Uruguay

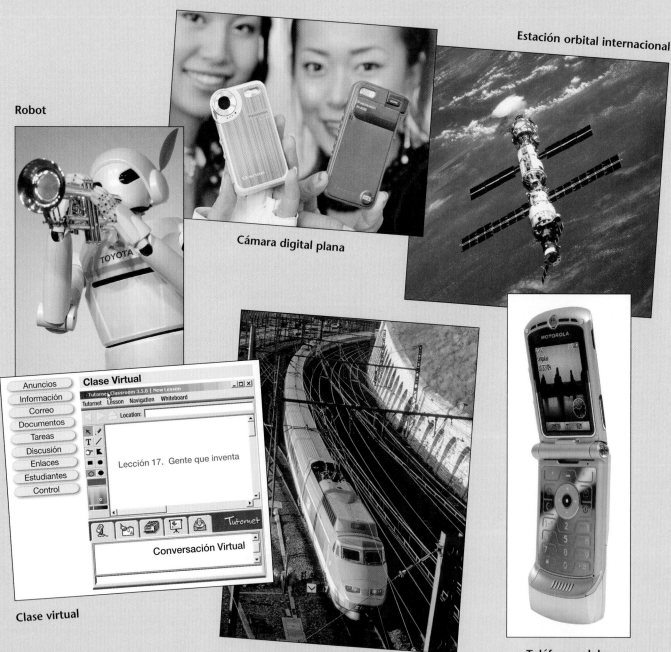

Estación orbital internacional

Robot

Cámara digital plana

Lección 17. Gente que inventa

Conversación Virtual

Clase virtual

Tren de alta velocidad

Teléfono celular
con televisión

356

17-1 P Innovaciones

Observen las ilustraciones. Piensen en un beneficio y un problema relacionados con estas seis innovaciones tecnológicas. Después ordénenlas de más importante (1) a menos importante (6) para el progreso de la humanidad. Finalmente, compartan y comparen sus ideas con la clase.

	beneficio	**problema**
❑ estación orbital internacional	_____	_____
❑ teléfono celular con televisión	_____	_____
❑ cámara digital plana	_____	_____
❑ robot	_____	_____
❑ tren de alta velocidad	_____	_____
❑ clase virtual	_____	_____

17-2 Más innovaciones

Ahora la clase debe votar cuál de estas tres innovaciones es la más atractiva.

ROBOT MASAJEADOR
El último grito de la robótica es Tickle, un pequeño robot con dos motores que da masajes. Camina sobre el cuerpo humano para estimular la piel con unas púas de caucho.

AVIÓN PERSONAL
Lo comercializa la empresa Zap y lo llaman Airboard. Está basado en la tecnología militar, pero con capacidad para una sola persona. Es un avioncito que se eleva unos 10 cm del suelo y permite ir a una velocidad de 15 millas por hora (unos 25km/h).

ABRIGO GUARDAESPALDA
Este revolucionario abrigo para la defensa personal se llama No-contact. Es un abrigo con un dispositivo que da descargas eléctricas de 80.000 voltios si alguien trata de atacar a su portador. El modelo todavía está en etapa de prueba.

17-3 G Su innovación

Piensen en dos inventos revolucionarios e innovadores que todavía no existen. ¿Cómo se llaman? ¿Qué tienen? ¿Para qué son? Luego completen las fichas y expliquen a la clase sus innovaciones. Al final la clase va a votar qué grupo presentó la innovación más original.

Se llama _____
Es un/a _____
que tiene _____
para _____

Se llama _____
Es un/a _____
que tiene _____
para _____

Gente que inventa ♦ 17

17-4 Inventos para todos
Estos inventos han cambiado nuestras vidas. ¿Cuál de ellos te parece más necesario? ¿Por qué?

EL CIERRE DE CREMALLERA (1912)
Desde que existe, todo cierra mejor y más deprisa: carteras, abrigos, bolsillos, pantalones... En los últimos años le salieron competidores: el velcro, los botones de clip... pero, por el momento, parece que tiene asegurada la supervivencia.

EL BOLÍGRAFO O LAPICERA (1940)
Conocido en Argentina como "la birome" por el nombre de su inventor, el Sr. Biro, fue patentado y popularizado por el Sr. Bic. Este invento convirtió la pluma en objeto elegante y de lujo. Su futuro está amenazado por las computadoras, las agendas electrónicas y otros inventos que están cambiando los hábitos de escritura de la gente.

LA LAVADORA (1901)
La primera lavadora apareció gracias a Alva Fisher. Su uso se popularizó cuando la electricidad llegó a todos los hogares. Desde la máquina de Alva—un tambor lleno de agua y jabones, con un motor que lo hacía girar—hasta ahora, las lavadoras han evolucionado muchísimo. Algunas lavan y secan la ropa, pueden programarse para ponerse en funcionamiento a horas específicas, reducen el consumo de electricidad...

LA COMPUTADORA (1946)
En 1946 se terminó la construcción del ENIAC, el primer ordenador electrónico de la historia. Era capaz de realizar en un segundo 5.000 sumas y 300 multiplicaciones. A partir de ese momento, la evolución de las computadoras adquirió un ritmo cada vez más acelerado. Una computadora actual es siete millones de veces más rápida que el ENIAC.

EL TELÉFONO CELULAR (1983)
El concepto de una red de radio celular surgió en 1947 en los laboratorios Bell, pero hasta 1983 no se fabricaron los primeros móviles. La evolución de estos aparatos de uso personal y su generalización en el mercado han sido espectaculares. Los teléfonos actuales sirven para muchas más cosas que llamar por teléfono, como por ejemplo enviar mensajes de texto, almacenar fotos y música o navegar en internet.

LA CÁMARA DIGITAL (1991)
Kodak creó en 1991 la primera cámara digital profesional, dirigida a los profesionales del periodismo fotográfico, pero la primera cámara digital para el mercado de consumo, y que se conectaba a una computadora con cable, fue diseñada por Apple en 1994. Su uso se ha extendido de manera impresionante entre el público en general desde el 2003. Las grandes empresas de fotografía casi no fabrican ya las antiguas cámaras analógicas y producen muchas más cámaras digitales.

17-5 Más inventos
P

¿Qué otras cosas añadirían a la lista de objetos que han cambiado nuestras vidas? Piensen en cuatro inventos y justifiquen sus decisiones.

1. El/la_____ porque _____
2. El/la_____ porque _____
3. El/la_____ porque _____
4. El/la_____ porque _____

Elijan los dos primeros y escriban textos similares a los del ejercicio 17–4.

_____ (____)   _____ (____)

_____   _____
_____   _____
_____   _____
_____   _____
_____   _____

Materiales

Muchas cosas existen hace mucho tiempo, pero los materiales han cambiado. Para cada objeto, escriban los materiales de que puede estar hecho. Luego decidan cuál es el material más innovador. Añadan un objeto más a la lista.

	MATERIALES	MATERIAL MÁS INNOVADOR
platos, vasos	de cerámica, de plástico o de papel	
discos		
pañuelos		
botellas		
bates de béisbol		
ropa		
monedas		

EJEMPLO:

E1: Yo creo que los platos de papel son la mayor innovación porque son los más prácticos.

E2: Sí, pero los de plástico son mejores. Los de papel se rompen muy fácilmente.

¿Para qué sirven?

Aquí tienen una serie de cosas que usamos cada día. ¿Cuándo se inventaron y qué utilidad tienen?

vacuna	papel	tarjeta de crédito	
reloj	fotocopiadora	anteojos	fósforos
rueda	lápiz	frenos de disco	

AÑO	SE INVENTÓ	SIRVE PARA...	SE PUEDE...
5.500 a.C.			
105			
1268			
1500			
1565			
1795			
1821			
1902			
1938			
1950			

EJEMPLO:

E1: Yo creo que el lápiz **se inventó** en 1268.

E2: No, no, fue más tarde: en el año 1795 o 1821.

E3: No, yo creo que es anterior: en el 1565, porque **se inventó** en el siglo XVI.

E1: Bueno, y **sirve para**... escribir, claro.

E2: Sí, para escribir pero con el lápiz **se puede** escribir y borrar después.

17-8 **Bingo: objetos conocidos**

G

Vamos a jugar al bingo. Uno/a de ustedes es el director del juego y describe los objetos (de qué están hechos, qué forma tienen, para qué sirven), pero sin decir el nombre. Gana el/la que marca antes todas las casillas de su tarjeta.

EJEMPLO:

E1: Es una cosa **que** tenemos en la cocina. **Sirve para** calentar pan. **Se usa** mucho con el desayuno.

E2: ¿La sartén?

E1: ¡No! **Se pone** el pan dentro y luego **se puede** poner mantequilla o mermelada.

E2: ¡Ah, la tostadora!

Escribe los nombres de seis de los objetos en la tarjeta.

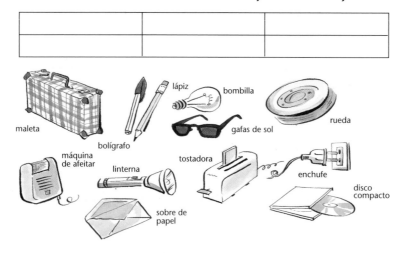

17-9 **¿De qué están hablando?**

A

Escucha a estos amigos uruguayos que juegan a adivinar objetos. ¿Qué información usaron para describirlos?

El pañuelo **lo** puedes llevar en la cabeza. _____. _____. _____.	La hoja de papel **la** _____. _____. _____. _____.

Ahora completa esta información sobre estos dos maravillosos inventos.

Las computadoras portátiles **las** _____, _____ y _____.

Los teléfonos inalámbricos **los** _____ , _____ y _____.

17-10 **Ahora tú**

P

Piensa en tres objetos que usas frecuentemente. Tu compañero/a te hará preguntas para averiguar qué son.

EJEMPLO:

E1: ¿**Las** llevamos en los pies?

E2: Sí, **se llevan** en los pies.

E1: ¿**Las** usamos para caminar?

E2: Sí, **las** llevas para caminar dentro de la casa normalmente.

E1: ¡Pantuflas!

DESCRIBIR OBJETOS
- -

Es un carro...

...**pequeño.**

...**con** un maletero grande.

...**que** consume muy poca gasolina.

FORMAS

Es	alto/a	bajo/a
	largo/a	redondo/a
	cuadrado/a	plano/a

MATERIAL

una lámpara **de** tela/plástico/madera/cristal/papel

PARTES Y COMPONENTES

una teléfono **con** contestador (= **que tiene** contestador) una televisión **con** TIVO (= **que tiene** TIVO)

UTILIDAD

Sirve para cocinar.

Se usa para escribir.

Lo usan los cocineros.

FUNCIONAMIENTO

Se enchufa a la corriente.

Se abre solo/a.

Funciona **con** gasolina

PROPIEDADES

Se puede/No se puede...

...comer.

...romper.

...utilizar para cocinar.

SE: IMPERSONALIDAD
- -

● Lo hace todo el mundo, o no importa quién lo hace.

Se dice que... **Se** usa para...

Se enciende y se apaga solo.

● Procesos que suceden sin que intervengan las personas.

Hay unas puertas que **se abren** y **se cierran** solas.

Esta planta **se secó.**

Los vasos de cristal **se rompen** muy fácilmente.

LO/LA/LOS/LAS

- ¿Dónde compraste esos pantalones y esa cartera? Son preciosos.
- **Los pantalones los** compré en Madrid y **la cartera la** compré en Montevideo.

¿Verdad que **la cartera la** compró en Montevideo?

PRESENTE DE SUBJUNTIVO

Verbos regulares

HABLAR	COMER	VIVIR
hable	coma	viva
hables	comas	vivas
hable	coma	viva
hablemos	comamos	vivamos
habléis	comáis	viváis
hablen	coman	vivan

Verbos irregulares

SER	IR	PODER
sea	vaya	pueda
seas	vayas	puedas
sea	vaya	pueda
seamos	vayamos	podamos
seáis	vayáis	podáis
sean	vayan	puedan

haber	hay-	tener	teng-
poner	pong-	decir	dig-
hacer	hag-	salir	salg-
venir	veng-	saber	sep-

FRASES RELATIVAS: CONOCIDO/DESCONOCIDO

Uruguay es un país **que tiene** educación gratuita.

¿Conoces algún país **que tenga** educación gratuita?

RELATIVOS CON PREPOSICIÓN

Es una cosa...

con **la que** puedes abrir latas.
en **la que** pones libros.

➡ **Consultorio gramatical, páginas 374 a 377.**

17-11 **Inventos prácticos, divertidos o imposibles**

Aquí hay una lista de cosas que no existen. Relaciona las dos columnas y completa la información que falta. ¿Cuáles de estas cosas crees que son necesarias para el progreso?

una máquina
una moto
un periódico
un libro
un reloj
una computadora
un teléfono

que **responda** a las órdenes de la voz humana
que no **ocupe** más espacio que un libro
que **pase** las páginas él solo
que **tenga** más horas por la noche
que no **pueda** superar los 100 km/hora
que _____
que _____

EJEMPLO:

Yo creo que es necesario inventar un carro que no **haga** ruido.

17-12 **Atención a las formas**

Observa las formas verbales marcadas en negrita en 17-11. Están en **presente**, pero en un MODO diferente: el **subjuntivo**. ¿Por qué usamos el subjuntivo en estas frases?

17-13 **Uruguay, un país de futuro**
P

Lean los datos sobre Uruguay y completen el texto.

URUGUAY	
Población total	3.334.021
Población por encima del nivel de pobreza	94%
Tasa de alfabetización	97% (la más alta de América latina)
Educación gratuita	100% (primaria, secundaria y universitaria)
Telecomunicaciones digitalizadas	100%
Porcentaje de PCs por habitante	11% (el más alto de América latina)
Porcentaje de usuarios de Internet	14%
Acceso a energía eléctrica	99% del territorio

Uruguay es un país **que** _____ y **en el que se puede** _____. Además es un lugar **donde** _____ y **en el que** _____.
Es un país **que** _____, **que** _____ y **donde** _____.

17-14 **Países con progreso**
P

Ahora piensen en otro país...

...**que tenga** una red de telecomunicaciones altamente digitalizada: _____

...**en el que** la educación **sea** gratuita: _____

...**que tenga** una tasa de alfabetización muy alta: _____

...**en el que** el acceso a Internet y PCs **sea** muy alto: _____

...**que tenga** acceso a energía eléctrica en gran parte de su territorio: _____

EJEMPLO:

E1: A ver... un país **que tenga** educación gratuita... ¡Canadá!
E2: Sí, creo que en Canadá **se puede** estudiar gratis.

Estrategias para la comunicación oral ◆ ◆ ◆ ◆ ◆ ◆ ◆ ◆ ◆ ◆ ◆

Some common expressions used in conversation (II)

Here are more useful expressions or formulas that can help you carry on a conversation. Pay attention to the contexts in which the examples are used. Some of them do not have a direct translation in English.

- To show surprise or disbelief

  ¿Sí?   (Really?)
  ¿De verdad/veras?   (Really?)   • *Han inventado un robot que puede hacer tu tarea.*
  ¡No me digas!   (You don't say!)   ○ *¿Sí? ¡No me digas!*
  ¡No puede ser!   (That can't be!)   • *¿Qué? ¡No puede ser!*

- To show that something is not normal

  ¡Qué raro!   (How weird/odd!)   • *Llamé a Juan 20 veces pero no contesta.*
  ¡Qué extraño!   (How strange/odd!)   ○ *¡Qué raro! Siempre está en casa a esta hora.*

- To express satisfaction/sadness about recent news or events

  ¡Qué bien!   (Great!)   • *Me han regalado un Ipod.*
  ¡Qué suerte!   (How lucky!)   ○ *¡Qué suerte!*
  ¡Qué pena!   (How sad!)   • *Pero no tiene cámara de fotos.*
      ○ *¡Ah, qué pena!*

17-15   **Las compras en Uruguay**

P   Uno de ustedes viajó a Uruguay y estuvo en Montevideo dos semanas. Compró muchas cosas para traer a casa como recuerdo de su viaje. Muéstrele a su compañero/a las cosas que compró. Fíjense en el modelo.

EJEMPLO:

E1: Compré esta estatua en una tienda de artesanía. Es de cerámica y está hecha a mano.

E2: ¿A mano? **¡No me digas!**

E1: Sí, de verdad, a mano. Y era la última que había en la tienda.

E2: ¿Sí? **¡Qué suerte!**

Cuadro de Rubén Galloza, artista uruguayo

Vinos de Uruguay

Tortugas de cerámica hechas a mano

Póster del carnaval de Montevideo

¿Tienes...?

Vamos a hacer grupos de cuatro personas. Cada persona del grupo tiene que pedir tres cosas a otros/as compañeros/as de clase. El juego termina cuando un grupo consigue reunir las 12 cosas.

NOTAS
TN17-17

ESTUDIANTE A

- algo electrónico
- un pañuelo no usado
- algo para ver mejor

ESTUDIANTE C

- una tarjeta de crédito
- un monedero de plástico
- algo para dar calor

ESTUDIANTE B

- un libro de matemáticas usado
- algo muy barato
- un objeto para la cabeza

ESTUDIANTE D

- un objeto de un significado especial
- algo para los pies
- una moneda extranjera

EJEMPLO:

E1: ¿Tienes alguna cosa **que sea** electrónica?
E2: Lo siento, pero no tengo.
E1: ¡Qué pena! ¿Y algo **que sirva** para ver mejor?
E2: Sí, mis gafas.
E1: ¡Qué bien! Gracias.

Concurso de ideas

Inventen un objeto útil para cada uno de estos grupos de personas.

NOTAS
TN17-18

los daltónicos	los alérgicos al polen
los despistados	los perezosos
los tímidos	los _____

EJEMPLO:

E1: Para los daltónicos, lápices de colores **que tengan** escrito el nombre de cada color.
E2: Sí, o **que digan** los colores cuando los tocas.

Ahora compartan con la clase sus inventos. La clase votará qué grupo tuvo las ideas más útiles.

EJEMPLO:

Para los daltónicos, hemos inventado unos lápices de colores **que dicen** el color cuando los tocas.

Juego de papeles. En la oficina de patentes

Situación: Un estudiante ha inventado un/a _____. Visita la oficina de patentes para presentar su invento.

NOTAS
TN17-19

ESTUDIANTE A

Has inventado un/a _____. Estás _____ en la oficina de patentes para presentar tu invento y sus ventajas (para qué sirve, qué propiedades tiene, cómo funciona, etc.) Sé muy específico y da muchos detalles.

ESTUDIANTE B

Trabajas en una oficina de patentes y un inventor está en tu oficina. Está presentando un/a _____. Reacciona de manera positiva o negativa ante las explicaciones del inventor. Haz todas las preguntas necesarias.

Gente que inventa ✦ 17

✦ Diseñar la vivienda del futuro.

NOTAS
TN17-20

(**P**)   ✦ **PREPARACIÓN** ✦

La casa de los García

¿Qué cosas podrían mejorarse en las viviendas para hacernos la vida más fácil? Miren la ilustración y hagan una lista de los pequeños problemas domésticos que tiene esta familia. Pueden usar la lista de verbos. Añadan otros problemas que tiene la gente en su vida cotidiana.

EJEMPLO:

Los grifos muchas veces se malogran.

Verbos

malograrse,
  estropearse
fundirse
terminarse
romperse
caerse
mojarse
averiarse
no funcionar
secarse
atascarse
quemarse
gotear...

Paso 1: La domótica, o el hogar del futuro
Hagan grupos de cuatro personas. Lean esta página web de una compañía que construye viviendas inteligentes. Después completen el cuestionario.

¿Existen ya las viviendas inteligentes? El futuro ya está aquí.

La domótica tiene como objetivo poner las nuevas tecnologías al servicio del confort, de la seguridad, del ahorro energético y de la comunicación.

¿TIENE USTED UNA CASA INTELIGENTE? ¿LE GUSTARÍA? RESPONDA A ESTE PEQUEÑO CUESTIONARIO.

SEGURIDAD Y PREVENCIÓN DE RIESGOS

¿Puede usted vigilar a su familia a cualquier hora desde cualquier lugar? . . . . Sí ☐ No ☐

Cuando usted no está en casa, ¿se encienden y se apagan las luces y los electrodomésticos para hacer creer que hay alguien en casa? . . . . Sí ☐ No ☐

¿La llave de paso del agua o del gas se cierran automáticamente en caso de escape? . . . . Sí ☐ No ☐

¿Tiene alarma de humos o de fuego? . . . . Sí ☐ No ☐

COMODIDAD Y AHORRO DE ENERGÍA

¿Se encienden y se apagan las luces de su casa cuando va de una habitación a otra? Sí ☐ No ☐

¿Se abren y se cierran las puertas a su paso? . . . . Sí ☐ No ☐

¿La temperatura de sus habitaciones puede regularse de forma independiente? . . . . Sí ☐ No ☐

¿Sus persianas se abren y se cierran en función de la luz solar? . . . . Sí ☐ No ☐

¿Y las luces de su jardín? . . . . Sí ☐ No ☐

¿El sistema de riego de su jardín se adapta a las condiciones climáticas? . . . . Sí ☐ No ☐

TELEGESTIÓN

¿Puede dar órdenes a sus electrodomésticos por teléfono? . . . . Sí ☐ No ☐

¿Puede encender la calefacción o la refrigeración desde el trabajo? . . . . Sí ☐ No ☐

¿Puede saber si alguien entra en su casa mientras usted está de vacaciones? . . . . . . Sí ☐ No ☐

Al detectarse fuego o una fuga de gas o de agua, ¿hay algún mecanismo que lo comunique directamente a los bomberos o a un servicio técnico? . . . . Sí ☐ No ☐

OCIO Y COMUNICACIÓN

¿Tiene monitores planos de televisión en cada habitación? . . . . Sí ☐ No ☐

¿Puede conectarse a Internet desde cualquier punto de la casa? . . . . Sí ☐ No ☐

[Enviar]

LES SERÁ ÚTIL...

Es una máquina **para**...
Es una herramienta que **sirve para**...
Es un aparato **con el que se puede**...

Nuestra casa..
 ...tiene un sistema **con el que se puede**...
 ...tiene unos aparatos **que** sirven **para**...
 ...funciona **con**...

● ¿Y cómo funciona?
○ Con energía solar.

Paso 2: Ahora elijan los siete problemas más importantes que aparecen en el cuestionario. Completen la tabla con problemas de cada categoría.

PROBLEMAS

SEGURIDAD Y PREVENCIÓN DE RIESGOS	COMODIDAD Y AHORRO DE ENERGÍA	TELEGESTIÓN	OCIO Y COMUNICACIÓN
1.	1.	1.	1.
2.	2.	2.	

Paso 3: Ustedes van a idear una casa domótica para la familia García. Esta vivienda debe ser ecológica y cómoda, pero no muy cara. Sólo puede tener siete innovaciones tecnológicas. Para cada problema que identificaron en el Paso 2, inventen una tecnología que lo resuelva.

SOLUCIONES

SEGURIDAD Y PREVENCIÓN DE RIESGOS	COMODIDAD Y AHORRO DE ENERGÍA	TELEGESTIÓN	OCIO Y COMUNICACIÓN
1.	1.	1.	1.
2.	2.	2.	

Paso 4: Nuestra vivienda del futuro
Presenten su proyecto a la clase justificando sus siete innovaciones. La clase votará cuál es la mejor casa domótica.

nuestra gente **Uruguay**

Exploraciones

 GENTE QUE LEE

ANTES DE LEER

17-19 **¡Música, maestro!**

En la siguiente tabla, señala con una cruz (X) los instrumentos musicales que te gustan. Si alguien de la clase no conoce alguno de ellos, intenta definirlo en español. Después con la ayuda de tu profesor/a, descubre cuáles son los tres instrumentos favoritos de la clase.

- ❏ flauta
- ❏ xilófono
- ❏ guitarra
- ❏ contrabajo
- ❏ trompeta
- ❏ arpa
- ❏ maracas
- ❏ banjo
- ❏ trombón
- ❏ violín
- ❏ armónica
- ❏ _____
- ❏ bombo
- ❏ oboe
- ❏ _____

17-20 **Los instrumentos y sus inventores**

P Empareja cada instrumento con su inventor, país y año de invención.

1. ____ piano
2. ____ saxofón
3. ____ acordeón
4. ____ armónica
5. ____ castañuelas
6. ____ clarinete
7. ____ bajo eléctrico
8. ____ oboe

a. Johann Denner (Alemania, 1690)
b. Cyril Demian (Austria, 1829)
c. Jean Hotteterre y Michel Phillidor (Francia, siglo XVII)
d. Adolf Sax (Bélgica, 1840)
e. Leo Fender (Estados Unidos, 1951)
f. Bartolomeo Cristofori (Italia, 1690)
g. Fenicios (1000 a.C.)
h. Christian Buschman (Alemania, 1821)

17-21 **Activando estrategias**

Mira por encima el texto, la foto, el título y las frases temáticas de cada párrafo. Escribe aquí de qué crees que trata cada párrafo.

Párrafo 1: _____

Párrafo 2: _____

Párrafo 3: _____

Párrafo 4: _____

17-22 **Instrumentos típicos**

¿Conoces instrumentos musicales típicos de países donde se habla español?

A LEER

El bandoneón: sinónimo del tango

El bandoneón es un instrumento parecido al acordeón, con botones, accionado con **fuelle**, que se toca con las dos manos simultáneamente y que funciona por la acción del aire a presión con un sistema de **lengüetas** metálicas. Sin embargo, se diferencia de **éste** en que en la parte izquierda no tiene enlaces de acorde, es decir, en ambos lados hay una escala de tonalidad única. El bandoneón tiene además un **tabulador** especial que permite aprender a tocarlo sin conocimientos de notas musicales.

El nombre *bandoneón* proviene del maestro de música alemán Heinrich Band, que creó la primera fábrica de bandoneones en su ciudad natal de Krefeld en 1843. En cuanto al nombre, se cuenta que se formó una cooperativa o "band-union" para apoyar la construcción de este instrumento. Este término se transformó en "bandonion". Los primeros bandoneones eran muy sencillos y no tenían la

cantidad de tonos de los instrumentos actuales: tenían solamente 56 tonos con 14 **teclas** de cada lado. Más tarde se fabricó otro de 64 tonos que tenía 32 teclas (17 del lado derecho y 15 del izquierdo) y cada una de las teclas daba una nota distinta. Luego se diseñó uno de 88 tonos que tenía 44 teclas, 23 del lado derecho y 21 del izquierdo.

Después de la Primera Guerra Mundial, nació en Europa el bandoneón estándar de 144 tonos, el más popular hasta hoy. Marinos alemanes y emigrantes **lo** trajeron antes del 1900 al Río de la Plata. Este bandoleón, que era bastante elaborado y tenía 142 tonos, es el que se utiliza hasta el día de hoy en Argentina y en el Uruguay, siendo sinónimo del tango. A partir de entonces el nombre de *bandonion* se cambió por *bandoneón*. Su fuerza de expresión y su color de sonido convirtieron al bandoneón en uno de los instrumentos primordiales de las orquestas de tango en la década de los 40 y 50.

Hoy día en Argentina y Uruguay hay un grupo de renombrados bandonionistas que se preocupan de su promoción entre los jóvenes, manteniendo así vivo el tango y creando nuevos caminos en la música. Sin embargo, no se encuentran bandoneones de buena calidad, ya que el desarrollo técnico de la construcción del bandoneón se abandonó por los años 20. Por eso hay muy pocos bandoneones viejos que se puedan usar y ninguno nuevo. Además actualmente tampoco hay fábricas de bandoneones y **los** de buena calidad son piezas heredadas. Casi 160 años después de su invención, el bandoneón está en peligro de extinción.

DESPUÉS DE LEER

17-23 **Activando estrategias**

- ▪ Identifica en el texto algunos ejemplos de estos aspectos gramaticales: (1) verbos **haber** y **tener**, (2) verbos **ser** o **estar** con adjetivos, (3) frases relativas y (4) preposiciones.
- ▪ ¿A qué se refieren los pronombres en negrita **éste** (párrafo 1), **lo** (párrafo 3) y **los** (párrafo 4)? Busca sus antecedentes.
- ▪ Busca en el diccionario las palabras en negrita del párrafo 1: **fuelle** y **lengüetas**.
- ▪ Observa la palabra **tabulador** en el párrafo 1. Fíjate en la raíz. ¿Qué significa?
- ▪ Según su contexto, ¿qué crees que significa la palabra **teclas**?
- ▪ Di qué funciones tienen los conectores marcados en azul.

17-24 **¿Entendiste?**

1. ¿Cuál es el origen del nombre de este instrumento?
2. ¿Cómo eran los primeros bandoneones? ¿Y los más modernos?
3. ¿Cómo se puede encontrar hoy día un bandoneón de buena calidad?
4. ¿Cómo llegó el bandoneón a Uruguay y Argentina?

17-25 **¿Y en tu país?**

¿Qué instrumentos son típicos de tu país? ¿Sabes tocar alguno? ¿Hay algunos que ya no se usen? ¿Cuáles?

 # GENTE QUE ESCRIBE

Estrategias para escribir ◆ ◆ ◆ ◆ ◆ ◆ ◆ ◆ ◆ ◆ ◆ ◆ ◆ ◆ ◆ ◆ ◆ ◆

Review of process writing strategies (V): revising your composition for vocabulary forms and uses.

During the composition process you should devote a substantial amount of time to incorporating a sizeable and varied vocabulary. Evaluating the vocabulary that you have used in your writing is of utmost importance. Keep in mind that this means revising both the **forms** (gender and number issues, agreement, spelling) and the **meanings** of the words or expressions.

When you analyze your writing for vocabulary use, you should ask yourself the following questions:

a. Are words spelled correctly and with the right gender or number, if applicable?

b. Have I used any false cognates?

c. Have I tried to incorporate newly learned vocabulary and expressions?

d. Have I tried to "translate" complex ideas from English to Spanish? (Remember: simplification is often the solution.)

e. Are there repeated words? Could I use synonyms instead? Could I paraphrase instead?

f. Is my composition representative of how much vocabulary I know?

If you are not sure about a word that you just wrote, or if you cannot find a word that is really important for your composition, use the vocabulary lists in your book or the dictionary as a resource.

17-26 Acabas de inventar un/a _____. Escribe una carta a una oficina de patentes para presentar tu invento. Comienza explicando en qué contexto se te ocurrió (*you came up with*) esta idea y por qué decidiste inventarlo. Luego prepara una lista con las características de este producto.

- ▦ cualidades
- ▦ requisitos
- ▦ material
- ▦ forma
- ▦ propiedades
- ▦ utilidad
- ▦ funcionamiento
- ▦ partes y componentes

¡ATENCIÓN!

✦ Asegúrate de que
- usaste frases temáticas y algunas técnicas para lograr cohesión;
- usaste conectores para organizar la información;
- el texto en su conjunto es coherente.

✦ Revisa tu borrador siguiendo los PPE. Presta atención al contenido y la organización. Después revisa el vocabulario (usa las preguntas de la sección Estrategias).

Beyond the sentence ◆ ◆ ◆ ◆ ◆ ◆ ◆ ◆ ◆ ◆ ◆ ◆ ◆ ◆ ◆ ◆ ◆ ◆

Expository writing (II): connectors for giving examples, restating ideas, generalizing, and specifying

As we have studied earlier, connectors are transitional words and phrases that provide cohesion in a text by helping the reader understand the relationships between sentences and paragraphs. They give coherence to the final written product by linking ideas in various ways and by lending it a sense of organization. In expository writing, connectors such as the following are essential. Let's review them:

Giving an example:	◆ *como* (like) ◆ *como por ejemplo* (like for example) ◆ *como ejemplo* (as an example) ◆ *prueba de ello/esto* (proof of this) ◆ *para ilustrar esto* (to illustrate).
Restating:	◆ *o sea* (I mean; that is) *es decir* (that is) ◆ *esto es* (that is) ◆ *en otras palabras* (in other words).
Generalizing:	◆ *en general* (generally) ◆ *por lo general* (generally) ◆ *generalmente* (generally).
Specifying:	◆ *en particular* (in particular) ◆ *de modo particular* (in particular) ◆ *(más) específicamente* (more specifically).

17-27 El mejor software del campus

Esta semana el periódico en español necesita un artículo que describa tres ejemplos del software más útil para un estudiante que acaba de llegar a su universidad o escuela. El artículo debe tener:

- ▦ una introducción que justifique por qué eligieron estos tres ejemplos.
- ▦ tres párrafos que describan **qué necesita** un nuevo estudiante en materia de software, con una descripción de cada uno de ellos (para qué sirve, cómo funciona…).

¡ATENCIÓN!

✦ Piensen en las personas que van a leer este artículo. Luego desarrollen un esquema y decidan cómo quieren organizar y presentar la información.

✦ Revisen su borrador siguiendo los PPE. Presten atención a las estructuras gramaticales típicas de las descripciones. También incluyan conectores para secuenciar ideas, dar ejemplos, clarificar, generalizar o especificar.

Comparaciones

 17–28 ¿Sabías que el tango no es sólo típico de Argentina? Es el baile más famoso de Uruguay también. Contesta a estas preguntas.

¿Qué sabes del tango?
¿Has escuchado alguna vez esta música?
¿Conoces a algún cantante de tangos famoso?
¿Has visto alguna vez a alguien bailando el tango?

Ahora lee estos textos para saber más.

¿Quién inventó el tango?

El tango nació entre 1850 y 1890 en el área del Río de la Plata, una zona geográfica que comprende todo el territorio uruguayo y las provincias argentinas litorales. El tango es la música y la danza urbana más representativa de esta región, y de una cultura argentina y uruguaya a partes iguales. El "tango arrabalero" surgió alrededor de 1860 en los barrios marginales, y lo bailaban en el arrabal[1] hombres y mujeres con los cuerpos fuertemente abrazados, lo que escandalizó a la sociedad de la época. Condenado por la iglesia y prohibido por la policía por incitar al escándalo, se bailaba en sitios ocultos, burdeles, rancherías y boliches. Solamente los estratos sociales humildes, los del suburbio, practicaban esta danza, a la que los estratos más conservadores consideraban vulgar. Para 1910 el tango ya se bailaba en París y su popularidad creció en todo el mundo. Su glamour conquistó a los sectores más altos de la sociedad y fue bailado en casi todas las capitales europeas. Hollywood hizo popular el tango en Norteamérica a través de la figura de Rodolfo Valentino, quien lo bailó vestido de gaucho.

Según algunos estudiosos del tango, ni la Argentina ni el Uruguay pueden reivindicar ningún derecho de "invención" de este baile. Por el contrario, los dos países rioplatenses pueden considerarse, al mismo tiempo, la patria común del tango. El primer tango, titulado "La Morocha", lo compuso un uruguayo. Otro uruguayo, Gerardo Matos, compuso en 1917 el tango más célebre de todos los tiempos, al que los uruguayos consideran su segundo himno nacional: "La Cumparsita".

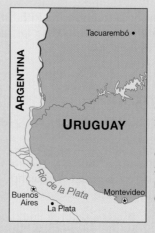

Carlos Gardel (1887–1935)

Es probablemente el cantante y compositor de tangos más popular del mundo. Existe controversia sobre su lugar de nacimiento: unos dicen que fue Toulouse (Francia); otros afirman que nació en Tacuarembó (Uruguay). Gardel escribió muchos tangos clásicos, como "Mi Buenos Aires querido", "Volver" y "El día que me quieras". Se conserva un total de 700 grabaciones. También filmó una decena de películas en Estados Unidos, Francia y la Argentina. Falleció en 1935 en un accidente de avión en Medellín (Colombia) cuando estaba en la cima de su carrera. Millones de sus admiradores lo lloraron. Desde septiembre de 2003, la voz de Carlos Gardel es Patrimonio de la Humanidad, por declaración de la UNESCO.

[1]poor neighborhoods

17-29 **Otros bailes**

¿Conoces otros bailes de países hispanohablantes que compartan algunas de las características del tango (sensualidad, movimientos...)?

Compara este tipo de bailes con los típicos de tu país. ¿Hay similitudes? ¿Hay diferencias?

17-30 **¿Y tú?**

¿Sabes bailar algún tipo de danza en concreto? ¿Tienes algún amigo o amiga que baile muy bien? ¿Conoces alguna escuela o club de baile en el lugar donde vives?

17-31 **Innovadores**

G ¿Conocen a alguno de estos personajes? Hagan una lista de cosas que sus descubrimientos e inventos han hecho posibles.

Mario Molina (1943–)
AP/Wide World Photos

Científico mexicano que obtuvo el Premio Nobel de Química en 1995 por advertir al mundo sobre el peligro del adelgazamiento de la capa de ozono que rodea la tierra.

Tomás Beno Hirschfeld (1939–1986)

Investigador uruguayo que inventó un aparato que mide la glicemia (azúcar en la sangre) en segundos y que se usa en casi todos los hospitales del mundo.

Severo Ochoa (1905–1993)

Científico español que obtuvo el Premio Nobel de Medicina en 1959 por sus trabajos fundamentales en el campo de la biología molecular para el desciframiento del código genético (ADN).

Invención de aparato para medir la glicemia	Investigación sobre la capa de ozono	Investigación sobre el código genético
1.	1.	1.
2.	2.	2.
3.	3.	3.
4.	4.	4.

17-32 **Más inventores**

Ahora toda la clase pensará en inventores o descubridores que tuvieron un impacto importante en el progreso de la humanidad. Pueden ser hispanoamericanos o de su propio país.

VOCABULARIO

Los materiales y las formas

algodón (el)	*cotton*
cartón (el)	*cardboard*
cerámica (la)	*ceramic*
cobre (el)	*copper*
cristal (el)	*glass*
cuero (el)	*leather*
lana (la)	*wool*
madera (la)	*wood*
oro (el)	*gold*
papel (el)	*paper*
piel (la)	*leather*
plástico (el)	*plastic*
plata (la)	*silver*
seda (la)	*silk*
tela (la)	*cloth*
vidrio (el)	*glass*

Ciencia y tecnología

agenda electrónica (la)	*electronic agenda*
batería (la)	*battery*
biólogo/a (el/la)	*biologist*
cámara digital (la)	*digital camera*
científico/a (el/la)	*scientist*
computadora (la)	*computer*
de bolsillo	* handheld computer*
portátil	* laptop*
descubrimiento (el)	*discovery*
disco compacto (el)	*compact disc (CD)*
DVD (reproductor de) (el)	*DVD (player)*
electricidad (la)	*electricity*
enchufe (el)	*plug*
energía (la)	*energy*
fotocopiadora (la)	*copy machine*
grabación (la)	*recording*
grabadora (la)	*recorder*
impresora (la)	*printer*
linterna (la)	*lantern, lamp*
máquina (la)	*machine*
pantalla (la)	*screen*
pila (la)	*battery*

químico/a (el/la)	*chemist*
ratón (el)	*computer mouse*
semáforo (el)	*traffic light*
teclado (el)	*keyboard*
teléfono móvil/celular (el)	*mobile phone,*
	* cellphone*
vacuna (la)	*vaccine*
videocasetera (la)	*VCR*

Objetos de uso cotidiano

anteojos (los)	*eyeglasses*
billete (el)	*bill*
bolígrafo (el)	*pen, ballpoint pen*
bombilla (la)	*lightbulb*
cremallera (la)	*zipper*
fósforo (el)	*match*
gafas (las)	*eyeglasses*
lapicera (la)	*pen*
lápiz (el)	*pencil*
lavadora (la)	*washer*
llavero (el)	*key chain*
máquina de afeitar (la)	*razor, shaver*
moneda (la)	*coin*
monedero (el)	*wallet*
pañuelo (el)	*napkin*
percha (la)	*hanger*
rueda (la)	*wheel*
sartén (la)	*frying pan*
sobre (el)	*envelope*
tijeras (las)	*scissors*
tostadora (la)	*toaster*

Instrumentos musicales

bajo (el)	*bass*
castañuelas (las)	*castanets*
flauta (la)	*flute*
guitarra (la)	*guitar*
saxofón (el)	*saxophone*
tambor (el)	*drum*
trompeta (la)	*trumpet*

Adjetivos para describir objetos y aparatos

complicado/a	*complicated*
corto/a	*short*
digitalizado/a	*digitized*
económico/a	*inexpensive*
eléctrico/a	*electric*
importado/a	*imported*
inalámbrico/a	*wireless*
largo/a	*long*
lento/a	*slow*
ligero/a	*light*
pesado/a	*heavy*
práctico/a	*convenient, handy*
rápido/a	*fast*
ruidoso/a	*noisy*
roto/a	*broken*
silencioso/a	*quiet*

Verbos

acabarse	*to be out of (something)*
apagar	*to turn off*
arreglar	*to repair; to fix*
atascarse/atrancarse	*to get blocked up*
averiarse	*to break down*
averiguar	*to find out*
avisar	*to warn; to inform*

descubrir	*to discover*
desenchufar	*to unplug*
digitalizar	*to digitize*
encender (ie)	*to turn on*
enchufar	*to plug in*
enfriarse	*to get cold*
estropearse	*to get damaged; to break down*
funcionar	*to work (for a machine)*
fundirse	*to blow*
gotear	*to drip*
grabar	*to record*
inventar	*to invent*
malograrse	*to break down*
mascar	*to chew*
masticar	*to chew*
mojarse	*to get wet*
ocurrir	*to happen*
patentar	*to patent*
prender	*to turn on*
quemarse	*to burn up*
reparar	*to repair; to fix*
romperse	*to break*
secarse	*to dry up*
soltar (ue)	*to let go of; to drop*
superar	*to surpass; to excel*
terminarse	*to be out of (something)*

CONSULTORIO GRAMATICAL

DESCRIBIR OBJETOS
DESCRIBING OBJECTS

| una maleta | **pequeña** | (*ADJECTIVE*) |

	sin ruedas	(*PREPOSITION + NOUN*)
	de tela	
	con cerradura	
	para una muchacha joven	

| | **para** regalar | (*PREPOSITION + INFINITIVE*) |

| | **que** pesa/e muy poco | (QUE + *CONJUGATED VERB*) |

Shape and material

	ADJECTIVE		*DE + NOUN*	
un objeto/una figura	**alto/a**	una lámpara **de**	tela
	bajo/a		cuero
	largo/a		plástico
	alargado/a		madera
	redondo/a		cristal
	ovalado/a		acero
	cuadrado/a		metal
	plano/a		piel
	triangular		papel

Parts and components
una maleta **con** ruedas (= que tiene ruedas)
una mesa **con** tres patas (= que tiene tres patas)

Purpose
Sirve para cocinar.
Se usa para freír.
Lo usan los cocineros.

Es un aparato **con el que** se puede rallar queso.
Es una cosa **en la que** se puede poner mantequilla.
Son unos aparatos **sin los que** no podríamos trabajar.
Son unas máquinas **a las que** les puedes conectar una batería.

Es una cosa con la que puedes hablar con otras personas. Es de plástico y puede ser de muchos colores.

¡Un teléfono!

Mode of Operation
Se enchufa a la corriente.
Se abre solo/a.

Va con
Funciona con { pilas.
gasolina.
energía solar.

Properties

(No) se puede { comer.
doblar.
romper.

SE: IMPERSONALIDAD
IMPERSONAL SE

Operation, instructions

Se aprieta este botón, **se** gira
esta palanca y ya está.
Se dobla por la mitad y **se**
hace un corte.

*Processes that take place without
human intervention*

Estas copas **se** rompen muy
fácilmente.
La calefacción **se** pone en
funcionamiento
automáticamente.

LO/LA/LOS/LAS (REDUPLICACIÓN)
DIRECT OBJECT PRONOUNS (REDUPLICATION)

*When an object has already been mentioned in a conversation, it is usually positioned at the beginning of the
sentence, before the verb. When the direct object itself is brought to the front of the sentence, we must use the
direct object pronoun as well. This is called **reduplication**.*

- Tengo vino y cerveza. ¿Dónde los pongo?
- La cerveza **la** pones en la nevera.

- ¿Y los pasteles?
- Los pasteles **los** trae Manuel.

*The indirect object pronoun appears whether the indirect object
precedes or follows the verb.*

A Jaime **le** di la factura y a María **le** envié el recibo.
Le di la factura a Jaime y **le** envié el recibo a María.

PRESENTE DE SUBJUNTIVO
THE PRESENT SUBJUNCTIVE

REGULAR		*IRREGULAR*				
-AR	**-ER/-IR**	**O/UE**	**E/IE**			
HABL**AR**	VIV**IR**	P**O**DER	QU**E**RER	HABER	SER	IR
habl**e**	viv**a**	p**ue**da	qu**ie**ra	**hay**a	s**e**a	**vay**a
habl**es**	viv**as**	p**ue**das	qu**ie**ras	**hay**as	s**e**as	**vay**as
habl**e**	viv**a**	p**ue**da	qu**ie**ra	**hay**a	s**e**a	**vay**a
habl**emos**	viv**amos**	podamos	queramos	**hay**amos	s**e**amos	**vay**amos
habl**éis**	viv**áis**	podáis	queráis	**hay**áis	s**e**áis	**vay**áis
habl**en**	viv**an**	p**ue**dan	qu**ie**ran	**hay**an	s**e**an	**vay**an

The stem of the present subjunctive of many irregular verbs is the same as that of the first person of the present indicative:

	FIRST PERSON INDICATIVE	*SUBJUNCTIVE STEM*
TENER	**teng**o	**teng-**
PONER	**pong**o	**pong-**
DECIR	**dig**o	**dig-**
HACER	**hag**o	**hag-**
SALIR	**salg**o	**salg-**
VENIR	**veng**o	**veng-**

FRASES RELATIVAS: CONOCIDO/DESCONOCIDO
SUBJUNCTIVE VERSUS INDICATIVE IN RELATIVE CLAUSES

When the relative clause describes people we know personally or specific things we know exist, we use the indicative.

Estoy buscando una maleta que **tiene** cerradura, **es** verde y azul y **pesa** muy poco.
La he perdido en esta estación.
(= conozco esa maleta y quiero ésa, no otra)

Quiero trabajar con una actriz que **es** rubia y **toca** el piano.
(= conozco a esa actriz y la estoy describiendo)

No quiero ese coche que **gasta** tanta gasolina.
(= podemos decir la marca y el modelo del coche)

We use the subjunctive, however, to talk about the characteristics of unknown, unspecified, or hypothetical people or things.

Estoy buscando una maleta que **tenga** cerradura
y **pese** poco. Que **sea** de color azul o verde. Es para
regalársela a mi hija.
(= no hablo de una maleta concreta, estoy describiendo
las características de una maleta que quiero regalar)

Quiero trabajar con una actriz que **sea** rubia
y que **toque** el piano.
(= no hablo de una actriz concreta, necesito una con esas
características: que sea rubia y que toque el piano)

No quiero un coche que **gaste** tanta gasolina.
(= ninguno que gaste mucha gasolina)

RELATIVOS CON PREPOSICIÓN
RELATIVE CLAUSES WITH PREPOSITIONS

Relative clauses are often introduced by a preposition (en, de, con, por...). When this is the case the definite article is required and there is agreement in gender and number with the noun.

una computadora **con la que**
unas computadoras **con las que** } puedo/pueda entrar en Internet

una carretera **por la que**
unas carreteras **por las que** } pasan/pasen muchos coches

algo **con lo que** puedo/pueda escribir

18 Gente que cuenta

TAREA ◆ Escribir el final de un relato de misterio.
NUESTRA GENTE ◆ Bolivia

Sucre

Ruinas de Tiahuanaco
Picture Desk, Inc./Kobal Collection

La Paz

Mapa de Bolivia

378

18-1 **Bolivia en la historia**

Observa las imágenes de la página anterior. Después lee los datos que describen Bolivia en diferentes puntos de su historia. Relaciona cada foto con los datos.

1. Antes del siglo XIII	**había** culturas preincaicas en Bolivia.
2. En el siglo XIII	Bolivia **era** parte del imperio incaico.
3. En el siglo XVI	Bolivia **era** parte del imperio español.
4. En 1809	Bolivia no **era** una nación independiente.
5. En 1850	la capital **era** Sucre. Bolivia **tenía** salida al mar. Bolivia **era** una nación independiente.
6. En 1900	la capital **era** La Paz. Bolivia ya no **tenía** salida al mar.
7. En 1933	Bolivia **estaba** en guerra con Paraguay.
8. En 1940	Bolivia ya no **estaba** en guerra con Paraguay.
9. Hoy día	Bolivia es una nación independiente. La Paz y Sucre son las capitales.

Ahora escribe cuatro frases en que se contrasten los datos descriptivos.

EJEMPLO:

En 1850 la capital de Bolivia era Sucre, pero en 1900 era La Paz.

18-2 **¿Y tu país?**

P

Pregunta a tu compañero/a...

¿Quién **era** presidente en el año 1975?
¿Cuál **era** la capital del país en 1890?
¿Quién **había** en el país en el siglo XIII?
¿_____?

18-3 **¿Y tú?, ¿dónde estabas?**

P

Pregunta a tu compañero/a dónde estaba...

...el día de su cumpleaños a las 12 de la noche.
...ayer a las 7.30 de la mañana.
...el pasado día 15 a las 20h.
...el 1 de enero de 2005 a las 15h.
...anoche, a las 11.30 de la noche.

Puedes usar algunas de estas ideas.

YO ESTABA...	
viendo la tele.	en México.
estudiando.	de vacaciones.
descansando.	con unos amigos.
durmiendo.	en la casa.
trabajando.	en el trabajo.
en un cine.	en clase.
en un restaurante.	Me parece que...
No lo recuerdo/No me acuerdo	

¿Dónde estaba usted...?

18-4
P

¿Quién dijo qué?
El martes 13 de abril a las cuatro de la tarde todo parecía normal en el Hotel Florida Park de La Paz, Bolivia. Sin embargo, unas horas después, sucedió algo muy extraño: una famosa modelo desapareció de forma misteriosa. Observen a los once personajes que están en el vestíbulo del hotel y lean las once frases. Luego escriban en el cuadro quién creen que dijo cada cosa.

Valerio Pujante — "Dejé de fumar el mes pasado".	"Yo viajo mucho. El mes pasado, por ejemplo, estuve en Chile, en Nueva York y en Madrid".
"Tuve un accidente automovilístico la semana pasada. Por suerte, no muy grave".	"Ayer llevé en carro a Laura al club de tenis".
"Ayer llegué con dos de mis hombres a La Paz a una reunión de negocios".	"Ayer llegó un grupo muy grande de turistas y hoy tenemos mucho trabajo".
"Sí, ayer gané".	"Ayer tuve un desfile de moda y hoy tengo una sesión de fotos en Sóller".
"El año pasado estuve varias veces en este hotel. Cada año vengo a La Paz en verano y hago entrevistas a los ricos y famosos que pasan sus vacaciones acá".	"Anteayer me llamó el jefe y me dijo que tenía un trabajo para mí, algo fácil y limpio".
"Me quedé viuda el mes pasado".	

HOTEL FLORIDA PARK, MARTES 13 DE ABRIL A LAS 4 DE LA TARDE

EJEMPLO:
E1: "Dejé de fumar el mes pasado."
E2: Eso lo dijo Valerio Pujante. En la imagen él **estaba oliendo** el humo del cigarrillo.

18-5 **Misterio en el Florida Park**

P Lean este artículo de periódico. Después escriban notas con todos los personajes mencionados en el artículo que tienen alguna relación con la modelo desaparecida.

Miércoles 14 de abril

EL PLANETA

Misteriosa desaparición de la "top model" Cristina Rico en un lujoso hotel de La Paz

Palma de Mallorca / EL PLANETA

Según fuentes bien informadas, la policía no dispone todavía de ninguna pista ni realizó ninguna detención. El inspector Palomares, responsable del caso, declaró que piensa interrogar a clientes y personal del hotel, en busca de alguna pista que aclare el paradero de la modelo.

A la 1h de esta madrugada pasada, el chofer y guardaespaldas de Cristina Rico, Valerio Pujante, avisó a la policía de la misteriosa desaparición de la famosísima *top model* boliviana. Valerio Pujante, de

La modelo Cristina Rico

nacionalidad chilena, la estuvo esperando en la recepción del hotel donde ésta se alojaba. La modelo le había dicho que iba a cenar con un amigo, por lo que iba a salir del hotel sobre las 22.30h. A las 23.30h, extrañado ante el retraso de Cristina, la llamó desde la recepción pero no obtuvo respuesta. En ese momento decidió avisar a la dirección del hotel y, tras comprobar que no se encontraba en la habitación, el director comunicó la extraña desaparición a la policía.

Últimamente Cristina Rico se ha convertido en una de las más cotizadas modelos bolivianas. El mes pasado firmó un contrato millonario con la firma de cosméticos Bellísima. También fue noticia en los últimos meses por su relación con Santiago Puértolas,

banquero y propietario de varias revistas del corazón. El conocido hombre de negocios también se encontraba en el mencionado hotel la noche de la desaparición. La agente de la modelo, Sonia Vito, declaró a este periódico: "Es muy extraño. Todo el mundo la quiere. Estamos muy preocupados".

También se aloja en el hotel la tenista Laura Toledo, íntima amiga de la modelo, acompañada por su novio y entrenador, el peruano Carlos Rosales. Laura Toledo declaró que estaba consternada y que no podía encontrar ninguna explicación a la misteriosa desaparición de su amiga. Probablemente la tenista es la última persona que vio a Cristina, ya que estuvo con ella hasta las 22h en su habitación.

La popular Clara Blanchart, periodista de la revista *15 Segundos*, comentó que la noche de la desaparición también vieron en el hotel al conocido hombre de negocios Enrique Ramírez, que fuentes bien informadas vinculan a una mafia que actúa en el área.

EJEMPLO:

Valerio Pujante: chofer y guardaespaldas de Cristina.

18-6 **Conversaciones telefónicas**

A Ahora escuchen unas conversaciones telefónicas. ¿Quiénes hablan? Completen el cuadro con sus hipótesis.

	Pueden ser...	Me parece que están hablando de...
CONVERSACIÓN 1:	_____	_____
CONVERSACIÓN 2:	_____	_____
CONVERSACIÓN 3:	_____	_____

18-7 **Campos semánticos**

El relato de la desaparición de Cristina Rico es típico de una novela de misterio. ¿De qué otros géneros hay novelas?

de misterio   de _____
de _____   de _____
de _____   de _____
de _____   de _____

18–8 **Aquella noche...**

En este relato de misterio solamente aparecen eventos (en **pretérito**), pero no las circunstancias en que sucedieron. Reescriban el relato incluyendo seis de estas circunstancias. Añadan conectores (**y, pero, entonces, así que**...) si es necesario.

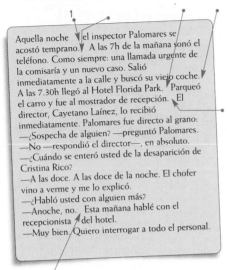

Aquella noche el inspector Palomares se acostó temprano. A las 7h de la mañana sonó el teléfono. Como siempre: una llamada urgente de la comisaría y un nuevo caso. Salió inmediatamente a la calle y buscó su viejo coche. A las 7.30h llegó al Hotel Florida Park. Parqueó el carro y fue al mostrador de recepción. El director, Cayetano Laínez, lo recibió inmediatamente. Palomares fue directo al grano:
—¿Sospecha de alguien? —preguntó Palomares.
—No —respondió el director—, en absoluto.
—¿Cuándo se enteró usted de la desaparición de Cristina Rico?
—A las doce. A las doce de la noche. El chofer vino a verme y me lo explicó.
—¿Habló usted con alguien más?
—Anoche, no. Esta mañana hablé con el recepcionista del hotel.
—Muy bien. Quiero interrogar a todo el personal.

CIRCUNSTANCIAS
1. **Hacía** un tiempo espléndido.
2. **Era** un día primaveral.
3. **Estaba** cansado.
4. La prensa ya **estaba** allá.
5. Le **dolía** la cabeza.
6. A esa hora no **había** mucho tráfico.
7. No **quería** perder el tiempo.
8. Yo **estaba** en el restaurante.

EJEMPLO:

*Aquella noche **hacía un tiempo espléndido, pero** el inspector se acostó temprano.*

Ahora añadan al relato que han escrito estas acciones y eventos anteriores. Incluyan también expresiones temporales si es necesario (**la noche antes**, **el día anterior**...).

ACCIONES ANTERIORES
1. El sol ya **había salido**.
2. **Había tenido** un día agotador.
3. Una modelo famosa **había desaparecido** en el hotel Florida Park.
4. Afortunadamente, lo **había estacionado** cerca de la casa.

18–9 **Ahora tú...**

Escriban una cosa que les ocurrió recientemente y una cosa que hicieron recientemente.

	Fecha	Evento/Acción
1.		
2.		

Ahora expliquen a su compañero/a (1) las circunstancias y (2) las acciones o eventos anteriores. Fíjense en el modelo y la línea de tiempo que aparece a continuación:

EJEMPLO:

*En 2000 **asistí** a un partido de fútbol internacional en La Paz. **Estaba** en Bolivia, estudiando en Sucre, pero **había vivido** en La Paz el año anterior y **tenía** varios amigos de allá. Ese día en el estadio hacía un calor increíble.*

1999 (La Paz)   2000 (Sucre)   2000 (La Paz)
   ×   ×

había vivido   **estaba/tenía**   **asistí/hacía**

IMPERFECTO/PRETÉRITO

EL PRETÉRITO
◆ sirve para expresar acciones y eventos.

EL IMPERFECTO
◆ evoca las circunstancias que rodean a un evento o acción.
◆ hace referencia a circunstancias **simultáneas** al evento o acción.

Estaba cansado y **se acostó** pronto.
(causa)   (efecto)
Salió a la calle. **Eran las nueve** de la mañana. (contexto temporal)
Cuando se levantó, **hacía** sol.

PLUSCUAMPERFECTO

había
habías   estado
había   +   ido
habíamos   dicho
habíais
habían

EL PLUSCUAMPERFECTO
◆ sirve para expresar acciones y eventos.
◆ hace referencia a acciones o eventos **anteriores** a otros (en pretérito).

*La noche anterior **había dormido** poco y se acostó pronto.
Cuando se levantó, ya **había salido** el sol.*

ESTAR + GERUNDIO (IMPERFECTO)

Expresa acciones en progreso que suceden al mismo tiempo que otra acción (pretérito).

Estábamos dando un paseo cuando vimos a Carmen.

Consultorio gramatical,
páginas 396 a 399.

SITUAR EN EL TIEMPO

Momento mencionado
en aquel momento
aquel día
a aquella hora

Momento anterior
un rato/dos horas/unos días **antes**
la noche/el día anterior

Momento posterior
al cabo de un rato
una hora
unos días ⎫
unos minutos ⎬ **después/más tarde**
el día siguiente ⎭

Momentos consecutivos
enseguida
inmediatamente

RECORDAR, SUPONER

● ¿Dónde estaba a aquella hora?
○ Estaba en casa.

En casa, ⎰ **supongo.**
⎱ **creo.**
⎱ **me parece.**
No recuerdo (dónde estaba).

HORAS APROXIMADAS

sobre las 10h
a las 10h, **aproximadamente**
a las 10h **más o menos**
serían las 10h

NO... SINO/NO... PERO

No... sino corrige informaciones
erróneas. Añade datos contrapuestos.

No fue el domingo **sino** el lunes.
No estuvo en mi casa **sino** en la
de Ana.

No... pero corrige informaciones
erróneas y añade datos adicionales no
contrapuestos.

No estuvo en mi casa **pero** me llamó por
teléfono.

18-10
P

¿Qué hizo Cristina el martes?

El inspector Palomares está investigando qué hizo el martes 13 Cristina Rico. En la habitación de la modelo encontró estas pistas. ¿Pueden ayudarlo? Completen el cuaderno de notas del inspector escribiendo frases relacionadas con la primera que aparece en el cuaderno.

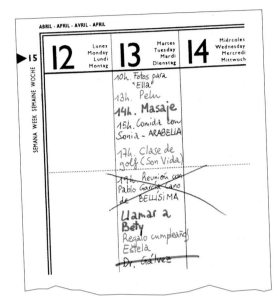

EL MARTES A LAS 5 DE LA TARDE FUE A CLASE DE GOLF
Dos horas antes había comido con Sonia en Arabella

_____
_____
_____
_____

18-11
P

Errores

Un periódico sensacionalista publicó la historia de la desaparición de Cristina Rico, pero hay mucha información incorrecta. Hagan las correcciones necesarias.

EL PLANETA   Miércoles 14 de abril

Desaparición de famosa modelo

Cristina Rico, una modelo chilena, desapareció anoche del hotel Florida Park. El director del hotel avisó a la policía de la desaparición de Cristina. Cristina es novia del famoso Pablo García Cano. Su hermana, la tenista Laura Toledo y su novio venezolano, Leonardo Oliveira, la vieron por última vez a las 12 de la noche.

EJEMPLO:
E1: Dice que Cristina Rico es chilena.
E2: Sí, pero no es chilena, **sino** boliviana.

Estrategias para la comunicación oral ✦✦✦✦✦✦✦✦✦✦✦✦

Some common expressions used in conversation (III)

Here are some more very useful expressions that Spanish speakers often use in conversation.

◾ To let someone know about something (emphatic)...

¿Sabes? (You know?)
¿Sabes qué? (You know what?)

- *¿Es mejor ir al cine o al teatro?*
- ○ **¿Sabes qué?** *Vayamos al cine. Hay un ciclo de cine latinoamericano, **¿sabes?***

◾ To report new information about events, people...

¿Sabes que...? (Do you know that...)
¿Sabías que...? (Did you know that...)

- **¿Sabías que** *Juan se casó con Rosa?*
- ○ *No, no lo sabía.*

◾ To express a total lack of knowledge about something...

¡No tengo ni idea! (I have no idea!)
¡Ni idea! (No idea!)

- *¿Quién es el presidente de Bolivia?*
- ○ **¡Ni idea!** *¿Lo sabes tú?*
- *Sí, claro, es Juan Evo Morales.*

◾ To bring a related topic into the conversation...

A propósito... (By the way...)

- **¿Sabías que** *Juan es de Bolivia?*
- ○ *¡No, **no tenía ni idea**!*
- **A propósito,** *¿hablaste con él sobre la fiesta?*

¿Sabías que...?

Lean los datos que su profesor/a les asignó. Compartan lo que aprendieron con su compañero/a. Pregunten a su compañero/a si saben los datos que faltan.

EJEMPLO:

E1: ¿**Sabías que** la moneda de Bolivia se llama "boliviano"?

E2: No, **no tenía ni idea**. A propósito, ¿sabías tú que el país se llama República de Bolivia?

E1: Pues no lo sabía, no... ¿**Sabes** el nombre de un lago boliviano?

ESTUDIANTE 1	
Independencia	6 de agosto de 1825
Moneda	Boliviano
Lenguas oficiales	Español, guaraní, _____ y _____
Ciudades	Potosí es la segunda ciudad más alta del mundo.
Ríos y lagos Río Amazonas Lago _____	Es uno de los dos ríos más grandes del mundo (con el Nilo). Es el lago más grande del mundo por encima de 2000 m de altura.

ESTUDIANTE 2	
Nombre oficial	República de Bolivia
Datos históricos 1836–1838 1879 _____	Formó parte de la Confederación Perú-Bolivia. Perdió la provincia de _____ (Chile) y su salida al mar. Se restauró la democracia en Bolivia.
Escritores (novelistas) _____ (1912–1981) Yolanda Bedregal (1916–1999) Víctor Montoya (1958–)	Escribió *Aluvión de fuego*, novela sobre la Guerra del Chaco. Escribió *Bajo el oscuro sol*, su única novela. Ha escrito muchos libros de cuentos cortos.

¡No me digas!

Cada uno de ustedes elige una caja y lee sólo la información de esa caja. Después cuenten a sus compañeros/as una anécdota basada en los elementos de la caja. Sus compañeros/as les harán preguntas.

NOTAS
TN18-15

> hace unos días
> en casa tranquilamente
> escuchar un ruido
> ver a unos ladrones en la casa de al lado
> llamar a la policía
> los ladrones escaparse
> estar asustado/a
> dos días antes robo en casa de al lado

> anoche
> en casa
> a punto de dormirse
> sonar el teléfono
> escuchar una voz extraña en otro idioma
> llamar dos veces más
> tener miedo
> 1 hora antes ver película de terror

> ayer por la tarde
> ir por la calle
> encontrar $1.000 en el suelo
> comprarse ropa, discos, libros
> invitar a cenar a un amigo
> la semana antes encontrar $100

> el verano pasado
> en coche por una carretera secundaria
> pararse el carro de repente
> ver un ovni
> parar frente al coche
> bajar un ser muy extraño
> el año anterior un amigo visitar otro planeta

Lo vi en las noticias

Cada uno de ustedes debe escribir tres noticias de la semana pasada. Después cuéntenle estas noticias a su compañero/a. Su compañero/a le va a hacer preguntas sobre las circunstancias que rodearon los eventos.

NOTAS
TN18-16

EJEMPLO:

E1: ¿Sabes que robaron un cuadro del Museo de Arte de La Paz?

E2: No, no tenía ni idea. ¿Cómo fue?

E1: Pues, parece que a las 4 de la mañana entraron dos hombres y…

Juego de papeles. Una novela interesantísima

Situación: Dos estudiantes leyeron la novela _____, que cuenta una historia muy interesante sobre _____. Una persona que conocen no ha leído esta novela, pero quiere saber de qué trata. Los estudiantes le cuentan la historia.

NOTAS
TN18-17

ESTUDIANTE A

Tu amigo/a y tú leyeron la novela _____, que es una historia _____. Otra persona de _____ quiere saber de qué trata. Tú narras la historia pero tienes mala memoria y por eso das muchos datos incorrectos.

ESTUDIANTE B

Tu amigo/a y tú leyeron la novela _____, que es una historia de _____. Otro/a persona quiere saber de qué trata. Tu amigo/a comienza a contar la historia pero tiene mala memoria y por eso da muchos datos incorrectos. Tú tienes que corregir todos los datos.

ESTUDIANTE C

No has leído la novela _____ pero te interesa mucho conocer la historia. Dos amigos/as están contándote la novela, pero uno de ellos comete muchísimos errores. Reacciona ante la historia que te cuentan.

◆ Escribir el final de un relato de misterio.

A ◆ PREPARACIÓN ◆

¿Qué hicieron aquella noche?

Escucha y completa el cuadro con lo que hicieron aquella noche cada uno de los personajes siguientes. ¿Tienen buenas coartadas?

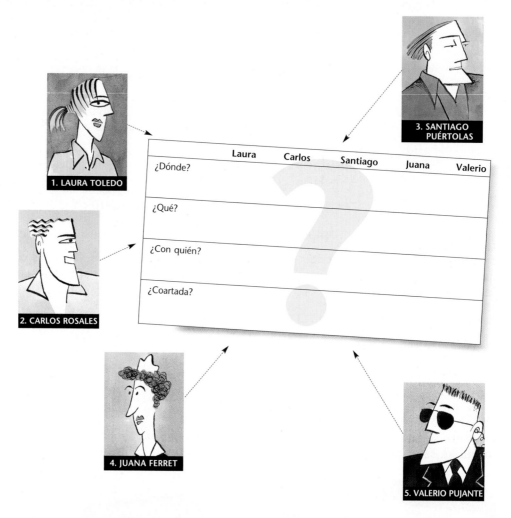

Ahora hagan grupos de cuatro personas y comprueben que todos comprendieron la información de las audiciones.

Paso 1: Sus hipótesis

¿Por qué desapareció Cristina Rico del Hotel Florida Park? Intenten formular hipótesis terminando estas frases.

❏ Cristina había decidido romper el contrato con los laboratorios Bellísima y…
❏ La tenista había descubierto que su novio estaba enamorado de Cristina y…
❏ La representante estaba enamorada de Santiago, el banquero y…
❏ El chofer y ella habían decidido escaparse a una isla desierta y…
❏ Era todo una trama publicitaria que…
❏ La mafia secuestró a Cristina para…
❏ Otras explicaciones: …

¿Cuáles de las posibles explicaciones les parecen más lógicas? Elijan las tres explicaciones más convincentes.

Paso 2: Los sospechosos

Ahora el grupo debe poner a todas estas personas en orden, de la más sospechosa a la menos sospechosa. Expliquen a la clase quiénes son sus tres principales sospechosos y por qué.

❑ Valerio Pujante ❑ Clara Blanchart ❑ Carlos Rosales
❑ Santiago Puértolas ❑ Pablo García Cano ❑ Juana Ferret
❑ Sonia Vito ❑ Laura Toledo ❑ Enrique Ramírez

Paso 3: Las hipótesis del inspector Palomares

Lean ahora las hipótesis del inspector Palomares. Las ha escrito en su cuaderno pero no escribió los nombres de los implicados. Comenta con tus compañeros/as de grupo a qué personaje corresponde cada número.

Creo que ya lo tengo todo claro. No la secuestró nadie el martes 13 en el hotel. Estoy seguro de que todo fue un montaje, y creo que puedo demostrarlo.

Había muchos interesados en su desaparición. Ella misma, por ejemplo. Averigüé que estaba enamorada de 1. Los dos habían comprado, la semana anterior, boletos para las Islas Bahamas. Cansada del mundo de la moda, había comentado a un amigo que se sentía muy deprimida y que quería cambiar de vida.

También averigüé que el martes por la mañana Cristina se reunió con 2 en una céntrica oficina de La Paz. 2, que trabaja con 3, le entregó a Cristina 10 millones en efectivo. 1 los llevó al banco y los transfirió a una cuenta en Suiza. Creo que Cristina ha firmado un contrato con 3. ¿Un libro de memorias? ¿Un reportaje muy especial para la revista de 3 sobre la desaparición? Todavía no tengo pruebas.

A 3 también le interesaba por otras razones la desaparición de Cristina. Durante las últimas semanas se rumoreó que tenía una relación amorosa con Cristina, y parece ser que su esposa le había pedido el divorcio y muchísimo dinero. Además, ahora él estaba enamorado de 2 y se veían en secreto.

También colaboró 4. A 4 no le gustaban mucho las relaciones de su novio 5 con su amiga. 4 no estuvo con Cristina en su habitación la noche de la desaparición como declaró, pero sí que estuvo con ella en otro sitio. La acompañó al puerto, en su coche. Allí Cos esperaban, en un barco de vela, los hombres de 6. Son profesionales. Los conozco muy bien.

¿Cómo salió del hotel? ¿Nadie la vio? Sí, yo tengo un testigo: 7 vio como una mujer vestida de camarera del hotel conducía a la modelo a la lavandería por un pasillo del servicio. Cristina fue trasladada dentro de una cesta de ropa a un coche por 8, un hombre de 6, disfrazado también con el uniforme del hotel. El carro lo manejaba 4. A las 23.30h la llevó al puerto y volvió al hotel.

Sospecho que 9 también tuvo alguna relación con la desaparición. La marca Bellísima está pasando un mal momento. Todo el mundo lo sabe. El caso Rico es una excelente publicidad. ¡Publicidad gratis conseguida por 9 para su marca! Un muy buen plan, pero no perfecto...

¿Están de acuerdo con las hipótesis del inspector? ¿Con cuáles sí y con cuáles no? Hagan correcciones si lo consideran necesario.

LES SERÁ ÚTIL...

A mí **me parece que** Dos es...
No puede ser porque...
No fue... sino...
    estuvo en... **sino** en...
    cenó con... **sino** con...

W **Paso 4: ¿Qué pasó?**

Ahora que tienen toda esta información, revisen sus hipótesis anteriores y escriban una historia contando lo que, en su opinión, sucedió.

Paso 5: Elijan un/a portavoz para presentar su relato a la clase.

nuestra gente Bolivia

Exploraciones

 GENTE QUE LEE

Estrategias para leer ✦

The narration

Narration is a universal genre, and narratives in every language have much in common. They usually begin with an **orientation**, where the setting of the story is presented (time and place), along with the characters and their roles; then there is a **story line** (often with a problem and a resolution), and some sort of **conclusion** or **reflection**. When reading narrative texts, try to identify these. Also, make sure you understand the sequence of events, because narrative writers do not always sequence events in chronological order. Look for time expressions (*la semana pasada, el año siguiente, en esa época...*) and time markers (*antes, tras, durante...*). They will help you understand the chronology of the story. Remember that the preterit is used for **events** and **actions**, the imperfect is used for **describing**, talking about the **circumstances** surrounding events, or talking about an **ongoing action** interrupted by a new one, and the pluperfect is used for actions or events **prior** to the ones being talked about.

ANTES DE LEER

 18-16 Cuentos

¿Qué es un cuento? ¿Son los cuentos sólo para niños o también para adultos? Piensa en algunos cuentos infantiles que conozcas.

18-17 Cuentistas

¿Qué escritores famosos de cuentos para adultos conoces? ¿Conoces a alguno de estos escritores? Todos son famosos por haber escrito cuentos.

❑ Gabriel García Márquez (Colombia)   ❑ Juan Rulfo (México)
❑ Jorge Luis Borges (Argentina)   ❑ Julio Cortázar (Argentina)

18-18 Activando estrategias

■ Mira el título de la lectura. ¿De qué crees que puede tratar?
■ ¿Qué tipo de texto crees que es: expositivo, narrativo, o argumentativo?
■ Ahora lee la primera frase. ¿Confirma tus predicciones?

A LEER

En el país de las maravillas
por Víctor Montoya

El avión despegó como un pájaro gigante y se elevó al cielo, dejando atrás la tierra que me vio nacer. [...] La azafata, una muchacha hecha de marfil y sonrisa, me entregó una caja de comida y dijo algo que no entendí. Después hizo **ademanes** con las manos, como una muda que se dirige a un sordo, pero tampoco entendí. Entonces se volvió y desapareció en el compartimiento que estaba cerca de la puerta de acceso.

Me quedé pensativo, avergonzado, al constatar que el idioma, aparte de ser un instrumento de comunicación, era también una barrera infranqueable. Cuando el avión aterrizó en el aeropuerto de Arlanda, tras muchas horas de viaje, salí con el **maletín** en la mano y avancé por un pasillo que me llevó hacia una cabina de control de pasaportes, donde me detuvieron dos policías que, tomándome por los brazos, me condujeron a un cuarto que parecía una oficina. [...] Me senté en la silla de enfrente, sujetando el maletín en la mano.

—¿A qué viniste a Suecia? —me preguntó en español, mientras miraba detenidamente el pasaporte.

—Vine a solicitar asilo político —contesté, mirándolo con la misma intensidad con que él miraba el pasaporte.

[...] Al final del interrogatorio, me hicieron firmar un formulario, imprimieron un sello rojo en el pasaporte y me sacaron rumbo a un garaje, donde estaba aparcado un auto de color azul, que tenía dos sirenas en el techo y una inscripción donde decía: "Polis". Me acomodé en el asiento **trasero**, y el auto, **a poco de** dar vueltas en un laberinto subterráneo, salió hacia un paisaje **blanquecino**, que era el más hermoso que jamás había visto en mi vida. Era invierno y el termómetro marcaba 15 grados bajo cero [...]. En el trayecto, a medida que iba contemplando los bosques y las casas que parecían **arrancadas** de los cuentos de hadas, cayó el manto de la noche a las 15 y 30 de la tarde. Fue entonces cuando pensé que el clima de Suecia, con su frío y su oscuridad, era distinto al clima de mi pueblo, donde el sol ardía en la franela azul del cielo y la tierra calentaba los pies.

El auto se detuvo delante de un hotel. En las calles había mujeres hermosas como Blancanieves y hombres enfundados en ropas que me recordaron a los esquimales de las tarjetas postales. Los policías, sin dirigirme la mirada ni la palabra, me bajaron del auto y me acompañaron hasta la oficina del hotel, donde hablaron con el administrador [...] quien, sonriéndome desde detrás del mostrador, me alcanzó las llaves de una habitación. Las paredes de la habitación estaban decoradas con una serie de cuadros y grabados, la cama lucía una sábana impecable, la repisa tenía televisor y teléfono, y el **ropero** era demasiado grande para lo poco que llevaba en el maletín. [...] Prendí el televisor a colores. [...] Transmitieron un programa culinario, donde dos hombres, vestidos con delantales impecables, prepararon una comida exótica; una visión que, por supuesto, me golpeó de inmediato; era la primera vez que veía a dos hombres en la cocina, manejando los instrumentos con habilidad y destreza.

[...] Cerca del mediodía, ya de pie, bien cambiado y peinado, esperé a los policías que, un día antes, me habían traído al hotel. Y, mientras miraba los copos de nieve que caían danzando a través de la ventana, escuché unos golpes en la puerta. Abrí y me enfrenté al hombre que me entregó las llaves de la habitación. Me saludó en un idioma desconocido, me tomó amigablemente por el brazo y me condujo hacia el restaurante, donde me enseñó una mesa llena de comidas y bebidas. Quedé **boquiabierto** y no supe qué hacer. El hombre del hotel, al verme abobado en medio de tanta comida, me miró a los ojos, se llevó una mano vacía a la altura de la boca, hizo un **ademán** como hacen las madres cuando dan de comer a sus hijos y me señaló la mesa con la otra mano. Después se volvió y se fue. [...] Me retiré hacia una mesa del fondo, desde cuya ubicación pude observar a quienes comían en abundancia, mientras pensaba en lo injusto del mundo, donde pocos tienen todo y muchos nada. **A ratos**, no podía concebir cómo este país, ubicado en el techo del mundo, podía ser tan rico siendo tan pequeño. Era una verdadera sociedad de consumo, donde se arrojaban los restos de la comida en bolsas de plástico, con la misma facilidad con que se tiraban las ropas usadas, los muebles y los aparatos electrodomésticos.

Cuando volví a la habitación, encontré a los dos policías en la puerta. Uno de ellos [...] dijo: "**Alista** tus cosas". No pregunté por qué. Alisté mi maletín y salí del hotel junto a ellos. Afuera, el frío calaba hasta los huesos y el viento arrojaba puñados de nieve en la cara. El policía abrió la puerta del auto [...] cerró la puerta de un golpe y no volvió a decir palabra, hasta que llegamos a un campamento de refugiados [...] En el campamento de refugiados, que estaba a medio camino entre el infierno y el paraíso, volví a nacer de nuevo. Allí aprendí un nuevo idioma, me acostumbré a un nuevo clima y hasta me enamoré de una muchacha hermosa, cuya sonrisa amplia, tan amplia como la naturaleza sueca, me devolvió las esperanzas que tenía perdidas. Desde ese día han pasado muchos años y en el país de las maravillas han cambiado muchas cosas. Pero ésta es otra historia, que les contaré otro día.

DESPUÉS DE LEER

18-19 **Activando estrategias**

- Identifica en el texto las tres partes de una narración (orientación, desarrollo y conclusión).
- Revisa la lista de marcadores de tiempo de la sección *Beyond the sentence* (página 391). Luego subraya todos los que aparecen en el texto y explica su función.
- Revisa la secuencia de eventos. ¿Hay un orden cronológico?
- Subraya todas las formas verbales en pasado. ¿Cuántos verbos en **imperfecto** aparecen? ¿Cuántos en **pluscuamperfecto**? ¿Cuántos en **presente perfecto**? ¿Qué indica esto?
- Usa las estrategias de vocabulario que conoces para averiguar el significado de las palabras en negrita. Explica qué estrategias usaste para cada una de ellas.

18-20 **¿Entendiste?**

Responde a las cinco preguntas: 1. ¿Quién? 2. ¿Qué? 3. ¿Cuándo? 4. ¿Dónde? 5. ¿Por qué?

18-21 **Expansión**

- ¿Qué es el país de las maravillas? Busca las referencias a la literatura infantil que aparecen en el texto y explícalas. ¿Por qué crees que el autor las usa?
- ¿Qué opinión tiene el autor del país donde reside? ¿Es positiva o negativa? Da ejemplos.
- Compartan sus impresiones sobre la primera vez que llegaron a un país extranjero o lugar diferente de donde viven.

✎ GENTE QUE ESCRIBE

Estrategias para escribir ✦ ✦ ✦ ✦ ✦ ✦ ✦ ✦ ✦ ✦ ✦ ✦ ✦ ✦ ✦ ✦ ✦ ✦

Writing a narrative (review and expansion)

When writing a narrative in Spanish, it is a good idea to follow the general outline of **orientation**, **story line**, and **conclusion**. Keep these recommendations in mind:

1. Pay attention to the pacing of your narrative, so you keep your readers interested. Pacing a narrative is the art of glossing over insignificant details and focusing on the significant ones. Try to start your narration as close to the beginning of the action as possible, and finish as soon as the significant/important action is completed. This is a good, clear organizational pattern.
2. Maintain a consistent point of view. The point of view is the perspective from which you tell the story (first person or third person).
3. Include appropriate details in your text. Writers include enough pertinent details to make the event being described clear to their readers.
4. Pay attention to your use of preterit, imperfect, and pluperfect.
5. If possible, present your narrative in chronological order and include enough discourse markers to make your story coherent and easy to follow (see **Beyond the sentence**).

Review the story in *Gente que lee*, and identify a. how good pacing is achieved (give specific examples), b. the point of view, and c. examples of details included in the story and the function they serve.

18-22 **W**

Piensa en tu cuento o relato favorito cuando eras niño/a. Escríbelo ahora en español para una colección de cuentos breves que va a hacer la clase. Usa la estructura típica de la narrativa.

- orientación (dónde y cuándo tiene lugar, quiénes son los personajes…),
- desarrollo (incluye descripciones y acciones),
- final, conclusión y/o reflexión.

¡ATENCIÓN!

✦ Asegúrate de que
  • has elegido un punto de vista (primera o tercera persona),
  • has incluido detalles importantes para mantener el interés de los lectores,
  • hay una secuencia lógica y coherencia interna dentro de cada parte y entre las partes,
  • usaste conectores para organizar la secuencia de eventos.
✦ Revisa tu borrador siguiendo los PPE (página 14). Luego revisa los aspectos de la narrativa (tiempos verbales y marcadores temporales).

Beyond the sentence ✦ ✦ ✦ ✦ ✦ ✦ ✦ ✦ ✦ ✦ ✦ ✦ ✦ ✦ ✦ ✦ ✦ ✦ ✦

Narrative writing: connectors of time used in narratives

REFERIDOS A UN TIEMPO POSTERIOR

luego	*then*
(inmediatamente) después (de)	*immediately after*
más tarde	*later*
tras + infinitivo	*after + gerund*
enseguida	*right away, immediately*
a las/los ⎫ + cantidad de tiempo **al cabo de** ⎭	*amount of time + later*
el/la + día/año/ mes/semana + siguiente	*the following/next + day/week/year*
desde entonces	*since then*
desde ese/aquel momento/día/año	*since that moment/day*

REFERIDOS A UN TIEMPO ANTERIOR

antes (de)	*before, earlier*
hacía + cantidad de tiempo **(que)**	*it had been + time + since*
el/la mes/año/semana pasado(a)/anterior	*the previous month/year*
número + día/año/semana /mes antes	*number + day/month/year earlier*

REFERIDOS A LA INSTANTANEIDAD

entonces	*then*
de repente/de pronto	*suddenly*
en ese/aquel momento/instante	*at that moment/instant*
un día	*one day*

REFERIDOS A LA SIMULTANEIDAD

mientras	*while*
entre tanto	*meanwhile*
al (mismo) tiempo	*at the same time*

18-23 ¿**Cómo nació nuestra escuela?**
El periódico en español quiere dedicar un artículo a la historia de su universidad o escuela. ¿Qué saben de este tema? Si saben poco o nada, hagan una primera investigación preliminar. Después escriban su artículo. El artículo debe

  ■ incluir una introducción u orientación,
  ■ tener una parte central con un buen equilibrio entre descripción y acción,
  ■ incluir un final o conclusión, y
  ■ atraer la atención del lector con datos y descripciones interesantes.

¡ATENCIÓN!

✦ Desarrollen un esquema y decidan cómo quieren organizar y presentar la información. Piensen en una secuencia adecuada.
✦ Revisen su borrador siguiendo los PPE. Presten atención a las estructuras gramaticales típicas de las narraciones. Incluyan conectores para secuenciar eventos.

Comparaciones

18-24 **Imágenes**

Observa las imágenes que aparecen en el texto. ¿Qué información puedes extraer de ellas? Luego mira los dos mapas e interprétalos.

¿Quieres saber más sobre este tema?

Un país sin mar

Se ha dicho que el mar de Bolivia surgió con la cultura inca que evolucionó a las orillas del lago Titicaca en la milenaria ciudad sagrada de Tiahuanaco. Algunos historiadores creen que los antiguos incas se aventuraron con sus embarcaciones en la inmensidad del Pacífico, hasta ocupar islas tan distantes como Pascua y la Polinesia. Según estas teorías, el mar y los incas constituían una sola entidad cultural con un lenguaje común: el quechua.

Queremos mar para Bolivia

Desde su creación en 1825 y hasta 1904, Bolivia tuvo una importante frontera hacia el Pacífico. El territorio soberano de Bolivia se extendía hacia el occidente hasta llegar al mar, incluyendo la región de Antofagasta. En la costa, su frontera norte era con Perú y la del sur con Chile.

Antes de la guerra del Pacífico (1879–1884), Chile contaba con una economía de exportación basada en las salitreras del norte. Cuando

el gobierno de Bolivia subió los impuestos por el salitre, Chile invadió su territorio argumentando que violaba el tratado de 1874, que establecía que los bolivianos no incrementarían los impuestos sobre el salitre por 25 años, es decir, hasta 1899. El conflicto que se desató y que involucró a Perú —aliado de Bolivia— se

Antiguos indígenas bolivianos
Dagli Orti/Picture Desk, Inc./Kobal Collection

conoce como la Guerra del Pacífico. La victoria chilena movió su frontera hacia el norte, incorporando Antofagasta, y dejó a Bolivia sin acceso al mar. El tratado dio a Bolivia a perpetuidad un amplio y libre derecho de tránsito comercial por territorio chileno y por los puertos del Pacífico.

Antes   **Después**

18-25 **El mar**

¿Sabes qué otro país latinoamericano no tiene mar? ¿Por qué crees que el mar es tan fundamental para Bolivia o cualquier otro país? Lee ahora esta noticia.

Concluye en Paraguay una reunión sobre países sin salida al mar

10 de agosto, 2005

CENTRO de NOTICIAS ONU

Hoy concluyó en Asunción, Paraguay, una reunión auspiciada por la ONU de ministros de comercio de 31 países que no tienen salida al mar. El objetivo del encuentro fue crear una plataforma común para ganar acceso a los mercados mundiales, que se presentará en la próxima ronda de negociaciones de la Organización Mundial de Comercio (OMC), en diciembre de 2005. El secretario general adjunto de la ONU, Anwarul K. Chowdhury —quien representó a Kofi Annan en la reunión— consideró que el trabajo del grupo constituye una contribución fundamental a la OMC. Chowdhury los instó a unificar su posición para evitar ser marginados de la vía principal del comercio internacional.

18-26 **¿Y en tu país?**

Piensa ahora en tu propio país. ¿Tiene salidas al mar? ¿Hay regiones sin salida al mar? ¿Qué impacto crees que esto tiene?

18-27 **Bolivia: la unión del presente y el pasado**

NOTAS
TN18-30

Lee estas dos noticias sobre el actual presidente de Bolivia y sobre las ruinas de Tiahuanaco, consideradas la cuna de la cultura americana. ¿Cómo se relacionan las dos noticias?

Evo Morales, presidente de Bolivia

Evo Morales se convirtió a finales de 2005 en el primer indígena en ocupar la presidencia de Bolivia. Morales nació en 1959 en una familia indígena aymara. En 1983 emigró a las selvas tropicales del oriente del país, lo que coincidió con el incremento del cultivo de coca en esa región. Morales tuvo una importante participación en el movimiento cocalero y esto lo llevó a la escena política. En 2002 fue expulsado del parlamento en el que había sido diputado desde 1997. Inmediatamente después, Morales se presentó como candidato a la presidencia de Bolivia, y para sorpresa de muchos quedó en segundo lugar. Tres años más tarde ganó las elecciones. Días antes de ser nombrado presidente, Evo Morales fue proclamado máxima autoridad india de Bolivia en una ceremonia mística dirigida por sacerdotes de todas las etnias del país y celebrada en el santuario precolombino de Tiahuanaco, a 71 kilómetros al oeste de La Paz. La proclamación de Morales congregó a cientos de periodistas de todo el mundo, que asistieron atónitos a este viaje atrás en el tiempo. Sus descendientes directos, los indios aimaras bolivianos, aclamaron al 65° presidente de Bolivia en una ceremonia a la que asistieron decenas de miles de personas.

Tiahuanaco

A 21 kilómetros del Lago Titicaca, el "mar interior" más alto de la tierra, se encuentran los restos del que fue el primer gran conjunto ceremonial de las altas culturas panandinas: Tiahuanaco. Tiahuanaco continúa siendo hasta la actualidad un enigma más de cuantos componen la historia de las culturas de los Andes, ya que existen múltiples teorías sobre su origen y desaparición. Arthur Posnansky, descubridor de las ruinas de Tiahuanaco, consideró el emplazamiento como la cuna de la cultura americana, con una antigüedad superior a 14.000 años. En conjunto se puede datar a esta cultura en el llamado Horizonte Medio de las Culturas Andinas, que comprende desde el año 900 al 1.200 de nuestra era. Los orígenes de Tiahuanaco datan de mucho antes, pero puede decirse que su florecimiento se sitúa en este período. En su tiempo, Tiahuanaco fue una ciudad sagrada con importantes edificios de piedra rodeados de cabañas de viviendas.

18-28 **El poder indígena**

Comenten estas afirmaciones en relación con lo que han leído.

 El 62% de la población de Bolivia se declara indígena, pero los indígenas ganaron el derecho al voto en Bolivia hace sólo 50 años.

■ La coca es la mayor fuente de ingresos y uno de los principales motores de la economía boliviana.

■ Bolivia es uno de los países más pobres de América del Sur, pero tiene la segunda mayor reserva de gas.

18-29 **Otros países**

¿Conoces otros países hispanohablantes donde la población indígena tenga el poder político, o una posición política fuerte? ¿Es así en tu país? ¿Y en otros países del mundo?

VOCABULARIO

La literatura

argumento (el)	plot
cuento (el)	short story, tale
ensayista (el/la)	essayist
ensayo (el)	essay
escritor/a (el/la)	writer
narración (la)	narration
narrador/a (el/la)	narrator
narrativa (la)	narrative
novela (la)	novel
de misterio	mystery novel
de aventuras	adventure story
de terror	horror fiction
histórica	historical fiction
novelista (el/la)	novelist
personaje (el)	character
poeta (el)	male poet
poetisa (la)	female poet
protagonista (el/la)	main character
relato (el)	story, tale

El relato de misterio

bajos fondos (los)	underworld
búsqueda (la)	search
coartada (la)	alibi
comisaría (la)	police station
cómplice (el/la)	accomplice
criado/a (el/la)	domestic help
declaración (la)	statement
desaparición (la)	disappearance
detención (la)	arrest, detention
esposo/a (el/la)	husband/wife
ex presidiario/a (el/la)	ex-convict
fuentes (las)	sources
guardaespaldas (el/la)	bodyguard
hombre de negocios (el)	businessman
huella (la)	trace, print, handprint, footprint
implicado/a (el/la)	person involved
interrogatorio (el)	questioning
investigación (la)	investigation
jardinero/a (el)	gardener
mayordomo (el)	butler
millonario/a (el/la)	millionaire
misterio (el)	mystery
montaje (el)	set up, plot

mujer de negocios (la)	businesswoman
paradero (el)	whereabouts, location
pista (la)	clue
prueba (la)	proof, evidence
secuestro (el)	kidnapping
sirviente/a (el/la)	maid, servant
sospechoso/a (el/la)	suspect
suceso misterioso (el)	mysterious incident
testigo (el)	witness

Sentimientos y emociones

alegría (la)	happiness
angustia (la)	anguish
añoranza (la)	longing
depresión (la)	depression
desconcierto (el)	confusion
dolor (el)	pain
emoción (la)	emotion
estrés (el)	stress
humildad (la)	humbleness, humility
orgullo (el)	pride
pena (la)	grief, sadness, sorrow
sacrificio (el)	sacrifice
soledad (la)	loneliness
tristeza (la)	sadness
vergüenza (la)	embarrassment, shame

Verbos

aclarar	to clarify
contar (ue)	to tell (a story)
demostrar (ue)	to demonstrate
disfrazarse (de)	to disguise oneself as
firmar	to sign
fugarse	to escape
hojear	to skim; to glance through
interrogar	to question
investigar	to investigate
narrar	to narrate
relatar	to tell (a story)
resolver (ue)	to solve
salir con	to go out with
secuestrar	to kidnap
sospechar (de)	to suspect
suponer (irreg.)	to suppose
vincular (a)	to link

Otras palabras y expresiones útiles

como era de esperar	*as expected*
echar una mano	*to help; to lend a hand*
en efectivo	*cash*
estar harto/a (de)	*to be tired of; to be fed up with*
ir directo al grano	*to get to the point; to go to the heart of the matter*
por suerte	*luckily*

CONSULTORIO GRAMATICAL

REPASO: EL PRETÉRITO IMPERFECTO
REVIEW: THE IMPERFECT

REGULAR

	-AR	**-ER**	**-IR**
	HABL**AR**	TEN**ER**	VIV**IR**
(yo)	habl**aba**	ten**ía**	viv**ía**
(tú)	habl**abas**	ten**ías**	viv**ías**
(él, ella, usted)	habl**aba**	ten**ía**	viv**ía**
(nosotros/as)	habl**ábamos**	ten**íamos**	viv**íamos**
(vosotros/as)	habl**abais**	ten**íais**	viv**íais**
(ellos, ellas, ustedes)	habl**aban**	ten**ían**	viv**ían**

IRREGULAR

	SER	IR	VER
(yo)	**era**	**iba**	**veía**
(tú)	**eras**	**ibas**	**veías**
(él, ella, usted)	**era**	**iba**	**veía**
(nosotros/as)	**éramos**	**íbamos**	**veíamos**
(vosotros/as)	**erais**	**ibais**	**veíais**
(ellos, ellas, ustedes)	**eran**	**iban**	**veían**

REPASO: USOS DEL IMPERFECTO
REVIEW: USES OF THE IMPERFECT

To describe the context in which the story we are telling takes place: the time, the date, the weather, the place, the people spoken to or about, the presence of things surrounding the incident we are relating, etc.

Eran las doce de la noche cuando llegó la policía.
Cuando Palomares entró en el hotel, en la recepción no **había** mucha gente.

To contrast a current state of affairs with a previous one.

Antes **viajaba** mucho. (= ahora no tanto)
Mi vecino antes **estaba** muy gordo. (= ahora está menos gordo)

To describe past habits or customs.

De pequeños **íbamos** todos los domingos de excursión.
Cuando vivía en la costa **iba** mucho a la playa.

To evoke circumstances. The circumstances surrounding an event can be of several kinds:

CAUSE–EFFECT
Estaba cansado y se acostó pronto.

SPATIAL CONTEXT
Se levantó tarde; por la ventana **entraba** ya la luz del día.

TEMPORAL CONTEXT
Salió a la calle. **Eran** las nueve de la noche.

The same set of circumstances can be expressed in different ways by varying the order of presentation or by changing the conjunctions.

Se acostó pronto. **Estaba** cansado.
Se acostó pronto porque **estaba** cansado.
Estaba cansado y **se acostó** pronto.

To talk about the ideas or opinions that one had before receiving news that showed them to be incorrect.
Sometimes the imperfect expresses surprise or establishes the reason for an excuse.

Yo **creía** que Ana **estaba** casada.
Yo no **sabía** que la reunión **era** a las cuatro.

To show our surprise upon receiving unexpected information.

¿Estás embarazada? No lo **sabía.**
¿Ah, sí? ¿Él se casó? No **tenía** ni idea.

To relate the ideas we used to have about something.

Yo creía que **eras** hondureño.

Yo no sabía que en el Mediterráneo había ballenas.

Yo tampoco lo sabía. Creía que solo vivían en los océanos.

To apologize for being misinformed.

Yo **pensaba** que no **había** que venir personalmente.
Perdona, es que **creía** que no **ibas** a venir.

As a courteous way to introduce a demand on another person.

Quería comentarte una cosa (= quiero)
Venía a ver si ha llegado mi certificado. (= vengo)

CONTRASTE IMPERFECTO/PRETÉRITO
PRETERIT VERSUS IMPERFECT

A story is a series of events that we tell using the preterit. With each incident we relate we move the story forward.

Se acostó pronto. **Tardó** mucho en dormirse. A las 7.15 **sonó** el despertador. No lo **oyó.** A las 7.45 lo
llamaron por teléfono; esta vez sí que lo **oyó. Respondió. Se levantó** enseguida y...

*With each event we relate, we could also pause to explain
what's going on around it. This we do using the imperfect.
These verbs do not move the story forward, but rather expand
upon important details.*

Aquel día **hacía** mucho calor y **estaba** muy cansado; por
eso se acostó pronto. Pero tardó mucho en dormirse: **tenía**
mucho problemas y no **podía** dejar de pensar en ellos. A las
7.15 sonó el despertador...

Pepa y yo estudiamos de 9 de la mañana a 10 de la noche y no sirvió de nada: suspendimos las dos.

Pues yo estudié muy poco y saqué un 10.

The preterit presents information as an event.

Ayer Ana **fue** a una tienda y **se compró** unos zapatos.
Luego **volvió** a casa en taxi.

*The imperfect presents information as the background of some
event, or as an ongoing action at the time that something happened.*

Ana **estaba** aburrida y no **tenía** nada que hacer. Por eso fue de compras y se compró unos zapatos.
Ayer fui con Ana de compras. Mientras se **compraba** unos zapatos yo di una vuelta por la sección de discos.
Cuando **volvía** a casa en taxi, se dio cuenta de que había olvidado el bolso.

PLUSCUAMPERFECTO
THE PLUPERFECT

		-AR TRABAJAR	-ER COMER	-IR SALIR
(yo)	**había**			
(tú)	**habías**			
(él, ella, usted)	**había**	trabaj**ado**	com**ido**	sal**ido**
(nosotros/as)	**habíamos**			
(vosotros/as)	**habíais**			
(ellos, ellas, ustedes)	**habían**			

The pluperfect refers to past events that took place before another past event or circumstance.

PREVIOUS EVENTS
Había dormido muy mal.
Una tormenta no la **había dejado** dormir.

Se despertó cansado...　　　　　...se levantó y se fue a la ducha.

CIRCUMSTANCES AT THE TIME OF THE EVENT
No **se sentía** nada bien.
Tenía mucho dolor de cabeza.

¿Cuando llegaste a casa, tus padres estaban despiertos?

¡Qué va! Llegué tan tarde que todo el mundo ya se había ido a dormir.

ESTAR + GERUNDIO (IMPERFECTO)
ESTAR + GERUND (IMPERFECT)

We use this structure when we want to refer to an action in progress in the past that serves as the frame of reference for the main information (which is in the preterit).

Estaba trabajando cuando escuché la noticia en la radio.

● Yo, señor comisario, **estaba durmiendo** cuando desapareció Cristina.
○ ¿Y había alguien más en casa?
● Sí, mis hijos, que **estaban estudiando.**

*This structure is also used with verbs other than **estar,** such as **ir/venir,** especially when referring to an activity carried out while moving.*

Estábamos dando un paseo cuando vimos a Carmen. **Venía hablando** con unas amigas.

● Ayer por la tarde pasaste por mi lado y no me dijiste nada. A las 7h, frente a Correos.
○ Perdona. No te vi. Seguro que **iba pensando** en mis cosas.

ESTAR + GERUNDIO (PRETÉRITO)
ESTAR + GERUND (PRETERIT)

We use this structure when we want to refer to the duration of an action that occurs within a specified period of time.

Estuve trabajando toda la tarde.

● ¿Qué hizo ayer entre las 6 y las 8 de la tarde?
○ **Estuve revisando** unos papeles.

RESALTAR UN ELEMENTO
HIGHLIGHTING A DETAIL

We can complete or correct a piece of information with a new element, highlighting it with the verb **ser** *and then with the corresponding relative pronoun (of time, of place...).*

Es en Bolivia **donde** se celebra la boda.
Fue en diciembre **cuando** terminó los estudios.
Es así **como** tienes que expresarte.

Es por allá **por donde** pasaremos.
Será ella **quien** tendrá que decírtelo.
Fue por Olga **por quien** vino a La Paz.

SITUAR EN EL TIEMPO
ESTABLISHING THE TIME OF A STORY

A PERIOD OF TIME ALREADY MENTIONED

en ese/aquel momento   **en esa/aquella** época
a esa/aquella hora   ese/**aquel** día
esa/**aquella** semana

Aquel día salí muy pronto de mi casa para ir a trabajar.

A PERIOD OF TIME PRIOR TO THE MOMENT IN QUESTION
un rato/tres horas/unos días... **antes**
el día/el mes/el año/la noche... **anterior**

Unos días **antes** le habían llamado para entrevistarle y por eso pudo dormir.

A PERIOD OF TIME AFTER THE MOMENT IN QUESTION
al cabo de un rato/una hora/varios días...
un rato/una hora/varios días... **más tarde/después**
el día/el mes/el año/la noche... **siguiente**

Al cabo de un rato, los ladrones salieron corriendo. **Más tarde** los detuvo la policía.

> Ayer por la tarde estuvimos tomando unas copas por el centro.
>
> ¿Y después?
>
> Hacia las 8 volvimos al hotel.

DURATION
de... a   **De** nueve **a** doce estuvimos estudiando en casa de Andrés.
desde... hasta   **Desde** las siete **hasta** las once estuve viendo la tele.
toda la noche/la tarde/la semana   **todo el día/el año/el verano**

Hemos estado **todo el año** esperando un aumento de sueldo.

durante   El verano pasado estuve viviendo en Bolivia **durante** tres meses.

 ¡ATENCIÓN!
Often no preposition is required when expressing duration.
Estuve viviendo en Cuba **dos meses**.

NO... SINO/NO... PERO
NO... BUT

No... sino *serves to negate and correct erroneous information or suppositions. The two ideas linked are mutually exclusive.*

No estuvo en mi casa **sino** en la de Ana.

No... pero *negates erroneous information and then supplies other details.*

No estuvo en mi casa, **pero** me llamó por teléfono.

19 Gente de negocios

TAREA ◆ Crear nuestro propio negocio y un anuncio para la televisión.

NUESTRA GENTE ◆ Panamá

400

`19-1`

Empresas en Panamá

Observa estas imágenes con logotipos publicitarios de cinco empresas panameñas. ¿A qué área o áreas crees que se dedican?

NOTAS
TN19-01

NOTAS
TN19-02

la publicidad	la alimentación	la inmobiliaria	el ocio	la hostelería	los animales/las plantas
el diseño	las artes gráficas	la editorial	el turismo	la banca	
la informática	las telecomunicaciones	la educación			

Ahora lee estas descripciones y comprueba si tus predicciones eran correctas.

1. Aventura en Panamá es una empresa pionera en giras de aventuras en el Parque Nacional Chagres, el río Mamoni, Chiriqui (próximo a Costa Rica) y otros destinos. Ofrecemos *rafting,* escalada, campamento, excursiones y mucho más.

2. El Banco Central de Panamá es la primera institución financiera del país con 53 sucursales. Brindamos servicios de préstamos personales, hipotecarios, agropecuarios y comerciales. El Banco Central de Panamá es de todos los panameños y contribuye al crecimiento económico y progreso social del país.

3. Click Multimedia es una firma de diseño y desarrollo interactivo de sitios web y multimedia. La meta es innovar con soluciones simples y confiables. Tratamos de combinar lo visual con lo funcional. Nuestros principales servicios son diseño gráfico, imagen corporativa, diseño de sitios web, animación en Macromedia Flash, presentaciones multimedia y consultoría. Nos encanta experimentar con proyectos nuevos; somos una firma feliz :).

4. Panamart es una compañía dedicada a artes gráficas impresas en general. Nos especializamos en libros fotográficos de encargo en formato *coffee table.* Poseemos una gran colección de fotografías de Panamá, paisajes, arquitectura y personas, que puede adquirir para usos comerciales en nuestra página web. Creemos que Panamá tiene mucho que dar a conocer al mundo y por esto centramos nuestros esfuerzos en proyectos que contribuyan a destacar la cultura, el arte y el folclore de Panamá.

5. La cadena de Supermercados Mr. Fresco cuenta con diez sucursales abiertas desde 2003 y un programa de expansión agresivo. Mr. Fresco se ha convertido en la alternativa predilecta de sus vecinos, ya que sólo en Mr. Fresco pueden confiar en recibir frutas y verduras frescas de buena calidad, carnes higiénicamente empacadas, productos que están al día, panadería con pan fresco todo el día, y la farmacia de todos, FarmaPrecio, con un surtido de productos de muy bajo precio.

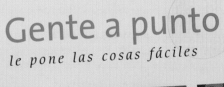

Gente a punto
le pone las cosas fáciles

☎ 96 542 24 15

¿Se ha encontrado usted alguna vez en una situación en la que necesitaba ayuda doméstica urgente?

¿Le gustaría tener en su casa una cena lista para comer con sólo una llamada telefónica?

¿Y poder llamar por teléfono y tener lista en una hora esa camisa que quiere ponerse para su cita especial?

¿Nunca ha necesitado urgentemente un cerrajero y no sabía dónde ir a buscarlo?

¿Alguna vez ha querido enviar un ramo de flores y no tenía una florería cerca?

¿Nunca se le ha terminado el café después de una cena estupenda con sus mejores amigos?

¿Se le ha malogrado el módem cuando quería enviar un mensaje urgente por Internet un domingo por la tarde?

¿Sabe cuántas cosas podemos hacer por usted?

`19-2`

Gente a Punto

¿Y esta empresa? ¿A qué crees que se dedica?

NOTAS
TN19-03

Gente de negocios ♦ 19

19-3 **La campaña publicitaria de Gente a Punto**
Responde a la encuesta de la empresa de servicios a domicilio Gente a Punto, que está haciendo un estudio de mercado.

Por favor, marque con una X aquellos servicios que usted cree que puede necesitar. ¿Desearía añadir algún otro? Escríbalo en el espacio que le dejamos para sugerencias.

ALIMENTACIÓN
❏ PANADERÍA ✳☾ *Pan, pastelería, tortas...*
❏ POLLERÍA ✳ *Pollos, conejos, carne de avestruz...*
❏ CHARCUTERÍA ✳ *Jamón dulce, quesos, salmón...*
❏ LICORERÍA ✳☾ *Cava, vinos, licores...*
❏ SUPERMERCADO ✳☾ *Alimentación, productos de limpieza...*
❏ POLLOS ASADOS ✳☾ *Con variedad de guarniciones.*

HOSTELERÍA
❏ RESTAURANTE TRADICIONAL ✳ *Arroces, carnes, mariscos ...*
❏ RESTAURANTE CHINO ✳ *Pollo al curry, rollitos de primavera...*
❏ RESTAURANTE ITALIANO ✳ *Pizzas, pasta al pesto, ensaladas...*
❏ RESTAURANTE MEXICANO ✳ *Tacos, nachos...*
❏ SERVICIO DE SANDWICHERÍA ✳ *Sándwiches fríos, calientes...*

OCIO
❏ VIDEO CLUB ✳☾ *Últimas novedades, clásicos...*
❏ AGENCIA DE VIAJES ✳☾ *Viajes programados, de aventura...*

ANIMALES & PLANTAS
❏ FLORERÍA ✳☾ *Flores naturales, centros, plantas, jardinería...*
❏ CUIDADO DE ANIMALES ✳☾ *Perros, gatos, terrarios...*

HOGAR & EMPRESAS
❏ ELECTRICISTA ✳☾ *Averías de urgencia...*
❏ CERRAJERO ✳☾ *Cerrajería, aperturas...*
❏ LIMPIEZA ✳ *Del hogar, empresas...*
❏ SEGUROS ✳ *De autos, de accidentes, del hogar...*
❏ INFORMÁTICA ✳ *Ordenadores, programas, juegos...*
❏ MUDANZAS ✳ *Guardamuebles.*
❏ INMOBILIARIA ✳ *Alquiler y venta de pisos, chalets...*
❏ SECRETARIADO TELEFÓNICO ✳☾ *Recogida de mensajes, traducciones...*
❏ AGENCIA DE PUBLICIDAD ✳ *Folletos, anuncios...*
❏ SELECCIÓN DE PERSONAL ✳ *Personal doméstico, canguros...*
❏ MENSAJERÍA ✳ *Nacional e internacional.*

VARIOS
❏ SERVICIO DE DESPERTADOR ✳☾ *A cualquier hora del día.*
❏ FELICITACIÓN PERSONAL ✳☾ *A domicilio, por teléfono...*
❏ MASAJISTA ✳ *Deportivo, estético, dolencias...*
❏ ROLLOS FOTOGRÁFICOS ✳☾ *Recogida y entrega en 24 horas.*

SUGERENCIAS _____
_____

¿Cómo funciona GENTE A PUNTO?

SERVICIO DE DÍA ✳
De 7 a 24h.
Tel.: 96 542 24 15

Si desea cualquier cosa durante el día no tiene más que llamar al 96 542 24 15 o bien al establecimiento asociado a Gente a Punto para realizar su pedido. Lo atenderemos con la máxima rapidez y amabilidad.

SERVICIO PERMANENTE NOCTURNO ☾
De 24 a 7h.
Tel.: 96 542 24 15

Durante la noche usted también podrá disponer de servicios varios. Para ello tendrá que llamarnos por teléfono y le llevaremos inmediatamente aquello que desee: medicamentos, biberones, cigarrillos, pilas, cubitos de hielo, periódicos, flores, un electricista, un cerrajero...

Gente a Punto.
Paseo de la Estación, 10

19-4 **Servicios**
G
Ahora formen grupos y seleccionen los seis servicios de la empresa Gente a Punto que más les interesan. Luego comprueben si son similares a los que eligieron los demás grupos en la clase.

19-5 **Nuevos servicios**
A
Escucha el anuncio de la radio. ¿Cuáles son los nuevos servicios que ofrece Gente a Punto? ¿Cuál te interesa más?

1. _____
2. _____
3. _____

19-6 **¿Qué necesitan?**
A
Cuatro personas llaman a la empresa Gente a Punto para encargar distintas cosas. ¿Qué servicios solicitan en cada caso?

1. _____; en concreto_____
2. _____ porque _____
3. _____ porque _____
4. _____ porque _____

19-7 **Una empresa con futuro en Panamá**
P
Quieren abrir una empresa como Gente a Punto en Panamá, pero primero van a leer los datos económicos del país. ¿Qué sector de la economía parece el más importante: la agricultura, la industria o los servicios?

PANAMÁ: ACTIVIDADES ECONÓMICAS	% del PIB
Agricultura, ganadería, caza y selvicultura	4,8
Pesca	1,9
Explotación de minas	0,6
Industrias de manufactura	7,2
Suministro de electricidad, gas y agua	3,0
Construcción	4,1
Comercio; reparación de vehículos, motocicletas, artículos personales y domésticos	14,1
Hoteles y restaurantes	2,9
Transporte, almacenamiento y comunicaciones	16,6
Actividad financiera	10,0
Actividades inmobiliarias, empresariales y de alquiler	14,7
Enseñanza privada	1,1
Actividades de servicios sociales y de salud privada	0,7
Otras actividades comunitarias, sociales y personales de servicios	2,8
Servicios del gobierno	10,3
Otras	5,2

A partir de la información de la tabla, decidan cinco tipos de empresa que ustedes podrían crear en Panamá. Cada una debe estar relacionada con una de las actividades económicas. ¿Crees que una empresa como Gente a Punto tendría éxito?

EJEMPLO:
E1: Yo creo que un taller de reparación de carros puede tener futuro.
E2: Y también una agencia de viajes. El turismo es muy importante en su economía.

19-8 | **P**

¿Tendrán éxito?

En el periódico encontraron estos anuncios de unas empresas. Ustedes quieren invertir en una. ¿Creen que tendrán éxito? Den a cada una entre 0 y 3 puntos.

NIÑEROS DIVERTIDOS

Tel.: 94 643 56 98

Persona para cuidar sus hijos en menos de 1 hora

MANITAS Y MANAZAS
Escuela de bricolaje
Pza. Mayor, 5-7

La fiesta de Blas

- ¿Fiestas familiares?
- ¿Celebraciones de empresa?
- ¿Despedidas de soltero/a?

Llámenos y preocúpese sólo de elegir a sus invitados.

LA TORTILLA DELICIOSA

Especializados en todo tipo de tortillas
Reparto a domicilio.
Tel.: 94 412 26 97

SECRETARIA TELEFÓNICA
902 67 83 24

Todo tipo de trámites para personas muy ocupadas.

Servicio las 24 horas del día.

CENTRO RÁPIDO ANTIESTRÉS
Masajes
las 24 horas del día

Ahora hablen sobre las posibilidades de cada empresa. ¿En cuáles invertirán dinero? Pueden tener en cuenta estas previsiones de futuro y condiciones para el éxito.

PREVISIONES DE FUTURO

- tener muchos clientes
- ser un éxito
- recibir muchos pedidos
- ser un buen negocio
- dar mucho dinero
- ...

CONDICIONES PARA EL ÉXITO

- un servicio rápido
- un catálogo muy amplio
- las últimas novedades
- precios no muy caros
- productos o servicios de calidad
- ...

EJEMPLO:

E1: ¿Qué te parece la escuela de bricolaje? ¿Crees que **tendrá** éxito?

E2: Yo creo que sí, especialmente **si ofrece** horarios de tarde y noche, porque **habrá** más estudiantes.

19-9 | **P**

Anuncios

Elijan un anuncio y creen un pequeño texto. Fíjense en cómo se usan el futuro y el subjuntivo en el ejemplo.

EJEMPLO:

Niñeros divertidos: A **cualquier hora que** nos **llame,** en menos de una hora **tendrá** en su casa la mejor persona para cuidar a su niño. **Estaremos** con él todo el tiempo que usted **necesite.** **Jugaremos** con él, le **contaremos** cuentos...

CUALQUIER + NOMBRE

Llámenos a **cualquier** hora, pídanos **cualquier** cosa.

TODO/A/OS/AS

CON ARTÍCULO

todo el dinero/**toda la** pizza
todos los pedidos/**todas las** botellas

Tenemos **todos los** servicios que usted desea, **toda la** información que necesita.

SIN ARTÍCULO

Requiere un pronombre de OD.

- ¿Y el champagne?
- Me **lo** bebí **todo**.
- ¿Y la pizza?
- Me **la** comí **toda**.
- ¿Y los pollos?
- **Los** vendí **todos**.
- ¿Y las botellas?
- **Las** repartí **todas**.

PRON. RELATIVOS + SUBJUNTIVO

cualquier + nombre + **que** + subjuntivo
todo/a/os/as + article + (noun) + **que** + subjuntivo
donde/como/cuando + subjuntivo

Le enviamos **cualquier** periódico **que** desee.

Le llevamos **todo lo que** quiera (neutro), **donde** quiera, **cuando** quiera, **como** quiera.

Le proporcionamos **todos los** periódicos **que** necesite.
¿Periódicos? Le proporcionamos **todos los que** necesite.

PRONOMBRES ÁTONOS OD + OI: SE LO/LA/LOS/LAS

Cuando se combinan los pronombres de OI **le** o **les** con los de OD **lo, la, los, las**, los primeros se convierten en **se**.

- ¿Y el pollo?
- **Se lo** llevaré ahora mismo.

➤ **Consultorio gramatical, páginas 418 a 421.**

19-10 **A** **Esto no es lo que yo pedí**

Un mensajero llevó unos encargos pero cometió errores. Cuando los clientes abrieron los paquetes comprobaron que había problemas con los productos. Escucha lo que dicen y anótalo.

	Nº 1	Nº 2
le llevaron...		
había pedido...		

Ahora escucha las conversaciones telefónicas otra vez y anota qué estructuras usan los interlocutores para decir estas cosas.

DIÁLOGO 1

PROTESTAR POR EL ERROR (CLIENTE)	DAR UNA SOLUCIÓN Y DISCULPARSE (EMPLEADO)
_____	_____
_____	_____
_____	_____

DIÁLOGO 2

PROTESTAR POR EL ERROR (CLIENTE)	DAR UNA SOLUCIÓN Y DISCULPARSE (EMPLEADO)
_____	_____
_____	_____
_____	_____

19-11 **P** **Ahora ustedes**

En Gente a Punto hay que repartir los siguientes encargos. Asegúrense de (*make sure*) que cada cosa va al cliente correcto. Uno/a de ustedes dará órdenes a su compañero/a, y repetirá las órdenes para evitar errores. Su compañero/a debe tomar nota de las instrucciones y repetirlas en voz alta.

PRODUCTO	CLIENTE
Tortillas	Rosa Mari Huertas
Nachos	Señores Frontín
Vino	Nuria París
Cigarrillos	Gloria Vázquez
Cervezas	Rafael Ceballos
2 Pollos	Sra. Escartín
Pizza	Carmelo Márquez

EJEMPLO:

E1: Los nachos lléva**selos** a los señores Frontín. ¿OK? **Se los** llevas a los Frontín.

E2: OK... los nachos **se los** llevo a los señores Frontín... ¿Qué más?

Gente de negocios ◆ 19

Estrategias para la comunicación oral ◆ ◆ ◆ ◆ ◆ ◆ ◆ ◆ ◆ ◆ ◆ ◆

Some idiomatic expressions in colloquial Spanish (I)

Knowing a language requires familiarity with its most common idioms. Although there is great variation among countries and regions, some idioms are known and used throughout the Spanish-speaking world.

■ *haber gato encerrado* (there is something fishy)	● *¿Has notado que Juan, de repente, tiene muchísimo dinero?* ○ *No sé, pero creo que ahí **hay gato encerrado**.*
■ *tomar el pelo* (to pull someone's leg)	● *¿Por qué está enfadado Jacinto?* ○ *Es que sus amigos siempre están **tomándole el pelo**.*
■ *dar la lata* (to bother someone)	● *Tus hijos no se portan muy bien, ¿no?* ○ *Sí, lo siento. Siempre están **dando la lata**.*
■ *dar gato por liebre* (to defraud or cheat someone)	● *Voy a comprarme un reloj de oro en eBay.* ○ *Ten cuidado, porque te pueden **dar gato por liebre**.*
■ *por si las moscas...* (just in case...)	● *Entonces, vamos al cine esta noche a las 6, ¿verdad?* ○ *Sí, pero llámame antes para confirmar, **por si las moscas...***

Escriban cinco minidialogos. En cada uno debe aparecer una de estas expresiones.

19-12 **G** **Un eslogan ingenioso**

Inventen un anuncio publicitario para dos de estos negocios. Cada anuncio debe incorporar dos de las expresiones coloquiales anteriores. Luego compartan sus ideas con la clase.

negocio de insecticidas ecológicos   peluquería
tienda de animales   negocio de frutas enlatadas
hotel para animales

19-13 **G** **Hombres y mujeres de negocios**

Decidan a qué personas del grupo les recomiendan cada una de estas empresas, marcando sus respuestas en el cuadro. Luego compartan sus resultados con la clase.

EJEMPLO:
E1: El hotel para animales, ¿ese lo damos a John?
E2: No. Mejor se lo damos a Justin, porque le encantan los animales.
E3: Sí, dénmelo a mí, por favor.

	Se lo recomendamos a...	porque...
hotel para animales		
tienda de tatuajes		
tienda de discos		
libros usados		
peluquería		
cosméticos ecológicos		

INTERACCIONES **407**

Gente de negocios ✦ 19

19-14 Inversiones

G

Con la empresa Gente a Punto que crearon en Panamá ganaron mucho dinero. ¿En cuáles de estas nuevas empresas lo invertirán? ¿Por qué? Comenten todas las opciones y completen el cuadro. Solamente pueden invertir en un máximo de tres empresas.

	SÍ	NO	PORQUE...
ACUAPEX (equipamientos y tecnología para la cría y reproducción de salmones, truchas y lubinas)	❏	❏	_____
NATUROMANÍA (grupo de escuelas de medicina natural)	❏	❏	_____
MUNDILENGUA (cadena de escuelas de idiomas)	❏	❏	_____
PHONUS (marca de teléfonos móviles)	❏	❏	_____
TURULETA S.A. (granja ecológica de gallinas)	❏	❏	_____
TRAVIATA (productora de discos de ópera)	❏	❏	_____
VISCONTI (salas de cine)	❏	❏	_____
TIJERAS (reparación de ropa a domicilio)	❏	❏	_____
UNIVERSOS (librería especializada en diccionarios y enciclopedias)	❏	❏	_____
LA BOMBA, S.A. (cadena de discotecas)	❏	❏	_____
MR. LIMPIO (servicio de limpieza de cuartos de estudiantes)	❏	❏	_____

EJEMPLO:

E1: La cadena de discotecas, si está de moda, es una buena inversión.

E2: Yo creo que no. Las discotecas desaparecerán en un futuro cercano. Ya lo verás.

E3: Yo invertiría todo el dinero en Mundilengua porque la enseñanza de lenguas nunca desaparecerá. Al contrario: cada vez habrá más y más gente que quiera estudiar lenguas.

19-15 Juego de papeles. Los inversores

P

Situación: Un/a estudiante ha inventado un/a _____ que se llama _____ y quiere abrir una compañía de _____. Un/a empresario/a muy rico/a está muy interesado/a en esta compañía y quiere invertir mucho dinero. Ahora tienen una reunión.

ESTUDIANTE A

Has inventado un/a _____. Necesitas a alguien que invierta dinero en este proyecto. Ahora tienes una entrevista con un/a posible inversionista, y debes explicarle qué tipo de negocio quieres abrir y las ventajas de ese negocio. Trata de convencer al/a la inversionista.

ESTUDIANTE B

Eres un/a rico/a empresario/a y quieres saber más de un nuevo invento llamado _____. Quieres invertir en este negocio pero necesitas más información. Haz preguntas para saber más de este posible negocio.

◆ Crear nuestro propio negocio y un anuncio para la televisión.

NOTAS
TN19-18

◆ **PREPARACIÓN** ◆

Lee estos anuncios de tres empresas innovadoras. ¿Cuál les parece más interesante? ¿Por qué?

Atención a las formas.
Identifiquen las formas gramaticales estudiadas en esta lección que se utilizaron en estos anuncios. ¿Qué efecto tienen?

HOTEL

DON PEQUE

Todo para los niños,
todo a su medida.

¿No quiere regalarles un fin de semana especial a sus hijos?
Tenemos todo lo que un niño pueda desear para tener una experiencia inolvidable: desde el menú hasta las fiestas, desde el mobiliario hasta la piscina, desde la decoración hasta la música. Cualquier cosa que nuestros pequeños clientes deseen, nosotros se la facilitaremos al instante. Sus pequeños tendrán una experiencia inolvidable. Se lo garantizamos.

La zapatería virtu@l

Comodidad, rapidez y eficiencia. Compre sus zapatos por Internet. Nosotros se los enviaremos en menos de 48 horas. Usted se los prueba y tiene otras 48 horas para devolvérnoslos. En nuestra zapatería virtual encontrará todas las marcas, todos los estilos y los precios más bajos del mercado.

EL CHEF AMBULANTE

¿**ESTÁ USTED HARTO** de la comida rápida? ¿Ha decidido no comer más pizzas congeladas, arroces recalentados, comida con sabor a envase de papel o de plástico? Nosotros tenemos la solución: no encargue la comida, encargue el cocinero. Vamos a su domicilio cuando usted quiera, nos dice qué quiere comer y se lo prepararemos para la hora que quiera. Si lo desea, también le haremos las compras en el mercado.

Paso 1: ¿Qué piensan los consumidores? Decidan tres ventajas y tres desventajas de este tipo de negocios frente a los tradicionales. De este modo tendrán más ideas para su empresa y anuncio.

	VENTAJAS	DESVENTAJAS
Hotel Don Peque	1.	1.
	2.	2.
	3.	3.
La zapatería virtual	1.	1.
	2.	2.
	3.	3.
El chef ambulante	1.	1.
	2.	2.
	3.	3.

Paso 2: Su grupo va a crear una empresa o negocio innovador que servirá a la población estudiantil de su escuela o universidad. Primero, piensen en dos necesidades de los estudiantes, sus principales clientes. ¿Qué necesitan regularmente? ¿Qué competencia existe en el área? Fíjense en el ejemplo.

NECESIDADES	NEGOCIOS YA EXISTENTES (Competencia)	NEGOCIOS NO EXISTENTES
Cortarse el pelo	1. Nombre: Clips Características: Barato, rápido 2. Nombre: Características:	Una peluquería que tenga en cada silla una pantalla de vídeo para ver vídeo-clips y acceso a Internet.
	1. Nombre: Características: 2. Nombre: Características:	
	1. Nombre: Características: 2. Nombre: Características:	

Ahora su grupo va a decidir qué empresa quiere crear. ¿Cómo la van a llamar?

LES SERÁ ÚTIL...

Para referirse a la cantidad de personas

todo el mundo
la gente
la mayoría (de las personas)
mucha gente
casi nadie
nadie

Para expresar impersonalidad

En la zapatería Virtual...
...puedes elegir entre...
...uno puede elegir entre...
...se puede elegir entre...

Paso 3: Elaborar un anuncio audiovisual
Van a dar a conocer la empresa que crearon por medio de un anuncio para la televisión y para las salas de cine. Hay que tomar las siguientes decisiones.

- Nombre y eslogan de la empresa
- Información que dará el anuncio:
  - servicios que ofrecerá
  - innovaciones respecto a otras similares
  - posibles descuentos (jóvenes, tercera edad, socios...)
- Ideas para convencer a la audiencia

(W) **Paso 4:** Escriban el guión de su anuncio. No olviden usar los recursos lingüísticos que vimos en la lección para convencer a la audiencia.

Paso 5: Representación de los anuncios. ¿Cuál nos gusta más? Cada grupo representará ante la clase su anuncio. La clase decidirá por votación cuál es el mejor.

nuestra gente Panamá

Exploraciones

GENTE QUE LEE

Estrategias para leer ✦

The essay

An essay is a type of text that is written from a subjective point of view: the author presents an argument in a way that supports his or her opinion. Good readers will try to identify the strategies the author has used to make his or her arguments convincing and the conclusion more believable. Some of the questions you should ask yourself when reading an essay are:

1. What is the author's intention and point of view?
2. What is the author's thesis? Does he or she present it in a convincing way? How? Why not? Remember, a thesis is an assertion about a topic. To make a topic into a thesis statement, an author needs to make a claim about it and support it with reasons and facts.
3. Does the author seem to have a secondary or even hidden purpose?
4. What type of information does the author include?
5. What kind of tone does the author use?
6. How has the author organized the essay?

Answering these questions can help you understand the author's intentions better. Attempting to get at what is behind a text is a necessary strategy to fully understanding it.

After you do all the activities in the *Gente que lee* section, answer the six questions above in reference to the section's reading.

ANTES DE LEER

19-16 Comercio mundial

Ya desde los antiguos mayas existían rutas comerciales para transportar productos de unos países a otros. ¿Cómo crees que era el comercio mundial entonces? ¿Qué crees que se comerciaba? ¿Cómo crees que se comerciaba?

19-17 Rutas marítimas

¿Sabes cuáles son las rutas marítimas más importantes para el comercio mundial? ¿Qué sabe la clase sobre el Canal de Panamá?

19-18 Activando estrategias

- Mira el título de la lectura y la foto. ¿Qué te dicen sobre el contenido del texto? ¿Anticipa el título qué tipo de texto vas a leer: narración, ensayo, exposición…? ¿Cómo?
- Ahora lee la primera frase. ¿Qué sabes ya de este texto?

A LEER   NOTAS TN19-21

LA AMPLIACIÓN DEL CANAL DE PANAMÁ Y EL SACRIFICIO DEL PUEBLO PANAMEÑO

En este ensayo trataré un tema de gran importancia para los panameños: si el pueblo panameño debe aprobar o rechazar mediante un referéndum la ampliación del Canal de Panamá. Esta ampliación requiere la construcción de un tercer **juego de esclusas** que comprometerá durante 30 años las ganancias del Canal y requerirá de otros 30 años para recuperar la inversión. Espero lograr concienciar a los panameños sobre este tema.

La regla general es que, cuando se quiere un camino, lo paga quien lo quiere usar. Por ejemplo, el pueblo panameño paga impuestos por las calles que el gobierno construye por donde podemos transitar, lo que nos convierte en **usuarios.** Cuando compramos una casa en una **barriada,** en el precio incluyen el **costo** de las calles que nos dan acceso a la casa.

Llama la atención que hasta ahora ningún usuario del Canal (**navieras** o naciones productoras) está interesado en **costear** un tercer **juego de esclusas.** Ante la ausencia de ofertas por parte de los usuarios, el mismo Canal quiere financiar esta **costosa** obra valorada en más de 9 mil millones de dólares.

¿Qué traerá esto para Panamá? ¿Qué sucederá con las **ganancias** del Canal? La respuesta es que los beneficios económicos no se verán en la economía nacional por espacio de treinta años. Esto significa que para recuperar el dinero invertido en esta ampliación sacrificaremos por lo menos dos generaciones de panameños. Nos debemos preguntar: ¿a quién beneficia el sacrificio del pueblo panameño? Ciertamente, a algunas **navieras,** a algunos países y algunas empresas internacionales y nacionales que harán las obras con dinero y sacrificio del pueblo panameño.

El Canal de Panamá

Por el **atajo** del Canal de Panamá se mueve solamente el 4% de la **carga** marítima mundial. Esto indica que el Canal de Panamá es conveniente para los países productores y las navieras, pero no es imprescindible. Este porcentaje de carga que transita por el Canal no variará si se amplía para **buques** post-Panamax. Hay que comprender que cada buque de carga se construye para seguir rutas determinadas y, hasta el momento, no se ha construido en ningún **astillero** un buque post-Panamax para pasar por el Canal de Panamá. **Igualmente,** sólo el 7% de la flota del comercio marítimo ya no puede cruzar el Canal de Panamá debido al tamaño de sus esclusas.

Examinemos ahora la estrategia de desarrollo nacional para el crecimiento del turismo y la promoción internacional de Panamá con el caso de los cruceros de pasajeros que transitan por el Canal. Esta actividad, a diferencia del negocio de **carga,** nos podría traer muchas divisas. La comunidad internacional quiere buena seguridad, buen servicio durante el tránsito y bajos precios. Esto se lo ofrecemos a los buques de carga; **sin embargo,** todavía no hemos logrado, con un Canal en nuestras manos, superar a Costa Rica en la cantidad de cruceros que **fondean** allá. Una política dirigida a explotar el Canal para fines turísticos nos permitiría disminuir el desempleo y dar a conocer la oferta panameña.

Terminaré recordándoles el requisito que establece nuestra Constitución sobre la necesidad de realizar un referéndum, como indica el artículo 319: "La Construcción de un Canal a nivel del mar o de un tercer juego de esclusas, deberán ser aprobados por el órgano legislativo y, luego de su aprobación, serán sometidos a referéndum nacional". Considero que la decisión sobre el futuro del Canal de Panamá requiere de mucha serenidad, sabiduría y sentido común. Ese sentido común indica que un tercer juego de esclusas pagado por el pueblo panameño no se justifica, por razones obvias de costo vs. beneficio.

DESPUÉS DE LEER

 19-19 **Activando estrategias**

- Subraya las frases temáticas de cada párrafo. ¿Qué información adicional te ofrecen?
- Mira el vocabulario en negrita del segundo párrafo. Examina su formación. ¿A qué categoría corresponden y qué significan **usuario**, **costo**, **costear**, **costosa**, **ganancias**, **navieras**?
- Si **barrio** significa *neighborhood*, ¿qué crees que significa **barriada**?
- Según el contexto, ¿qué crees que significan las palabras **buque** y **atajo**? Ahora búscalas en el diccionario para ver si tienes razón.
- Busca en el diccionario las palabras y expresiones marcadas en negrita **juego de esclusas**, **astillero**, **carga** y **fondean**.
- Identifica a qué o quién se refieren los referentes subrayados en el texto. Después explica qué función tienen los marcadores **Igvalmente** y **sin embargs**.

 19-20 **¿Entendiste?**

NOTAS
TN19-22

1. Resume en una frase cada uno de los argumentos que da el autor para apoyar su tesis.
2. ¿Ofrece el autor alguna alternativa al problema? ¿Cuál?
3. ¿Qué argumento te parece más convincente? ¿Por qué?

✎ GENTE QUE ESCRIBE

Estrategias para escribir ◆ ◆ ◆ ◆ ◆ ◆ ◆ ◆ ◆ ◆ ◆ ◆ ◆ ◆ ◆ ◆ ◆ ◆

The essay: thesis and development

Writing an essay requires a **topic** and a **thesis.** To make your topic into a thesis statement, you need to make a claim about it. Your job is to show your readers that what you claim is true. Look carefully at your thesis and ask yourself: Why do I believe this statement is true? What have I seen or done or read or heard that has caused me to make this statement?

1. Think about a series of reasons that support your thesis and write them down in complete sentences. Each reason will in turn be the basis for the topic sentence of a future paragraph. You will need to support each of these reasons, as well as your general thesis.
2. The next step is to develop each into a solid, detailed paragraph. Think about the facts, examples, and details that support each of them, and that would help the reader understand your ideas and reasoning. List them under each topic sentence.
3. Finally, develop your paragraphs by filling them in with your explanations, clarifications, examples, and/or facts and statistics.

 19-21 **Un ensayo**

 W

NOTAS
TN19-23

Quieres ir a estudiar a una escuela de negocios en la ciudad de Panamá y tienes que enviar un ensayo sobre el tema general de la economía y los negocios. Tu trabajo consiste en delimitar este tema hasta tener un problema o pregunta específica y crear una tesis. Luego piensa en tres razones para apoyarla. Finalmente, desarrolla cada razón en un párrafo.

- Tema: _____
- Tesis: _____
- Razones para apoyar la tesis:
  1. _____
  2. _____
  3. _____

Ciudad de Panamá

¡ATENCIÓN!

✦ Asegúrate de que
- tu tema está bien delimitado y tu tesis es adecuada;
- has incluido en los párrafos ejemplos, clarificaciones, explicaciones o datos que apoyen tu tesis y tus razones;
- has incluido detalles importantes para mantener el interés de los lectores;
- hay una secuencia lógica y coherencia interna dentro de cada parte y entre las partes;
- usaste conectores para organizar tu ensayo.

✦ Revisa tu borrador prestando atención primero al contenido y la organización, luego a la gramática y vocabulario. Después presta atención a los aspectos del ensayo que estudiamos en esta lección.

Beyond the sentence ✦ ✦ ✦ ✦ ✦ ✦ ✦ ✦ ✦ ✦ ✦ ✦ ✦ ✦ ✦ ✦ ✦ ✦ ✦

Writing an essay: use of connectors and referent words

In an essay it is crucial that you support your reasoning using facts, examples, clarifications, details, and statistics, and it follows that you will need to make use of a variety of connectors and referent words to do so. Remember: without organization your reader will not see your point, and your argument will be substantially weakened.

Let's look at an example from the previous reading, where the author could have just chosen to make his point with a simple question–answer model:

¿Qué traerá esto para Panamá? ¿Qué sucederá con las ganancias del Canal? La respuesta es que los beneficios económicos no se verán en la economía nacional por espacio de treinta años.

Instead he chose to add more detail by adding the following sentence, connecting it to the previous one using the referent expression *esto*:

Esto significa que para recuperar el dinero invertido en esta ampliación sacrificaremos por lo menos dos generaciones de panameños.

The result was a much more convincing argument, and one that the reader could follow quite easily.

 Ensayo. Su producto es el mejor

Nuestro periódico en español organizó un concurso de ideas empresariales. Piensen en una idea original para un negocio y a partir de esa idea escriban un pequeño ensayo donde intenten demostrar los beneficios de su idea.

Su ensayo debe

- tener un tema y tesis bien delimitados;
- incluir ejemplos, clarificaciones, explicaciones o datos que apoyen su idea;
- tener conectores y una secuencia lógica dentro de cada parte y entre las partes;
- usar formas verbales de futuro y otras estructuras introducidas en la lección.

¡ATENCIÓN!

✦ Piensen en las personas que van a leer este artículo. Luego desarrollen un esquema y decidan cómo quieren organizar y presentar la información.

✦ Revisen su borrador siguiendo los PPE (página 14). Presten atención a lo que saben sobre escritura de ensayos.

Gente de negocios ◆ 19

Comparaciones

19-23 **El Canal de Panamá**

Lee estos datos sobre el Canal de Panamá, una empresa para el comercio internacional.

1914	Inauguración del Canal el 15 de agosto como única vía marítima que une los océanos Atlántico y Pacífico
1977–1999	Tratado Torrijos-Carter: el Canal pasa a manos del gobierno panameño
Principales usuarios	Bahamas, Grecia, Noruega, EE.UU., Filipinas, Ecuador, Alemania, Japón
Rutas principales	★ De la costa este de EE.UU. al lejano Oriente (Japón especialmente) ★ De la costa este de EE.UU. a la costa oeste de Sudamérica ★ Desde Europa a la costa oeste de EE.UU. y Canadá
Beneficios	★ Un barco carbonero que sale de la costa oriental de EE.UU. en dirección al Japón por la vía del Canal ahorra 3.000 millas. ★ Un barco bananero que sale del Ecuador hacia Europa ahorra unas 5.000 millas.
Beneficios para la economía panameña	★ Total de aportes directos: $226,9 millones en el año 2002 ★ Generación de empleos ★ Suministro de agua potable a las ciudades de Panamá y Colón ★ Promoción de la actividad turística
Anécdota	El mayor peaje pagado por atravesar el Canal fue de $141.344, pagado por el *Crown Princess* al transitar en mayo de 1993. El peaje más bajo fue el de 36 centavos que pagó Richard Halliburton por pasar el Canal a nado en 1928.

Ahora marca los tres datos que te llaman más la atención y explica por qué.

19-24 **Zonas libres**

Muchos países tienen áreas libres de impuestos con el fin de promover el desarrollo: son las **zonas libres** o **francas**.

La zona libre de Colón

En importancia, Colón es la segunda ciudad de la República, pero por su comercio podría ser la capital del hemisferio, ya que es el principal puerto para el tráfico de casi toda la mercancía de importación y exportación de la nación. En 1948 la República de Panamá inició un proyecto para modernizar su estructura económica de servicios y agilizar el comercio regional. Desde entonces opera la Zona Libre de Colón. Situada en la puerta atlántica del Canal de Panamá, es un lugar privilegiado para el comercio internacional. ¿Las razones? La existencia del Centro Financiero Internacional (con más de 120 bancos de todo el mundo), la libre circulación del dólar estadounidense (a la par con el *balboa*, la moneda nacional), beneficios de impuestos y una ágil red de comunicaciones. Más de 1.600 compañías operan en este puerto, la zona franca más grande del mundo después de Hong Kong, y la más importante del mundo occidental. Las empresas lo utilizan para importar, almacenar, ensamblar, reempacar y reexportar sus productos. Otros elementos que apoyan el transporte son: seis aeropuertos, cinco puertos marítimos con todas las facilidades modernas, amplias terminales de contenedores, una carretera interamericana (desde Alaska), otra que se extiende del Atlántico al Pacífico, un ferrocarril transístmico y el Canal de Panamá. La Zona Libre ofrece un moderno sistema de comunicaciones y un eficiente servicio turístico para sus usuarios, además de un tratamiento tributario especial: "sin impuestos" es la frase clave.

Ciudad de Colón

¿Conoces otras zonas libres o puertos francos en el mundo? ¿Has estado en alguna de ellas? ¿Has comprado alguna vez productos en un aeropuerto internacional libre de impuestos? ¿Dónde estabas y qué compraste? ¿Hay algún lugar en tu país donde no se paguen impuestos?

19-25 ¿Y en tu país?

NOTAS
TN19-27

¿Qué ciudades en tu país crees que tienen más medios para los intercambios comerciales: aeropuertos, puertos, carreteras, etc.? ¿Conoces alguna ciudad hispanohablante famosa por su comercio? ¿Cuáles son sus productos más conocidos?

19-26 Un cantante panameño que es ministro

NOTAS
TN19-28

Lee esta noticia de agosto del 2004. ¿Qué sabe la clase de este cantante y actor panameño?

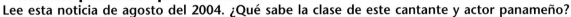

Torrijos nombra a Rubén Blades ministro de Turismo de Panamá
SE ALEJARÁ DE LA ACTIVIDAD ARTÍSTICA

El cantautor Rubén Blades será el nuevo ministro de Turismo de Panamá, anunció el presidente electo del país, Martín Torrijos, al completar su gabinete. Blades dirigirá el Instituto Panameño de Turismo (IPAT), pero "tendrá rango de ministro por la importancia del turismo para el desarrollo del país", dijo Torrijos. El cantautor y abogado dijo, por su parte, que se alejará de la actividad artística mientras desempeñe el cargo gubernamental.

Ahora lean estos los datos para saber algo más.

¿Quién es Rubén Blades?

- Nació el 16 de Julio de 1948 en Ciudad de Panamá, República de Panamá.
- Graduado de la Universidad Nacional de Panamá en Derecho y Ciencias Políticas en 1974.
- Graduado de Harvard Law School en 1985.
- Ha grabado 20 álbumes como solista y ha participado en más de quince grabaciones como invitado. Rubén es el autor de la famosa canción "Pedro Navaja".
- Ha ganado cuatro premios Grammy.
- Ha participado como actor en 26 películas.
- Ganador del premio ACE al mejor actor de la industria del cine por Cable televisión de los Estados Unidos ("Dead Man Out", HBO, 1989). Ha sido nominado para dos Emmy ("Crazy from the Heart" y "The Josephine Baker Story").
- Nominado como Mejor Actor por los productores de Cine Independiente de EE.UU. en 1989 por "Dead Man Out" (con Danny Glover).
- Nombrado Embajador Mundial contra el Racismo por las Naciones Unidas (año 2000).
- Creador del partido político panameño Movimiento Papa Egoró.
- Participó como candidato presidencial en las elecciones de 1994 en la República de Panamá. Su partido ocupó el tercer lugar entre 27 partidos políticos y alcanzó el 20% de votación nacional.

¿Por qué crees que un artista como Rubén Blades fue nombrado ministro de Turismo? ¿Qué crees que puede aportar a este cargo?

19-27 Artistas en la política

NOTAS
TN19-29

¿Conoces otros casos en países hispanohablantes en que artistas famosos ocupan puestos en el mundo de la política? ¿Y en tu país?

VOCABULARIO

Las empresas y negocios

alimentación (la)	food
almacén (el)	warehouse, storage room, store
artes gráficas (las)	graphic arts
asesoría (la)	consulting service
cadena (la)	chain
cerrajero/a (el/la)	locksmith
clientela (la)	clientele
compañía (la)	company
diseño (el)	design
editorial (la)	publishing company
electricista (el/la)	electrician
empresa (la)	company, business
entrega (la)	delivery
ferretería (la)	hardware store
hostelería (la)	hotel business
informática (la)	computers
inmobiliaria (la)	real estate agency
limpieza (la)	cleaning
masajista (el)	massage therapist
mensajería (la)	courier service
mensajero/a (el/a)	courier, messenger
mercadeo (el)	marketing
mercado (el)	market
mudanzas (las)	moving services
negocio (el)	business
pedido (el)	order
publicidad (la)	advertising
recado (el)	errand
reclamación (la), reclamo (el)	claim, complaint
reparaciones (tienda de) (la)	repair shop
reparto (el)	delivery, distribution
seguro (el)	insurance
servicio a domicilio (el)	home delivery
taller (el)	workshop, car repair
tintorería (la)	dry cleaner
trabajador/a (el/la)	worker

La economía y el comercio

agricultura (la)	agriculture
banco (el)	bank
buque (el)	ship, vessel
comercio (el)	trade
consumidor (el)	consumer
demanda (la)	demand
desarrollo (el)	development
descuento (el)	discount
exportación (la)	exports
facilidades (de pago) (las)	payment terms, credit
ganadería (la)	livestock
hipoteca (la)	mortgage
importación (la)	imports
impuestos (los)	taxes
industria (la)	industry
inversión (la)	investment
inversor/a, inversionista (el/la)	investor
mercancía (la)	goods, merchandise
minería (la)	mining industry
oferta (la)	supply
peaje (el)	toll
pesca (la)	fishing industry
préstamo (el)	loan
producto interno bruto (PIB) (el)	gross domestic product
sucursal (la)	branch

Adjetivos

marítimo/a	sea
comercial	business related
enlatado/a	canned
amable	friendly
anticuado/a	antiquated, out-of-date
cómodo/a	comfortable
deshonesto/a	dishonest
innovador/a	innovative
justo/a	fair
gubernamental	government related
novedoso/a	novel, new, innovative
ocupado/a	busy
financiero/a	financial
empresarial	business related
rápido/a	quick, fast
temporal	temporary

Verbos

almacenar	*to store*
comerciar	*to trade; to do business*
convencer	*to convince*
cuidar	*to take care of*
destinar	*to assign*
devolver (ue)	*to return*
disculparse	*to apologize*
diseñar	*to design*
encargar	*to order*
financiar	*to fund*
fundar	*to found*
inventarse	*to invent; to make up*
invertir (ie)	*to invest*
mejorar	*to improve; to make better*
obstaculizar	*to hinder; to hold up*
presionar	*to pressure; to put pressure*
promover (ue)	*to promote*
reclamar	*to claim*
sensibilizar	*to sensitize; to promote awareness of*
solidarizarse	*to support*
surgir	*to emerge*

Otras palabras y expresiones útiles

a punto, listo	*ready*
en crecimiento	*growing*
medio ambiente (el)	*environment*
poner las cosas fáciles	*to make things easy*
prestar un servicio	*to provide a service*
realizar un pedido	*to order*
solicitar un servicio	*to request a service*
tomar una decisión	*to make a decision*

Gente de negocios ◆ 19

CONSULTORIO GRAMATICAL

EL FUTURO
THE FUTURE TENSE

The future tense is used to talk about the future itself and about future situations or events, presented without special concern for their relationship to the present time.

Mañana **lloverá** en la parte sur del país.
A partir de hoy **tendremos** un servicio nocturno.

REGULAR FUTURE

			-é
			-ás
HABLAR	**hablar**		-á
LEER	→ **leer**	+	-emos
ESCRIBIR	**escribir**		-éis
			-án

IRREGULAR FUTURE

TENER	**tendr**	
SALIR	**saldr**	-é
VENIR	**vendr**	-ás
PONER	**pondr**	-á
DECIR →	**dir** +	-emos
HACER	**har**	-éis
CABER	**cabr**	-án
HABER	**habr**	
SABER	**sabr**	

 ¡ATENCIÓN!

It is important to note that this form is not the one most commonly used in everyday speech.

*The form **ir a** + Infinitive, or the Present, are also common ways to talk about the future.*

USOS DEL FUTURO
USES OF THE FUTURE TENSE

To transmit confidence, to give encouragement to someone

Ya lo **verás.**
Ya **verás** cómo todo sale bien.

To express the result of some condition

SI + indicativo + futuro
● Este hotel, **si ofrece** buen servicio, **tendrá** muchos clientes.
○ Y **si** los precios no **son** muy caros, **será** muy popular.

To commit to (do) something, to make promises, or to assure someone that something is going to happen

Tendrá su pedido en su casa en menos de 30 minutos.
Le **llevaremos** todo lo que usted necesite.
Lo **despertaremos** a las ocho de la mañana.

OTRAS FORMAS DE EXPRESAR FUTURO
OTHERS WAYS OF TALKING ABOUT THE FUTURE

*We use **ir a** + infinitive when we want to relate the future to the present moment. The future action is presented as an intention, a project, or a prediction.*

Vamos a organizar un viaje. ¿Quieres participar?
Voy a hacer lo que me pide, pero no estoy muy convencido.

*We use the present indicative to express the future, normally accompanied by expressions such as **ahora mismo**, **enseguida**, or **en un momento**. In these cases the future may be directly linked to the present in one of several ways.*

Ahora mismo **voy.**
Enseguida la **atiendo.**   *AN EVENT IN THE IMMEDIATE FUTURE*
Vuelvo en un minuto.

¿Qué **hacen** Uds. mañana?   *AN EVENT PRESENTED AS THE*
El año que viene **me caso.**   *CONSEQUENCE OF SOME DECISION*

Este año Semana Santa **es** en marzo.   *AN EVENT THAT IS PART OF A*
Mañana miércoles **está** cerrado.   *REPEATING CYCLE*

Future indicative tense

● ¿Le has dicho ya a Fernández lo que ha pasado?   *A PROMISE OR ASSURANCE*
○ No. Se lo **diré** esta tarde.

Ir a + *infinitive*

● ¿Le has dicho ya a Fernández lo que ha pasado?   *AN INTENTION*
○ No. Ni se lo he dicho ni se lo **voy a decir.**

Present indicative tense

● Deberías hablar con Fernández.   *A DECISION*
○ De acuerdo. Mañana se lo **explico** todo.

CUALQUIER + NOMBRE
CUALQUIER + NOUN

	SINGULAR NOUN	
cualquier	cliente	(= no importa qué cliente)
cualquier	empresa	(= no importa qué empresa)

Llámenos a **cualquier hora**, pídanos **cualquier cosa**, y se la llevaremos a **cualquier sitio**.

*When replacing a noun, or following a noun, the form changes to **cualquiera**.*

● ¿Cuál prefieres? ¿Éste o aquél?   ● ¿Cuál prefieres? ¿La grande o la pequeña?
○ **Cualquiera.**   ○ **Cualquiera.**

Eso lo encontrarás en una papelería **cualquiera**/en **cualquier** papelería.

TODO/A/OS/AS

Todo/a/os/as *is usually accompanied by the corresponding article.*

	NOUN		VERB
todo el	dinero	**todo lo que**	hemos pedido
toda la	pizza	**todo lo que**	llevamos
todos los	pedidos	**todo lo que**	tenemos
todas las	botellas		

When **todo/a/os/as** *replaces a noun that is a direct object, we often use the corresponding direct object pronoun:* **lo, la, los, las.**

- ¿Y el arroz?
- Me **lo** he comido **todo.**

- ¿Y la pizza?
- Me **la** he comido **toda.**

- ¿Y los pollos?
- Se **los** han comido **todos.**

- ¿Y las papas?
- Se **las** han comido **todas.**

¡Dios mío, se lo han llevado todo!

PRONOMBRES RELATIVOS + SUBJUNTIVO
DONDE/CUANDO/COMO/TODO LO QUE... + SUBJUNCTIVE

This construction can be used to make polite offers and leave the choice(s) up to our listener.

FUTURE	+ SUBJUNCTIVE
Se la **llevaremos**	**a donde** nos **diga.**
Lo **vamos a hacer**	**como** tú **quieras.**
Le **mandaremos** a su casa	**todo lo que pida.**
Iré a verte	**cuando** me **digas.**

PRONOMBRES OD + OI: SE + LO/LA/LOS/LAS
DIRECT AND INDIRECT OBJECT PRONOUNS: SE + LO/LA/LOS/LAS

When the indirect object pronouns **le** *and* **les** *are combined with the direct object pronouns* **lo, la, los, las,** *a change is required:* **le** *and* **les** *turn into* **se.**

- ¿Y el pollo?
- Se lo llevaré ahora mismo.

¿La pizza se la tengo que llevar ahora o puedo dársela más tarde?

Mejor ahora.

PRONOUN PLACEMENT

	BEFORE THE VERB	*AFTER THE VERB*
WITH INFINITIVES, GERUNDS, AND AFFIRMATIVE COMMANDS		Es necesario decír**selo** ya.
		Diciéndo**selo** no solucionarás nada.
		Dígan**selo** pronto.
WITH PARAPHRASES USING INFINITIVES AND GERUNDS	**Se lo** debemos decir pronto.	Debemos decír**selo** pronto.
	Ahora **se lo** están diciendo.	Ahora están diciéndo**selo.**
	¿**Se lo** vas a decir hoy?	¿Vas a decír**selo** hoy?
OTHER CASES	**Se lo** dije.	
	Se las dio ayer.	
	No **se lo** digas, por favor.	

REVISIÓN: LA CANTIDAD
REVIEW: QUANTIFYING

Todo el mundo
Casi todo el mundo } trabaja por la tarde.

La mayoría de (las) personas
(los) panameños
(los) jóvenes } compran en grandes almacenes.

La gente
Mucha gente
No mucha gente } quiere un servicio rápido.

Casi nadie
Nadie } compra por catálogo.

REVISIÓN: EXPRESAR IMPERSONALIDAD
REVIEW: IMPERSONAL EXPRESSIONS (SENTENCES WITHOUT SUBJECT)

We can express impersonality with the construction **se** + *third-person singular/plural.*

Cuando **se compra** un producto de calidad, **se paga** un precio mayor.
Cuando **se compran** productos de calidad, **se pagan** preci**os** mayor**es.**

We can also express impersonality with the second-person singular. With this construction the speaker is also included or implicated in the action. It is appropriate for spoken language.

Es una tienda en la que **puedes** elegir entre muchos modelos y **te** sale muy barato. Además, si luego no **te** va bien, lo **puedes** cambiar todo.

Finally, we can also express impersonality with **uno** *and the third-person singular. This structure is most frequent in spoken language.*

Cuando **uno quiere** productos de calidad, tiene que pagarlos.

This construction is commonly utilized to express impersonality in both spoken and written language with a reflexive verb, since using the impersonal **se** *and the reflexive* **se** *at the same time is not possible.*

Cuando **uno se acuesta** muy tarde, el día siguiente está muy mal.

TAREA ◆ Debatir sobre el futuro de nuestro planeta y preparar un programa de áreas de actuación.

NUESTRA GENTE ◆ Guatemala

Mercado indígena

Ciudad de Guatemala de noche

Ciudad de Guatemala

Ciudad maya de Tikal

Niños en la escuela, Chimaltenango

422   Lago Atitlán, Volcán San Pedro

20-1 **Temas de debate**
Observa las fotos de Guatemala. Relaciona cada una de ellas con algunos de estos temas de debate.

los movimientos indígenas
la conservación del medio ambiente
la educación
el futuro de los niños
los movimientos ecologistas
el comercio justo

la erradicación de la pobreza
las relaciones entre diferentes culturas
la esperanza de vida
la protección de la capa de ozono
la contaminación de lagos, ríos y mares
otros: _____

20-2 **La vida dentro de 90 años**
¿Cómo será la vida a finales del siglo XXI? Lee los cuatro temas a continuación y piensa en las cosas que pasarán en el futuro. Escribe tú otro tema. Después, escribe cinco frases.

W

EJEMPLO:
Yo creo que muy pronto podremos comunicarnos con otras civilizaciones.

LA CONSERVACIÓN DEL MEDIO AMBIENTE
- La contaminación de los mares
- La deforestación del planeta
- El agujero de la capa de ozono
- El cambio climático

LOS ADELANTOS CIENTÍFICOS Y TECNOLÓGICOS
- La manipulación genética
- La informática
- La asistencia sanitaria
- Los efectos de la medicina en la esperanza de vida

LAS RELACIONES INTERNACIONALES
- Las guerras y conflictos locales
- Los movimientos migratorios
- El crecimiento de la población mundial
- El comercio mundial

EL TERCER MUNDO
- El hambre y la pobreza
- La educación de los niños
- La desigualdad entre países ricos y pobres

1. _____
2. _____
3. _____
4. _____
5. _____

OTRO: _____

G Ahora seleccionen las tres áreas en que creen que habrá mayores cambios y decidan qué consecuencias tendrán todos estos cambios.

EJEMPLO:
E1: Yo creo que **habrá** grandes avances en la esperanza de vida.
E2: Yo también. Creo que la gente **vivirá** mucho más: como 90 ó 100 años de promedio.
E3: Sí, y por eso **aumentará** la población mundial.

Finalmente, compartan sus ideas con la clase.

20–3 **Desaparecerán**

En el libro *Palabras, objetos y costumbres que tienen los días contados*, de Isabel Morán, se habla de cosas que no existirán en el futuro. Lee una de sus páginas.

PALABRAS, OBJETOS Y COSTUMBRES
que tienen los días contados

LOS CD
Desaparecerán. Ya no se venderá música en las tiendas. Solo se escuchará a través de Internet. Se pagará una cuota y a cambio se podrá acceder a toda la música del mundo desde cualquier lugar.

EL ORDEN ALFABÉTICO
Por desgracia, este útil invento de un monje francés del siglo XII perderá casi todo su uso cuando las guías telefónicas, las obras de referencia y los directorios estén en soporte electrónico. Para buscar BORGES, por ejemplo, no habrá ya que recordar si la "g" va antes o después de la "j", sino sencillamente pulsar las teclas correspondientes. O ni siquiera eso: pronunciar el nombre será suficiente porque el programa sabrá reconocerlo.

LAS TARJETAS DE CRÉDITO Y OTRAS IDENTIFICACIONES
El reconocimiento de las personas a partir de las características biométricas (huellas digitales, el iris, incluso el ADN) sustituirá a todos los sistemas de identificación. Los sensores colocados en cajeros automáticos, comercios, fronteras y organismos oficiales reconocerán de manera inequívoca a las personas y les permitirán hacer transacciones personales y comerciales o gestiones administrativas sin necesidad de documentos de identificación.

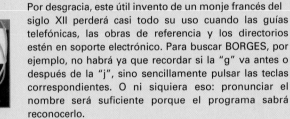

Ahora completa estas frases:

■ Los CDs desaparecerán porque _____

■ El orden alfabético desaparecerá porque _____

■ Las identificaciones personales desaparecerán porque _____

20–4 **¿Sí o no?**

P

Miren las fotos de esta página. Usen estas expresiones para decir algo sobre cada uno de los objetos.

lo/la/los/las usa mucha/bastante gente   desaparecerá(n)
todavía se usará(n)   está(n) desapareciendo
ya no se usa(n)   continuará(n) existiendo

EJEMPLO:
E1: A mí me parece que los lápices **desaparecerán**.
E2: Sí, yo también lo creo, porque la gente escribe en su computadora.

¿Y estas otras cosas? ¿Cuáles creen que dejarán de existir?

dinero en efectivo	teléfono móvil	periódicos en papel	teatros y cines
gafas	libros impresos	pasaportes	llaves de metal

EJEMPLO:
E1: Los periódicos **continuarán** existiendo.
E2: No, yo creo que **desaparecerán**. La gente no **leerá** nada en papel.

20-5 **Cambios de valores: la calidad de vida**
El periódico de hoy publica un artículo sobre los cambios en la sociedad moderna. Es un reportaje sobre una conferencia de un escritor y filósofo alemán contemporáneo. Lee el artículo.

HANS MAGNUS ENZENSBERGER

El lujo superfluo y exhibicionista entra en crisis

El pensador alemán advierte de un peligro que nos amenaza: lo más necesario empieza a ser escaso. En un futuro próximo, lo más valioso serán unas condiciones de vida elementales, como vivir en tranquilidad, tener tiempo para uno mismo o disponer de espacio suficiente.

En la actualidad, los deportistas, los banqueros y los políticos disponen de dinero, de espacio para vivir y, hasta cierto punto, de seguridad, pero son muy pobres en tiempo y en tranquilidad. Por el contrario, los desempleados, las personas mayores o los refugiados políticos tienen en general mucho tiempo, pero no pueden disfrutarlo por falta de dinero, de espacio vital o de seguridad.

Seguramente, los lujos del futuro no consistirán ya en tener muchas cosas (que en realidad son superfluas) sino en una serie de bienes aparentemente muy básicos: tiempo, espacio, tranquilidad, medio ambiente sano y libertad para elegir lo que nos interesa.

En las sociedades desarrolladas, el ritmo de vida actual puede terminar provocando un cambio de prioridades: "En la época del consumo desenfrenado, lo raro, lo caro y codiciado no son los automóviles ni los relojes de oro, tampoco el champaña o los perfumes —cosas que pueden comprarse en cualquier parte— sino unas condiciones de vida elementales: tener tranquilidad, agua y aire puros y espacio suficiente".

P Ahora con un/a compañero/a haz una lista con todos los valores (materiales y no materiales) que se citan en el artículo.

VALORES MATERIALES	VALORES NO MATERIALES

Subrayen los tres valores de esta lista que consideran más importantes y los tres que consideran menos importantes.

20-6 **¿Y tu ritmo de vida?**
¿Cómo vives tú? ¿Tienen más importancia los valores materiales o los no materiales? Escribe una lista con los seis valores más importantes en tu vida.

20-7 **Campos semánticos**
Busca palabras en el texto de estos campos semánticos. Añade dos más en cada campo.

grupos sociales	
tecnología	
medio ambiente	

20–8 **En el año 2050**
 A Escucha los comentarios de estas personas. ¿Estás de acuerdo, tienes dudas o estás en desacuerdo? Escríbelo.

G Ahora comenta tus opiniones con dos compañeros/as más. Reaccionen expresando su opinión personal.

EJEMPLO:
E1: A mí me parece que todavía **habrá** enfermedades graves, como el SIDA, en el 2050.
E2: No, **no estoy de acuerdo.** No creo que **haya** SIDA.
E3: Pues yo **no estoy muy seguro.** Yo **pienso que** todavía **existirá** el problema del SIDA.
E1: Sin duda.

20–9 **Atención a las formas**
Fíjate en estos diálogos. En el primero hablan de cosas habituales. En el segundo hablan del futuro. Fíjate en los verbos. ¿Cuál es la diferencia?

1. ● **Cuando hago** mi trabajo por la mañana, **tengo** más tiempo libre el resto del día.
   ○ Sí, y **cuando tienes** más tiempo libre **puedes** hacer muchas más cosas, ¿verdad?

2. ● **Cuando** las máquinas **hagan** nuestro trabajo, **tendremos** más tiempo libre.
   ○ Sí, y **cuando tengamos** más tiempo libre, **podremos** disfrutar más de la vida.

20–10 **Consecuencias de algunos cambios**
Ahora expliquen las consecuencias de los cambios que habrá en el año 2050.

EJEMPLO:
E1: Cuando las máquinas **hagan** nuestro trabajo, **tendremos** más tiempo libre.
E2: Sí, y **cuando tengamos** más tiempo libre, **podremos** disfrutar más de la vida.

20–11 **¿Seguiremos haciendo lo mismo?**
¿Cuáles de estas cosas crees que seguirás haciendo en 2050? ¿Cuáles ya no harás? Señálalo.

hablar por teléfono móvil   usar dinero en efectivo
estudiar idiomas   escribir correos electrónicos
dormir ocho horas diarias   comer carne
ver películas en una sala de cine ver anuncios en la tele

EJEMPLO:
E1: Yo creo que **seguiré usando** el correo electrónico, pero ya no lo usaré en la computadora.
E2: Pues yo **seguiré sin dormir** ocho horas diarias, porque nunca lo hago.

EXPRESIÓN DE OPINIONES Y DUDA

PRESENTAR LA PROPIA OPINIÓN
(Yo) creo que...
(Yo) pienso que...
En mi opinión...
Estoy seguro/a de que...
Tengo la impresión de que...
   + INDICATIVO
   ...el futuro **será** mejor.
(Yo) no creo que...
Dudo que...
No estoy seguro/a de que...
   + SUBJUNTIVO
   ...el futuro **sea** mejor.

EXPRESAR PROBABILIDAD O DUDA
Probablemente...
Tal vez...
   + INDICATIVO
   ...el futuro **será** mejor.
(No) es probable que...
(No) es posible que...
Quizá/Tal vez...
   + SUBJUNTIVO
   ...el futuro **sea** mejor.
Es terrible que...
Es increíble que...
Es injusto que...
Es bueno que...
Es malo que...
Es estupendo que...
Es importante que...
   + SUBJUNTIVO
   ...el gobierno **cambie** su política medioambiental

MOSTRAR ACUERDO CON OTRAS OPINIONES
Sin duda.
Sí, claro.
Desde luego.

MOSTRAR DUDA
Sí, es probable.
Sí, puede ser.

MOSTRAR ESCEPTICISMO
(Yo) no lo creo.
No estoy (muy) seguro/a de eso.

MOSTRAR DESACUERDO ABSOLUTO
No, qué va.
No, en absoluto.
No, de ninguna manera.

CUANDO

CON IDEA DE PRESENTE HABITUAL
Cuando + INDICATIVO

Cuando salgo de clase, siempre **paso** por el supermercado para comprar fruta.

CON IDEA DE FUTURO
Cuando + SUBJUNTIVO

Cuando llegue el año 2045 habrá bases habitadas en la Luna.

Cuando salga de clase, pasaré por el supermercado para comprar fruta.

> Cuando tenga cuatro añitos, iré al colegio con mi hermano

CONTINUIDAD E INTERRUPCIÓN

Seguir, continuar	+ gerundio
Seguir sin	+ infinitivo
Dejar de	+ infinitivo
Ya no	+ presente

> ¿Sigues yendo de vacaciones a Saturno?

> No, dejé de ir el año pasado.

> Pues yo sigo sin tener vacaciones.

Consultorio gramatical, páginas 440 a 441.

20-12
P

¿Es posible?

Hagan una lista de cinco cosas que creen que harán en el futuro. Usen los datos de las dos columnas.

EJEMPLO:

En el futuro **es muy posible que viva** en una isla desierta.

el año que viene	es probable/posible que
en tres o cuatro años	dudo que
pronto	seguro que
dentro de _____ años	creo que
cuando tenga _____ años	no creo que
en el futuro	tal vez

Ahora intercambien sus listas. Hagan preguntas sobre las consecuencias de estas cosas.

EJEMPLO:

E1: ¿Qué harás **cuando vivas** en una isla desierta?
E2: Pues leeré mucho y **tal vez construya** una barca.

20-13
P

Radiografía de Guatemala

Lean estos datos sobre Guatemala.

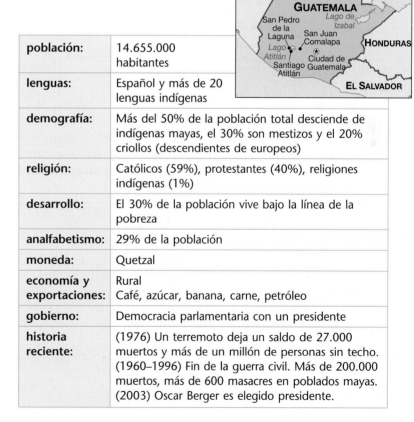

población:	14.655.000 habitantes
lenguas:	Español y más de 20 lenguas indígenas
demografía:	Más del 50% de la población total desciende de indígenas mayas, el 30% son mestizos y el 20% criollos (descendientes de europeos)
religión:	Católicos (59%), protestantes (40%), religiones indígenas (1%)
desarrollo:	El 30% de la población vive bajo la línea de la pobreza
analfabetismo:	29% de la población
moneda:	Quetzal
economía y exportaciones:	Rural Café, azúcar, banana, carne, petróleo
gobierno:	Democracia parlamentaria con un presidente
historia reciente:	(1976) Un terremoto deja un saldo de 27.000 muertos y más de un millón de personas sin techo. (1960–1996) Fin de la guerra civil. Más de 200.000 muertos, más de 600 masacres en poblados mayas. (2003) Oscar Berger es elegido presidente.

Completen este párrafo con sus opiniones.

Creemos que es extraordinario que Guatemala _____ , **que es muy bueno que** _____ y que es _____.
Además, es _____. Nosotros pensamos que **es muy probable que** _____ . En nuestra opinión, en el futuro Guatemala **seguirá** _____ y **dejará de** _____. También
_____.

Estrategias para la comunicación oral ◆ ◆ ◆ ◆ ◆ ◆ ◆ ◆ ◆ ◆

Resources for debating

By now you have learned about many different language resources you can use to express your opinion, to show agreement or disagreement, or to express doubt. Let's look at some other language tools that you are likely to need when debating a topic.

- **Contradicting to an extent**

  Sí pero...
  No sé, pero yo creo que... (I don't know, but I think that...)
  Tal vez sea así, pero... (Maybe that's so, but...) + indicative
  Puede ser que tengas razón, pero... (You may be right, but...)

- **Clarifying and reformulating your opinions**

  Yo no digo que... (I am not saying that...) + subjuntive
  Lo que quiero decir es que... (What I mean is....) + indicative

- **Intervening**

  Yo quería decir que... (I'd like to say that...)

- **Interrupting**

  Perdón, pero... (Sorry/excuse me but...)
  Podría decir algo? (Can I say something?)
  Lamento interrumpir, pero... (Sorry to interrupt, but...)

- **Requesting confirmation of an opinion or maintaining someone's attention**

  ...¿no? (...right?; ...isn't it?)
  ...¿no crees/no cree? (...don't you think?)

20-14 **En desacuerdo**

P

Uno/a de ustedes debe expresar las opiniones que aparecen en la lista, y su compañero/a tiene que responder mostrando desacuerdo, duda, escepticismo, etc. Traten de usar diferentes fórmulas para debatir. En total deben mantener cinco conversaciones.

OPINIONES
1. El dinero es mucho más importante que la salud o el amor.
2. Aprender español no es muy útil: lo importante es saber inglés.
3. Todos los vicios son malos. Sin excepción.
4. Los amigos son más importantes que la familia.
5. Es importante invertir dinero en la investigación espacial.

W

Para empezar, escriban el guión de la primera conversación siguiendo este modelo. Luego mantengan cuatro conversaciones más.

E1: Expresa su opinión: _____
    Pide confirmación de su opinión: _____
E2: Expresa desacuerdo total: _____
    Expresa su opinión: _____
E1: Clarifica y reformula su opinión: _____
E2: Contradice en parte: _____
    Pide confirmación de su opinión: _____
E1: Interrumpe: _____
    Expresa duda: _____
    Expresa su opinión: _____
E2: Clarifica y reformula su opinión: _____
    Pide confirmación de su opinión: _____

¿Qué pasará?

Formen grupos de tres personas. Intercambien opiniones sobre el futuro de estos problemas (si dejarán de existir, seguirán existiendo, o ya no existirán).

la desigualdad entre hombres y mujeres
el clima de la tierra
el cáncer y otras enfermedades incurables
las epidemias y el hambre
la deforestación

EJEMPLO:

E1: Pues yo creo que las desigualdades **dejarán** de existir.

E2: No, no estoy de acuerdo en absoluto. Creo que **continuarán** existiendo.

E3: Quizá, pero no **serán** tan grandes, ¿no creen?

Ahora un representante del grupo expondrá sus conclusiones a la clase.

Minidebates

Primero, decidan cuál es su posición sobre estos temas polémicos.

la eutanasia
las madres de alquiler
los toros
la caza
la violencia doméstica
otros: _____

EJEMPLO:

E1: En mi opinión, la eutanasia debe ser prohibida.

E2: No, no estoy seguro de que deba ser prohibida porque en algunos casos es necesaria.

Ahora decidan qué tema van a debatir. Luego se dividirán en dos (a favor y en contra) y debatirán durante unos minutos. No olviden las fórmulas para intervenir, interrumpir, clarificar…

Juego de papeles. Los candidatos

Situación: Dos estudiantes son candidatos al consejo estudiantil de su escuela o universidad. Cada uno tiene una lista de propuestas y participan en un debate público para defenderlas.

ESTUDIANTE A

Eres un/a candidato/a a la presidencia del consejo estudiantil. Antes de comenzar el debate, prepara una lista de cinco propuestas. Durante el debate, presenta tus propuestas una por una, en forma de opinión. Vas a escuchar las propuestas de tu oponente, pero no estás de acuerdo con ninguna de ellas.

ESTUDIANTE B

Eres un/a candidato/a a la presidencia del consejo estudiantil. Antes de comenzar el debate, prepara una lista de cinco propuestas. Durante el debate, presenta tus propuestas una por una, en forma de opinión. Vas a escuchar las propuestas de tu oponente, pero no estás de acuerdo con ninguna de ellas.

✦ Debatir sobre el futuro de nuestro planeta y preparar un programa de áreas de actuación.

✦ PREPARACIÓN ✦

El programa de televisión *A Debate* tiene esta noche un tema muy interesante: "Preparamos hoy el mundo de mañana". Hoy los invitados debatirán el futuro del planeta Tierra. Los siete invitados esta noche son un grupo de personas que representan a diversos sectores sociales y organizaciones públicas.

CIENTÍFICOS/INVESTIGADORES POLÍTICOS FEMINISTAS
ECOLOGISTAS EMPRESARIOS ECONOMISTAS
EDUCADORES JÓVENES LA FAMILIA
MIEMBROS DE ONG ARTISTAS INTELECTUALES

A **Paso 1:** Al principio del programa, el presentador (*host*) lee algunos titulares (*headlines*) de los periódicos a sus invitados. Relaciona cada noticia con uno o más temas de la lista.

EN LA GUERRA CIVIL DE GUATEMALA MÁS DE 200.000 PERSONAS DESPARECIERON O FUERON ASESINADAS

LAS ÁREAS PROTEGIDAS DE LA SELVA ECUATORIAL OCUPAN SÓLO EL 4,5% DE LA SUPERFICIE TOTAL

CRECEN LAS TENSIONES ENTRE PAÍSES RICOS Y POBRES EN LOS FOROS INTERNACIONALES

250 MILLONES DE NIÑOS EN EL MUNDO TRABAJAN DE FORMA ILEGAL

LA AUTOMATIZACIÓN HA REDUCIDO EN UN 45% LOS PUESTOS DE TRABAJO EN LA INDUSTRIA DEL AUTOMÓVIL

130 MILLONES DE NIÑOS NO ASISTEN A LA ESCUELA Y 150 MILLONES ASISTEN A LA ESCUELA MENOS DE 5 AÑOS

TEMAS/ÁREAS PARA EL DEBATE
- el trabajo y el desempleo
- los desequilibrios entre países ricos y pobres
- los conflictos armados/la paz mundial
- el desarrollo tecnológico
- la conservación del medio ambiente
- la enseñanza y los sistemas educativos
- los derechos humanos

P **Paso 2:** Ahora el presentador hace cinco preguntas a sus invitados.

Elijan dos personajes del debate. Imaginen cómo respondería cada uno a estas preguntas. Escriban un párrafo para cada personaje.

W EJEMPLO:

Para Alba Páramo, que es ecologista, lo más importante es la conservación del medio ambiente. Los dos problemas más grandes son la destrucción de la capa de ozono y la deforestación. Por ejemplo, la selva amazónica está en peligro porque las industrias continúan talando árboles. Ella cree que estos problemas dejarán de existir cuando haya más educación medioambiental, empezando en las escuelas, y cuando los gobiernos tengan leyes más estrictas para proteger el medio ambiente. Piensa que si las leyes no protegen el medio ambiente, nadie podrá protegerlo.

> 1. ¿Cuál es el tema o área más importante?
> 2. Díganme dos problemas que tiene el mundo en relación con este tema.
> 3. Denme un ejemplo específico.
> 4. ¿Cuándo y cómo se solucionará este problema?
> 5. Denme razones y argumentos para defender su opinión.

G **Paso 3: Preparando nuestro debate**
Elige un sector social y busca a tres compañeros/as que quieran representar el mismo sector. Preparen su intervención. ¿Qué vamos a decir?

> 1. Elijan dos temas o áreas de la lista que les parezcan más importantes.
> 2. Hagan una lista de problemas que tiene el mundo actual en estas dos áreas.
> 3. Den un ejemplo específico de estos problemas.
> 4. ¿Cuándo y cómo se solucionarán estos problemas? Den posibles soluciones.
> 5. Preparen razones y argumentos para defender su opinión.

Ahora elijan a la persona que representará a su grupo en el debate.

Paso 4: El debate

- El objetivo del debate es crear un programa de cinco puntos de actuación para preparar el futuro de nuestro planeta. Este programa debe ser pactado mayoritariamente.
- El/la profesor/a conducirá y moderará el debate.
- Dos o tres estudiantes serán secretarios/as y anotarán los puntos en los que haya mayor acuerdo.

Paso 5: Conclusiones
Los/las secretarios/as expondrán a la clase los cinco puntos de actuación para un futuro mejor.

LES SERÁ ÚTIL
- -

SI QUIERES INTERVENIR
Yo quería decir que...
¿Podría decir algo?

PARA MANTENER LA ATENCIÓN DEL OTRO
...¿no?
...¿verdad?

CONTRADECIR EN PARTE
No sé, pero yo creo que...
Sí, pero...

Quizá/tal vez { sí, / tengas razón } pero...

REFORMULAR
Yo no digo que... + subjuntivo
Lo que quiero decir es que...

CONTRADECIR ABIERTAMENTE
(Pues) yo no lo veo así; yo creo que...
No estoy (nada) de acuerdo.

¿Que no habrá bastante energía? Pues claro que habrá.

Yo no he dicho eso. He dicho que tendremos que ahorrar energía.

nuestra gente Guatemala

Exploraciones

 GENTE QUE LEE

Estrategias para leer ◆

Reading argumentative texts (I)

In argumentative writing, the author tries to persuade the readers to agree with the facts or opinions as he or she sees them and to share his or her values, arguments, and conclusions. This is usually a situation about which the author has strong opinions (perhaps a problem is not being resolved, an unfair situation should be reversed, or a policy should be changed). In order to read and evaluate the effectiveness of a persuasive text, you can use these questions:

1. What is the writer's claim? Is it stated directly and clearly? Is it well focused? If it is not stated explicitly, can the reader recognize it?

2. What reasons or background information are provided to support the claim? Are they organized in order of importance?

3. Are there any fallacies in the argumentation?

4. Is attention given to opposing viewpoints? How are they acknowledged and addressed?

5. Are the arguments supported by reasoning, ethical, or emotional appeals?

6. How does the text conclude? Does it summarize the claim and elaborate on its implications?

ANTES DE LEER

20-18 **Problemas mundiales**
P Miren esta lista de problemas y piensen en dos ejemplos específicos para cada uno.

> **EJEMPLO:**
> La discriminación: de las mujeres en el trabajo y de los indígenas en muchas partes del mundo.

la discriminación	la globalización	el narcotráfico	la especulación
la ecología	el hambre	la pobreza	la marginación
la esclavitud	la intolerancia	el racismo	la xenofobia

Busca cuatro sinónimos de la palabra **discriminación**. ¿Significan todos lo mismo?

20-19 **Los derechos de los indígenas**
Piensen en las poblaciones indígenas de América Latina o de su país. ¿Cuáles de los problemas anteriores tienen relación directa con ellos? ¿Conocen a personas que luchen por los derechos de los indígenas en Guatemala, en otros países de América latina o en su propio país?

20-20 **Activando estrategias**
- Lee el título del texto y mira la foto. ¿Qué te dicen sobre el texto que vas a leer?
- Ahora lee la primera frase. ¿Qué tema específico crees que va a desarrollar este texto?

A LEER

REFLEXIÓN SOBRE EL RACISMO Y LA DISCRIMINACIÓN

Por Rigoberta Menchú Tum, activista indígena guatemalteca, Premio Nobel de la Paz y Embajadora de Buena Voluntad de la UNESCO

Estamos iniciando un nuevo siglo en el que problemas tan **añejos** como la discriminación, la xenofobia y la intolerancia siguen existiendo. Podemos preguntarnos si este mundo globalizado es el que queremos para nuestros hijos: la mundialización de las finanzas y de la especulación [...] del narcotráfico, de la pobreza y la marginación, del exterminio de la naturaleza y de la destrucción de la esperanza en el planeta. ¿Debemos permitir la imposición de un pensamiento único que lleva a que sólo una minoría privilegiada —el 20% de la población del mundo— consuma el 80% de lo que produce nuestra Madre Tierra [...]? Todavía estamos a tiempo de reflexionar, de **tomar en cuenta** otras opciones.

Durante miles de años, los pueblos originarios hemos sabido convivir con la naturaleza, respetando sus ciclos de vida y de regeneración. Desafortunadamente, cuando se tienen que **tomar en cuenta** nuestras sugerencias, proposiciones y advertencias sobre los daños irreversibles que está ocasionando el actual modelo de desarrollo, se nos ignora y se nos restringe la participación, reproduciendo el mismo sistema excluyente y discriminatorio que domina el resto de los espacios internacionales de decisión.

Una de las mejores ilustraciones de ese histórico fenómeno de marginación [...] se manifiesta en los procesos para la participación en la próxima Conferencia Mundial contra el Racismo, la Xenofobia y la Intolerancia, que se llevará cabo en la ciudad de Durban, Sudáfrica, a finales de agosto. Me refiero a la falta de inclusión en el documento original [...] de un capítulo específico para tratar nuestra realidad. De este modo, no se recoge la esencia de las reivindicaciones que nuestros pueblos han reiterado [...] y que pueden resumirse en el respeto a nuestra existencia como pueblos, el reconocimiento de nuestra contribución histórica al desarrollo de la humanidad y nuestro derecho a un **desarrollo sostenible**, digno y **equitativo**, con pleno acceso y control de nuestros territorios y recursos.

En el mundo de hoy, nuestra presencia **desafía** la **incumplida** promesa del sistema de Naciones Unidas de poner fin a los regímenes neocoloniales que sojuzgaron a nuestros pueblos y crearon instituciones de esclavitud y servidumbre. **Interpelemos** a los gobernantes de nuestros países, a los dirigentes de las naciones más poderosas y a los altos funcionarios de los organismos mundiales que dictan las leyes globales, para exigir un alto en el camino para la reflexión y detener esta **vorágine** que nos arrastra. Es tiempo de sumar esfuerzos y sabidurías para revertir fenómenos tan terribles como la destrucción ecológica, el aumento de la pobreza y el hambre, la intolerancia, el racismo y la exclusión, <u>los cuales</u> deberían dejar de existir en este milenio.

DESPUÉS DE LEER

20-21 **Activando estrategias**

- ¿Qué significan las palabras **añejos**, **equitativo** e **incumplida**? Usa diversas estrategias.
- Busca en el diccionario **tomar en cuenta**, **desafía** y **vorágine**. ¿Qué clase de palabras son? ¿Qué entradas vas a buscar? ¿Por qué?
- ¿Qué significa la expresión **desarrollo sostenible**? ¿Cómo lo sabes?
- Busca en el diccionario la palabra **interpelemos**. ¿Cuál es el significado correcto?
- Identifica a qué se refiere el referente subrayado en el texto.

¿Entendiste?
20-22

1. ¿Cómo describe el mundo de hoy Rigoberta Menchú? ¿Qué características tiene?
2. ¿Qué tres reivindicaciones tienen los pueblos indígenas?
3. ¿Quién puede solucionar, según Rigoberta, estos problemas?

20-23 **Evalúa el estilo argumentativo o persuasivo del texto.**

1. Identifica la tesis. ¿Dónde está?
2. ¿Qué razones da la autora para apoyar la tesis?
3. ¿Hay ejemplos para apoyar la tesis? ¿Se usan otros recursos retóricos?
4. ¿Se apoyan los argumentos en el razonamiento, la ética o las emociones? Da ejemplos.

GENTE QUE ESCRIBE

Estrategias para escribir ◆ ◆ ◆ ◆ ◆ ◆ ◆ ◆ ◆ ◆ ◆ ◆ ◆ ◆ ◆ ◆

Writing argumentative texts (I)

The goal of an argumentative text is to convince your readers of your central claim or proposition. This proposition is like a thesis statement: it defines the text's topic and it makes a claim that is not objective, but subject to debate. Because of this, it is very important to anticipate and overcome objections. Consider questions like the following:

1. What could the opposing arguments be?
2. How could I refute these arguments?
3. Who are my readers and how opposed could they be to my arguments?

Write each point and develop it into a paragraph. Some points may require extensive development, while others may be simple and can be grouped together in a single paragraph. You will need arguments that support your claim and others that refute it. Try to convince your readers using reason, ethics, or emotion, and combine them into a single convincing argument.

- Introduction: explain why the issue is important.
- Statement of the claim: explain your claim, give any background information, and clarify the issue.
- Proposition: state your central proposition (like a thesis) and perhaps announce important sub points that will be presented.
- Refutation: examine opposing arguments.
- Confirmation: develop and support your own claim. You can use examples, facts, and statistics to back it up.
- Conclusion: review your main points, possibly refer to something in your introduction, or call for action.

20-24 **Una carta argumentativa**
 IW Elige un tema sobre el que tengas una opinión que quieras defender. Luego escribe una carta para la sección de opinión del periódico en español. Antes de empezar a escribir, prepara una lista de los aspectos que vas a tratar y los argumentos que vas a ofrecer para cada punto. Aquí tienes algunas ideas que te ayudarán a escribir tu texto.

- puntos a favor
- clarificaciones
- conclusiones
- contradicciones
- puntos en contra
- ejemplos
- razones
- otras

¡ATENCIÓN!

✦ Asegúrate de que
- tu tema y tu propuesta son adecuados;
- has incluido en los párrafos ejemplos, clarificaciones, o datos que apoyen tus argumentos y ayuden a refutar argumentos opuestos;
- usaste conectores para organizar la secuencia de argumentos.

✦ Revisa tu borrador con atención primero al contenido y la organización, luego a la gramática y vocabulario. Finalmente presta atención a los aspectos del ensayo argumentativo que estudiamos en esta lección.

Beyond the sentence ✦ ✦ ✦ ✦ ✦ ✦ ✦ ✦ ✦ ✦ ✦ ✦ ✦ ✦ ✦ ✦ ✦ ✦ ✦

Connectors for argumentative texts

In addition to the many connectors you already know, here are some that are often used in argumentative writing.

■ To add more arguments

(y) además, también (also, moreover); *incluso* (even)

● El gobierno se ha equivocado con esa decisión. **Incluso** el Presidente lo ha reconocido.

■ To underscore an argument

en cualquier caso, de cualquier forma, de todas maneras, de todos modos (in any event/case)

● No es una buena solución pero, **en cualquier caso,** es la única que podemos aplicar ahora.

■ To introduce opposing arguments

no obstante (nevertheless), *sin embargo* (however)

● Es un país muy rico; **no obstante,** gran parte de la población vive en la miseria.

■ To refer to an already mentioned topic or argument

en cuanto a (as for), *(con) respecto a* (with respect to)

● **En cuanto a** los problemas ambientales, la deforestación es sin duda uno de los más graves.

 A debate

El periódico en español quiere dedicar un artículo a un asunto o problema muy debatido últimamente en su escuela o universidad. Busca a un/a compañero/a que esté de acuerdo contigo en las posibles soluciones para ese problema. Después escriban un artículo argumentativo. El artículo debe

■ incluir una introducción al problema;
■ incluir argumentos que apoyen su posición;
■ tener en cuenta argumentos opuestos a los suyos, e incluir respuestas adecuadas;
■ usar diferentes estrategias de argumentación;
■ tener una conclusión.

¡ATENCIÓN!

✦ Revisen su borrador siguiendo los PPE. Presten atención a lo que saben sobre la escritura argumentativa y usen conectores adecuados.

Comparaciones

 20-26

NOTAS
TN20-28

En este texto se plantean soluciones para el futuro de Guatemala. ¿Qué datos te sorprenden más? ¿Cuáles son las soluciones que propone el autor?

El gran reto de Guatemala

En Guatemala, la división entre ricos y pobres es más que evidente. Más del 30% de la población vive por debajo de la línea de la pobreza, es decir, apenas pueden cubrir sus necesidades básicas de vivienda y alimentos. Entre tanto, el 10% de la población más rica recibe el 40, 3% del total de ingresos del país. Según el Centro de Investigaciones Económicas Nacionales de Guatemala, si la economía nacional continúa creciendo al mismo ritmo Guatemala necesitará 100 años para duplicar el nivel de vida de la población. ¿Cuáles son las soluciones?

Un país con el 30% de la población por debajo de la línea de la pobreza no puede avanzar, y la única manera de hacer frente a este mal es a través del crecimiento económico sostenido. Ese es el gran reto de futuro para Guatemala. ¿Cómo lograrlo? Si el gobierno quiere el bienestar social, entonces deberá apostar por un modelo económico que permita el crecimiento sostenido. Para ello deberá recuperar la confianza, tanto a nivel nacional como internacional, una condición básica para aumentar las inversiones y las exportaciones. También tendrá que fomentar la reinversión en el área social: el que invierte en educación y salud, invierte en el futuro de su país. Además, la negociación de un tratado de libre comercio con Estados Unidos podrá ser beneficiosa para Guatemala. Sin embargo, Guatemala tendrá que negociar con EE.UU. en aquellos productos en los que pueda competir y lograr que este país elimine los subsidios a sus productos. Sin duda, si las puertas del comercio se abren sólo para un lado, Guatemala se verá plagada de productos extranjeros y eso sólo servirá para empeorar aún más la economía. Finalmente, la generación de empleo tendrá que ser la prioridad número uno.

 20-27 **La educación**

NOTAS
TN20-29

Una de las maneras de mejorar el futuro de un país, según el texto, es invertir en educación. ¿Crees que es el mayor factor para el desarrollo de un país? ¿Conoces algunos ejemplos de países hispanohablantes con un buen sistema educativo? ¿Qué otros factores crees que son más importantes para determinar el progreso y futuro de tu país? Haz una lista de seis.

 20-28 **El arte y la literatura**

¿Crees que el desarrollo del arte y la literatura en un país son símbolos de progreso? ¿En qué lugar de tu lista los colocas?

 20-29 **Arte maya hoy**

NOTAS
TN20-30

En tres de los cientos de comunidades que conforman la extensa población maya de la Guatemala de hoy, artistas indígenas producen pinturas al óleo acerca de la vida maya. Estas comunidades son San Juan Comalapa, donde se habla cakchiquel, y las ciudades de Santiago Atitlán y San Pedro de la Laguna donde se habla tz'utuhil. Éstos son dos ejemplos de arte tz'utuhil.

¿Qué te muestran estas pinturas sobre la vida diaria de poblaciones como Santiago Atitlán? ¿Cuál es la importancia de artistas como Matías y Juan Fermín?

Cocina típica.
Juan Fermín González Morales

Festival.
San Pedro de la Laguna.
Matías González Chavajay

20-30 **Un Nobel guatemalteco**
¿Sabías que Guatemala cuenta entre sus exponentes culturales con un Premio Nobel de Literatura? Lee estos textos para saber más.

Miguel Angel Asturias (1899–1974)

Escritor y diplomático guatemalteco. En 1968 recibió el Premio Nobel de Literatura por "sus coloridos escritos profundamente arraigados en la individualidad nacional y en las tradiciones indígenas de América".

En sus novelas tienen gran importancia los mitos precolombinos. Su primera obra *Leyendas de Guatemala* (1930) es una colección de cuentos y leyendas mayas. Su novela más famosa, *El señor Presidente* (1946), retrata a un dictador de manera caricaturesca y esperpéntica, siguiendo una estructura regida por la lucha entre las fuerzas de la luz (el Bien, el pueblo) y las fuerzas de las tinieblas (el Mal, el dictador) según los mitos latinoamericanos.

De *Leyendas de Guatemala*
GUATEMALA

[...] Como se cuenta en las historias que ahora nadie cree —ni las abuelas ni los niños—, esta ciudad fue construida sobre ciudades enterradas en el centro de América. [...]

El Cuco de los Sueños hace ver una ciudad muy grande —pensamiento claro que todos llevamos dentro—, cien veces más grande que esta ciudad de casas pintaditas en medio de la Rosca de San Blas. Es una ciudad formada de ciudades enterradas, superpuestas, como los pisos de una casa de altos. Piso sobre piso. Ciudad sobre ciudad. ¡Libro de estampas viejas, empastado en piedra con páginas de oro de Indias, de pergaminos españoles y de papel republicano! ¡Cofre que encierra las figuras heladas de una quimera muerta, el oro de las minas y el tesoro de los cabellos blancos de la luna guardados en sortijas de plata! Dentro de esta ciudad de altos se conservan intactas las ciudades antiguas. Por las escaleras suben imágenes de sueño sin dejar huella, sin hacer ruido. De puerta en puerta van cambiando los siglos. En la luz de las ventanas parpadean las sombras. Los fantasmas son las palabras de la eternidad. El Cuco de los Sueños va hilando los cuentos [...]

En la ciudad de Copán, el Rey pasea sus venados de piel de plata por los jardines de Palacio. Adorna el real hombro la enjoyada pluma del nahual. Lleva en el pecho conchas de embrujar, tejidas sobre hilos de oro. Guardan sus antebrazos brazaletes de caña tan pulida que puede competir con el marfil más fino. Y en la frente lleva suelta, insigne pluma de garza. En el crepúsculo romántico, el Rey fuma tabaco en una caña de bambú. Los árboles de madre-cacao dejan caer las hojas. Una lluvia de corazones es bastante tributo para tan gran señor. El Rey está enamorado y malo de bubas, la enfermedad del sol. Es el tiempo viejo de las horas viejas. El Cuco de los Sueños va hilando los cuentos [...]

20-31 **El Cuco de los Sueños**
El Cuco nos revela una ciudad imaginaria compuesta de ciudades enterradas una sobre la otra. ¿Qué es esta ciudad? Lee la frase subrayada. ¿Qué significa?

20-32 **¿Y su ciudad?**
Imaginen que el Cuco de los Sueños les revela en un sueño las ciudades enterradas sobre la ciudad donde están ahora. ¿Como sería esta ciudad? Traten de imaginarse cuál será la siguiente etapa de la ciudad dentro de 50 años. ¿Continuará siendo como es? ¿Ya no lo será? ¿Cuál será el impacto de las tecnologías actuales en esta ciudad?

VOCABULARIO

Las personas y los grupos sociales

adivino/a (el/la)	*fortune-teller*
banquero/a (el/la)	*banker*
indígena (el/la)	*native*
investigador/a (el/la)	*researcher*
locutor/a (el/la)	*anchor*
madre de alquiler (la)	*surrogate mother*
marginado/a (el/la)	*marginalized person*
mestizo/a (el/la)	*person of mixed race*
pobres (los)	*the poor*
político/a (el/la)	*politician*
refugiado/a (el/la)	*refugee*
ricos (los)	*the rich*
usuario/a (el/la)	*user*
vidente (el/la)	*fortune-teller*

La tecnología y el medio ambiente

adelanto científico (el)	*scientific advance*
bienes (de consumo) (los)	*consumer goods*
cambio climático (el)	*climatic changes*
capa de ozono (la)	*ozone layer*
caza (la)	*hunting*
clonación (la)	*cloning*
conservación (la)	*preservation*
consumo (el)	*consumption*
contaminación (la)	*pollution*
esperanza de vida (la)	*life expectancy*
exploración del espacio (la)	*space exploration*
ingeniería (genética) (la)	*(genetic) engineering*
mareas negras (las)	*oil spill, large oil slick*
medio ambiente (el)	*environment*
recursos naturales (los)	*natural resources*
sequía (la)	*drought*
subsuelo (el)	*underground*
tala de árboles (la)	*logging*
tierra (la)	*earth*
viajes espaciales (los)	*space travels*
viento (el)	*wind*

Asuntos de interés mundial

comercio justo (el)	*fair trade*
contaminación (la)	*pollution*
crecimiento (el)	*growth*
desarrollo (el)	*development*
desempleo (el)	*unemployment*
desequilibrio (el)	*inequality*
desigualdad (la)	*inequality*
enfermedad (la)	*sickness*
esclavitud (la)	*slavery*
esperanza de vida (la)	*life expectancy*
guerra (la)	*war*
hambre (el)	*hunger*
igualdad (la)	*equality*
justicia social (la)	*social justice*
libertad (la)	*freedom*
movimiento migratorio (el)	*migration*
paz mundial (la)	*world peace*
personas sin hogar/sin techo (las)	*homeless people*
pobreza (la)	*poverty*
riqueza (la)	*wealth, richness*
salud (la)	*health*
sanidad (la)	*public health*
subdesarrollo (el)	*underdevelopment*
tercer mundo (el)	*third world*

Adjetivos

codiciado/a	*coveted*
desafortunado/a	*unfortunate, less fortunate*
desarrollado/a	*developed*
desconfiado/a	*distrustful, suspicious (of)*
desenfrenado/a	*unbridled*
digno/a	*appropriate*
escaso/a	*rare*
escéptico/a	*skeptical*
ético/a	*ethical*
impensable	*unthinkable*
libre	*free*
medioambiental	*environmental*
privilegiado/a	*privileged*
subdesarrollado/a	*underdeveloped*
valioso/a	*valuable*

Verbos

agotarse	*to deplete; to run out of*
agravar	*to make worse; to aggravate*
ahorrar	*to save*
albergar	*to shelter*
alimentar	*to feed*
amenazar	*to threaten*
atreverse	*to dare*
autorizar	*to authorize*
botar	*to throw away*
comenzar (ie)	*to start*
contradecir (*irreg.*)	*to contradict*
descartar	*to discard*
desterrar (ie)	*to exile*
diagnosticar	*to diagnose*
disfrutar	*to enjoy*
empezar (ie)	*to start*
exhibir	*to exhibit; to show*
iniciar	*to start*
mentir (ie)	*to lie*
pasar	*to happen*
posponer (irreg.)	*to postpone*
prever	*to foresee*
pulsar	*to press*
solucionar	*to solve*
tirar	*to throw away*

Otras palabras y expresiones útiles

contraponer ideas	*to set ideas against each other*
lujo (el)	*luxury*
mantener un debate	*to have a debate*
plantear un tema	*to introduce/present an issue*
por desgracia	*unfortunately*
profundamente	*deeply*
rechazar un argumento	*to reject/refuse an argument*
sacar conclusiones	*to come to conclusions*

CONSULTORIO GRAMATICAL

EXPRESIÓN DE OPINIONES Y DUDA
EXPRESSING OPINIONS AND DOUBT

Stating your own opinion.

Tengo la impresión de que
(Yo) pienso que   *INDICATIVE*
En mi opinión   el Internet nos **hace** la vida más fácil.
(Yo) creo que

                                         SUBJUNCTIVE
(Yo) no creo que   el Internet nos **haga** la vida más fácil.

Agreeing with someone else.

Sin duda.   **(Sí), yo también lo creo.**
(Sí), claro.   **(Sí), seguramente.**
(Sí), seguro.   **(Sí), desde luego.**

Disagreeing with someone.

No, para nada.   **(Pues) yo no lo veo así.**
No, no, en absoluto.   **En eso no estoy (nada) de acuerdo.**
No, de ninguna manera.   **Pues yo no lo veo como** tú/usted/ellos/Jaime...

Disagreeing with part of what someone has said.

Sí, pero
No sé, pero yo creo que
Tal vez sea así, pero   *INDICATIVE*
Quizá tengas razón, pero
A lo mejor es así, pero   **debemos** tener en cuenta otros factores.
Quizá / A lo mejor sí, pero

¿Lo que quieres decir es que estoy haciendo trampas?

No, no digo que estés haciendo trampas pero, ¿qué hace esa carta debajo de tu boina?

Clarifying or restating your opinion.

                                         SUBJUNCTIVE
No, yo no digo que   eso **sea** falso.

                                         INDICATIVE
Lo que quiero decir es que   **debemos** tener en cuenta otros factores.

Asking someone to restate his or her opinion.

                                         INDICATIVE
¿Lo que quieres decir es que   **debemos** tener en cuenta otros factores?

No sé si te/le he comprendido bien.

Taking the floor.

Bien, yo quería decir una cosa.
Pues, yo quería decir que...

Asking for confirmation of a statement or making sure someone is paying attention.

¿No?   **¿Verdad?**   **¿No cree/s?**

Expressing possibility, doubt, or skepticism.

(Sí), probablemente.	**¿Tú crees?/¿Usted cree?**
(Sí), es probable.	**(Yo) no estoy (muy) seguro/a de eso.**
(Sí), puede ser.	**No sé, no sé...**

Expressing probability or doubt.
We can make conjectures about the future or express our opinions with varying degrees of certainty.

Estoy seguro/a de que
Seguro que
Seguramente   *INDICATIVE*
Probablemente   pronto **se descubrirá** una vacuna
Tal vez   para esa enfermedad.

Es probable que
Es posible que
Tal vez
No estoy seguro/a de que   *SUBJUNCTIVE*
Dudo que   pronto **se descubra** una vacuna para esa enfermedad.
No creo que
Quizá

CUANDO + SUBJUNTIVO: EXPRESIÓN DE FUTURO
CUANDO + SUBJUNCTIVE: TALKING ABOUT THE FUTURE

*To talk about a future event that is in turn related to another future action or state, we can use the construction **cuando** + subjunctive.*

Cuando tengamos más tiempo, iremos a Argentina de vacaciones.
Cuando llegue el año 2045 habrá bases habitadas en la Luna.

CONTINUIDAD E INTERRUPCIÓN
EXPRESSING CONTINUITY OR INTERRUPTION

Seguir + *gerund*	**Sigue** viviendo en Canadá.
Seguir sin + *infinitive*	**Sigue sin** encontrarse bien.
Dejar de + *infinitive*	**Dejó de** trabajar.
Ya no + *present indicative*	**Ya no** trabaja.

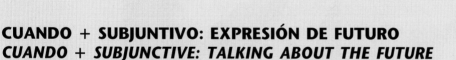

Seguir + ***gerund*** denotes an ongoing action: *He still lives in Canada.*

Seguir sin + ***infinitive*** refers to something that still hasn't happened: *She still doesn't feel well.*

Dejar de + ***infinitive*** expresses an action that has been discontinued: *He quit working.*

Ya no + ***present indicative*** likewise indicates an activity that no longer takes place: *She doesn't work anymore.*

TAREA ◆ Aprender a leer las líneas de la mano y adivinar la personalidad de algunos compañeros de clase.

NUESTRA GENTE ◆ Ecuador

El hijo de la novia (2001)
Director: Juan José Campanella
País: Argentina

Obaba (2005)
Director: Montxo Armendáriz
País: España

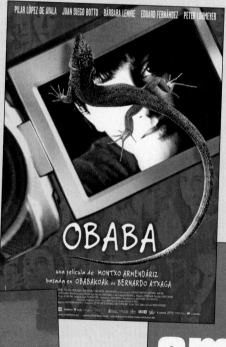

1809–1810: Mientras llega el día (2005)
Director: Camilo Luzuriaga
País: Ecuador

Amores perros (2000)
Director: Alejandro González Iñárritu
País: México

21-1 **Cuatro películas llenas de emociones**

P   Lean individualmente estas sinopsis de cuatro películas. Luego asocien cada imagen con una sinopsis. ¿Qué aspectos les ayudaron?

A Rafael Belvedere está descontento con la vida que lleva pero es incapaz de dar un giro. No puede conectarse con sus cosas, con su gente, nunca tiene tiempo. Sobrevive estresado y adicto a su celular. No tiene ideales, vive agobiado en el restaurante fundado por su padre; está divorciado, no se ha tomado el tiempo suficiente para ver crecer a su hija Vicky, se siente solo, no tiene amigos y elude un mayor compromiso con su novia. Además, hace más de un año que no visita a su madre, que padece de Alzheimer y está internada en una residencia. Rafael sólo quiere que lo dejen en paz. Pero una serie de acontecimientos inesperados obligará a Rafael a replantearse su situación y en el camino, ayudará a su padre a cumplir el viejo sueño de su madre: casarse por la iglesia.

B Ciudad de México, un fatal accidente automovilístico. Tres vidas chocan entre sí y nos revelan lo peor de la naturaleza humana: traición, angustia, pecado, egoísmo, esperanza, dolor, muerte. Octavio, un joven adolescente, decide fugarse con Susana, la esposa de su hermano. El Cofí, su perro, se convierte en un vehículo para conseguir el dinero necesario para poder escapar juntos, complicando un triángulo pasional en donde el amor clandestino se convierte en un camino sin retorno. Al mismo tiempo, Daniel, un hombre de 42 años, deja a su esposa y a sus hijos para irse a vivir con Valeria, una hermosa modelo. El mismo día en que ambos festejan su nueva vida, el destino conduce a Valeria a ser atropellada en un trágico accidente. ¿Qué hace un hombre que cree tenerlo todo y un solo instante le cambia la vida?

C Lourdes hace un viaje a los territorios de Obaba. Lleva una pequeña cámara de vídeo para poder captar la realidad de Obaba y de sus gentes. Pero Obaba no es el lugar que Lourdes ha imaginado, y pronto descubre que quienes viven allí están anclados en un pasado del que no pueden —o no quieren— escapar. A través de ellos y de Miguel, un joven desenvuelto y alegre con quien entabla amistad, Lourdes conoce retazos de sus vidas, unas vidas ahora sin ilusiones. Retazos de unas vidas que provocan pasiones, envidias y violencia, como la joven maestra que pasea su soledad por las calles de Obaba; o como el adolescente Esteban, que recibe cartas de amor en sobres color crema. Lourdes intenta reconstruir el rompecabezas que dé sentido a sus vidas. Pero siempre hay algo que no alcanza a comprender, como el misterioso comportamiento de los lagartos que habitan Obaba; un misterio que nadie es capaz de desvelar.

D Quito, 1809. Las tropas reales llegan a la ciudad desde Lima para sofocar la rebelión contra la Corona española. En medio de estos acontecimientos surge el amor entre Judit, una joven quiteña, y Pedro Matías Ampudia, el bibliotecario de Quito. Pedro Matías estaba relacionado con personajes que protagonizaron los actos independentistas del 10 de agosto, y que finalmente terminaron con la matanza del 2 de agosto de 1810. Ésta es la historia de un amor que transcurre en medio de la guerra. La película es una tragedia, en la que todo el mundo sabe lo que va a pasar pero nadie hace nada por evitarlo. El personaje principal acepta la tragedia como destino. En el estreno, Camilo Luzuriaga, director del film, dijo que se sentía feliz porque "la película funcionó emocionalmente; creo que el público la vivió, sufrió, gozó".

21-2 **Los personajes y sus sentimientos**

¿A qué película crees que corresponden estas afirmaciones sobre sus personajes?

1. Los protagonistas están enamorados.
2. El protagonista se lleva mal con mucha gente.
3. Los protagonistas no tienen miedo de morir.
4. Los personajes están desilusionados.
5. Unos personajes traicionan a otros.
6. Hay personajes casados que se enamoran de otras personas.

21-3 **¿Final feliz?**

Señala cuál de estas películas crees que tiene un final feliz y cuál no. ¿Puedes mencionar películas famosas que tengan un final triste?

21-4

P

Citas célebres

Lean estas citas y clasifíquenlas en estos campos semánticos. Escriban el número de cada cita en el lugar correspondiente.

SENTIMIENTOS

AMOR Y AMISTAD	ODIO Y ENEMISTAD	MIEDO	FELICIDAD Y ALEGRÍA	TRISTEZA	ENVIDIA

1. *Si se juzga al amor por sus efectos, se parece más al odio que a la amistad.*
   La Rochefoucauld

2. *Perdona siempre a tu enemigo. No hay nada que le enfurezca más.*
   Oscar Wilde

3. *El miedo puede llevar a los hombres a cualquier extremo.*
   George Bernard Shaw

4. *El odio es la demencia del corazón.*
   Byron

5. *El hombre más feliz es el que hace la felicidad del mayor número de sus semejantes.*
   Denis Diderot

6. *El secreto de la felicidad no está en hacer siempre lo que se quiere sino en querer siempre lo que se hace.*
   Leo Tolstoi

7. *Lo único peor que estar enamorado es no estar enamorado.*
   Paul Hurgan

8. *Lo más triste es la tristeza de una persona alegre.*
   Palacio Valdez

9. *La alegría es la piedra filosofal que todo lo convierte en oro.*
   Franklin D. Roosevelt

10. *La crueldad es uno de los placeres más antiguos de la humanidad.*
    Friedrich Nietzsche

11. *La verdadera felicidad no consiste en tenerlo todo, sino en no desear nada.*
    Séneca

12. *Sólo un idiota puede ser totalmente feliz.*
    Mario Vargas Llosa

13. *Triste época la nuestra. Es mas fácil desintegrar un átomo que superar un prejuicio.*
    Albert Einstein

14. *Cualquier hombre puede llegar a ser feliz con una mujer, con tal de que no la ame.*
    Oscar Wilde

15. *Es tan fea la envidia que siempre anda por el mundo disfrazada, y nunca más odiosa que cuando pretende disfrazarse de justicia.*
    Jacinto Benavente

16. *El enamoramiento es un estado de miseria mental en que la vida de nuestra conciencia se estrecha, empobrece y paraliza.*
    José Ortega y Gasset

Ahora decidan si están de acuerdo o no con ellas. Hagan dos listas: una lista de las citas con las que están de acuerdo y otra de las citas con las que no están de acuerdo. Expliquen a la clase las razones de su acuerdo o desacuerdo con estas citas.

21-5

A

Problemas y conflictos

Fíjate en las ilustraciones de la derecha y luego escucha a estas personas. Están hablando de los problemas de algunas personas que conocen. Escucha otra vez y asocia cada imagen con un diálogo.

¿Qué les pasa? Trata de resumir el conflicto.

QUIÉNES TIENEN EL PROBLEMA: QUÉ RELACIÓN TIENEN ENTRE SÍ: QUÉ LES PASA:

1. _____   _____   _____

2. _____   _____   _____

3. _____   _____   _____

4. _____   _____   _____

Asocia cada expresión con uno o varios personajes de las situaciones anteriores. ¿Quiénes...

...se llevan muy mal? _____   ...están contentos? _____
...están deprimidos? _____   ...están enfadados? _____
...están celosos? _____   ...están tristes? _____
...están sorprendidos? _____   ...están hartos? _____
...están preocupados? _____   ...están enamorados? _____

 21-6 **Estados de ánimo**

P Piensen en cómo reaccionan ante estas situaciones. Usen los adjetivos que aparecen en la tabla.

celoso/a	triste	feliz	nervioso/a
preocupado/a	contento/a	sorprendido/a	molesto/a
deprimido/a	asustado/a	tranquilo/a	decepcionado/a

1. Cuando mi profesor/a no viene a clase...
2. Cuando alguien me da un regalo sin una razón particular...
3. Cuando mi novio/a sale por la noche con otro/a muchacho/a...
4. Cuando veo las imágenes de una guerra...
5. Cuando alguien toma prestada mi ropa sin pedirme permiso...
6. Cuando viajo en avión y hay mucha turbulencia...
7. Cuando mi profesor/a va a dar los resultados de un examen...
8. Cuando voy al dentista...

EJEMPLO:
E1: Yo, cuando el profesor no viene a clase estoy sorprendido. ¿Y tú?
E2: Yo estoy sorprendida también, ¡y feliz!

21-7 **Más adjetivos**
Estos adjetivos de personalidad forman pares de opuestos. ¿Puedes encontrarlos?

extrovertido/a	alegre	altruista	antipático/a	autoritario/a
introvertido/a	dialogante	egocéntrico/a	egoísta	mentiroso/a
flexible	generoso/a	inflexible	irresponsable	tímido/a
modesto/a	orgulloso/a	perezoso/a	responsable	triste
simpático/a	sincero/a	sociable	trabajador/a	

EJEMPLO:
abierto/a–cerrado/a

21-8 P Reacciona
¿Con qué conceptos relacionan estos titulares?

pobreza	medioambiente	emigración	derechos
cultura	desempleo	indígenas	naturaleza
deporte	política	economía	sociedad

1. El Amazonas está sufriendo la peor sequía en más de 30 años. Muchas comunidades están sin alimentos ni bebida.

2. En el Ecuador se hablan diez lenguas indígenas, siendo el quechua la que cuenta con la mayor cantidad de hablantes. La actual constitución de Ecuador establece que las lenguas indígenas forman parte del patrimonio cultural del país y constituyen lenguas principales de educación en las áreas de su dominio.

3. Uno de los peores desastres medioambientales del mundo ocurrió en Ecuador. Cuando la compañía Texaco retiró sus operaciones de perforación en la selva del Ecuador en 1994, dejó atrás una enorme extensión contaminada. Los desechos abandonados envenenaron los ríos y los arroyos de los cuales las comunidades indígenas y los agricultores dependen para beber, bañarse y lavar.

4. Se estima que 1,5 millones de ecuatorianos han salido del país en los últimos cinco años en busca de mejores oportunidades de empleo tras la crisis financiera de 1999.

5. Las últimas estadísticas revelan que Ecuador es uno de los 15 países con mayor biodiversidad del planeta. En Ecuador se puede encontrar el 10% de todas las especies de plantas del planeta. Además, Ecuador es el segundo país del mundo en variedad de aves, con el 18% de las especies de aves del mundo.

6. Estados Unidos consiguió la clasificación anticipada al Mundial de Alemania 2006 al vencer a México 2–0. Igualmente, la selección de Ecuador empató con la de Uruguay y se clasificó para el Mundial. Los hinchas celebraron ruidosamente en el estadio, bares, restaurantes, en las calles y en sus hogares, donde se preparó la fiesta desde tempranas horas.

¿Qué emociones les producen?

EJEMPLO:

E1: A mí me da mucha pena que haya desastres naturales tan terribles como el del Amazonas.

E2: Sí, especialmente me pone triste que haya gente sin alimentos ni agua.

21-9 G ¿Y tú cómo te sientes?
Cada miembro del grupo escribe en un papelito cuatro frases sobre cómo se siente en determinadas situaciones: tres verdaderas y una falsa. Luego se las lee a sus compañeros y ellos tienen que decir cuáles son verdad y cuál no.

W

EJEMPLO:
- **Lo paso muy mal cuando tengo** que ir al dentista.
- **Me pongo de mal humor si** mis amigos no me **llaman** por teléfono.
- **Me pongo muy nervioso cuando tengo** que hablar en público.
- **Me duele que me digan** mentiras.

SENTIMIENTOS Y EMOCIONES

me	da	{ vergüenza...
te		miedo...
le		risa...
nos		...
os	pone	contento/a...
les		triste...
		de buen/mal humor...

duele...

... + INFINITIVO
... si/cuando + INDICATIVO
... que + SUBJUNTIVO

Tengo miedo de que la policía me descubra.

No te pongas nervioso, Florencio.

Me da miedo estar solo.
(A MÍ)   (YO)
Me da pena cuando/si los niños lloran.
(A MÍ)   (LOS NIÑOS)
Me pone triste que la gente se pelee.
(A MÍ)   (LA GENTE)

PONERSE

me	pongo	
te	pones	contento/a...
se	pone	de buen/mal humor...
nos	ponemos	tristes
os	ponéis	nerviosos/as...
se	ponen	

La niña **se pone** nerviosa...	INDICATIVO
Me enfado mucho...	...**cuando** la gente se pelea.
Luis **se siente** muy mal...	...**si** la gente se pelea.

CONSEJOS Y VALORACIONES

IMPERSONALES: CON INFINITIVO
Es bueno/interesante/necesario
escuchar a los hijos.

PERSONALES: CON SUBJUNTIVO
Es bueno/interesante/necesario **que**
(tú) **escuches** a tus hijos.

EL ESTADO DE ÁNIMO = ESTAR + ADJETIVO

• ¿Qué le pasa?

○ Está { contento/preocupado por su novia/nervioso.

enfadado conmigo/contigo/ con él/ella/con…

de buen/mal humor.

• ¿Cómo está?

○ Está { muy contento/a.

bastante nervioso/a.

EL CARÁCTER = SER + ADJETIVO

• ¿Cómo es?

○ Es muy/bastante agradable.

Es poco generoso/a. (ADJETIVOS POSITIVOS)

Es un poco egoísta. (ADJETIVOS NEGATIVOS)

No es nada { celoso/a.

egoísta.

Para criticar a alguien

Es un egoísta/una estúpida.

CAMBIOS EN LAS PERSONAS

CAMBIOS DE ESTADO DE ÁNIMO

Ponerse { nervioso/a.

contento/a.

triste.

de mal/buen humor.

CAMBIOS DE CARÁCTER Y PERSONALIDAD

Volverse { reservado/a.

muy tímido/a.

más sensible.

DESARROLLO O EVOLUCIÓN PERSONAL, DECISIÓN PERSONAL

Hacerse { rico/a.

muy mayor/español.

• Juan se puso muy nervioso.

○ Sí, desde que su esposa lo dejó se ha vuelto muy introvertido.

• ¿Cuántos años tienen tus hijos?

○ 14 y 12. Se hicieron mayores muy rápido.

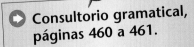

➡ **Consultorio gramatical, páginas 460 a 461.**

 Cambios

Imaginen qué les pasó, y en qué situación, a estas personas.

 NOTAS TN21-11

1. Cuando la vio, Jacobo **se puso** nerviosísimo.
2. Mónica **se puso** de muy mal humor cuando su profesor se lo dijo.
3. Javier antes era muy idealista, pero después de lo que le pasó **se ha vuelto** más realista.
4. Mercedes **se puso** muy contenta. No lo esperaba.
5. Parece increíble, pero Julián **se ha hecho** venezolano.
6. Roberto **se ha vuelto** irresponsable y perezoso.
7. Finalmente Esteban tomó la decisión de **hacerse** sacerdote.
8. Rosa **se volvió** loca.

> **EJEMPLO:**
> **E1:** Jacobo estaba en una fiesta, llegó la muchacha que le gusta y por eso **se puso** nervioso.
> **E2:** Sí, o **se puso** nervioso porque vio a su ex novia.

21-11 **¿Cómo han cambiado?**

NOTAS TN21-12

Piensa en tres personas que conoces. ¿Qué cambios notas o has notado en ellas? Completa una ficha para cada persona.

1	QUIÉN	SE PONE…	CUANDO/SI	PORQUE…
2.	QUIÉN	ANTES ERA…	PERO…	Y SE VOLVIÓ…
3.	QUIÉN	DESPUÉS DE…	SE HIZO…	

W **EJEMPLO:**

Uno de mis mejores amigos antes **era** muy **alegre,** pero tuvo un accidente y **se volvió** muy **retraído** y **reservado.**

21-12 **La primera cita**

La revista *El Cosmopolita* publicó este artículo. ¿Estás de acuerdo con todo lo que dice?

LOS OCHO CONSEJOS BÁSICOS PARA UNA PRIMERA CITA

1. Es importante ponerse guapo, pero sin abusar del perfume o la colonia.

2. Es necesario lavarse los dientes y no comer ajos ni fumar: a la otra persona quizás no le guste el olor.

3. Es aconsejable que el chico lleve dinero suficiente para invitar a la chica.

4. No es necesario que le cuentes todo sobre ti en la primera cita, pero sí que te muestres como una persona segura y con carácter.

5. Es mejor que no hables de tu ex y, sobre todo, no hagas comparaciones.

6. Para ganar la confianza de la otra persona, es útil hablar de asuntos personales, de la infancia, mostrar en general una imagen sincera.

7. También es recomendable no decirle que te gusta: espera que la otra persona lo diga primero.

8. Y, para terminar, es bueno dejar que él o ella te llame por teléfono al día siguiente.

Identifica las construcciones es + adjetivo + infinitivo y es + adjetivo + que + subjuntivo.

¿Puedes escribir dos consejos más para una primera cita?

Es importante que _____

Es aconsejable _____

Estrategias para la comunicación oral ◆ ◆ ◆ ◆ ◆ ◆ ◆ ◆ ◆ ◆ ◆

Some idiomatic expressions in colloquial Spanish (II)

Here are some more useful expressions having to do with emotions and feelings.

■ *Llevarse como el perro y el gato*
(to get along really badly)

● *¿Son muy amigos?*
○ *No, para nada...* **Se llevan como el perro y el gato.**

■ *No poder ver (algo/a alguien)*
(to not be able to stand something/somebody)

● *Me cae bastante bien Yolanda. ¡Qué simpática es!*
○ *¡¿Qué?! Pues yo* **no la puedo ver...**

■ *Partirse/morirse de risa*
(to die laughing/to crack up)

● *¿Te gustó la película?*
○ *Sí, fue una comedia buenísima; para* **morirse de risa.**

■ *Morirse de pena*
(to feel great sadness)

● *¿Vienes a la perrera? Vamos a adoptar a una mascota.*
○ *No gracias, es que* **me muero de pena** *cuando veo a los animalitos en las jaulas.*

■ *Estar como un flan*
(to be very nervous)

● *¿Qué te pasa?* **Estás como un flan.**
○ *Es que voy a ver a mi jefe para hablar de un ascenso.*

■ *Volverse loco/volver loco a alguien*
(to go crazy/to drive someone crazy)

● **Me estoy volviendo loca** *con tanto trabajo.*
○ *A mí mis hijos* **me vuelven loco,** *no el trabajo.*

21-13 | **P** | **W**

Entrevista muy personal

Preparen de forma individual seis preguntas para entrevistar a su compañero/a. En cada pregunta usen una de las expresiones coloquiales. Después hagan la entrevista.

EJEMPLO:

E1: *¿Con quién* **te llevas como el perro y el gato?**
E2: *Con mi hermano.* **Nos llevamos como el perro y el gato.**

21-14 | **P**

El arte transmite emociones

Aquí tienen tres obras maestras de un famoso pintor ecuatoriano. Hablen sobre los sentimientos y emociones que cada una refleja. También de los sentimientos que provoca en ustedes. Después decidan cuál prefieren.

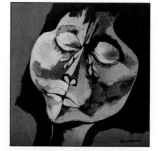

Niño llorando

Oswaldo Guayasamín (1919–1999)

Su obra humanista, señalada como expresionista, refleja el dolor y la miseria que soporta la mayor parte de la humanidad y denuncia la violencia que le ha tocado vivir al ser humano en el siglo XX. Sus cuadros de manos crispadas de las madres y los rostros de angustia, reflejan la realidad del indígena latinoamericano.

EJEMPLO:

E1: *A mí* **Niño llorando** *me pone muy triste. Refleja mucha tristeza.*
E2: *Sí, a mí también.*

El Presidente

Ternura

Nicolas Osorio Ruiz, Oswaldo Guayasamin, "La Madre el Nino." 1989. Photo Nicolás Osorio Ruiz. Museo Fundacion Guayasamin, Quito–Ecuador.

21-15
G

Problemas de convivencia

Ustedes viven juntos. Cada uno de ustedes tiene uno de estos problemas. Lean su problema individualmente y después expliquen su problema a sus compañeros. Traten de resolver sus diferencias.

ESTUDIANTE A

Es argentino. Un gourmet y un excelente cocinero, pero nunca lava los platos. Es muy desorganizado, especialmente en la cocina. Le encanta hacer fiestas en casa con muchos amigos y ver películas de terror. El olor a tabaco lo pone de mal humor y los animales lo ponen nervioso.

ESTUDIANTE B

Es español. Le gusta muchísimo ver fútbol en televisión; es del Real Madrid. Fuma mucho y le gusta comer hamburguesas y escuchar música hasta muy tarde. Es bastante tacaño en los gastos de la casa. Los animales lo ponen de mal humor y le molesta mucho el sonido del teléfono.

ESTUDIANTE C

Es ecuatoriano. Es muy despistado: siempre olvida pagar su parte del alquiler y de limpiar el baño. Tiene un perro, Bafú, al que le encanta comer hamburguesas crudas. Las películas de terror le dan mucho miedo y el fútbol no le gusta y lo pone de mal humor.

ESTUDIANTE D

Es venezolano. Es el más sano de todos: sólo come verduras y frutas. No le gusta nada la tele, especialmente cuando transmiten fútbol, y las personas que no limpian ni son ordenadas lo ponen de muy mal humor. Pasa horas en el teléfono hablando con novios/as y amigos y cuando suena el teléfono se pone muy contento. Se acuesta todos los días muy pronto y no soporta el ruido.

EJEMPLO:

E1: Yo no soporto la tele todo el día; me vuelve loco.
E2: ¿Sí? Pues a mí me pone de mal humor el olor del tabaco.
E3: Y tú siempre estás viendo esas películas que me dan miedo...

Ahora traten entre todos de resolver sus diferencias dando recomendaciones.

EJEMPLO:

E1: Creo que es importante que dejes de fumar dentro de la casa.
E2: Sí, de acuerdo, pero es necesario que seas más ordenado, ¿OK?

21-16
G

Juego de papeles. ¿Qué me aconsejas?

Situación: Dos estudiantes conversan sobre los problemas que tienen con algunas relaciones personales. Un/a amigo/a les da consejos y recomendaciones.

ESTUDIANTE A

Te peleaste con tu mejor amigo/a por una tontería y ahora están enfadados. Eres una persona muy testaruda y tu amigo/a también. Hace dos meses que no se hablan, pero ninguno/a de los dos quiere dar el primer paso.

ESTUDIANTE B

Estás muy enamorado/a de tu novio/a pero te llevas muy mal con su madre. Es una mujer muy antipática y bastante desagradable. Tú eres bastante tímido/a y nervioso/a. Te da miedo decírselo a tu novio/a, que es muy sensible, pero cada vez estás más harto/a. No sabes qué hacer.

ESTUDIANTE C

Eres una persona con mucho éxito en tus relaciones personales. Por eso, dos de tus amigos acuden a ti para contarte algunos problemas personales. Dales consejos.

◆ Aprender a leer las líneas de la mano y adivinar la personalidad de algunos compañeros de clase.

◆ PREPARACIÓN ◆

Lee de forma individual este texto sobre la quiromancia (*palmistry*) y responde a las preguntas.

QUIROMANCIA

Cada parte del cerebro está relacionada con los nervios de la mano. Por eso el estudio de las líneas de la mano nos revela la auténtica naturaleza de una persona, su carácter habitual. Saber leerlas es conocernos mejor, aprender a fortalecer nuestros puntos débiles y a desarrollar nuestras dotes. En las líneas podemos leer la realidad psíquica, física e intelectual de una persona y también los elementos negativos que han influido en su vida.

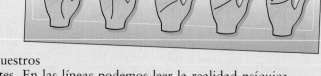

El futuro inequívoco e inalterable no existe; sólo podemos hablar de una serie de posibilidades que se abren y se cierran a lo largo de nuestra existencia. El futuro son las posibilidades que nos ofrece nuestro presente y cómo éstas son aceptadas o rechazadas por nuestra historia personal. Esa decisión es única y quedará grabada en nuestras manos al igual que en nuestro cerebro. El futuro siempre estará condicionado por el carácter de la persona. Es decir: es la combinación de lo ya vivido y nuestro carácter. Ésta es la razón por lo que las manos cambian y no mantienen su esquema original. Nuestras manos son el reflejo fiel de nuestro carácter y de cómo éste, positiva o negativamente, nos ha ido proyectando en todas y cada una de las acciones que conforman nuestro pasado. A lo largo de nuestra vida estos cambios en la geografía de la mano son debidos a las decisiones que hemos tomado, tanto en el ámbito individual como en el social, a causa de los progresos o retrocesos sociales, políticos, económicos e ideológicos que nos acompañan a lo largo de nuestra vida.

1. ¿Qué podemos ver en las líneas de las manos?
2. ¿Está nuestro futuro predeterminado?
3. El futuro se determina por la combinación de las _____ y el _____ de una persona.
4. ¿Por qué cambian las líneas de las manos con el paso del tiempo?

Paso 1: En grupos de cinco, revisen sus respuestas para ver si todos tienen las mismas.

Paso 2: Ahora cada uno/a de ustedes va a aprender sobre una de las líneas de la mano. Después todos van a leer la mano de sus compañeros de grupo, pero solamente la línea en la que ustedes son "expertos".

(W) **Paso 3:** Completen esta ficha con lo que han averiguado sobre la personalidad y el carácter de cada miembro del grupo. ¿Están de acuerdo con lo que sus manos dicen de ustedes?

Nombre	Personalidad	¿De acuerdo?

LÍNEA DE LA VIDA	Nace debajo del dedo índice, cerca de la línea de la Cabeza y termina en la parte inferior de la palma. Esta línea no habla de la duración de la vida; nos muestra el paso del tiempo o algún acontecimiento importante en la vida de la persona. El punto de partida ideal está en el punto medio del nacimiento del índice y la base del pulgar. Si nace más arriba, revela una fuerte voluntad y perseverancia para alcanzar metas perseguidas. En cambio, si nace más abajo, significa que la persona es muy indecisa y piensa demasiado antes de actuar. Cuando termina rodeando al dedo pulgar significa amor por el país natal y el hogar. Cuando termina más arriba, quiere decir que la persona tiene afán de conquistar al mundo y que nada podrá detenerlo en lo que emprenda. Cuando termina con forma de horca, habla de dualidad o doble personalidad.
LÍNEA DEL DESTINO	No aparece en todas las manos. Indica los principales acontecimientos de la vida. Puede nacer en puntos diferentes: 1. Desde el centro de la base de la muñeca y hacia arriba. Se trata de personas equilibradas. Tendrán mucha suerte y mucho éxito. 2. Desde la línea de vida. En este caso, el éxito será fruto del mérito personal.
LÍNEA DE LA CABEZA	Es la más importante de la mano y nos muestra la personalidad. Es necesario comparar las dos manos, ya que la izquierda tiene que ver con todo lo que heredamos y la derecha con las cualidades adquiridas. Es importante cualquier diferencia que haya entre una mano y otra. Por ejemplo, si en la mano izquierda esta línea baja, y en la derecha va recta, significa que la persona no ha podido seguir su tendencia natural. Si el trazo es débil en la mano izquierda, y por el contrario es más fuerte en la mano derecha, significa que la persona ha perfeccionado su inteligencia. Esto se da normalmente en los autodidactas. Una línea de la cabeza larga significa que la persona tiene una gran imaginación.
LÍNEA DEL CORAZÓN	Generalmente comienza en el segundo dedo y llega hasta la base del cuarto o quinto dedo. Muestra la parte afectiva. Una línea de corazón larga y profunda nos habla de una persona amorosa, generosa y entusiasta. Cuando nace entre el índice y el dedo mediano indica una persona profunda en sus afectos pero poco demostrativa. Cuando esta línea termina más allá de la palma, existe una gran propensión a los celos. Cuanto más corta es la línea de corazón, menos se manifiestan los sentimientos. Si esta línea se acerca a la línea de cabeza, hasta llegar a tocarla, la persona actuará siempre con el dictado de su corazón. Cuando la línea está entrecortada por varios trazos, significa que la persona tiene miedo por su salud y por la felicidad de los suyos. Si la línea es muy delgada y sin ramificaciones, indica una persona fría y sin sentimientos.
EL CINTURÓN DE VENUS	Va desde el dedo índice al meñique. No aparece en todas las manos. Las personas que la tienen se caracterizan por ser extrovertidas. Si es de un solo trazo, significa que la persona posee relaciones poco intensas con el exterior: egocentrismo. En cambio, si tiene un trazo quebrado, nos muestra una imaginación mórbida e inclinación a aventuras turbias.

Paso 4: Compartan toda la información con la clase.

nuestra gente Ecuador

Exploraciones

 GENTE QUE LEE

Estrategias para leer ✦

Reading argumentative texts (II): cause and effect

This is one of the most common patterns of development in writing. Using cause and effect, a writer gives us his or her arguments about an event, phenomenon, trend, or problem by talking about its cause or causes and the consequences. As in any persuasive text, there will be a claim. The author will normally give us some background so we can better understand the problem. Then, the text will present a convincing argument to persuade readers that the presented causes and effects are plausible. In order to do that, facts, supportive evidence, examples, and anecdotes will be used. The text usually ends by summarizing the claim, elaborating on or emphasizing the consequences, and possibly encouraging readers to take some action.

ANTES DE LEER

21-17 El medio ambiente

¿Cuáles de estas afirmaciones crees que son verdaderas (V) y cuáles falsas (F)?

1. ❑ El hombre es una de las causas más importantes de la extinción de fauna y flora.
2. ❑ Las especies con más movilidad son las más amenazadas de extinción.
3. ❑ Ecuador es uno de los países con mayor biodiversidad del planeta.
4. ❑ El comercio de especies en peligro de extinción mueve 500 millones de dólares anuales.
5. ❑ La actual tasa global de extinción es de unas 2.000 especies al año.
6. ❑ En la historia de la tierra han vivido 500 millones de especies; las que existen en la actualidad representan apenas el 2% de aquellas que alguna vez aparecieron.

¿Sabes algo sobre la situación de las especies amenazadas en tu país? ¿Existen organizaciones que se dedican a proteger y preservar las especies? ¿Sabes en qué regiones de tu país existen especies amenazadas?

21-18 Las Islas Galápagos

¿Qué sabes de las Galápagos? ¿Y de Charles Darwin?

21-19 Activando estrategias

■ Mira las fotos del texto. Luego lee el título. ¿Puedes anticipar qué va a tratar este texto?
■ Lee el título y el primer párrafo. ¿Te dicen más sobre el contenido del texto?

A LEER

Las Islas *Galápagos*, amenazadas

A mediados del siglo XIX, el marino y escritor Herman Melville escribió en su diario de viaje que el archipiélago de las Galápagos "…parecía un grupo de volcanes con el aspecto que el mundo tendría después de un incendio devastador". ¿Fue una premonición?

Situado en el océano Pacífico a mil kilómetros de las costas de Ecuador, el archipiélago de Colón o islas Galápagos, uno de los más frágiles ecosistemas del mundo, continúa sufriendo las **embestidas** de la "modernidad". En 1985, un incendio gigantesco destruyó 400 km² de vegetación en Isabela (la mayor de las islas), y en 1994, en el mismo lugar, otro incendio redujo a **cenizas** 3.000 hectáreas de cultivos. En el 2001, un buque que **encalló** frente a la isla San Cristóbal **derramó** un millón de litros de petróleo.

En las Galápagos, donde Charles Darwin concibió su teoría de la evolución de las especies (1835), habita el 50% de las aves, el 32% de las plantas, el 86% de los reptiles y el 23% de la fauna marina de la costa del Pacífico. <u>Sin embargo</u>, debido a la afluencia masiva de visitantes que las empresas navieras **disfrazan de** "ecoturistas", la biodiversidad de las Galápagos (con un patrimonio exclusivo de 1.900 especies) está gravemente amenazada. El número de visitantes crece cada año. Inicialmente el **cupo** anual era de 12.000 turistas. En 1979 llegaron 11.475 y en 1993 la cifra se elevó a 46.810. En el 2002 llegaron más de 100.000 personas. Como consecuencia de todo esto, más de setenta especies están en peligro de extinción. Lobos marinos, tortugas y tiburones, especies que siempre fueron muy dóciles en el ecosistema de estas islas, se están volviendo agresivas. La tortuga gigante o galápago figura en el *Libro rojo de especies amenazadas,* publicado por la Unión Mundial para la Naturaleza. En 1535 existía en las Galápagos medio millón de tortugas gigantes pero a principios de 1900 se habían reducido a 250.000. Hoy quedan unas 15.000.

Otra de las causas de este desastre es la migración de colonos del continente, atraídos por el dólar fácil del turismo. La tasa de crecimiento de población de la provincia de Galápagos es de un 6% anual, la más alta de Ecuador. Actualmente, más de 10.000 habitantes pueblan la región, demasiados colonos para unas islas

que exigen que se respete su disciplina de vida. Los **asentamientos** urbanos conllevan la **sobreexplotación** de los recursos marinos, la acumulación de **desechos,** y la introducción de enfermedades, plantas e insectos, entre otros.

La Fundación Charles Darwin (**radicada** en las islas desde 1959) recomienda que se congelen el flujo turístico y la migración. <u>No obstante</u>, es poco lo que se puede hacer, ya que las islas constituyen el 78% de los ingresos por turismo de Ecuador, <u>o sea</u>, más de 100 millones de dólares anuales.

DESPUÉS DE LEER

21–20 **Activando estrategias**

■ ¿Qué significan las palabras en negrita **cenizas**, **derramó**, **cupo** y **radicada**? ¿Qué estrategias usaste para averiguar sus significados?

■ ¿Cómo se han formado y qué significan las palabras **asentamientos** y **sobreexplotación**?

■ Busca en el diccionario las palabras en negrita **embestidas, encalló** y **desechos**. Primero decide si son nombres, adjetivos y verbos y cuál es la entrada correcta.

■ Busca las palabras que están entre comillas (*quotation marks*). ¿Cuál es el propósito del autor?

■ Explica el significado de los tres conectores subrayados.

21–21 **¿Entendiste?**

1. ¿Cuántas especies están en peligro de extinción en las Galápagos?
2. ¿Cuáles son los dos factores que amenazan la biodiversidad de las islas?
3. ¿Verdad o falso? El texto dice que…
   a. Las tortugas y tiburones son normalmente muy agresivos.
   b. La mayor parte de los visitantes son ecoturistas.
   c. En las islas vive demasiada gente.
4. Antes había _____ tortugas gigantes; ahora hay _____.
   Antes iban anualmente _____ turistas a la isla; ahora van más de _____ al año.
5. ¿Por qué este problema tiene una difícil solución?

21–22 **Evalúa el texto como argumentación de causa y efecto.**

1. ¿Cuál es el objetivo de su autor?
2. ¿Cómo argumenta el autor sobre el problema específico?
3. ¿Ofrece ejemplos?
4. Identifica la(s) causa(s) y la(s) consecuencia(s). Subraya todos los conectores usados para expresar causa y consecuencia.
5. ¿Cómo termina la argumentación?
6. ¿Qué aspectos mejorarías?

GENTE QUE ESCRIBE

Estrategias para escribir ◆ ◆ ◆ ◆ ◆ ◆ ◆ ◆ ◆ ◆ ◆ ◆ ◆ ◆ ◆ ◆ ◆

Writing argumentative texts (II): cause and effect

If you write about the reasons why something is happening or has happened, you will often use cause–effect arguments. You should consider the following:

1. It is important to state the problem and give the readers some background so they can better understand your argument.
2. Then you should consider a number of possible, appropriate causes for this problem and the consequences or effects in question.
3. Try to present a convincing argument to persuade readers that the causes and effects presented are plausible. In order to do that, facts, supportive evidence, examples, or anecdotes can be used.
4. Some causal statements are not arguments but are instead established facts (Smoking can cause lung cancer.). Try to avoid these kinds of statements.
5. You may also want to devote part of your cause–effect argument to a discussion of alternate causes (the ones that the readers may think of) and, perhaps, a reasoned dismissal of them.

21–23 **Un artículo de opinión**

W **Elige uno de estos temas relacionados con el medio ambiente y escribe un artículo de opinión.**

vertidos ilegales	ruidos	erosión y desertización
pesticidas	efecto invernadero	destrucción del ozono

Antes de escribir, sigue estas recomendaciones:

- ■ piensa en el público a quien está dirigido el artículo,
- ■ determina la(s) causa(s) de este problema y sus efectos o consecuencias,
- ■ piensa en algunos ejemplos específicos y algunos datos que sustenten tus argumentos,
- ■ piensa en alguna estrategia para persuadir al público.

¡ATENCIÓN!

✦ Asegúrate de que;
- cada párrafo tiene una frase temática;
- hay una secuencia lógica y coherencia interna dentro de cada párrafo y entre los párrafos;
- usaste conectores y transiciones dentro de cada párrafo y entre los párrafos;
- tu introducción y conclusión son efectivas.

✦ Revisa el borrador de tu carta siguiendo los PPE. Presta atención a los aspectos del texto de causa y efecto que has estudiado en esta sección.

Beyond the sentence ◆ ◆ ◆ ◆ ◆ ◆ ◆ ◆ ◆ ◆ ◆ ◆ ◆ ◆ ◆ ◆ ◆ ◆

Connectors for persuasive writing: cause and effect

Part of the writing task consists of identifying words or phrases that will indicate for the reader the kind of logical relationships you want to convey. For a cause–effect text, you will need connectors that express either cause or consequence. In Chapter 3 you studied some of them: to express cause (*porque, ya que, debido a que*) or consequence (*por eso*). Let's see some more.

- ▪ To introduce the cause: *ya que* (since), *dado que* (given that), *a causa de que* (due to), *debido a que* (due to), *puesto que* (since), *como* (since), *a causa de* (due to), *debido a* (due to).
  - *Resolver el problema ecológico es difícil **ya que/dado que** las empresas navieras se oponen.*
  - *Resolver el problema ecológico es difícil **puesto que** las empresas navieras se oponen.*
  - ***Como** las empresas navieras se oponen, resolver el problema ecológico es difícil.*
  - *Resolver el problema ecológico es difícil **debido a/a causa de** la oposición de las empresas navieras.*

- ▪ To introduce the consequence: *por eso* (because of that), *entonces* (so), *por (lo) tanto* (therefore), *en/como consecuencia* (in/as a consequence), *por consiguiente* (therefore, consequently), *así que* (so).
  - *Las empresas navieras se oponen, **y por eso** resulta difícil resolver este problema.*
  - *Las empresas navieras se oponen; **por lo tanto/así que** resulta difícil resolver este problema.*
  - *Las empresas navieras se oponen; **como consecuencia**, resulta difícil resolver este problema.*
  - *Las empresas navieras se oponen, **y por consiguiente** resulta difícil resolver este problema.*

Now write ten sentences that contain cause–effect relationships using the following information.

A. Muchas especies están en peligro de extinción.
B. Un excesivo número de turistas continúa visitando la zona.

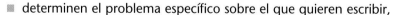

21–24
W

NOTAS
TN21-24

Una carta de opinión

Piensen en algún problema específico que hay en su universidad o escuela y escriban una carta de opinión para el periódico en español. Antes de escribir, sigan estas recomendaciones:

- ▪ determinen el problema específico sobre el que quieren escribir,
- ▪ piensen en el público a quien está dirigida la carta,
- ▪ determinen la(s) causa(s) de este problema y los efectos o consecuencias que produce(n),
- ▪ piensen en algunos ejemplos específicos y algunos datos que sustenten tus argumentos,
- ▪ piensen en alguna estrategia para persuadir al público.

¡ATENCIÓN!

✦ Asegúrense de que
- cada párrafo tiene una frase temática;
- hay una secuencia lógica y coherencia interna dentro de cada párrafo y entre los párrafos;
- su introducción y conclusión son efectivas.

✦ Revisen el borrador de su carta con atención al uso de conectores.

Gente con sentimientos ◆ 21

Comparaciones

21-25
P

La música de Ecuador

Ecuador produce muchos tipos de música. Aquí tienes algunos ejemplos. ¿Cuáles te interesan más? ¿Por qué?

NOTAS
TN21-25

GRUPO	GÉNERO	CARACTERÍSTICAS
K-tleya	tropical merengue	Su base es el merengue, la salsa y la cumbia colombiana. Por sus raíces ecuatorianas rescatan el pasillo y lo adaptan a un ritmo alegre como es el merengue. K-tleya presenta ideas frescas, y una energía y mentalidad proyectadas hacia el éxito.
Los Alamas	música andina	Su nombre proviene del quechua **alama** que significa **amigo**. Los Alamas se han convertido en uno de los grupos folclóricos más importantes de la música de Ecuador. Durante casi 20 años han interpretado canciones de la música ecuatoriana y del folclore latinoamericano.
DNJ	electrónica trance	DNJ realiza toda su música en computadora, mediante múltiples programas de generación de sonido. También utiliza sonidos cotidianos (pájaros, agua, máquinas, etc.) los cuales, mediante el uso de distorsiones, crean nuevos sonidos. Sus artistas favoritos son Paul van Dyk, Depeche Mode, Rammstein y grupos de Ska.
Kábalah	pop rock	Kábalah canta al amor, a la reflexión, al entendimiento. Crean canciones en las que la poesía y las vivencias se representan de la forma más espontánea y directa. Para Kábalah, las canciones surgen a cada paso con el latir de algún corazón roto, en un instante de plenitud en el que el compositor es una antena de los sentimientos escondidos que flotan por el aire alrededor y que uno los atrapa y los hace canción. En su primer disco, *Contracorriente,* hay baladas, rock y bossanova, usando instrumentación típica del rock latino.
Infiltro	rock alternativo	Influenciados por bandas como Tool, Nirvana, Alice in Chains y Metallica, Infiltro compone sus propios temas fusionando varios géneros como el hardcore, punk, metal y grunge. Sus canciones tratan de explorar el lado oscuro y triste que tenemos, y de expresar cada una de nuestras emociones, miedos y frustraciones.
Abismo eterno	rock metal	Esta banda desarrolla, a través de su tributo a la poesía modernista ecuatoriana, un verdadero culto al tedio, el pesimismo, la tristeza y la muerte, negando toda esperanza. Su tema central lírico se basa en lo vana y decepcionante que la vida puede ser. Después de la infancia nos encontramos en un mundo que nos obliga a seguir convencionalismos, que nos impone una manera colectiva de pensar, de vestir y que la mayoría de la gente acepta. Su álbum *La última elegía del guardián* es fiel testimonio de su pesimismo, desprecio absoluto por la vida y todo lo que representa.

¿Te sorprenden los diferentes tipos de música de Ecuador? ¿Se parece su música a la música que se hace en tu país?

21-26
P

La música transmite sentimientos y emociones

Subraya en los textos las palabras que tienen que ver con estos conceptos. Después describan con tres adjetivos la música de cada uno de estos grupos.

NOTAS
TN21-26

21-27 **¿Y tú?**

¿Qué tipo de música escuchas? ¿En qué momentos escuchas música (cuando estás triste, cuando estás leyendo...)? ¿Escuchas música en español? ¿De qué país o países?

NOTAS
TN21-27

Ecuador, en la mitad del mundo

Ecuador se ubica en la costa occidental de Sudamérica y es atravesado por la línea equinoccial. En 1736 llegó a Ecuador un grupo de científicos con el objetivo de medir un arco de meridiano para comprobar la forma de la tierra. Los científicos franceses Bouguer, Godín y La Condamine, junto con los marinos españoles Jorge Juan y Antonio de Ulloa y el científico ecuatoriano Pedro Vicente Maldonado llevaron a cabo la empresa más grande jamás intentada y determinaron que por este lugar pasa el paralelo cero.

El monumento que representa al mundo se construyó en 1979 para conmemorar ese gran momento. Sin embargo, aunque aquí se premia el ingenio de la misión de científicos europeos y ecuatorianos, se sabe que hace miles de años los indígenas ya habían ubicado este punto, guiados por los rayos del sol. Estos antiguos pobladores (pre-incas) celebraban las fiestas del equinoccio el 21 de marzo y 23 de septiembre.

La mitad del mundo

Este monumento de forma piramidal-cuadrangular tiene la orientación geográfica de los cuatro puntos cardinales y se encuentra localizado en la Línea Ecuatorial de latitud cero grados cero minutos y cero segundos. Esta línea pasa por diversos países y continentes, pero hay un solo país que lleva su nombre: La República del Ecuador. En el extremo superior de la pirámide hay un globo terráqueo, envuelto de Oriente a Occidente por una cinta metálica que divide a la esfera exactamente en dos mitades. La orientación del globo corresponde a la posición real de la Tierra. En el interior del monumento se puede visitar el Museo Etnográfico, donde se pueden ver los diferentes grupos étnico-culturales del país. El objetivo del museo es presentar a Ecuador como un país multiétnico, pluricultural y multilingüístico.

21-28 **Meridianos y paralelos**

¿Sabes si hay otros países hispanohablantes por donde pasa la línea del Ecuador? ¿Y otros países del mundo? ¿Has estado en algunos de ellos? ¿Sabes por qué países pasa el Meridiano de Greenwich? ¿Has visitado alguno?

21-29 **Monumentos**

Vamos a pensar ahora en otros monumentos famosos de países hispanohablantes y qué conmemoran o representan. Después vamos a pensar en los monumentos más famosos de nuestro país. ¿Se construyen estos monumentos para provocar sentimientos específicos (orgullo, alegría, reflexión...)? ¿Con qué otros objetivos se construyen monumentos?

VOCABULARIO

Sentimientos y emociones

celos (los)	jealousy
envidia (la)	envy
flechazo (el)	love at first sight
forma de ser (la)	the way someone is, behavior
fuerza (la)	strength
hambre (el)	hunger
miedo (el)	fear
sed (la)	thirst
sueño (el)	dream, sleep
vergüenza (la)	shame, embarrassment

Adjetivos: personalidad, sentimientos y emociones

abierto/a	open-minded
agradable	nice
anticuado/a	old-fashioned
antipático/a	unpleasant
apresurado/a, presuroso/a	hasty, prompt
asustado/a	scared
autoritario/a	authoritarian
celoso/a	jealous
cerrado/a	narrow-minded
comprensivo/a	understanding
contento/a	happy
decepcionado/a	disappointed
deprimido/a	depressed
desconcertante	disconcerting, upsetting
dialogante	open, open-minded
dulce	sweet
egocéntrico/a	self-centered
egoísta	selfish
generoso/a	generous
harto/a (de)	fed up (with)
idealista	idealist
imprevisible	unpredictable, unforeseeable
insoportable	unbearable, intolerable

loco/a	crazy
maravilloso/a	wonderful
mentiroso/a	liar
modesto/a	modest
molesto/a	troublesome, tiresome
nervioso/a	nervous
orgulloso/a	proud
perezoso/a	lazy
poderoso/a	powerful
preocupado/a	worried
profundo/a	profound
raro/a	strange
responsable	responsible
rígido/a	rigid, inflexible
romántico/a	romantic
simpático/a	nice
sincero/a	honest
sociable	friendly
sorprendido/a	surprised
tranquilo/a	calm, quiet

Verbos

aguantar	to put up with
alabar	to praise
atraer (se)	to attract
discutir	to argue about something
enamorarse de	to fall in love with
entenderse con	to get along well with
gritar	to shout
pelearse	to fight; to have an argument
perturbar	to disturb
prohibir	to forbid
renunciar a	to renounce; to give up
repercutir	to have repercussions
sacudir	to shake
soportar	to bear; to put up with
transformarse	to transform oneself/itself

Expresiones sobre relaciones personales y sentimientos

caer bien/mal	*to like/not like*
dar pena/lástima	*to feel sorry for*
echar en falta	*to miss*
estar de buen/mal humor	*to be in a good/bad mood*
estar enfadado/disgustado (con)	*to be mad at someone*
hacer caso a	*to pay attention to*
hacer el tonto	*to be stupid; to act silly*
llevarse bien/mal con	*to get along well/poorly with*
pasar vergüenza	*to be embarrassed*
ponerse celoso/a	*to get jealous*
ponerse contento/a	*to get happy*
quedarse con los brazos cruzados	*to do nothing*
quedarse sordo/a	*to become deaf*
sentirse angustiado/a	*to feel anguish/stress*
sentirse incomprendido/a	*to feel misunderstood*
ser polos opuestos	*to be opposites*
tener celos (de)	*to be jealous (of)*
tener miedo (a/de)	*to be afraid (of)*
tener vergüenza (de)	*to feel embarrassed (about)*

CONSULTORIO GRAMATICAL

SENTIMIENTOS Y EMOCIONES
EXPRESSING FEELINGS AND EMOTIONS

INFINITIVE
Verte así

SINGULAR NOUN
Este tema

QUE + *SUBJUNCTIVE*
Que me vea así

SI/CUANDO + *INDICATIVE*
Si los veo así...

PLURAL NOUN
Estas situaciones

me/te/le/nos/os/les

da(n) lástima/vergüenza/risa...
sorprende(n).
preocupa(n).
...

We use the infinitive construction when the person who carries out the action **(ver, vivir...)** *and the person who experiences the emotion* **(dar vergüenza, preocupar...)** *are one and the same.*

Me da vergüenza **ver** esas cosas.
(a mí)   =   (yo)

¿No **te preocupa vivir** en un mundo así?
(a ti)   =   (tú)

When the person who carries out the action **(ver, vivir...)** *and the one who experiences the emotion* **(dar vergüenza, preocupar...)** *are not the same person, we use the construction* **que** + *subjunctive.*

Me da vergüenza que me **veas** así.
(a mí)   ≠   (tú)

¿No **te preocupa** que la gente **viva** en un mundo así?
(a ti)   ≠   (la gente)

Independently of whether there is a change of subject or not, the construction **si/cuando** + *indicative can be used with expressions with the verb* **dar (lástima, pena, vergüenza...).**

Me da vergüenza cuando **veo** esas cosas.
(a mí)   =   (yo)

Me da vergüenza si me **ves** así.
(a mí)   ≠   (tú)

CONSEJOS Y VALORACIONES
EXPRESSING ADVICE AND VALUE JUDGMENTS

We use the infinitive construction when the advice is not directed towards anyone in particular.

	ADJECTIVE	INFINITIVE
Es	fundamental	**estudiar** mucho para aprobar el curso.
Me parece	exagerado	**levantarse** tan temprano.

*However, when we are referring the advice to a specific person, we use **que** + subjunctive.*

	ADJECTIVE	**QUE** + SUBJUNCTIVE
Es	fundamental	**que estudies** mucho para aprobar el curso.
Me parece	exagerado	**que te levantes** tan temprano.

CAMBIOS EN LAS PERSONAS
CHANGES IN PEOPLE

*We use **ponerse** to express spontaneous and short-term changes in someone's frame of mind.*

Se ha puesto muy nerviosa.
Me puse contentísimo.

*We use **volverse** to talk about changes in character, personality, or behavior.*

Te has vuelto un poco egoísta.
Se volvió muy autoritario.

Hacerse *is used to express a personal, professional, or social development or evolution.*

Nos hemos hecho viejos.
Se hizo rica.
Se ha hecho un experto en el tema.

Se ha vuelto un poco raro desde que se ha hecho rico.

SER + ADJETIVO: CARÁCTER
SER + ADJECTIVE: PERSONALITY

● ¿Cómo es?
○ Es **muy** amable.
  Es **bastante** agradable.

*When used with an adjective, **ser** expresses personality or moral characteristics that define the identity of a subject.*

ESTAR + ADJETIVO = ESTADO DE ÁNIMO, CONDICIÓN
ESTAR + ADJECTIVE = EMOTIONAL STATE, CONDITION

Estar *is used with adjectives to describe the state or condition of the subject. These adjectives do not denote an inherent property of the subject.*

● **Estoy** muy cansada hoy.
○ ¿**Estás** enferma?
● No, sólo **estoy** un poco deprimida.

● ¿Qué le pasa?
○ **Está** preocupado por su novia.
  enfadado conmigo.

TAREA ✦ Hacer un concurso sobre nuestros conocimientos culturales de los países donde se habla español.

NUESTRA GENTE ✦ El español en otros países

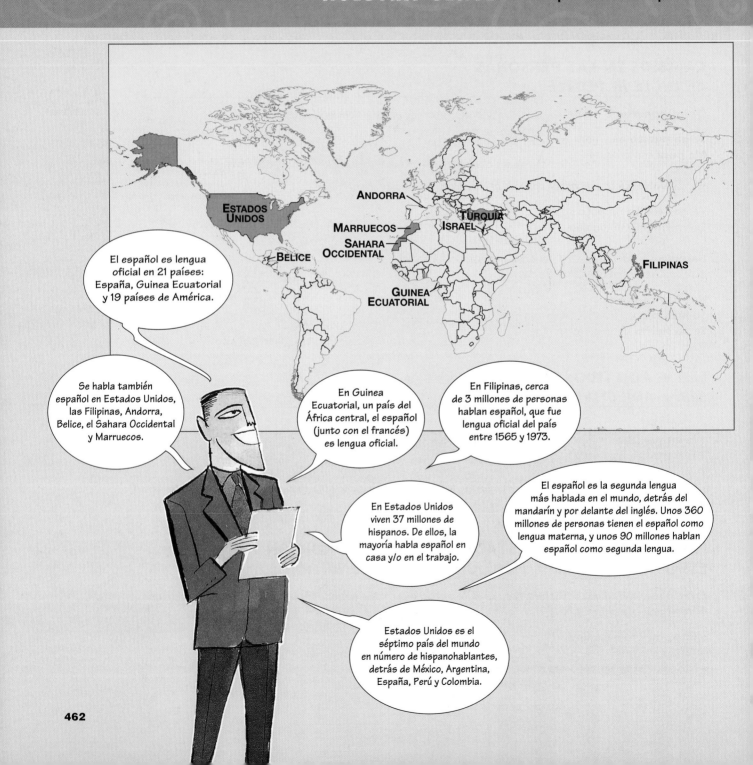

22-1   **¿Qué dice?**
P
Lee lo que dice esta persona sobre el español en otros países. Tu compañero/a no oye bien y por eso tienes que repetirle todo.

> **EJEMPLO:**
> **E1:** *¿Qué dice?*
> **E2:** *Dice que el español es la lengua oficial de 19 países de América, y también en España y en Guinea Ecuatorial.*

Ahora identifiquen en el mapa los países mencionados.

22-2   **¿Qué pregunta?**
Seleccionen las dos informaciones que les parecen más interesantes. En dos papeles, escriban dos preguntas para saber más sobre ese tema. Doblen sus papeles y dénselos a su profesor/a. Ahora su profesor/a mezclará todas las preguntas y las repartirá por la clase. Cada estudiante lee una pregunta y el resto de la clase trata de contestarla.

> **EJEMPLO:**
> *Esta persona* **pregunta dónde** *está Andorra. También* **pregunta si** *Andorra es un país.*

22-3   **¿Verdad o mentira?**
Aquí hay más datos sobre el español en otros países. ¿Qué opinan? Marquen los que creen que son falsos.

- ❏ El español es lengua oficial de la Unión Europea.
- ❏ En el estado de Nuevo México (EE.UU.) el español es lengua oficial junto con el inglés.
- ❏ El español es la segunda lengua oficial de Brasil.
- ❏ En Aruba, el 60% de la población sabe hablar español.
- ❏ Se habla español en algunas comunidades de Turquía, Israel y Marruecos.

22-4   **Imagínate...**
Escribe un correo electrónico a Manuel, que tiene muchísimo interés en el estudio del español. ¿Qué cosas interesantes le dirías sobre el español en otros países? Elige cuatro.

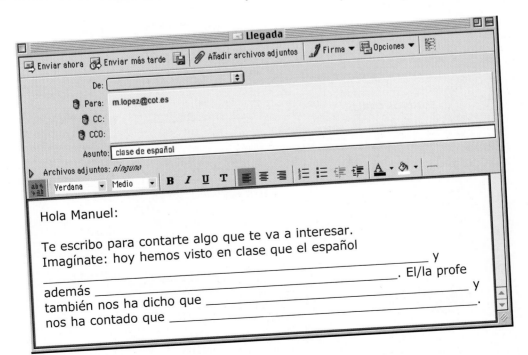

22–5 Querido Alberto

Alberto trabaja en una oficina. Hoy recibió en su despacho y en su casa muchos mensajes: ocho, incluyendo el tuyo. ¿De quiénes son los mensajes para Alberto? ¿Por qué le escriben? Márcalo.

ESCRIBE	ES/SON	PARA
1. Sebastián	una empleada de COMPUGEN	recordarle algo
2. T. Anasagasti	un/a compañero/a de clase	invitarlo a algo
3. Pedro	dos amigos	preguntarle algo
4. Virginia y Alfredo	director de un instituto de español	contarle algo
5. Maite Gonzalvo	su novia	sugerirle algo
6. Sofía	un agente de seguros	explicarle algo
7. tú	un socio	pedirle algo
8. B. Valerio	un/a amigo/a	proponerle algo

¿Qué tipo de mensaje es cada uno de los que recibió Alberto?

nota   correo electrónico   carta   fax   tarjeta postal   invitación

Tengo el placer de invitarlo a la conferencia de la profesora Lourdes Valverde titulada "El español en el mundo" que tendrá lugar el próximo día 12 a las 14.30h en la sede central del Instituto de Español Quevedo.

TOBÍAS ANASAGASTI, DIRECTOR

Llegada

Enviar ahora Enviar más tarde Añadir archivos adjuntos Firma ▼ Opciones ▼

De: m.lopaz@cot.es
Para: a.urban@gen.es
CC:
CCO:

Asunto: Manuel

Archivos adjuntos: *ninguno*

Verdana ▼ Medio ▼ **B** *I* U T

Alberto:

Llego mañana a las 15.38 en un vuelo de Alitalia. ¿Me podrías ir a buscar y así me dices qué tenemos que hacer para la reunión del martes?
Todo fue fenomenal. Mañana te cuento.

Pedro

Queridos Alberto y Sofía:

Lo estamos pasando estupendamente. Filipinas es un país fascinante y en el grupo hay gente muy agradable. Alfredo ha estado un poco resfriado pero ya está mejor. No olviden pasar por la casa para dar de comer a los peces y regar las plantas.

Besos a los dos,

Virginia y Alfredo.

BRASIL

Alberto Urbano
Bailén, 23
28005 Madrid

Alberto:

¿Qué tal el viernes para jugar un partido? Tengo la cancha de tenis reservada a las 10.

¡Dime algo!

Sebastián

SEGUROS ORBIS

Plaza de Manila, 44   ALBERTO URBANO
tel.: 94 737 46 32   Bailén, 23
fax: 94 737 46 46   28005 MADRID

3 de abril

Muy Sr. nuestro:

Adjunto le remito, como acordamos telefónicamente, los documentos relativos a su póliza de seguro automovilístico.
Le sugerimos que nos devuelva una de las copias firmadas por fax.

Atentamente,

B. Valerio

Mi amor:

Llegaré tarde, como a las 9. Hay pizza en el congelador.

¿Llamaste a tu mamá?

Te quiero.

Sofía

FAX

FAX de: Maite Gonzalvo
PARA: Alberto Urbano
Páginas, incluida ésta: 1

Sr. Urbano:
Ya recibimos su computadora, pero no podemos hacer nada porque el técnico no estará hasta el lunes. Lo llamaremos cuando esté lista.

22-6 **Dígame**

A

Sofía, la novia de Alberto, trabaja de secretaria en una oficina de la universidad. Hoy es un día complicado y todo el mundo le pide cosas. Toma nota de todo lo que le piden. Ahora son las 10h de la mañana.

LLAMA	SOFÍA TIENE QUE	ORDEN
1. Julio, un profesor	_____	❏
2. Manuela, una compañera de clase	_____	❏
3. Alberto, su novio	_____	❏
4. Juana, una profesora	_____	❏
5. Sara, otra compañera	_____	❏
6. Miguel, un profesor	_____	❏

¿En qué orden crees que Sofía va a hacer todas estas cosas?

22-7 **Herramientas**

P

Cada uno de ustedes debe averiguar el significado de seis palabras. No digan el significado a su compañero/a.

Estudiante A	**Estudiante B**
martillo	tornillo
aguja de coser	destornillador
clavo	cinta métrica
tijeras	cuerda
hilo	gato
cinta adhesiva	llave

Ahora imaginen que tienen que hacer estas cosas y necesitan algunas herramientas o utensilios. Pidan lo que necesitan a su compañero/a y usen paráfrasis y/o circunloquio para explicar las palabras que no conocen.

Estudiante A

Tiene que construir una mesa.

Tiene que cambiar la rueda del carro.

Tiene que atar unas cajas.

Estudiante B

Tiene que colgar un cuadro en la pared.

Tiene que coser un botón de su chaqueta.

Tiene que envolver un regalo.

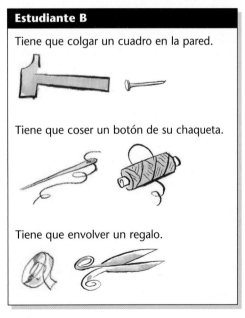

EJEMPLO:

E1: Tengo que atar unas cajas. ¿Tienes una cosa que sirve para atar?

E2: ¿Una cuerda? Sí, toma.

22-8 Por favor

Basilio está en la cama y no para de pedir cosas a todo el mundo. ¿Qué dice? Escribe seis frases.

EJEMPLO:

Oye, ¿te importaría pasarme el control remoto? **Es que** quiero ver las noticias de la tele.

 (P) Uno/a de ustedes es Basilio y el/la otro/a está en su casa de visita. Tiene que pedirle permiso para hacer estas cosas. ¿Cómo lo dirán? ¿Qué responderá Basilio?

- subir un poco la persiana para tener más luz
- llamar por teléfono
- consultar su correo electrónico
- mirar unas fotos que están sobre la mesa
- tomar un vaso de agua
- bajar la calefacción
- hacer un café
- comer un plátano

EJEMPLO:

E1: Oye, ¿te importa si subo la persiana un poco? **Es que** está un poco oscuro.

E2: Sí, claro, súbela.

22-9 Más favores

 P Ahora pidan favores a su compañero/a y justifiquen sus peticiones.

- usar su teléfono celular
- usar su carro
- usar su computadora
- _____
- tomar prestadas sus gafas de sol
- tomar prestado el Ipod de su compañero/a de cuarto
- usar sus palos de golf
- _____

EJEMPLO:

E1: Oye, ¿te importa prestarme tu celular? **El mío** no funciona y **el tuyo** sí.

E2: Sí, claro, puedes usar **el mío**.

22-10 No está

A Imagina que eres el/la secretario/a de Marta Elizalde. Escucha las conversaciones y escribe tres mensajes como éste.

PEDIR Y DAR COSAS

- ● ¿Tienes un bolígrafo?
- ○ Sí, toma.
  No, no tengo (ninguno/a).

- ● ¿Me dejas/prestas el paraguas?
- ○ Sí, cógelo.

PEDIR A ALGUIEN QUE HAGA ALGO

- ● ¿Puede/s ayudarme con...?
  ¿Podrías hacer unas fotocopias?
  ¿Te importaría atender esta llamada?

- ○ Sí, ahora mismo.
  Sí, claro/por supuesto/cómo no.

PEDIR Y DAR PERMISO

- ● ¿Puedo hacer una llamada?
- ○ Sí, sí; llama/e, llama/e.
  Sí, sí, claro/por supuesto/cómo no.

- ● ¿Te/le importa si uso el teléfono?
- ○ No, claro, úsalo/úselo.

JUSTIFICAR PETICIONES: ES QUE...

Es que estoy esperando una llamada.

POSESIVOS

- ● Luis, ¿me dejas **tu** llave? **La mía** no funciona bien.
- ○ Usa la de Javier. **Mi** llave es muy vieja.
  La suya es mejor que **la mía**.

mi/mis			
el mío	la mía	los míos	las mías

tu/tus			
el tuyo	la tuya	los tuyos	las tuyas

su/sus			
el suyo	la suya	los suyos	las suyas

nuestro/a/os/as	
el nuestro	la nuestra
los nuestros	las nuestras

vuestro/a/os/as	
el vuestro	la vuestra
los vuestros	las vuestras

su/sus	
el suyo	la suya
los suyos	las suyas

Gente y mensajes ◆ 22

REFERIR LAS PALABRAS DE OTROS

Me ha escrito/escribió Iván.
Envía muchos saludos para ti.
Me invita a su casa.
Me cuenta una serie de problemas.
Nos da las gracias por las revistas.

INFORMACIONES

	+ INDICATIVO
Dice que	le va muy bien.
Me comenta que	ha visto a Eva.
Me cuenta que	estuvo enfermo.

PREGUNTAS

	+ INDICATIVO
	si vamos a ir a visitarlo.
Me ha preguntado	qué queremos.
Me preguntó	cuándo vamos a ir.
	dónde vives ahora.

PETICIONES, PROPUESTAS

	+ SUBJUNTIVO
Quiere que	le envíe un libro.
Me pide que	vaya a visitarlo.
Dice que	lo llames.

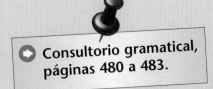

Oye, me han traído a mi casa un paquete para ti. Ven a buscarlo.

Dice que le llevaron a su casa un paquete para mí. Quiere que vaya yo a buscarlo.

Dile que lo traiga él aquí.

➤ **Consultorio gramatical, páginas 480 a 483.**

22-11 A
NOTAS TN22-12

Puede dejar su mensaje después de la señal

Estás en estas situaciones y haces unas llamadas por teléfono, pero siempre escuchas un mensaje del contestador. Escucha y prepara el mensaje que vas a dejar en cada caso.

1. Tu gato está enfermo y llamas al veterinario.

2. Quieres hacer una cita con el oculista.

3. Acabas de llegar en avión a la ciudad donde viven unos amigos tuyos y no sabes dónde alojarte.

4. Estás enfermo/a en casa y llamas a un amigo para cancelar una cita que tienes con él.

22-12 G
NOTAS TN22-13

En grupos de tres. Uno/a de ustedes va a leer las grabaciones de cada contestador. Otro/a tiene que responder después de la señal. El/la tercero/a tiene que repetir lo que ha dicho. Después intercambien papeles.

1. Éste es el contestador automático de la Clínica veterinaria Don Chucho. Nuestro horario es de 9h a 1h y de 4.30h a 7.30h, todos los días excepto fines de semana. En caso de urgencia, puede llamar al número 91 234 56 61 o dejar un mensaje después de la señal. Biiip.
2. El horario de visita de nuestro consultorio es martes y jueves de cinco a nueve de la tarde. Si desea concertar una cita, puede grabar un mensaje. Deje su nombre y número de teléfono y nos pondremos en contacto con usted. Gracias. Biiip.
3. Has llamado al 96 433 89 05. No estamos en casa, pero puedes dejarnos un mensaje después de oír la señal. Gracias. Biiip.
4. Hola, ¿qué tal? Lo siento, pero no hay nadie en casa. Puedes dejar un mensaje y te llamo luego. Biiip.

EJEMPLO:
E1: [...] deje su mensaje después de la señal. Biiip.
E2: Sí, buenos días. Verá, **es que** mi gato está enfermo y necesito que lo vea el doctor. ¿Puedo llevarlo el lunes por la mañana? Por favor llámenme al 7677766. Muchas gracias.
E3: **Dice que** su gato **está** enfermo. **Pregunta si puede** llevarlo el lunes por la mañana. **Quiere que** lo **llamen**.

Estrategias para la comunicación oral ◆ ◆ ◆ ◆ ◆ ◆ ◆ ◆ ◆ ◆ ◆

Indirect discourse: relaying other people's words during conversation

When we report on our words or those of others, we don't transmit the content word-for-word; rather, we generally interpret it, passing on what we think is important or essential, and adapting it to the new situation. Indirect, or reported, speech is not simply a matter of grammar rules. First ask yourself **why** you are relaying the information. This will be the key to determining how to best transmit it.

When transmitting information, keep the new communicative situation in mind as you modify the original language structures to fit the new context. This is the case with

- possessives (*mi, tu, su,* etc.)
- demonstratives (*este, ese, aquel,* etc.)
- subjects of verbs
- expressions of time and space
- verbs referring to time and space (*ir, venir, llevar, traer…*)

Don't forget that *decir* is only one of the verbs you can use to introduce indirect speech. Often we interpret what was said by introducing it with verbs such as *aconsejar, sugerir, comentar, explicar, añadir, pedir, informar, advertir, temer, ordenar, exigir,* or *querer.*

Change the following message to indirect speech, paying special attention to the words and expressions in bold.

> *Buenos días. Soy Ricardo. Llamo porque **mi** perro está muy enfermo. **Estas** pastillas que me recetó el doctor no han tenido ningún efecto. He intentado comprar más pero **acá** no venden estas pastillas sin receta médica. ¿Puede verlo el doctor hoy mismo? Puedo **llevarlo** esta mañana o puedo **ir allá** mañana temprano. Por favor, díga**me** qué puedo hacer.*
>
> *Ha llamado Ricardo. Dice que…*

22-13 **Dice que…**

G En grupos de cuatro, cada uno va a escribir tres notas como ésta para sus tres compañeros/as. Después intercambien todas las notas y transmitan los mensajes a sus compañeros/as.

el nombre del destinatario ●   tu nombre ●

Pueden escribir:

- una petición
- una información interesante
- un agradecimiento
- una disculpa
- una invitación ●
- un mandato
- una sugerencia

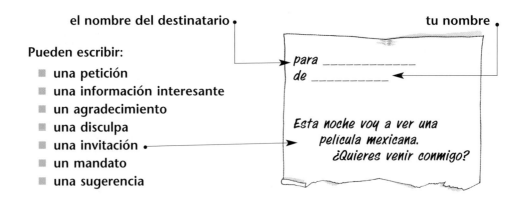

para _____
de _____

Esta noche voy a ver una película mexicana.
¿Quieres venir conmigo?

EJEMPLO:

John: te ha dejado una nota Stephanie. **Dice que** esta noche va a ver una película mexicana y **pregunta si** quieres ir **con ella**.

22-14 **Mi país**

P Imaginen que uno/a de ustedes es guineano/a y quiere compartir estos datos de Guinea Ecuatorial con un/a estudiante de su país. Comparen los datos.

ESTUDIANTE GUINEANO/A

▧ En mi país el español es el idioma predominante.

▧ La capital de mi país es una isla: Malabo.

▧ Mi país es uno de los más pequeños del continente africano. Tiene unos 500.000 habitantes.

▧ Nuestras fiestas más importantes son el 15 agosto, Día de la Constitución, el 12 octubre, Día de la Independencia y el 25 de diciembre, la Navidad.

▧ Nuestras lenguas oficiales son el español y el francés.

▧ Mi país fue una colonia española.

▧ Logramos nuestra independencia en 1968.

▧ Nuestra moneda es el franco.

Malabo, capital de Guinea Ecuatorial

ESTUDIANTE _____

▧ En el mío...

▧

▧

▧

▧

▧

▧

▧

EJEMPLO:

E1: En mi país la lengua predominante es el español. Es la lengua oficial.

E2: Pues en **el mío** se habla español, pero la lengua principal es el inglés.

¿Qué diferencias y similitudes han descubierto?

 22-15
P

Juego de papeles. ¿Me da permiso?
    Situación: En una oficina, un jefe y un/a empleado/a.

ESTUDIANTE 1

Este verano trabajas en una oficina. Tienes un/a jefe/a muy poco comprensivo/a y algo autoritario/a. Ahora estás en la oficina y quieres pedirle permiso para hacer estas cosas:

▧ salir unos minutos a comprar algo para almorzar,
▧ hacer unas fotocopias en la oficina de al lado,
▧ usar el teléfono,
▧ ir a comprar un regalo para tu novio/a,
▧ usar su coche para ir al aeropuerto mañana.

No olvides justificar tus peticiones. Atención, porque tu jefe/a te va a pedir que hagas algunas cosas a cambio.

ESTUDIANTE 2

Estás a cargo este verano de una oficina legal. Hay un/a empleado/a temporal que te pide permiso para hacer muchas cosas. Dáselo, pero pídele a cambio que él/ella haga estas cosas:

▧ recoger tus camisas de la tintorería,
▧ escribir e imprimir un informe,
▧ enviar dos emails y tres faxes,
▧ traerte un café del bar,
▧ limpiar y ordenar un poco la oficina.

EJEMPLO:

E1: ¿**Le importa si** salgo a comprar algo para comer? **Es que** no he comido nada en todo el día.

E2: Bueno, está bien, pero ¿**podrías** recoger mis pantalones de la tintorería? **Es que** yo tengo una reunión.

◆ Hacer un concurso sobre nuestros conocimientos culturales de los países donde se habla español.

(A)   ✦ **PREPARACIÓN** ✦

Están participando en un concurso. El tema de hoy es la situación lingüística de algunos países donde se habla español. Escuchen las preguntas y traten de responderlas. No importa si sólo saben algunas respuestas. Repitan cada pregunta que escuchen para asegurarse de que han comprendido.

EJEMPLO:
E1: Ha preguntado cuáles son las lenguas oficiales de Filipinas.
E2: Sí, y dijo que son (a) español y tagalo, (b) tagalo e inglés o (c) tagalo y filipino.

Ahora hagan un grupo con dos estudiantes más y comparen y comenten sus respuestas. Después den al/a la profesor/a sus respuestas. Él/ella dirá qué grupo ha ganado.

(W)   **Paso 1:** Preparando nuestras preguntas
Vamos a continuar jugando, pero ahora ustedes tienen que preparar preguntas para los otros equipos. Lean bien la ficha con las reglas sobre la preparación de preguntas. Miren las imágenes. Pueden sugerirles algunas ideas.

Paso 2: Lean las reglas del juego y el sistema de puntuación. Asegúrense de que lo comprenden.

PREPARACIÓN DE LAS PREGUNTAS

- Cada equipo busca información para preparar preguntas. Sus preguntas deben ser sobre cualquiera de los otros países donde se habla español. Pueden consultar su libro de texto.
- Después, cada equipo prepara cinco preguntas para cada uno de los otros equipos.
- Pueden preguntar sobre historia, población, geografía, arte, gente famosa, costumbres, etc.

Pablo Picasso, 'Guernica' 1937

PUNTUACIÓN

Respuesta acertada: 3 puntos.

Rebote: 5 puntos.

Si un grupo hace una pregunta pero no sabe la respuesta correcta: −5 puntos

REGLAS DEL JUEGO

- Cada equipo entrega por escrito los cuestionarios (al/a la profesor/a con las respuestas y a los equipos adversarios sin ellas).
- Luego, cada equipo busca las soluciones. Pueden hablar durante unos 15 minutos.
- Un/a delegado/a de cada grupo leerá las preguntas y dará las respuestas que haya decidido el grupo.
- El grupo que ha elaborado esa pregunta dirá si la respuesta es correcta o no.
- Si un grupo no sabe alguna respuesta, o da una falsa, puede haber "rebote": los otros equipos pueden responder a esa pregunta.

Paso 3: ¡A jugar!

Paso 4: Tras el concurso, su profesor/a dirá qué equipo es el ganador.

nuestra gente

El español en otros países

Exploraciones

 GENTE QUE LEE

Estrategias para leer ◆

Reading argumentative texts (III): comparison and contrast

The second most common pattern of development in argumentative writing is comparison and contrast. The goal is usually (but not always) to demonstrate a preference for one thing over another. When comparing and contrasting two ideas, writers structure their essays in one of three ways:

1. They state similarities and then contrast them (or vice versa).
2. They elaborate first one idea, then another.
3. They only show similarities, or only differences.

When reading such a text, make sure you clearly identify the goal of the text, as well as the pattern or structure that the writer has chosen to make his/her argument.

ANTES DE LEER

22-16 **Lee estas afirmaciones**

- No existen países monolingües, sólo personas monolingües.
- La mayoría de los países tienen una única lengua oficial.
- Todos tenemos un derecho inalienable a nuestra lengua ancestral, la lengua de la familia. Del mismo modo, todos tenemos un derecho inalienable a la lengua del Estado.
- El multilingüismo puede afectar negativamente a la unidad de un país.
- Es mejor que un país no tenga una lengua oficial.
- El bilingüismo es la primera etapa en la extinción de una lengua indígena.

22-17 **El español en los EE.UU.**
¿Qué opinas de la situación lingüística de EE.UU.? ¿Crees que debería tener el inglés como lengua oficial? ¿Debería ser el español lengua oficial en más estados, siguiendo el modelo de Nuevo México? ¿Cuál es tu opinión sobre la educación bilingüe?

22-18 **Activando estrategias**

- Lee el título del texto. ¿Puedes averiguar el tema del texto? ¿Te permite ver la posición del autor?
- Mira la foto. ¿Confirma tus predicciones?
- Lee la primera frase del texto. ¿Tienes ahora más información?

A LEER

EDUCACIÓN MONOLINGÜE A LA FUERZA

En 1986, California declaró el inglés como lengua oficial del estado, una decisión política que reflejaba el clima general de oposición al uso de otras lenguas además del inglés. Doce años más tarde, los californianos acudieron a las urnas de nuevo y refrendaron la proposición 227. <u>Ésta</u> **suprime** oficialmente la enseñanza pública bilingüe, y exige que todos los estudiantes que hablen otros idiomas asistan durante un año a una clase de "inmersión protegida" y que, después de ese año, pasen a clases dictadas solo en inglés. La aprobación de esta iniciativa (un 61% a favor frente a un 39% en contra, que en el caso de los hispanos se distribuyó a la inversa, con un 60% a favor de la enseñanza bilingüe, y un 40% en contra) revela el temor injustificado a que Estados Unidos llegue a verse dividido por una frontera lingüística, y el mito de que el hablar solamente una lengua conducirá a un crisol "anglizado" donde todas las culturas inmigrantes se harán una sola.

NO TENGO MIEDO DE LOS MONSTRUOS
I AM NOT AFRAID OF MONSTERS

Editorial Hall Prentice

John Cremer

Mientras los defensores de la educación bilingüe argumentan que este tipo de educación capacita a los estudiantes para **desenvolverse** en clases que se imparten en inglés, y reconocen el valor de otras culturas e idiomas, los proponentes de la Proposición llamada "Inglés para los niños" argumentan por el contrario que su objetivo es ayudarlos a aprender inglés mejor. Afirman que la educación bilingüe no les permite aprender inglés.

Sin embargo, Stephen D. Krashen, profesor de la Universidad del Sur de California y experto en adquisición de lenguas, explica que "cuando a los alumnos se les da una buena educación en su primer idioma, se les dan dos cosas: conocimiento y **lectoescritura.** El conocimiento que los niños adquieren por medio de su primer idioma hace más comprensible el inglés que oyen y leen. La lectoescritura que se aprende en el idioma primario se transfiere al segundo idioma. <u>Una vez que</u> podemos leer en un idioma, podemos leer en

general". Del mismo modo, las destrezas adquiridas al aprender un idioma ayudan a aprender otro. Por otro lado, poner a un estudiante a aprender matemáticas o ciencias en un idioma extraño hace casi imposible que aprenda matemáticas ni el nuevo idioma. Igualmente, el director de un programa de educación bilingüe de una escuela de Los Angeles le dijo al *San Jose Mercury* que cuando los alumnos que tienen un **dominio** limitado del inglés están en clases que se enseñan en inglés, "no aprenden nada más que inglés. No están preparados para comprender otros conceptos porque <u>recién</u> están <u>aprendiendo</u> el idioma". En cambio, "cuando están sólidos en su primer idioma, la transición al inglés es más fácil".

No es fácil **predecir** las consecuencias de prohibir la enseñanza en las lenguas ancestrales de los inmigrantes. A muchos niños el nuevo sistema les va bien, <u>pero no obstante</u> no serán capaces de desarrollar un nivel de dominio del idioma plenamente funcional ni llegarán a **alfabetizarse** en la lengua de sus antepasados. Dejarán de usar el español, la lengua de su hogar, y <u>en consecuencia</u> resultarán alienados de su familia y de su medio cultural.

DESPUÉS DE LEER

 Activando estrategias

■ Subraya todos los marcadores y transiciones de comparación y contraste que usa el autor.

■ ¿Qué significan las palabras en negrita **suprime, desenvolverse, dominio**? ¿Qué estrategias usaste para averiguar sus significados?

- ¿Cómo se han formado y qué significan las palabras **lectoescritura**, **predecir** y **alfabetizarse**?
- Busca en el diccionario la palabra en negrita **recién**. ¿Qué tipo de palabra es? Ahora cambia la expresión subrayada por otra que signifique lo mismo.
- ¿A qué o quién se refiere el referente subrayado en el primer párrafo? Busca su antecedente.
- ¿Qué expresan los conectores subrayados?

22-20 **¿Entendiste?**

NOTAS
TN22-22

1. ¿Cómo fue el voto hispano sobre la Proposición 227?
2. Según el autor del texto, ¿qué demostró el resultado de la votación sobre la Proposición 227?
3. ¿Cuál es la opinión de Stephen Krashen sobre este debate?
4. ¿Qué consecuencia tendrá esta decisión, según el autor?

22-21 **Evalúa el texto como argumentación de comparación y contraste.**

NOTAS
TN22-23

1. ¿Cuál es el objetivo de su autor? ¿Dónde lo presenta? ¿Cuál es su postura?
2. ¿Qué tipo de estrategia predomina: la de presentar similitudes o contrastes? Da ejemplos.
3. ¿Mantiene el autor un equilibrio entre los argumentos de uno y otro lado?
4. ¿Qué intención tiene el autor al escribir el párrafo final?
5. ¿Te parece una argumentación efectiva? ¿Qué se podría mejorar? ¿Estás de acuerdo o no? ¿Por qué?

 GENTE QUE ESCRIBE

Estrategias para escribir ✦ ✦ ✦ ✦ ✦ ✦ ✦ ✦ ✦ ✦ ✦ ✦ ✦ ✦ ✦ ✦

Writing argumentative texts (III): comparison and contrast

When writing a comparison and contrast text, focus on the ways in which certain things or ideas are similar to and/or different from one another. In some cases, comparison/contrast is the main goal of the text; in others, it might only be part of the essay (you can begin by comparing and/or contrasting things, making two lists, and subsequently use what you learn to construct an argument).

First compose a list of similarities and differences, and then select which ones to focus on. Ask yourself these questions:

- What's interesting and informative?
- What's related to the argument I want to make?
- What's central and needs to be included?
- What's more important: the similarities or the differences?

As usual, state a thesis and organize your writing. You can decide to organize your text (1) item-by-item, saying everything you want to say about the first item, then the second, then comparing and/or contrasting them, or (2) point-by-point, presenting one point of comparison and/or contrast at a time. Finally, you may want to consider saving the most convincing or effective comparison and/or contrast for the end of the essay, so it will stick in your reader's mind.

22-22 ¿Debe ser el estudio de una lengua extranjera un requisito?

W

NOTAS
TN22-24

En tu universidad existe un debate sobre el requisito de estudiar una lengua extranjera. Unos piensan que hay que tenerlo; otros creen que es mejor que no exista este requisito. ¿Y tú qué opinas? Prepara una argumentación donde compares y contrastes las dos posturas. Primero:

- determina tu postura ante el tema;
- determina si vas a utilizar la comparación, el contraste, o ambos;
- haz listas de similitudes o diferencias;
- piensa en alguna estrategia para persuadir al público.

¡ATENCIÓN!

✦ Asegúrate de que
- tu tesis está basada en la comparación y/o contraste;
- cada párrafo tiene una frase temática;
- hay una secuencia lógica y coherencia interna dentro de cada párrafo y entre los párrafos;
- usaste conectores y transiciones dentro de cada párrafo y entre los párrafos;
- tu introducción y conclusión son efectivas.

✦ Revisa el borrador de tu carta siguiendo los PPE. Presta atención especialmente a los aspectos del texto de comparación y contraste que has estudiado en esta sección.

Beyond the sentence ✦ ✦ ✦ ✦ ✦ ✦ ✦ ✦ ✦ ✦ ✦ ✦ ✦ ✦ ✦ ✦ ✦

Connectors for persuasive writing: comparison and contrast

When writing a text of comparison and contrast, select words or phrases that will indicate to your readers those kinds of relationships between ideas or elements. Are you explaining similarities or differences? What are the most appropriate and effective connectors to use within paragraphs, as well as between paragraphs? Let's take a look at the most common ones:

■ To emphasize similarities: *igualmente* (likewise), *del mismo modo/de la misma manera* (similarly, in the same way); *de modo similar/de manera similar* (similarly, in the same way).

■ To emphasize differences: *al/por el contrario* (on the contrary), *por un lado/por una parte... por otro lado/por otra parte...* (on one hand... on the other hand...), *mientras* (while), *en contraste* (in contrast), *en cambio* (on the other hand, instead), *sin embargo* (however), *a diferencia de...* (unlike).

Identify the connectors used in the text of the section *A leer*, and replace them with others that have the same meaning. In most cases you will need to reorganize the whole sentence.

22–23
W

NOTAS
TN22-25

Artículo de opinión

El periódico en español necesita el último ensayo del año. El título: ¿Dónde tiene el español más futuro: en Guinea Ecuatorial o en Filipinas? Usando lo que aprendieron en esta lección, escriban un ensayo comparando y contrastando la situación del español en ambos países. Pueden hacer preguntas a su profesor/a. Antes de escribir

■ hagan una lista de similitudes y diferencias
■ basándose en la lista, decidan cuál es su opinión
■ organicen su argumentación basándose en sus listas

¡ATENCIÓN!

✦ Asegúrense de que
- su tesis está basada en la comparación y/o contraste;
- cada párrafo tiene una frase temática;
- hay una secuencia lógica y coherencia interna dentro de cada párrafo y entre los párrafos;
- usan conectores y transiciones dentro de cada párrafo y entre los párrafos;
- su introducción y conclusión son efectivas.

✦ Revisen el borrador de su texto siguiendo los PPE. Presten atención especialmente a los conectores para comparar y contrastar.

Comparaciones

El español en el continente africano

Las colonizaciones y dominaciones de unos países sobre otros llevan a la imposición de las lenguas de los países dominantes. Por razones históricas de imposición lingüística, el español tiene una presencia importante no sólo en Guinea Ecuatorial, donde es lengua oficial, sino también en el área conocida como El Magreb. Aquí tienes algunos datos.

ESPAÑA
Estrecho de Gibraltar
Gibraltar (Reino Unido)
Ceuta (España)
Melilla (España)
OCÉANO ATLÁNTICO
Rabat
Casablanca
Fez
MARRUECOS
Marrakech
Islas Canarias (España)
Laayoune (El Aaiún)
ARGELIA
Desierto de El Sahara
SAHARA OCCIDENTAL
MAURITANIA

Marruecos

Protectorado español hasta 1956
Lengua oficial: árabe
Población: 31.000.000
Etnias principales: bereber y árabe
Segunda lengua más hablada: español
Otras lenguas: bereber, inglés y francés

Ceuta

Ciudad autónoma española
Lengua oficial: español
Población: 76.000
Etnias principales: español, bereber y árabe
Otras lenguas: bereber, árabe

Melilla

Ciudad autónoma española
Lengua oficial: español
Población: 70.000
Etnias principales: español, bereber y árabe
Otras lenguas: bereber, árabe

Sahara Occidental

Colonia española hasta 1975. Actualmente ocupado por Marruecos
Lenguas oficiales: árabe y español
Población: 1.000.000
Etnias principales: árabe y bereber
Segunda lengua más importante: español
Otras lenguas: hassania

22-24 Expansión

Piensa en otros casos en los que el español se ha impuesto sobre otras lenguas. ¿En qué países convive con las lenguas originarias? ¿Cuál es la situación de las lenguas originarias? Da ejemplos específicos.

22-25 ¿Y en tu país?

Piensa ahora en tu país y encuentra semejanzas.

22-26 "Spanglish"

La imposición lingüística crea también variedades lingüísticas híbridas, como el judeoespañol o ladino, o el "spanglish" en EE.UU. ¿Qué opinas de este último?

22-27 El futuro del español

Reflexiona ahora sobre el futuro de la lengua española. Lee primero este texto donde se trata este tema. Después responde a las preguntas.

EL FUTURO DEL ESPAÑOL

Con unos 360 millones de hablantes nativos y casi 100 millones de personas que lo hablan como segundo idioma, el español es hoy una de las lenguas más habladas en el mundo. Sin embargo, dista aún de alcanzar la preeminencia que tiene el inglés. La distancia entre uno y otro idioma se explica fácilmente: ninguna de las naciones que hablan español como primer idioma es una potencia mundial. Su peso científico o económico en el mundo es bajo comparado con otras lenguas. Sin embargo, en un estudio publicado recientemente en la revista *Science*, se predice que en el decenio de 2050 el 6% de la población mundial hablará español, superando al inglés, que del 9% que tiene actualmente caerá hasta algo más del 5%.

La expansión del español se explica en gran medida por el desplazamiento y el crecimiento demográfico de las comunidades hispanohablantes en el mundo, que se extienden hoy por cinco continentes. Uno de los casos más significativos se da en Estados Unidos, donde en 2000 más de 20 millones de personas hablaban español (10,5%), lo que muestra un incremento del 66% desde 1990. Según el último censo, el español se ha convertido en el segundo idioma, con cerca de 30 millones de hispanohablantes, de un total de 281 millones (un 12,6%). Según las estimaciones, esta cifra podría duplicarse hacia 2050.

El lingüista británico David Graddol, autor de la investigación, afirma que el castellano se perfila como un idioma en expansión que superará al inglés hacia el año 2050, pero será, a su vez, aventajado por lenguas de origen árabe e indio. El estudio revela que la proporción de la población que habla inglés está en declive y cree que es posible que desaparezcan el 90% de las 6.000 lenguas actuales.

El investigador británico lleva años estudiando la evolución de los lenguajes en el mundo. Para su trabajo se basó, principalmente, en estadísticas de las Naciones Unidas y de la Comisión Europea. Al referirse a las nuevas tendencias, Graddol sostiene que muchos países tienen ya una población multilingüe, y cita datos de la Oficina del Censo de Estados Unidos, que indican que casi un 20% de los norteamericanos habla en su casa un idioma diferente del inglés, y la mayoría de ellos habla castellano, seguido por el chino.

¿Estás de acuerdo con estas predicciones de David Graddol? Explica por qué.

	SÍ	NO
▨ En el año 2050 el 6% de la población mundial hablará español, superando al inglés.	❏	❏
▨ Para el año 2050 la cifra de hispanohablantes en EE.UU. será el doble.	❏	❏
▨ El número de hablantes de lenguas árabes e indias superará al de hispanohablantes y angloparlantes.	❏	❏
▨ Desaparecerán el 90% de las 6.000 lenguas actuales.	❏	❏

22-28 Beneficios de ser bilingüe o multilingüe

G Estos son algunos de los beneficios de ser bilingüe o multilingüe. Ordénenlos según la importancia que tienen para ustedes.

- ▨ Aumenta las oportunidades profesionales.
- ▨ Promueve la sensibilidad cultural.
- ▨ Da una ventaja en matemáticas y ciencias.
- ▨ Promueve la flexibilidad mental.
- ▨ Promueve el pensamiento crítico y creativo.
- ▨ Permite un mejor entendimiento de la lengua materna.

¿Cómo creen que saber español los puede beneficiar en el futuro? Hagan una lista con cinco puntos. Luego presenten la lista a la clase.

VOCABULARIO

Herramientas y utensilios

aguja de coser (la)	*needle*
cinta adhesiva (la)	*adhesive tape*
cinta métrica (la)	*tape measure*
clavo (el)	*nail*
cuerda (la)	*rope*
destornillador (el)	*screwdriver*
gato (el)	*jack*
herramienta (la)	*tool*
hilo (el)	*thread*
llave (la)	*wrench, key*
martillo (el)	*hammer*
papel de regalo (el)	*gift wrap*
taladro (el)	*drill*
tijeras (las)	*scissors*
tornillo (el)	*screw*

Correspondencia y mensajes

carta (la)	*letter*
contestador automático (el)	*answering machine*
correo electrónico (el)	*email*
fax (el)	*fax*
invitación (la)	*invitation*
nota (la)	*note*
tarjeta postal (la)	*postcard*

Verbos

agradecer (zc)	*to thank*
amarrar	*to tie*
anotar	*to take note*
anular	*to cancel*
arreglar	*to fix*
atar	*to tie*
colgar (ue)	*to hang*
contar (ue)	*to tell*
coser	*to saw*
decir (*irreg*)	*to say; to ask*
devolver (ue)	*to return*
envolver (ue)	*to wrap*
explicar	*to explain*
ilustrar	*to illustrate*
invitar	*to invite*
llevar	*to carry*
localizar	*to locate*
pedir (i)	*to ask; to ask for;*
	to request
ponerse en contacto con	*to get in touch with*
prestar	*to lend*
prometer	*to promise*
proponer (*irreg*)	*to propose*
recoger	*to pick up*
recordar (ue)	*to remind*
referir (ie)	*to refer*
remitir	*to remit; to send*
sugerir (ie)	*to suggest*
tener lugar	*to take place*
	(an event)
tomar nota	*to take note*
tomar prestado	*to borrow*
traer (*irreg*)	*to bring*
tratar de	*to deal with; to have*
	to do with

Otras palabras y expresiones útiles

adjunto/a	*enclosed*
atentamente	*sincerely*
P.D.	*P.S.*
querido/a…	*dear…*
relativo a	*related to*
saludos (de…)	*regards (from)*
un (fuerte) abrazo	*a (big) hug*

CONSULTORIO GRAMATICAL

REFERIR LAS PALABRAS DE OTROS
INDIRECT SPEECH

To relay information: **decir, comentar, contar.**

me	**dice**		
te	**ha dicho**		*+ INDICATIVE*
le	**dijo**	**que**	María **se casa** el lunes.
nos	**ha comentado**		ayer **no se encontraba** bien.
os	**cuenta**		
les	**contó**		

● ¿Qué **te cuenta** Clara en la carta?
○ Pues nada, **que** está pasando unos días en Uruguay.

Me han contado que cambiaste de trabajo. ¿Dónde estás ahora?

To transmit questions: **preguntar.**

me			*+ INDICATIVE*
te		**si**	**vamos** a ir a su boda.
le	**pregunta**	**qué**	**quiero** comer mañana.
nos	**ha preguntado**	**cuándo**	**iremos** a la playa.
os	**preguntó**	**por qué**	**estoy** enojado.
les		**...**	

Rosa **me ha preguntado** varias veces **si** vamos a ir a su boda.

Mi abuela siempre **nos pregunta por qué** no vamos a visitarla más a menudo.

Cuando el profesor **le pregunta** a Michael **qué** ha hecho el fin de semana, él **dice que** ha estado estudiando.

 ¡ATENCIÓN!

When speaking it is common to use **que** *before other interrogative words* (**que si, que dónde, que cuándo**...), *but this should be avoided in written Spanish.*

Rosa **me ha preguntado** varias veces (**que**) **si** vamos a ir a su boda.

To transmit or report requests, recommendations, or advice:
decir, pedir, recomendar, aconsejar...

	dice		*+ SUBJUNCTIVE*
			le **llames.**
me	**ha dicho**		
te	**pide**		**pases** por su casa.
le	**ha pedido**	**que**	
nos	**recomienda**		**descansemos** más.
os	**ha recomendado**		
les	**aconseja**		**se tomen** unas vacaciones.
	ha aconsejado		

Venid aquí y así podemos hablar tranquilamente.

Dice que vayamos a su casa.

Oye, he perdido mis apuntes. ¿Puedes traerme los tuyos?

Dice que ha perdido sus apuntes y que si puedo llevarle los míos.

Me ha dicho tu jefe **que lo llames** cuanto antes.
Alberto **me ha pedido que vaya** con él a la playa, pero no sé qué hacer.

On many occasions, instead of repeating what was said word for word, it is more appropriate to use a single verb that reveals the nature of the original enunciation.

Me ha dicho que vaya a su fiesta. = **Me ha invitado** a su fiesta.

This can be accomplished using words other than **decir** *or* **preguntar** *to introduce speech.*

invitar	pedir	protestar
enviar/mandar saludos	recordar	aconsejar
agradecer	felicitar	recomendar
disculparse	avisar	dar las gracias
saludar	quejarse	dar la enhorabuena

 ¡ATENCIÓN!

Some of these verbs require the use of a preposition: avisar **de,** invitar a alguien **a** hacer una cosa, felicitar **por,** dar las gracias **por,** dar la enhorabuena **por.**

Juan nos ha escrito. **Nos invita a** su fiesta de cumpleaños. Es el sábado.
Los Pérez escribieron. **Nos dan las gracias por** el regalo que les hicimos.

POSESIVOS
POSSESSIVES

To express ownership or possession, when this is already established, use these possessives before the noun or noun phrase. They must agree in number (and gender) with the item possessed.

SINGULAR	PLURAL	
mi	**mis**	
tu	**tus**	
su (de él, ella, usted)	**sus** (de él, ella, usted)	+ *NOUN*
nuestro/a	**nuestros/as**	
vuestro/a	**vuestros/as**	
su (de ellos, ellas, ustedes)	**sus** (de ellos, ellas, ustedes)	

Mi coche está aparcado en la entrada.
¿Dónde están **sus** maletas?

To indicate who it is that owns the object, use these forms of the possessive pronoun without the article, usually with the verb **ser.**

	SINGULAR		PLURAL
	mío/a		**míos/as**
	tuyo/a		**tuyos/as**
(es)	**suyo/a**	**(son)**	**suyos/as**
	nuestro/a		**nuestros/as**
	vuestro/a		**vuestros/as**
	suyo/a		**suyos/as**

● ¿Es **suya** esta maleta?
○ A ver... sí, muchas gracias.

● ¿De quién son estos libros?
○ (Son) **míos,** gracias.

When the noun to which we are referring has clearly been established, to avoid repetition we use the following forms, with the article.

SINGULAR		PLURAL	
el mío	**la mía**	**los míos**	**las mías**
el tuyo	**la tuya**	**los tuyos**	**las tuyas**
el suyo	**la suya**	**los suyos**	**las suyas**
el nuestro	**la nuestra**	**los nuestros**	**las nuestras**
el vuestro	**la vuestra**	**los vuestros**	**las vuestras**
el suyo	**la suya**	**los suyos**	**las suyas**

● Tengo muchos problemas con **mi** computadora nueva. ¿Tú no?
○ ¡Yo no! **La mía** funciona estupendamente.

● Tú y Enrique tienen el mismo coche, ¿no?
○ No, **el suyo** es un poco más potente.

PEDIR Y DAR COSAS
ASKING FOR AND GIVING THINGS

¿Tiene(s)...
¿Me deja(s)...
¿Puede(s) dejarme...   un bolígrafo?
¿Podría(s) dejarme...   tu diccionario?
¿Te/le importaría dejarme...   algo para quitar manchas?

Sí, toma/e.
Sí, claro.
No tengo bolígrafo/diccionario...
         ninguno/a.

Lo siento, pero no lo/la tengo aquí.
         aquí no tengo ninguno/a.

Which formula to use depends on how familiar you are with the other person, as well as what type of request is being made.

PEDIR A ALGUIEN QUE HAGA ALGO
ASKING SOMEONE TO DO SOMETHING

Different structures are used, according to how familiar you are with the person and what you are asking of them.

	+ INFINITIVE
¿Puede/s	**venir** un momento a mi despacho?
¿Podría/s	**llamarme** por teléfono más tarde?
¿Te/le importa	**lavar** los platos?
¿Te/le importaría	**bajar** un poco la música?

With requests of little importance, in close relationships, or, on the contrary, in very hierarchical relationships, it is common to use the command form to get someone to do something.

Pásame la sal, por favor.
Papá, **tráeme** un cuaderno de dibujo y unos lápices.
Dame la chaqueta, cariño.
¡Sargento, **venga** inmediatamente!

PEDIR Y DAR PERMISO
ASKING FOR AND GRANTING PERMISSION

Using the infinitive.

- **¿Puedo abrir** la ventana?
- **¿Puedo pasar**?

○ **Sí, claro, ábrela.**
○ **Pase, pase.**

Using the present indicative.

- **¿Te/le importa si vengo** con Toni?
○ **No, claro, cómo me va a importar.**

Using the present subjunctive.

- **¿Te/le importa que traiga** a unos amigos?
○ **No, claro, al contrario.**

¿Se puede?

Adelante.

ES QUE...

*The formula **es que** is commonly used in Spanish.*

Justifying a request.

- ¿Puedo abrir la ventana? **Es que** tengo mucho calor.
- ¿Te/le importa si uso tu computadora? **Es que** la mía no funciona.

Justifying oneself or explaining the reason why something was not done.

- ¿Por qué no hiciste la tarea?
○ Lo siento, **es que** estuve muy enfermo.

Rejecting proposals, invitations, offers...

- Toma una copa de este vino: es Rioja.
○ No, gracias, **es que** el vino me sienta muy mal.

Verb Charts

REGULAR VERBS: SIMPLE TENSES

Infinitive Present Participle Past Participle	Indicative					Subjunctive		Imperative
	Present	Imperfect	Preterite	Future	Conditional	Present	Imperfect	
hablar hablando hablado	hablo hablas habla hablamos habláis hablan	hablaba hablabas hablaba hablábamos hablabais hablaban	hablé hablaste habló hablamos hablasteis hablaron	hablaré hablarás hablará hablaremos hablaréis hablarán	hablaría hablarías hablaría hablaríamos hablaríais hablarían	hable hables hable hablemos habléis hablen	hablara hablaras hablara habláramos hablarais hablaran	habla tú, no hables hable usted hablemos hablad vosotros no habléis hablen Uds.
comer comiendo comido	como comes come comemos coméis comen	comía comías comía comíamos comíais comían	comí comiste comió comimos comisteis comieron	comeré comerás comerá comeremos comeréis comerán	comería comerías comería comeríamos comeríais comerían	coma comas coma comamos comáis coman	comiera comieras comiera comiéramos comierais comieran	come tú, no comas coma usted comamos comed vosotros no comáis coman Uds.
vivir viviendo vivido	vivo vives vive vivimos vivís viven	vivía vivías vivía vivíamos vivíais vivían	viví viviste vivió vivimos vivisteis vivieron	viviré vivirás vivirá viviremos viviréis vivirán	viviría vivirías viviría viviríamos viviríais vivirían	viva vivas viva vivamos viváis vivan	viviera vivieras viviera viviéramos vivierais vivieran	vive tú, no vivas viva usted vivamos vivid vosotros no viváis vivan Uds.

REGULAR VERBS: PERFECT TENSES

	Indicative										Subjunctive			
Present Perfect		Past Perfect		Preterite Perfect		Future Perfect		Conditional Perfect		Present Perfect		Past Perfect	
he	hablado	había	hablado	hube	hablado	habré	hablado	habría	hablado	haya	hablado	hubiera	hablado
has	comido	habías	comido	hubiste	comido	habrás	comido	habrías	comido	hayas	comido	hubieras	comido
ha	vivido	había	vivido	hubo	vivido	habrá	vivido	habría	vivido	haya	vivido	hubiera	vivido
hemos		habíamos		hubimos		habremos		habríamos		hayamos		hubiéramos	
habéis		habíais		hubisteis		habréis		habríais		hayáis		hubierais	
han		habían		hubieron		habrán		habrían		hayan		hubieran	

IRREGULAR VERBS

Infinitive / Present Participle / Past Participle	Indicative					Subjunctive		Imperative
	Present	Imperfect	Preterite	Future	Conditional	Present	Imperfect	
andar andando andado	ando andas anda andamos andáis andan	andaba andabas andaba andábamos andabais andaban	anduve anduviste anduvo anduvimos anduvisteis anduvieron	andaré andarás andará andaremos andaréis andarán	andaría andarías andaría andaríamos andaríais andarían	ande andes ande andemos andéis anden	anduviera anduvieras anduviera anduviéramos anduvierais anduvieran	anda tú, no andes ande usted andemos andad vosotros no andéis anden Uds.
caer cayendo caído	caigo caes cae caemos caéis caen	caía caías caía caíamos caíais caían	caí caíste cayó caímos caísteis cayeron	caeré caerás caerá caeremos caeréis caerán	caería caerías caería caeríamos caeríais caerían	caiga caigas caiga caigamos caigáis caigan	cayera cayeras cayera cayéramos cayerais cayeran	cae tú, no caigas caiga usted caigamos caed vosotros no caigáis caigan Uds.
dar dando dado	doy das da damos dais dan	daba dabas daba dábamos dabais daban	di diste dio dimos disteis dieron	daré darás dará daremos daréis darán	daría darías daría daríamos daríais darían	dé des dé demos deis den	diera dieras diera diéramos dierais dieran	da tú, no des dé usted demos dad vosotros no déis den Uds.

IRREGULAR VERBS (CONTINUED)

Infinitive Present Participle Past Participle	Indicative					Subjunctive		Imperative
	Present	Imperfect	Preterite	Future	Conditional	Present	Imperfect	
decir diciendo dicho	digo dices dice decimos decís dicen	decía decías decía decíamos decíais decían	dije dijiste dijo dijimos dijisteis dijeron	diré dirás dirá diremos diréis dirán	diría dirías diría diríamos diríais dirían	diga digas diga digamos digáis digan	dijera dijeras dijera dijéramos dijerais dijeran	di tú, no digas diga usted digamos decid vosotros no digáis digan Uds.
estar estando estado	estoy estás está estamos estáis están	estaba estabas estaba estábamos estabais estaban	estuve estuviste estuvo estuvimos estuvisteis estuvieron	estaré estarás estará estaremos estaréis estarán	estaría estarías estaría estaríamos estaríais estarían	esté estés esté estemos estéis estén	estuviera estuvieras estuviera estuviéramos estuvierais estuvieran	está tú, no estés esté usted estemos estad vosotros no estéis estén Uds.
haber habiendo habido	he has ha hemos habéis han	había habías había habíamos habíais habían	hube hubiste hubo hubimos hubisteis hubieron	habré habrás habrá habremos habréis habrán	habría habrías habría habríamos habríais habrían	haya hayas haya hayamos hayáis hayan	hubiera hubieras hubiera hubiéramos hubierais hubieran	
hacer haciendo hecho	hago haces hace hacemos hacéis hacen	hacía hacías hacía hacíamos hacíais hacían	hice hiciste hizo hicimos hicisteis hicieron	haré harás hará haremos haréis harán	haría harías haría haríamos haríais harían	haga hagas haga hagamos hagáis hagan	hiciera hicieras hiciera hiciéramos hicierais hicieran	haz tú, no hagas haga usted hagamos haced vosotros no hagáis hagan Uds.
ir yendo ido	voy vas va vamos vais van	iba ibas iba íbamos ibais iban	fui fuiste fue fuimos fuisteis fueron	iré irás irá iremos iréis irán	iría irías iría iríamos iríais irían	vaya vayas vaya vayamos vayáis vayan	fuera fueras fuera fuéramos fuerais fueran	ve tú, no vayas vaya usted vamos (no vayamos) id vosotros no vayáis vayan Uds.

IRREGULAR VERBS (CONTINUED)

Infinitive Present Participle Past Participle	Indicative					Subjunctive		Imperative
	Present	Imperfect	Preterite	Future	Conditional	Present	Imperfect	
oír oyendo oído	oigo oyes oye oímos oís oyen	oía oías oía oíamos oíais oían	oí oíste oyó oímos oísteis oyeron	oiré oirás oirá oiremos oiréis oirán	oiría oirías oiría oiríamos oiríais oirían	oiga oigas oiga oigamos oigáis oigan	oyera oyeras oyera oyéramos oyerais oyeran	oye tú, no oigas oiga usted oigamos oíd no oigáis Uds.
poder pudiendo podido	puedo puedes puede podemos podéis pueden	podía podías podía podíamos podíais podían	pude pudiste pudo pudimos pudisteis pudieron	podré podrás podrá podremos podréis podrán	podría podrías podría podríamos podríais podrían	pueda puedas pueda podamos podáis puedan	pudiera pudieras pudiera pudiéramos pudierais pudieran	
poner poniendo puesto	pongo pones pone ponemos ponéis ponen	ponía ponías ponía poníamos poníais ponían	puse pusiste puso pusimos pusisteis pusieron	pondré pondrás pondrá pondremos pondréis pondrán	pondría pondrías pondría pondríamos pondríais pondrían	ponga pongas ponga pongamos pongáis pongan	pusiera pusieras pusiera pusiéramos pusierais pusieran	pon tú, no pongas ponga usted pongamos poned no pongáis Uds. pongan Uds.
querer queriendo querido	quiero quieres quiere queremos queréis quieren	quería querías quería queríamos queríais querían	quise quisiste quiso quisimos quisisteis quisieron	querré querrás querrá querremos querréis querrán	querría querrías querría querríamos querríais querrían	quiera quieras quiera queramos queráis quieran	quisiera quisieras quisiera quisiéramos quisierais quisieran	quiere tú, no quieras quiera usted queramos quered no queráis Uds. quieran Uds.
saber sabiendo sabido	sé sabes sabe sabemos sabéis saben	sabía sabías sabía sabíamos sabíais sabían	supe supiste supo supimos supisteis supieron	sabré sabrás sabrá sabremos sabréis sabrán	sabría sabrías sabría sabríamos sabríais sabrían	sepa sepas sepa sepamos sepáis sepan	supiera supieras supiera supiéramos supierais supieran	sabe tú, no sepas sepa usted sepamos sabed no sepáis Uds. sepan Uds.
salir saliendo salido	salgo sales sale salimos salís salen	salía salías salía salíamos salíais salían	salí saliste salió salimos salisteis salieron	saldré saldrás saldrá saldremos saldréis saldrán	saldría saldrías saldría saldríamos saldríais saldrían	salga salgas salga salgamos salgáis salgan	saliera salieras saliera saliéramos salierais salieran	sal tú, no salgas salga usted salgamos salid no salgáis Uds. salgan Uds.

IRREGULAR VERBS (CONTINUED)

Infinitive Present Participle Past Participle	Indicative					Subjunctive		Imperative
	Present	Imperfect	Preterite	Future	Conditional	Present	Imperfect	
ser siendo sido	soy eres es somos sois son	era eras era éramos erais eran	fui fuiste fue fuimos fuisteis fueron	seré serás será seremos seréis serán	sería serías sería seríamos seríais serían	sea seas sea seamos seáis sean	fuera fueras fuera fuéramos fuerais fueran	sé tú, no seas sea usted seamos sed vosotros no seáis sean Uds.
tener teniendo tenido	tengo tienes tiene tenemos tenéis tienen	tenía tenías tenía teníamos teníais tenían	tuve tuviste tuvo tuvimos tuvisteis tuvieron	tendré tendrás tendrá tendremos tendréis tendrán	tendría tendrías tendría tendríamos tendríais tendrían	tenga tengas tenga tengamos tengáis tengan	tuviera tuvieras tuviera tuviéramos tuvierais tuvieran	ten tú, no tengas tenga usted tengamos tened vosotros no tengáis tengan Uds.
traer trayendo traído	traigo traes trae traemos traéis traen	traía traías traía traíamos traíais traían	traje trajiste trajo trajimos trajisteis trajeron	traeré traerás traerá traeremos traeréis traerán	traería traerías traería traeríamos traeríais traerían	traiga traigas traiga traigamos traigáis traigan	trajera trajeras trajera trajéramos trajerais trajeran	trae tú, no traigas traiga usted traigamos traed vosotros no traigáis traigan Uds.
venir viniendo venido	vengo vienes viene venimos venís vienen	venía venías venía veníamos veníais venían	vine viniste vino vinimos vinisteis vinieron	vendré vendrás vendrá vendremos vendréis vendrán	vendría vendrías vendría vendríamos vendríais vendrían	venga vengas venga vengamos vengáis vengan	viniera vinieras viniera viniéramos vinierais vinieran	ven tú, no vengas venga usted vengamos venid vosotros no vengáis vengan Uds.
ver viendo visto	veo ves ve vemos veis ven	veía veías veía veíamos veíais veían	vi viste vio vimos visteis vieron	veré verás verá veremos veréis verán	vería verías vería veríamos veríais verían	vea veas vea veamos veáis vean	viera vieras viera viéramos vierais vieran	ve tú, no veas vea usted veamos ved vosotros no veáis vean Uds.

STEM-CHANGING AND ORTHOGRAPHIC-CHANGING VERBS

Infinitive / Present Participle / Past Participle	Indicative					Subjunctive		Imperative
	Present	Imperfect	Preterite	Future	Conditional	Present	Imperfect	
incluir (y) incluyendo incluido	incluyo incluyes incluye incluimos incluís incluyen	incluía incluías incluía incluíamos incluíais incluían	incluí incluiste incluyó incluimos incluisteis incluyeron	incluiré incluirás incluirá incluiremos incluiréis incluirán	incluiría incluirías incluiría incluiríamos incluiríais incluirían	incluya incluyas incluya incluyamos incluyáis incluyan	incluyera incluyeras incluyera incluyéramos incluyerais incluyeran	incluye tú, no incluyas incluya usted incluyamos incluid vosotros no incluyáis incluyan Uds.
dormir (ue, u) durmiendo dormido	duermo duermes duerme dormimos dormís duermen	dormía dormías dormía dormíamos dormíais dormían	dormí dormiste durmió dormimos dormisteis durmieron	dormiré dormirás dormirá dormiremos dormiréis dormirán	dormiría dormirías dormiría dormiríamos dormiríais dormirían	duerma duermas duerma durmamos durmáis duerman	durmiera durmieras durmiera durmiéramos durmierais durmieran	duerme tú, no duermas duerma usted durmamos dormid vosotros no durmáis duerman Uds.
pedir (i, i) pidiendo pedido	pido pides pide pedimos pedís piden	pedía pedías pedía pedíamos pedíais pedían	pedí pediste pidió pedimos pedisteis pidieron	pediré pedirás pedirá pediremos pediréis pedirán	pediría pedirías pediría pediríamos pediríais pedirían	pida pidas pida pidamos pidáis pidan	pidiera pidieras pidiera pidiéramos pidierais pidieran	pide tú, no pidas pida usted pidamos pedid vosotros no pidáis pidan Uds.
pensar (ie) pensando pensado	pienso piensas piensa pensamos pensáis piensan	pensaba pensabas pensaba pensábamos pensabais pensaban	pensé pensaste pensó pensamos pensasteis pensaron	pensaré pensarás pensará pensaremos pensaréis pensarán	pensaría pensarías pensaría pensaríamos pensaríais pensarían	piense pienses piense pensemos penséis piensen	pensara pensaras pensara pensáramos pensarais pensaran	piensa tú, no pienses piense usted pensemos pensad vosotros no penséis piensen Uds.

STEM-CHANGING AND ORTHOGRAPHIC-CHANGING VERBS (CONTINUED)

Infinitive / Present Participle / Past Participle	Indicative					Subjunctive		Imperative
	Present	Imperfect	Preterite	Future	Conditional	Present	Imperfect	
producir (zc) produciendo producido	produzco produces produce producimos producís producen	producía producías producía producíamos producíais producían	produje produjiste produjo produjimos produjisteis produjeron	produciré producirás producirá produciremos produciréis producirán	produciría producirías produciría produciríamos produciríais producirían	produzca produzcas produzca produzcamos produzcáis produzcan	produjera produjeras produjera produjéramos produjerais produjeran	produce tú, no produzcas produzca usted produzcamos pruducid vosotros no produzcáis produzcan Uds.
reír (i, i) riendo reído	río ríes ríe reímos reís ríen	reía reías reía reíamos reíais reían	reí reíste rio reímos reísteis rieron	reiré reirás reirá reiremos reiréis reirán	reiría reirías reiría reiríamos reiríais reirían	ría rías ría riamos riáis rían	riera rieras riera riéramos rierais rieran	ríe tú, no rías ría usted riamos reíd vosotros no riáis rían Uds.
seguir (i, i) (ga) siguiendo seguido	sigo sigues sigue seguimos seguís siguen	seguía seguías seguía seguíamos seguíais seguían	seguí seguiste siguió seguimos seguisteis siguieron	seguiré seguirás seguirá seguiremos seguiréis seguirán	seguiría seguirías seguiría seguiríamos seguiríais seguirían	siga sigas siga sigamos sigáis sigan	siguiera siguieras siguiera siguiéramos siguierais siguieran	sigue tú, no sigas siga usted sigamos seguid vosotros no sigáis sigan Uds.
sentir (ie, i) sintiendo sentido	siento sientes siente sentimos sentís sienten	sentía sentías sentía sentíamos sentíais sentían	sentí sentiste sintió sentimos sentisteis sintieron	sentiré sentirás sentirá sentiremos sentiréis sentirán	sentiría sentirías sentiría sentiríamos sentiríais sentirían	sienta sientas sienta sintamos sintáis sientan	sintiera sintieras sintiera sintiéramos sintierais sintieran	siente tú, no sientas sienta usted sintamos sentid vosotros no sintáis sientan Uds.
volver (ue) volviendo vuelto	vuelvo vuelves vuelve volvemos volvéis vuelven	volvía volvías volvía volvíamos volvíais volvían	volví volviste volvió volvimos volvisteis volvieron	volveré volverás volverá volveremos volveréis volverán	volvería volverías volvería volveríamos volveríais volverían	vuelva vuelvas vuelva volvamos volváis vuelvan	volviera volvieras volviera volviéramos volvierais volvieran	vuelve tú, no vuelvas vuelva usted volvamos volved vosotros no volváis vuelvan Uds.

Spanish to English Vocabulary

A

a la derecha *to the right* (5)
a la fuerza *forced* (22)
a la izquierda *to the left* (5)
a la vuelta de la esquina *around the corner* (3)
a lo largo de *in the course of* (12)
a lo mejor *maybe, perhaps* (18)
a medida que *as* (18)
a medio camino *halfway* (18)
a menudo *often* (5)
a orillas *on the banks* (9)
a partir de *from; since* (16)
a pesar de *despite* (9)
a pie *to go on foot; walk* (3)
a poco de *shortly after* (18)
a punto *ready* (19)
a ratos *from time to time* (18)
a tiempo completo *full-time* (12)
a tiempo parcial *part-time* (12)
a través de *across, through* (14)
abajo *down* (10)
abaratar *to reduce the price of* (20)
abarcar *to include* (15)
abeja *bee* (16)
abierto/a *open* (5); *open-minded* (21)
abobado/a *amazed, spellbound* (18)
abogado/a *lawyer* (2)
abordar *to board* (11)
aborigen *indigenous* (8)
abrazar *to hug; embrace* (17)
abrazo *hug; embrace* (22)
abrigo *coat* (4)
abril *April* (3)
abrir *to open* (1)
abrocharse el cinturón *to fasten one's seat belt* (7)
abuelo/a *grandfather/mother* (2)
abuelos *grandparents* (2)
aburrido/a *boring* (1)
aburrirse *to get bored* (9)
abusar *to use something in excess* (21)
acá *here* (14)
acabado *finish* (6)
acabar *to finish* (12)
acabarse *to be out of (something)* (17)
acampar *to camp* (7)
acceder *to gain access to* (9)
acción *stock* (18)
accionar *to activate; operate* (17)
aceite *oil* (8)
acelga *Swiss chard* (8)
aceptación *acceptance; success* (14)
acera *sidewalk* (9)
acertar *to be right* (20)
aclarar *to clarify* (18)
acogedor/a *cozy* (3); *welcoming; friendly* (8); *warm* (city) (9)
acomodarse *to settle oneself; make oneself comfortable* (18)
acompañar *to accompany* (8)
aconsejable *advisable* (5)
acontecimiento *event* (10)
acordar *to agree* (22)

acordarse (ue) de *to remember* (13)
acorde *chord* (17)
acostarse *to go to bed* (5)
acostumbrado/a *accustomed* (12)
acostumbrarse *to get used to* (18)
acriollado/a *with native traits* (9)
actriz *actress* (2)
actuación *performance* (14)
actual *present* (17)
actualidad *nowadays, today* (5)
actualmente *presently; at present* (3)
actuar *to perform; act* (14)
acudir (a) *to attend; turn up* (15)
acuerdo *agreement* (10)
adecuado/a *right* (13)
adelanto científico *scientific advance* (20)
adelgazamiento *thinning* (17)
adelgazar *to lose weight* (5)
ademán *gesture* (18)
además *moreover; besides* (5)
adentro *inside* (15)
adivinar *to guess* (1)
adivinatorio/a *divinatory* (15)
adivino/a *fortune-teller* (20)
adjunto/a *deputy* (18); *enclosed; attached* (22)
administrador/a *manager* (18)
admirador/a *fan; admirers* (17)
ADN *DNA* (10)
adornos *decorations* (4)
adquirir (ie) *to acquire* (8)
adversario/a *opponent* (22)
advertencia *warning* (16)
advertir (ie) (de) *to notice; warn* (16)
afán *eagerness; thirst* (21)
afectivo/a *emotional* (21)
afecto *affection* (21)
afectuoso/a *affectionate* (12)
afición *interest* (2)
aficionarse *to become interested; take up* (5)
afirmar *to state; assert* (17)
aflorar *to surface* (10)
afluencia *influx* (21)
afuera *outside* (18)
agacharse *to bend* (16)
agarrar *to get hold of; take* (12)
agencia de bienes raíces *real-estate agency* (6)
agencia inmobiliaria *real estate-agency* (6)
agobiar *to oppress; put down* (21)
agosto *August* (3)
agotarse *to deplete; run out of* (20)
agradable *pleasant; nice* (2)
agradecer (zc) *to thank* (15)
agrario/a *agricultural* (14)
agravar *to make worse* (20)
agregar *to add* (8)
agrícola *farming* (8)
agropecuario/a *agricultural; farming* (19)
agua *water* (5)
aguacate *avocado* (8)
aguantar/a *to put up with* (21)
agudo/a *acute* (16)
águila *eagle* (16)
aguja de coser *needle* (22)

agujero *hole* (20)
ahora *now* (5)
ahorrar *to save* (4)
ahorro *savings* (12)
aire *air* (5)
aire libre *outdoors; in the open air* (5)
aislado/a *isolated* (11)
ajo *garlic* (8)
ajustar *to adapt to* (15)
al lado de *next to* (6)
al menos *at least* (13)
ala *wing* (10)
alabar *to praise* (21)
alameda *tree-lined avenue* (10)
albergar *to shelter* (9)
albergue juvenil *hostel youth* (7)
alboroto *turmoil* (11)
alcalde/esa *mayor* (9)
alcanzar *to be enough* (4); *reach* (14); *pass somebody something* (18)
alegre *happy* (2)
alegría *happiness* (5)
alemán/alemana *German* (13)
Alemania *Germany* (5)
alfabetizar *to teach to read and write* (22)
algo *something* (8)
algodón *cotton* (11)
alguien *somebody; someone* (14)
algún, alguno/a *some; somebody* (5)
aliado/a *allied* (12); *ally* (18)
alimentación *food* (5)
alimentar *to feed* (20)
alimentario/a *food* (16)
alimentarse *to eat* (11)
alimento *food* (5)
alistar *to get ready* (18)
allá *back in; there* (11)
alma *soul* (11)
almacén *storage; warehouse* (8); *store* (19)
almacenar *to store* (17)
almíbar *syrup* (8)
almuerzo *lunch* (5)
alojamiento *lodging* (3)
alojarse (en) *to lodge* (3)
alquilar *to rent* (3)
alquilar un coche *to rent a car* (3)
alquiler *rent* (6)
alrededor *around; about* (5)
alrededores *surroundings; outskirts* (9)
alterar *to disturb* (15)
altiplano *high plateau or plain* (18)
alto/a *high; tall* (16)
altura *height* (9); *level* (18)
alumno/a *student* (7)
ama de casa *housewife* (2)
amabilidad *kindness* (19)
amable *kind; friendly; nice; thoughtful* (2)
amalgamar *to unite* (14)
amanecer (zc) *to dawn* (15)
amante *lover* (3)
amarillo/a *yellow* (4)
amarrar *to tie* (18)
ambicioso/a *overambitious* (11)
ambiental *environmental* (9)
ambiente *environment* (6); *atmosphere* (15)

ámbito *field; area; sphere* (5)
ambos/as *both* (17)
ambulante *traveling* (19)
ambulatorio *outpatient department* (9)
amenazar *to threaten* (17)
americana *jacket* (4)
americano/a *American; from the Americas* (6)
amigable *friendly* (18)
amigo/a *friend* (2)
amistad *friendship* (10)
amo/a *owner* (14)
amor *love* (10)
amoroso/a *love* (18); *sweet, lovely* (21)
ampliación *extension* (19)
amplio/a *large; wide* (6); *full* (15)
amueblado/a *furnished* (6)
amueblar *to furnish* (6)
analfabetismo *illiteracy* (20)
analógico/a *analogue* (17)
anaranjado/a *orange (color)* (4)
anciano/a *elderly man/woman* (2)
anclar *to cling on to something* (21)
andar *to walk* (5); *go* (21)
andar en bicicleta *to ride a bike* (3)
andino/a *Andean* (9)
anglisado/a *Anglicized* (22)
anglosajón/a *Anglo-Saxon* (14)
angustia *anguish* (18)
angustiar *to distress* (14)
anhelo *wish; desire* (18)
anillo *ring* (4)
animado/a *lively* (9)
animador/a *attraction; entertainer* (5)
animar *to encourage* (13)
animarse *to get ready to* (3)
anímico/a *of the mind* (5)
anoche *last night* (18)
anochecer *nightfall* (15)
anotar *to take note* (22)
ansia *yearning; longing* (18)
ante *before* (14)
antebrazo *forearm* (20)
antena parabólica *satellite dish* (7)
anteojos *eyeglasses* (17)
antepasado/a *ancestor* (11)
anterior *previous* (16)
antes de *before* (5)
anticipar *to expect* (1)
anticuado/a *old-fashioned; antiquated; out-of-date* (4)
antiguamente *in the past* (6)
antigüedades *antiques* (8)
antigüo/a *old* (3)
antipático/a *unpleasant; unfriendly* (2)
anual *yearly* (4)
anular *to cancel* (22)
anuncio *advertisement* (19)
añadir *to add* (8)
añejo/a *old* (20)
año *year* (1)
Año Nuevo *New Year* (4)
añoranza *longing* (18)
apagar *to turn off* (10)
aparato *appliance; machine; equipment* (17)
aparcamiento *parking* (9)
aparcar *to park* (18)
aparecer *to turn up* (3); *appear* (17)
aparte (de) *apart from; besides* (18)
apasionante *fascinating; thrilling* (10)

apellido *last name* (1)
apenas *barely* (16)
aperitivo *appetizer* (8)
apertura *opening* (8)
apetecer *to feel like doing* (15)
apio *celery* (8)
aplacar *to soothe; appease* (18)
aplicar *to apply* (9)
apoderarse (de) *to take possession of* (11)
aportar *to contribute* (8)
aporte *contribution* (8)
apostar *to bet; commit* (14)
apoyar *to support* (5)
apoyo *support* (11)
aprender *to learn* (1)
aprendiz *learner* (13)
aprendizaje *learning* (13)
apresurado/a, presuroso/a *hasty; prompt* (21)
aprobación *passing; endorsement* (22)
apropiado/a *adequate* (13)
aprovechar *to benefit from* (13)
aprovecharse de *to take advantage of* (13)
aptitud *skills* (12)
aquel, aquella *that* (18)
aquí *here* (11)
arañar *to scratch* (18)
arbolado/a *tree-lined* (9)
archivo *archive; files; records* (22)
arder *to burn* (18)
arena *sand* (16)
arete *earring* (4)
Argelia *Algeria* (10)
argumentar *to argue* (18)
argumento *plot* (15)
armada *navy* (11)
armario *closet* (6)
armonía *harmony* (14)
arquero/a *goalkeeper* (5)
arraigar *to take root* (20)
arrancar *to start* (14); *pull out* (18)
arrastrar *to sweep along* (20)
arreglar *to repair; fix* (17)
arrepentirse (ie) *to regret* (15)
arriba *above* (21)
arriesgado/a *brave; daring* (14)
arrojar *to throw* (18)
arroyo *stream* (18)
arroz *rice* (8)
artesanal *handcrafted* (4)
artesanía *craft; artisan work* (4)
artículo *item* (4)
asado *roast* (8)
asado/a *roasted* (8)
asamblea *assembly* (10)
asar *to roast* (8)
ascendencia *descent; extraction; ancestry* (6)
ascensor *elevator* (6)
asegurar *to guarantee* (14); *insure* (18)
asegurarse *to make sure* (16)
asemejar *to look like* (3)
asentamiento *settlement* (21)
aseo *toilet* (6)
asequible *affordable* (16)
asesinar *to murder* (10)
asesinato *assassination; killing* (10)
asesino/a *murderous* (18)
asesoría *consulting service* (19)
así *thus* (10)
asiático/a *Asian* (3)

asiento *seat* (18)
asilo *asylum* (18)
asistencia sanitaria *medical care* (20)
asistente social *social worker* (12)
asistir *to attend; be present at* (10)
asolar *to devastate* (6)
asombro *amazement* (10)
aspecto *look* (21)
asqueroso/a *disgusting, horrible* (14)
astilla *splinter* (18)
astillero *shipyard* (19)
asumir *to take on* (14)
asunto *subject; matter* (22)
asustado/a *frightened* (18)
atacar *to attack* (10)
atajo *short cut* (19)
ataque *attack* (11)
atar *to tie* (22)
atascarse, atrancarse *to get blocked up* (17)
atención *service* (16)
atender *to see* (16)
atentamente *attentively* (13); *sincerely* (22)
atento/a *attentive* (13)
aterrizar *to land* (7)
atractivo *appeal* (9)
atraer(se) *to attract* (18)
atrapar *to catch* (21)
atrás *behind* (18)
atravesar *to cross* (10)
atreverse *to dare* (20)
aumentar *to increase; grow* (5)
aumento *increase* (8); *enlargement* (16)
aunque *although* (13)
ausencia *absence* (16)
auspiciar *to back; sponsor* (18)
auto *car* (3)
autobús *bus* (3)
autóctono/a *indigenous, native* (13)
autodidacta *self-taught* (14)
autoedición *desktop publishing* (12)
automovilismo *car racing, motor racing* (5)
automovilístico/a *motor; car* (22)
autopista *expressway* (6)
avanzar *to move forward* (18); *make progress* (20)
avaricia *greed* (14)
avaro/a *miserly; mean* (14)
ave *bird* (7)
avellana *hazelnut* (8)
avenida *avenue* (3)
aventajado/a *to be overtaken* (22)
aventurarse *to venture* (18)
aventurero/a *adventurous* (3)
avergonzado/a *ashamed* (18)
avería *failure; breakdown* (7)
averiarse *to break down* (17)
averiguar *to find out* (17)
avestruz *ostrich* (19)
aviario *collection of birds* (15)
avión *plane* (3)
avisar *to warn* (17)
avispa *wasp* (16)
ayuda *help* (6)
ayuda doméstica *household help* (19)
ayudar (a) *to help* (1)
ayuntamiento *city hall* (3)
azafato/a *flight attendant* (18)
azúcar *sugar* (5)
azul *blue* (4)

B

bachiller *high-school graduate* (12)
bachillerato *high-school education* (12)
bahía *bay* (2)
bailar *to dance* (2)
baile *dance* (15)
bajar del auto *to get out of the car* (18)
bajo *bass* (17)
bajo/a *low* (16); *below* (18)
bajos fondos *underworld* (18)
ballena *whale* (16)
baloncesto *basketball* (5)
balonmano *handball* (10)
banda sonora *sound track* (15)
bandera *flag* (11)
bando *camp* (11)
bandonionista *bandoneón player* (17)
bañador *swimsuit* (4)
bañar *to bathe* (16)
baño *toilet* (6)
barato/a *cheap* (3)
barcelonés/esa *from Barcelona* (15)
barco *boat, ship* (3)
barquito/a *small boat* (18)
barra *bar* (8)
barrera *barrier* (18)
barriada *slum area* (19)
barril *barrel; keg* (12)
barrio *neighborhood* (3)
barroco/a *baroque* (14)
basar *to base something on* (16)
basarse *to be based on* (1)
base *basis; grounds* (5)
bastante *quite; fairly* (2)
bastar *to be enough* (13)
basura *garbage; trash* (9)
batir *to beat* (8)
bautizar *to name; christen* (10)
beber *to drink* (5)
bebida *beverages; drink* (4)
beca *scholarship* (14)
béisbol *baseball* (5)
bellas artes *fine art, beaux-arts* (2)
belleza *beauty* (3)
bello/a *beautiful* (3)
beneficios *benefits* (12)
bereber *Berber* (22)
berenjena *eggplant* (8)
beso *kiss* (22)
biberón *baby's bottle* (19)
biblioteca *library* (13)
bicicleta *bicycle* (3)
bien *well; good* (5)
bien comunicado/a *well-situated* (7)
bien hecho *well done* (8)
bien/mal situado/a *well/poorly located* (9)
bienes (de consumo) *consumer goods* (20)
bienestar *well-being* (5)
bienvenido/a *welcome* (14)
bilingüe *bilingual* (12)
bilingüismo *bilingualism* (13)
billete *ticket* (7); *bill* (12)
billete/boleto de avión *plane ticket* (7)
billete/boleto de ida *one-way ticket* (7)
billete/boleto de ida y vuelta *round-trip ticket* (7)
Blancanieves *Snow White* (18)
blanco/a *white* (4)

blando/a *soft* (8)
blanquecino/a *whitish* (18)
blusa *blouse* (4)
boca *mouth* (5)
bocadillo *sandwich* (8)
boda *wedding* (10)
bodega *wine cellar; grocery store* (4)
bola (de Navidad) *Christmas ornament* (4)
boleto *ticket* (7)
boliche *tavern* (17)
bolígrafo *pen; ballpoint pen* (17)
bolsa *shopping bag* (4); *bag* (18)
bolsillo *pocket* (10)
bolso *purse* (4)
bomba *pump* (6)
bombero/a *firefighter* (2)
bombilla *lightbulb* (17)
bondad *goodness* (14)
boniato *sweet potato; yam* (8)
bonito/a *beautiful; pretty* (1)
boquiabierto/a *astonished; speechless* (18)
borrado *removal* (16)
borrar *to delete; erase* (14)
bosque *forest* (3)
botar *to throw away* (20)
botella *bottle* (4)
botón *button* (17)
bravura *fierceness; bravery* (18)
brazalete *bangle; bracelet* (20)
brazo *arm* (5)
brecha *gap* (20)
breve *brief* (6)
brillar *to shine; sparkle* (14)
brillo *shine; sparkle* (18)
brindar *to drink a toast* (4); *offer* (19)
británico/a *British* (10)
bronceador *suntan* (16)
brujo/a *warlock, witch* (15)
buba *bubo; swelling* (20)
bucear *to dive* (3)
buena presencia *good presence* (12)
bueno/a *good* (2)
buenos días *good morning* (22)
buey *ox* (8)
bufanda *scarf* (4)
buque *ship; vessel* (19)
burdel *brothel* (17)
burla *joke; mockery* (5)
burlarse *to make fun of* (18)
busca *search* (18)
buscar *to look for* (1)
búsqueda *search* (18)

C

caballo *horse* (7)
cabellera *hair* (18)
cabello *hair* (14)
caber *to fit; hold* (9)
cabeza *head* (5)
cacique *chief* (11)
cada *each* (5)
cadena *chain* (6)
caer *to fall* (18)
caer bien/mal *to like/not like someone* (21)
caerse *to fall down* (10)
café *coffee* (8)
café solo *black coffee* (8)
cafetalero/a *coffee grower* (8)

cafetera *coffeepot; coffee machine* (4)
cafetería *coffee shop* (9)
cafeto *coffee tree* (8)
caída *fall* (18)
caja *box* (8)
caja fuerte *safe* (7)
cajero/a *cashier; bank clerk* (4)
calabaza *pumpkin* (8)
calar *to soak* (18)
calcetín, media *sock* (4)
calcular *to estimate* (11)
cálculo *estimate* (1)
caldo *soup* (8)
calefacción *heat* (6)
calentar *to heat* (8)
calidad *quality* (16)
calidad de vida *quality of life* (5)
cálido/a *warm* (3)
caliente *warm; hot* (6)
callado/a *quiet* (2)
callarse *to keep/remain quiet* (13)
calle *street* (3)
calor *heat* (9)
caluroso/a *hot* (9)
cama *bed* (6)
cámara *chamber* (4)
cámara de cine *film camera* (7)
camarero/a *server* (2); *(hotel) maid* (18)
camarón *shrimp* (8)
cambiar *to change* (6)
cambiar dinero *to exchange money* (7)
cambio *change* (6)
caminar *to walk* (5)
caminata *hike* (16)
camino *road* (8); *journey* (18)
camisa *shirt* (4)
camiseta *t-shirt* (4)
campamento *camp* (18)
campaña *campaign* (14)
campeonato *championship* (5)
campesino/a *peasant; country folk* (11)
campo *countryside* (3); *field* (12)
canal *channel* (15)
cancha *court* (9)
canción *song* (10)
canela *cinnamon* (8)
canguro *baby-sitter* (19)
cansado/a *tired* (5)
cansancio *tiredness* (16)
cansarse *to get tired* (16)
cantante *singer* (2)
cantar *to sing* (10)
cantautor/a *singer-songwriter* (14)
cantidad *quantity* (5)
canto *song* (10)
caña *reed* (20)
cañón *cannon* (11)
cañonazo *cannonshot* (11)
capa de ozono *ozone layer* (17)
capacidad *ability* (12); *capacity* (17)
capacidad de trabajo *industriousness* (12)
capacitar *to prepare* (22)
capaz *capable* (17)
capilar *hair* (16)
capítulo *chapter* (15)
captar *to grasp* (21)
cara *face* (5)
carácter *personality* (5); *feel* (8); *nature* (10)
característica *feature* (5)

caracterizar *to be distinctive of* (5)
carga *freight; cargo* (19)
cargo *position* (12)
Caribe *Caribbean* (12)
caribeño/a *Caribbean* (14)
cariñoso/a *affectionate* (5)
carnaval *Shrovetide* (3)
carne *meat* (5)
carne de cerdo *pork* (8)
carne de cordero *lamb (meat)* (8)
carne de pavo *turkey (meat)* (8)
carne de pollo *chicken (meat)* (8)
carne de ternera *veal, beef meat* (8)
caro/a *expensive* (4)
carrera *race* (5); *career* (10)
carretera *road* (3)
carro *car* (3)
carta *letter* (10); *playing card* (14)
carta astral *astral chart* (15)
carta de la ONU *UN Chart* (10)
cartelera *movie guide* (15)
cartera *purse; wallet* (17)
cartero/a *letter carrier* (2)
cartón *cardboard* (17)
casa *house; home* (3)
casa adosada *semi-detached house* (6)
casa unifamiliar *single-family home* (6)
casado/a *married* (2)
casarse *to get married* (10)
casarse con *to marry* (10)
cascada *waterfall* (6)
casco antiguo *historic district* (9)
casco histórico *historic district* (8)
casero/a *domestic; homemade* (5)
casi *almost; nearly* (5)
caso *case* (18)
casona *big house* (9)
castañuelas *castanets* (17)
castellano *Spanish language* (10)
castillo *castle* (11)
catarata *waterfall* (10)
catedral *cathedral* (9)
categoría *status* (11)
catorce *fourteen* (1)
caucho *rubber* (17)
caudaloso/a *large; wide; fast-flowing* (16)
cautivar *to captivate* (16)
cava *sparkling wine* (19)
caverna *cave* (3)
cayo *cay* (11)
caza *hunting* (11)
cazuela *casserole* (8)
cebolla *onion* (8)
ceder la palabra *to give the floor* (13)
cedro *cedar tree* (16)
CEE *European Economic Community (EEC)* (10)
ceja *eyebrow* (13)
celebrarse *to take place; occur* (15)
célebre *famous* (11)
celos *jealousy* (21)
celoso/a *jealous* (21)
celular *cell phone* (21)
cena *dinner* (5)
cenar *to have dinner* (4)
cenicero *ashtray* (8)
ceniza *ash* (10)
centenar *hundred* (8)
céntimo *hundredth part of the bolivar* (12)

centrar *to focus* (16)
céntrico/a *central* (6)
centro *city center; downtown* (3); *center* (9)
centro comercial *shopping center* (4)
cerca (de) *close; next to* (3)
cercano/a *nearby; neighboring* (6)
cerebro *brain* (21)
cereza *cherry* (8)
cerrado/a *closed* (7); *narrow-minded* (21)
cerrajero/a *locksmith* (19)
cerrar *to close* (1)
cerro *mountain* (11)
certeza *certainty* (14)
cesta *basket* (18)
chalet *house; cottage* (19)
champaña *champagne* (20)
champiñón *mushroom* (8)
chapado/a *plated* (6)
chaqueta, saco *jacket* (4)
charcutería *delicatessen* (19)
charla *chat; talk* (18)
cheque de viajero *traveler's check* (7)
chicle de nicotina *nicotine gum* (16)
chico/a *child* (4)
chileno/a *Chilean* (2)
chimenea *chimney* (6)
chino/a *Chinese* (9)
chisme *piece of gossip* (5)
chocar *to clash* (21)
chofer *chauffeur* (18)
cicatriz *scar* (16)
ciclismo *cycling* (5)
ciclístico/a *cycling* (5)
ciego/a *blind* (20)
cielo *sky* (18)
ciencias *sciences* (2)
científico/a *scientist; scientific* (2)
cientos *hundreds* (10)
cierto/a *certain* (5); *true* (13)
cifra *figure* (1)
cigarrillo *cigarette* (16)
cima *top; summit* (14)
cimiento *foundation* (18)
cinco *five* (1)
cincuenta *fifty* (12)
cine *movies; movie theater* (1)
cinta *ribbon* (4); *film* (15)
cinta adhesiva *adhesive tape* (22)
cinta de video *videocassette* (4)
cinta métrica *tape measure* (22)
cinto *belt* (4)
cintura *waist* (5)
cinturón *belt* (4); *area* (8)
circular *to circulate* (5); *round* (9)
cirugía *surgery* (16)
cirujano/a *surgeon* (10)
cisterna *tank* (6)
cita *appointment* (15)
citar *to quote; mention* (22)
ciudad *city* (1)
ciudad universitaria *college campus* (9)
ciudadano/a *citizen* (1)
claridad *clarity* (4)
claro *of course* (18)
claro/a *clear* (14)
clase *class* (17)
clasificación *qualification* (21)
clave *key* (5)
clavo *nail* (22)

clima *climate; weather* (9)
clonación *cloning* (20)
coartada *alibi* (18)
cobarde *coward* (11)
cobre *copper* (17)
cocer *to boil* (8)
coche, carro *car* (5)
cochera *garage* (6)
cocido *stew* (8)
cocido/a *cooked* (16)
cocina *kitchen* (3); *cooking* (14)
cocinar *to cook* (2)
cocinero/a *cook* (2)
codiciado/a *coveted* (20)
código *code* (7)
codo *elbow* (5)
co-estelar *costar* (15)
cofre *chest* (20)
cohetes *fireworks* (4)
cola *tail* (8)
colar (ue) *to strain* (8)
coleccionar *to collect* (14)
colegial/ala *schoolboy/girl* (18)
colegio *school* (9)
colgar (ue) *to hang* (22)
coliflor *cauliflower* (8)
colina *hill* (11)
collar *neckless* (4)
colocar *to place; put* (14)
colonia *community* (9); *cologne* (21); *colony* (22)
colonizador/a *colonizer* (11)
colorido/a *colorful* (9)
comandante en jefe *commander in chief* (10)
combatir *to fight* (10)
comedor *dining room* (6)
comensal *guest* (15)
comentar *to discuss* (5)
comenzar (ie) *to start* (10)
comer *to eat* (2)
comercial *trading* (18); *business-related* (19)
comercializar *to market* (17)
comerciante *trader* (14)
comerciar *to trade; do business* (19)
comercio *trade* (9)
comercio justo *fair trade* (20)
cometer errores *to make mistakes* (13)
cómics *comic books* (2)
comida *food* (1); *lunch* (5)
comienzo *beginning* (12)
comisaría *police station* (18)
comité *board* (10)
como *as; like; as well as* (5)
cómo *how* (5)
como era de esperar *as expected* (18)
comodidad *comfort* (9); *convenience* (19)
cómodo/a *comfortable* (19)
compañero/a *partner; classmate* (2)
compañero/a de viaje *fellow traveler* (3)
compañía *company; firm; business* (12)
compartir *to share* (5)
complejidad *complexity* (9)
complejo/a *complex* (9)
cómplice *accomplice* (18)
componer *to compose* (17)
componerse *to be made up* (8)
comportamiento *behavior* (21)
compositor/a *composer* (9)

compra *purchase* (6)
comprar *to buy; purchase* (4)
compraventa *buying and selling* (10)
comprender *to understand* (1); *cover* (17)
comprensible *understandable* (22)
comprensivo/a *understanding* (21)
comprobable *verifiable* (12)
comprobado/a *proven* (3)
comprobar *to check; confirm* (6)
comprometerse *to commit* (10)
comprometido/a *committed; politically committed* (14)
compromiso *commitment* (10); *agreement* (16)
compuesto/a por *made up of; composed of* (6)
computación *computing* (12)
computadora *computer* (17)
computadora de bolsillo *handheld* (17)
computadora portátil *laptop* (17)
común *common* (11)
comunicar *to inform; contact* (17)
comunicarse con *to communicate (with)* (13)
comunidad *community* (10)
concebir *to conceive* (18)
concentrado/a *rich* (11)
concentrar *to hold* (9)
concertar una cita *to make an appointment* (15)
concha *shell* (20)
conciencia *awareness* (13); *conscience* (21)
concluir *to end; conclude* (18)
concurrido/a *busy* (9)
concurso *game; contest* (15)
condicionar *to determine* (21)
conducir *to lead* (11)
conectarse *to get along* (21)
conejo *rabbit* (19)
confeccionado/a *made up* (8)
conferencista *lecturer* (2)
confiable *dependable* (19)
confianza *confidence* (20)
conformar *to constitute* (21)
congelador *freezer compartment* (22)
congelar *to freeze* (19)
congregación *meeting* (9)
conmovedor/a *moving* (15)
Cono Sur *Southern Cone* (13)
conocer (zc) *to know; to be familiar with; to meet for the first time* (1)
conocido/a *known* (3)
conocimiento *knowledge* (8)
conquista *conquest* (3)
conquistar *to conquer* (10)
consciente *sensible; responsible* (14)
conseguir (i) *to get; obtain* (5); *achieve* (10)
consejo *advice* (5); *council* (14)
conserva *cans* (16)
conservación *preservation* (8)
conservador/a *conservative* (11)
conservante *preservative* (16)
conservar *to keep* (2)
constatar *to verify* (18)
consternar *to dismay* (18)
constituido/a *made up* (7)
constituir *to make up* (18)
construido/a *built* (8)
construir (irreg.) *to build* (6)

consulta *(doctor's) office* (16)
consultorio *office* (22)
consumido/a *used* (8)
consumidor/a *consumer* (8)
consumo *consumption* (16)
contabilidad *accounting* (2)
contable *accountant* (2)
contador/a *accountant* (12)
contaminación *pollution* (9)
contar (ue) *to tell (a story)* (17)
contar con *to count on* (11)
contarse *to be counted* (8)
contener *to contain* (5)
contento/a *happy* (11)
contestador automático *answering machine* (22)
contestar *to answer* (18)
contigo *with you* (2)
contra *against* (10)
contradecir (irreg.) *to contradict* (20)
contraponer ideas *to set ideas against each other* (20)
contratación *hiring* (12)
contratar *to hire* (12)
convenir *to be advisable* (5); *agree* (12)
conversar *to talk; chat* (14)
convertir *to turn into; change into* (17)
convertirse en *to become* (4)
convincente *convincing* (11)
convivencia *coexistence* (13)
convivir *to exist side by side* (20)
convocar *to convene* (15)
copa *wineglass* (4)
copas *drinks* (15)
copia *copy* (22)
copo *flake* (18)
corazón *heart* (5)
corbata *tie* (4)
cordero *lamb* (8)
cordial *friendly* (12)
cordillera *mountain range; the Andes* (18)
coreano/a *Korean* (13)
corona *crown* (21)
corporal *physical* (5)
corporativo/a *corporate* (19)
corregirse *to correct oneself* (13)
correo electrónico *e-mail* (22)
correr *to run* (2)
corriente *current* (17)
cortapuros *cigar cutter* (8)
cortar *to cut* (8)
corte *feeling; slant* (14)
corto/a *short* (17)
cortometraje *short film* (15)
cortoplacista *short-term* (12)
cosa *thing* (1)
coser *to saw* (22)
costado *side* (9)
costar (ue) *to cost* (5)
costarricense *Costa Rican* (2)
costear *to finance* (19)
costilla *rib* (10)
costoso/a *expensive* (19)
costumbre *custom* (3)
cotidianidad *daily activity* (2)
cotidiano/a *everyday* (3)
cotizado/a *much in demand; valued very highly* (18)
crear *to create* (10)

crecer (zc) *to grow; grow up* (9)
crecimiento *growth* (10)
creencia *belief* (11)
creer *to think; believe* (5)
creer(se) *to believe oneself* (14)
crema *cream* (16)
cremallera *zipper* (17)
crepúsculo *twilight* (20)
cría *breeding* (19)
criado/a *domestic help* (18)
criollo/a *national* (8); *Creole* (13)
crisol *melting pot* (22)
crispar *to tense with pain* (21)
cristal *glass; crystal* (17)
crítica *review* (2)
criticar *to criticize; critique* (9)
crucero *cruise* (19)
crudo/a *raw* (8)
crueldad *cruelty* (21)
cruz *cross* (18)
cruzar *to cross* (7)
cuadra *street block* (6)
cuadrado/a *square* (6)
cuadro *picture* (6); *painting* (15)
cualidad *quality* (14)
cualquier *any* (5)
cuando *when* (1)
cuarto *bedroom; room* (6)
cuarto (de litro) *quarter (of a liter)* (8)
cuarto/a *fourth* (1)
cuatro *four* (1)
cubiertos *silverware* (4)
cubo *cube* (19)
cubrir *to cover* (5)
cuchara *spoon* (4)
cucharada sopera *tablespoonful* (16)
cuchillo *knife* (4)
cuco *bogeyman* (20)
cuello *neck* (5)
cuenca *basin* (12)
cuenta *check; bill* (8); *account* (18)
cuento *short story; tale; children's story* (18)
cuerda *rope* (22)
cuero *leather* (17)
cuerpo *body* (5)
cueva *cave* (11)
cuidado *care* (16)
cuidar *to take care of* (16)
culpabilidad *guilt* (5)
cultivo *growing* (8)
cumbre *summit* (11)
cumpleaños *birthday* (4)
cumplimiento *performance* (12)
cuna *crib* (6); *birthplace* (8)
cuñado/a *brother-in-law/sister-in-law* (2)
cuota *membership fees* (20)
cupo *quota* (21)
currículo *resume; CV* (12)
cursar *to study* (14)
curso *course* (2)
curso legal *legal tender* (12)
cúspide *top; summit* (10)

D

danés/danesa *Danish* (13)
danza *classic dance* (15)
danzar *to dance* (18)
dar *to give* (10)

dar la vuelta *to turn around* (5)
dar pena/lástima *to feel sorry for someone/something* (21)
dar un paseo *to take a walk* (3)
dar una excusa *to make an excuse* (15)
dar una vuelta *to go for a walk* (15)
dar vueltas *to go round and round* (18)
darse cuenta de *to realize* (10)
datar *to date* (11)
dátil *date (fruit)* (8)
dato *date; piece of information* (22)
de golpe *suddenly* (15)
de hecho *in fact* (5)
de inmediato *immediately* (18)
de moda *in fashion* (15)
de nuevo *again; once again* (18)
de pie *standing* (5)
debajo *under* (21)
deber *must* (5)
deberse a *to be due to* (10)
débil *weak* (21)
decanato *dean's office* (9)
decena *ten* (17)
decenio *decade* (22)
decepcionado/a *disappointed* (21)
decepcionante *disappointing* (21)
decidido/a *determined* (10)
décimo/a *tenth* (16)
decir *(irreg.)* *to say* (1)
declaración *statement* (17)
declive *decline* (22)
dedo *finger* (21)
defecto *fault; defect* (14)
defensor/a *defender* (11)
deformarse *to become distorted* (5)
degustación *tasting* (8)
degustar *to taste* (8)
dejar *to leave* (8)
dejar de *to stop doing something* (16)
delantal *apron* (18)
delante (de) *in front (of)* (5)
delfín *dolphin* (7)
delgado/a *thin* (2)
delincuencia *crime* (9)
denominación *name* (8)
dentadura *teeth* (18)
dentro *within; in; inside* (5)
denuncia *denunciation* (21)
denunciar *to report; denounce* (10)
dependiente/a *store clerk* (4)
deporte *sport* (1)
deportista *sportsman/sportswoman* (2); *athlete* (5)
deportivo/a *sporty; casual* (4)
depositar *to submit* (7)
deprimido/a *depressed* (18)
deprimir *to depress* (14)
deprimirse *to get depressed* (11)
deprisa *fast; rushed* (17)
derecha *right* (5)
derecho *law* (2)
derechos *rights* (3)
derechos civiles *civil rights* (10)
derramar *to spill* (21)
derrochar *to squander; waste* (18)
derroche *waste* (18)
derrota *defeat* (12)
desafiar *to challenge somebody to something* (20)

desafortunado/a *unfortunate; less fortunate* (20)
desanimarse *to get discouraged* (13)
desaparecer *to vanish* (16)
desaparición *disappearance* (18)
desarrollado/a *developed* (10)
desarrollar(se) *to develop* (10)
desarrollo *development* (2)
desastre *disaster* (11)
desatar *to spark off; precipitate* (18)
desayunador *breakfast nook* (6)
desayunar *to have breakfast* (8)
desayuno *breakfast* (5)
descansar *to rest* (3)
descanso *rest* (3)
descarga *discharge; shock* (17)
descartar *to discard* (20)
descender *to descend from* (14)
descifrar *to decode* (10)
desconcertante *upsetting* (21)
desconcierto *confusion* (18)
desconfiado/a *distrustful; suspicious (of)* (20)
desconfianza *distrust; suspicion* (20)
desconocido/a *unknown* (10)
descontento/a *dissatisfied* (21)
descubrimiento *discovery* (9)
descubrir *to discover* (7)
descuento *discount* (19)
desde *since* (5); *from* (18)
desear *to want; wish* (6)
desecho *waste* (21)
desempeñar *to carry out* (19)
desempleado/a *unemployed* (12)
desempleo *unemployment* (9)
desenchufar *to unplug* (17)
desenfrenado/a *unbridled* (20)
desenfrenarse *to lose one's self-control* (20)
desenvolverse *to handle oneself; get by* (22)
desenvuelto/a *self-assured; confident* (21)
deseo *wish; desire* (18)
deseoso/a *eager* (14)
desequilibrio *inequality* (20)
deshacer las maletas *to unpack* (7)
desierto *desert* (10); *deserted* (14)
desigualdad *inequality* (20)
desintegrar *to split* (21)
desmayarse *to faint* (16)
desorden *mess* (14)
desordenado/a *chaotic; untidy* (9)
despacho de abogados *law office* (12)
despedida de soltero/a *bridal shower/bachelor party* (19)
despedir (i) *to say good-bye* (8); *fire* (12)
despegar *to take off* (7)
despertarse *to wake up* (5)
despistado/a *absent-minded* (14)
desplazamiento *movement; displacement* (22)
desprecio *disdain* (21)
desproporcionado/a *out-of-proportion* (5)
después (de) *after* (5)
destacar *to emphasize* (1); *stand out* (12)
desterrado/a *exiled* (10)
desterrar (ie) *to exile* (20)
destinado/a *intended* (8)
destinar *to assign* (9)
destino *destination* (7); *destiny* (10)
destituir *to dismiss; remove* (10)
destornillador *screwdriver* (22)

destreza *skill* (18)
destruir *to destroy; ruin* (6)
desvelar *to discover; uncover* (21)
detalle *detail* (6)
detención *arrest* (18)
detener *to stop; arrest* (18)
detenidamente *at length* (18)
deteriorar *to damage* (16)
detrás (de) *behind* (5)
devolver (ue) *to return* (12)
día *day* (5)
dialogante *open; open-minded* (21)
diálogo *conversation* (13)
diario/a *daily* (5)
dibujante *drawer; draftsman* (2)
dibujar *to draw; sketch* (21)
dibujo *drawing; illustration* (13)
diciembre *December* (3)
dictado *dictation* (13); *dictate* (21)
dictadura *dictatorship* (10)
didáctico/a *educational* (4)
diecinueve *nineteen* (1)
dieciocho *eighteen* (1)
dieciséis *sixteen* (1)
diecisiete *seventeen* (1)
diente *tooth* (21)
diez *ten* (1)
difícil *difficult* (1)
dificultoso/a *awkward* (18)
difundir *to spread* (8)
dignamente *with dignity* (15)
digno/a *appropriate* (6)
diligencia *stagecoach* (11)
dimisión *resignation* (10)
dimitir *to resign* (10)
dinámica *dynamics* (14)
dinero *money* (4)
dios *god* (10)
diplomático/a *diplomat* (20)
dirección *address* (6); *management* (18)
directamente *straight* (9)
directo *straightforward* (12)
director/a *manager* (12); *director* (15)
dirigir la mirada *to look at somebody* (18)
dirigir la palabra *to address* (18)
dirigirse a *to speak to; address* (18)
disciplina *subject; discipline* (14)
disculparse *to apologize* (19)
discurso *speech; discourse* (10)
discusión *argument* (14)
discutir *to discuss* (11); *argue* (21)
diseñar *to design* (17)
diseño *design* (19)
disfrazarse (de) *to disguise oneself as* (18)
disfrutar *to enjoy* (3)
disminuir *to reduce; bring down* (19)
disparar *to shoot* (11)
disperso/a *scattered* (14)
disponer de *to have* (9)
disponibilidad *availability* (12)
disponible *available* (12)
disposición *disposal* (16)
dispositivo *device; mechanism* (17)
distar *to be far from* (22)
distinguido/a *distinguished* (8)
distinto/a *different* (17)
distribución *layout; arrangement* (13)
distrito *district* (9)
diurno/a *daily* (9)

diversión *enjoyment* (9)
divertido/a *fun* (1); *funny* (14)
divertirse (ie) *to have fun* (4)
divisa *foreign currency* (19)
doblar *to bend* (5)
doblar/girar a la derecha/izquierda *to turn to the right/left* (6)
doce *twelve* (1)
docena *dozen* (8)
dócil *meek; docile* (21)
documentación *papers* (7)
documental *documentary* (15)
dolencia *ailment; complaint* (19)
doler *to hurt* (16)
dolor *pain; ache* (16)
domicilio *domicile; legal residence* (19)
dominar *to know; have a good command* (14)
domingo *Sunday* (5)
dominio *control* (11)
dominio de *mastery of* (12)
don de gentes *people skills* (12)
donde *where* (5)
dormir (ue) *to sleep* (2)
dormir la siesta *to take a nap* (14)
dormirse *to fall asleep* (5)
dormitorio *bedroom* (6)
dos *two* (1)
dote *talent; qualities* (21)
droga *drug; drugs* (8)
ducha *shower* (3)
ducharse *to take a shower* (5)
duda *doubt* (13)
dueño/a *owner* (8)
dulce *sweet; candy* (5); *fresh (water)* (11)
dulzura *sweetness* (14)
duplicar *to double* (20)
duración *length* (7)
durante *during* (5)
durar *to last* (13)
duro/a *hard* (8)

E

echar *to throw* (18)
echar en falta *to miss* (21)
echar un vistazo a *to take a quick look* (15)
echar una mano *to help; lend a hand* (18)
ecologista *environmentalist* (20)
economía *economics* (2); *economy* (12)
económico/a *economic* (1); *inexpensive* (17)
ecuatoriano/a *Ecuadorian* (2)
edad *age* (2)
edificio *building* (3)
editorial *publishing company* (19)
educación secundaria *high-school education* (10)
educado/a *polite; well-mannered* (2)
educador *teacher; educator* (20)
educarse *to get an education* (10)
EE.UU. *U.S.A.* (10)
efectivamente *really; exactly* (13)
eficacia *effectiveness* (20)
eficiencia *efficiency* (19)
efigie *image* (12)
egipcio/a *Egyptian* (14)
egocéntrico/a *self-centered* (21)
egocentrismo *self-centeredness* (21)
egoísta *selfish* (2)

ejecutivo/a *executive* (12)
ejemplo *example* (9)
ejercer *to practice* (12); *exert* (14)
ejercicio *exercise* (5)
ejército *military* (10)
elaboración *production; making* (6)
elaborar *to prepare* (8)
electrodoméstico *electrical appliance* (4)
elegido/a *elected* (10)
elegir (i) *to choose* (1); *elect* (10)
elemental *elementary* (12)
elevar *to raise; lift* (17)
eliminación *removal* (16)
elogiar *to praise* (11)
eludir *to avoid; evade* (21)
emanar *to come from* (14)
embajada *embassy* (7)
embajador/a *ambassador* (2)
embarcación *vessel; craft* (18)
embarcar *to embark; board* (11)
embellecer *to grow more beautiful* (16)
embestida *ravage; havoc* (21)
emborracharse *to get drunk* (16)
embotellamiento *traffic jam* (9)
embrujar *to bewitch* (15)
emergencias (servicio de) *emergency room* (16)
emocionante *exciting; thrilling* (15)
emocionar *to excite; touch* (14)
empatar *to tie* (21)
empezar (ie) *to start* (7)
empleado/a *employee* (12)
emplear *to use* (13)
empleo *job; employment* (12)
emplumado/a *fledged* (11)
empobrecerse *to become impoverished* (21)
empobrecido/a *impoverished* (6)
emprender *to undertake* (21)
empresa *business; company* (12)
empresarial *business-related* (19)
en cambio *whereas* (11)
en contraste *on the other hand* (1)
en crecimiento *growing* (19)
en cuanto a *regarding* (5)
en efectivo *cash* (18)
en exceso *excessively* (16)
en forma *to be fit* (5)
en la esquina de *at the corner of* (6)
en medio de *in the midst of; in the middle of* (18)
en pie *standing* (11)
en pleno/a *right in* (9)
en poco más *in approximately more than* (1)
en realidad *actually* (3)
en su conjunto *as a whole* (20)
en suma *in short* (12)
en torno a *around* (11)
enamorado/a *in love* (18)
enamoramiento *infatuation* (21)
enamorarse *to fall in love* (10)
enamorarse de *to fall in love with* (21)
encallar *to run aground* (21)
encanecido/a *graying* (18)
encantador/a *charming* (15)
encantar *to love; like a lot* (14)
encanto *charm* (9)
encargar *to order* (19)
encendedor *lighter* (8)

encender *to turn on* (17)
encerrar *to lock down; lock up* (11)
enchufar *to plug in* (17)
enchufe *plug* (17)
encima *above* (15)
encontrar (ue) *to find* (3)
encontrarse *to be* (7)
encuentro *meeting; conference* (18)
endurecido/a *hardened* (18)
enemigo/a *enemy* (11)
enemistad *enmity* (21)
energético/a *energy* (12)
enero *January* (3)
enfermarse *to get sick* (16)
enfermedad *illness; sickness* (5)
enfermizo/a *unhealthy* (16)
enfermo/a *sick* (5)
enfocar *to focus on* (16)
enfoque *approach* (15)
enfrentar *to face; confront* (10)
enfrentarse *to face up to* (12)
enfrente (de) *in front of* (5)
enfriar *to cool down* (8)
enfriarse *to get cold* (17)
enfundar *to sheathe; wear* (18)
enfurecer *to make furious* (21)
engordar *to gain weight* (5)
enjoyado/a *bejeweled* (20)
enlace *link* (17)
¡Enhorabuena! *Congratulations!* (3)
enlatado/a *canned* (19)
enorme *huge; enormous* (18)
enriquecer *to enrich* (13)
enrolar *to enlist* (10)
ensalada *salad* (8)
ensayo *essay* (13); *rehearsal* (14)
enseñanza *schooling* (16)
enseñar *to show* (6)
ensueño *daydream; fantasy* (18)
entablar *to strike up* (21)
entender (ie) *to understand* (18)
entenderse con *to get along well with* (21)
entendimiento *understanding* (21)
enterarse *to find out* (18)
enterrado/a *buried* (2)
enterrar *to bury* (20)
entidad *entity; body* (18)
entonces *then* (10)
entrada *ticket* (15)
entrar *to enter* (5)
entre *among* (2); *between* (5)
entrecortado/a *not solid* (21)
entrega *delivery* (19)
entregar *to give; deliver* (18)
entregarse *to open oneself up* (21)
entrenador/a *coach; trainer* (18)
entrenamiento *training* (16)
entretenido/a *entertaining* (15)
entrevista *interview* (12)
entrevistar *to interview* (12)
entusiasta *enthusiastic* (21)
envase *container* (19)
envenenar *to poison* (21)
enviar *to send* (12)
envidia *envy* (14)
envolver (ue) *to wrap* (10)
época *period* (9)
equilibrado/a *balanced* (5)
equilibrio *balance* (5)

equipaje *luggage* (7)
equipo *team* (5); *equipment* (16)
equivaler *to amount to* (4)
equivocarse *to be wrong/mistaken* (20)
error *mistake* (13)
es decir *that is* (18)
escala *scale* (6)
escalada *climbing* (19)
escalera *stairs; staircase* (5)
escalinata *staircase; steps* (14)
escandalizar *to shock* (17)
escaparate *shop window* (4)
escape *leak; exhaust* (17)
escarabajo *beetle* (5)
escasez *shortage; lack of* (6)
escaso/a *not enough; rare* (13)
escenario *stage* (15)
escénico/a *stage* (15)
escéptico/a *skeptical* (20)
esclavitud *slavery* (10)
esclavo/a *slave* (3)
esclusa *lock* (19)
escolar *school* (10)
esconder *to hide* (21)
escondido/a *hidden* (11)
escozor *stinging; burning sensation* (16)
escribir *to write* (1)
escrito/a *written* (13)
escritor/a *writer* (2)
escritorio *desk* (6)
escritura *writing* (17)
escrúpulo *scruple* (11)
escuchar *to listen* (1)
escuchar música *to listen to music* (2)
escudo *badge* (17)
escuela *school* (3)
escuela naval *naval academy* (10)
escultor/a *sculptor* (5)
escultórico/a *sculptural* (6)
escupir *to spit out; spit* (18)
esfuerzo *effort* (13)
espacial *space* (20)
espacio *space* (7)
espalda *back* (5)
español/a *Spaniard; Spanish* (2)
esparcir *to scatter* (10)
espárrago *asparagus* (8)
especialidad *major* (2); *specialization* (12)
especias *spices* (8)
especie *species* (7)
espectáculo *show* (9)
espejo *mirror* (2)
esperado/a *expected* (15)
esperanza *hope* (18)
esperanza de vida *life expectancy* (5)
esperar *to expect* (1); *wait* (7)
esperpéntico/a *grotesque* (20)
espinaca *spinach* (8)
espíritu *spirit* (4)
esplendoroso/a *magnificent* (14)
esposo/a *spouse; husband/wife* (2)
espuma *foam* (18)
espuma de afeitar *shaving cream* (4)
esquema *outline* (13); *pattern* (21)
esquí *ski* (14)
esquimal *Eskimo* (18)
esquina *corner* (3)
esta/este; estas/estos *this; these* (1)
establecer *to establish* (5)

establecimiento hotelero *hotel* (9)
estacionamiento *parking space* (6); *parking* (9)
estadía *stay* (7)
estadio *stadium* (6)
estado *state* (1)
Estados Unidos *United States* (10)
estadounidense *U.S. citizen* (2)
estallar *to break out* (10)
estampillas *stamps* (2)
estancia *stay* (7)
estante *shelf* (6)
estantería *shelves* (6)
estar atento *to pay attention* (13)
estar de buen/mal humor *to be in a good/bad mood* (21)
estar de rebajas *to be on sale* (4)
estar en forma *to be fit* (5)
estar enfadado/disgustado (con) *to be mad at someone* (21)
estar resfriado/a *to have a cold* (16)
estatal *state* (9)
este *east* (1)
éste, ésta/éstos, éstas *this one/these* (22)
estilismo *styling* (18)
estilo *style* (2)
estimación *estimate* (22)
estiramiento *stretching* (16)
estirar *to stretch* (5)
estirarse *to stretch* (16)
estómago *stomach* (16)
estrato *stratum* (17)
estrecharse *to get narrower* (21)
estrella *star* (7)
estrenar *to use (to present) for the first time* (6)
estreñimiento *constipation* (16)
estreno *premiere* (21)
estresarse *to be under stress* (21)
estropearse *to get damaged; break down* (17)
estudiante *student* (2)
estudiantil *student* (10)
estudiar *to study* (1)
estudioso/a *scholar* (17)
estupendo/a *marvelous* (19)
estupidez *stupidity* (14)
etapa *stage* (17)
eternidad *eternity* (20)
eterno/a *eternal* (11)
ético/a *ethical* (20)
etnia *ethnic group* (9)
euskera *Basque* (13)
evidente *clear* (20)
evitar *to avoid* (5)
evolucionar *to develop; evolve* (17)
exagerado/a *excessive* (5)
examen *exam; test* (22)
examinar *to study; consider* (19)
excavar *to dig* (9)
excluyente *exclusive* (20)
excursión *field trip* (7)
exhibicionista *show-off* (20)
exigir *to demand* (6)
éxito *success* (2); *hit song* (14)
expectativa *expectation* (1)
experimentar *to undergo; experiment* (10)
explicación *explanation* (13)
explicar *to explain* (2)
exponer *to expose* (6)

exportación *exports* (18)
exportador/a *exporting* (12)
exposición *exhibition* (15)
ex presidiario/a *ex-convict* (18)
exprimir *to squeeze* (16)
expulsar *to throw out* (11)
extenderse *to spread* (14)
extensión *area* (7)
exterminio *extermination* (20)
extinguido/a *extinct* (3)
extraer *to mine* (11)
extrañarse *to be surprised* (18)
extranjero/a *foreigner* (2); *foreign* (13)
extraño/a *strange; weird* (2); *unusual* (16)
extremadamente *extremely* (9)
extrovertido/a *outgoing* (2); *extroverted* (12)

F

fábrica *factory* (9)
fabricación *manufacture* (8)
fabricar *to make* (4)
facción *facial feature* (2)
fácil *easy* (1)
facilidad *possibility* (11); *ease* (18)
facilidades (de pago) *payment terms; credit* (19)
facilitar *to make easier* (9)
facturar las maletas *to check luggage* (7)
falda *skirt* (4)
fallecer *to pass away; die* (10)
falta *lack* (5); *rudeness* (13)
faltar *to be lacking* (9)
familiar *family; relative* (5)
fantasma *ghost* (20)
farmacéutico/a *pharmacist* (12)
faro *lighthouse* (6)
fascinar *to love doing something* (13)
febrero *February* (3)
fecha *date* (2)
fecha de caducidad *expiration date* (16)
fecundar *to fertilize* (10)
felicidad *happiness* (14)
felicitación *card/message of congratulation* (19)
feliz *happy* (5)
Feliz Navidad *Merry Christmas* (4)
feo/a *bad; awful* (4)
feria *fair* (15)
ferretería *hardware store* (19)
ferrocarril *railroad* (19)
festejar *to celebrate* (4)
fibra *fiber* (5)
fidelidad *loyalty* (14)
fiebre *fever* (16)
fiel *faithful; loyal* (14)
fiesta *festivity; party; celebration* (1)
fiestas populares *celebrations* (9)
figura *figure; shape* (2)
figurar *to appear* (4)
fijarse en *to notice* (10)
filtro solar *sunscreen* (16)
fin *end* (10)
final *end* (10)
financiamiento *financing* (6)
financiar *to fund* (19)
finca *farm; plantation* (8)
finlandés *Finnish* (13)

fino/a *thin* (2)
firma *signing; signature* (10); *company* (19)
firmado/a *signed* (22)
firmante *signatory* (16)
firmar *to sign* (11)
flauta *flute* (17)
flechazo *love at first sight* (21)
flexión *push-up* (5)
flor *flower* (4)
florecer *to flourish* (14)
florería *flower shop* (4)
florido/a *full of flowers* (9)
floristería *flower shop* (4)
flota *fleet* (19)
foca *seal* (15)
folleto *prospect; brochure* (7)
fomentar *to promote* (16)
fondear *to anchor* (19)
fondo *back* (18)
forastero/a *outsider* (13)
forma *manner* (5); *shape; form* (6)
forma de pensar *way of thinking* (2)
forma de ser *the way someone is; behavior* (21)
formación profesional *professional training; education* (12)
formar *to make up* (8); *to form; to educate* (12)
formar parte (de) *to be a part of* (5)
formulario *form* (7)
fortalecer *to strengthen* (21)
fortaleza *fortress* (11); *strength* (12)
fósforo *match* (17)
fotocopiadora *copy machine* (17)
fotografía *picture* (1); *photography* (2)
francés *French* (8)
Francia *France* (17)
franco/a *duty-free* (19)
franela *flannel* (18)
frase *sentence* (11)
fraternal *brotherly* (18)
freír *to fry* (8)
frenético/a *frenzied* (16)
frente *forehead* (5)
frente a *across from* (6); *face to face* (13); *compared to, as against* (22)
fresa *strawberry* (8)
fresco/a *fresh* (5)
frigorífico *refrigerator* (6)
frijoles *beans* (8)
frío/a *cold* (8)
frito/a *fried* (5)
frontera *border; frontier* (14)
frustrarse *to get frustrated* (13)
fruta *fruit* (5)
fruto *result* (21)
frutos secos *nuts* (8)
fuego *fire* (17)
fuegos artificiales *fireworks* (4)
fuelle *bellows* (17)
fuente *source* (10); *fountain* (16)
fuerte *fort* (3); *strong* (5)
fuerza *force* (12); *strength* (21)
fuga *leak* (17)
fugarse *to escape* (18)
fumador/a *smoker* (8)
fumar *to smoke* (5)
función de *according to* (17)
funcionar *to work; operate* (9)

funcionario/a *government official* (11)
fundación *founding; establishment* (10)
fundado/a *founded* (7)
fundar *to found* (10)
fundirse *to merge* (9); *blow* (17)
fusionar *to fuse; merge* (14)
fútbol *soccer* (5)

G

gafas *eyeglasses* (17)
Gales *Wales* (10)
galés/galesa *Welsh* (13)
galleta *cookie; cracker* (8)
gallina *hen* (19)
ganadería *livestock* (19)
ganado *cattle* (8)
ganancia *profit* (19)
ganar *to win* (3); *earn money* (12); *gain* (18)
garantizar *to guarantee* (16)
garbanzo *chickpea* (8)
garrapiñada *caramel-coated peanuts/almonds* (4)
garza *heron* (20)
gasolinera *gas station* (9)
gastar *to spend* (4)
gastos *costs; expenses* (4)
gato *cat* (4); *jack* (22)
generalización *spreading; generalization* (17)
género *genre* (10)
genial *extraordinary* (4)
genio *genius* (15)
gente *people* (1)
gerente *manager* (12)
gestión *process* (10)
gesto *gesture* (13)
gimnasio *gym* (3)
gira *tour* (14)
girar *to turn* (5)
giro *turn* (21)
giro postal *money order* (7)
globo terráqueo *globe* (21)
gobernador/a *governor* (10)
gobernante *ruling* (9)
gobernar *to govern* (10)
gobierno *government* (11)
gol *goal* (21)
golpe *knock; bang* (18)
golpe de estado *coup d'état* (10)
golpear *to strike* (18)
gordo/a *fat* (5)
gordura *fat* (5)
gorjear *to trill* (11)
gorro *hat* (4)
gotas *drops* (16)
gotear *to drip* (17)
gozar *to enjoy* (21)
grabación *recording* (14)
grabado *etching* (18)
grabadora *recorder* (17)
grabar *to record* (17); *engrave* (21)
gracias *thanks* (5)
grado *degree* (18)
gramática *grammar* (13)
gran *big* (1); *great; large* (5)
grande *big* (1)
grandioso/a *impressive; magnificent* (5)
grano *bean* (8)

grasa *fat* (5)
graso/a *greasy* (8)
gratis *free* (6)
grave *severe; serious* (9)
griego/a *Greek* (13)
gripe *flu* (16)
gris *gray* (4)
gritar *to shout* (21)
grupo sanguíneo *blood type* (16)
guantes *gloves* (4)
guapo/a *good-looking* (2)
guardaespaldas *bodyguard* (18)
guardar *to keep* (11)
guardería *daycare; preschool* (9)
guardia de seguridad *security guard* (12)
guarnición *accompaniment; extra* (19)
guatemalteco/a *Guatemalan* (2)
gubernamental *government-related* (19)
guerra *war; local conflicts* (6)
guerrero/a *warrior* (10)
guía del ocio *entertainment guide* (15)
guión *script* (15)
guisado/a *stew* (8)
guiso *stew* (8)
gustar *to like* (14)
gusto *taste; like* (3)

H

haber *to have (in compound tenses)* (5)
habichuelas *beans* (8)
hábil *skillful* (14)
habilidad *skill; cleverness* (18)
habitación *bedroom; room* (6)
habitante *inhabitant* (1)
habitar *to inhabit* (6)
hábito *habit* (5)
habla *speech* (13)
hablado *spoken* (12)
hablador/ora *talkative* (14)
hablante *speaker* (7)
hablar *to speak* (1)
hacer (irreg.) *to do; make* (2)
hacer autostop *to hitch-hike* (3)
hacer camping *to go camping* (3)
hacer caso a *to pay attention to* (18)
hacer cola *to wait in line* (7)
hacer deporte *to play a sport* (5)
hacer ejercicio *to exercise* (5)
hacer el tonto *to be stupid; act silly* (21)
hacer fotos *to take pictures* (7)
hacer la(s) maleta(s) *to pack* (7)
hacer preguntas *to ask questions* (13)
hacer surf *to go surfing* (3)
hacer un viaje *to travel* (7)
hacer una excursión *to go on a trip; take a tour* (3)
hacer vela *to go sailing* (3)
hacerse daño *to hurt oneself* (16)
hacerse un lío (con) *to get all mixed up (with)* (13)
hacia *toward* (10)
hada *fairy* (18)
hallarse *to be; find oneself* (15)
hallazgo *discovery* (9)
hambre *hunger* (20)
harina *flour* (8)
harto/a (de) *fed up (with)* (19)
hasta *until* (2)

hasta el final *to the end* (6)
hebreo *Hebrew* (13)
hectárea *hectare* (9)
heladería *ice-cream shop* (15)
helado/a *ice cream* (8); *freezing* (18)
heredar *to inherit* (17)
heredero/a *heir/heiress* (8)
herencia *heritage* (8)
hermano/a *brother/sister* (2)
hermoso/a *lovely* (4)
héroe *hero* (11)
heroína *heroine* (11)
herramienta *tool* (22)
hervido/a *boiled* (8)
hervir *to boil* (8)
hidratante *moisturizing* (16)
hielo *ice* (19)
hierbabuena *mint* (8)
hijo/a *son/daughter* (2)
hilar *to spin* (20)
hilo *thread* (10)
himno *hymn; anthem* (14)
hincarse de rodillas *to kneel* (18)
hincha *fan* (21)
hipoteca *mortgage* (19)
hipotecario/a *mortgage* (19)
hispanohablante *Spanish-speaking* (16)
historia *history* (2); *story* (15)
historiador/ora *historian* (18)
hogar *home* (8)
hoja *leaf* (8)
hoja de vida *resume* (12)
hojear *to skim; glance through* (18)
hola *hello* (22)
holandés *Dutch* (10)
hombre *man* (2)
hombre/mujer de negocios
 businessman/woman (18)
hombro *shoulder* (10)
hondo/a *deep* (5)
hondureño/a *Honduran* (2)
hora *hour* (5)
hora de mayor audiencia *prime time* (15)
horario *schedule* (5)
horca *pitchfork* (21)
horno (eléctrico) *(electric) oven* (6)
hospedaje *accommodations* (16)
hostelería *hotel management* (12); *hotel
 business* (19)
hoy *nowadays; today* (5)
huella *trace; print; handprint; footprint* (18)
hueso *bone* (18)
huésped *guest* (3)
huevo *egg* (8)
huida *flight* (11)
huir (y) *to escape; run away* (11)
humanidad *humanity* (6)
húmedo/a *humid* (3)
humildad *humbleness; humility* (18)
humilde *humble* (17)
humo *smoke* (9)
hundir *to sink* (10)
huracán *hurricane* (6)

I

ida *one-way trip* (3)
ida y vuelta *round trip* (3)
idioma *language* (1)

idiota *stupid* (21)
iglesia *church* (3)
igual *identical* (10)
igualdad *equality* (16)
igualitario/a *egalitarian* (10)
igualmente *likewise* (19)
iluminado/a *lit* (8)
ilusión *hope* (21)
ilusionarse *to build one's hopes up* (12)
imagen *image* (10); *picture* (11)
impactar *to hit* (16)
impartir *to give* (13)
impensable *unthinkable* (20)
imperdonable *unforgivable* (18)
imperio *empire* (9)
impermeable *raincoat* (4)
implicado/a *person involved* (18)
importación *imports* (19)
impregnado/a *filled* (14)
imprescindible *essential* (19)
impresionante *outstanding* (3); *impressive;
 amazing* (14)
impresionarse *to be moved* (11)
impresora *printer* (17)
imprevisible *unpredictable; unforeseeable*
 (21)
imprimir *to print; stamp on* (18)
impuestos *taxes* (18)
impulsar *to propel; drive* (5)
impulso *boost* (10); *impulse* (18)
impureza *impurity* (5)
inalámbrico/a *wireless* (17)
inalterable *immutable* (21)
inauguración *opening* (19)
incalculable *inestimable* (9)
incapaz *unable* (21)
incendio *fire* (21)
inclinación *tendency; leaning* (21)
inconfundible *unmistakable* (5)
inconsciente *unconscious* (16)
increíble *incredible* (3)
incrementar *to increase* (18)
incumplir *to break* (20)
indicar *to show* (9)
índice *measure; sign* (13); *index finger* (21)
indígena *indigenous* (2); *native* (6)
indignar *to anger* (14)
indio/a *native of the Americas* (18); *Hindu,
 from India* (22)
indudable *unquestionable* (15)
indudablemente *certainly* (13)
inesperado/a *unexpected* (14)
infancia *childhood* (10)
infante/infanta *prince/princess* (10)
infantil *children's* (14)
inferior *lower* (21)
infierno *hell* (18)
influir *to influence* (21)
informal *casual* (4)
informática *computer science* (2); *computers*
 (19)
informativo *news program* (15)
informe *report* (1)
infranqueable *insurmountable; unbridgeable*
 (18)
ingeniería *engineering* (2)
ingeniero/a *engineer* (2)
ingenio *ingenuity; inventiveness* (21)
Inglaterra *England* (10)

inglés *English* (5)
ingresar *to join; enter* (10)
ingresos *income* (12)
inhabitable *uninhabitable* (9)
iniciar *to start* (10)
inicio *beginning* (8)
injerto *graft* (16)
injusto/a *unfair* (18)
inmobiliaria *real-estate agency* (19)
inolvidable *unforgettable* (19)
inscribirse *to register* (7); *enroll* (13)
inseguro/a *insecure* (14)
insigne *notable* (20)
insolación *sunstroke* (16)
insomnio *sleeplessness; insomnia* (16)
insoportable *unbearable; intolerable* (21)
inspiración *inhalation* (5)
instalaciones *facilities* (3)
instalarse *to settle down* (9)
instar *to urge* (18)
instaurar *to establish* (10)
instrucciones *directions* (5)
intemporal *timeless* (2)
intensidad *strength* (18)
intentar *to try* (10)
intento *attempt* (18)
intercambio *exchange* (7)
interior *inner; internal* (18)
interpelar *to question* (20)
interpretación *performance* (15)
interrelacionarse *to interact* (12)
interrogar *to question* (18)
interrogatorio *questioning* (18)
intervenir *to take part* (13)
íntimo/a *close* (13)
intoxicación alimenticia *food poisoning* (16)
introducir *to bring in* (8)
introvertido/a *introverted* (12)
inundación *flood* (3)
inútil *useless; futile* (18)
inventarse *to make up* (19)
invento *invention* (17)
invernadero *greenhouse; glasshouse* (15)
inversión *investment* (12)
inversionista *investor* (12)
inverso/a *reverse; the other way around* (22)
inversor/a *investor* (12)
invertir (ie) *to invest* (9)
investigación *research* (5)
investigador/a *researcher* (1)
invierno *winter* (3)
involucrar *to involve* (13)
ir (irreg.) *to go* (4)
ir de acampada *to go camping* (7)
ir de compras *to go shopping* (4)
ir de copas *to go out for a drink* (15)
ir de marcha *to go out and have fun* (15)
ir directo al grano *to get to the point* (18)
irse (irreg.) *to leave* (6)
irse del hotel *to check out* (7)
isla *island* (3)
islote *small island* (16)
Italia *Italy* (5)
izquierda *left* (5)
izquierdo/a *left* (16)

J

jabón *soap* (17)

jamás *never* (18)
jamón *ham* (8)
japonés *Japanese* (13)
jarabe *syrup* (16)
jardín *garden; yard* (3)
jardinero/a *gardener* (18)
jefe/a *boss* (4)
jefe/a de ventas *sales manager* (12)
jornada *day* (18)
joven *young man/woman* (2); *young* (12)
jóvenes *youths* (2)
joya *jewel* (3)
joyería *jewelry shop* (4)
jubilación *retirement* (10)
jubilarse *to retire* (10)
judío/a *Jew* (13)
juego *game* (13); *set* (19)
juego de mesa *board game* (4)
jueves *Thursday* (5)
jugador/a *player* (2)
jugar *to play* (5)
jugar a las cartas *to play cards* (2)
jugar al fútbol *to play soccer/football* (2)
jugar al tenis *to play tennis* (2)
jugo *juice* (8)
juguete *toy* (4)
juguetería *toy store* (4)
julio *July* (3)
junio *June* (3)
juntar *to put together* (5)
junto/a *next to; together* (5)
junto con *with; together with* (21)
justicia social *social justice* (20)
justo/a *fair* (15)
juventud *youth* (10)
juzgar *to judge* (15)

L

línea de autobús *bus line* (9)
laberinto *maze; labyrinth* (18)
laboral *work-related* (4)
lagarto *lizard* (21)
lago *lake* (3)
lamentable *deplorable* (10)
lámpara *lamp* (6)
lana *wool* (17)
lancha *motorboat* (7)
lanza *lance* (14)
lanzar *to launch* (10)
lapicera *pen; ballpoint* (17)
lápida *tombstone* (3)
lápiz *pencil* (17)
largo/a *long* (14)
lata *can* (8)
latir *to beat* (21)
lavadora *washing machine* (4)
lavandería *laundry room* (18)
lavaplatos *dishwasher* (4)
lavar *to wash* (17)
lavarse *to wash oneself* (5)
lazo *bond* (21)
leche *milk* (8)
lechuga *lettuce* (8)
lectoescritura *literacy* (22)
lector *reader* (13)
lectura *reading* (13)
leer *to read* (1)
legado *legacy* (9)

legumbres *legumes* (8)
lejano/a *far* (3)
lejos (de) *far (from)* (3)
lengua *language; tongue* (13)
lengua materna *mother tongue* (13)
lenguaje *language* (14)
lengüeta *reed; tongue* (17)
lentejas *lentils* (8)
lento/a *slow* (7)
león marino *sea lion* (15)
lesión *injury* (16)
lesionarse *to get hurt; get injured* (16)
levantar *to lift* (5)
levantarse *to get up* (5); *spring* (11)
leve *slight; faint* (18)
leyenda *legend* (10)
libélula *dragonfly* (4)
liberación *release* (11)
liberar *to free* (10)
libertad *freedom* (5)
libertador *liberator* (9)
libre *free* (5)
librería *bookstore* (4)
libro *book* (4)
licencia/permiso de conducir *driver's license* (7)
licenciado/a *college graduate* (12)
licenciatura *degree* (14)
licorería *liquor store* (19)
lienzo *canvas* (5)
liga *league* (5)
ligero/a *light* (6)
lima *lime* (8)
limón *lemon* (8)
limpiar *to clean* (5)
limpieza *cleaning* (19)
limpio/a *clean* (9)
linaje *descent; origin* (3)
lindo/a *nice* (4); *pretty* (14)
línea *line* (21)
línea aérea *airline* (7)
línea de autobús *bus line* (9)
linterna *lantern; lamp* (17)
lipoescultura *liposculpture* (16)
liso/a *smooth* (3)
listo/a *ready* (19)
litoral *coastal region* (17)
llamada (telefónica) *phone call* (7)
llamado/a *called; named* (10)
llamar *to call* (3)
llamarse *to be called* (9)
llano *plain* (1)
llave *key; wrench* (11)
llavero *key chain* (17)
llegada *arrival* (7)
llegar *to arrive* (7)
llegar a ser *to become* (12)
llegar con retraso *to be delayed* (7)
llegar tarde *to arrive late; be late* (7)
llenar *to fill up* (5)
lleno/a *booked; full* (7)
llevar *to take; carry* (3); *to wear* (4)
llevar a cabo *to carry out; perform* (16); *to execute* (17)
llevar un control (de) *to keep an eye on* (5)
llevarse bien mal con *to get along well/poorly with* (21)
llorar *to cry* (15)
llover (ue) *to rain* (9)

lluvia *rain* (7)
lluvioso/a *rainy* (9)
localizado/a *situated* (8)
localizar *to locate* (22)
loco/a *crazy* (21)
locura *madness* (18)
locutor/a *anchor* (20)
lograr *to achieve* (16)
lomo *back* (18)
longitud *length* (3)
los demás *others* (12)
lubina *sea bass* (19)
lucha *fight* (11)
luchador/a *fighter* (10)
luchar *to fight; struggle* (6)
lucir *to wear; show* (18)
lúdico/a *playful* (15)
luego *later* (22)
lugar *place* (5)
lugar de encuentro *meeting point* (15)
lujo *luxury* (17)
lujoso/a *luxurious* (6)
Luna *moon* (10)
lunes *Monday* (5)
luz *light* (5)

M

madera *wood* (9)
madre *mother* (2)
madre de alquiler *surrogate mother* (20)
madrileño/a *from Madrid* (13)
madrina *godmother* (2)
madrugada *early hours of the morning* (15)
madrugar *to get up early* (6)
maestro/a *teacher* (2)
magistral *masterly* (15)
magnicidio *assassination* (10)
magnífico/a *wonderful* (3)
maíz *corn* (8)
mal *badly* (11)
malanga *malanga (root vegetable)* (8)
maldad *wickedness* (20)
malecón *seafront* (9)
maleducado/a *bad-mannered* (14)
maleta *suitcase* (7)
maletín *briefcase* (18)
malo/a *bad* (2)
malograr *to ruin* (19)
malograrse *to break down* (17)
mamífero *mammal* (7)
mandar *to send* (14)
mando *command* (11)
manejar *to manage; handle* (4); *drive* (9)
manejo *handling; using* (11)
manera *way; manner* (10)
maní *peanut* (4)
manía *obsession; craze* (14)
manifestación *demonstration* (10)
manifestar *to show* (13)
mano *hand* (5)
mantel *tablecloth* (4)
mantener *to maintain; keep* (5)
mantener un debate *to have a debate* (20)
mantequilla *butter* (8)
manzana *street block* (6); *apple* (8)
mañana *morning* (5)
maquillaje *makeup* (15)
maquillarse *to apply makeup* (5)

máquina *machine* (17)
máquina de afeitar *shaver* (17)
mar *sea* (3)
maravilla *wonder; marvel* (18)
marca *brand* (8)
marcha *action* (15)
mareado/a *dizzy* (16)
marearse *to get dizzy* (16)
mareas negras *oil spill; large oil slick* (20)
mareo *dizziness* (16)
marfil *ivory* (18)
marginación *marginalization* (20)
marginado/a *marginalized* (18)
marido *husband* (13)
marina *navy* (10)
marinero/a *sailor* (14)
marino *sailor* (21)
marisco *seafood* (8)
marítimo/a *sea* (19)
marrón *brown* (4)
Marruecos *Morocco* (22)
martes *Tuesday* (5)
martillo *hammer* (22)
marzo *March* (3)
más *more* (1)
más abajo *lower down* (10)
más allá *the other world* (11)
más tarde *later* (6)
masajeador *massager* (17)
masajista *massage therapist* (19)
mascar *to chew* (17)
masivo/a *huge* (3)
masticar *to chew* (17)
matanza *slaughter; killing* (21)
matinal *morning* (5)
matrícula *registration* (7)
matricularse *to register* (14)
matrimonio *marriage* (2)
mayo *May* (3)
mayor *greater; greatest* (1)
mayordomo *butler* (18)
mayoría *majority* (5)
mecer *to sway; rock* (18)
medalla *medal* (2)
mediado/a *halfway through* (11)
mediante *through; by means of* (12)
medicamento *medication* (16)
medicamentos *medicines* (5)
médico/a *doctor* (2)
médico de guardia *doctor on call* (16)
medida *extent; measure* (6)
medio *circle; environment* (22)
medio/a *half* (5); *average* (8)
medio ambiente *environment* (9)
medio oeste *Midwest* (1)
Medio Oriente *Middle East* (10)
medioambiental *environmental* (20)
mediodía *noon* (16)
medios *media* (14)
medios de comunicación *the media* (14)
medir (i) *to measure* (16)
mejor *better; the best* (6)
mejorar *to improve* (5)
memorias *memoirs* (18)
menos *less* (5)
mensaje *message* (13)
mensajería *courier service* (19)
mensajero/a *courier; messenger* (12)
mentalidad *outlook* (21)

mente *mind* (5)
mentir (ie) *to lie; tell lies* (12)
mentiroso/a *liar* (21)
meñique *little finger* (21)
mercadeo *marketing* (19)
mercado *market* (12)
mercancía *goods; merchandise* (19)
merecer la pena *to be worth it* (15)
merendar (ie) *to have an afternoon snack* (8)
mérito *merit; worth* (21)
mermelada *jelly; jam* (8)
mes *month* (6)
mesa *table* (6)
mesero/a *server* (2)
mesilla de noche *bedside table* (6)
meta *target; goal* (21)
meter *to put* (18)
metro *subway* (3); *meter* (9)
mezcla *mixture* (3)
mezclar *to mix* (8)
microondas *microwave* (4)
miedo *fear* (14)
miedoso/a *fearful* (14)
miembro *member* (1)
mientras *in the meantime; meanwhile* (18)
mientras que *whereas* (13)
mientras tanto *meanwhile* (11)
miércoles *Wednesday* (5)
migraña *migraine* (16)
mil *thousand* (9)
milagroso/a *miraculous* (16)
milenario/a *millenarian* (2)
milla *mile* (3)
millar *thousand* (16)
millonésima *millionth* (13)
mina *mine* (20)
minería *mining industry* (19)
mío/a *mine* (14)
mirada *look* (13)
mirar *to look* (1)
miseria *misfortune* (21)
mismo/a *same* (5); *himself/herself* (18)
misterioso/a *mysterious* (11)
mitad *half* (1)
mito *myth* (2)
mobiliario *furniture* (19)
mochila *backpack* (4)
moda *fashion* (18)
modernidad *modernism* (15); *modern times* (21)
modesto/a *modest* (21)
modo *way* (11)
moisés *cradle* (4)
mojarse *to get wet* (17)
molestarse *to bother* (4)
molestia *discomfort* (16)
molesto/a *troublesome; tiresome* (21)
moneda *currency* (7); *coin* (12)
monedero *wallet* (17)
mono/a *monkey* (11)
montaje *setup; plot* (18)
montaña *mountain* (1)
montañismo *mountain climbing* (7)
montar en el tren/avión/autobús *to get on the train/plane/bus* (7)
monumental *massive* (9)
monumento *monument* (9)
morado/a *purple* (4)
morder(se) *to bite* (14)

moreno/a *dark-haired* (2)
morir (ue) *to die* (10)
moro/a *Moor* (8)
morocho/a *dark, dark-haired* (17)
mortalidad infantil *child mortality* (16)
mortífero/a *deadly* (16)
mostaza *mustard* (8)
mostrador *reception desk, counter* (18)
mostrar *to show* (6)
motivo *reason* (16)
moto *motorcycle* (3)
moverse (ue) *to move* (13)
móvil *cell phone* (17)
movilidad *mobility* (13)
movimiento *movement* (10)
movimiento migratorio *migration* (20)
muchacho/a *young man/woman; boy/girl* (18)
muchísimo *a lot* (17)
mucho/a *many, much; a lot* (5)
mudanzas *moving services* (19)
mudarse *to move* (14)
mudo/a *mute* (18)
mueble *piece of furniture* (18)
muela *tooth* (16)
muerte *death* (2)
muerto/a *dead* (10)
muestra *sample; example* (9); *exhibit* (15)
mujer *woman* (2)
mujer de negocios *businesswoman* (18)
mulo *mule* (7)
multicine *multiscreen movie complex* (15)
multitud *a lot of* (15)
Mundial *World Cup* (21)
mundial *world; worldwide* (5)
mundo *world* (1)
municipio *urban area* (6); *city council* (9)
muñeco/a *doll* (4)
muro *wall* (10)
músculo *muscle* (5)
música *music* (1)
música en vivo *live music* (15)
músico *musician* (2)
muy *very* (2)

N

nabo *turnip* (8)
nacer (zc) *to be born* (10)
nacido/a *born* (1)
nacimiento *birth* (10)
Naciones Unidas *United Nations* (10)
nada *hardly* (2); *nothingness; nothing* (14)
nadar *to swim* (3)
nadie *nobody, no-one* (18)
nahua *Nahuatl* (11)
nahual *nagual; a personal guardian spirit* (20)
naranja *orange (color, fruit)* (4)
narcotráfico *drug trafficking* (20)
nariz *nose* (5)
narrar *to narrate* (18)
natal *native* (17)
naturaleza *nature* (1)
navaja *penknife* (19)
navegar *to sail* (3); *surf on the internet* (17)
naviera *shipping company* (19)
necesidad *need* (5)

necesitar *to need* (4)
negociar con *to do business with* (10)
negocio/negocios *business* (1)
negro/a *black* (4)
nervio *nerve* (5)
nevera *refrigerator* (17)
ni... ni... *neither... nor...* (10)
nicaragüense *Nicaraguan* (2)
niebla *fog* (9)
nieto/a *grandson/granddaughter* (2)
nieve *snow* (9)
ningún, ninguno/a *none; not any* (12)
niñero/a *babysitter* (19)
niñez *childhood* (10)
niño/a *child* (2)
nivel *level* (3)
no obstante *however* (13)
noche *night; evening* (5)
Nochebuena *Christmas Eve* (4)
Nochevieja *New Year's Eve* (4)
nocturno/a *nightly* (3)
nombrar *to appoint* (10)
nombre *first name* (1)
nominar *to nominate* (19)
norma *rule* (13)
noroeste *Northwest* (3)
norte *north* (1)
Norteamérica *North America; the United States* (17)
norteamericano/a *American; from the United States* (22)
notable *considerable* (8)
notar *to notice* (3)
noticias *news; the news* (1)
novedad *novelty* (10)
novedoso/a *novel; new; innovative* (19)
novela *novel* (18)
novela de aventuras *adventure story* (18)
novela de misterio *mystery novel* (18)
novela de terror *terror novel* (18)
noviembre *November* (3)
novio/a *boyfriend/girlfriend* (2)
nube *cloud* (11)
nublado/a *foggy* (9)
nuestro/a *our; ours* (5)
nueva ola *New Wave* (14)
nueva trova *Nueva Trova; pop music with socio-cultural themes* (14)
nueve *nine* (1)
nuevo/a *new* (4)
nuez *nut* (8)
número *number* (5)
nunca *never* (5)
nutria *otter* (16)
nutrido/a *full; busy* (15)

Ñ

ñame *yam* (8)

O

oaxaqueño/a *Oaxacan* (2)
obesidad *obesity* (16)
obligatorio/a *compulsory* (13)
obra *work* (2); *construction work* (9)
obra de arte *work of art* (15)
obra de teatro *(theater) play* (15)
obras públicas *construction* (9)

obrero/a *worker* (2)
observación *comment* (16)
observación de aves *birdwatching* (16)
obstaculizar *to hinder; hold up* (19)
ocasionar *to cause* (11)
occidental *western* (5)
ochentero/a *of the eighties* (14)
ocho *eight* (1)
ocio *leisure time* (5)
octubre *October* (3)
oculista *ophthalmologist* (22)
ocultarse *to hide* (13)
oculto/a *hidden* (17)
ocupado/a *busy* (7)
ocupar *to take up* (16); *occupy* (18)
ocuparse (de) *to take care of* (7)
ocurrir *to happen* (9); *take place* (11)
odiar *to hate* (14)
odio *hatred* (14)
odioso/a *nasty; horrible* (21)
odontología *dentistry* (16)
oeste *west* (1)
oferta *offer* (6); *supply* (19)
ofertas *sales* (4)
oficina *office* (12)
oficina de correos *post office* (3)
oficina de turismo *visitor center* (3)
oficinista *administrative* (12)
ofrecer (zc) *to offer* (3)
oído *ear* (16)
oír *to hear* (22)
ojalá *I hope so!* (20)
ojo *eye* (5)
ola *wave* (18)
óleo *oil painting* (20)
olla *pot* (8)
olor *smell* (9)
olvidar *to forget* (4)
ombligo *belly button* (9)
ómnibus *bus* (7)
once *eleven* (1)
ondulante *billowy* (11)
operarse (de) *to have surgery* (16)
opinar *to give one's opinion* (8)
optativo/a *optional* (7)
opuesto/a *opposite* (14)
ordenado/a *tidy; organized* (14)
ordenador de bolsillo *handheld* (17)
ordenador portátil *laptop* (17)
ordenar *to sort out* (16)
oreja *ear* (5)
orfebrería *goldsmithing/silversmithing* (8)
orgullo *pride* (18)
orgulloso/a *proud* (14)
orientación *direction* (21)
oriental *eastern, east* (12)
originar *to start; give rise to* (6)
originario/a *native* (8)
orilla *shore; bank* (14)
oro *gold* (9)
ortografía *spelling* (12)
oscuridad *darkness* (15)
oscuro/a *dark* (6)
ostentar *to hold* (20)
otoño *fall* (3)
otorgado/a *awarded* (2)
otro/a *other* (2); *another* (6)
ovacionar *to give an ovation* (10)
oyente *listener* (13)

P

paciencia *patience* (12)
paciente *patient* (12)
padecer (zc) *to suffer* (16)
padre *father* (2)
padres *parents* (2)
padrino *godfather* (2)
pagar *to pay* (4)
página web *web page* (19)
pago *payment* (7)
país *country* (1)
paisaje *landscape* (1)
paja *great* (18)
pájaro/a *bird* (10)
palacio *palace* (2)
palanca *lever* (10)
palmera *palm tree* (3)
paludismo *malaria* (16)
pampa *plain; prairie* (18)
pan *bread* (8)
panadería *bakery* (4)
panameño/a *Panamanian* (2)
panorama *scene* (14)
pantalla *screen* (15)
pantalones *pants; trousers* (4)
pantrie *pantry* (6)
paño *cloth* (16)
pañuelo *scarf* (4); *napkin* (17)
papá/mamá *dad/mom* (2)
papa, patata *potato* (8)
papá Noel *Santa Claus* (4)
papel *paper* (4); *role* (11)
papel de regalo *gift wrap* (22)
papelería *stationery store* (4)
paquete *pack; package* (8)
para *for* (5)
paradero *whereabouts; location* (18)
parador nacional *parador (in Spain), state-owned hotel* (7)
paraíso *paradise* (11)
paralizarse *to be stunned* (21)
parapente *paragliding* (7)
parche *patch* (16)
parecer *to think* (13); *seem* (18)
parecido/a *similar* (17)
pared *wall* (18)
pareja *pair* (1)
pariente *relative* (4)
parpadear *to blink* (20)
parque de atracciones *amusement park* (15)
parque temático *theme park* (15)
parquear *to park* (18)
parranda *partying* (14)
parrilla *grill* (8)
pasarlo bien/mal *to (not) have fun* (7)
parte *part* (1)
partido *game* (22)
partido de fútbol *soccer game* (15)
partir *to depart* (10)
pasado *past* (2)
pasar *to go through* (10); *pass* (18); *happen* (20)
pasar por la aduana *to go through customs* (7)
pasar vergüenza *to be embarrased* (21)
Pascua *Easter* (10)
Pascua de Resurrección *Easter* (10)
pascuence *from Easter Island* (10)

pasear *to take a walk* (3)
paseo *a walk* (5)
pasillo *corridor; hallway* (6); *Colombian folk dance* (21)
pasional *passionate* (21)
paso *path; passage* (17)
pastel *pie; cake* (4)
pastelería *pastry shop* (4)
pastilla *pill* (16)
patria *homeland* (10)
patriota *patriot* (11)
patriotismo *patriotism* (11)
paz *peace* (10)
P.D. *P.S.* (22)
peaje *toll* (19)
peatón *pedestrian* (9)
peatonal *pedestrian* (9)
pecado *sin* (21)
pecho *breast* (16)
peculiar *unusual* (12)
pedagogía *pedagogy; teaching* (10)
pedagógico/a *pedagogic; teaching* (10)
pedazo *piece* (8)
pedido *order* (19)
pedir (i) *to ask; ask for; request* (11)
peinarse *to comb one's hair* (5)
peine *comb* (4)
pelar *to peel* (8)
pelearse *to fight; have an argument* (21)
película *movie* (10)
película de acción *action movie* (15)
película de ciencia ficción *science fiction movie* (15)
película de terror *thriller* (15)
película del oeste *western* (15)
película policíaca *police film* (15)
peligro *danger* (7)
peligroso/a *dangerous* (3)
pelo *hair* (5)
peluquería *hair salon* (3)
peluquero/a *hair stylist* (2)
pena *grief; sadness; sorrow* (18)
pendientes *earrings* (4)
penetrar *to pierce* (11)
pensador/a *thinker* (20)
pensamiento *thought* (10)
pensar *to think* (12)
pensativo/a *thoughtful* (18)
pensión *lodging house* (7)
peor *worse* (21)
pepino *cucumber* (8)
pepita *nugget* (11)
pequeño/a *small* (1)
pera *pear* (8)
percha *hanger* (17)
perder (ie) *to lose* (5)
perder el avión/tren *to miss the plane/the train* (7)
pérdida *loss* (11)
perdonar *to forgive* (4)
peregrinación *pilgrimage* (9)
perezoso/a *lazy* (2)
perfeccionar *to perfect* (12)
perfil *profile* (12)
perfilar *to shape up as; begin to look like* (22)
perforación *drilling* (21)
perfumería *perfume store* (4)
periódico *newspaper* (1)
periodismo *journalism* (2)

periodista *journalist* (2)
perjudicado/a *affected* (11)
perjudicar *to harm; damage* (16)
permanecer *to remain* (14)
permiso de trabajo *work permit* (7)
permitir *to let; allow* (9)
pero *but* (5)
perpetuidad *endless time* (18)
persa *Persian* (13)
perseguir *to pursue* (21)
persiana *blind* (17)
persistir *to remain* (13)
personaje *important figure* (8); *character* (18)
personal *staff* (18)
personas sin hogar/techo *homeless people* (20)
pertenecer (zc) *to belong* (10)
perturbar *to disturb* (21)
peruano/a *Peruvian* (2)
pesado/a *boring; slow; tedious* (15); *heavy* (17)
pesar *to weigh* (16)
pesca *fishing* (11); *fishing industry* (19)
pescado *fish* (5)
pescar *to fish* (3)
pesebre *manger* (4)
peso *weight* (5)
petróleo *oil; petroleum* (12)
petrolero/a *oil* (12)
pez *fish* (10)
picado/a *chopped* (8)
picadura *sting; bite* (16)
picante *hot; spicy* (8)
picar *to chop* (8); *itch; sting* (16)
pico *beak* (10)
pie *foot* (5)
piedra *stone* (8)
piedra filosofal *philosopher's stone* (21)
piel *skin* (2); *leather* (17)
pierna *leg* (5)
pieza *piece* (9)
pila *battery* (4)
píldora *pill* (16)
piloto de carreras *racing driver* (5)
pimienta *pepper (spice)* (8)
pimiento *pepper (vegetable)* (8)
pinchazo *flat tire* (7)
pintar *to paint* (2)
pintor/a *painter* (2)
pintoresco/a *picturesque* (6)
pintura *painting* (12)
piña *pineapple* (8)
piragüismo *canoeing* (15)
pisar *to tread; step on* (14)
piscina *swimming pool* (3)
piso *apartment; condo* (6)
pista *clue* (18)
pista/cancha de tenis *tennis court* (3)
pizca *pinch* (16)
placer *pleasure* (15)
plagado/a *swarming* (20)
plancha *iron* (4); *griddle* (5)
planchar *to iron* (17)
planear *to plan* (15)
planificar *to plan* (15)
plano/a *flat* (17)
planta *floor (main, first, second)* (6); *plant* (15)

plantear un tema *to introduce/present an issue* (20)
plata *silver* (12)
plátano *banana* (8)
plátano verde *plantain* (8)
platicar *to talk* (11)
plato *dish* (8)
playa *beach* (1)
plaza *square* (3)
plaza de toros *arena; bullfighting ring* (15)
plenamente *fully; completely* (22)
plenitud *feeling of fulfillment* (21)
pluma *feather* (10); *pen* (17)
pluri-cultural *multicultural* (21)
población *population* (1)
poblado/a *populated* (6)
poblador/a *settler* (11)
poblar *to settle; populate* (10)
pobres *poor* (20)
pobreza *poverty* (9)
poco *little* (2)
pocos/as *few* (5)
poder *power* (10)
poder (ue) *to be able* (4)
poderoso/a *powerful* (15)
poesía *poetry* (10)
poeta/poetisa *poet* (14)
polaco *Polish* (13)
policía *police officer* (2); *police* (9)
polinesio/a *Polynesian* (10)
pollería *poultry* (19)
polvo *dust* (18)
poner (irreg.) *to put* (6)
poner las cosas fáciles *to make things easy* (19)
ponerse celoso/a *to get jealous* (21)
ponerse contento/a *to get happy* (10)
ponerse en contacto con *to get in touch with* (22)
ponerse enfermo *to get sick* (16)
por desgracia *unfortunately* (20)
por encargo *made to order* (19)
por eso *because of that* (6)
por favor *please* (22)
por medio de *by means of; through* (22)
por otra parte *in any case; on the other hand* (5)
por otro lado *on the other hand* (22)
por qué *why* (18)
por suerte *luckily* (18)
por supuesto *of course* (9)
porque *because* (14)
portador/a *carrier* (17)
portero/a *goalkeeper* (5)
posada *inn* (7)
posar *to land* (10)
postal *postcard* (4)
postre *dessert* (8)
postulante *applicant* (12)
postular *to run* (10)
postura *position* (13)
potencia *power* (22)
práctico/a *convenient; handy* (17)
precio *price* (4)
precioso/a *beautiful* (4); *precious* (8)
precolombino/a *pre-Columbian* (6)
predecir *to predict* (22)
predilecto/a *favorite* (9)
preferente *special* (8)

preferido/a *favorite* (8)
pregunta *question* (1)
preguntar *to ask* (18)
preincaico/a *pre-Incan* (9)
prejuicio *prejudice* (21)
premiar *to award a prize* (16)
premio *award* (2)
prender *to turn on* (17)
preocupación *worry* (5)
preocupado/a *worried* (18)
preocupar *to worry* (14)
preocuparse *to worry* (2); *care about* (14)
presentar *to depict* (2); *introduce* (6)
preservación *protection* (16)
presión *pressure* (17)
presionar *to pressure; put pressure* (19)
preso/a *prisoner* (11)
préstamo *loan* (19)
prestar *to lend* (22)
prestar atención *to pay attention* (13)
prestar un servicio *to provide a service* (19)
prestigio *prestige* (2)
presupuesto *budget* (9)
pretender *to intend* (21)
prevenir *to prevent* (5)
prever *to foresee* (20)
primario/a *elementary* (16); *primary* (22)
primavera *spring* (3)
primer/a *first* (1)
primo/a *cousin* (2)
primogénito/a *firstborn* (10)
primordial *fundamental; prime* (17)
princesa *princess* (10)
principal *main* (3)
principalmente *mainly* (9)
príncipe *prince* (11)
principiante *beginner* (7)
prisa *rush; hurry* (5)
pro *for* (10)
probarse (ue) *to try on* (4)
procesamiento *processing* (7)
producir *to produce; make* (14)
producto interno bruto (PIB) *gross domestic product (GDP)* (19)
productor/a *producing* (12)
profundamente *deeply* (10)
profundo/a *deep* (11)
programar *to schedule* (17)
progresar *to advance* (12)
progresista *progressive; liberal* (10)
prohibir *to forbid* (17)
promedio *average* (4)
prometer *to promise* (22)
prometido/a *fiancé/fiancée* (2)
promover (ue) *to promote* (16)
pronto *early; soon* (14)
propensión *tendency; leaning* (21)
propiedad *property* (5)
propietario/a *owner* (18)
propina *tip* (8)
propio/a *own* (2)
propio/a, el propio *own* (2); *the... himself/herself/itself* (5)
proponer (irreg.) *to propose* (22)
proporcionar *to provide* (16)
propósito *purpose* (7)
protagonista *main character* (12); *main actor/actress* (15)
protagonizar *to play; stage* (10)

protegido/a *protected* (7)
protesta *demonstration* (10)
provenir *to come from* (3)
provocar *to cause* (11)
próximo/a *near* (16); *next* (18)
proyectar *to put across* (21)
prueba *proof; evidence* (9); *test* (17)
púa *spine; tooth* (17)
publicar *to publish* (14)
publicidad *advertising* (19)
pueblo *town* (3); *people of a nation* (10)
puente *bridge* (1)
puerta *door* (6)
puerto *harbor* (9)
puerto marítimo *seaport* (9)
puertorriqueño *Puerto Rican* (2)
puesto *on* (14)
puesto de trabajo *position; job* (12)
pulgar *thumb* (21)
pulir *to polish* (20)
pulmón *lung* (5)
pulsar *to press* (20)
pulsera *bracelet* (4)
puma *mountain lion* (16)
punta *point* (14)
punto *point* (12)
punto de partida *starting point* (9)
punto de vista *point of view* (12)
puntuación *scoring* (22)
puñado *handful* (18)
puro habano *Havana cigar* (8)

Q

¿qué tal? *how are you?* (22)
quebrado/a *crooked* (21)
quebrar (ie) *to break* (11)
quedar *to be (located)* (10); *be left; remain* (11)
quedar (con) *to make an appointment with* (15)
quedarse *to stay* (15)
quedarse con los brazos cruzados *to do nothing* (21)
quedarse sordo/a *to become deaf* (21)
quejarse *to complain* (20)
quemadura *burn* (16)
quemarse *to get burned* (16); *burn up* (17)
querer (ie) *to want* (1)
querido/a *dear* (3)
quién *who* (15)
quien *who* (18)
quimbombó *okra* (8)
quimera *illusion* (20)
química *chemistry* (2)
químico/a *chemist* (17)
quince *fifteen* (1)
quinto/a *fifth* (18)
quiteño/a *from Quito* (21)

R

rábano *radish* (8)
radicarse *to settle* (21)
raíz *root* (21)
ramo *bunch* (19)
ranchería *shanty town* (17)
rápido/a *fast; quick* (7)
rápidos *rapids* (16)

raro/a *strange* (21)
rascacielos *skyscraper* (6)
rasgo *feature* (9)
rasguñar *to scratch* (18)
rato *while; time; short period of time* (18)
ratón *computer mouse* (17); *mouse* (18)
raya *line* (18)
rayo de sol *sunshine* (11)
razón *reason* (6)
reacción alérgica *allergic reaction* (16)
real *royal* (21)
realizado/a *done* (1)
realizar *to make* (5)
realizar un pedido *to order* (19)
rebaja *discount* (4)
rebajar *to lower* (4)
rebajas *sales* (4)
rebasar *to exceed* (9)
rebote *bounce* (22)
recado *errand* (19)
recalentar *to reheat* (19)
recepción *reception desk* (7)
receta *prescription* (16)
recetar *to prescribe* (16)
rechazar *to reject; turn down* (19)
rechazar un argumento *to reject/refuse an argument* (20)
recibir *to receive* (5)
recibo *ticket* (4)
recién *just; just now* (22)
reciente *recent* (3)
recio/a *robust; sturdy* (18)
reclamación *claim; complain* (19)
reclamar *to claim* (19)
reclamar el equipaje (perdido) *to claim (lost) luggage* (7)
reclamo *claim; complain* (19)
recoger *to pick up* (7)
recoger las maletas *to pick up luggage* (7)
recogida de mensajes *answering service* (19)
recolección *gathering* (11)
recomendable *advisable* (5)
reconocido/a *acknowledged* (14)
recordar (ue) *to remember* (6); *remind* (22)
recorrer *to travel through* (10)
recorrido *tour* (8)
recreación *reenactment* (3)
recrear *to re-create* (8)
recto *straight* (5)
recuperar *to recover; get back* (19)
recurrir *to resort to* (5)
recursos *resources* (12)
red *web; internet* (1); *network* (16)
redacción *composition* (13)
redactar *to write; draw up* (10)
reducir *to reduce* (5); *cut down on; cut* (16)
referirse *to refer to; talk about* (20)
reflejar *to reflect* (22)
reflejo *reflection* (10)
refrendar *to endorse; approve* (22)
refresco *soda* (4)
refrigeración *air conditioning* (17)
refrigerador *refrigerator* (3)
refugiado/a *refugee* (18)
refugiarse *to take shelter* (11)
refugio *sanctuary* (16)
regalar *to give as a gift* (19)
regalo *gift* (3)

regar *to water* (22)
régimen *diet* (16)
registrarse en el hotel *to check in* (7)
regla *rule* (13)
reglamento *rules and regulations* (10)
regresar *to come back* (5)
regreso *return* (11)
rehabilitar *to renovate; restore* (6)
rehén *hostage* (11)
reino *realm* (11)
reinversión *reinvestment* (20)
reír *to laugh* (15)
reiterar *to repeat* (20)
reivindicar *to claim* (17)
relación *connection; relationship* (2)
relacionado/a *related* (5)
relacionarse *to be related to* (21)
relajante *relaxing* (7)
relajarse *to relax* (5)
relatar *to tell (a story)* (18)
relativo a *related to* (22)
relato *story; tale* (18)
relevante *outstanding* (15)
reloj *watch* (4)
remitir *to send* (22)
remolacha *beet* (8)
rencilla *quarrel* (4)
rendirse *to surrender* (11)
renombrado/a *well-known* (17)
renovarse *to be renewed or revitalized* (5)
renunciar *to resign; quit* (11)
renunciar a *to renounce; give up* (21)
reparación *repair* (7)
reparaciones (tienda de) *repair shop* (19)
reparar *to repair; fix* (17)
repartir *to distribute* (12)
reparto *delivery; distribution* (19)
repercutir *to have repercussions* (21)
repetir *to repeat* (18)
repisa *shelf* (18)
replantearse *to rethink; reconsider* (21)
reportaje *interview; story; feature* (18)
reposo *rest* (11)
representar *to show* (11)
reproductor de DVD *DVD player* (4)
reproductor de video *VCR* (4)
requerido/a *required* (12)
requerir *to require* (7)
requisito *requirement* (7)
resaca *hangover* (16)
resbalar *to slip* (17)
rescatar *to save* (21)
rescribir *to rewrite* (9)
reserva *reservation* (7)
resfriado *cold* (16)
resfriarse *to get a cold* (16)
residencia estudiantil *dorm* (9)
residir *to live* (13)
resolver *to solve* (16)
resolver un caso *to solve a case* (18)
respectar *to concern* (12)
respecto *regarding* (4)
respiración *breathing* (5)
respirar *to breathe* (5)
respuesta *answer* (1)
restaurarse *to restore* (10)
resto *rest* (3)
restringir *to restrict* (20)
resuelto/a *determined; with resolve* (18)

resultado *result* (1)
resultar *to turn out to be* (12)
resumir *to summarize* (20)
retazos *bits and pieces* (21)
retirar *to withdraw* (21)
retirarse *retreat; withdraw* (11)
reto *challenge* (20)
retorno *return* (21)
retransmisión *broadcasting* (15)
retraso *delay* (7)
retratar *to portray; depict* (20)
retroceso *backward movement* (21)
reunión *get-together* (4); *summit* (18)
reunir *to have; include* (14)
reunirse (con) *to meet* (7)
revelar *to reveal* (21)
revelar fotos *to develop pictures* (7)
reverso *back* (12)
revertir *to go back to* (20)
revestido/a *clad* (11)
revista *magazine* (4)
revolver *to stir up; mix up* (8)
rey/reina *king/queen* (9)
rico/a *rich* (2); *tasty; delicious* (8)
ricos *rich* (20)
riego *irrigation; watering* (17)
riesgo *risk* (5)
rincón *interesting spot* (9)
río *river* (3)
rioplatense *from the Río de la Plata* (17)
riqueza *richness; wealth; riches* (7)
rizo *curl* (7)
rockero/a *rock fan; rock musician* (14)
rodaja *slice* (8)
rodeado/a *surrounded* (7)
rodear *to surround* (9)
rodilla *knee* (5)
rojo/a *red* (4)
rollito de primavera *spring roll* (19)
rollo *film* (19)
rompecabezas *puzzle* (21)
romper *to break* (11)
romper con *to break up with* (15)
romperse *to break* (10)
romperse (algo) *to break (something)* (16)
ron *rum* (8)
roncar *to snore* (14)
ronda *round* (18)
ropa *clothes* (4)
ropa interior *underwear* (4)
ropero *closet; wardrobe* (18)
rosa *pink* (4)
rosca *roll (bread)* (8)
rostro *face* (2)
roto/a *broken* (17)
rueda *wheel* (17)
ruido *noise* (9)
ruidoso/a *noisy* (3)
rumano *Romanian* (13)
rumbo a *bound for* (11)
rumorear *to spread by rumor* (18)
ruso *Russian* (10)
ruta *route* (11)

S

sábado *Saturday* (5)
sábana *sheet* (18)
saber (irreg.) *to know (a fact)* (1)

sabiduría *knowledge; wisdom* (15)
sabor *taste* (8)
sacar *to take out* (8)
sacar conclusiones *to come to conclusions* (20)
sacar entradas *to buy tickets* (15)
sacar joroba *to make fun of; mock* (18)
sacudir *to shake* (21)
sagrado/a *holy; sacred* (18)
sal *salt* (8)
sala *living room* (6); *room* (15)
salado/a *salty* (8)
salchicha *sausage* (8)
salida *departure* (7); *exit* (18)
salir (lg) *to go out* (3); *leave* (7); *come out* (15)
salir a cenar *to go out for dinner* (15)
salir con *to go out with* (18)
salir del avión/tren/autobús *to get off the plane/train/bus* (7)
salitre *saltpeter; salt residue* (18)
salitrera *nitrate or saltpeter mine* (18)
salón *living room* (6)
salón de té *tearoom* (9)
salpicado/a *flecked* (11)
salsa *salsa music* (21)
saltar *to jump* (5)
salud *health* (5)
saludable *healthy* (5)
saludar *to greet* (10)
saludos *regards* (22)
salvadoreño/a *Salvadorean* (2)
salvaje *savage* (14)
San, Santo/a *Saint* (6)
sandía *watermelon* (8)
sangre *blood* (5)
sanidad *public health* (20)
sanitario/a *public health* (16)
sano/a *healthy* (5)
santiguarse *to cross oneself* (18)
sarampión *measles* (16)
sartén *frying pan* (8)
satisfacer *to satisfy; meet* (6)
secador (de pelo) *hairdryer* (4)
secar *to dry* (17)
secarse *to dry up* (17)
seco/a *dry* (3)
secretariado/secretaría telefónico/a *voice mail* (19)
sector *group* (11)
secuestrar *to kidnap* (18)
secuestro *kidnapping* (18)
sed *thirst* (18)
seda *silk* (17)
sede *headquarters* (8)
seguido/a *followed* (3)
seguidor/a *follower* (15)
seguir *to follow* (5)
seguir todo recto *to go straight* (6)
según *according to* (17)
segunda/lengua *second language* (13)
segundo/a *second* (9)
seguridad *security* (6)
seguro *insurance* (19)
seguro médico *health insurance* (5)
seguro/a *sure* (18); *confident* (21)
seis *six* (1)
selección *team* (5); *recruitment; selection* (12)

seleccionar *to choose* (15)
sello *seal; stamp* (18)
selva *jungle* (21)
semáforo *traffic light* (9)
semana *week* (5)
semejante *fellow man* (21)
sencillo/a *simple; plain; modest* (2)
senderismo *hiking* (3)
sensación *feeling* (8)
sensibilidad *sensitivity* (12)
sensibilizar *to sensitize; promote awareness of* (19)
sensible *sensitive* (14)
sentado/a *sitting; seated* (5)
sentarse (ie) *to sit down* (5)
sentido *sense* (19)
sentido del humor *sense of humor* (12)
sentimiento *feeling* (5)
sentir *to be sorry; feel* (22)
sentirse angustiado/a *to feel anguish/stress* (21)
sentirse incomprendido/a *to feel misunderstood/not appreciated* (21)
señal *signal* (22)
señal de tráfico *traffic sign* (9)
señalar *to point out* (5)
señor *Mr.; man* (17)
señora *Ms.; woman* (17)
señorita *Miss; young woman* (12)
separar *to separate; split* (10)
septiembre *September* (3)
sequía *drought* (20)
ser *being; creature* (10)
ser (irreg.) *to be* (1)
ser aficionado a *to be a regular of; enjoy regularly* (15)
ser polos opuestos *to be opposites* (21)
ser un rollo *to be very boring* (15)
serie *series* (15)
seriedad *seriousness* (14)
serio/a *reliable; grave* (14)
serpiente *snake; serpent* (14)
servicio *service* (3); *service area* (18)
servicio a domicilio *home delivery* (19)
servidumbre *servitude* (20)
servir (i) *to serve* (8)
SIDA *AIDS* (10)
sidra *cider* (4)
siempre *always; ever* (5)
sierra *mountains* (9)
siesta *nap* (14)
siete *seven* (1)
siglo *century* (8)
significado *meaning* (13)
significar *to mean* (9)
significativo/a *significant* (7)
siguiente *following* (7)
silencioso/a *quiet; silent* (13)
silla *chair* (4)
sillón *armchair* (6)
silvestre *wild* (11)
simpatía *warmth; charm* (14)
simpático/a *nice* (2)
sin *without* (2)
sin embargo *however; nevertheless* (5)
sincero/a *honest; genuine* (14)
sindicato *labor union* (18)
sino *but* (13)
síntesis *combination* (10)

síntoma *symptom* (16)
sirviente/a *servant* (18)
sitio *place* (8)
sitio web *website* (19)
situación *location* (6)
situado/a *located* (6)
situarse *to place oneself* (13)
soberano/a *sovereign* (6)
soberbio/a *superb* (15)
sobre *envelope* (4); *over; on top of; about* (17)
sobre todo *above all* (14)
sobreexplotación *overexploitation* (21)
sobrevivir *to survive* (6)
sobrino/a *nephew/niece* (2)
sociable *friendly* (21)
sociedad *society* (5)
sociedad anónima *public corporation* (18)
sociedad de consumo *consumer society* (18)
sofocar *to put down* (21)
sojuzgar *to subdue* (20)
sol *sun* (5)
solamente *only* (1)
solar *lot; ground* (6)
soldado *soldier* (11)
soleado/a *sunny* (6)
soledad *loneliness* (14)
soler *to usually do something* (13)
solicitante *applicant* (12)
solicitar *to request; apply for* (12)
solicitar un servicio *to request a service* (19)
solicitar un visado *to apply for a visa* (7)
solicitud *application* (7)
solidarizarse *to support* (19)
sólido/a *solid* (9); *secure* (22)
solitario/a *lonely* (3); *solo* (14)
sólo *only* (5)
solo/a *alone* (3); *single; sole* (22)
soltar (ue) *to let go of; drop* (12)
soltero/a *single* (2)
solución *solution* (10)
solucionar *to solve* (20)
sombra *shadow* (11)
sombrío/a *dark* (10)
son *song with a lively, danceable beat* (8)
sonido *sound* (13)
sonreír *to smile* (18)
sonrisa *smile* (15)
soñador/a *dreamer* (14)
sopa *soup* (8)
soportar *to stand; bear; put up with* (14)
sordo/a *deaf* (18)
sorprendente *surprising* (10)
sorprender *to surprise* (15)
sorprenderse *to be surprised; be amazed* (15)
sorprendido/a *surprised* (10)
sorpresa *surprise* (4)
sortija *ring* (20)
soso/a *tasteless* (8)
sospechar (de) *to suspect* (18)
sospechoso/a *suspect* (18)
sostener *to sustain* (20); *hold; maintain* (22)
sostenibilidad *sustainability* (16)
sótano *basement* (6)
suave *soft* (11)
suavizar *to smooth* (14)
subdesarrollado/a *underdeveloped* (20)
subdesarrollo *underdevelopment* (20)

subir *to raise; go up* (5)
subsuelo *underground* (20)
subterráneo/a *underground* (3)
suburbio *slum (on the outskirts of town)* (17)
suceder *to happen; follow* (10)
suceso misterioso *mysterious incident* (18)
sucio/a *dirty* (4)
sucursal *branch* (19)
sudar *to sweat* (16)
sudeste *southeast* (8)
Suecia *Sweden* (18)
sueco/a *Swedish* (13)
sueldo *salary; wage* (4)
suelto/a *loose* (20)
sueño *dream; sleep* (5)
suerte *good luck* (21)
suéter *pullover; sweater* (4)
suficiente *enough* (8)
sufrir *to suffer; undergo* (6)
sugerir (ie) *to suggest* (22)
sujetar *to hold* (18)
suma *addition* (17)
sumergir *to dip* (8)
sumido/a *absorbed* (11)
superar *to surpass; excel* (17); *overcome* (21)
superior *above* (16)
supermercado *supermarket* (4)
superpoblación *overpopulation* (9)
superpoblado/a *overpopulated* (6)
superpuesto/a *superimposed* (20)
supervivencia *survival* (16)
suplir *to provide for; supply* (5)
suponer *to mean* (5); *suppose* (18)
suprimir *to abolish; suppress* (22)
sur *south* (1)
surcar *to cut through; plow through* (18)
surfeador/a *surfer* (16)
surgir *to emerge* (10); *spring up* (21)
suroeste *southwest* (7)
suscribir *to sign; endorse* (10)
sustituir *to replace* (12)
susto *fright* (16)
suyos (los) *kin* (18)

T

tabaquera *tobacco pouch* (8)
taberna *bar* (15)
tabulador *tabulator; tab* (17)
tacaño/a *stingy* (21)
tal vez *maybe; perhaps* (14)
tala de árboles *logging* (20)
taladro *drill* (22)
talentoso/a *talented; gifted* (14)
talla *size* (4)
tallado/a *carved* (10)
taller *workshop; car repair* (19)
tamaño *size* (5)
también *also; too* (6)
tambor *drum* (17)
tampoco *not... either* (17)
tan *as* (5)
tanto/a *so; so much* (5)
tapa *bar snack* (15)
taquilla *box office* (15)
tardarse *to take* (7)
tarde *afternoon* (5); *late* (10)
tarea *task; homework* (1)

tarjeta de crédito *credit card* (4)
tarjeta postal *postcard* (18)
tasa *rate* (1)
tasajo *dried beef* (8)
tasca *bar* (15)
tatuaje *tattoo* (19)
taxista *taxi driver* (12)
taza *cup* (8)
té *tea* (8)
techo *roof; ceiling* (18)
tecla *key (of an instrument/computer)* (17)
teclado *keyboard* (17)
técnica *technique* (9); *technology* (10)
técnico/a *technician* (12)
tedio *boredom* (21)
tejer *to weave* (20)
tela *cloth* (17)
telecompra *teleshopping* (17)
telediario *news* (15)
teléfono móvil/celular *cell phone* (4)
telegestión *tele-monitoring* (17)
telenovela *soap opera* (15)
televisión *TV* (4)
televisor *television set* (6)
tema *topic* (1)
temática *subject matter* (14)
temor *fear* (22)
templado *cool* (9)
templo/a *temple* (9)
temporada *season* (9)
temprano *early* (10)
tenaz *tenacious* (10)
tendencia *trend* (11); *leaning* (21)
tenedor *fork* (4)
tener (ie) *to have* (1)
tener algo en común *to have something in common* (14)
tener celos (de) *to be jealous (of)* (21)
tener confianza en sí mismo/a *to have self-confidence* (13)
tener curiosidad *to be curious* (13)
tener en cuenta *to bear in mind* (13)
tener exceso de peso *to be overweight* (16)
tener lugar *to take place* (10)
tener miedo (a/de) *to be afraid (of)* (21)
tener un accidente *to have an accident* (16)
tener vergüenza (de) *to feel embarrashed (about)* (21)
tenis *tennis* (5)
tenista *tennis player* (18)
tensión *blood pressure* (5)
teoría *theory* (18)
tercer, tercero/a *third* (4)
tercio *third* (9)
terminación *end* (21)
terminar *to end; finish* (10)
terminarse *to be out of (something)* (17)
término *term* (5)
ternura *tenderness* (14)
terraza *outdoor seating* (15)
terremoto *earthquake* (11)
terreno *land* (6); *sphere; field* (13)
tesoro *treasure* (11)
testigo *witness* (18)
tetrapléjico *quadriplegic* (15)
tez *complexion* (14)
tiburón *shark* (21)
tiempo *time* (5)
tienda *shop; store* (4)

tienda de campaña *tent* (7)
tierno/a *tender; soft* (8)
tierra *land* (6); *dirt* (10); *earth* (20)
tijeras *scissors* (17)
timidez *shyness* (18)
tímido/a *shy* (2)
tiniebla *darkness* (20)
tintorería *dry cleaner* (19)
tío/a *uncle/aunt* (2)
tirar *to throw* (4); *throw away* (18)
titulado/a *named; titled* (17)
título *degree* (10)
tocar *to touch* (5)
tocar (instrumentos) *to play (musical instruments)* (2)
tocino *bacon* (8)
todavía *still; yet* (12)
todo/a *all* (1); *everything* (18)
todo el mundo *everybody* (5)
toldo *canopy; awning* (17)
tomar *to take; drink* (5)
tomar café *to drink coffee* (5)
tomar el sol *to sunbathe* (3)
tomar la iniciativa *to take the initiative* (13)
tomar la palabra *to say something* (13)
tomar nota *to take note* (22)
tomar prestado *to borrow* (22)
tomar una decisión *to make a decision* (19)
tomar unas copas *to have a drink* (15)
tonificante *invigorating* (5)
tormenta *storm* (6)
tornillo *screw* (22)
toros *bullfighting* (15)
torre *tower* (11)
torta *cake* (4)
tortilla de huevo/de maíz *omelet/tortilla* (19)
tortuga *tortoise; turtle; terrapin* (16)
tos *cough* (16)
toser *to cough* (16)
tostado/a *toasted* (8)
tostadora *toaster* (17)
totalidad *entirety* (13)
totora *reed mace; cattail* (18)
tozudo/a *stubborn* (14)
trabajador/a *hardworking* (2); *worker* (10)
trabajar *to work* (1)
trabajo *work* (1); *job; position* (2)
trabajo en equipo *teamwork* (12)
trabajo escrito *paper* (13)
traducción *translation* (12)
traducir *to translate* (12)
traductor/a *translator* (12)
traer (irreg.) *to bring* (17)
tragar *to swallow* (16)
traición *treachery; betrayal* (18)
traído/a *brought* (3)
traje *dress* (7)
tramitado/a *processed* (7)
trámite *procedure* (19)
tranquilidad *calm; peacefulness* (3)
tranquilizarse *to calm down* (16)
tranquilo/a *calm; peaceful* (3); *quiet* (7)
transcurrir *to take place* (21)
transferencia *transfer* (7)
transformar *to convert; change* (8)
transitar *to go through* (19)
trapo *rag* (4)
tras *after* (18)

trasbordador *ferry* (10)
trasbordador espacial *space shuttle* (10)
trascendente *significant* (14)
trasero/a *rear* (18)
trasladarse *to move* (10)
traslado *travel* (7)
tratado *treaty* (10)
tratamiento *treatment* (5)
tratar *to treat* (11); *relate* (12); *try* (17)
tratar con *to deal with* (12)
tratar de *to deal with; have to do with* (3)
trato *interaction* (12)
travesía *crossing* (11)
trayecto *journey; route; path* (18)
trayectoria *path* (14)
trazo *path; trace* (21)
trece *thirteen* (1)
treinta *thirty* (5)
tren *train* (3)
tres *three* (1)
triángulo amoroso *love triangle* (15)
tributo *tribute* (20)
triste *sad* (2)
tristeza *sadness* (18)
triunfar *to triumph* (11)
tropas *troops* (11)
tropezar (ie) con *to run into* (14)
trucha *trout* (19)
tumbar *to knock down* (15)
tumbarse *to lie down* (16)
turbio/a *murky* (21)
turco *Turkish* (10)
turismo *tourism* (3)
turismo y aventura *adventure* (3)
turista *tourist* (3)
turrón *type of candy traditionally eaten at Christmas* (4)

U

ubicación *position; location* (18)
ubicado/a *located* (6)
ubicarse *to be located* (21)
último/a *last; recent* (1)
último grito *last word; very latest fashion* (17)
una vez que *once; when* (22)
único/a *only; sole* (6)
unidad *unit* (8)
unido/a *close; united* (10)
unirse a *to join* (10)
universidad *college; university* (2)
uno *one* (1)
uña *fingernail* (18)
urbanización *housing development* (9)
urnas *polls* (22)
usado/a *used* (18)
usar *to use* (5)
usuario/a *user* (12)
utensilio *tool* (8)
útil *implement* (8); *useful* (20)
utilizar *to use* (3)
uva *grape* (8)

V

vacío/a *empty* (7)
vacuna *vaccine* (5)
vacuno/a *bovine* (8)

valentía *courage* (11)
valiente *brave* (11)
valioso/a *valuable* (20)
valor *value* (8)
valorar *to value* (12)
vanguardia *avant-garde* (15)
vano/a *useless* (21)
vapor *steamship* (11)
variar *to vary* (9)
varicela *chickenpox* (16)
varios/as *several* (6)
varón *male* (4)
vasco *basque* (13)
vecino/a *neighbor* (6)
veinte *twenty* (1)
vejez *old age* (5)
vela *sailing* (14)
velador *bedside table* (6)
vello no deseado *unwanted hair* (16)
velocidad *speed* (16)
venado *deer* (20)
vendedor/a *salesperson* (4)
vender *to sell* (4)
vendido/a *sold* (4)
venezolano/a *Venezuelan* (2)
venir (irreg.) *to come* (3)
venta *sale* (6)
ventana *window* (6)
ver *to see* (1)
ver películas *to watch movies* (2)
veraniego/a *summer* (15)
verano *summer* (3)
verdad *truth* (1)
verdadero/a *true* (1)
verde *green* (4)
verdor *greenness* (11)
verdura *greenness* (5)
verduras *vegetables* (8)

vergüenza *shame; embarrasment* (14)
verter *to pour* (8)
vestíbulo *lobby; foyer* (6)
vestido *dress* (4)
vestido/a *dressed* (18)
vestigio *trace* (3)
vestimenta *clothes* (14)
vez *time* (2)
vía *road; street* (6)
viajar *to travel* (2)
viaje *trip* (1)
viajero/a *traveler* (3)
viajes espaciales *space travels* (20)
vicio *vice* (14)
vida *life* (2)
vida nocturna *nightlife* (9)
vidente *fortune-teller* (20)
videocasetera *VCR* (17)
videojuego *video game* (10)
vidrio *glass* (17)
viejo/a *old* (3)
viento *wind* (16)
viernes *Friday* (5)
vietnamita *Vietnamese* (13)
vigente *current* (14)
vigilar *to watch; keep watch on* (16)
vincular (a) *to link* (18)
vínculo *bond* (8)
vino *wine* (16)
vino blanco *white wine* (8)
vino rosado *blush wine* (8)
vino tinto *red wine* (8)
violar *to violate* (18)
violeta *purple* (4)
viruela *smallpox* (16)
visado *visa* (7)
visita guiada *guided tour* (7)
visitantes *visitors* (9)

vista *view* (6)
viudo/a *widow/widower* (2)
¡viva… ! *Long live… !* (10)
vivencia *experience* (21)
vivienda *housing* (6)
vivienda doméstica *living quarters* (8)
viviente *living* (8)
vivir *to live* (1)
vivo/a *alive* (2)
voltio *volt* (17)
voluntad *willingness* (12)
volver *to come back* (5)
volverse *to turn around* (18)
vorágine *whirl* (20)
votante *voter* (3)
voto *vote* (1)
voz *voice* (1)
vuelo *flight* (7)
vuelo directo *nonstop flight* (7)
vuelta *race; tour (in cycling)* (5); *return*

Y

ya *already* (6)
ya que *since; as* (5)
yacimiento *site* (9)
yuca *cassava* (8)

Z

zanahoria *carrot* (8)
zapatería *shoe store* (4)
zapato *shoe* (4)
zona *zone; area* (1)
zona verde *park* (9)
zoológico *zoo* (15)
zorro/a *fox* (16)

English to Spanish Vocabulary

A

a lot *muchísimo* (17)
a lot of *multitud* (15)
ability *capacidad* (12)
abolish, to suppress *suprimir* (22)
about *sobre* (17)
above *encima* (15); *superior* (16); *arriba* (21)
above all *sobre todo* (14)
absence *ausencia* (16)
absentminded *despistado/a* (14)
absorbed *sumido/a* (11)
acceptance, success *aceptación* (14)
accommodations *hospedaje* (16)
accompaniment, extra *guarnición* (19)
accompany *acompañar* (8)
accomplice *cómplice* (18)
according to *función de; según* (17)
account *cuenta* (18)
accountant *contable* (2); *contador/a* (12)
accounting *contabilidad* (2)
accustomed *acostumbrado/a* (12)
achieve *conseguir (i)* (10); *lograr* (16)
acknowledged *reconocido/a* (14)
acquire *adquirir (ie)* (8)
across, through *a través de* (14)
across from *frente a* (6)
action *marcha* (15)
action movie *película de acción* (15)
activate, to operate *accionar* (17)
actress *actriz* (2)
actually *en realidad* (3)
acute *agudo/a* (16)
adapt to *ajustar* (15)
add *agregar; añadir* (8)
addition *suma* (17)
address *dirección* (6); *dirigir la palabra* (18)
adequate *apropiado/a* (13)
adhesive tape *cinta adhesiva* (22)
administrative assistant *oficinista* (12)
admirer, fan *admirador/a* (17)
advance *progresar* (12)
adventure *turismo y aventura* (3)
adventure story *novela de aventuras* (18)
adventurous *aventurero/a* (3)
advertisement *anuncio* (19)
advertising *publicidad* (19)
advice *consejo* (5)
advisable *aconsejable; recomendable* (5)
affected *perjudicado/a* (11)
affection *afecto* (21)
affectionate *cariñoso/a* (5); *afectuoso/a* (12)
affordable *asequible* (16)
after *después (de)* (5); *tras* (18)
again, once again *de nuevo* (18)
against *contra* (10)
age *edad* (2)
agree *convenir* (12); *acordar* (22)
agreement *acuerdo* (10); *compromiso* (16)
agricultural, farming *agrario/a* (14); *agropecuario/a* (19)
AIDS *SIDA* (10)
ailment, complaint *dolencia* (19)
air *aire* (5)

air-conditioning *refrigeración* (17)
airline *línea aérea* (7)
Algeria *Argelia* (10)
alibi *coartada* (18)
alive *vivo/a* (2)
all *todo/a* (1)
allergic reaction *reacción alérgica* (16)
allied *aliado/a* (12)
ally *aliado/a* (18)
almost, nearly *casi* (5)
alone *solo/a* (3)
already *ya* (6)
also, too *también* (6)
although *aunque* (13)
always, ever *siempre* (5)
amazed, spellbound *abobado/a* (18)
amazement *asombro* (10)
ambassador *embajador/a* (2)
ambiente *environment* (6)
American, of/from the Americas *americano/a* (6); *norteamericano/a* (22)
among *entre* (2)
amount to *equivaler* (4)
amusement park *parque de atracciones* (15)
analogue *analógico/a* (17)
ancestor *antepasado/a* (11)
ancestry, descent, extraction *ascendencia* (6)
anchor *fondear* (19); *locutor/a* (20)
Andean *andino/a* (9)
anger *indignar* (14)
Anglicized *anglisado/a* (22)
Anglo-Saxon *anglosajón/a* (14)
anguish *angustia* (18)
another *otro/a* (6)
answer *respuesta* (1); *contestar* (18)
answering machine *contestador automático* (22)
answering service *recogida de mensajes* (19)
antiques *antigüedades* (8)
any *cualquier* (5)
apart from, besides *aparte (de)* (18)
apartment, condo *piso* (6)
apologize *disculparse* (19)
appeal *atractivo* (9)
appear *figurar* (4); *aparecer* (17)
appetizer *aperitivo* (8)
apple *manzana* (8)
appliance, machine, equipment *aparato* (17)
applicant *postulante; solicitante* (12)
application *solicitud* (7)
apply *aplicar* (9)
apply for a visa *solicitar un visado* (7)
apply makeup *maquillarse* (5)
appoint *nombrar* (10)
appointment *cita* (15)
approach *enfoque* (15)
appropriate *digno/a* (6)
April *abril* (3)
apron *delantal* (18)
archive, files, records *archivo* (22)
area *extensión* (7); *cinturón* (8)
arena, bullfighting ring *plaza de toros* (15)
argue *argumentar* (18); *discutir* (21)

argument *discusión* (14)
arm *brazo* (5)
armchair *sillón* (6)
around, about *alrededor* (5); *en torno a* (11)
around the corner *a la vuelta de la esquina* (3)
arrest *detención* (18)
arrival *llegada* (7)
arrive *llegar* (7)
arrive late, to be late *llegar tarde* (7)
as *a medida que* (18)
as, like, as well as *como* (5)
as, so, so much *tan; tanto/a* (5)
as a whole *en su conjunto* (20)
as expected *como era de esperar* (18)
ash *ceniza* (10)
ashamed *avergonzado/a* (18)
ashtray *cenicero* (8)
Asian *asiático/a* (3)
ask, to ask for, to request *pedir (i)* (11); *preguntar* (18)
ask questions *hacer preguntas* (13)
asparagus *espárrago* (8)
assassination, killing *asesinato; magnicidio* (10)
assembly *asamblea* (10)
assign *destinar* (9)
astonished, speechless *boquiabierto/a* (18)
astral chart *carta astral* (15)
asylum *asilo* (18)
at least *al menos* (13)
at length *detenidamente* (18)
at the corner of *en la esquina de* (6)
athlete *deportista* (5)
atmosphere *ambiente* (15)
attack *atacar* (10); *ataque* (11)
attempt *intento* (18)
attend, to be present at *asistir* (10)
attentive *atento/a* (13)
attentively *atentamente* (13)
attract *atraer(se)* (18)
attraction, entertainer *animador/a* (5)
August *agosto* (3)
availability *disponibilidad* (12)
available *disponible* (12)
avant-garde *vanguardia* (15)
avenue *avenida* (3)
average *promedio* (4); *medio/a* (8)
avocado *aguacate* (8)
avoid, to evade *evitar* (5); *eludir* (21)
award *premio* (2)
award a prize *premiar* (16)
awarded *otorgado/a* (2)
awareness *conciencia* (13)
awful, bad *feo/a* (4)
awkward *dificultoso/a* (18)

B

baby's bottle *biberón* (19)
baby-sitter *canguro, niñero/a* (19)
back *espalda* (5); *reverso* (12); *fondo; lomo* (18)
back, to sponsor *auspiciar* (18)
backpack *mochila* (4)

backward movement *retroceso* (21)
bacon *tocino* (8)
bad *malo/a* (2)
badge *escudo* (17)
badly *mal* (11)
bad-mannered *maleducado/a* (14)
bag *bolsa* (18)
bakery *panadería* (4)
balance *equilibrio* (5)
balanced *equilibrado/a* (5)
banana *plátano* (8)
bandoneón player *bandonionista* (17)
bangle, bracelet *brazalete* (20)
bar *barra* (8); *taberna, tasca* (15)
bar snack *tapa* (15)
barely *apenas* (16)
baroque *barroco/a* (14)
barrel, keg *barril* (12)
barrier *barrera* (18)
base something on *basar* (16)
baseball *béisbol* (5)
basement *sótano* (6)
basic *básico/a* (12)
basin *cuenca* (12)
basis, grounds *base* (5)
basket *cesta* (18)
basketball *baloncesto* (5)
Basque *euskera; vasco* (13)
bass *bajo* (17)
bathe *bañar* (16)
bathroom, bath *baño* (6)
battery *pila* (4)
bay *bahía* (2)
be *ser (irreg.)* (1); *encontrarse* (7)
be, to find oneself *hallarse* (15)
be (located) *quedar* (10)
be a part of *formar parte (de)* (5)
be a regular of, to enjoy regularly *ser aficionado a* (15)
be able *poder (ue)* (4)
be advisable *convenir* (5)
be afraid (of) *tener miedo (a/de)* (21)
be based on *basarse* (1)
be born *nacer (zc)* (10)
be called *llamarse* (9)
be counted *contarse* (8)
be curious *tener curiosidad* (13)
be delayed *llegar con retraso* (7)
be distinctive of *caracterizar* (5)
be due to *deberse a* (10)
be embarrased *pasar vergüenza* (21)
be enough *alcanzar* (4); *bastar* (13)
be far from *distar* (22)
be fit *estar en forma* (5)
be in a good/bad mood *estar de buen/mal humor* (21)
be jealous (of) *tener celos (de)* (21)
be lacking *faltar* (9)
be left, to remain *quedar (11)*
be located *ubicarse* (21)
be mad at someone *estar enfadado/disgustado (con)* (21)
be made up *componerse* (8)
be moved *impresionarse* (11)
be on sale *estar de rebajas* (4)
be opposites *ser polos opuestos* (21)
be out of (something) *acabarse; terminarse* (17)
be overtaken *estar aventajado/a* (22)

be overweight *tener exceso de peso* (16)
be related to *relacionarse* (21)
be renewed or revitalized *renovarse* (5)
be right *acertar* (20)
be sorry *sentir* (22)
be stunned *paralizarse* (21)
be stupid, to act silly *hacer el tonto* (21)
be surprised, to be amazed *sorprenderse* (15); *extrañarse* (18)
be under stress *estresarse* (21)
be very boring *ser un rollo* (15)
be worth it *merecer la pena* (15)
be wrong/mistaken *equivocarse* (20)
beach *playa* (1)
beak *pico* (10)
bean *grano* (8)
beans *frijoles, habichuelas* (8)
bear in mind *tener en cuenta* (13)
beat *batir* (8); *latir* (21)
beautiful, pretty *bonito/a* (1); *bello/a* (3); *precioso/a* (4)
beauty *belleza* (3)
because *porque* (14)
because of that *por eso* (6)
become *convertirse en* (4); *llegar a ser* (12)
become deaf *quedarse sordo/a* (21)
become distorted *deformarse* (5)
become impoverished *empobrecerse* (21)
become interested, to take up *aficionarse* (5)
bed *cama* (6)
bedroom, room *cuarto; dormitorio; habitación* (6)
bedside table *mesilla de noche, velador* (6)
bee *abeja* (16)
beet *remolacha* (8)
beetle *escarabajo* (5)
before *antes de* (5); *ante* (14)
beginner *principiante* (7)
beginning *inicio, comienzo* (8)
behavior *comportamiento; forma de ser* (21)
behind *detrás (de)* (5); *atrás* (18)
being, creature *ser* (10)
bejeweled *enjoyado/a* (20)
belief *creencia* (11)
believe *creer* (5)
believe oneself *creer(se)* (14)
bellows *fuelle* (17)
belly button *ombligo* (9)
belong *pertenecer (zc)* (10)
below *bajo/a* (18)
belt *cinto; cinturón* (4)
bend *doblar* (5); *agacharse* (16)
benefit from *aprovechar* (13)
benefits *beneficios* (12)
Berber *bereber* (22)
bet, to commit *apostar* (14)
better, the best *mejor* (6)
between *entre* (5)
beverage, drink *bebida* (4)
bewitch *embrujar* (15)
bicycle *bicicleta* (3)
big *gran; grande* (1)
bilingual *bilingüe* (12)
bilingualism *bilingüismo* (13)
bill *billete* (12)
billowy *ondulante* (11)
bird *ave, pájaro/a* (7)
birdwatching *observación de aves* (16)

birth *nacimiento* (10)
birth certificate *certificado de nacimiento* (7)
birthday *cumpleaños* (4)
birthplace *cuna* (8)
bite *morder(se)* (14)
bits and pieces *retazos* (21)
black *negro/a* (4)
black coffee *café solo* (8)
blind *persiana* (17); *ciego/a* (20)
blink *parpadear* (20)
blood *sangre* (5)
blood pressure *tensión* (5)
blood type *grupo sanguíneo* (16)
blouse *blusa* (4)
blow *fundirse* (17)
blue *azul* (4)
blush wine *vino rosado* (8)
board *comité* (10); *abordar* (11)
board game *juego de mesa* (4)
boat (small) *barquito/a* (18)
boat, ship *barco* (3)
body *cuerpo* (5)
bodyguard *guardaespaldas* (18)
bogeyman *cuco* (20)
boil *cocer; hervir* (8)
boiled *hervido/a* (8)
bond *vínculo* (8); *lazo* (21)
bone *hueso* (18)
book *libro* (4)
booked, full *lleno/a* (7)
bookstore *librería* (4)
boost *impulso* (10)
border, frontier *frontera* (14)
boredom *tedio* (21)
boring *aburrido/a* (1)
born *nacido/a* (1)
borrow *tomar prestado* (22)
boss *jefe/a* (4)
both *ambos/as* (17)
bother *molestarse* (4)
bottle *botella* (4)
bounce *rebote* (22)
bound for *rumbo a* (11)
bovine *vacuno/a* (8)
box *caja* (8)
box office *taquilla* (15)
boyfriend/girlfriend *novio/a* (2)
bracelet *pulsera* (4)
brain *cerebro* (21)
branch *sucursal* (19)
brand *marca* (8)
brave *valiente* (11)
bread *pan* (8)
bread roll *rosca* (8)
break *romperse* (10); *quebrar (ie); romper* (11); *incumplir* (20)
break (something) *romperse (algo)* (16)
break down *averiarse; malograrse* (17)
break out *estallar* (10)
break up with *romper con* (15)
breakfast *desayuno* (5)
breakfast nook *desayunador* (6)
breast *pecho* (16)
breathe *respirar* (5)
breathing *respiración* (5)
breeding *cría* (19)
bridal shower/bachelor party *despedida de soltero/a* (19)
bridge *puente* (1)

brief *breve* (6)
briefcase *maletín* (18)
bring *traer (irreg.)* (17)
bring in *introducir* (8)
British *británico/a* (10)
broadcasting *retransmisión* (15)
broken *roto/a* (17)
brothel *burdel* (17)
brother/sister *hermano/a* (2)
brother-in-law/sister-in-law *cuñado/a* (2)
brotherly *fraternal* (18)
brought *traído/a* (3)
brown *marrón* (4)
bubo, swelling *buba* (20)
budget *presupuesto* (9)
build *construir (irreg.)* (6)
build one's hopes up *ilusionarse* (12)
building *edificio* (3)
built *construido/a* (8)
bullfighting *toros* (15)
bunch *ramo* (19)
buried *enterrado/a* (2)
burn *quemadura* (16); *arder* (18)
burn up *quemarse* (17)
bury *enterrar* (20)
bus *autobús* (3); *ómnibus* (7)
business *negocio; negocios* (1); *empresa* (12)
business-related *comercial; empresarial* (19)
businessman/woman *hombre/mujer de negocios* (18)
busy *ocupado/a* (7); *concurrido/a* (9)
but *pero* (5); *sino* (13)
butler *mayordomo* (18)
butter *mantequilla* (8)
button *botón* (17)
buy, to purchase *comprar* (4)
buy tickets *sacar entradas* (15)
buying and selling *compraventa* (10)
by means of, through *por medio de* (22)

C

cake *torta* (4)
cake shop *pastelería* (4)
call *llamar* (3)
called, named *llamado/a* (10)
calm, peaceful *tranquilo/a* (3)
calm, peacefulness *tranquilidad* (3)
calm down *tranquilizarse* (16)
camp *acampar* (7); *bando* (11); *campamento* (18)
campaign *campaña* (14)
can *lata* (8)
cancel *anular* (22)
candy traditionally eaten at Christmas *turrón* (4)
canned *enlatado/a* (19)
canned food *latas de conserva* (16)
cannon *cañón* (11)
cannonshot *cañonazo* (11)
canoeing *piragüismo* (15)
canopy, awning *toldo* (17)
canvas *lienzo* (5)
capable *capaz* (17)
capacity *capacidad* (17)
captivate *cautivar* (16)
car *auto; carro* (3); *coche* (5)
car racing *automovilismo* (5)

caramel-coated peanuts/almonds *garrapiñada* (4)
card/message of congratulations *felicitación* (19)
cardboard *cartón* (17)
care *cuidado* (16)
care about *preocuparse* (14)
career *carrera* (10)
Caribbean *Caribe* (12); *caribeño/a* (14)
carrier *portador/a* (17)
carrot *zanahoria* (8)
carry *llevar* (3)
carry out, to perform *llevar a cabo* (16); *desempeñar* (19)
carved *tallado/a* (10)
case *caso* (18)
cash *en efectivo* (18)
cashier; bank clerk *cajero/a* (4)
cassava *yuca* (8)
casserole *cazuela* (8)
castanets *castañuelas* (17)
castle *castillo* (11)
casual *informal* (4)
cat *gato* (4)
catch *atrapar* (21)
catch a cold *resfriarse* (16)
cathedral *catedral* (9)
cattle *ganado* (8)
cauliflower *coliflor* (8)
cause *ocasionar; provocar* (11)
cave *caverna; cueva* (3)
cay *cayo* (11)
cedar tree *cedro* (16)
ceiling *techo* (18)
celebrate *festejar* (4)
celebrations *fiestas populares* (9)
celery *apio* (8)
cell phone *celular* (21); *teléfono celular* (4); *móvil* (17)
center *centro* (9)
central *céntrico/a* (6)
century *siglo* (8)
certain *cierto/a* (5)
certainly *indudablemente* (13)
certainty *certeza* (14)
chain *cadena* (6)
chair *silla* (4)
challenge *reto* (20)
challenge (somebody) to something *desafiar* (20)
chamber *cámara* (4)
champagne *champaña* (20)
championship *campeonato* (5)
change *cambiar; cambio* (6)
channel *canal* (15)
chaotic, untidy *desordenado/a* (9)
chapter *capítulo* (15)
character *personaje* (18)
charm *encanto* (9)
charming *encantador/a* (15)
chat, talk *charla* (18)
chauffeur *chofer* (18)
cheap *barato/a* (3)
check, bill *cuenta* (8)
check in *registrarse en el hotel* (7)
check luggage *facturar las maletas* (7)
check out *irse del hotel* (7)
check-in desk, counter *mostrador* (18)
chemist *químico/a* (17)

chemistry *química* (2)
cherry *cereza* (8)
chest *cofre* (20)
chew *mascar; masticar* (17)
chicken (meat) *carne de pollo* (8)
chickenpox *varicela* (16)
chickpea *garbanzo* (8)
chief *cacique* (11)
child *niño/a* (2); *chico/a* (4)
child mortality *mortalidad infantil* (16)
childhood *infancia; niñez* (10)
children's *infantil* (14)
Chilean *chileno/a* (2)
chimney *chimenea* (6)
Chinese *chino/a* (9)
choose *elegir (i)* (1); *seleccionar* (15)
chop *picar* (8)
chopped *picado/a* (8)
chord *acorde* (17)
Christmas ornament *bola (de Navidad)* (4)
Christmas Eve *Nochebuena* (4)
church *iglesia* (3)
cider *sidra* (4)
cigar cutter *cortapuros* (8)
cigarette *cigarrillo* (16)
cinnamon *canela* (8)
circle, environment *medio* (22)
circulate *circular* (5)
citizen *ciudadano/a* (1)
city *ciudad* (1)
city center, downtown *centro* (3)
city council *municipio* (9)
city hall *ayuntamiento* (3)
city-state *ciudad-estado* (14)
civil rights *derechos civiles* (10)
civilization *civilización* (9)
clad *revestido/a* (11)
claim *reivindicar* (17); *reclamar* (19)
claim, complaint *reclamación, reclamo* (19)
claim (lost) luggage *reclamar el equipaje (perdido)* (7)
clandestine, secret *clandestino/a* (21)
clarity *claridad* (4); *aclarar* (18)
clash *chocar* (21)
class *clase* (17)
classic dance *danza* (15)
classmate *compañero/a de clase* (1)
clean *limpiar* (5); *limpio/a* (9)
cleaning *limpieza* (19)
clear *claro/a* (14); *evidente* (20)
cleverness *habilidad* (18)
climate, weather *clima* (9)
climbing *escalada* (19)
cling on to something *anclar* (21)
cloning *clonación* (20)
close *cerrar* (1); *íntimo/a* (13)
closed *cerrado/a* (7)
closet, wardrobe *armario* (6); *ropero* (18)
cloth *paño* (16); *tela* (17)
clothes *ropa* (4); *vestimenta* (14)
cloud *nube* (11)
clue *pista* (18)
coach, trainer *entrenador/a* (18)
coastal region *litoral* (17)
coat *abrigo* (4)
code *código* (7)
coexistence *convivencia* (13)
coffee *café* (8)
coffee grower *cafetalero/a* (8)

coffee machine *cafetera* (4)
coffee shop *cafetería* (9)
coffee tree *cafeto* (8)
coffeepot *cafetera* (4)
coin *moneda* (12)
cold *frío/a* (8); *resfriado* (16)
collect *coleccionar* (14)
collection of birds *aviario* (15)
college, university *universidad* (2)
college campus *ciudad universitaria* (9)
college graduate *licenciado/a* (12)
cologne *colonia* (21)
Colombian folk dance *pasillo* (21)
colonizer *colonizador/a* (11)
colorful *colorido/a* (9)
comb *peine* (4)
comb one's hair *peinarse* (5)
combination *síntesis* (10)
come *venir (irreg.)* (3)
come back *regresar, volver* (5)
come from *provenir* (3); *emanar* (14)
come out *salir (lg)* (15)
come to conclusions *sacar conclusiones* (20)
comfort *comodidad* (9)
comfortable *cómodo/a* (19)
comic books *cómics* (2)
command *mando* (11)
commander in chief *comandante en jefe* (10)
comment *observación* (16)
commit *comprometerse* (10)
commitment *compromiso* (10)
committed, politically committed
   comprometido/a (14)
common *común* (11)
communicate (with) *comunicarse (con)* (13)
community *colonia* (9); *comunidad* (10)
company, firm, business *compañía* (12);
   firma (19)
compared to *frente a* (22)
complain *quejarse* (20)
complex *complejo/a* (9)
complexion *tez* (14)
complexity *complejidad* (9)
compose *componer* (17)
composer *compositor/a* (9)
composition *redacción* (13)
comprehension *comprensión* (13)
compulsory *obligatorio/a* (13)
computer *computadora* (17)
computer mouse *ratón* (17)
computer science *informática* (2)
computers *informática* (19)
computing *computación* (12)
conceive *concebir* (18)
concern *respectar* (12)
conclude, to end *concluir* (18)
confidence *confianza* (20)
confident *seguro/a* (21)
confirm, to check *comprobar* (6)
confront, to face *enfrentar* (10)
confusion *desconcierto* (18)
Congratulations! *¡Enhorabuena!* (3)
connection, relationship *relación* (2)
conquer *conquistar* (10)
conquest *conquista* (3)
conscience *conciencia* (21)
conservative *conservador/a* (11)
considerable *notable* (8)
constipation *estreñimiento* (16)

constitute *conformar* (21)
construction *obras públicas* (9)
consulting service *asesoría* (19)
consumer *consumidor/a* (8)
consumer goods *bienes (de consumo)* (20)
consumer society *sociedad de consumo* (18)
consumption *consumo* (16)
contain *contener* (5)
container *envase* (19)
contest, game *concurso* (15)
contradict *contradecir (irreg.)* (20)
contribute *aportar* (8)
contribution *aporte* (2)
control *dominio* (11)
convene *convocar* (15)
convenience *comodidad* (19)
convenient, handy *práctico/a* (17)
conversation *diálogo* (13)
convert, to change *transformar* (8)
convincing *convincente* (11)
cook *cocinar; cocinero/a* (2)
cooked *cocido/a* (16)
cookie, cracker *galleta* (8)
cooking *cocina* (14)
cool *templado/a* (9)
cool down *enfriar* (8)
copper *cobre* (17)
copy *copia* (22)
copy machine *fotocopiadora* (17)
corn *maíz* (8)
corner *esquina* (3)
corporate *corporativo/a* (19)
correct oneself *corregirse* (13)
corridor, hallway *pasillo* (6)
cost *costar (ue)* (5)
Costa Rican *costarricense* (2)
costar *co-estelar* (15)
costs, expenses *gastos* (4)
cottage, house *chalet* (19)
cotton *algodón* (11)
cough *tos; toser* (16)
council *consejo* (14)
count on *contar (ue) con* (11)
country *país* (1)
countryside *campo* (3)
coup d'état *golpe de estado* (10)
courage *valentía* (11)
courier, messenger *mensajero/a* (12)
courier service *mensajería* (19)
course *curso* (2)
court *cancha* (9)
cousin *primo/a* (2)
cover *cubrir* (5); *comprender* (17)
coveted *codiciado/a* (20)
coward *cobarde* (11)
cozy *acogedor/a* (3)
cradle *moisés* (4)
craft, artisan work *artesanía* (4)
crazy *loco/a* (21)
cream *crema* (16)
create *crear* (10)
credit card *tarjeta de crédito* (4)
Creole *criollo/a* (13)
crib *cuna* (6)
crime *delincuencia* (9)
criticize, to critique *criticar* (9)
crooked *quebrado/a* (21)
cross *cruzar* (7); *atravesar* (10); *cruz* (18)
cross oneself *santiguarse* (18)

crossing *travesía* (11)
crown *corona* (21)
cruelty *crueldad* (21)
cruise *crucero* (19)
cry *llorar* (15)
cube *cubo* (19)
cucumber *pepino* (8)
cup *taza* (8)
curl *rizo* (7)
currency *moneda* (7)
current *vigente* (14); *corriente* (17)
custom *costumbre* (3)
cut *cortar* (8)
cut down on, to cut *reducir* (16)
cut through, to plow through *surcar* (18)
cycling *ciclismo; ciclístico/a* (5)

D

dad/mom *papá/mamá* (2)
daily *diario/a* (5); *diurno/a* (9)
daily activity *cotidianidad* (2)
damage *deteriorar* (16)
dance *bailar* (2); *baile* (15); *danzar* (18)
danger *peligro* (7)
dangerous *peligroso/a* (3)
Danish *danés/danesa* (13)
dare *atreverse* (20)
daring, brave *arriesgado/a* (14)
dark *sombrío/a* (10); *oscuro/a* (6)
dark, dark-haired *morocho/a* (17)
dark-haired *moreno/a* (2)
darkness *oscuridad* (15); *tiniebla* (20)
data, piece of information *dato* (22)
date *fecha* (2); *dátil (fruit)* (8); *datar* (11)
dawn *amanecer (zc)* (15)
day *día* (5); *jornada* (18)
daycare, preschool *guardería* (9)
daydream, fantasy *ensueño* (18)
dead *muerto/a* (10)
deadly *mortífero/a* (16)
deaf *sordo/a* (18)
deal with, to have to do with *tratar de* (3);
   tratar con (12)
dean's office *decanato* (9)
dear *querido/a* (3)
death *muerte* (2)
decade *decenio* (22)
December *diciembre* (3)
decline *declive* (22)
decode *descifrar* (10)
decorations *adornos* (4)
deep *hondo/a* (5); *profundo/a* (11)
deeply *profundamente* (10)
deer *venado* (20)
defeat *derrota* (12)
defender *defensor/a* (11)
degree *título* (10); *licenciatura* (14); *grado*
   (18)
delay *retraso* (7)
delete, to erase *borrar* (14)
delicatessen *charcutería* (19)
deliver, to give *entregar* (18)
delivery, distribution *reparto, entrega* (19)
demand *exigir* (6)
demonstration *manifestación, protesta* (10)
dentistry *odontología* (16)
denunciation *denuncia* (21)
depart *partir* (10)

departure *salida* (7)
dependable *confiable* (19)
depict *presentar* (2)
deplete, to run out of *agotarse* (20)
deplorable *lamentable* (10)
depress *deprimir* (14)
depressed *deprimido/a* (18)
deputy *adjunto/a* (18)
descend from *descender* (14)
descent, origin *linaje* (3)
desert *desierto* (10)
deserted *desierto* (14)
design *diseñar* (17); *diseño* (19)
desk *escritorio* (6)
desktop publishing *autoedición* (12)
despite *a pesar de* (9)
dessert *postre* (8)
destination *destino* (7)
destiny *destino* (10)
destroy, to ruin *destruir* (6)
detail *detalle* (6)
determine *condicionar* (21)
determined *decidido/a* (10); *resuelto/a* (18)
devastate *asolar* (6)
develop *desarrollar(se)* (10)
develop, to evolve *evolucionar* (17)
develop pictures *revelar fotos* (7)
developed *desarrollado/a* (10)
development *desarrollo* (2)
device, mechanism *dispositivo* (17)
dictate *dictado* (21)
dictation *dictado* (13)
dictatorship *dictadura* (10)
die *morir (ue)* (10)
diet *régimen* (16)
different *distinto/a* (17)
difficult *difícil* (1)
dig *excavar* (9)
dining room *comedor* (6)
dinner *cena* (5)
dip *sumergir* (8)
diplomat *diplomático/a* (20)
direction *orientación* (21)
directions *instrucciones* (5)
dirt *tierra* (10)
dirty *sucio/a* (4)
disappearance *desaparición* (18)
disappointed *decepcionado/a* (21)
disappointing *decepcionante* (21)
disaster *desastre* (11)
discard *descartar* (20)
discharge, shock *descarga* (17)
discomfort *molestia* (16)
discount *rebaja* (4); *descuento* (19)
discover *descubrir* (7)
discovery *descubrimiento, hallazgo* (9)
discuss *comentar* (5); *discutir* (11)
disdain *desprecio* (21)
disguise oneself as *disfrazarse (de)* (18)
disgusting *asqueroso/a* (14)
dish *plato* (8)
dishwasher *lavaplatos* (4)
dismay *consternar* (18)
dismiss, to remove *destituir* (10)
displacement, movement *desplazamiento* (22)
disposal *disposición* (16)
dissatisfied *descontento/a* (21)
distinguished *distinguido/a* (8)

distress *angustiar* (14)
distribute *repartir* (12)
district *distrito* (9)
distrust, suspicion *desconfianza* (20)
distrustful, suspicious (of) *desconfiado/a* (20)
disturb *alterar* (15); *perturbar* (21)
dive *bucear* (3)
divinatory *adivinatorio/a* (15)
dizziness *mareo* (16)
dizzy *mareado/a* (16)
DNA *ADN* (10)
do, to make *hacer (irreg.)* (2)
do business with *negociar con* (10)
do nothing *quedarse con los brazos cruzados* (21)
doctor *médico/a* (2)
doctor on call *médico de guardia* (16)
doctor's office *consulta* (16)
documentary *documental* (15)
doll *muñeco/a* (4)
dolphin *delfín* (7)
domestic help *criado/a* (18)
domestic, homemade *casero/a* (5)
domicile, legal residence *domicilio* (19)
done *realizado/a* (1)
door *puerta* (6)
dorm *residencia estudiantil* (9)
double *duplicar* (20)
doubt *duda* (13)
down *abajo* (10)
dozen *docena* (8)
dragonfly *libélula* (4)
draw, to sketch *dibujar* (21)
drawer, draftsman *dibujante* (2)
drawing, illustration *dibujo* (13)
dream, sleep *sueño* (5)
dreamer *soñador/a* (14)
dress *vestido* (4); *traje* (7)
dressed *vestido/a* (18)
dried beef *tasajo* (8)
drill *taladro* (22)
drilling *perforación* (21)
drink *beber; tomar* (5)
drink a toast *brindar* (4)
drink coffee *tomar café* (5)
drinks *copas* (15)
drip *gotear* (17)
drive *manejar* (9)
driver's license *licencia/permiso de conducir* (7)
drops *gotas* (16)
drought *sequía* (20)
drug, drugs *droga* (8)
drug trafficking *narcotráfico* (20)
drum *tambor* (17)
dry *seco/a* (3); *secar* (17)
dry cleaner *tintorería* (19)
dry up *secarse* (17)
during *durante* (5)
dust *polvo* (18)
Dutch *holandés/holandesa* (10)
duty-free *franco/a* (19)
DVD player *reproductor de DVD* (4)
dynamics *dinámica* (14)

E

each *cada* (5)

eager *deseoso/a* (14)
eagerness, thirst *afán* (21)
eagle *águila* (16)
ear *oreja* (5); *oído* (16)
early *temprano* (10)
early hours of the morning *madrugada* (15)
earn money *ganar* (12)
earring(s) *arete; pendientes* (4)
earth *tierra* (20)
earthquake *terremoto* (11)
ease *facilidad* (18)
east *este* (1)
Easter *Pascua; Pascua de Resurrección* (10)
eastern, east *oriental* (12)
easy *fácil* (1)
eat *comer* (2); *alimentarse* (11)
economic *económico/a* (1)
economics *economía* (2)
economy *economía* (12)
Ecuadorian *ecuatoriano/a* (2)
educate, to form *formar* (12)
educational *didáctico/a* (4)
effectiveness *eficacia* (20)
efficiency *eficiencia* (19)
effort *esfuerzo* (13)
egalitarian *igualitario/a* (10)
egg *huevo* (8)
eggplant *berenjena* (8)
Egyptian *egipcio/a* (14)
eight *ocho* (1)
eighteen *dieciocho* (1)
elbow *codo* (5)
elderly man/woman *anciano/a* (2)
elect *elegir (i)* (10)
elected *elegido/a* (10)
electric oven *horno (eléctrico)* (6)
electrical appliance *electrodoméstico* (4)
elementary *elemental* (12); *primario/a* (16)
elevator *ascensor* (6)
eleven *once* (1)
e-mail *correo electrónico* (22)
embark, to board *embarcar* (11)
embassy *embajada* (7)
emerge *surgir* (10)
emergency room *emergencias (servicio de)* (16)
emotional *afectivo/a* (21)
emphasize *destacar* (1)
empire *imperio* (9)
employee *empleado/a* (12)
empty *vacío/a* (7)
enclosed, attached *adjunto/a* (22)
encourage *animar* (13)
end *fin; final* (10); *terminación* (21)
endless time *perpetuidad* (18)
endorse, to approve *refrendar* (22)
enemy *enemigo/a* (11)
energy *energético/a* (12)
engineer *ingeniero/a* (2)
engineering *ingeniería* (2)
England *Inglaterra* (10)
English *inglés* (5)
engrave *grabar* (21)
enjoy *disfrutar* (3); *gozar* (21)
enjoyment *diversión* (9)
enlargement *aumento* (16)
enlist *enrolar* (10)
enmity *enemistad* (21)
enormous, huge *enorme* (18)

enough *suficiente* (8)
enrich *enriquecer* (13)
enroll *inscribirse* (13)
enter *entrar* (5)
entertaining *entretenido/a* (15)
entertainment guide *guía del ocio* (15)
enthusiastic *entusiasta* (21)
entirety *totalidad* (13)
entity, body *entidad* (18)
envelope *sobre* (4)
environment *medio ambiente* (9)
environmental *ambiental* (9);
   medioambiental (20)
environmentalist *ecologista* (20)
envy *envidia* (14)
equality *igualdad* (16)
equipment *equipo* (16)
errand *recado* (19)
escape, to run away *huir (y)* (11); *fugarse*
   (18)
Eskimo *esquimal* (18)
essay *ensayo* (13)
essential *imprescindible* (19)
establish *establecer* (5); *instaurar* (10)
estimate *cálculo* (1); *calcular* (11);
   estimación (22)
etching *grabado* (18)
eternal *eterno/a* (11)
eternity *eternidad* (20)
ethical *ético/a* (20)
ethnic group *etnia* (9)
European Economic Community (EEC) *CEE*
   (10)
event *acontecimiento* (10)
everybody *todo el mundo* (5)
everyday *cotidiano/a* (3)
everything *todo/a* (18)
ex convict *ex-presidiario/a* (18)
exam, test *examen* (22)
example *ejemplo* (9)
exceed *rebasar* (9)
excessive *exagerado/a* (5)
excessively *en exceso* (16)
exchange *intercambio* (7)
exchange money *cambiar dinero* (7)
excite, to touch *emocionar* (14)
exciting, thrilling *emocionante* (15)
exclusive *excluyente* (20)
execute *llevar a cabo* (17)
executive *ejecutivo/a* (12)
exercise *ejercicio; hacer ejercicio* (5)
exert *ejercer* (14)
exhibit *muestra* (15)
exhibition *exposición* (15)
exile *desterrar (ie)* (20)
exiled *desterrado/a* (10)
exist side by side *convivir* (20)
exit *salida* (18)
expect *anticipar; esperar* (1)
expectation *expectativa* (1)
expected *esperado/a* (15)
expensive *caro/a* (4); *costoso/a* (19)
experience *vivencia* (21)
experiment *experimentar* (10)
expiration date *fecha de caducidad* (16)
explain *explicar* (2)
explanation *explicación* (13)
exporting *exportador/a* (12)
exports *exportación* (18)

expose *exponer* (6)
expressway *autopista* (6)
extension *ampliación* (19)
extent; measure *medida* (6)
extermination *exterminio* (20)
extinct *extinguido/a* (3)
extraordinary *genial* (4)
extremely *extremadamente* (9)
eye *ojo* (5)
eyeglasses *anteojos, gafas* (17)
eyebrow *ceja* (13)

F

face *rostro, cara* (2)
face up to *enfrentarse* (12)
face-to-face *frente a* (13)
facial feature *facción* (2)
facilities *instalaciones* (3)
factory *fábrica* (9)
failure, breakdown *avería* (7)
faint *desmayarse* (16)
fair *feria; justo/a* (15)
fair trade *comercio justo* (20)
fairy *hada* (18)
faithful, loyal *fiel* (14)
fall *otoño* (3); *caer; caída* (18)
fall asleep *dormirse* (5)
fall down *caerse* (10)
fall in love *enamorarse* (10)
fall in love with *enamorarse de* (21)
family, relative *familiar* (5)
famous *célebre* (11)
fan *hincha* (21)
far *lejano/a* (3)
far (from) *lejos (de)* (3)
farm, plantation *finca* (8)
farming *agrícola* (8)
fascinating, thrilling *apasionante* (10)
fashion *moda* (18)
fast, quick *rápido/a* (7); *deprisa* (17)
fasten your seat belt *abrocharse el cinturón*
   (7)
fat *gordo/a; gordura; grasa* (5)
father *padre* (2)
fault, defect *defecto* (14)
favorite *preferido/a* (8); *predilecto/a* (9)
fear *miedo* (14); *temor* (22)
fearful *miedoso/a* (14)
feather *pluma* (10)
feature *característica* (5); *rasgo* (9)
February *febrero* (3)
fed up (with) *harto/a (de)* (19)
feed *alimentar* (20)
feel *carácter* (8); *sentir* (22)
feel anguish, stress *sentirse angustiado/a* (21)
feel embarrassed (about) *tener vergüenza*
   (de) (21)
feel like doing *apetecer* (15)
feel misunderstood, not appreciated
   sentirse incomprendido/a (21)
feel sorry for someone/something *dar*
   pena/lástima (21)
feeling *sentimiento* (5); *sensación* (8)
feeling of fulfillment *plenitud* (21)
fellow man *semejante* (21)
fellow traveler *compañero/a de viaje* (3)
ferry *trasbordador* (10)
fertilize *fecundar* (10)

festivity, party, celebration *fiesta* (1)
fever *fiebre* (16)
few *pocos/as* (5)
fiancé/fiancée *prometido/a* (2)
fiber *fibra* (5)
field *ámbito* (5); *campo* (12)
field trip *excursión* (7)
fierceness, bravery *bravura* (18)
fifteen *quince* (1)
fifth *quinto/a* (18)
fifty *cincuenta* (12)
fight *combatir* (10); *lucha* (11)
fighter *luchador/a* (10)
figure *cifra* (1); (shape) *figura* (2)
fill up *llenar* (5)
filled *impregnado/a* (14)
film *cinta* (15); *rollo* (19)
film camera *cámara de cine* (7)
finance *costear* (19)
financing *financiamiento* (6)
find *encontrar (ue)* (3)
find out *averiguar* (17); *enterarse* (18)
fine arts *bellas artes* (2)
finger *dedo* (21)
fingernail *uña* (18)
finish *acabado* (6); *terminar* (10); *acabar*
   (12)
Finnish *finlandés* (13)
fire *despedir (i)* (12); *fuego* (17); *incendio*
   (21)
firefighter *bombero/a* (2)
fireworks *cohetes, fuegos artificiales* (4)
first *primer/a* (1)
first name *nombre* (1)
firstborn *primogénito/a* (10)
fish *pescar* (3); *pescado* (5); *pez* (10)
fishing *pesca* (11); (industry) *pesca* (19)
fit, to hold *caber* (9)
five *cinco* (1)
flag *bandera* (11)
flake *copo* (18)
flannel *franela* (18)
flat *plano/a* (17)
flat tire *pinchazo* (7)
flecked *salpicado/a* (11)
fledged *emplumado/a* (11)
fleet *flota* (19)
flight *vuelo* (7); *huida* (11)
flight attendant *azafato/a* (18)
flood *inundación* (3)
floor (main, first, second) *planta, piso* (6)
flour *harina* (8)
flourish *florecer* (14)
flower *flor* (4)
flower shop *florería, floristería* (4)
flu *gripe* (16)
flute *flauta* (17)
foam *espuma* (18)
focus *centrar* (16)
focus on *enfocar* (16)
fog *niebla* (9)
foggy *nublado/a* (9)
follow *seguir* (5)
followed *seguido/a* (3)
follower *seguidor/a* (15)
following *siguiente* (7)
food *comida* (1); *alimentación, alimento* (5);
   alimentario/a (16)
food poisoning *intoxicación alimenticia* (16)

foot *pie* (5)
for *para* (5); *pro* (10)
forbid *prohibir* (17)
force *fuerza* (12)
forced *a la fuerza* (22)
forearm *antebrazo* (20)
forehead *frente* (5)
foreign *extranjero/a* (13)
foreign currency *divisa* (19)
foreigner *extranjero/a* (2)
foresee *prever* (20)
forest *bosque* (3)
forget *olvidar* (4)
forgive *perdonar* (4)
fork *tenedor* (4)
form *formulario* (7)
fort *fuerte* (3)
fortress *fortaleza* (11)
fortune-teller *adivino/a, vidente* (20)
found *fundar* (10)
foundations *cimiento* (18)
founded *fundado/a* (7)
founding, establishment *fundación* (10)
fountain *fuente* (16)
four *cuatro* (1)
fourteen *catorce* (1)
fourth *cuarto/a* (1)
fox *zorro/a* (16)
France *Francia* (17)
free *libre* (5); *gratis* (6); *liberar* (10)
freedom *libertad* (5)
freeze *congelar* (19)
freezer compartment *congelador* (22)
freezing *helado/a* (18)
freight, cargo *carga* (19)
French *francés* (8)
frenzied *frenético/a* (16)
fresh *fresco/a* (5); (water) *dulce* (11)
Friday *viernes* (5)
fridge, refrigerator *frigorífico* (6)
fried *frito/a* (5)
friend *amigo/a* (2)
friendly *cordial* (12); *amigable* (18); *sociable* (21)
friendship *amistad* (10)
fright *susto* (16)
frightened *asustado/a* (18)
from, since *a partir de* (16); *desde* (18)
from Barcelona *barcelonés/esa* (15)
from Easter Island *pascuense* (10)
from Madrid *madrileño/a* (13)
from Quito *quiteño/a* (21)
from the Río de la Plata *rioplatense* (17)
from time to time *a ratos* (18)
fruit *fruta* (5)
fry *freír* (8)
frying pan *sartén* (8)
full *amplio/a; nutrido/a* (15)
full of flowers *florido/a* (9)
full-time *a tiempo completo* (12)
fully, completely *plenamente* (22)
fun *divertido/a* (1)
fund *financiar* (19)
fundamental, prime *primordial* (17)
funny *divertido/a* (14)
furnish *amueblar* (6)
furnished *amueblado/a* (6)
furniture *mobiliario* (19)
fuse, to merge *fusionar* (14)

G

gain *ganar* (18)
gain access to *acceder* (9)
gain weight *engordar* (5)
game *juego* (13); *partido* (22)
gap *brecha* (20)
garage *cochera* (6)
garbage, trash *basura* (9)
garden, yard *jardín* (3)
gardener *jardinero/a* (18)
garlic *ajo* (8)
gas station *gasolinera* (9)
gathering *recolección* (11)
genius *genio* (15)
genre *género* (10)
German *alemán* (13)
Germany *Alemania* (5)
gesture *gesto* (13); *ademán* (18)
get, to obtain *conseguir (i)* (5)
get all mixed up (with) *hacerse un lío (con)* (13)
get along *conectarse* (21)
get along with *entenderse con* (21)
get along well/poorly with *llevarse bien/mal con* (21)
get an education *educarse* (10)
get blocked up *atascarse; atrancarse* (17)
get bored *aburrirse* (9)
get burned *quemarse* (16)
get cold *enfriarse* (17)
get damaged, to break down *estropearse* (17)
get depressed *deprimirse* (11)
get discouraged *desanimarse* (13)
get dizzy *marearse* (16)
get drunk *emborracharse* (16)
get frustrated *frustrarse* (13)
get happy *ponerse contento/a* (10)
get hold of, to take *agarrar* (12)
get hurt, to get injured *lesionarse* (16)
get in touch with *ponerse en contacto con* (22)
get jealous *ponerse celoso/a* (21)
get married *casarse* (10)
get narrower *estrecharse* (21)
get off the plane/train/bus *salir del avión/tren/autobús* (7)
get on the train/plane/bus *montar en el tren/avión/autobús* (7)
get out of the car *bajar del auto* (18)
get ready *animarse* (3); *alistar* (18)
get sick *enfermarse; ponerse enfermo* (16)
get to the point *ir directo al grano* (18)
get tired *cansarse* (16)
get up *levantarse* (5)
get up early *madrugar* (6)
get used to *acostumbrarse* (18)
get wet *mojarse* (17)
get-together *reunión* (4)
ghost *fantasma* (20)
gift *regalo* (3)
gift wrap *papel de regalo* (22)
give *dar* (10); *impartir* (13)
give an ovation *ovacionar* (10)
give as a gift *regalar* (19)
give one's opinion *opinar* (8)
give the floor *ceder la palabra* (13)
glass crystal; *vidrio* (17)

globe *globo terráqueo* (21)
gloves *guantes* (4)
go *ir (irreg.)* (4); *andar* (21)
go back to *revertir* (20)
go camping *hacer camping* (3); *ir de acampada* (7)
go for a walk *dar una vuelta* (15)
go on a trip; to take a tour *hacer una excursión* (3)
go out *salir (lg)* (3)
go out and have fun *ir de marcha* (15)
go out for a drink *ir de copas* (15)
go out for dinner *salir a cenar* (15)
go out with *salir con* (18)
go round and round *dar vueltas* (18)
go sailing *hacer vela* (3)
go shopping *ir de compras* (4)
go straight *seguir todo recto* (6)
go through *pasar* (10); *transitar* (19)
go through customs *pasar por la aduana* (7)
go to bed *acostarse* (5)
goal *gol* (21)
goalkeeper *arquero/a; portero/a* (5)
god *dios* (10)
godfather *padrino* (2)
godmother *madrina* (2)
gold *oro* (9)
goldsmithing/silversmithing *orfebrería* (8)
good *bueno/a* (2)
good luck *suerte* (21)
good morning *buenos días* (22)
good-looking *guapo/a* (2)
goodness *bondad* (14)
goods, merchandise *mercancía* (19)
govern *gobernar* (10)
government *gobierno* (11)
government official *funcionario/a* (11)
government-related *gubernamental* (19)
governor *gobernador/a* (10)
graft *injerto* (16)
grammar *gramática* (13)
grandfather/mother *abuelo/a* (2)
grandparents *abuelos* (2)
grandson/granddaughter *nieto/a* (2)
grape *uva* (8)
grasp *captar* (21)
grave *serio/a* (14)
gray *gris* (4)
graying *encanecido/a* (18)
greasy *graso/a* (8)
great, large *gran/grande* (5)
greater, greatest *mayor* (1)
greed *avaricia* (14)
Greek *griego/a* (13)
green *verde* (4)
greenhouse *invernadero* (15)
greenness *verdor* (11)
greet *saludar* (10)
griddle *plancha* (5)
grief, sadness, sorrow *pena* (18)
grill *parrilla* (8)
grocery store *bodega* (4)
gross domestic product (GDP) *producto interno bruto (PIB)* (19)
grotesque *esperpéntico/a* (20)
ground *solar* (6)
group *sector* (11)
grow; to grow up *crecer (zc)* (9)
grow more beautiful *embellecer* (16)

growing *cultivo* (8); *en crecimiento* (19)
growth *crecimiento* (10)
guarantee *asegurar* (14); *garantizar* (16)
Guatemalan *guatemalteco/a* (2)
guess *adivinar* (1)
guest *huésped* (3); *comensal* (15)
guided tour *visita guiada* (7)
guilt *culpabilidad* (5)
gym *gimnasio* (3)

H

habit *hábito* (5)
hair *pelo* (5); *cabello* (14); *capilar* (16); *cabellera* (18)
hair salon *peluquería* (3)
hairdryer *secador (de pelo)* (4)
hairstylist *peluquero/a* (2)
half *mitad* (1); *medio/a* (5)
halfway *a medio camino* (18)
halfway through *mediado/a* (11)
ham *jamón* (8)
hammer *martillo* (22)
hand *mano* (5)
handball *balonmano* (10)
handcrafted *artesanal* (4)
handful *puñado* (18)
handheld computer *computadora/ordenador de bolsillo* (17)
handle oneself, to get by *desenvolverse* (22)
handling, using *manejo* (11)
hang *colgar (ue)* (22)
hanger *percha* (17)
hangover *resaca* (16)
happen *ocurrir* (9); *pasar* (20)
happen, to follow *suceder* (10)
happiness *alegría* (5); *felicidad* (14)
happy *alegre* (2); *feliz* (5); *contento/a* (11)
harbor *puerto* (9)
hard *duro/a* (8)
hardened *endurecido/a* (18)
hardly *nada* (2)
hardware store *ferretería* (19)
hardworking *trabajador/a* (2)
harm, to damage *perjudicar* (16)
harmony *armonía* (14)
hasty, prompt *apresurado/a; presuroso/a* (21)
hat *gorro* (4)
hate *odiar* (14)
hatred *odio* (14)
Havana cigar *puro habano* (8)
have *disponer de* (9); *tener (ie)* (1); (in compound tenses) *haber* (5)
have a cold *estar resfriado/a* (16)
have a debate *mantener un debate* (20)
have a drink *tomar unas copas* (15)
have an accident *tener un accidente* (16)
have an afternoon snack *merendar (ie)* (8)
have an argument, to fight *pelearse* (21)
have breakfast *desayunar* (5)
have dinner *cenar* (4)
have fun *divertirse (ie)* (4)
have fun/to not have fun *pasarlo bien/mal* (7)
have repercussions *repercutir* (21)
have self-confidence *tener confianza en sí mismo/a* (13)

have something in common *tener algo en común* (14)
have surgery *operarse (de)* (16)
hazelnut *avellana* (8)
head *cabeza* (5)
headquarters *sede* (8)
health *salud* (5)
health insurance *seguro médico* (5)
healthy *saludable; sano/a* (5)
hear *oír* (22)
heart *corazón* (5)
heat *calefacción* (6); *calentar* (8); *calor* (9)
heavy *pesado/a* (17)
Hebrew *hebreo* (13)
hectare *hectárea* (9)
height *altura* (9)
heir/heiress *heredero/a* (8)
hell *infierno* (18)
hello *hola* (22)
help *ayudar (a)* (1); *ayuda* (6)
hen *gallina* (19)
here *aquí* (11); *acá* (14)
heritage *herencia* (8)
hero *héroe* (11)
heroine *heroína* (11)
heron *garza* (20)
hidden *escondido/a* (11); *oculto/a* (17)
hide *ocultarse* (13); *esconder* (21)
high, tall *alto/a* (16)
high plateau or plain *altiplano* (18)
high-school education *bachillerato* (12); *educación secundaria* (10)
high-school graduate *bachiller* (12)
hike *caminata* (16)
hiking *senderismo* (3)
hill *colina* (11)
himself/herself *mismo/a* (18)
hinder, to hold up *obstaculizar* (19)
Hindu, from India *indio/a* (22)
hire *contratar* (12)
hiring *contratación* (12)
historian *historiador/ora* (18)
historic district *casco antiguo* (9); *casco histórico* (8)
history *historia* (2)
hit *impactar* (16)
hit song *éxito* (14)
hitchhike *hacer autostop* (3)
hold *concentrar* (9); *sujetar* (18); *ostentar* (20); *sostener* (22)
hole *agujero* (20)
holy, sacred *sagrado/a* (18)
home *hogar* (8)
home delivery *servicio a domicilio* (19)
homeland *patria* (10)
homeless people *personas sin hogar/techo* (20)
homework *tarea* (1)
Honduran *hondureño/a* (2)
honest, genuine *sincero/a* (14)
hope *esperanza* (18); *ilusión* (21)
horrible *asqueroso/a* (14)
horror fiction *novela de terror* (18)
horse *caballo* (7)
hostage *rehén* (11)
hostel youth *albergue juvenil* (7)
hot *caliente* (6); *caluroso/a* (9)
hotel *establecimiento hotelero* (9)
hotel business *hostelería* (19)

hotel management *hostelería* (12)
hotel maid *camarero/a* (18)
hour *hora* (5)
house, home *casa* (3)
house (big) *casona* (9)
household help *ayuda doméstica* (19)
housewife *ama de casa* (2)
housing *vivienda* (6)
housing development *urbanización* (9)
how *cómo* (5)
how are you? *¿qué tal?* (22)
however *no obstante* (13)
hug *abrazar* (17); *abrazo* (22)
huge *masivo/a* (3)
humanity *humanidad* (6)
humble *humilde* (17)
humbleness, humility *humildad* (18)
humid *húmedo/a* (3)
hundred *centenar* (8)
hundreds *cientos* (10)
hundredth part of the bolivar *céntimo* (12)
hunger *hambre* (20)
hunting *caza* (11)
hurricane *huracán* (6)
hurt *doler* (16)
hurt oneself *hacerse daño* (16)
husband *marido* (13)
hymn, anthem *himno* (14)

I

I hope so *ojalá* (20)
ice *hielo* (19)
ice cream *helado/a* (8)
ice-cream shop *heladería* (15)
identical *igual* (10)
illiteracy *analfabetismo* (20)
illness, sickness *enfermedad* (5)
illusion *quimera* (20)
image *imagen* (10); *efigie* (12)
immediately *de inmediato* (18)
immutable *inalterable* (21)
implement *útil* (8)
important figure *personaje* (8)
imports *importación* (19)
impoverished *empobrecido/a* (6)
impressive, magnificent, amazing *grandioso/a* (5); *impresionante* (14)
improve *mejorar* (5)
impulse *impulso* (18)
impurity *impureza* (5)
in a dignified way *dignamente* (15)
in any case, on the other hand *por otra parte* (5)
in approximately more than *en poco más* (1)
in fact *de hecho* (5)
in fashion *de moda* (15)
in front (of) *delante (de); enfrente (de)* (5)
in love *enamorado/a* (18)
in short *en suma* (12)
in the course of *a lo largo de* (12)
in the meantime, meanwhile *mientras* (18)
in the midst of, in the middle of *en medio de* (18)
in the past *antiguamente* (6)
include *abarcar* (15)
income *ingresos* (12)
increase *aumentar* (5); *aumento* (8); *incrementar* (18)

incredible *increíble* (3)
index finger *índice* (21)
indigenous *indígena* (2); *aborigen* (8); *autóctono/a* (13)
industriousness *capacidad de trabajo* (12)
inequality *desequilibrio, desigualdad* (20)
inestimable *incalculable* (9)
inexpensive *económico/a* (17)
infatuation *enamoramiento* (21)
influence *influir* (21)
influx *afluencia* (21)
inform, to contact *comunicar* (17)
ingenuity, inventiveness *ingenio* (21)
inhabit *habitar* (6)
inhabitant *habitante* (1)
inhalation *inspiración* (5)
inherit *heredar* (17)
injury *lesión* (16)
inn *posada* (7)
inner, internal *interior* (18)
insecure *inseguro/a* (14)
inside *adentro* (15)
insurance *seguro* (19)
insure *asegurar* (18)
insurmountable, unbridgeable *infranqueable* (18)
intend *pretender* (21)
intended *destinado/a* (8)
interact *interrelacionarse* (12)
interaction *trato* (12)
interest *afición* (2)
interesting spot *rincón* (9)
interview *entrevista; entrevistar* (12); *reportaje* (18)
introduce *presentar* (6)
introduce/present an issue *plantear un tema* (20)
introverted *introvertido/a* (12)
invention *invento* (17)
invest *invertir (ie)* (9)
investment *inversión* (12)
investor *inversionista, inversor/a* (12)
invigorating *tonificante* (5)
involve *involucrar* (13)
iron *plancha* (4); *planchar* (17)
irrigation, watering *riego* (17)
island *isla* (3)
isolated *aislado/a* (11)
Italy *Italia* (5)
itch, to sting *picar* (16)
item *artículo* (4)
ivory *marfil* (18)

J

jack *gato* (22)
jacket *chaqueta, americana* (4)
January *enero* (3)
Japanese *japonés/japonesa* (13)
jealous *celoso/a* (21)
jealousy *celos* (21)
jelly, jam *mermelada* (8)
Jew *judío/a* (13)
jewel *joya* (3)
jewelry store *joyería* (4)
job *trabajo* (2); *empleo* (12)
join *unirse a; ingresar* (10)
joke, mockery *burla* (5)
journalism *periodismo* (2)

journalist *periodista* (2)
journey *camino; (path) trayecto* (18)
judge *juzgar* (15)
juice *jugo* (8)
July *julio* (3)
jump *saltar* (5)
June *junio* (3)
jungle *selva* (21)
just, just now *recién* (22)

K

keep *conservar* (2); *guardar* (11)
keep an eye on *llevar un control (de)* (5)
keep/remain quiet *callarse* (13)
key *clave* (5); (of an instrument/computer) *tecla* (17)
key chain *llavero* (17)
keyboard *teclado* (17)
kidnap *secuestrar* (18)
kidnapping *secuestro* (18)
kin *suyos (los)* (18)
kind, friendly, nice, thoughtful *amable* (2)
kindness *amabilidad* (19)
king/queen *rey/reina* (9)
kiss *beso* (22)
kitchen *cocina* (3)
knee *rodilla* (5)
kneel *hincarse de rodillas* (18)
knife *cuchillo* (4)
knock, bang *golpe* (18)
knock down *tumbar* (15)
know (a fact) *saber (irreg.)* (1)
know, to be familiar with, to meet for the first time *conocer (zc)* (1)
know, to have a good command *dominar* (14)
knowledge *conocimiento* (8)
known *conocido/a* (3)
Korean *coreano/a* (13)

L

labor union *sindicato* (18)
lack *falta* (5)
lake *lago* (3)
lamb *cordero; (meat) carne de cordero* (8)
lamp *lámpara* (6)
land *terreno; tierra* (6); *aterrizar* (7); *posar* (10)
landscape *paisaje* (1)
language, tongue *idioma* (1); *lengua* (13); *lenguaje* (14)
lantern, lamp *linterna* (17)
laptop *computadora/ordenador portátil* (17)
large, wide *amplio/a* (6)
large, wide, fast-flowing *caudaloso/a* (16)
last *durar* (13)
last, recent *último/a* (1)
last name *apellido* (1)
last night *anoche* (18)
last word, very latest fashion *último grito* (17)
later *más tarde* (6); *luego* (22)
laugh *reír* (15)
launch *lanzar* (10)
laundry room *lavandería* (18)
law *derecho* (2)
law office *despacho de abogados* (12)
lawyer *abogado/a* (2)

layout, arrangement *distribución* (13)
lazy *perezoso/a* (2)
lead *conducir* (11)
leaf *hoja* (8)
league *liga* (5)
leak, exhaust *fuga* (17)
leaning *tendencia* (21)
learn *aprender* (1)
learner *aprendiz* (13)
learning *aprendizaje* (13)
leather *cuero; piel* (17)
leave *irse (irreg.)* (6); *salir (lg)* (7); *dejar* (8)
lecturer *conferencista* (2)
left *izquierda* (5); *izquierdo/a* (16)
leg *pierna* (5)
legacy *legado* (9)
legal tender *curso legal* (12)
legend *leyenda* (10)
legumes *legumbres* (8)
leisure time *ocio* (5)
lemon *limón* (8)
lend *prestar* (22)
lend a hand, to help *echar una mano* (18)
length *longitud* (3); *duración* (7)
lentils *lentejas* (8)
less *menos* (5)
let, to allow *permitir* (9)
let go of, to drop *soltar (ue)* (12)
letter *carta* (10)
letter carrier *cartero/a* (2)
lettuce *lechuga* (8)
level *nivel* (3); *altura* (18)
lever *palanca* (10)
liar *mentiroso/a* (21)
liberator *libertador* (9)
library *biblioteca* (13)
lie down *tumbarse* (16)
lie, to tell lies *mentir (ie)* (12)
life *vida* (2)
life expectancy *esperanza de vida* (5)
lift *levantar* (5); *elevar* (17)
light *luz* (5); *ligero/a* (6)
lightbulb *bombilla* (17)
lighter *encendedor* (8)
lighthouse *faro* (6)
like *gustar* (14)
like someone/not like someone *caer bien/mal* (21)
likewise *igualmente* (19)
lime *lima* (8)
line *raya* (18); *línea* (21)
link *enlace* (17); *vincular (a)* (18)
liposculpture *lipoescultura* (16)
liquor store *licorería* (19)
listen *escuchar* (17)
listen to music *escuchar música* (2)
listener *oyente* (13)
lit *iluminado/a* (8)
literacy *lectoescritura* (22)
little *poco* (2)
little finger *meñique* (21)
live *vivir* (1); *residir* (13)
live music *música en vivo* (15)
lively *animado/a* (9)
livestock *ganadería* (19)
living *viviente* (8)
living quarters *vivienda doméstica* (8)
living room *sala, salón* (6)
lizard *lagarto* (21)

loan *préstamo* (19)
lobby, foyer *vestíbulo* (6)
locate *localizar* (22)
located *situado/a; ubicado/a* (6)
location *situación* (6)
lock *esclusa* (19)
lock down, to lock up *encerrar* (11)
locksmith *cerrajero/a* (19)
lodge *alojarse (en)* (3)
lodging *alojamiento* (3)
lodging house *pensión* (7)
loneliness *soledad* (14)
lonely *solitario/a* (3)
long *largo/a* (14)
Long live...! *¡viva...!* (10)
longing *añoranza* (18)
look *mirar* (1); *mirada* (13); *aspecto* (21)
look at somebody *dirigir la mirada* (18)
look for *buscar* (1)
look like *asemejar* (3)
loose *suelto/a* (20)
lose *perder (ie)* (5)
lose one's self-control *desenfrenarse* (20)
lose weight *adelgazar* (5)
loss *pérdida* (11)
lot *solar* (6)
love *amor* (10); *amoroso/a* (18)
love, to like a lot *encantar* (14)
love at first sight *flechazo* (21)
love doing something *fascinar* (13)
love triangle *triángulo amoroso* (15)
lovely *hermoso/a* (4)
lover *amante* (3)
low *bajo/a* (16)
lower *rebajar* (4); *inferior* (21)
lower down *más abajo* (10)
loyalty *fidelidad* (14)
luckily *por suerte* (18)
luggage *equipaje* (7)
lunch *almuerzo; comida* (5)
lung *pulmón* (5)
luxurious *lujoso/a* (6)
luxury *lujo* (17)

M

machine *máquina* (17)
made to order *por encargo* (19)
made up *constituido/a* (7); *confeccionado/a* (8)
made up of, composed of *compuesto/a por* (6)
madness *locura* (18)
magazine *revista* (4)
magnificent *esplendoroso/a* (14)
main *principal* (3)
main, central *central* (22)
main actor/actress *protagonista* (15)
main character *protagonista* (12)
mainly *principalmente* (9)
maintain *sostener* (22)
maintain, to keep *mantener* (5)
major *especialidad* (2)
majority *mayoría* (5)
make *fabricar* (4); *realizar* (5)
make a decision *tomar una decisión* (19)
make a note *tomar nota* (22)
make an appointment *concertar una cita* (15)

make an appointment with *quedar (con)* (15)
make an excuse *dar una excusa* (15)
make (something) easier *facilitar* (9)
make fun of *burlarse; sacar joroba* (18)
make (somebody) furious *enfurecer* (21)
make mistakes *cometer errores* (13)
make progress *avanzar* (20)
make sure *asegurarse* (16)
make things easy *poner las cosas fáciles* (19)
make up *formar* (8); *constituir* (18); *inventarse* (19)
make worse *agravar* (20)
makeup *maquillaje* (15)
malanga (root vegetable) *malanga* (8)
malaria *paludismo* (16)
male *varón* (4)
mammal *mamífero* (7)
man *hombre* (2)
manage, to handle *manejar* (4)
management *dirección* (18)
manager *director/a; gerente* (12); *administrador* (18)
manger *pesebre* (4)
manner *forma* (5)
manufacture *fabricación* (8)
many, much, a lot *mucho/a* (5)
March *marzo* (3)
marginalization *marginación* (20)
marginalized *marginado/a* (18)
market *mercado* (12); *comercializar* (17)
marketing *mercadeo* (19)
marriage *matrimonio* (2)
married *casado/a* (2)
marry *casarse con* (10)
marvelous *estupendo/a* (19)
massage therapist *masajista* (19)
massager *masajeador* (17)
massive *monumental* (9)
masterly *magistral* (15)
mastery of *dominio de* (12)
match *fósforo* (17)
May *mayo* (3)
maybe, perhaps *tal vez* (14); *a lo mejor* (18)
mayor *alcalde/esa* (9)
maze, labyrinth *laberinto* (18)
mean *suponer* (5); *significar* (9)
meaning *significado* (13)
meanwhile *mientras tanto* (11)
measles *sarampión* (16)
measure *medir (i)* (16)
measure, sign *índice* (13)
meat *carne* (5)
medal *medalla* (2)
media *medios, medios de comunicación* (14)
medical care *asistencia sanitaria* (20)
medication *medicamento* (16)
medicines *medicamentos* (5)
meek, docile *dócil* (21)
meet *reunirse (con)* (7)
meeting, conference *congregación* (9); *encuentro* (18)
meeting point *lugar de encuentro* (15)
melting pot *crisol* (22)
member *miembro* (1)
membership fees *cuota* (20)
memoirs *memorias* (18)

merge *fundirse* (9)
merit, worth *mérito* (21)
Merry Christmas *Feliz Navidad* (4)
mess *desorden* (14)
message *mensaje* (13)
meter *metro* (9)
microwave *microondas* (4)
Middle East *Medio Oriente* (10)
Midwest *medio oeste* (1)
migraine *migraña* (16)
migration *movimiento migratorio* (20)
mile *milla* (3)
military *ejército* (10)
milk *leche* (8)
millenarian *milenario/a* (2)
millionth *millonésima* (13)
mind *mente* (5)
mine *extraer* (11); *mío/a* (14); *mina* (20)
mining industry *minería* (19)
mint *hierbabuena* (8)
miraculous *milagroso/a* (16)
mirror *espejo* (2)
miserly, mean *avaro/a* (14)
misfortune *miseria* (21)
miss *echar en falta* (21)
miss the plane/train *perder el avión/tren* (7)
mistake *error* (13)
mister, man *señor* (17)
mix *mezclar* (8)
mixture *mezcla* (3)
mobile phone *teléfono móvil* (4)
mobility *movilidad* (13)
modern times *modernidad* (21)
modernism *modernidad* (15)
modest *modesto/a* (21)
moisturizing *hidratante* (16)
Monday *lunes* (5)
money *dinero* (4)
money order *giro postal* (7)
monkey *mono/a* (11)
month *mes* (6)
monument *monumento* (9)
moon *Luna* (10)
Moor *moro/a* (8)
more *más* (1)
moreover, besides *además* (5)
morning *mañana; matinal* (5)
Morocco *Marruecos* (22)
mortgage *hipoteca; hipotecario/a* (19)
mother *madre* (2)
mother tongue *lengua materna* (13)
motor, car *automovilístico/a* (22)
motor racing *automovilismo* (5)
motorboat *lancha* (7)
motorcycle *moto* (3)
mountain *montaña* (1); *cerro* (11)
mountain climbing *montañismo* (7)
mountain lion *puma* (16)
mountain range, the Andes *cordillera* (18)
mountains *sierra* (9)
mouse *ratón* (18)
mouth *boca* (5)
move *trasladarse* (10); *moverse (ue)* (13); *mudarse* (14)
move forward *avanzar* (18)
movement *movimiento* (10)
movie *película* (10)
movie guide *cartelera* (15)
movies, movie theater *cine* (1)

moving *conmovedor/a* (15)

moving services *mudanzas* (19)

Ms., woman *señora* (17)

much in demand, valued very highly *cotizado/a* (18)

mule *mulo* (7)

multicultural *pluri-cultural* (21)

multi-plex (movies) *multicine* (15)

murder *asesinar* (10)

murderous *asesino/a* (18)

murky *turbio/a* (21)

muscle *músculo* (5)

mushroom *champiñón* (8)

music *música* (1)

musician *músico* (2)

must *deber* (5)

mustard *mostaza* (8)

mute *mudo/a* (18)

mysterious *misterioso/a* (11)

mysterious incident *suceso misterioso* (18)

mystery novel *novela de misterio* (18)

myth *mito* (2)

N

nagual, a personal guardian spirit *nahual* (20)

Nahuatl *nahua* (11)

nail *clavo* (22)

name *denominación* (8)

name, to christen *bautizar* (10)

named, titled *titulado/a* (17)

nap *siesta* (14)

napkin *pañuelo* (17)

narrate *narrar* (18)

narrow-minded *cerrado/a* (7)

nasty, horrible *odioso/a* (21)

national (dish, artisanal good) *criollo/a* (8)

native *indígena* (6); *originario/a* (8); *natal* (17)

native of the Americas *indio/a* (18)

nature *naturaleza* (1); *carácter* (10)

naval academy *escuela naval* (10)

navy *marina* (10); *armada* (11)

near *próximo/a* (16)

nearby, neighboring *cercano/a* (6)

neck *cuello* (5)

necklace *collar* (4)

need *necesitar* (4); *necesidad* (5)

needle *aguja de coser* (22)

neighbor *vecino/a* (6)

neighborhood *barrio* (3)

neither... nor... *ni... ni...* (10)

nephew/niece *sobrino/a* (2)

nerve *nervio* (5)

network *red* (16)

never *nunca* (5); *jamás* (18)

nevertheless, however *sin embargo* (5)

new *nuevo/a* (4)

new wave *nueva ola* (14)

New Year *Año Nuevo* (4)

New Year's Eve *Nochevieja* (4)

news, the news *noticias* (1); *telediario* (15)

news program *informativo* (15)

newspaper *periódico* (1)

next *próximo/a* (18)

next to *junto a* (5); *al lado de* (6)

next to, close *cerca (de)* (3)

Nicaraguan *nicaragüense* (2)

nice *simpático/a* (2); *lindo/a* (4)

nicotine gum *chicle de nicotina* (16)

night, evening *noche* (5)

nightfall *anochecer* (15)

nightlife *vida nocturna* (9)

nightly *nocturno/a* (3)

nine *nueve* (1)

nineteen *diecinueve* (1)

nitrate/saltpeter mine *salitrera* (18)

nobody, no one *nadie* (18)

noise *ruido* (9)

noisy *ruidoso/a* (3)

nominate *nominar* (19)

none, no, any *ningún; ninguno/a* (12)

nonstop flight *vuelo directo* (7)

noon *mediodía* (16)

north *norte* (1)

North America, the United States *Norteamérica* (17)

Northwest *noroeste* (3)

nose *nariz* (5)

not... either *ni... tampoco* (17)

not enough, rare *escaso/a* (13)

not solid *entrecortado/a* (21)

notable *insigne* (20)

nothingness, nothing *nada* (14)

notice *notar* (3); *fijarse en* (10); *advertir (ie) (de)* (16)

novel, new, innovative *novedoso/a* (19)

novelty *novedad* (10)

November *noviembre* (3)

now *ahora* (5)

nowadays, today *actualidad; hoy* (5)

nugget *pepita* (11)

number *número* (5)

nut *nuez* (8)

nuts *frutos secos* (8)

O

Oaxacan *oaxaqueño/a* (2)

obesity *obesidad* (16)

obsession, craze *manía* (14)

occupy *ocupar* (18)

October *octubre* (3)

of course *por supuesto* (9); *claro* (18)

of the eighties *ochentero/a* (14)

of the mind *anímico/a* (5)

offer *ofrecer (zc)* (3); *oferta* (6); *brindar* (19)

office *oficina* (12); *consultorio* (22)

often *a menudo* (5)

oil *aceite* (8)

oil, petroleum *petróleo; petrolero/a* (12)

oil painting *óleo* (20)

oil spill, large oil slick *mareas negras* (20)

okra *quimbombó* (8)

old *antiguo/a; viejo/a* (3); *añejo/a* (20)

old age *vejez* (5)

old-fashioned, antiquated, out-of-date *anticuado/a* (4)

omelet *tortilla de huevo* (19)

on *puesto* (14)

on foot *a pie* (7)

on the banks *a orillas* (9)

on the other hand *en contraste* (1); *por otro lado* (22)

once, when *una vez que* (22)

one *uno* (1)

one-way ticket *billete/boleto de ida* (7)

one-way trip *ida* (3)

onion *cebolla* (8)

only *solamente* (1); *sólo* (5)

only, sole *único/a* (6)

open *abrir* (1); *abierto/a* (5)

open, open-minded *dialogante* (21)

open oneself up *entregarse* (21)

opening *apertura* (8); *inauguración* (19)

ophthalmologist *oculista* (22)

opponent *adversario/a* (22)

opposite *opuesto/a* (14)

oppress, to put down *agobiar* (21)

optional *optativo/a* (7)

orally *de boca en boca* (13)

orange (color) *anaranjado/a; (color/fruit) naranja* (4)

order *encargar; pedido; realizar un pedido* (19)

ostrich *avestruz* (19)

other *otro/a* (2)

other world *más allá* (11)

others *los demás* (12)

otter *nutria* (16)

our, ours *nuestro/a* (5)

out of proportion *desproporcionado/a* (5)

outdoor seating *terraza* (15)

outdoors, in the open air *aire libre* (5)

outgoing, extroverted *extrovertido/a* (2)

outline *esquema* (13)

outlook *mentalidad* (21)

outpatient department *ambulatorio* (9)

outside *afuera* (18)

outsider *forastero/a* (13)

outstanding *impresionante* (3); *relevante* (15)

over, on top of *sobre* (17)

overambitious *ambicioso/a* (11)

overcome *superar* (21)

overexploitation *sobreexplotación* (21)

overpopulated *superpoblado/a* (6)

overpopulation *superpoblación* (9)

own *propio/a; el propio* (2)

owner *dueño/a* (8); *amo/a* (14); *propietario/a* (18)

ox *buey* (8)

ozone layer *capa de ozono* (17)

P

pack *hacer la(s) maleta(s)* (7)

pack, package *paquete* (8)

pain, ache *dolor* (16)

paint *pintar* (2)

painter *pintor/a* (2)

painting *pintura* (12); *cuadro* (15)

pair *pareja* (1)

palace *palacio* (2)

palm tree *palmera* (3)

Panamanian *panameño/a* (2)

pantry *pantrie* (6)

pants, trousers *pantalones* (4)

paper *papel* (4); *trabajo escrito* (13)

papers *documentación* (7)

paradise *paraíso* (11)

paragliding *parapente* (7)

parents *padres* (2)

park *zona verde* (9); *aparcar; parquear* (18)

parking *estacionamiento* (6), *aparcamiento* (9)

part *parte* (1)
partner, classmate *compañero/a* (2)
part-time *a tiempo parcial* (12)
partying *parranda* (14)
pass *pasar* (18)
pass away, to die *fallecer* (10)
pass somebody something *alcanzar* (18)
passing, endorsement *aprobación* (22)
passionate *pasional* (21)
past *pasado* (2)
patch *parche* (16)
path, passage *trayectoria* (14); *paso* (17)
path, trace *trazo* (21)
patience *paciencia* (12)
patient *paciente* (12)
patriot *patriota* (11)
patriotism *patriotismo* (11)
pattern *esquema* (21)
pay *pagar* (4)
pay attention *estar atento; prestar atención* (13)
pay attention to *hacer caso a* (18)
payment *pago* (7)
payment terms, credit *facilidades (de pago)* (19)
peace *paz* (10)
peanut *maní* (4)
pear *pera* (8)
peasant *campesino/a* (11)
pedagogic, teaching *pedagógico/a* (10)
pedagogy, teaching *pedagogía* (10)
pedantic *pedante* (2)
pedestrian *peatón; peatonal* (9)
peel *pelar* (8)
pen *pluma; (ballpoint) bolígrafo; lapicera* (17)
pencil *lápiz* (17)
penknife *navaja* (19)
people *gente* (1)
people skills *don de gentes* (12)
pepper (spice) *pimienta; (vegetable) pimiento* (8)
perfect *perfeccionar* (12)
perform, to act *actuar* (14)
performance *cumplimiento* (12); *actuación* (14); *interpretación* (15)
perfume store *perfumería* (4)
period *época* (9)
Persian *persa* (13)
person involved *implicado/a* (18)
Peruvian *peruano/a* (2)
pharmacist *farmacéutico/a* (12)
philosopher's stone *piedra filosofal* (21)
phone call *llamada (telefónica)* (7)
photography *fotografía* (2)
physical *corporal* (5)
pick up *recoger* (7)
pick up luggage *recoger las maletas* (7)
picture *fotografía* (1); *cuadro* (6); *imagen* (11)
picturesque *pintoresco/a* (6)
pie, cake *pastel* (4)
piece *pedazo* (8); *pieza* (9)
piece of furniture *mueble* (18)
piece of gossip *chisme* (5)
pierce *penetrar* (11)
pilgrimage *peregrinación* (9)
pill *pastilla; píldora* (16)
pinch *pizca* (16)

pineapple *piña* (8)
pink *rosa* (4)
pitchfork *horca* (21)
place *lugar* (5); *sitio* (8)
place oneself *situarse* (13)
plain *llano* (1); *(prairie) pampa* (18)
plan *planear; planificar* (15)
plane *avión* (3)
plane ticket *billete/boleto de avión* (7)
plant *planta* (15)
plantain *plátano verde* (8)
plated *chapado/a* (6)
play *jugar* (5)
play, to stage *protagonizar* (10)
play (musical instruments) *tocar (instrumentos)* (2)
play (theater) *obra de teatro* (15)
play/practice a sport *hacer deporte* (5)
play cards *jugar a las cartas* (2)
play soccer/football *jugar al fútbol* (2)
play tennis *jugar al tenis* (2)
player *jugador/a* (2)
playful *lúdico/a* (15)
playing card *carta* (14)
pleasant, nice *agradable* (2)
please *por favor* (22)
pleasure *placer* (15)
plot *argumento* (15)
plug *enchufe* (17)
plug in *enchufar* (17)
pocket *bolsillo* (10)
poet *poeta/poetisa* (14)
poetry *poesía* (10)
point *punto* (12); *point* (14)
point of view *punto de vista* (12)
point out *señalar* (5)
poison *envenenar* (21)
police *policía* (9)
police film *película policíaca* (15)
police officer *policía* (2)
police station *comisaría* (18)
Polish *polaco* (13)
polish *pulir* (20)
polite, well-mannered *educado/a* (2)
polls *urnas* (22)
pollution *contaminación* (9)
Polynesian *polinesio/a* (10)
poor *pobres* (20)
populate, to settle *poblar* (10)
populated *poblado/a* (6)
population *población* (1)
pork *carne de cerdo* (8)
portray, to depict *retratar* (20)
position *postura* (13)
position, location *ubicación* (18)
position, job *cargo; puesto de trabajo* (12)
possibility *facilidad* (11)
post office *oficina de correos* (3)
postcard *postal* (4); *tarjeta postal* (18)
pot *olla* (8)
potato *papa; patata* (8)
poultry *pollería* (19)
pour *verter* (8)
poverty *pobreza* (9)
power *poder* (10); *potencia* (22)
powerful *poderoso/a* (15)
practice *ejercer* (12)
praise *elogiar* (11); *alabar* (21)
precious *precioso/a* (8)

pre-Columbian *precolombino/a* (6)
predict *predecir* (22)
pre-Incan *preincaico/a* (9)
prejudice *prejuicio* (21)
premiere *estreno* (21)
prepare *elaborar* (8); *capacitar* (22)
prescribe *recetar* (16)
prescription *receta* (16)
present *actual* (17)
presently *actualmente* (3)
preservation *conservación* (8)
preservative *conservante* (16)
press *pulsar* (20)
pressure, to put pressure *presión* (17); *presionar* (19)
prestige *prestigio* (2)
pretty *lindo/a* (14)
prevent *prevenir* (5)
previous *anterior* (16)
price *precio* (4)
pride *orgullo* (18)
primary *primario/a* (22)
prime time *hora de mayor audiencia* (15)
prince *infante* (10); *príncipe* (11)
princess *princesa; infanta* (10)
print, to stamp on *imprimir* (18)
printer *impresora* (17)
prisoner *preso/a* (11)
procedure *trámite* (19)
process *gestión* (10)
processed *tramitado/a* (7)
processing *procesamiento* (7)
produce, to make *producir* (14)
producing *productor/a* (12)
production, making *elaboración* (6)
professional training, education *formación profesional* (12)
profile *perfil* (12)
profit *ganancia* (19)
progressive, liberal *progresista* (10)
promise *prometer* (22)
promote *fomentar; promover (ue)* (16)
proof, evidence *prueba* (9)
propel, to drive *impulsar* (5)
property *propiedad* (5)
propose *proponer (irreg.)* (22)
prospect, brochure *folleto* (7)
protected *protegido/a* (7)
protection *preservación* (16)
proud *orgulloso/a* (14)
proven *comprobado/a* (3)
provide *proporcionar* (16)
provide a service *prestar un servicio* (19)
provide for, to supply *suplir* (5)
P.S. *P.D.* (22)
public corporation *sociedad anónima* (18)
public health *sanitario/a* (16); *sanidad* (20)
publish *publicar* (14)
publishing company *editorial* (19)
Puerto Rican *puertorriqueño* (2)
pull out *arrancar* (18)
pullover, sweater *suéter* (4)
pump *bomba* (6)
pumpkin *calabaza* (8)
purchase *compra* (6)
purple *morado/a; violeta* (4)
purpose *propósito* (7)
purse *bolso* (4); *cartera* (17)
pursue *perseguir* (21)

push-up *flexión* (5)
put *poner (irreg.)* (6); *colocar* (14); *meter* (18)
put across *proyectar* (21)
put down *sofocar* (21)
put together *juntar* (5)
put up with *aguantar/a* (21)
puzzle *rompecabezas* (21)

Q

quadriplegic *tetrapléjico/a* (15)
qualifying *clasificación* (21)
quality *cualidad* (14); *calidad* (16)
quality of life *calidad de vida* (5)
quantity *cantidad* (5)
quarrel *rencilla* (4)
quarter (of a liter) *cuarto (de litro)* (8)
question *pregunta* (1); *interrogar* (18); *interpelar* (20)
questioning *interrogatorio* (18)
quiet *callado/a* (2); *silencioso/a* (13); *tranquilo/a* (7)
quite, fairly *bastante* (2)
quota *cupo* (21)
quote, to mention *citar* (22)

R

rabbit *conejo* (19)
race *carrera* (5)
race, tour (cycling) *vuelta* (5)
racing driver *piloto de carreras* (5)
radish *rábano* (8)
rag *trapo* (4)
railroad *ferrocarril* (19)
rain *lluvia* (7); *llover (ue)* (9)
raincoat *impermeable* (4)
rainy *lluvioso/a* (9)
raise, to go up *subir* (5)
rapids *rápidos* (16)
rate *tasa* (1)
ravage, havoc *embestida* (21)
raw *crudo/a* (8)
reach *alcanzar* (14)
read *leer* (1)
reader *lector* (13)
reading *lectura* (13)
ready *a punto; listo/a* (19)
real, genuine *auténtico/a* (13)
real-estate agency *agencia inmobiliaria/de bienes raíces* (6)
realize *darse cuenta de* (10)
really, exactly *efectivamente* (13)
realm *reino* (11)
rear *trasero/a* (18)
reason *razón* (6); *motivo* (16)
receive *recibir* (5)
recent *reciente* (3)
reception desk *recepción* (7)
record *grabar* (17)
recorder *grabadora* (17)
recording *grabación* (14)
recover, to get back *recuperar* (19)
re-create *recrear* (8)
recruitment, selection *selección* (12)
red *rojo/a* (4)
red wine *vino tinto* (8)
reduce *reducir* (5); *disminuir* (19)

reduce the price of *abaratar* (20)
reed *caña* (20)
reed mace, cattail *totora* (18)
reed, tongue *lengüeta* (17)
reenactment *recreación* (3)
refer to, to talk about *referirse* (20)
reflect *reflejar* (22)
reflection *reflejo* (10)
refrigerator *refrigerador* (6); *nevera* (17)
refugee *refugiado/a* (18)
regarding *respecto* (4); *en cuanto a* (5)
regards *saludos* (22)
register *inscribirse* (7); *matricularse* (14)
registration *matrícula* (7)
regret *arrepentirse (ie)* (15)
rehearsal *ensayo* (14)
reheat *recalentar* (19)
reinvestment *reinversión* (20)
reject, to turn down *rechazar* (19)
reject an argument *rechazar un argumento* (20)
relate *tratar* (12)
related *relacionado/a* (5)
related to *relativo a* (22)
relative *pariente* (4)
relax *relajarse* (5)
relaxing *relajante* (7)
release *liberación* (11)
reliable *serio/a* (14)
remain *persistir* (13); *permanecer* (14)
remember *recordar (ue)* (6); *acordarse (ue) de* (13)
remind *recordar (ue)* (22)
removal *borrado; eliminación* (16)
renounce, to give up *renunciar a* (21)
renovate, to restore *rehabilitar* (6)
rent *alquilar* (3); *alquiler* (6)
rent a car *alquilar un coche* (3)
repair *arreglar; reparar* (17); *reparación* (19)
repair shop *reparaciones (tienda de)* (19)
repeat *repetir* (18); *reiterar* (20)
replace *sustituir* (12)
report *informe* (1)
report, to denounce *denunciar* (10)
request, to apply for *solicitar* (12)
request a service *solicitar un servicio* (19)
require *requerir* (7)
required *requerido/a* (12)
requirement *requisito* (7)
research *investigación* (5)
researcher *investigador/a* (1)
reservation *reserva* (7)
resign, to quit *dimitir* (10); *renunciar* (11)
resignation *dimisión* (10)
resort to *recurrir* (5)
resources *recursos* (12)
rest *descansar; descanso; resto* (3); *reposo* (11)
restore *restaurarse* (10)
restrict *restringir* (20)
result *resultado* (1); *fruto* (21)
resume, CV *currículo; hoja de vida* (12)
rethink, to reconsider *replantearse* (21)
retire *jubilarse* (10)
retirement *jubilación* (10)
retreat *retirarse* (11)
return *vuelta* (5); *regreso* (11); *devolver (ue)* (12); *retorno* (21)
reveal *revelar* (21)

reverse, the other way around *inverso/a* (22)
review *crítica* (2)
rewrite *rescribir* (9)
rib *costilla* (10)
ribbon *cinta* (4)
rice *arroz* (8)
rich *concentrado/a* (11); *rico/a* (2); *ricos* (20)
richness, wealth, riches *riqueza* (7)
ride a bike *andar en bicicleta* (3)
right *derecha* (5); *adecuado/a* (13)
right in *en pleno/a* (9)
rights *derechos* (3)
ring *anillo* (4); *sortija* (20)
risk *riesgo* (5)
river *río* (3)
road *carretera* (3); *camino* (8)
road, street *vía* (6)
roast *asado; asar* (8)
roasted *asado/a* (8)
robust, sturdy *recio/a* (18)
rock fan, rock musician *rockero/a* (14)
role *papel* (11)
Romanian *rumano* (13)
roof *techo* (18)
room *sala* (15)
root *raíz* (21)
rope *cuerda* (22)
round *circular* (9); *ronda* (18)
round trip *ida y vuelta* (3)
round-trip ticket *billete/boleto de ida y vuelta* (7)
route *ruta* (11)
royal *real* (21)
rubber *caucho* (17)
rudeness *falta* (13)
ruin *malograr* (19)
rule *norma; regla* (13)
rules and regulations *reglamento* (10)
ruling *gobernante* (9)
rum *ron* (8)
run *correr* (2); *postular* (10)
run aground *encallar* (21)
run into *tropezar (ie) con* (14)
rush, hurry *prisa* (5)
Russian *ruso* (10)

S

sad *triste* (2)
sadness *tristeza* (18)
safe *caja fuerte* (7)
sail *navegar* (3)
sailing *vela* (14)
sailor *marinero/a* (14); *marino* (21)
Saint *San; Santo/a* (6)
salad *ensalada* (8)
salary, wage *sueldo* (4)
sale *venta* (6)
sales *ofertas; rebajas* (4)
sales manager *jefe/a de ventas* (12)
salesperson *vendedor/a* (4)
salsa music *salsa* (21)
salt *sal* (8)
saltpeter, salt residue *salitre* (18)
salty *salado/a* (8)
Salvadorean *salvadoreño/a* (2)
salvaje *savage* (14)
same *mismo/a* (5)

sample, example *muestra* (9)
sanctuary *refugio* (16)
sand *arena* (16)
sandwich *bocadillo* (8)
Santa Claus *papá Noel* (4)
satellite dish *antena parabólica* (7)
satisfy, to meet *satisfacer* (6)
Saturday *sábado* (5)
sauce *salsa* (5)
sausage *salchicha* (8)
save *ahorrar* (4); *rescatar* (21)
savings *ahorro* (12)
saw *coser* (22)
say *decir (irreg.)* (1)
say good-bye *despedir (i)* (8)
say something *tomar la palabra* (13)
scale *escala* (6)
scar *cicatriz* (16)
scarf *bufanda; pañuelo* (4)
scatter *esparcir* (10)
scattered *disperso/a* (14)
scene *panorama* (14)
schedule *horario* (5); *programar* (17)
scholar *estudioso/a* (17)
scholarship *beca* (14)
school *escuela* (3); *colegio* (9); *escolar* (10)
schoolboy/girl *collegial; ala* (18)
schooling *enseñanza* (16)
science fiction movie *película de ciencia ficción* (15)
sciences *ciencias* (2)
scientific advance *adelanto científico* (20)
scientist, scientific *científico/a* (2)
scissors *tijeras* (17)
scoring *puntuación* (22)
scratch *arañar; rasguñar* (18)
screen *pantalla* (15)
screw *tornillo* (22)
screwdriver *destornillador* (22)
script *guión* (15)
scruple *escrúpulo* (11)
sculptor *escultor/a* (5)
sculptural *escultórico/a* (6)
sea *mar* (3); *marítimo/a* (19)
sea bass *lubina* (19)
sea lion *león marino* (15)
seafood *marisco* (8)
seafront *malecón* (9)
seal *foca* (15)
seal, stamp *sello* (18)
seaport *puerto marítimo* (9)
search *busca; búsqueda* (18)
season *temporada* (9)
seat *asiento* (18)
second *segundo/a* (9)
second language *segunda lengua* (13)
secure *sólido/a* (22)
security *seguridad* (6)
security guard *guardia de seguridad* (12)
see *ver* (1); *atender* (16)
seem *parecer* (18)
self-assured, confident *desenvuelto/a* (21)
self-centered *egocéntrico/a* (21)
self-centeredness *egocentrismo* (21)
self-evaluation *autoevaluación* (13)
selfish *egoísta* (2)
self-taught *autodidacta* (14)
sell *vender* (4)
semi-detached house *casa adosada* (6)

send *enviar* (12); *mandar* (14); *remitir* (22)
sense *sentido* (19)
sense of humor *sentido del humor* (12)
sensible, responsible *consciente* (14)
sensitive *sensible* (14)
sensitivity *sensibilidad* (12)
sensitize, to promote awareness of *sensibilizar* (19)
sentence *frase* (11)
separate, to split *separar* (10)
September *septiembre* (3)
series *serie* (15)
serious *serio/a* (2)
seriousness *seriedad* (14)
servant *sirviente/a* (18)
serve *servir (i)* (8)
server *camarero/a; mesero/a* (2)
service *servicio* (3); *atención* (16)
service area *servicio* (18)
servitude *servidumbre* (20)
set *juego* (19)
set ideas against each other *contraponer ideas* (20)
set up, plot *montaje* (18)
settle *radicarse* (21)
settle down *instalarse* (9)
settle oneself, to make oneself comfortable *acomodarse* (18)
settlement *asentamiento* (21)
settler *poblador/a* (11)
seven *siete* (1)
seventeen *diecisiete* (1)
several *varios/as* (6)
severe, serious *grave* (9)
shadow *sombra* (11)
shake *sacudir* (21)
shame, embarrasment *vergüenza* (14)
shanty town *ranchería* (17)
shape, form *forma* (6)
shape up as, to begin to look like *perfilar* (22)
share *compartir* (5)
shark *tiburón* (21)
shaver *máquina de afeitar* (17)
shaving cream *espuma de afeitar* (4)
sheathe, to wear *enfundar* (18)
sheet *sábana* (18)
shelf *estante* (6); *repisa* (18)
shell *concha* (20)
shelter *albergar* (9)
shelves *estantería* (6)
shine, to sparkle *brillar* (14)
ship, vessel *buque* (19)
shipping company *naviera* (19)
shipyard *astillero* (19)
shirt *camisa* (4)
shock *escandalizar* (17)
shoe *zapato* (4)
shoe store *zapatería* (4)
shoot *disparar* (11)
shop *tienda* (4)
shop window *escaparate* (4)
shopping bag *bolsa* (4)
shopping center *centro comercial* (4)
shore, bank *orilla* (14)
short *corto/a* (17)
short film *cortometraje* (15)
short story, tale *cuento* (18)
shortage, lack of *escasez* (6)

shortcut *atajo* (19)
shortly after *a poco de* (18)
short-term *cortoplacista* (12)
shoulder *hombro* (10)
shout *gritar* (21)
show *enseñar; mostrar* (6); *espectáculo; indicar* (9); *representar* (11); *manifestar* (13)
shower *ducha* (3)
show-off *exhibicionista* (20)
shrimp *camarón* (8)
Shrovetide *carnaval* (3)
shy *tímido/a* (2)
shyness *timidez* (18)
sick *enfermo/a* (5)
side *costado* (9)
sidewalk *acera* (9)
sign *firmar* (11)
sign, to endorse *suscribir* (10)
signal *señal* (22)
signatory *firmante* (16)
signed *firmado/a* (22)
significant *significativo/a* (7); *trascendente* (14)
signing, signature *firma* (10)
silk *seda* (17)
silver *plata* (12)
silverware *cubiertos* (4)
similar *parecido/a* (17)
simple, plain, modest *sencillo/a* (2)
sin *pecado* (21)
since *desde* (5)
since, as *ya que* (5)
sincerely *atentamente* (22)
sing *cantar* (10)
singer *cantante* (2)
singer-songwriter *cantautor/a* (14)
single *soltero/a* (2); *solo/a* (22)
single-family home *casa unifamiliar* (6)
sink *hundir* (10)
sit down *sentarse (ie)* (5)
site *yacimiento* (9)
sitting, seated *sentado/a* (5)
situated *localizado/a* (8)
six *seis* (1)
sixteen *dieciséis* (1)
size *talla* (4); *tamaño* (5)
skeptical *escéptico/a* (20)
ski *esquí* (14)
skill *destreza* (18)
skillful *hábil* (14)
skills *aptitud* (12)
skim/glance through *hojear* (18)
skin *piel* (2)
skirt *falda* (4)
sky *cielo* (18)
skyscraper *rascacielos* (6)
slant, feeling *corte* (14)
slaughter, killing *matanza* (21)
slave *esclavo/a* (3)
slavery *esclavitud* (10)
sleep *dormir (ue)* (2)
sleeplessness, insomnia *insomnio* (16)
slice *rodaja* (8)
slight, faint *leve* (18)
slip *resbalar* (17)
slow *lento/a* (7)
slum (on the outskirts of town) *suburbio* (17)

slum area *barriada* (19)
small *pequeño/a* (1)
small island *islote* (16)
smallpox *viruela* (16)
smell *olor* (9)
smile *sonrisa* (15); *sonreír* (18)
smoke *fumar* (5); *humo* (9)
smoker *fumador/a* (8)
smooth *liso/a* (3); *suavizar* (14)
snake, serpent *serpiente* (14)
snore *roncar* (14)
snow *nieve* (9)
Snow White *Blancanieves* (18)
soak *calar* (18)
soap *jabón* (17)
soap opera *telenovela* (15)
soccer *fútbol* (5)
soccer game *partido de fútbol* (15)
social justice *justicia social* (20)
social worker *asistente social* (12)
society *sociedad* (5)
sock *calcetín* (4)
soda *refresco* (4)
soft *blando/a* (8); *suave* (11)
soldier *soldado* (11)
solid *sólido/a* (9)
solo *solitario/a* (14)
solution *solución* (10)
solve *resolver* (16), *solucionar* (20)
solve a case *resolver un caso* (18)
some, somebody *algún; alguno/a* (5)
somebody, someone *alguien* (14)
something *algo* (8)
son/daughter *hijo/a* (2)
song *canción; canto* (10)
song with a lively, danceable beat *son* (8)
soon, early *pronto* (14)
soothe, to appease *aplacar* (18)
sort out *ordenar* (16)
soul *alma* (11)
sound *sonido* (13)
sound track *banda sonora* (15)
soup *caldo; sopa* (8)
source *fuente* (10)
south *sur* (1)
southeast *sudeste* (8)
Southern Cone *Cono Sur* (13)
southwest *suroeste* (7)
sovereign *soberano/a* (6)
space *espacio* (7); *espacial* (20)
space shuttle *trasbordador espacial* (10)
space travels *viajes espaciales* (20)
Spaniard, Spanish *español/a* (2)
Spanish language *castellano* (10)
Spanish-speaking *hispanohablante* (16)
spark, to precipitate *desatar* (18)
sparkle *brillo* (18)
sparkling wine *cava* (19)
speak *hablar* (1)
speak to, to address *dirigirse a* (18)
speaker *hablante* (7)
special *preferente* (8)
specialization *especialidad* (12)
species *especie* (7)
speech *discurso* (10); *habla* (13)
speed *velocidad* (16)
spelling *ortografía* (12)
spend *gastar* (4)
sphere, field *terreno* (13)

spices *especias* (8)
spicy, hot *picante* (8)
spill *derramar* (21)
spin *hilar* (20)
spinach *espinaca* (8)
spine, tooth *púa* (17)
spirit *espíritu* (4)
spit out, to spit *escupir* (18)
splinter *astilla* (18)
split *desintegrar* (21)
spoken *hablado/a* (12)
spoon *cuchara* (4)
sport *deporte* (1)
sportsman/sportswoman *deportista* (2)
sporty, casual *deportivo/a* (4)
spouse, husband/wife *esposo/a* (2)
spread *difundir* (8); *extenderse* (14)
spread by rumor *rumorear* (18)
spreading *generalización* (17)
spring *primavera* (3); *levantarse* (11)
spring roll *rollito de primavera* (19)
spring up *surgir* (21)
squander, to waste *derrochar* (18)
square *plaza* (3); *cuadrado/a* (6)
squeeze *exprimir* (16)
stadium *estadio* (6)
staff *personal* (18)
stage *escénico/a; escenario* (15); *etapa* (17)
stagecoach *diligencia* (11)
staircase, steps *escalinata* (14)
stairs, staircase *escalera* (5)
stamps *estampillas* (2)
stand, to bear, to put up with *soportar* (14)
stand out *destacar* (12)
standing *de pie* (5); *en pie* (11)
star *estrella* (7)
start *originar* (6); *empezar (ie)* (7), *comenzar (ie); iniciar* (10); *arrancar* (14)
starting point *punto de partida* (9)
state *estado* (1); *estatal* (9)
state, to assert *afirmar* (17)
statement *declaración* (17)
state-owned hotel, (in Spain) parador *parador nacional* (7)
stationery store *papelería* (4)
status *categoría* (11)
stay *estadía; estancia* (7); *quedarse* (15)
steamship *vapor* (11)
stew *cocido; guiso; guisado/a* (8)
still, yet *todavía* (12)
sting, bite *picadura* (16)
stinging, burning sensation *escozor* (16)
stingy *tacaño/a* (21)
stir up, to mix up *revolver* (8)
stock *acción* (18)
stomach *estómago* (16)
stone *piedra* (8)
stop, to arrest *detener* (18)
stop doing something *dejar de* (16)
storage, warehouse *almacén* (8)
store *tienda* (4); *almacenar* (17); *almacén* (19)
store clerk *dependiente/a* (4)
storm *tormenta* (6)
story *historia* (15); *relato* (18)
straight *recto* (5); *directamente* (9)
straightforward *directo* (12)
strain *colar (ue)* (8)
strange *extraño/a* (2), *raro/a* (21)

stratum *estrato* (17)
straw *paja* (18)
strawberry *fresa* (8)
stream *arroyo* (18)
street *calle* (3)
street (block) *cuadra* (6)
strength *fortaleza* (12); *intensidad* (18); *fuerza* (21)
strengthen *fortalecer* (21)
stretch *estirar* (5); *estirarse* (16)
stretching *estiramiento* (16)
strike *golpear* (18)
strike up *entablar* (21)
strong *fuerte* (5)
struggle, to fight *luchar* (6)
stubborn *tozudo/a* (14)
student *estudiante* (2); *alumno/a* (7); *estudiantil* (10)
study *estudiar* (1); *cursar* (14)
study, to consider *examinar* (19)
stupid *idiota* (21)
stupidity *estupidez* (14)
style *estilo* (2)
styling *estilismo* (18)
subdue *sojuzgar* (20)
subject *asunto* (22)
subject, discipline *disciplina* (14)
subject matter *temática* (14)
submit *depositar* (7)
subway *metro* (3)
success *éxito* (2)
suddenly *de golpe* (15)
suffer *padecer (zc)* (16)
sugar *azúcar* (5)
suggest *sugerir (ie)* (22)
suitcase *maleta* (7)
summarize *resumir* (20)
summer *verano* (3); *veraniego/a* (15)
summit *cumbre* (11); *reunión* (18)
sun *sol* (5)
sunbathe *tomar el sol* (3)
Sunday *domingo* (5)
sunny *soleado/a* (6)
sunscreen *filtro solar* (16)
sunshine *rayo de sol* (11)
sunstroke *insolación* (16)
suntan *bronceador* (16)
superb *soberbio/a* (15)
superimposed *superpuesto/a* (20)
supermarket *supermercado* (4)
supply *oferta* (19)
support *apoyar* (5); *apoyo* (11); *solidarizarse* (19)
suppose *suponer* (18)
sure *seguro/a* (18)
surf (on the Internet) *navegar* (17)
surface *aflorar* (10)
surfer *surfeador/a* (16)
surfing *hacer surf* (3)
surgeon *cirujano/a* (10)
surgery *cirugía* (16)
surpass, excel *superar* (17)
surprise *sorpresa* (4); *sorprender* (15)
surprised *sorprendido/a* (10)
surprising *sorprendente* (10)
surrender *rendirse* (11)
surrogate mother *madre de alquiler* (20)
surround *rodear* (9)
surrounded *rodeado/a* (7)

surroundings, outskirts *alrededores* (9)
survival *supervivencia* (16)
survive *sobrevivir* (6)
suspect *sospechar (de); sospechoso/a* (18)
sustain *sostener* (20)
sustainability *sostenibilidad* (16)
swallow *tragar* (16)
swarming *plagado/a* (20)
sway, to rock *mecer* (18)
sweat *sudar* (16)
Sweden *Suecia* (18)
Swedish *sueco* (13)
sweep along *arrastrar* (20)
sweet potato, yam *boniato* (8)
sweet, candy *dulce* (5)
sweet, lovely *amoroso/a* (21)
sweetness *dulzura* (14)
swim *nadar* (3)
swimming pool *piscina* (3)
swimsuit *bañador* (4)
Swiss chard *acelga* (8)
symptom *síntoma* (16)
syrup *almíbar* (8); *jarabe* (16)

T

table *mesa* (6)
tablecloth *mantel* (4)
tablespoonful *cucharada sopera* (16)
tabulator, tab *tabulador* (17)
tail *cola* (8)
take *llevar* (3); *tomar* (5); *tardarse* (7)
take a nap *dormir la siesta* (14)
take a quick look *echar un vistazo a* (15)
take a shower *ducharse* (5)
take a walk *dar un paseo; pasear* (3)
take advantage of *aprovecharse de* (13)
take care of *ocuparse (de)* (7); *cuidar* (16)
take note *anotar; tomar nota* (22)
take off *despegar* (7)
take on *asumir* (14)
take out *sacar* (8)
take part *intervenir* (13)
take pictures *hacer fotos* (7)
take place *tener lugar* (10); *ocurrir* (11); *celebrarse* (15); *transcurrir* (21)
take possession of *apoderarse (de)* (11)
take root *arraigar* (20)
take shelter *refugiarse* (11)
take the initiative *tomar la iniciativa* (13)
take up *ocupar* (16)
talent, qualities *dote* (21)
talented, gifted *talentoso/a* (14)
talk *platicar* (11); *conversar* (14)
talkative *hablador/ora* (14)
tank *cisterna* (6)
tape measure *cinta métrica* (22)
tarde *afternoon* (5); *late* (10)
target, goal *meta* (21)
task *tarea* (1)
taste *gusto* (3); *degustar; sabor* (8)
tasteless *soso/a* (8)
tasting *degustación* (8)
tasty, delicious *rico/a* (8)
tattoo *tatuaje* (19)
tavern *boliche* (17)
taxes *impuestos* (18)
taxi driver *taxista* (12)
tea *té* (8)

teach to read and write *alfabetizar* (22)
teacher *maestro/a* (2); *educador/a* (20)
team *equipo; selección* (5)
teamwork *trabajo en equipo* (12)
teashop *salón de té* (9)
technician *técnico/a* (12)
technique *técnica* (9)
technology *técnica* (10)
tedious, slow, boring *pesado/a* (15)
teeth *dentadura* (18)
tele-monitoring *telegestión* (17)
teleshopping *telecompra* (17)
television set *televisor* (6)
tell (a story) *contar (ue)* (17); *relatar* (18)
temperament, personality *carácter* (5)
temple *templo* (9)
ten *diez* (1); *decena* (17)
tenacious *tenaz* (10)
tendency, leaning *inclinación; propensión* (21)
tender, soft *tierno/a* (8)
tenderness *ternura* (14)
tennis *tenis* (5)
tennis court *pista/cancha de tenis* (3)
tennis player *tenista* (18)
tense with pain *crispar* (21)
tent *tienda de campaña* (7)
tenth *décimo/a* (16)
term *término* (5)
test *prueba* (17)
thank *agradecer (zc)* (15)
thanks *gracias* (5)
that *aquel, aquella* (18)
that is *es decir* (18)
the... himself/herself/itself *propio/a; el propio* (5)
theme park *parque temático* (15)
then *entonces* (10)
theory *teoría* (18)
there *allá* (11)
thin *delgado/a; fino/a* (2)
thing *cosa* (1)
think *creer* (5); *pensar* (12); *parecer* (13)
thinker *pensador/a* (20)
thinning *adelgazamiento* (17)
third *tercer; tercero/a* (4); *tercio* (9)
thirst *sed* (18)
thirteen *trece* (1)
thirty *treinta* (5)
this, these *esta/este; estas/estos* (1)
this one/these *éste, ésta, éstos, éstas* (22)
thought *pensamiento* (10)
thoughtful *pensativo/a* (18)
thousand *mil* (9); *millar* (16)
thread *hilo* (10)
threaten *amenazar* (17)
three *tres* (1)
thriller *película de terror* (15)
through, by means of *mediante* (12)
throw *tirar* (4); *arrojar; echar* (18)
throw away *tirar* (18); *botar* (20)
throw out *expulsar* (11)
thumb *pulgar* (21)
Thursday *jueves* (5)
thus *así* (10)
ticket *recibo* (4); *billete; boleto* (7); *entrada* (15)
tidy, organized *ordenado/a* (14)
tie *corbata* (4); *amarrar* (18); *empatar* (21); *atar* (22)

time *vez* (2); *tiempo* (5)
timeless *intemporal* (2)
tip *propina* (8)
tired *cansado/a* (5)
tiredness *cansancio* (16)
to the end *hasta el final* (6)
to the left *a la izquierda* (5)
to the right *a la derecha* (5)
toasted *tostado/a* (8)
toaster *tostadora* (17)
tobacco pouch *tabaquera* (8)
together *junto/a* (5)
toilet *aseo* (6); *baño* (6)
toll *peaje* (19)
tombstone *lápida* (3)
tool *utensilio* (8); *herramienta* (22)
tooth *muela* (16); *diente* (21)
top, summit *cúspide* (10); *cima* (14)
topic *tema* (1)
tortilla *tortilla de maíz* (19)
tortoise, turtle, terrapin *tortuga* (16)
touch *tocar* (5)
tour *recorrido* (8)
tourism *turismo* (3)
tourist *turista* (3)
toward *hacia* (10)
tower *torre* (11)
town *pueblo* (3)
toy *juguete* (4)
toy store *juguetería* (4)
trace *vestigio* (3)
trace, print, handprint, footprint *huella* (18)
trade, to do business *comercio* (9); *comerciar* (19)
trader *comerciante* (14)
trading *comercial* (18)
traffic jam *embotellamiento* (9)
traffic light *semáforo* (9)
traffic sign *señal de tráfico* (9)
train *tren* (3)
training *entrenamiento* (16)
transfer *transferencia* (7)
translate *traducir* (12)
translation *traducción* (12)
translator *traductor/a* (12)
travel *viajar* (2); *hacer un viaje* (3); *traslado* (7)
travel through *recorrer* (10)
traveler *viajero/a* (3)
traveler's check *cheque de viajero* (7)
traveling *ambulante* (19)
treachery, betrayal *traición* (18)
tread, to step on *pisar* (14)
treasure *tesoro* (11)
treat *tratar* (11)
treatment *tratamiento* (5)
treaty *tratado* (10)
tree felling *tala de árboles* (20)
tree-lined *arbolado/a* (9)
tree-lined avenue *alameda* (10)
trend *tendencia* (11)
tribute *tributo* (20)
trill *gorjear* (11)
trip *viaje* (1)
triumph *triunfar* (11)
troops *tropas* (11)
troublesome, tiresome *molesto/a* (21)
trout *trucha* (19)

true *verdadero/a* (1); *cierto/a* (13)
truth *verdad* (1)
try *intentar* (10); *tratar* (17)
try on *probarse (ue)* (4)
t-shirt *camiseta* (4)
Tuesday *martes* (5)
turkey (meat) *carne de pavo* (8)
Turkish *turco* (10)
turmoil *alboroto* (11)
turn *girar* (5); *gira* (14); *giro* (21)
turn around *dar la vuelta* (5); *volverse* (18)
turn into, to change into *convertir* (17)
turn off *apagar* (10)
turn on *encender; prender* (17)
turn out to be *resultar* (12)
turn to the right/left *doblar/girar a la derecha/izquierda* (6)
turn up *aparecer* (3)
turn up, to attend *acudir (a)* (15)
turnip *nabo* (8)
TV *televisión* (4)
twelve *doce* (1)
twenty *veinte* (1)
twilight *crepúsculo* (20)
two *dos* (1)

U

UN Chart *carta de la ONU* (10)
unable *incapaz* (21)
unbearable, intolerable *insoportable* (21)
unbridled *desenfrenado/a* (20)
uncle/aunt *tío/a* (2)
unconscious *inconsciente* (16)
uncover, to discover *desvelar* (21)
under *debajo* (21)
underdeveloped *subdesarrollado/a* (20)
underdevelopment *subdesarrollo* (20)
undergo *sufrir* (6)
underground *subterráneo/a* (3); *subsuelo* (20)
understand *comprender* (1); *entender (ie)* (18)
understandable *comprensible* (22)
understanding *comprensivo/a; entendimiento* (21)
undertake *emprender* (21)
underwear *ropa interior* (4)
underworld *bajos fondos* (18)
unemployed *desempleado/a* (12)
unemployment *desempleo* (9)
unexpected *inesperado/a* (14)
unfair *injusto/a* (18)
unforgettable *inolvidable* (19)
unforgivable *imperdonable* (18)
unfortunate, less fortunate *desafortunado/a* (20)
unfortunately *por desgracia* (20)
unhealthy *enfermizo/a* (16)
uninhabitable *inhabitable* (9)
unit *unidad* (8)
unite *amalgamar* (14)
united, close *unido/a* (10)
United Nations *Naciones Unidas* (10)
United States *Estados Unidos* (10)
unknown *desconocido/a* (10)
unmistakable *inconfundible* (5)
unpack *deshacer las maletas* (7)
unpleasant, unfriendly *antipático/a* (2)

unplug *desenchufar* (17)
unpredictable, unforeseeable *imprevisible* (21)
unquestionable *indudable* (15)
unthinkable *impensable* (20)
until *hasta* (2)
unusual *peculiar* (12); *extraño/a* (16)
unwanted hair *vello no deseado* (16)
upsetting *desconcertante* (21)
urban area *municipio* (6)
urge *instar* (18)
U.S. citizen *estadounidense* (2)
U.S.A. *EE.UU.* (10)
use *utilizar* (3); *usar* (5); *emplear* (13)
use (present) for the first time *estrenar* (6)
use something in excess *abusar* (21)
used *consumido/a* (8); *usado/a* (18)
useful *útil* (20)
useless *inútil* (18); *vano/a* (21)
user *usuario/a* (12)
usually do something *soler* (13)

V

vaccine *vacuna* (5)
valuable *valioso/a* (20)
value *valor* (8); *valorar* (12)
vanish *desaparecer* (16)
vary *variar* (9)
VCR *reproductor de video* (4); *videocasetera* (17)
veal *carne de ternera* (8)
vegetables *verdura* (5); *verduras* (8)
Venezuelan *venezolano/a* (2)
venture *aventurarse* (18)
verifiable *comprobable* (12)
verify *constatar* (18)
very *muy* (2)
vessel, craft *embarcación* (18)
vice *vicio* (14)
video game *videojuego* (10)
videocassette *cinta de video* (4)
Vietnamese *vietnamita* (13)
view *vista* (6)
violate *violar* (18)
visa *visado* (7)
visitor center *oficina de turismo* (3)
visitors *visitantes* (9)
voice *voz* (1)
voice mail *secretariado/secretaría telefónico/a* (19)
volt *voltio* (17)
vote *voto* (1)
voter *votante* (3)

W

waist *cintura* (5)
wait *esperar* (7)
wait in line *hacer cola* (7)
wake up *despertarse* (5)
Wales *Gales* (10)
walk *paseo; andar; caminar* (5)
wall *muro* (10); *pared* (18)
wallet *cartera, monedero* (17)
want *querer (ie)* (1)
war, local conflicts *guerra* (6)
warlock/witch *brujo/a* (15)
warm *cálido/a* (3); *acogedor/a* (9)

warmth, charm *simpatía* (14)
warn *advertir (ie) (de)* (16); *avisar* (17)
warning *advertencia* (16)
warrior *guerrero/a* (10)
wash *lavar* (17)
wash yourself *lavarse* (5)
washer *lavadora* (4)
wasp *avispa* (16)
waste *derroche* (18); *desecho* (21)
watch *reloj* (4)
watch, to keep watch on *vigilar* (16)
watch movies *ver películas* (2)
water *agua* (5); *regar* (22)
waterfall *cascada* (6); *catarata* (10)
watermelon *sandía* (8)
wave *ola* (18)
way *manera* (10); *modo* (11)
way of thinking *forma de pensar* (2)
weak *débil* (21)
wear, to show *lucir* (18); *llevar* (4)
weave *tejer* (20)
web/internet *red* (1)
web page *página web* (19)
web site *sitio web* (19)
wedding *boda* (10)
Wednesday *miércoles* (5)
week *semana* (5)
weigh *pesar* (16)
weight *peso* (5)
welcome *bienvenido/a* (14)
welcoming, friendly *acogedor/a* (8)
well, good *bien* (5)
well done *bien hecho* (8)
well/badly located *bien/mal situado/a* (9)
well-being *bienestar* (5)
well-known *renombrado/a* (17)
well-situated *bien comunicado/a* (7)
Welsh *gales/galesa* (13)
west *oeste* (1)
western *occidental* (5); *película del oeste* (15)
whale *ballena* (16)
wheel *rueda* (17)
when *cuando* (1)
where *donde* (5)
whereabouts, location *paradero* (18)
whereas *en cambio* (11); *mientras que* (13)
while, time, short period of time *rato* (18)
whirl *vorágine* (20)
white *blanco/a* (4)
white wine *vino blanco* (8)
whitish *blanquecino/a* (18)
who *quién* (15); *quien* (18)
why *por qué* (18)
wickedness *maldad* (20)
widow/widower *viudo/a* (2)
wild *silvestre* (11)
willingness *voluntad* (12)
win *ganar* (3)
wind *viento* (16)
window *ventana* (6)
wine *vino* (16)
wine cellar *bodega* (4)
wineglass *copa* (4)
wing *ala* (10)
winter *invierno* (3)
wireless *inalámbrico/a* (17)
wisdom *sabiduría* (15)
wish, desire *anhelo, deseo* (18)
wish, to desire *desear* (6)

with, together with *junto con* (21)
with native traits *acriollado/a* (9)
with you *contigo* (2)
withdraw *retirarse* (11); *retirar* (21)
within, in, inside *dentro* (5)
without *sin* (2)
witness *testigo* (18)
woman *mujer* (2)
wonder, marvel *maravilla* (18)
wonderful *magnífico/a* (3)
wood *madera* (9)
wool *lana* (17)
work *trabajar; trabajo* (1); *obra* (2)
work, to operate *funcionar* (9)
work of art *obra de arte* (15)
work permit *permiso de trabajo* (7)
work related *laboral* (4)
worker *obrero/a* (2); *trabajador/a* (10)

workshop, car repair *taller* (19)
world/worldwide *mundo* (1); *mundial* (5)
World Cup *Mundial* (21)
worried *preocupado/a* (18)
worry *preocuparse* (2); *preocupación* (5);
   preocupar (14)
worse *peor* (21)
wrap *envolver (ue)* (10)
wrench, key *llave* (11)
write *escribir* (1)
write, to draw up *redactar* (10)
writer *escritor/a* (2)
writing *escritura* (17)
written *escrito/a* (13)

Y

yam *ñame* (8)

year *año* (1)
yearly *anual* (4)
yearning, longing *ansia* (18)
yellow *amarillo/a* (4)
young *joven* (12)
young man/woman, boy/girl *joven* (2);
   muchacho/a (18)
young woman *señorita* (12)
youth *joven (2); juventud* (10)
youths *jóvenes* (2)

Z

zipper *cremallera* (17)
zone, area *zona* (1)
zoo *zoológico* (15)

Credits

Text Credits

p. 221 Pablo Neruda, "IX Educación del cacique," from Canto general, Parte IV. Los libertadores. © Fundación Pablo Neruda, 1950; p. 228 Pablo Neruda, "Yo soy aquel hombre," © Fundación Pablo Neruda; p. 301 "El Pop," by Hunty Gabbe, www.indyrock.es/elpop.htm; p. 323 reprinted courtesy of Alex Ramírez, www.cinenganos.com; p. 389 "En el país de las maravillas," by Victor Montoya; p. 437 Miguel Ángel Asturias, selection from Leyendas de Guatemala, © Ediciones Oriente, 1930.

Photo Credits

p.2 (top) PhotoEdit Inc.; p.2 (center) PhotoEdit Inc.; p.2 (bottom) The Image Works; p.4 (1) Getty Images, Inc.; p.4 (2) AGE Fotostock America, Inc.; p.4 (3) Getty Images Inc. – Stone Allstock; p.4 (4) Dorling Kindersley Media Library, Andy Crawford, © Dorling Kindersley, Courtesy of the Royal Museum of Scotland, Edinburgh; p.4 (5) Getty Images, Inc. – Taxi; p.4 (6) PhotoEdit Inc.; p.4 (7) © D. Donne Bryant Stock Photography; p.4 (8) AGE Fotostock America, Inc.; p.4 (9) Pistolesi, Andrea/Andrea Pistolesi; p.7 (1) Getty Images, Inc. – Agence France Presse; p.7 (2) AP Wide World Photos; p.7 (3) AP Wide World Photos; p.7 (4) AP Wide World Photos; p.7 (5) AP Wide World Photos; p.7 (6) Agence France Presse/Getty Images; p.9 © Robert Frerck/Odyssey/Chicago; p.16 (1) Richard W. Wilkie/Jupiter Images – FoodPix – Creatas – Brand X – Banana Stock – PictureQuest; p.16 (2) AGE Fotostock America, Inc.; p.16 (3) Omni-Photo Communications, Inc.; p.16 (4) AGE Fotostock America, Inc.; p.17 (5) Index Stock Imagery, Inc., © Inga Spence/Index Stock Imagery; p.17 (6) AGE Fotostock America, Inc.; p.17 (7) SuperStock, Inc.; p.17 (8) Corbis RF; p.24 (top left) The Image Works; p.24 (top center) AP/Wide World Photos; p.24 (top right) Corbis/Bettmann, © Reuters/CORBIS; p.24 (bottom left) Getty Images, Inc.; p.24 (bottom center) Getty Images, Inc.; p.24 (bottom right) Getty Images, Inc.; p.28 Latin Focus Photo Agency, LatinFocus.com; p.32 (1) Creative Eye/MIRA.com; p.32 (2) Skjold Photographs; p.32 (3) Creative Eye/MIRA.com; p.32 (4) Peter Arnold, Inc.; p.32 (5, 6) Creative Eye/MIRA.com; p.32 (7,8) Getty Images Inc. – Stone Allstock; p.32 (9) Index Stock Imagery, Inc., © Stewart Cohen/Index Stock Imagery; p.32 (10) Creative Eye/MIRA.com; p.32 (11) Getty Images – Stockbyte; p.32 (12) © 2006 Dwight Cendrowski; p.32 (13) David R. Frazier/David R. Frazier, Photolibrary, Inc.; p.34 Jennifer Thermes/Getty Images, Inc – Artville LLC; p.35 (left) © Lynsey Addario/CORBIS All Rights Reserved; p.35 (right) William Sheehy; p.36 Robert Fried Photography, © Robert Fried/robertfriedphotography.com; p.37 Getty Images, Inc.; p.39 (left) David R. Frazier Photolibrary, Inc.; p.39 (top center) Picture Desk, Inc./Kobal Collection; p.39 (bottom center) AGE Fotostock America, Inc.; p.39 (right) The Stock Connection; p.39 (1) AGE Fotostock America, Inc.; p.39 (2) Dorling Kindersley Media Library, Peter Wilson, © Dorling Kindersley; p.39 (3) AGE Fotostock America, Inc.; p.39 (4) Creative Eye/MIRA.com; p.39 (5) Pearson Education Corporate Digital Archive; p.39 (6) Peter Arnold, Inc.; p.39 (7) PhotoEdit Inc.; p.48 (top left) Corbis/Bettmann, © David Zimmerman/CORBIS; p.48 (top right) PhotoEdit Inc.; p.48 (left center) PhotoEdit Inc.; p.48 (right center) PhotoEdit Inc.; p.48 (bottom right) Corbis/Bettmann, © Bob Krist/CORBIS; p.52 Prentice Hall School Division; p.57 Hotel El Guajataca; p.59 (left) Corbis/Bettmann; p.59 (right) Corbis/Bettmann; p.62 (left) Getty Images – Photodisc; p.62 (right) © Jeremy Horner/CORBIS All Rights Reserved; p.63 (top) Centro Ceremonial Indigena de Tibes Gobierno Municipal Autonoma de Ponce; p.63 (bottom) Centro Ceremonial Indigena de Tibes Gobierno Municipal Autonoma de Ponce; p.77 (left) Dorling Kindersley Media Library, Geoff Brightling © Dorling Kindersley; p.77 (right) Odyssey Productions, Inc., © Russell Gordon/Odyssey/Chicago; p.79 Dorling Kindersley Media Library, DK Images/Lindsey Stock; p.81 Dorling Kindersley Media Library, Tim Ridley © Dorling Kindersley; p.92 (top left) Getty Images – Stockbyte; p.92 (top right) Getty Images – Photodisc; p.92 (center) Dorling Kindersley Media Library, © Dorling Kindersley; p.92 (bottom left) Getty Images, Inc. – Allsport Photography, Steve Casimiro/Allsport Concepts/Getty Images; p.92 (bottom right) Dorling Kindersley Media Library, Philip Gatward © Dorling Kindersley; p.99 (left) Getty Images, Inc.; p.99 (right) Getty Images, Inc.; p.99 (bottom) NewsCom; p.103 John Davis © Dorling Kindersley; p.104 AGE Fotostock America, Inc.; p.107 (top left) Getty Images, Inc.; p.107 (top right) Getty Images, Inc.; p.107 (bottom) Marlborough Gallery, Inc., Fernando Botero, "En familia" (The Family). © Fernando Botero, courtesy of Marlborough Gallery, New York; p.116 (top) AGE Fotostock America, Inc.; p.116 (bottom) D. Donne Bryant Stock Photography; p.117 (la impresora) Getty Images – Photodisc; p.117 (la cuna) Getty Images, Inc. – Photodisc; p.117 (el armario) Dorling Kindersley Media Library, © Judith Miller/Dorling Kindersley/Lyon and Turnbull Ltd.; p.122 (1) D. Donne Bryant Stock Photography; p.122 (2) Smithsonian Institution, Global Volcanism Project; p.122 (3) Dorling Kindersley Media Library, Kim Taylor and Jane Burton, © Dorling Kindersley; p.122 (4) LATINPHOTO.org; p.123 (1) D. Donne Bryant Stock Photography; p.123 (2) LATINPHOTO.org; p.123 (3) LATINPHOTO.org; p.123 (4) D. Donne Bryant Stock Photography; p.127 (left) © miguel raurich iberimage barcelona; p.127 (top right) © miguel raurich iberimage barcelona; p.130 D. Donne Bryant Stock Photography; p.140 (top) Prentice Hall School Division; p.140 (top, 1) Corbis/Bettmann, © Abbie Enock/Travel Ink/CORBIS; p.140 (top, 2) Corbis/Bettmann, © Franz-Marc Frei/CORBIS; p.140 (top, 3) Corbis/Sygma, © Giraud Philippe/CORBIS; p.140 (top, 4) Suzanne Murphy-Larronde; p.140 (center) Dorling Kindersley Media Library, Stephen Oliver, © Dorling Kindersley; p.154 (top) J Lightfoot/Firecrest Pictures/Robert Harding World Imagery; p.154 (bottom) Kevin O'Hara/AGE Fotostock America, Inc.; p.162 (top left) Getty Images Inc. – Image Bank; p.162 (top right) The Stock Connection; p.162 (right center) Pacific Stock, Joe Carini/PacificStock.com; p.162 (bottom left) Getty Images Inc. – Stone Allstock; p.167 Getty Images Inc. – Stone Allstock; p.170 © Latin Focus.com; p.172 Getty Images Inc. – Stone Allstock; p.173 © Latin Focus.com; p.177 Clyde Westall Hensley; p.184 (top) Getty Images Inc. – Stone Allstock; p.184 (center) National Geographic Image Collection; p.184 (bottom) © Latin Focus.com; p.187 (left) Richard Lord Enterprises,

Index

food vocabulary, 163–164, 166
frequency, expressing, 96, 112, 250, 333
Fuentes, Carlos, 24, 37
furniture, 117
future indicative, 404, 418
uses of, 404, 418, 419
future, ways to express the, 145, 160, 419

G

Galápagos, Islas, 453
Gardel, Carlos, 370
gender
of adjectives, 28
of nouns, 6, 20–21, 101, 114
geography, 3
gerund, 111, 120, 135–136, 427, 441
uses of, 273, 288–289
vs. infinitive, 136
with **estar**, 273, 288–289, 382, 398
with object pronouns, 421
with reflexive pronouns, 111
good-bye, saying, 136
greetings, 136
guaraní, 269
Guatemala, 422–437
Guayasamín, Oswaldo, 448
gustar, 90, 189, 204, 294, 308, 309, 316, 330, 331
present indicative, 53, 67–68

H

haber
conditional tense, 310
future indicative, 404, 418
imperfect indicative, 244
present subjunctive, 361, 376
Habitat para la Humanidad, 131
hacer, 309
conditional tense, 294, 310
future indicative, 404, 418
imperative (commands), 134, 339, 353
past participle, 250, 265
present indicative, 96, 110
present subjunctive, 361, 376
preterit, 210, 224
hacerse, 447, 461
Haití, 155
hay, 52, 66
+ **que** + *infinitive*, 97, 113
vs. **estar**, 52, 66
vs. **tener**, 52, 66
health vocabulary, 93, 103, 338, 352
Herrera, Rafaela, 237
Higuita, René, 99
Hirschfeld, Tomás Beno, 371
Honduras, 290–305
household vocabulary, 360, 365
Huezo, Alejandro, 304
Hurtado de Mendoza, García, 217

I

Iglesias, Enrique, 7
imperative (commands), 120, 134–135, 137, 339, 353
with pronouns, 354, 421
imperfect indicative, 230, 244, 396
uses of, 230, 244, 396–397
vs. preterit, 231, 239, 245, 382, 397
impersonal expressions, 409, 421
indefinite articles, 75, 89–90
indicative vs. subjunctive, 426, 427, 431, 440–441, 446, 460, 467, 480–481
indirect discourse, 468, 480–481
indirect object pronouns, 68, 75, 90–91, 294, 331, 375, 405, 420–421, 446, 460, 480–481
with imperative (commands), 134
indirect questions, 299, 311
infinitive
vs. gerund, 136
vs. subjunctive, 446
with reflexive pronouns, 111
interuptions, making, 427, 431
introductions, making, 121, 136
inventions, 357–359
invitations, making, 139, 317, 321, 331
Iquitos, Perú, 187
ir
+ **a** + *infinitive*, 145, 160, 418, 419
conditional tense, 310
imperative (commands), 134, 339, 353
imperfect indicative, 230, 244, 396
past participle, 265
present indicative, 96, 111
present subjunctive, 361, 376
preterit, 210, 224

J

Juanes, 7
jugar, present indicative, 96, 110

L

La Española, 155
La Habana, Cuba, 176
languages, 269–271, 282, 283
Larreynaga, Miguel, 234
leer
gerund, 135
present indicative, 28
lending items, 466, 482
Lima, Perú, 187, 195
llamarse, present indicative, 6, 20, 28, 44
lo, 91, 101
+ **más** + *adjective*, 193, 205

M

Machu Picchu, Perú, 199

Madrid, España, 320
Managua, Nicaragua, 229
Marruecos, 476
Martin, Ricky, 7
mayas, 305
Melilla, 476
Menchú Tum, Rigoberta, 433
México, 24–39
Miranda, Francisco de, 250
Mistral, Gabriela, 211
Molina, Mario, 371
months of the year, 144, 158
Montoya, Juan Pablo, 99
Montoya, Víctor, 389
Morales, Evo, 393

N

Naciones unidas (ONU), 348, 392
names, 6
narrative, 218–219, 238, 239, 388, 391
nationality, 28, 42, 46
necesitar, 89
negative expressions, 53, 67, 68, 96, 112, 146, 167, 181–183, 251, 266–267
Neruda, Pablo, 207, 211, 221, 228
Nicaragua, 226–241
nouns
feminine, 101, 295, 310
gender of, 6, 20–21, 101, 114
masculine, 101
plural, 6, 20–21, 114
singular, 6, 20–21, 114
numbers, cardinal, 4, 10, 47, 88

O

Ochoa, Severo, 371
offering, expressions of, 121, 137–138
O'Higgins, Bernardo, 209
oír, gerund, 135
Ometepe, 241
opinions, expressing, 189, 204–205, 318, 426, 440
Ortega, Daniel, 234
Oyanka, 230

P

Panamá, 400–415
Paraguay, 268–283
participle, past, 250, 264, 265
pedir, 466, 482, 483
gerund, 135
present indicative, 110
pero vs. **sino**, 383, 399
personal
a, 90
characteristics, 26, 45, 71
identification, 21
pronouns, 22
personality, 42
Perú, 184–199